Михаэль Лайтман

УЧЕНИЕ ДЕСЯТИ СФИРОТ

серия
КАББАЛА. ТАЙНОЕ УЧЕНИЕ

НПФ «Древо Жизни»
Издательская группа **kabbalah.info**
Москва 2003

ББК 87.2
УДК 141.33.0
Л18

Лайтман Михаэль
Серия «КАББАЛА. ТАЙНОЕ УЧЕНИЕ»

Л18   **УЧЕНИЕ ДЕСЯТИ СФИРОТ.** –

Laitman Michael
Series of «KABBALAH. THE HIDDEN WISDOM»
UCHENIE DESJATI SFIROT. –
M.: NPF «Tree of Life»,
Publishing Group kabbalah.info, 2003. – 640 pages.

ISBN 5-902172-04-7

Работы Михаэля Лайтмана, автора более 30 книг серии «Каббала. Тайное Учение», переведены на 19 языков мира (www.kab1.com). М.Лайтман является крупнейшим практикующим каббалистом нашего времени.

Учение Михаэля Лайтмана, основанное на исследованиях самых выдающихся каббалистов за всю историю человечества и на собственном опыте Пути, приобрело огромную международную популярность. Более 150 отделений школы М. Лайтмана работают по всему миру.

Материал книги основан на курсе, прочитанном руководителем Международной академии Каббалы равом М.Лайтманом по фундаментальному каббалистическому источнику Талмуду Десяти Сфирот.

В книгу вошли комментарии на I, III и IX части уникального научного труда Бааль Сулама, описывающего зарождение души, ее конструкцию и пути постижения вечности и совершенства.

ББК 87.2

ISBN 978-1-77228-069-2

© М.Лейемен, 2021
© НПФ «Древо ииини»,

ОГЛАВЛЕНИЕ

К читателю	5
Язык Каббалы	7
Предисловие к «Талмуду Десяти Сфирот»	9
Внутреннее созерцание (комментарии к Талмуду Десяти Сфирот, ч.1, «Истаклут пнимит»)	125
Талмуд Десяти Сфирот. Часть 3	263
Талмуд Десяти Сфирот. Часть 9	517
От издателя	631

К ЧИТАТЕЛЮ

Известно, что Каббала является тайным учением. Именно ее скрытность, тайность послужила поводом для возникновения вокруг Каббалы множества легенд, фальсификаций, профанаций, досужих разговоров, слухов, невежественных рассуждений и выводов. Лишь в конце XX столетия получено разрешение на открытие знаний науки Каббалы всем и даже на распространение их по миру. И потому в начале этой книги я вынужден в этом обращении к читателю сорвать вековые наслоения с древней общечеловеческой науки Каббала.

Наука Каббала никак не связана с религией. То есть связана в той же самой степени, что, скажем, физика, химия, математика, но не более. Каббала – не религия, и это легко обнаружить хотя бы из того факта, что никто из религиозных людей не знает ее и не понимает в ней ни одного слова. Глубочайшие знания основ мироздания, его Законов, методику познания мира, достижение Цели творения Каббала скрывала в первую очередь от религиозных масс. Ибо ждала времени, когда разовьется основная часть человечества до такого уровня, что сможет принять каббалистические Знания и правильно использовать их. Каббала – это наука управления судьбой, это Знание, которое передано всему человечеству, для всех народов земли.

Каббала – это наука о скрытом от глаз человека, от наших пяти органов чувств. Она оперирует только духовными понятиями, т.е. тем, что происходит неощутимо для наших пяти чувств, что находится вне их, как мы говорим, в Высшем мире. Но названия каббалистических обозначений и терминов взяты Каббалой из нашего земного языка. Это значит, что хотя предметом изучения науки Каббала являются высшие, духовные миры, но объяснения, выводы исследователь-каббалист выражает названиями, словами нашего мира. Знакомые слова обманывают человека, представляя ему якобы земную картину, хотя Каббала описывает происходящее в Высшем мире. Использование знакомых слов-понятий приводит к недоразумениям, к неправильным представлениям, неверным измышлениям, воображениям. Поэтому сама же Каббала запрещает представлять себе какую-либо связь между названиями, взятыми из нашего мира, и их духовными корнями. Это является самой грубой ошибкой в Каббале.

И потому Каббала была запрещена столько лет, вплоть до нашего времени: развитие человека было недостаточным для того, чтобы перестал он представлять себе всяких духов, ведьм, ангелов и прочую чертовщину там, где говорится совершенно о другом.

Только с 90-х годов XX века разрешено и рекомендуется распространение науки Каббала. Почему? Потому что люди уже более не связаны с религией, стали выше примитивных представлений о силах природы как о человекоподобных существах, русалках, кентаврах и пр. Люди готовы представить себе Высший мир как мир сил, силовых полей, мир выше материи. Вот этим-то миром сил, мыслей и оперирует наука Каббала.

С пожеланием успеха в открытии Высшего мира,
Михаэль Лайтман

ЯЗЫК КАББАЛЫ*

Когда необходимо описать высший мир, неощущаемое пространство, каббалисты используют для описания слова нашего мира. Потому что в высшем мире нет названий. Но поскольку оттуда, как из корня ветви, нисходят силы, рождающие в нашем мире объекты и действия, то для отображения корней, объектов и сил высшего мира, применяются названия ветвей, их следствий, объектов и действий нашего мира. Такой язык называется «язык ветвей». На нем написаны Пятикнижие, Пророки, Святые писания – вся Библия и многие другие книги. Все они описывают высший мир, а не историю еврейского народа, как может показаться из буквального понимания текста.

Все святые книги говорят о законах высшего мира. Законы высшего мира называются Заповедями. Их всего 613. В мере выполнения этих законов, человек входит в ощущение высшего мира, ощущение вечности и совершенства, достигает уровня Творца. Выполнение достигается использованием высшей силы, называемой Высшим светом или Торой. Все книги говорят об обретении веры, под этим в Каббале подразумевается не существование в потемках, а именно явное ощущение Творца.

Желающему войти в ощущение высшего мира ни в коем случае нельзя понимать тексты буквально, а только пользуясь языком ветвей. Иначе он останется в своем понимании на уровне этого мира.

Принятые у религиозных евреев ритуалы, в обиходе также называются заповедями и описываются тем же языком, что и духовные действия и процессы. Ритуалы были введены в народ для оформления границ поведения, позволявших сохранять народ в изгнании.

---

* см. также: «Учение Десяти Сфирот», Вступление.

Кроме истинной, духовной трактовки понятия Заповедь, начинающему необходима адаптация к духовной интерпретации слов: поцелуй, гой, объятие, Израиль, беременноть, иудей, роды, изгнание, народы мира, освобождение, пловой акт, вскармливание и пр. Время постепенно рождает в человеке новые определения и сквозь них начинает ощущаться высший, вечный мир.

Предисловие к Талмуду Десяти Сфирот

ОГЛАВЛЕНИЕ

Предисловие 11
Содержание 15
Предисловие к Талмуду Десяти Сфирот 30

ПРЕДИСЛОВИЕ

Человек «смотрит» только в себя и только изнутри себя постигает окружающий его мир. Он представляет собою закрытую систему, получающую извне только ту информацию, которую могут воспринять его органы чувств. А органы чувств воспринимают только то, что есть в них самих.

Это подобно приемному контуру радиоприемника: из большого количества радиоволн он может принять, т.е. ощутить, только ту, на которую настроен: поскольку параметры этой волны есть в самом приемнике, он ее ощущает, а остальные воспринять не может.

Так и человек может ощутить из окружающего только то, что есть в нем самом. По мере своего развития, приобретения новых ВНУТРЕННИХ свойств (мыслей, понятий, качеств, знаний) человек начинает воспринимать окружающее – то, что и ранее существовало вокруг, но не воспринималось им именно ввиду отсутствия В НЕМ САМОМ подобных свойств.

Поэтому все, что не воспринимается нами, как бы не существует. А развивая в себе новые качества и знания, человек «открывает» для себя все больше и больше нового в том, что его окружает. Всю окружающую действительность, которую он ощущает, человек называет миром.

Если ощущения человека выйдут за рамки обычных, доступных всем, он постигнет более высокие духовные категории, они окажутся в пределах его ощущений, и тогда это будет называться его миром.

Все возможные меры ощущения делятся на несколько частей, или миров. То, что человек воспринимает данными ему от рождения органами чувств, он называет НАШ МИР или ЭТОТ МИР. Если человек может развить в себе свойства, адекватные свойствам более высоких категорий, не данных ему от рождения, то ощущаемое им называется ДУХОВНЫЙ МИР.

Градация обретения внутренних свойств, дающих возможность ощутить более высокие миры, такова, что все, каждый из родившихся в нашем мире, способны ощутить то же, что и другие.

Например, обретя свойства мира Ацилут, все ощутят одно и то же, как и ощущающие только наш мир. Весь процесс и вся цель обучения сводится именно к тому, чтобы взрастить в человеке необходимые ВНУТРЕННИЕ понятия.

В процессе обучения мы начинаем осознавать то, что ранее просто НЕ ВОСПРИНИМАЛИ и потому считали отсутствующим. Все, что входит в человека, как в «черный ящик», все, что воспринимается им, – зависит не от наличия или отсутствия в окружающем, а от свойств самого человека.

Только внутренние свойства человека определяют его восприятие окружающего. И все отличие между всеми творениями состоит лишь в том, насколько каждый вид творения может взрастить В СЕБЕ ощущения окружающего, в мере появившихся в нем соответствующих внутренних качеств.

Творец представляется постигающим его океаном духовного света. Единственное, что Он создал, – это желание ощутить Его. Это желание называется творением. Иными словами, нет ничего, кроме Творца и творения, или света и желания его ощутить. Ощущение Творца вызывает в творении чувство, называемое наслаждением, отсутствие ощущения Творца ощущается как отсутствие наслаждения и называется страданием.

Вся суть творения – желание наслаждения Творцом. Все наши стремления – не более чем неосознанное желание насладиться Им, неосознанное, потому как ввиду наших свойств мы ощущаем не самого Творца, а его одеяния в объекты нашего мира. Различные меры ощущения Творца называются мирами.

Все, что окружает нас, даже в нашем материальном мире, это не более чем воспринимаемые нами различные ощущения Творца, и только от наших ВНУТРЕННИХ свойств зависит, каким ощутить Его или, другими словами, как чувствовать себя в Нем.

Поскольку желание Творца – взрастить человека до ощущения наивысшего совершенства, ощущаемого им как абсолютное наслаждение, взрастить до ощущения самого Творца (без каких-либо одеяний в объекты нашего мира или даже высших миров), – Он создал в человеке возможность развития свойств «человек» до свойств самого Творца, возможность развить себя настолько, чтобы в самом человеке появились качества Творца, которые дадут ему возможность ощутить и познать своего Создателя.

Для этого Творец, желая, чтобы человек постиг Его, т.е. стал выше всего творения, создал в нем абсолютно все, из чего состоит все Им сотворенное. Именно поэтому человек может развить в себе уже заложенные в нем качества и в них постичь как наш мир, так и высшие миры. И поэтому человек называется венцом творения.

Для познания окружающего человек совершенно не нуждается в том, чтобы видеть что-либо вне себя, а находя какое-то качество в себе, в меру его развития, тут же понимает, что происходит вне его. А если нет в человеке свойств из того, что вне его, то он и не ощущает этого.

Но развиваясь, человек может совершенно правильно понять, что думают другие люди, чего желают, как понравиться им, он может постичь мысли другого, исходя из имеющихся в нем самом аналогичных качеств. И достаточно только смотреть в себя, чтобы понять других, потому что все творения одного вида одинаковы и равны, и каждый включает в себя свойства всех. И в каждом человеке заключен весь мир.

Поскольку высшее наслаждение есть ощущение Творца, то единственной возможностью ощутить Его является создание в себе тех же свойств, мыслей, желаний, которые характеризуют Творца.

Именно для этого дана нам Тора, и в каждом поколении Творец предусмотрительно позволяет уже постигшим Его, называемым каббалистами, помогать остальным пройти уже пройденный ими путь. Только в приобретении нами качеств Создателя есть цель всего творения и жизни каждого.

Методика развития в себе этих качеств, дающих возможность почувствовать окружающее нас в его истинном виде, т.е. ощутить все миры и сам Единственный Источник, называется Каббалой, от глагола «лекабэль» – получать, потому как дает возможность изучающему ее человеку получить наслаждение Творцом.

Талмуд Десяти Сфирот венчает собою усилия раби Йегуды Лев Алеви Ашлага передать человечеству лекарство от всех наших страданий, единственная причина которых – отсутствие ощущения Творца.

Хотя раби Й.Ашлаг более известен как единственный создатель полного комментария «Сулам» на всю книгу «Зоар» (за что и получил звание Бааль Сулам), описавший лестницу (сулам), ступени постепенного ощущения Творца, но именно в Талмуд Десяти Сфирот (ТЭ"С) он вложил те духовные силы, с помощью которых хотел помочь нам возвыситься до уровня Творца.

В настоящей статье излагается вольный пересказ предисловия раби Й.Ашлага к ТЭ"С. Для владеющих языком иврит, желающих параллельно изучать оригинал, оставлена нумерация пунктов оригинала.

Предисловие состоит из двух частей: пп. 1-37 – предисловие к 1-й части Талмуда Десяти Сфирот, пп. 38-156 – предисловие ко 2-й части Талмуда Десяти Сфирот. Но при сдаче в печать раби Ашлаг объединил обе части в общее предисловие к ТЭ"С.

Опыт преподавания показывает, что начинающим трудно понять логический причинно-следственный характер духовного развития человека: от ощущения окружающего мира до ощущения Творца. Помочь в этом призвано написанное мною «Содержание», предваряющее пересказ статьи раби Й.Ашлага.

СОДЕРЖАНИЕ

1 – надуманные, стандартные возражения изучающих открытую Тору против изучения Каббалы вследствие непонимания, что Каббала, как и вся Тора, дана для достижения цели творения.

2 – Тора обращена только к тому, кто не находит удовлетворения в своем существовании и ищет цель жизни.

3 – Тора отвечает на вопросы о цели жизни и причине страданий. Цель жизни в ощущении Творца, страдания – только для приведения человека к этой цели.

4 – Творец притягивает к себе ощущением покоя среди страданий. Человек должен постоянным усилием пытаться ощущать во всем проявление управления Творца. Очищение тела – это избавление от эгоистических мыслей, вера в Творца и в Его управление, стремление доставить Ему радость. Выбор состоит в том, чтобы в каждый момент выбрать только эту мысль. Творец помогает выбрать, посылая страдания и проблеск покоя в мыслях о Нем. Таким образом, выбор человека сводится только к усилиям воли удерживать мысль об управлении им Творцом.

5 – достичь цели, ощущения Творца, называемой жизнью, можно только полностью освободившись от эгоистических желаний, мыслей о собственной выгоде. Тора указывает, как это сделать: ограничивать себя даже в самом необходимом – хлебе, воде, сне и устремляя все мысли к возможности порадовать собою Творца. Достичь такого состояния, будучи еще в нашем мире, и есть цель всех кругооборотов жизней человека.

6 – в результате подобных самоограничений человек постепенно отвыкает от всех запросов тела, кроме самых минимальных, которые получает вследствие необходимости поддерживать свое существование, у него пропадает желание услаждать тело, и человек начинает ощущать наслаждение от намерений радовать Творца.

7 – путь человека состоит из двух частей. Вначале «Путь Торы» – в страданиях оторваться от желаний наслаждаться этим миром. Затем «Получение Торы» – оторвавшись от эгоистических желаний насладиться, мыслить только с намерением порадовать Творца. От этого человек получает огромное духовное (альтруистическое) наслаждение, что и есть цель творения.

8 – отличие земных наук от Торы в том, что их цель в постижении этого мира, и потому они не требуют от человека самоисправления.

9 – цель творения состоит в том, чтобы человек, находясь в этом мире, закончил Путь Торы, освободился от эгоизма, бескорыстно служил Творцу, радуя Его своими деяниями.

10 – только после освобождения от эгоизма, исправления своего тела – желаний самонасладиться, человек удостаивается света Торы – ощущения Творца и может начать заниматься самой Торой – альтруистическими действиями сближаться с Творцом, все более радуя Его.

11 – поскольку Путь Торы, путь полного самоограничения, чрезвычайно труден, уже 16 веков назад мудрецы Талмуда сделали особое духовное исправление в мирах, и с тех пор очищение от эгоизма можно совершить не самоотречением от всего самого насущного, а изучением Торы с целью самоисправления, потому что в Торе скрыт свет, способный при правильном намерении и вере человека в эту силу исправить его без наложения на себя страданий и ограничений. Прохождение пути Торы верой – это возможность пройти его легче и быстрее, чем постепенно привыкая к страданиям и ограничениям до полного исчезновения эгоизма. Но вера должна быть в Творца, в Тору как силу, способную привести его к цели, – в то, что все происходящее исходит от Творца и дается человеку только для его свободного выбора: отторгнуть ежесекундные эгоистические мысли и принять из всех мыслей только одну – желание радовать собою Творца. И чем больше его вера вопреки страданиям, чем больше его усилия верить, тем больше свет Торы помогает ему.

12 – для прохождения пути Торы верой необходимо вначале приобрести веру. Те, кто использует занятия Торой не по их единственному назначению – для обретения веры в Творца, Его управление, для избавления от эгоизма, еще больше удаляются от Творца, становясь гордецами, требующими почестей и званий за свои знания.

13 – тому же, кто ищет сближения свойств с Творцом, веры в Творца и Его управление, кто желает почувствовать в себе Творца, чтобы желания Творца диктовали все его поступки, тому занятия Торой помогают прийти к желаемой цели.

14 – из того, сколько человек уделяет свободного времени для поиска в Торе сил для самоисправления и обретения веры, видно, велика ли его вера в силу Торы спасти его. Если все свое свободное время и силы отдает этому, то, значит, его вера в Тору совершенна.

15 – человек достигнет цели в результате учебы, только если он верит в силу Торы, в управление Творца, в то, что все происходящее с ним посылается Творцом как возможность открыть, ощутить Его.

16 – только с условием, что человек верит, разрешили мудрецы Талмуда изучать Тору, только при этом условии действует сделанное ими в духовных мирах то особое исправление, позволяющее использовать силу Торы вместо ограничений и страданий для избавления от эгоизма.

17 – приступающий к изучению Торы обязан задаться целью приобрести веру в Творца, в Его управление, чтобы это было вознаграждением за его усилия, а не приобретением знаний и званий.

18 – не может человек оправдывать свои поступки тем, что таким плохим его создал Творец, поскольку получил Тору как средство исправления. Если не достиг цели изучения Торы – наслаждения ощущением Творца, значит, поленился дать количество или качество требуемых для этого усилий.

19 – изучение Каббалы предпочтительнее изучения открытой Торы (пшат), потому что Каббала говорит непосредственно о цели творения, управлении, исправлении человека, и во время учебы легко удержать внимание именно на той цели, для которой дана Тора. Кроме того, изучая ее, человек вызывает на себя воздействие окружающего света (см. п.155). Если человек изучает открытую Тору 3 года и не достиг цели, обязан перейти к изучению Каббалы, потому как, продолжая заниматься открытой Торой, цели уже не достигнет.

21 – каждый человек в мире может и обязан достичь цели творения и для этого не должен обладать никакими особыми данными, а только обрести страх перед Творцом и выполнять Его указания.

22 – если менее 3 лет занимается Торой, может продолжать свои занятия, но если более 3 лет – и не достиг ли шма, обязан перейти к изучению Каббалы, но часть времени уделять изучению выполнения ежедневных Заповедей.

23 – если, изучая не менее 3 лет открытую Тору, не достиг цели, причина только в отсутствии нужного намерения во время занятий, а не в отсутствии каких-то особых способностей. Поэтому обязан перейти к изучению Каббалы, потому что именно ее изучение создает в человеке нужное намерение.

24 – перейдя к изучению Каббалы, должен продолжать изучать открытую часть Торы для знания выполнения повседневных Заповедей. Заменить изучение открытой части Торы изучением Каббалы – имеется в виду заменить только то, что человек изучал не для знания повседневного выполнения Заповедей, а для исправления себя с помощью Торы.

25 – автор обращается к читателю: если ты изучаешь открытую Тору менее 3 лет, то еще можешь надеяться на успех. Но если более – знай уже ясно, что цели не достигнешь и обязан перейти к изучению Каббалы.

26 – изучать Талмуд можно в двух случаях: если учишь менее 3 лет; если уже достиг цели и вся Тора стала для тебя откровением Творца.

27-29 – две части в Каббале: тайная и явная. Тайную часть каббалист обязан еще более скрывать, а явную часть каббалист обязан раскрывать, популяризировать, потому как именно от ее раскрытия всеми и зависит исправление мира и приход всего человечества к совершенному существованию.

30 – во всех книгах Каббалы говорится только о части, называемой «вкус Торы», которую можно и обязаны раскрывать всем, от раскрытия которой зависит исправление и освобождение всего человечества.

31 – освобождение человека и человечества от страданий зависит от раскрытия света Торы, что возможно только массовым изучением Каббалы.

32 – изучение Торы начинается с намерением получить вознаграждение. Но как человек может начать изучать с иным намерением? Ведь именно чтобы исправить свое намерение, он изучает Тору?

33 – если поневоле желает вознаграждения, но цель изучения – достичь бескорыстного служения, то «служанка называется

Содержание

чистой, приводящей к госпоже» – ощущению Творца. И только поэтому мудрецы разрешили изучать Тору как средство исправления вместо страданий и ограничений. Но если изучает только потому, что такова Заповедь Творца, еще более удаляется от цели.

34 – раскрытие Творца (свет мудрости, ор хохма) происходит только в исправленных ощущениях (свет милосердия, ор хасадим). Поэтому необходимо прежде всего достичь альтруистических свойств, подобия Творцу.

35 – но если человек продолжает заниматься открытой Торой более 3 лет, хотя и не достиг цели, совершенно уходит от того главного, ради чего дана Тора.

36 – массы могут выйти из духовного изгнания, только изучая Каббалу.

37 – если человек изучает Каббалу для исправления своей природы, он не представляет духовные объекты и миры как нечто существующее в некоем пространстве, не материализует духовное, а изучает все как происходящее внутри него.

38 – почему человек обязан изучать Тору ли шма, т.е. учение должно быть ради Торы, а не ради Творца?

39 – потому что Тора называется жизнью, и изучающий ее должен ставить своей целью найти высшее духовное наслаждение, силы, радость. А если не достигает этого, Тора становится ядом смерти.

40 – сказано: «старался работать – и нашел» – старался в изучении Торы с намерением достичь исправления и нашел... Почему нашел, а не получил, заработал? Ведь «нашел» говорится тогда, когда, не прикладывая усилий, вдруг обретают что-то неожиданное.

41 – «нашел» – имеется в виду, что человек находит Творца: Творец скрывается в Торе и вследствие усилий человека открывается ему.

42 – причина всех наших страданий в незнании управления Творца.

43 – если бы человек немедленно получал награду или наказание, все бы поневоле выполняли волю Творца.

44 – но поскольку управление неощущаемо, то его понимание поможет нам, как и непонимание управления приводит нас к страданиям.

45 – четыре ступени ощущения управления: двойное скрытие (полное неощущение), простое скрытие (ощущение

неявного вознаграждения и наказания), раскрытие (постижение вознаграждения и наказания – зависимая любовь), вечность (абсолютное добро – независимая любовь).

46 – двойное скрытие Творца есть скрытие того, что есть управление, но оно скрыто. Вследствие этого человек не верит в управление.

47 – «лицо Творца» – означает ощущение Его самого, а потому как Он является Источником наслаждения, то лицо Его означает ощущение наслаждения (радости, совершенства, здоровья и пр.).

48 – «спина Творца» – означает неощущение Его, что вызывает в человеке ощущение страдания (депрессии, боли, напряжения, страха и пр.). Простое скрытие означает, что человек одновременно со страданием ощущает, что причина этого в скрытии Творца.

49 – увеличение страданий приводит человека к потере ощущения, что страдания исходят от скрытия Творца, и он начинает верить в другие источники своих ощущений (окружающих, природу, случай и пр.), что называется поклонением идолам, потому как источник всего – Творец.

50 – в простом скрытии Творца человек верит, что его страдания являются следствием скрытия Творца от него, поскольку он своими свойствами удален от Творца.

51 – простое скрытие – это вера в то, что страдания исходят от Творца. Страдания приводят к прегрешениям, но человек считается незаконченным грешником, потому что прегрешения эти – как бы оплошности, совершенные вследствие страданий, которые отвлекают от мысли, что эти страдания исходят от Творца. Таким образом когда страдания возрастают, человек не может удержаться в вере в Творца и нарушает Его желания.

52 – двойное скрытие – это неверие в Творца как Источник всех ощущений и мыслей, т.е. неверие в вознаграждение и наказание. Прегрешения в таком случае определяются как намеренные, а человек поэтому называется законченным грешником.

53 – только в скрытии Творца есть свобода у человека верить в Его управление вознаграждением и наказанием, выполнять Его желания или нет. Ведь вследствие неощущения Творца человек находится в постоянных сомнениях в Нем и Его управлении. Только приложив все усилия для достижения веры в управление, человек открывает для себя Творца.

54 – когда человек приложил все свои усилия для достижения веры в управление Творца на ступенях 1 и 2 (двойного и простого скрытия), Творец открывается ему, и вследствие ощущения Творца человек всеми силами стремится к Нему.

55 – открытие Творца означает немедленное ощущение наслаждения при исполнении Заповедей (желаний Творца) и осознание вознаграждения, которое получит после смерти, в будущем мире, или ощущение страдания в момент прегрешения (нарушения воли Творца) и осознание наказания в будущем мире, отчего есть полная уверенность в том, что уже не согрешит, и стремится только к выполнению Заповедей.

56 – таким образом, открытие Творца человеку есть гарантия того, что человек впредь будет праведником, и потому называется «свидетельством Творца».

57 – поскольку стремление (возвращение) к Творцу и уверенность в праведности исходит от страха наказания, то оно называется возвращением от страха.

58 – возвращение от страха обращает намеренные прегрешения в ненамеренные, в оплошности, потому как намеренные прегрешения есть следствие абсолютного (двойного) скрытия Творца, вызывающего в человеке неверие в управление вознаграждением и наказанием.

59 – возвращение от страха дает человеку ощущение управления вознаграждением и наказанием, чего не хватало ему в двойном скрытии Творца, и потому исправляет его прошлые намеренные прегрешения в ненамеренные – тем, что видит, что страдания его были наказанием за намеренные прегрешения.

60 – но оплошности прошлого не исправляются возвращением от страха, потому как и ранее верил, что его страдания есть наказания.

61 – поскольку он еще должен исправить прошлое, то называется незаконченным праведником.

62 – поскольку достиг страха, но еще не достиг любви, называется «средний», и в состоянии достичь любви к Творцу.

63 – «средний», возвратившийся страхом, получает свидетельство Творца о невозвращении в скрытие, а его намеренные прегрешения обращаются оплошностями.

64 – 4-я ступень постижения управления – ощущение абсолютно доброго отношения Творца ко всем – дает человеку

возможность возвращения из любви, обращение намеренных прегрешений в заслуги и звание совершенного праведника.

65 – почему недостаточно человеку стать «средним» и выполнять волю Творца?

66 – любить не заставишь, но выполняя 612 Заповедей, человек поневоле проникается любовью к Творцу.

67 – но если любовь приходит сама, достаточно ли указания выполнять 612 Заповедей?

68 – все свойства человека, все, что происходит с ним, необходимо для духовного развития человека до 4-й ступени.

69 – любовь к Творцу подобна земной любви. В любви к Творцу есть последовательные четыре ступени.

70 – 1-я ступень – это зависимая любовь, рождающаяся от получаемых наслаждений (при этом остаются воспоминания о прошлых страданиях из-за любимого). 2-я ступень – осознание, что никогда любимый не причинял страдания.

71 – отсутствует в оригинале.

72 – 3-я ступень – это независимая любовь, рождающаяся из знания того, что любимый абсолютно добр к нему. Но любовь еще несовершенна, потому что не знает отношения любимого ко всем остальным.

73 – 4-я ступень – это совершенная независимая любовь, и она – следствие знания совершенства и абсолютной доброты любимого ко всем.

74 – эти четыре ступени земной любви есть и в отношении к Творцу, но тут они становятся ступенями последовательного слияния с Творцом.

75 – испытывая страдания от двойного и простого скрытия Творца, как может человек прийти к зависимой любви, рождающейся вследствие получения наслаждений?

76 – хотя вознаграждение человек получает после смерти, в будущем мире, но видит его в этом мире.

77 – но как может человек увидеть духовный, будущий мир и вознаграждение в нем?

78 – для этого Творец открывает человеку глаза. Но пока не удостоился этого, обязан считать себя грешником.

79 – даже если выполняет всю Тору, но не видит будущий мир, обязан считать себя грешником.

80 – период скрытия Творца дается человеку для свободы своими усилиями прийти к вере в Творца и Его управление.

Содержание

81 – все вознаграждение полагается человеку только за его усилия в состоянии скрытия Творца (если может в этом состоянии верить в Творца и выполнять Его желания), а величина вознаграждения равна величине усилий и равна величине страданий в выполнении Заповедей в состоянии скрытия.

82 – до открытия Творца человек не в состоянии выполнить Заповеди любви и страха и выполняет максимум 611 Заповедей.

83 – открытие Творца является человеку свыше, и он видит вознаграждения за усилия, ждущие его в будущем мире, и потери от прегрешений.

84 – хотя не получает вознаграждение в этом мире, но видя, что получают за выполнение Заповедей в будущем мире, ощущает огромное наслаждение уже сейчас при выполнении Заповедей.

85 – открытое управление гарантирует выполнение Заповедей и избежание прегрешений и приводит к возвращению из любви и получению звания совершенного праведника.

86 – выполняя все Заповеди, кроме страха и любви, ощущаемые только им, человек кажется всем окружающим совершенным праведником, но обязан достичь этого в своем постижении.

87 – открытое управление не делает человека совершенным праведником, потому как он выполняет требуемое из страха и выгоды.

88 – окружающие, видя, что человек выполняет все, кроме страха и любви, чего они видеть не могут, считают его совершенным праведником, но человек обязан не верить этому и проверить, кто же он.

89 – видения будущего вознаграждения достаточно, чтобы человек проникся любовью к Творцу зависимой любовью, выходя из скрытия Творца.

90 – выполняя Заповеди ради вознаграждения, человек постепенно постигает, что управление Творцом абсолютно доброе и достигает независимой (от вознаграждения) любви, намеренные прегрешения обращаются в заслуги, и он становится совершенным праведником.

91 – достигнув 3-й ступени постижения управления, управления вознаграждением и наказанием, ты еще несовершенный праведник, потому что недостает выполнения Заповеди любви.

92-93 – заповедь любви невозможно выполнить, но прилагая усилия в Торе, человек достигает открытия Творца и Его управления.

94 – невозможно достичь ощущения Творца, не приложив определенное количество усилий.

95 – открытие Творца, ощущение Его дает человеку высшее наслаждение и силы, помогает обрести жизнь. Поэтому и изучение Торы должно быть для обретения жизни, во имя Торы, т.е. ли шма.

96 – сливаясь с Творцом, человек становится исполнителем воли Творца всеми своими желаниями.

97 – поэтому во время занятий Торой человек обязан искать в ней открытие Творца и Его управления, и каждый способен достичь этого.

98 – к любви нельзя обязать, но приложив необходимые усилия, человек достигает открытого управления Творца и любви к Нему.

99 – теперь понятно, как может быть Тора ядом смерти и как может именно в ней скрываться Творец.

100 – Творец скрывается в Торе, чтобы просили его открыться именно из состояния скрытия.

101 – страдания человека, ощущающего скрытие Творца, по мере его усилий в Торе увеличиваются, подгоняя его к необходимым усилиям для открытия Творца.

102 – изучающий не для того, чтобы ощутить Творца, постепенно входит в двойное скрытие, и для него Тора становится ядом смерти.

103 – человек определяет, какую Тору он учит: если Творец скрыт еще, Тора называется скрытой (тайной), если открылся ему Творец, Тора называется открытой.

104 – вследствие открытия Творца человек видит уготованное ему в будущем мире вознаграждение, ощущает доброту Творца и проникается любовью к Нему.

105 – абсолютная любовь рождается пониманием, что страдания, пережитые в скрытии Творца, были добром, а не злом.

106 – возвращение любовью обращает все намеренные прегрешения в заслуги.

107 – страдания в скрытии Творца приводят к прегрешениям, как намеренным, так и оплошностям. Открытие Творца обращает все прошлые прегрешения в заслуги, и человек, видя вознаграждение, радуется прошлым страданиям.

108 – человек сожалеет, что не страдал больше, чем выпало ему страдать в прошлом скрытии Творца.

109 – обратив прегрешения в заслуги и показывая вознаграждения за них, Творец вызывает в человеке чувство зависимой любви.

110 – но как достичь независимой любви? Человек обязан видеть себя наполовину праведником и наполовину грешником и понимать, что его действие склонит весы деяний его и всего мира к заслугам или наказанию. Но всегда ли это верно?

111 – дополнение: обязан видеть весь мир состоящим наполовину из праведников и наполовину из грешников.

112 – но если он грешник, как может видеть себя наполовину праведником? И любой, прегрешив, склоняет весь мир к наказанию?

113 – неужели никто в мире не выполнил Заповеди любви, чтобы склонить мир к заслуге... Но говорится о достигшем зависимой любви, ощущающем себя праведником. Человек должен верить, что он «средний» (наполовину праведник-грешник), не выполнивший одну Заповедь – любви.

114 – возвращение из страха не исправляет прошлые страдания и прошлые прегрешения (они обращаются в оплошности).

115 – не достигший Заповеди любви обязан видеть себя «средним»: до возвращения из страха – грешник, после – праведник.

116 – возвращение из любви обращает все прошлые страдания и прегрешения в наслаждения и заслуги, что называется склонением чаши.

117 – даже «средний», имея гарантию Творца о непогрешимости, может согрешить, и пропадет открытие Творца, склонит себя к наказанию, потому как пропадет половина с момента открытия Творца.

118-119 – склонить весь мир к заслуге означает познать, что управление Творцом доброе всегда и ко всем. Вследствие этого человек достигает абсолютной, независимой любви к Творцу.

120 – «средний», возвратившийся из страха, выполнив еще одну Заповедь любви, обратит все прошлые прегрешения в заслуги, а страдания в наслаждения, будто и не было прегрешений, отчего становится совершенным праведником.

121 – возвратившийся из любви постигает, что весь мир получает от Творца только добро, и достигает также слияния с Творцом.

122-123 – человек обязан страдать страданиями общества как своими.

124 – грешник, «средний», праведник – не говорится о разных людях, а о состояниях одного человека: грешник до возвращения из страха, возвратившись из страха – «средний» или несовершенный праведник, и совершенный праведник – если возвратился из любви. И все должны последовательно пройти эти состояния.

125 – достичь 4-й ступени любви можно, только убедившись в будущем открытии Творца всему миру, и тогда человек склоняет весь мир к заслугам, и если страдал страданиями мира, то обращает их в наслаждения, как ранее свои, – настолько, что жалеет, что мало страдал. Только тогда он называется совершенным праведником.

126 – «средний», если не страдал страданиями общества, не может возвратиться из любви, и прегрешения его не обратятся в заслуги и не сможет радоваться своему будущему вознаграждению.

127 – «средний» (грешник за неисправленное прошлое и праведник за исправленное будущее) может исправить свои прегрешения только возвращением из любви.

128 – «средний», не страдавший с обществом, не может возвратиться из любви, обращающей его прегрешения в заслуги, а страдания в наслаждения, и ощущает в прошлом плохое управление Творцом. То есть страдания с обществом необходимы для достижения любви и ступени совершенного праведника.

129 – каждый обязан пройти состояния «законченный грешник» – вследствие двойного скрытия Творца, «незаконченный грешник» – от простого скрытия. Грешником называется потому, что ощущает грешным, плохим управление Творца собой и всем миром. И этим ощущением склоняет себя и весь мир к наказанию.

130 – ощущающий 1-е открытие Творца, возвращение из страха, называется «средним»: грешник за прошлое, праведник за будущее и за то, что не может склонить чашу правосудия ни в какую сторону.

131 – ощущающий 2-е открытие Творца – возвращение из любви – обращает все прегрешения в заслуги и потому склоняет к заслуге управление Творца и называется праведником.

132 – даже в состоянии скрытия большим желанием, усилиями и верой в управление человек временно получает ощущение, открытие Творца.

133 — хотя свобода воли есть только в состоянии скрытия Творца, настоящая работа начинается только после открытия Творца (как стремящийся работать на царя, только войдя внутрь дворца, начинает работу).

134 — скрытие после исправления само обращается в раскрытие.

135 — Тора — это имена Творца, ощущение Творца человеком. В зависимости от того как человек ощущает Творца, так он Его называет. Но ведь в Торе есть плохие и грубые слова?

136 — ощущение Творца исходит от Него и, постепенно огрубляясь по ступеням миров, ощущается человеком в нашем мире.

137 — Тора, свет, Творец — это одно и то же, но все зависит от того, на какой ступени человек ощущает Творца. В нашем мире человек ощущает Его только в грубых одеяниях нашего мира.

138 — одеяния Торы на разных ступенях-мирах разные, но она сама, сам Творец — не меняются. Именно грубые одеяния, сильное скрытие Творца при исправлении рождает большое Его раскрытие.

139 — чем больше эгоизм человека, тем большее раскрытие возникает при его исправлении.

140 — в грубых одеяниях Торы нашего мира скрыт тот же Творец, что и в Торе мира Ацилут. При достижении 4-й ступени — возвращения из любви — именно грубые одеяния раскрывают Творца.

141 — ощутить Творца можно только в Торе, а не постами и обетами.

142 — Тора состоит из четырех понятий (категорий): 1. Мир. 2. Год. 3. Душа. 4. Управление миром, годом, душой.

143 — Мир — неживая и растительная природа. Душа — люди и животный мир. Год — развитие поколений от причины к следствию. Управление — пути существования трех предыдущих понятий.

144 — все четыре категории нисходят от Творца последовательно по четырем мирам — Ацилут, Брия, Ецира, Асия, — не изменяясь. Поэтому все, что находится и происходит в нашем мире, исходит из Творца.

145 — Творец, одеваясь в четыре категории, скрывает себя. Четыре категории в нашем мире Асия называются открытой Торой. Четыре категории в мирах Ецира, Брия, Ацилут называются Каббалой.

146 – если человек ощущает скрытие Творца, Творец скрывается в Торе, – определяется, что он занимается открытой Торой. Если достигает открытия Творца, одеяния открытой Торы одухотворяются, и Тора становится Торой мира Ецира – Каббалой. Чем больше одухотворяются одеяния Торы, тем более раскрывается Творец, но четыре категории остаются.

147 – Тора скрывала Творца, потому что человек грешил и получал наказания в виде запретов. Открытием Творца он возвратился из любви, прегрешения от запретов превратились в заслуги, т.е. сами скрытия раскрывают свет. Занимающийся своим уровнем постижения определяет, какую Тору он учит: открытую Тору или Каббалу.

148 – АГР"А: человек начинает с тайной, скрытой (нистар) Торы, где скрывается Творец, и приходит к открытой Торе, потому что одеяния снимаются (пшат от слова «митпашет») и открывается (нигле) Творец.

149 – есть связь четырех чистых миров, четырех нечистых миров, четырех ступеней постижения управления, четырех ступеней любви.

150 – постижение управления:

МИР АСИЯ: Двойное скрытие Творца – хорошее смешано с плохим и не ощущается, 1-я ступень постижения управления. Простое скрытие Творца – ощущение плохого больше, чем хорошего, 2-я ступень постижения управления.

МИР ЕЦИРА: 1-е открытие Творца – возвращение из страха, 1-я ступень любви, зависимая любовь, ощущает прошлые страдания и будущие наслаждения, т.е. наполовину хорошо-плохо, «средний», полуправедник, полугрешник, 3-я ступень постижения управления.

МИР БРИЯ: 2-е открытие Творца – 2-я ступень любви, зависимая любовь, возвращение из любви, выполнил одну Заповедь и не ощущает плохого прошлого с любимым, склоняет себя к заслугам, ощущает больше хорошего. 3-е открытие Творца – 3-я ступень любви, 1-я ступень независимой любви, невечная любовь – поскольку еще не склонил весь мир к заслугам, т.е. немного плохого (любовь не вечна), но не ощущается, потому что не видит плохого отношения Творца к другим, но не знает, а может быть, есть!

МИР АЦИЛУТ: 4-е открытие Творца – полное и необратимое открытие Творца – 4-я ступень любви, 2-я ступень –

независимая любовь, вечная любовь – поскольку склонил весь мир к заслугам, поэтому нет плохого.

151 – четыре нечистых мира состоят, соответственно, из неисправленного в противоположных им чистых мирах и этим «совращают» человека:

Нечистый мир Асия: рождает двойное и простое скрытие Творца и этим склоняет к прегрешениям.

Нечистый мир Ецира: склоняет «среднего» решить в сторону наказания.

Нечистый мир Брия: против того, от чего зависит зависимая любовь.

Нечистый мир Ацилут: против склонения всего мира к заслугам, что находится в мире Брия.

152 – поэтому нечистый мир Ацилут находится против чистого мира Брия. Против чистого мира Ацилут нет нечистых сил, потому что вследствие открытия Творца знает Его полностью.

153 – нечистые миры АБЕ"А состоят из недостатков чистых миров АБЕ"А.

154 – каббалистические книги написаны для уже постигших открытие Творца. Но зачем им изучать то, что они видят сами? Человек постигает только то, что связано непосредственно с ним. Изучая книги, он постигает мир, в котором находится в полном объеме.

155 – зачем же изучать еще непостигающим? Изучая, человек возбуждает воздействие на себя скрытого, окружающего света, который исправляет и продвигает к ощущению Творца.

156 – но необходима чрезвычайная осторожность – где и по каким источникам учиться, иначе возможна материализация, овеществление духовного, полное искажение понимания, не приводящее к ощущению Творца.

ПРЕДИСЛОВИЕ К ТАЛМУДУ ДЕСЯТИ СФИРОТ

1. Прежде всего, я считаю необходимым разрушить железную стену, существующую уже 2000 лет – со времени разрушения Храма и вплоть до нашего поколения, – между нами и Каббалой, что крайне отягчает наше существование и вызывает тревогу: как бы вовсе не исчезла эта наука.

Как утверждают каббалисты («Предисловие к книге «Зоар», п. 61), причина всех наших несчастий – как мировых, так и личных – только в том, что мы не пользуемся инструкцией, данной нам Творцом для достижения цели нашего существования.

Поэтому вопрос не в том, что исчезнет Каббала как наука, а в том, что поскольку весь мир создан и существует только для духовного возвышения, сближения с Творцом, то если Каббала, являющаяся руководством к достижению этой цели, полностью исчезнет – мир продолжит свой путь к той же цели, но только путем страданий, без всякого смягчения с помощью каббалистов.

Но когда обращаешься к сердцу человека о пользе занятий Каббалой, слышатся следующие возражения: «А зачем мне знать, сколько ангелов на небе и как зовут каждого?» Этот вопрос возникает из заблуждения, что Каббалу изучают для того, чтобы знать, а не для того, чтобы изменить себя.

«Неужели я не могу выполнять всю Тору во всех ее требованиях без этих знаний?» – этот вопрос задают потому, что согласно полученному воспитанию человек считает, будто механическое выполнение заповедей и есть то, чего требует от нас Творец.

Хотя четко сказано, что безразлично для Творца, как убивают скотину – с шеи ее режут или с горла, – ведь даны Заповеди только для того, чтобы очистить человека!

«Но запретили мудрецы изучать Каббалу тем, кто не достиг возраста 40 лет» (еще одно распространенное возражение): этот запрет исходит из того, что в Каббале число «40» означает зрелость, и этим каббалисты как бы говорят, что только тот, кто достиг душевной зрелости и понимает, для чего ему дана Тора, имеет право заниматься Каббалой. Хотя великий каббалист АР"И разрешил изучать Каббалу всем.

«Ведь разрешили мудрецы изучать Каббалу только тем, кто наполнился изучением Талмуда? А кто может утверждать, что изучил всю открытую Тору и только тайная Тора осталась не изученной им?» – этот вопрос и ответ на него, как и ответы на все остальные вопросы, мы разберем в ходе изучения настоящего предисловия.

Известны случаи в прошлых веках, что вследствие изучения Каббалы люди становились неверующими! «Чем такое, уж лучше я спокойно просуществую, как все, и как все, получу в будущем мире то, что мне положено, зачем мне отличаться от других и подвергать себя такой опасности?» – обычный ответ приученного механически выполнять заповеди, для выполнения которых (поскольку стали его второй природой) не требуется приложения никаких усилий, а наоборот: если не выполняет чего-либо, ощущает страдание, потому что действует против своей природы.

«Даже проявляющие интерес к Каббале советуют изучать ее только преданным Творцу, а не каждому, кому вдруг захочется!» – это возражение от неправильного толкования слов «преданные Творцу», которые на самом деле означают не тех, кто уже достиг такого состояния, а тех, кто желает его достичь, потому как находящийся уже в таком состоянии, сам и на себе, без изучения Каббалы, постигает все духовные миры.

Но как пишет великий АР"И, начиная с его поколения, Каббалу могут изучать все желающие. А рав Кук пишет, что если человек желает знать, сколько ангелов есть на небе, то не надо ему изучать Каббалу, но если он желает знать, как работать на Творца, то кто бы он ни был, он может изучать Каббалу, потому что относится к Торе и выполнению заповедей не как к работе, за которую получают вознаграждение, а как пишет Эвэн Эзра: все заповеди даны только для очистки сердца, как средство исправления.

«Посмотри на всех верующих нашего поколения, и ты увидишь, что все они согласны со мной в том, что не занимаются Каббалой, а также отвечают спрашивающим их, что без всяких сомнений предпочтительней открыть Талмуд» – это главное возражение, потому что человек смотрит на других, не желает, боится выделяться, считая, что не могут ведь все ошибаться: предводители его поколения и предводители прошлых поколений в течение 2000 лет. «Ведь хотя мы не изучаем Каббалу, но сохраняемся как народ. Оставим же решение изучать ее или нет, а пока будем поступать как все!»

Как отличны эти отговорки от слов великого раби Пинхаса из Корица: «Только «Зоар» удержал меня в иудаизме!» И это сказал один из основателей хасидизма!

2. К этим возражениям мы еще вернемся, но дело не в них. Возражает человек, которому безразлично, который считает, что занятия Каббалой ему ничего не прибавят, который уверен, в силу своего воспитания, что за чисто механическое выполнение заповедей он получит то, что ему положено, и не должен быть лучше других, которые просто не могут поступать вопреки своему воспитанию, каким бы оно ни было, потому что воспитание превращает его в того, кем он стал, – исполнителя, и только.

В своем дальнейшем описании раби Й.Ашлаг вообще не обращается к тем, кто использует любые доводы против изучения Каббалы, а обращается только к тем, чье сердце откликается на его призыв.

Поэтому не будем сейчас разбирать их возражения, а зададим себе вопрос, который часто возникает у нас, но, несмотря на это, поражает нас и всегда застает врасплох, застает неподготовленными к нему, – вопрос, от которого абсолютно все возражения, как вышеперечисленные, так и иные, исчезают как дым, вопрос, встающий перед каждым посетившим сей мир: «Для чего я живу? Что дают мне эти так тяжело проходящие годы моего существования, за которые так дорого мне приходится платить, где множество страданий никак не перекрываются немногими радостями, пока не заканчивает человек в полном изнеможении свое существование!» Над этим вопросом задумывается каждый, и, конечно, великие умы в течение всех поколений поневоле или в искреннем желании исследовали его.

Но так или иначе, он, как и прежде, встает перед каждым во всей своей горечи, зачастую застигает нас врасплох и унижает отсутствием ответа, пока удается нам найти всем известное «решение» – закрыв на него глаза, забыться, продолжать влачить свое существование, как и вчера.

3. Но именно как ответ на этот вопрос сказано в Торе: «Познай Творца, и увидишь, насколько это прекрасно». Потому что те, кто выполняет заповеди Творца в их истинном смысле, т.е. с альтруистическим намерением «ради Творца», ощущают вкус жизни, и они видят и утверждают, что ощущение Творца – это самое большое наслаждение, для которого и создан человек. Таким образом, ответом на все вопросы может быть только достижение ощущения Творца!

Но те, кто еще не вкусил этого наслаждения, вкус настоящей жизни – выполняя желания Творца наслаждаться ради Него с альтруистическим намерением, – не в состоянии понять и почувствовать, насколько прекрасно такое существование, ведь весь замысел Творца в создании человека именно в том и состоял, чтобы человек ощутил Его, еще будучи в этом мире, и таким образом вошел в полное бесконечным наслаждением существование.

Поэтому нет иного совета, как найти смысл жизни, кроме достижения цели творения – выполнять желания Творца, называемые Заповедями, с альтруистическим намерением ради Него, называемым ли шма или лефи алаха.

И поэтому сказано в Торе (недельная глава «Нэцавим»): «Смотри, дал Я сегодня тебе жизнь и хорошее, смерть и плохое» – То есть до тех пор, пока человек не дошел в своем духовном развитии до состояния «получение Торы», нет у него свободы поведения, он является рабом своей эгоистической природы, что называется «смерть и плохое», потому что не ощущает вечные духовные наслаждения, как сказано: «Живые грешники называются мертвыми», потому что лучше смерть, чем такая жизнь, поскольку страдания и боль, которые испытывают, влача свое существование, намного превосходят немногие наслаждения, ощущаемые ими в такой жизни.

Но те, кто выполнением Заповедей с намерением выполнения их «ради Творца», а не ради собственной выгоды, достигает «получения Торы» – ощущения Творца, уже видят в этом смысл своего существования, постигают настоящую жизнь, полную радости и наслаждения, как и призывает Тора: «Вкусите и увидите, как прекрасен Творец».

И потому сказано: «Вот видишь, даю я тебе (мертвому, потому что существование без ощущения света, Творца, определяется как смерть) сегодня жизнь (ощущение Творца, духовного света) и хорошее, чего не было у тебя до вручения Торы (получения света, ощущения Творца)».

И далее следует призыв Творца: «Выбери (выполняя Заповеди – желания Творца с альтруистическими намерениями) жизнь (ощущение света, Творца), чтобы жил (в вечных наслаждениях и радости) ты и твое потомство (твои будущие состояния)».

Если под Торой и Заповедями понимается абсолютное наслаждение, то жизнь без Торы и Заповедей тяжела, как смерть. Поэтому сказано: «Грешники при жизни называются мертвыми», «Выбери жизнь, чтобы жил ты и твое потомство» – ведь жизнь полна страданий не только для человека, но и для окружающих и для его потомства, ведь все делает вынужденно, как раб, под диктатом своего эгоистического желания.

А поступая чисто эгоистически, что может дать другим! Потому сказано: «Но достигший духовного выполнения Заповедей и получения света Торы не только сам наслаждается своим состоянием, но и радуется сыновьям, потому как есть что дать им».

4. На указание Торы «Выбери жизнь» сказано у Рашб"и: «Я указываю вам выбрать жизнь, как отец указывает сыну выбрать лучшее из возможного, и Я укреплю вас в выборе этого, и Я укажу вам, что именно вы должны выбрать» – как говорят каббалисты: «Творец определяет мою судьбу и поддерживает, кладя мою руку на нужный, хороший выбор, говоря: «Это выбери себе!»

Но если сказано, что человек обязан выбрать, какой дорогой идти в жизни («Выбери жизнь...»), то как же одновременно сказано, что сам Творец указывает человеку, что надо выбрать («Я укажу вам...»)? Ведь в таком случае нет права выбора у человека и нет вообще свободы воли?!

Действительно, сам Творец кладет руку человека на хороший выбор тем, что дает покой и наслаждения в полной напряжения, страдания и горечи, пустоты и ненужного движения жизни, и поневоле, когда видит человек, как луч света сквозь грозовые облака, возможность обрести спокойствие, убежать от своей жизни – в этом и есть самая большая помощь Творца в выборе пути.

А свобода выбора человека сводится только к укреплению в намерении двигаться в направлении, указываемом Творцом, потому что нужно проделать огромную работу, чтобы очистить свои эгоистические желания (тело) и суметь выполнять Заповеди (желания) Творца ли шма (с альтруистическими намерениями «ради Творца»), а не ради себя (ло ли шма), своей выгоды. Ведь только тогда можно достичь жизни, полной спокойствия и наслаждений, сопутствующей альтруистическому выполнению Заповедей и получению света Торы.

Но прежде чем достигает человек такого состояния очищения своих эгоистических желаний, постоянно обязан укрепляться в выборе правильного пути, используя все свои силы и возможности в преодолении препятствий, которые **ставит Творец** на его пути, и обязан на все, происходящее с ним, смотреть как на средство достижения цели, все, что вокруг и в себе, использовать для этого – пока не закончит свое очищение от эгоистических желаний, чтобы не упасть под тяжестью своих желаний посреди пути.

Процесс очищения человека называется в Торе НААСЭ – «действие», а когда освобождается от эгоизма, зла, получает вознаграждение – НИШМА.

5. После вышесказанного поймем изречение из трактата «Авот»: «Таков путь Торы: хлеб с солью ешь, воды немного пей, на земле спи, страданиями живи и в Торе трудись – если сделаешь так, счастлив будешь ты в этом мире и в будущем». Чем же отличается Тора от других наук, не требующих от желающего их постичь страданий и ограничений, а только прилежных занятий?

Тора же кроме настойчивости и огромных усилий требует от человека ощущения страданий, вплоть до ограничений в самом насущном. А еще более удивительно окончание высказывания: «Если поступаешь так – счастлив ты в этом мире и в будущем», – может быть, в будущем мире человек и будет счастлив, но как можно утверждать, что уже в этом мире при ощущении страданий, отсутствия самого необходимого он счастлив?

6. Дело в том, что выполнять Заповеди необходимо с альтруистическим намерением «ради Творца», а не ради себя. Достичь такого намерения возможно только огромными усилиями, очищая свое тело, т.е. желания, от эгоистических намерений.

Поэтому первое условие – это приучить себя ничего не получать для самонаслаждения, даже самое необходимое и разрешенное, как пища, вода и сон, – настолько, что человек должен полностью устраниться ото всех наслаждений при получении самых необходимых для существования вещей. Естественно, что при этом он ощущает в своих эгоистических желаниях огромные страдания.

Но после того как приучил себя, привык к такому существованию, нет в его теле больше никаких желаний самонаслаждения, избавился от эгоизма, начинает выполнять Тору и Заповеди ради Творца, то получает при этом огромные наслаждения, и вся его жизнь становится целенаправленной, поскольку начинает ощущать духовный свет, ощущает Творца.

Если человек делает что-либо не ради себя, он, поневоле или намеренно, делает это ради Творца, потому что кроме человека и Творца нет в творении никого. Поэтому альтруистические намерения, намерения «не для себя» называются «ради Творца», или ли шма.

Если действительно полностью избавился от намерений получить наслаждение, удостаивается ощутить счастливую, полную наслаждений, не омраченную страданиями жизнь, постигаемую при выполнении Торы и Заповедей ради Творца, как говорит (Авот, 86) раби Меир: «Каждый занимающийся Торой ли шма удостаивается всего, и весь мир его, и раскрываются ему тайны Торы, и становится как полный источник».

Именно о таком состоянии человека сказано: «Вкусите, и увидите, как хорош Творец», – потому как вкушающий занятия Торой и Заповедями ради Творца сам видит цель творения, ощущая, что оно только для его блага и наслаждения, потому как исходит от доброго Творца, и он бесконечно счастлив количеством лет, получаемых от Творца, ощущает смысл своей жизни, видя, что ради него сотворен весь мир.

7. А теперь поймешь две стороны медали в занятиях Торой и Заповедями:

а) с одной стороны, это путь Торы – подготовительная часть, когда человек постепенно очищается от эгоистических желаний, поневоле выполняя Заповеди ради себя (ло ли шма), с примесью собственной выгоды, потому как еще не освободился от эгоистических желаний насладиться результатами своих усилий, еще не очистился от желаний получить наслаждения этого мира. В это время возложено на него вести жизнь, полную страданий в занятиях Торой;

б) но после того как завершил путь Торы, очистил свое тело-желания от эгоистических стремлений, становится годным к выполнению Заповедей ли шма, не ради себя, только ради Творца, он переходит к другой стороне медали, полной совершенства, спокойствия и наслаждений жизни, о которой сказано, что именно она и есть намерение и цель Творца в сотворении человека – для наслаждения человека вечным совершенством, в этом и в будущем мире.

8. Таким образом, проясняется различие между наукой Торы Каббалой и остальными науками нашего мира. Ведь остальные науки нашего мира вовсе не считают целью улучшение личной жизни человека в этом мире, ведь они даже не в состоянии дать человеку самое необходимое за его страдания, постоянно, в течение всей жизни им ощущаемые, а наоборот, чем больше развиваются науки, тем больше страданий вызывает это в мире.

Поэтому для их постижения человек не обязан исправить себя, а достаточно его усилий в научных исследованиях, как и в остальных приобретениях этого мира, без изменений своих качеств и желаний.

Занятия же Торой и Заповедями, поскольку вся их задача в подготовке человека получить высшее наслаждение, как задумано Творцом, сводятся к очищению желаний (тела), чтобы смог получить все уготованное ему Творцом. Все науки нашего мира ставят своей целью получение знаний.

Когда человек понимает глубину научных постижений, он ощущает наслаждение от результатов исследований. Но никакая наука не в состоянии улучшить жизнь человека и привести его к цели, ради которой человек создан и родился на земле.

Когда же достигает жизни в Торе, ощущения всего мироздания и его Источника, достигает огромных наслаждений, потому как еще и постигает цель своего существования. Поэтому человек должен начать свою работу в этом мире с очищения своего тела – природных желаний.

9. Также поймем сказанное выше: «...если ты делаешь так, счастлив в этом мире...» – потому как счастливая жизнь в этом

мире уготовлена только для тех, кто заканчивает путь Торы. А страдания от ограничения в пище, сне и пр. имеют место только в состоянии «путь Торы», в период исправления.

И потому сказано: «Таков путь Торы...» – только путем страданий и ограничений. Но по окончании этого пути, периода исправления (эгоизма), полного страданий пути ло ли шма, вступает в период «...счастлив ты в этом мире», потому как удостаивается получить все бесконечное наслаждение, что в замысле творения, и чувствует, что весь мир создан для него, как этот мир, так подавно и мир будущий.

10. Говорит книга «Зоар» (Берешит-1, Сулам, п. 348): «Сказал Творец, будет свет, и возник свет – будет свет в этом мире, и будет свет в будущем мире, и это означает, что изначально сотворено все Творцом в полном совершенстве, включая и наш мир».

То есть человек обязан достичь ощущения света еще в своей жизни в этом мире. Но чтобы создать место для свободы выбора и работы в усилиях против эгоизма, скрыт этот свет до проявления в будущем для тех, кто удостоится его в итоге усилий над собой. Поэтому сказано «...будет свет в этом мире», но добавляется: «...будет свет в будущем мире».

То есть выполняющие Тору и Заповеди «ради Творца» удостаиваются этого света только в будущем мире, т.е. после того как очищают свое тело в пути Торы, вследствие чего становятся достойными получать Высший свет и в этом мире, как сказано мудрецами: «Мир свой увидишь еще при жизни».

11. Но мудрецы Талмуда сделали особое исправление в мире, вследствие чего теперь намного легче человеку достичь ли шма, и потому дают нам свой совет по облегчению пути Торы: «Всегда обязан заниматься человек Торой и Заповедями даже ради себя (ло ли шма), потому как этими занятиями он придет к исполнению не ради себя (ради Творца, ли шма), вследствие того что свет Торы возвращает человека к своему Источнику».

Этим мы находим совершенно новое средство достижения «ли шма» вместо ограничений и страданий, указанных в Мишне, в трактате «Авот», – средство, называемое «свет Торы», в котором есть сила, достаточная, чтобы исправить нас до достижения подобия Творцу, привести нас к выполнению Торы и Заповедей ради Творца (ли шма).

Это видно из того, что не упомянули в своем указании ограничений и страданий, а указали, что даже только в занятиях Торой и Заповедями есть достаточно света вернуть человека к Творцу, чтобы смог заниматься Торой и заповедями ради наслаждения Творца, а вовсе не для собственного наслаждения, что и называется «ради Творца», или ли шма.

12. Но есть сомнения в этом совете, потому как среди занимающихся Торой и выполняющих Заповеди есть и такие, которым не помогли их занятия, чтобы с помощью света Торы прийти к состоянию ли шма. Причина в том, что под занятием Торой и Заповедями ради себя (ло ли шма) понимается такое состояние человека, когда он «верит в Творца и Тору, вознаграждение и наказание, занимается Торой, потому что Творец указал заниматься ею, но в действиях ради Творца преследует поневоле и свою выгоду – настолько, что если после его усилий в Торе и Заповедях проясняется, что лично он не получит никакого вознаграждения, он сожалеет о совершенных усилиях и страданиях, на которые шел, считая, что и он лично получит вознаграждение, наслаждение от своих усилий».

То есть человек соединяет две цели, желает, чтобы одно действие принесло ему вознаграждение – Творцу и ему, чтобы оба стали партнерами в получении вознаграждения. И это называется, что занимается Торой ло ли шма, т.е. занимается ради Творца, но желает и сам иметь часть в деле. Такое состояние (Талмуд, Рош Ашана, 4) называется ло ли шма.

Но несмотря на это, позволили мудрецы начинать заниматься Торой и Заповедями даже в таком состоянии, ло ли шма, потому что из него можно прийти к ли шма.

Но если занимающийся еще не достиг веры в Творца и в Его Тору, а находится в сомнениях, несомненно, не о нем сказано, что из ло ли шма приходят к ли шма, не о нем сказано (Мидраш Раба Эйха; Талмуд Ирушалми Хагига, 81), что от занятия Торой скрытый в ней свет возвращает к Источнику, потому что **свет Торы светит только для верящих**. Причем интенсивность света пропорциональна величине его веры.

А неверящие, наоборот (Талмуд, Шабат, 88), получают от Торы еще большее скрытие Торы, вплоть до полного духовного ослепления. То есть сомневающимся в вере не помогает состояние ло ли шма достичь ли шма, а наоборот, они уходят в еще бо́льшую тьму...

13. На изречение (Амос, 5): «Зачем вам день Творца, ведь это тьма для вас, а не свет» – приводят мудрецы притчу (Талмуд, Санэдрин, 98; 2): «Петух и летучая мышь ждут света. Говорит петух летучей мыши: «Я ожидаю света, потому что для меня это свет, но чего ждешь ты, зачем тебе свет?»

Так и не обладающие верой, хотя и изучают Тору, не удостоятся из состояния ло ли шма прийти к ли шма, потому что исправляющий человека свет Торы светит только обладающим верой. А потому останутся во тьме и закончат свою жизнь, не постигнув Высшей мудрости.

Но те, кто постиг полную веру, гарантированы заверением мудрецов, что из занятий Торой – даже в состоянии ло ли шма – свет, находящийся в Торе, изменит их свойства из эгоистических на альтруистические, вернет к своему Источнику – Творцу, и удостоятся, даже безо всяких ограничений и страданий, изучать Тору ли шма, которая преподносит человеку полную радости и наслаждений жизнь в этом и в будущем мире.

О достигающих этого состояния сказано: «Тогда насладитесь вы Творцом...» Вывод: если занимающийся Торой в ло ли шма видит, что уже должен был достичь ли шма, но еще не достиг, обязан знать, что причина этого в недостаточной вере. Потому что величина света Торы, определяющая меру возвращения к своему Источнику, пропорциональна величине веры человека.

Поэтому, если вера недостаточна, нельзя извлечь свет из Торы, становишься зачастую знатоком написанного, гордецом и приобретаешь всевозможные дурные качества. Но уже ли шма не в состоянии достичь, потому как недостает веры, приносящей свет занимающимся Торой в состоянии ло ли шма.

14. Поэтому можно объяснить высказывание мудрецов: «У кого его Тора – это его вера». Ведь отношение человека к занятиям Торой показывает величину его веры в Тору, в спасительную силу Торы, способную исправить его, вытащить из эгоистических желаний.

Это подобно человеку, в меру своей веры дающему в долг определенную сумму денег. Величина этой суммы определяется величиной веры: он может поверить своему другу на 1 доллар, или на половину своего состояния, или на все, что имеет, без всякого сомнения – в этом случае его вера считается полной, в противном случае – частичной. Так же и в занятиях Торой: один, исходя из величины своей веры в силу Торы, уделяет ей один час из своего свободного времени, веря, что получит за это этот и будущий мир, другой – два часа, а третий – все свободное время, до последней минуты!

Естественно, что только у последнего есть полная вера в Тору, только он верит в Творца и готов отдать ему все свое состояние, потому как готов всего себя без оглядки посвятить занятиям Торой ради самоисправления. Поэтому только его вера называется полной.

Изречение «У кого его Тора – это его вера» обычно объясняют так: человек не занят ничем иным, кроме изучения Торы. Раби Ашлаг объясняет это иначе: в цели изучения Торы видна мера веры человека.

15. Поэтому только тот, кто знает в душе, что достиг полной веры в Творца и в Его Тору, может надеяться, с помощью занятий Торой, даже из состояния ло ли шма прийти к состоянию ли шма. Потому что только в этом случае свет Торы возвращает его к Источнику света, изменяет его желания, делает их подобными желаниям Творца. И наступает день, полный света. Потому как вера открывает глаза, и человек видит свет Творца настолько, что этот свет исправляет его.

А не имеющие веры подобны летучим мышам, видящим только во тьме и слепым при свете, не могущим видеть в свете Творца, не видящим, что такое свет дня, потому что свет делает их слепыми еще больше, чем тьма ночи, потому как питаются только от тьмы, и жизнь, альтруистические действия ради Творца кажутся им смертью. Потому сказано о них: «Зачем тебе свет дня, ведь это тьма для тебя, а не свет!» Поэтому вначале необходимо удостоиться полной веры.

16. Отсюда поймем сказанное в Талмуде (Таанит, 7): «Кто занимается Торой ли шма, она становится ему эликсиром жизни, а кто занимается Торой ло ли шма, она становится ему ядом смерти». Но также сказано: «Всегда человек должен заниматься Торой, даже в состоянии ло ли шма, потому что из ло ли шма он придет к состоянию ли шма». Как же может Тора быть ядом смерти?

Но из п.15 ясно, что если человек занимается Торой и в силу Заповеди изучения верит в наказание и вознаграждение, то хотя и преследует свою выгоду тоже, вместе с намерением изучать ради Творца свет Торы исправляет его желания и приводит к ли шма.

Если же он изучает Тору не ввиду Заповеди изучения Торы, т.е. не для самоисправления, потому как не верит в наказание и вознаграждение, а изучает только для своей выгоды, Тора обращается для него в яд смерти тем, что ее свет обращается для него в тьму.

17. Поэтому обязуется изучающий перед занятием укрепить свою веру в Творца и Его управление наказанием и вознаграждением, как сказано: «Чтобы верил ты в хозяина, оплачивающего все твои действия», – и направить намерения своих усилий на выполнение Заповеди изучения, чтобы изучал Тору потому, что Творец указал так, а не ради получения почестей и пр.

Хотя и сам наслаждается, но его намерением должно быть стремление изучать в силу выполнения Заповеди. Только в таком случае он удостоится воздействия на себя света Торы, и его вера возрастет от воздействия этого света, и ощутит в сердце уверенность, что из состояния ло ли шма придет в состояние ли шма – настолько, что даже тот, кто знает, что еще не достиг полной веры в Творца, будет полностью уверен, что вследствие занятия Торой придет к ли шма, если обратит все намерения своего разума и сердца на достижение посредством своих усилий веры в Творца.

И нет более высокой и более важной задачи для человека в этом мире, как нет более важной заповеди, чем обретение полной веры в Творца, как сказано (Талмуд, Макот, 24): «Пророк Хавакук установил одно условие – праведник живет своей верой».

Это самое важное, потому что такое учение приводит к двум достижениям: к вере и к ли шма. И более того – нет иного совета, кроме этого, как сказано (Талмуд, Бава Батра 16;1): «Просил Иов освободить весь мир от наказаний, сказав Творцу: «Ты создал праведников и Ты создал грешников, кто же может воспрепятствовать Тебе!? Как может поступать вопреки своим свойствам человек? Все поступают согласно созданным Тобою желаниям. Поневоле грешат грешащие!» Что же было отвечено: Обратись к Творцу, ведь создав плохие желания, Он создал Тору противодействовать им», как сказано (Талмуд, Кидушин, 30): «Если ты чувствуешь порабощение себя плохими свойствами, беги учиться. Не беззащитен и не порабощен своей эгоистической природой человек, потому как дана ему возможность спасти себя». Только воздействием Торы дано освободиться от эгоизма, зла, потому как она приводит человека к вере.

18. Теперь станет понятным, почему человек не может освободить себя от наказания за совершаемые проступки: хотя плохие склонности в человеке создал Творец, но Он же дал средство спасения от них, свет Торы. И потому человек виноват, что еще находится в сомнениях веры и не искоренил в себе плохие качества, порождающие страдания и не дающие почувствовать совершенные наслаждения.

Потому как Творец, создавая эгоистическую природу человека, создал идеально подходящее лекарство для ее исправления. А если человек занимается Торой и не удается ему искоренить свой эгоизм, это происходит вследствие того, что:

1) или поленился приложить необходимые усилия в занятиях Торой, как сказано: «Не верь говорящему: «не трудился, но достиг»;
2) или выполнил «норму» по количеству усилий, но недовыполнил ее по качеству, отвлек внимание разума и сердца во время изучения Торы, чтобы притянуть ее внутренний свет, исправляющий человека, возвращающий его свойства к Источнику – Творцу, очищающий сердце, а углублялся в изучение, забыв, что надо требовать от Торы – ее свет, приносящий человеку веру. И хотя преследовал эту цель в начале своих занятий, впоследствии во время учебы забыл об этой цели.

Но в любом случае не может человек избавить себя от наказания, говоря, что таким плохим его создал Творец, после того как сказано: «Я сотворил эгоизм, но Я же дал Тору для его исправления».

19. Многие обвиняют ученика Ари раби Х.Виталя за его слова в предисловии к книге Шаар Акдамот: «Не имеет права говорить человек: «Если так, то я буду заниматься только Каббалой», еще до того как начал заниматься Мишной и Талмудом».

Потому как уже сказано мудрецами, что не может человек войти в Пардэс, прежде чем наполнится всей Торой. Ведь это подобно душе без тела, которой нет вознаграждения, пока она не соединяется с телом в одно целое, исправленное 613 Заповедями.

А также наоборот: если занимается только Мишной и Талмудом и не уделяет время изучению тайн Торы, это подобно телу без души, находящемуся во тьме, потому как нет у него связи с Творцом и не может получить свет жизни из ее Источника.

Поэтому занимающийся Торой ли шма должен поначалу заниматься Мишной и Талмудом, **насколько его разум сможет выдержать это**, а затем изучением Каббалы – заниматься знанием о Творце, как призывает царь Давид своего сына Шломо: «Познай Творца отца своего, дабы служить Ему». Но если изучение Талмуда тяжело человеку, позволительно оставить его и переключиться на занятия Каббалой.

Поэтому сказано (Талмуд, Хулин, 24): «Изучающий и не видящий нужного результата в течение 5-летней учебы уже не увидит его». Но кому дается легко изучение Талмуда, обязан уделять ему 1 или 2 часа в день для изучения правил выполнения Заповедей» (конец цитаты Х.Виталя).

Творец передал нам знания о духовных мирах и нашем предназначении через ряд лиц, дав им возможность постигнуть Его и таким образом получить эти знания, а затем позволив им описать это.

Последовательный перечень этих лиц, от праотца Авраама до рабби Й.Ашлага, займет не одну страницу, но основные наши учителя – это трое каббалистов: Рашб"и, автор книги «Зоар»; Ари, автор основ Каббалы; Бааль Асулам, рав Й.Ашлаг, автор комментариев на все сочинения Рашб"и и Ари. Рав Х.Виталь, ученик Ари, записывая на занятиях каждое слово своего учителя, издал свои записи, и таким образом мысли Ари дошли до нас.

Поэтому сказанное им даже от себя, в предисловии к тексту Ари, чрезвычайно важно, потому как это слова человека, непосредственно общающегося с Творцом. Но именно за эти слова есть к нему претензии ряда верующих.

20. Говорит, что, прежде чем ученик преуспел в изучении открытой Торы, может заниматься тайной Торой, что в

противоречии со сказанным им же вначале, что Каббала без открытой части Торы как душа без тела. И не имеется в виду, что кому легче изучать Каббалу, может поэтому перейти к ней, оставив открытую Тору.

А доказательство, которое приводит, что «ученик, не видящий успеха...» – еще более непонятно: неужели из-за этого должен оставить занятия Торой, а не попробовать заниматься у другого рава или по другим источникам. Но как может он указывать вообще оставить занятия Торой, даже ее открытой частью?!

21. Так же непонятно то, что из слов Х.Виталя и из Талмуда следует, что необходима человеку какая-то предварительная подготовка, чтобы удостоиться Мудрости Торы.

Но ведь сказано в Мидраш Раба (Вэ зот абраха): «Сказал Творец: «Моя мудрость и вся Тора – это простые вещи. Любой, кто боится Меня и выполняет Мои указания, постигает сердцем всю Тору и мудрость». Из чего следует, что не требуется никакой предварительной подготовки, а только боязнь Творца и выполнение Его Заповедей позволяют немедленно овладеть всей мудростью Торы.

22. Поэтому точный смысл выражения «должен оставить свои занятия после того, как проверил свою удачу в открытой части Торы...» состоит в том, что говорится не об удаче в знаниях, а удаче в исправлении себя, как сказано: «Я сотворил эгоизм и сотворил Тору для его исправления».

А если человек занимается открытой Торой, но не смог исправить свою природу, и его эгоизм по-прежнему восстает против него, потому как не освободился от желаний самонаслаждения, то советуется ему оставить свои занятия открытой частью Торы и перейти к занятиям Каббалой, потому что намного легче притянуть свет Торы во время изучения Каббалы – тайной части Торы, чем во время изучения Талмуда – открытой части Торы.

Причина этого очень проста: вся Тора говорит только о действиях Творца, Его управлении нами, о путях постижения Его, цели творения. Но открытая часть Торы говорит об этом языком нашего мира, описывая духовные действия словами и обстоятельствами нашего мира, такими как разбой, убийства, судебные тяжбы.

Поэтому тяжело во время учебы удерживать свое внимание на том, что говорится о Творце и Его действиях, а главное — помнить, что цель учебы заключается в достижении веры в Творца. А это является необходимым условием для того, чтобы скрытый в Торе свет воздействовал на человека, изменил его и довел до состояния духовных ощущений.

Если же человек тяжело воспринимает тонкости логики Талмуда, то ему чрезвычайно трудно одновременно с изучением законодательно-правовых вопросов Талмуда удерживать мысль о цели творения и его цели — намерении изучения «ради Творца».

Таким ученикам рав Х.Виталь и сам Талмуд советуют перейти к изучению Каббалы, потому как Каббала излагает то же, что и Талмуд, но совсем другим языком, говорит непосредственно о действиях Творца «прямым» языком, потому что описываемое в Каббале и Творец — это одно и то же.

Поэтому без труда и особого напряжения сможет ученик, даже трудно понимающий, в процессе изучения одновременно думать об изучаемом материале и о цели изучения, устремить себя всего, свое сердце к Творцу, потому как Каббала, действия Творца, цель человека в творении — это одно и то же.

То есть учить Каббалу не легче, чем открытую Тору, но только изучая Каббалу, можно открыть свет Торы, исправляющий человека.

23. Поэтому приводит в доказательство сказанное в Талмуде: «Ученик, не увидевший хорошего знака в своей учебе в течение пяти лет, уже более его не увидит никогда» — ведь не увидел хорошего знака в итоге своей учебы именно потому, что не смог во время своих занятий удержать свое внимание на намерении достичь нужной цели, а вовсе не потому, что не обладает особыми способностями.

Ведь сказано, что для овладения Торой человек не должен обладать никакими особыми данными, как сказано в Мидраш Раба (Вэ зот абраха): «Сказал Творец Исраэлю: «Моя мудрость и вся Тора — это простые вещи: любой, кто боится Меня и выполняет Мои указания, — вся Тора и вся мудрость входят в его сердце».

Но поскольку необходимо определенное время воздействия света Торы на человека для его исправления, то может человек ждать этого результата всю жизнь. Поэтому предупреждает его

Предисловие к Талмуду Десяти Сфирот

Талмуд (Хулин, 24), что нечего надеяться более пяти лет, а раби Йоси говорит – более трех лет, потому как и этого совершенно достаточно, чтобы достичь мудрости, света Торы (то есть ли шма).

А если не достиг этого, что означает, не увидел хорошего знака в итоге своих занятий, то уже более никогда не увидит. И потому нечего более надеяться, а обязан немедленно найти себе новое средство достичь мудрости Торы. Иначе не достигнет цели своей жизни.

Но Талмуд не говорит, какое именно средство должен выбрать человек, а только предупреждает, что не имеет права более оставаться в том же состоянии, так же учить и ждать. И поэтому говорит рав Х.Виталь, что самое надежное и успешное средство достичь ли шма – это изучение Каббалы.

А потому да оставит ученик изучение открытой Торы, ведь уже испытал свою удачу с ее помощью и не преуспел, и приложит все усилия достичь этого же изучением Каббалы, потому как это самое надежное средство достичь цели человека в этом мире.

24. Но когда говорится о том, чтобы оставил занятия открытой частью Торы, не говорится о том, чтобы оставил изучение законов выполнения Торы, которые обязан ежедневно выполнять. Но обязан уделять время систематическому изучению законов (алахот), с выполнением которых сталкивается.

Поэтому, чтобы его правильно поняли, приводит там же рав Х.Виталь сказанное в Талмуде, что душа связывается только с телом, выполняющим все Заповеди Торы. То есть **указание перейти с изучения открытой части Торы на Каббалу имеет в виду не прервать изучение выполнения законов**, а заменить Каббалой только ту «теоретическую» часть Торы, которую изучают для выполнения Заповеди «лимуд Тора», вследствие чего скрытый в Торе свет исправляет человека.

Как правило, основная часть времени человека, изучающего Тору, уходит на изучение материала, совершенно не связанного с повседневным выполнением Заповедей. Именно об этой «теоретической» части и говорит Х.Виталь и советует занять то же время изучением Каббалы.

Учась у великого Ари, раби Йосэф Каро понял, насколько важно уделять время изучению Каббалы. Чтобы помочь каббалистам не отвлекаться от изучения Каббалы на изучение Талмуда для знания выполнения практических Заповедей, позволить им полностью углубиться в исправление мира, будучи учеником Ари в Каббале, раби Йосэф Каро написал краткое содержание практических законов «Шульхан Арух».

25. А теперь увидим, как исчезают все возражения против изучения Каббалы, приведенные в п. 1, потому как они не более чем искусственные препятствия на пути человека, дабы не позволить ему достичь цели своего создания, чтобы покинул этот мир, как и вошел в него.

Возражение 1: что может выполнять Тору без знания Каббалы – конечно, если может выполнять Тору и Заповеди как положено, т.е. ли шма, только ради Творца, естественно, не обязан изучать Каббалу, потому как уже находится в исправленном состоянии, на таком духовном уровне, что сам ощущает и постигает все тайны Торы, и не нужна ему никакая помощь книг, потому как на себе ощущает все духовные действия.

Но если еще находится в ло ли шма, то обязан спросить себя, сколько времени он занимается: если не более пяти лет, то еще может надеяться достичь ли шма, но если более пяти лет, то Талмуд предупреждает, что уже более не увидит хорошего знака в своих занятиях. Так зачем же продолжать понапрасну вкладывать усилия, если есть Каббала – средство, гарантирующее достижение цели творения.

26. Возражение 2: что необходимо прежде наполниться знанием открытой Торы, Талмуда. Это справедливо, если достиг состояния ли шма или если еще не достиг ли шма, но еще не проучился пяти лет, отведенных ему Талмудом для попыток достичь ли шма с помощью открытой Торы.

Но если пять лет прошли и не достиг ли шма, сам Талмуд предупреждает, что уже не достигнет ли шма с его помощью, и обязывает искать иное средство, как изучение Каббалы.

27. Есть две части в Каббале:

а) Ситрэй Тора (тайны Торы) – запрещено раскрывать. Включает «Первичное действие» (Маасэ Берешит) и «Действие Системы» (Маасэ Меркава), относящиеся к голове духовного объекта;

б) Таамей Тора (вкус Торы) – можно и необходимо раскрывать. Так называется в книге «Зоар» тело духовного объекта.

Любой духовный объект состоит из головы и тела. В том числе и душа человека, физически находящегося в нашем мире. Вкусом Торы называется потому, что свет от головы духовного объекта нисходит вниз, в его тело, где принимается и ощущается.

Тот, кто в состоянии своими духовными действиями принять в свои альтруистические желания, в свое тело высший свет и ощутить таким образом его вкус, совершает этим огромное исправление в мире, сливается в этой мере с Творцом. Причем тайны Торы, голову даже самого низшего духовного объекта, запрещено раскрывать, а вкус Торы, получение света в тело духовного объекта, даже в самом высшем объекте, можно и нужно раскрывать.

28-29. Основание для вышесказанного находится в Талмуде (Псахим, 119), (Хагига), Ишаяу (23): тайны Торы каббалист обязан скрывать, а вкус Торы каббалист обязан раскрывать.

30. Отсюда есть ясный ответ на возражения 4 и 5 из п. 1 против изучения Каббалы: в книгах Каббалы излагается только вкус Торы, раскрывать который – большая заслуга, но ни в коем случае не тайны Торы, о которых ни в одной каббалистической книге нет даже намека, потому что их можно раскрывать только устно, на особых условиях.

Да и как мы можем подумать о таких великих, как автор «Сэфэр Ецира» – наш праотец Авраам, автор книги «Зоар» Рашб"и и прочих – до Рамба"на, Гаона ми Вильно, Гаона из Ляды, от которых мы получили нашу Тору, указаниями которых мы и пытаемся выполнить волю Творца, – все они издавали свои сочинения по Каббале, а ведь нет более широкого раскрытия, чем выпуск книги, которая неизвестно в чьи руки попадает.

Так неужели можно предположить, что в каббалистических книгах говорится о тайнах Торы?! Поэтому все, что описано во всех книгах Каббалы, – это только разрешенная часть, вкус Торы, которую необходимо раскрывать другим, и раскрывающему ее полагается огромное вознаграждение, потому что от раскрытия этой части Торы зависит наше исправление и избавление человечества ото всех его страданий.

31. Обоснование того, что освобождение всего человечества зависит от распространения изучения Каббалы в массах, написано в книге Тикунэй «Зоар», 30 – перевод с арамита: во

время нисхождения Творца в состоянии скрытия ощущение Его посещает только тех, кто занимается Торой, потому что Творец находится среди них.

Все, как животные, поглощают все без разбора, а все, кажущиеся добрыми, их поступки – только ради себя, ради собственной выгоды. И даже те, кто изучает Тору, все доброе, что они делают, все только ради себя. В такое время Творец отдаляется и не возвращается.

А причина этого в тех, кто делает из Торы сухое учение и не желает изучать Каббалу, именно они вызывают исчезновение высшей мудрости. Главное – это любовь и страх, в добром и в злом, любовь не ради вознаграждения (см. «Предисловие к книге «Зоар», п. 66).

32. Человек выполняет Заповеди и изучает Тору, потому как надеется получить за это вознаграждение. В таком случае его занятия называются «служанка», потому как являются не истинным занятием, которое требуется. Ведь он выполняет их ради получения вознаграждения, как и любую иную работу в нашем мире.

Но ведь иначе он и не может, поскольку находится еще в неисправленном состоянии. Почему же его занятия называются «служанкой»?

33. Потому что разрешено заниматься Торой в состоянии ло ли шма, когда преследует свои выгоды, только потому, что из ло ли шма можно перейти к ли шма, потому как свет Торы исправляет человека до подобия Творцу.

Поэтому занятия ло ли шма называются служанкой, которая занимается предварительной работой по очищению человека от эгоизма для своей госпожи, ощущению Творца, которое почувствует человек, дойдя до ли шма.

Тогда и служанка, его занятия в ло ли шма, считается как госпожа, потому как эти занятия, хотя они и были с эгоистическими намерениями, привели его к ли шма, и этот предварительный этап исправления называется миром Асия.

Но если не обрел еще полной веры, учит Тору и выполняет Заповеди только потому, что Творец обязывает его, – от такой учебы и выполнения Заповедей не придет к человеку исправляющий свет Торы, потому как испорчены его глаза и обращают свет в тьму.

Такое состояние человека называется «нечистая служанка», потому что с ее помощью он никогда не достигнет ли шма, все его усилия уходят к ней, на эгоистические цели.

Есть большое различие между желающими сблизиться с Творцом, обретя подобные Ему свойства, и изучающими Тору и пунктуально выполняющими Заповеди только в действии, а о намерении говорящими, что ведь сказано (Талмуд, Псахим 50, 2): «Всегда обязан человек заниматься Торой и Заповедями и ло ли шма, потому что из ло ли шма придет к ли шма».

Поэтому на намерение ло ли шма они не обращают внимания, а считают, что оно придет само по себе. А все силы отдают только выполнению в действии, причем с большими дополнениями и ограничениями, чем остальные. Их отношение к намерению подобно всем остальным, ожидающим, что само по себе придет к ним исправление ли шма.

Такие люди думают, что есть в них большая вера, настолько, что могут поделиться ею с другими. Те же, кто желает, выполняя Тору и Заповеди, достичь только одного, достичь единственного желания – все делать только ради Творца, а не ради своего эгоизма, они, постоянно проверяя себя, проверяя, могут ли полностью себя отдать Творцу, обнаруживают отсутствие веры в необходимой мере.

И хотя постоянно идут вперед, увеличивая веру, обнаруживают постоянную нехватку веры и сил для того, чтобы все мысли и желания отдать Творцу. Поэтому только те, кто ищет истину, просят веру.

34. Есть условие нисхождения света мудрости (ор хохма): прежде надо притянуть свыше свет милосердия (ор хасадим) с помощью альтруистических усилий в Торе, изучая и выполняя без личной выгоды, ли шма. А вызвав своими альтруистическими усилиями свет милосердия, человек получает свет мудрости (ор хохма), облачающийся в свет милосердия, и этот свет называется Избавитель (Машиах).

Таким образом, все зависит от усилий в Торе ли шма, рождающем свет милосердия, одеваясь в который нисходит свет мудрости.

35. Если в состоянии неощущения духовного (изгнания), когда человек занимается Торой и Заповедями в ло ли шма, есть возможность достичь ли шма, то присутствие Творца (госпожа,

шхина) неощущаемо находится вокруг него. Неощущаемо – потому как еще не достиг ли шма, но в будущем обязательно проявится ясно, выйдет из изгнания присутствие, ощущение Творца.

А пока свет Избавителя от эгоизма, свет Машиаха, постепенно очищает человека, окружая его, и побуждает дойти до ли шма, как сказано: «Свет возвращает к своему Источнику».

Но если отсутствует в человеке вера, то нет в таких занятиях скрытого света Торы, приводящего к ли шма, то не нисходит на человека свет Избавителя, потому что нечистая служанка забирает себе все плоды его усилий и этим наследует настоящую госпожу.

Но хотя не достигают цели творения изучением открытой Торы, поскольку не могут выявить в ней свет избавления, и не потому, что нет этого света в открытой Торе, а потому, что ввиду слабости человека он не в состоянии извлечь этот свет из открытой Торы, вследствие ограниченности их разума (см. п. 16), но могли бы преуспеть с помощью Каббалы, потому что свет, находящийся в ней, одет в действия Творца, в имена духовных объектов (см. п. 155), и легко могли бы перейти к такому ло ли шма, из которого приходят к ли шма, когда свет Избавителя нисходит на них, как сказано: «Свет возвращает к своему Источнику», – но ни в коем случае не стремятся к изучению Каббалы, отказываются под любыми предлогами, и потому исчезает от них навсегда свет Избавителя.

Другими словами, на тех, кто занимается Торой в состоянии полностью ло ли шма и не думает о том, что ло ли шма должно привести их к ли шма, не сходит на них свет Избавителя, который возбуждает прийти к ли шма.

36. Из книги «Зоар» следует, что не возбудят на себя изучающие Тору воздействия скрытого света, света милосердия и любви до тех пор, пока намерения изучающих преследуют собственную выгоду и не изменятся на намерение ради Творца.

Поэтому все наши страдания, как личные, так и общечеловеческие, наполняющие наше существование, – только до того момента, когда мы удостоимся достичь Торы ли шма. А как только достигнем такого состояния, сразу же явится нам свет любви и милосердия, в силах которого привести нас к освобождению.

Но невозможно прийти массам к такому уровню очищения без изучения Каббалы, потому как это самое легкое и надежное средство достичь исправления, даже самым отсталым, ведь Каббала – это самое близкое к Творцу, и потому каждый в мире способен с ее помощью постичь Творца, тогда как изучение открытой части Торы может быть средством исправления только для особо одаренных и при особых усилиях, но никак не для масс.

В итоге выяснилась ничтожность возражений в п. 1 против изучения Каббалы, а также и то, что Каббала вовсе не изучает, сколько ангелов есть на небе, а наоборот, изучение Каббалы совершенно не отвлеченное и не абстрактное, как изучение не относящихся к выполнению Заповедей частей открытой Торы, а изучением Каббалы постигает человек цель творения, потому как, изучая, вызывает на себя нисхождение света Творца, света Машиаха-избавителя, вытаскивающего человека из нашего мира, эгоизма, в духовные, альтруистические миры, очищающего его, возвращающего к Источнику, сближающего все большим подобием свойств с Творцом и постепенно вводящего человека в совершенство.

37. Из прошлого известно несколько случаев, когда занятия Каббалой привели человека к неверию. Этому есть две причины:

а) нарушали указания мудрецов о дозволенных границах раскрытия, раскрывали недозволенное, т.е. тайны Торы;

б) понимали изучаемое в Каббале в виде овеществленных, материальных образов нашего мира, чем нарушали запрет «Не сотвори себе идола», представляли себе отвлеченные духовные объекты в виде объектов нашего мира.

Вследствие этого люди боялись и не хотели учить Каббалу, и потому возникла неприступная стена вокруг Каббалы почти на 20 веков. И это оттого, что книги Каббалы были полны материальных терминов – был страх, что изучающий начнет представлять себе духовное в виде материального, чем нарушает запрет «Не сотвори себе идола и никакой картины», чем совершенно искажает правильное понимание духовного.

И все это вследствие обозначения духовных объектов именами нашего мира, такими как лицо, спина, сочетание, объятие, поцелуй и пр., но не поясняемых в их истинном духовном понимании. Поэтому в комментариях на книгу «Зоар» и книги Ари раби Ашлаг приложил все усилия к отделению в представлении изучающего духовных объектов от материальных, чтобы помочь создать у изучающего правильное представление о духовном мире, отвлеченном от понятий места, времени, объема, движения.

38. Истинное намерение человека во всех его действиях должно быть ради Творца, в таком случае оно называется «ли шмо». Почему же правильное намерение при изучении Торы называется ли шма, ради Торы, а не «ли шмо», ради Творца? Почему недостаточно намерения ради Творца, а необходимо еще и ради Торы?

39. Тора называется жизнью, потому что нашедший Тору находит жизнь (Мишлей 4, 22; Дварим 32, 47). Поэтому если в Торе человек находит жизнь, счастье, совершенство, то его Тора называется ли шма.

Если человек не намеревается получить от Торы духовную жизнь, счастье, совершенство, а учит для земных выгод, занятия Торой приносят ему обратное от духовного, потому что занимается Торой ло ли шма, как сказано (Талмуд, Таанит, 7, 1): «Занимающемуся Торой ло ли шма она становится ядом смерти, занимающемуся Торой ли шма она становится эликсиром жизни».

Но как может быть Тора Творца ядом смерти? Если человек занимается Торой без требования найти духовное возвышение в результате своих занятий Торой – ощущение Творца, исправление своего природного эгоизма, – то есть не требует от Торы того, для чего она вручена человеку в нашем мире, то та же Тора обращается для него ядом смерти.

40. Сказано мудрецами (Талмуд, Мегила, 6, 2): «Стремился и нашел – верь, не стремился и нашел – не верь». Это логично. Но почему сказано «нашел»? Ведь прилагающий усилия желает получить определенный результат, и он его своими усилиями зарабатывает, а не находит.

Слово «нашел» употребляется, когда человек неожиданно получает то, чего совсем не ожидал, когда нет никакой связи между его занятием и тем, что ожидал получить. Даже в нашем мире человек обязан прикладывать усилия, чтобы получить желаемое.

Но зачем Творец создал так, что без усилий ничего нельзя достичь? Потому как Творец, желая дать человеку огромный подарок, заботится о том, чтобы человек этот подарок оценил и берег. Человек же бережет только то, что важно для него, в чем он нуждается!

Для того чтобы выявить все наслаждения в угощении, человек должен иметь большое желание, аппетит, ощущать страдания от отсутствия желаемого. И в пищу, специально для увеличения аппетита, добавляются пряности и острые приправы. И никто не возражает, что голод – страдания от желания пищи – увеличивает аппетит, потому что тут же, именно благодаря страданиям, ощущает наслаждение от наполнения.

Поэтому для того чтобы ощутить Творца, необходим также предварительный период страданий, стремлений, желаний. Эти желания возникают только вследствие усилий. И в той мере, в которой человек стремится в состоянии скрытия ощутить Творца, он ощущает потребность в Творце и в помощи Творца.

А как только его желание достигнет необходимого размера, Творец тут же помогает ему, потому что человек уже в состоянии беречь и оценить подарок Творца. Поэтому сказано, что наслаждение раскрывается только согласно величине страданий от его отсутствия, потому что страдания и есть то место, где затем человек ощутит наслаждение.

(Но если сказано: «Не стремился и нашел – не верь», почему есть такое понятие, как просьба, молитва? Неужели человек может просить, вместо того чтобы дать требуемые усилия? Если человек сможет обещать в своем сердце Творцу дать требуемое количество усилий после открытия ему Творца, он получает помощь в виде открытия Творца.)

41. Где можно найти Творца? Книга «Зоар» отвечает, что Творца можно найти только в Торе, потому что только в Торе Он скрывает себя. Но ведь должно быть иначе: во всех объектах нашего мира скрывается Творец, а именно в Торе Он раскрывается ищущим Его? Как можно найти только там, где скрывается?

Творец скрывается за всеми объектами и действиями нашего мира, но только в Торе он скрывается таким образом, что желающие могут найти Его, начать Его ощущать. А скрытие Творца в Торе означает, что человек, изучая Тору, получает желание найти Творца, и тогда Он раскрывается в его ощущениях. Как сказано: «Ищущий отыщет Меня».

Как может быть, что человек, понимая, что нет ничего более совершенного и ценного, чем сближение с Творцом, ленится приложить все требуемые для этого усилия? Дело в том, что он желает приложить все усилия, но боится войны с нечистыми силами, со своим эгоизмом, который сразу же начинает восставать, как только человек начинает прилагать усилия в нужном направлении.

Но кто может победить свой эгоизм, свою природу, не обладая никакими иными силами, кроме эгоистических? Единственное спасение человека в том, чтобы вспомнить: «Нет никого, кроме Него», нет никого, кроме Творца, нет иной силы и воли в мире, все делается только самим Творцом!

Но как только вспоминает это, возникает в нем сомнение: а правильным ли путем он идет? Тогда вспоминается ему, что «Душа человека ведет его», и поймет потом, что идет верным путем.

Но возникает следующее сомнение: ведь сказано: «Не каждый желающий Творца может достичь Его» и т.д. То есть если человек в душе не желает сближения с Творцом, он найдет в себе тысячи всевозможных оправданий.

Но кто желает дать все количество и качество требуемых усилий, поступает иначе: убеждает себя, что многие достигли цели творения, что есть польза от усилий, потому что ничего не пропадает в духовном, и т.п. И он-то и достигает цели, а все остальные уходят из мира, как и пришли!

42. Есть только одна причина нашего столь далекого удаления от Творца, вследствие чего мы легко пренебрегаем Его желаниями и указаниями. И эта причина является источником всех наших страданий и болезней, всех умышленных и неумышленных наших постоянных прегрешений.

А поскольку эта причина одна, то при ее исчезновении мы сразу же освобождаемся ото всех страданий, болезней, несчастий и удостаиваемся слиться всем сердцем с Творцом. Причина эта заключается в нашем непонимании управления Творца Его творениями, мы попросту не понимаем Творца!

43. Если бы Творец явно проявлял свое управление, то, например, съевший запрещенное – подавился бы, а исполнивший Заповедь – ощутил бы огромное наслаждение. Кто бы тогда подумал о запрещенном, зная, что рискует жизнью, как не приходит человеку мысль прыгнуть в огонь.

А кто бы оставил выполнение Заповедей, зная, какое огромное вознаграждение следует ему, – ведь не может человек остановиться перед огромным наслаждением. Следовательно, если бы управление Творца было явным, все Его творения были бы абсолютными праведниками.

44. Поэтому ясно, что нам недостает только ощущения управления Творца. И если бы мы ощущали Его управление явно, все бы выполняли Его желания, были бы абсолютными праведниками, любили бы Творца абсолютной любовью, за великий почет считалось бы сблизиться с Творцом, слиться с ним всей душой и сердцем навсегда, не расставаясь ни на мгновение, как с Источником самого большого удовольствия в мире.

Но потому как нет явного наказания и вознаграждения, не наказываются немедленно грешники и не вознаграждаются явно праведники, а наоборот, кажется нам, что именно грешники преуспевают, а праведники страдают, то лишь единицы приходят к осознанию высшего управления, как сказано: «Тысяча приходит заниматься, но один выходит к свету».

Поэтому понимание управления Творца является тем полюсом, вокруг которого и порождается наше хорошее или плохое отношение к происходящему.

45. Управление Творца ощущается человеком скрыто или явно. Причем есть две ступени, два ощущения человеком скрытого управления и две ступени, два ощущения человеком явного управления.

Духовный рост человека происходит обязательно последовательно по этим 4 ступеням постижения управления:

Скрытое управление: 1 – двойное скрытие Творца, 2 – скрытие Творца.

Явное управление: 3 – управление вознаграждением и наказанием, 4 – вечное управление.

46. Явное ощущение Творца называется Его лицом, а скрытие Его, неощущение Творца называется Его спиной. Творец всегда управляет человеком, но если человек не ощущает управление Творца, то это определяется как то, что Творец находится своей спиной к человеку. Если же человек ощущает Творца, Его управление, это определяется как то, что Творец находится лицом к человеку.

47. Как в нашем мире, если человек видит знакомое лицо, то сразу узнает, а если видит только спину, может ошибиться, сомневается, может быть, это не его знакомый. Творец абсолютно добр, и от Него исходит только приятное.

Поэтому, когда Творец добр с человеком, это определяется как открытие Его лица человеку, потому как человек видит и ощущает, что это Творец относится к нему так и управляет им в соответствии со своим свойством абсолютного добра.

48. Но когда человек получает страдания, несчастья, болезни, это определяется как спина Творца, потому как лицо Его, т.е. Его доброта, скрыто. Ведь не подобает абсолютно доброму Творцу такое отношение к человеку. А поскольку это подобно тому, будто человек видит Творца сзади, то может ошибиться: может, это кто-то иной, а не Творец управляет им.

В таком случае требуется большое усилие человека в вере в Творца, в его управление, в то, что страдания, ощущаемые им, посылаются Творцом в наказание, потому что тяжело узнать Его сзади. И такое ощущение, вернее отсутствие ощущения, Творца называется Его простым скрытием.

49. Но если страдания, несчастья, болезни возрастают – это вызывает двойное скрытие Творца, т.е. даже Его спины не видно человеку. И значит, он вообще не верит, что это Творец сердится и наказывает его, а относит происходящее с ним к воле случая, законам природы (что называется отрицанием Творца и обращением к идолам) и приходит к полному отрицанию управления мира Творцом вознаграждением и наказанием.

50. Тогда как при простом скрытии человек осознает, что не ощущает Творца, но верит в управление Творца вознаграждением и наказанием, верит, что испытывает страдания вследствие отдаления от Творца, вследствие своих прегрешений, что определяется, как будто видит Творца, но только Его спину. И потому называется простое скрытие скрытием лица Творца, потому как вместо лица, т.е. добра, Он посылает человеку страдания.

(Получение наслаждения или отдача наслаждения называется лицом. Обратное действие – не дает или не получает – называется спиной. Поэтому человек, начинающий свой путь к Творцу, находится в состоянии «спина к спине», не имея еще истинных желаний получить то, что Творец желает дать ему.

Если бы получил ощущение Творца, высшее наслаждение, в свои желания, немедленно начал бы самонаслаждаться, потому что свет наслаждения исходит от альтруистического источника и не может находиться в эгоистическом желании.

Если человек постепенно соглашается с этим условием, не желает получить наслаждение для себя и Творец не дает ощущение Себя, такое состояние называется «спина к спине».)

51. Итак, в ощущении человеком скрытия Творца есть два состояния: скрытие Творца – скрытие лица, но видит спину, т.е. есть еще вера в управление Творцом, в то, что это Он посылает страдания как наказания.

Поскольку тяжело постоянно распознавать Творца со спины, т.е. получая страдания, потому что это приводит к сомнениям в наличии управления и к нарушению выполнения Его воли, к прегрешениям, то в таком состоянии называется человек «незаконченный грешник».

Незаконченным он называется потому, что такие его прегрешения подобны невольным ошибкам, оплошностям, ненамеренным прегрешениям, потому что приходят вследствие многих страданий, вызывающих сомнения в Творце и в Его управлении, но в общем он верит в вознаграждение и наказание.

52. Двойное скрытие Творца – скрытие не только лица, но и спины, т.е. не верит в вознаграждение и наказание, а прегрешения его определяются как сознательные, злонамеренные. И называется «законченный грешник», потому как ощущает, что Творец вообще не управляет творениями, верит в иные силы, управляющие миром, что называется «обращение к идолам».

Итак:

а) Скрытие Творца (простое скрытие) означает, что человек верит в то, что Творец управляет миром своей обратной стороной, т.е. страданиями. Потому что человек таким образом ощущает Управление Творца, ощущает не лицо Творца, а его спину, т.е. не видит абсолютное добро, исходящее от Творца.

А это и есть скрытие – скрытие доброты, истинного доброго управления, потому что человек ощущает страдания. Но все же верит, что это не кто иной (случай, природа, окружающие), а сам Творец таким образом управляет им. Только не ощущает истинное качество Творца – доброту.

б) Двойное скрытие Творца (скрытие скрытия) означает, что от человека скрыта даже спина Творца. То есть скрытие настолько большое, что не видно человеку, что это скрытие, т.е. не видит, что это Творец, скрываясь, управляет им. И потому называется скрытием скрытия.

53. Вся работа в свободном выполнении Торы и Заповедей, выполнение их своим вольным решением имеет место именно в состоянии скрытия Творца, простом и двойном, потому как управление Творцом неявно, и можно видеть Его только в скрытии лица, со спины.

Как видящий знакомого сзади сомневается, может быть, это вовсе не его знакомый, так и человек, находящийся в ощущении скрытия Творца, постоянно находится в сомнении, в состоянии свободного выбора – выполнить волю Творца или нарушить Его желания, потому что страдания приводят к сомнениям в управлении Творцом, – от простого скрытия Творца, когда сомнения выглядят как оплошности, или от двойного скрытия Творца, когда сомнения выглядят как прегрешения.

Но так или иначе, в простом или в двойном скрытии человек ощущает большие страдания и необходимость прикладывать большие усилия в укреплении веры в Творца и Его управление.

И об этом периоде сказано (Коэлет, 9): «Все, что сможешь делать – делай», – т.е. приложи максимальные усилия верить в Творца и Его доброе управление, потому что не достигнет человек открытия лица Творца, т.е. ощущения совершенного добра, духовных наслаждений, не увидит, как Творец управляет абсолютным добром всем миром, прежде чем постарается и совершит все, что в его силах, прежде чем закончит всю полагающуюся ему работу – в свободном выборе верить в Творца и Его доброе управление.

И только после этого Творец открывает ему Свое лицо. Именно в состоянии скрытия Творца есть указание выполнять Заповедь вольного выбора, т.е. человек должен преодолеть свои сомнения и выбрать, верить в то, что только Творец управляет им.

А вознаграждение за выполнение Заповеди свободы выбора пропорционально его страданиям в состоянии скрытия. Потому что скрытие абсолютно доброго управления Творца всем миром приводит человека к сомнению – на самом ли деле отношение к нему Творца абсолютно доброе и в данный момент, когда он ощущает огромные страдания.

И в это время человек обязан сказать себе: «Все, что делает Творец, делает для моего блага, с абсолютной любовью и добрым намерением, а все страдания для моей пользы». Но в состоянии двойного скрытия человек в сомнении: а есть ли вообще скрытие Творца? Может быть, весь мир предоставлен сам себе? Как философы, утверждающие, что хотя Творец создал мир, но оставил его на произвол судьбы и не управляет им («Предисловие к книге «Зоар», п. 4).

Именно во время скрытия Творца, простого или двойного, есть свобода воли, выбора, когда человек своим усилием может перебороть свои сомнения, возникающие от страданий и многочисленных внешних забот, и верить, что все это с доброй целью посылается Творцом.

Величина вознаграждения определяется в соответствии с величиной ощущаемых в состоянии скрытия Творца страданий, когда должен преодолеть свои слабости и сомнения в управлении, усилить веру в Творца и его управление, когда, ощущая огромные страдания, обязан представлять себе, что это для его блага посылает Творец, с абсолютно доброй целью и огромной любовью.

А вознаграждением является открытие лица Творца и открытое получение человеком от его Создателя всего самого хорошего, что и называется лицом Творца.

Вследствие этого человек удостаивается видеть своими глазами, ощущать, как Творец управляет всем миром абсолютным добром по отношению ко всем Своим творениям.

54. Но после того как видит Творец, что человек завершил все, что мог сам совершить усилиями своего свободного выбора и укрепления в вере в Него, помогает ему Творец, и человек удостаивается открытия лица Творца, ощущения явного управления. Главное, человек обязан верить, что Творец дает всему миру только добро.

И что это добро облачено в Тору и молитву. То есть каждое слово в Торе и каждое слово в молитве, каждое изречение в псалмах скрывают в себе высший свет. И как только открывается человеку высший свет, он ощущает огромное наслаждение, несравненно большее, чем все наслаждения нашего мира.

Поэтому человек обязан верить, что свет Творца и высшее наслаждение скрыты в Торе и Заповедях. Но человек обязан возвратиться к Творцу (тшува), т.е. сравниться с Творцом своими желаниями и этим сходством, подобием желаний сблизиться, вплоть до слияния, с Творцом.

И в мере подобия свойств человека с Творцом открывается Творец в человеке, ощущает в себе человек скрытый от него ранее в Торе и Заповедях свет Творца, против которого все наслаждения нашего мира (наслаждения, ощущаемые всеми людьми на протяжении всей истории человечества от начала мира и до его конца, т.е. количество наслаждения, выделенное Творцом для наслаждения всех в нашем мире) не более чем искра. Вследствие этого человек приходит к полному слиянию с Творцом, возвращается своими желаниями к Творцу и сливается подобием желаний с Творцом, всем своим сердцем и душой, потому что естественно тянется к этому вследствие открытого управления, потому что видит своими глазами, ощущает всеми чувствами, что Творец управляет всеми Своими созданиями абсолютно добрым управлением, отчего рождается в человеке огромная любовь к своему Творцу.

55. Это возвращение к Творцу и постижение Его управления происходит по двум последующим ступеням. Первая – это полное постижение управления вознаграждением и наказанием, когда при исполнении Заповеди человек явно видит вознаграждение, уготованное ему в будущем мире за выполненную Заповедь, одновременно ощущая огромное наслаждение во время ее исполнения в этом мире, а также осознает наказание за каждое прегрешение, уготованное ему после смерти, и немедленно при прегрешении ощущает страдание в этом мире. Естественно, что достигший ощущения управления вознаграждением и наказанием уверен в том, что уже более не прегрешит, как уверен человек, что не нанесет себе умышленные повреждения, приводящие к огромным страданиям. А также уверен, что не оставит немедленное выполнение Заповеди при возможности ее выполнить, как уверен человек, что не оставит огромное наслаждение этого мира или возможного большого выигрыша.

В рукописях раби Й.Ашлага мною обнаружено описание скрытия и раскрытия лица Творца. По нижеописанным ощущениям окружающего в чувствах, воображении и понимании человека можно в какой-то мере судить о том, насколько воспринимаемая нами картина окружающего мира и нас самих субъективна и не имеет никакой связи с истинным состоянием того, что в нас и вне нас. Читателю станет ясно, что только от внутреннего духовного состояния человека зависит, каким видеть окружающий мир и себя, причем зависимость эта настолько прямая, что при изменении внутреннего духовного состояния человека от сокрытия к раскрытию лица Творца или наоборот он ощущает, воспринимает, понимает и видит в окружающем его и в себе совершенно противоположное. Все наше восприятие как нас самих, так и всего окружающего полностью зависит только от того, насколько раскрывается нам Творец, в какой мере — неощутимо или явно — действует на нас Его свет.

Картина простого скрытия Творца. Лицо Творца скрыто от человека, т.е. Творец не ведет себя с человеком в соответствии со Своим именем «Добрый и Милосердный», а наоборот, потому что человек получает от Него страдания: постоянно в недостатке заработка, в долгах и зависимости от многих людей, омрачающих этим жизнь, весь день полон забот и поисков необходимого или страдает от болезней и пренебрегаем всеми, все, что намечает и начинает, оканчивается неудачно, и постоянно душевно неудовлетворен. В таком случае человек, конечно, не видит доброго лица Творца, но если он верит хотя бы в то, что это все исходит от Творца как наказание за его прошлые прегрешения или чтобы в будущем дать ему вознаграждение за эти страдания (как говорится, что Творец дает страдания праведникам, чтобы в дальнейшем вознаградить их самым лучшим), но не говорит, что это достается ему случайно, от слепой природы, безо всякого расчета с ним, а силой воли укрепляется в вере, что это Творец, управляя всеми, причиняет ему страдания, — определяется такое духовное состояние человека как то, что он видит обратную сторону, спину Творца.

Картина двойного скрытия Творца. Это состояние — скрытие в скрытии — означает, что не видит даже обратной стороны Творца, а говорит, что Творец оставил его и не управляет им, а все страдания, которые он получает, оттого, что так случается в мире, что все идет природным, естественным путем, потому что пути управления видятся ему настолько запутанными, что доводят его до состояния полного неверия, что означает: молится и дает милостыню, пытаясь преодолеть свои несчастья, но не получает никакого ответа, неудачи продолжаются, но как только перестает молиться за свои страдания, получает ответ в виде удачи, как только усилиями верит в управление Творца и улучшает свои поступки, тут же перестает преуспевать и жестоко отталкивается от успеха, а в то время, как не верит и творит зло, сразу же начинает преуспевать и «свободно дышать», не случается ему заработать честным путем, а именно через страдания других, воровством, нарушением субботы и пр. Все его верующие и честно живущие знакомые страдают, бедны, больны и унижаемы всеми, кажутся ему эгоистами, грубыми, жестокими, непорядочными, глупыми от рождения, обманщиками и двуличными настолько, что отвращение находиться даже минуту рядом с ними. А все его неверующие и нечестные знакомые, смеющиеся над его верой, они-то и наиболее удачливы, здоровы, счастливы, умны, уверенны, приятны, вежливы, честны, всеми уважаемы, не знают тревог, постоянно в ощущении внутреннего покоя и уверенного спокойствия.

Когда высшее управление проявляется таким образом в человеке, называется это «скрытие в скрытии», потому что находящийся в нем человек не в состоянии своими усилиями продолжать верить в то, что страдания приходят к нему от Творца вследствие чего-либо, и он духовно нисходит настолько, что перестает верить и утверждает, что Творец вовсе не управляет своими творениями, а все, что происходит с ним, происходит волею случая и природы, т.е. не видит даже обратной стороны Творца.

Имя Творца. Понятно, что не может быть наслаждение одного человека подобно наслаждению другого, как, например, занимающийся наукой не насладится богатством, а не занимающийся наукой не насладится от познания великого открытия. Конечно же, одному Творец дает богатство и почести, а другому знания. И каждый в своих ощущениях должен постичь личное отношение Творца к нему как доброе и милосердное. Усилия человека в состоянии скрытия укрепиться в вере в управление Творца приводят его к усердному занятию Торой, чтобы ее скрытый свет помог ему. Мысли, которые человек получает вследствие занятий Каббалой, об управлении Творца им и всем миром, приходят к нему, потому как «Тора есть средство исправления» – «Тора тавлин». Свои усилия человек обязан прикладывать до тех пор, пока Творец не сжалится над ним и не откроет Себя. После того как человек полностью открывает заложенные в свете Торы силы для своего исправления и наполняет ими свое тело, вследствие своего укрепления в вере в Творца он становится достойным раскрытия лица Творца, что означает, что Творец обращается с ним в соответствии со Своим именем «Абсолютно добрый».

Картина раскрытия лица Творца. В результате человек ощущает, что получает от Творца только хорошее, ощущает внутреннее спокойствие, находится в постоянном духовном удовлетворении, легко зарабатывает сколько желает, никогда не имеет забот и напряжений, никогда не болеет, пользуется уважением всех, легко достигает всего, чего бы ни пожелал, легко выполняет все им намеченное, во всем удачлив. Когда желает чего-либо – молится и тут же получает, потому что Творец всегда немедленно отвечает ему, ни одна его молитва не остается без положительного ответа, а если делает добрые дела, то немедленно и многократно возрастает его успех, а по мере лености уменьшается. Все его идущие честным путем знакомые хорошо зарабатывают и всегда здоровы, уважаемы всеми и не знают забот, покой и уравновешенность царят в них постоянно, разумны, честны, красивы, приличны, настолько приятны, что наслаждение ему быть с ними. Все, которых он знает как не идущих путем Торы, бедны, в больших долгах и заботах, не имеют спокойной минуты в своей несчастной жизни, постоянно в болезнях и болях, пренебрегаемы всеми, видятся ему как необразованные и невоспитанные глупцы, жестокие и низкие в своих поступках ко всем, полны лести и обмана настолько, что невыносимо находиться рядом с ними. Все верующие мудрецы представляются ему как люди уравновешенные, скромные, честные, приятные, всеми уважаемые, он желает быть постоянно с ними, наслаждается каждой минутой общения с ними.

56. Сказано мудрецами, что истинное исправление означает, что сам Творец свидетельствует, что человек не вернется к своим природным желаниям и свойствам.

Но как можно услышать заверения, гарантии Творца, и перед кем Творец должен засвидетельствовать это? Не достаточно ли знания Творца, что человек более не согрешит? Дело в том, что не может быть человек уверен в том, что не согрешит, до тех пор пока не постиг управление вознаграждением и наказанием, т.е. открытие лица Творца. Раскрытие лица Творца человеку называется свидетельством, потому как спасение человека Творцом заключается в том, что Творец, раскрывая Себя, давая человеку ощущение вознаграждения и наказания, гарантирует этим, что человек более не согрешит. То есть когда человек может быть уверен, что удостоился полного возвращения к Творцу? Когда сам Творец засвидетельствует, что человек более не согрешит, потому что постиг лицо Творца, явное управление вознаграждением и наказанием, когда само спасение человека свидетельствует, что человек более не согрешит.

57. Такое возвращение человека к Творцу называется возвращением из страха: ведь хотя и вернулся к Творцу всем разумом и сердцем (желаниями) настолько, что сам Творец свидетельствует, что уже не согрешит человек, но вся эта уверенность исходит из постижения управления, ощущения страданий за прегрешения – поэтому уверен человек, что не согрешит более, подобно тому как он уверен, что не причинит умышленно страданий себе.

Но такое возвращение к Творцу и уверенность в выполнении Его желаний исходят из страха наказания, немедленно следующего за прегрешением. Поэтому такое возвращение – это не более чем страх наказания, и потому называется возвращением из страха (наказания, страдания).

58. Отсюда поймем сказанное мудрецами: «Достигший возвращения, т.е. исправления своих поступков из страха, удостаивается того, что все его преднамеренные, сознательные прошлые прегрешения обращаются в ненамеренные, несознательные оплошности». Дело в том, что все намеренные прегрешения совершаются человеком по причине нахождения в двойном скрытии Творца, вследствие чего он совершенно не верит в управление вознаграждением и наказанием. Простое скрытие Творца означает, что человек верит в управление вознаграждением и наказанием, но от больших страданий иногда не в состоянии удержаться от соблазнов прегрешения. Ведь несмотря на веру в то, что страдания приходят к нему как наказания вследствие прегрешения, все-таки подобно это «видящему знакомого со спины», когда находится в сомнениях, действительно ли это тот, о котором он думает. Поэтому

Предисловие к Талмуду Десяти Сфирот

вследствие веры в управление вознаграждением и наказанием его прегрешения – не более чем оплошности, ведь не чувствует, а только верит. И потому иногда, под влиянием болезненных страданий, не в состоянии верить и этим грешит. Ведь вся обязанность человека только в том, чтобы во всех своих состояниях верить в существование Творца и Его постоянное управление всем. Заповедь или прегрешение – имеется в виду следующее: верит в Творца и Его управление – выполняет заповедь; не верит – грешит. То есть прегрешением называется отсутствие веры. Поэтому прегрешения от больших страданий – это оплошности, ненамеренные прегрешения, появившиеся от больших страданий, не по вине человека. В то время как в двойном скрытии, когда вообще не верит в Творца Вселенной и, уж конечно, в Его управление, такое состояние человека относительно Творца называется умышленным, намеренным прегрешением.

59. Достигнув возвращения к Творцу вследствие страха наказания, что означает постижение управления вознаграждением и наказанием – настолько, что уверен, что не прегрешит уже более, исправляется навсегда в человеке ступень двойного скрытия Творца. Потому как своими глазами видит управление вознаграждением и наказанием, и ясно ему, что все страдания в прошлом посылались как наказание за прегрешения, и приходит к постижению управления вознаграждением и наказанием. Вследствие этого он уже не должен верить – он уже явно ощущает наслаждение при исполнении Заповеди и страдание при ее нарушении, а потому и свои прошлые проступки оценивает как горькие ошибки (когда думал, что Творец не управляет миром, а теперь видит, что управление Творца абсолютно доброе). И потому вырывает с корнем все свои умышленные прегрешения, но не полностью освобождается от них, а они остаются в нем как оплошности, подобно оплошностям, совершенным в состоянии простого скрытия Творца, когда ошибался вследствие множества страданий, путающих разум человека. Поэтому намеренные прегрешения обращаются в оплошности.

60. Но бывшее до возвращения простое скрытие Творца и совершенные вследствие этого оплошности остаются без всякого изменения и исправления, потому как и ранее верил, что страдания приходят к нему вследствие наказания.

61. Достигший открытия лица Творца, ощущения Его абсолютной доброты, видящий, что Творец абсолютно добр ко всем Своим созданиям, как к праведникам, так и к грешникам, потому что оправдывает управление Творца, называется с момента открытия лица Творца праведником. Но потому как еще не полностью исправлен, ведь исправил только двойное скрытие лица Творца, а простое скрытие в прошлом еще не исправил, ввиду неисправленного прошлого остается у него скрытие лица Творца, как и было ранее. Поэтому не исправивший свое прошлое называется «неполный, несовершенный праведник». Ощущающий управление Творца как абсолютно доброе называется праведником. Но до того как ощутил управление Творца добрым, был в сомнениях, не мог сказать, что Творец добр и праведен в своем управлении, отношении к нему. И хотя называются эти сомнения оплошностями, но все же это прегрешения, и потому называется несовершенным праведником.

62. А также называется средним, находящимся между страхом и любовью, потому как, достигнув возвращения из страха перед наказанием и стремлением к вознаграждению, получил возможность выполнением Торы и Заповедей достигнуть возвращения из любви. И тогда назовется совершенным праведником.

63. Таким образом, выяснилась первая ступень раскрытия лица Творца: постижение, ощущение управления вознаграждением и наказанием, когда сам Творец открытием лица свидетельствует, что человек уже не прегрешит. И это называется возвращением из страха, когда намеренные прегрешения обращаются в ненамеренные, оплошности, а человек называется несовершенным праведником, или средним.

64. Вторая ступень раскрытия лица Творца называется полным постижением истинного вечного управления, ощущение человеком, что Творец управляет всеми Своими творениями, как грешниками, так и праведниками, только абсолютным добром. Постигающий эту ступень называется совершенным праведником. А возвращение из любви обращает все намеренные прошлые прегрешения в заслуги.

Итак, три последовательные ступени постижения управления Творца: двойное скрытие (лица) Творца, простое скрытие (лица)

Творца, первое раскрытие (лица) Творца (постижение управления вознаграждением и наказанием, возвращение из страха) – не более чем предварительные и подготовительные ступени, по которым человек достигает постижения четвертой ступени, постижения истинного вечного управления. Истинного и вечного (извечного) – потому что раскрывается ему, что именно так всегда относится Творец ко всем, только человек ввиду своей неисправленной природы ощущает двойное, простое скрытие или простое раскрытие. Совершенным праведником называют человека, который никогда в своей жизни не согрешил. Но сказано в Торе: «Нет праведника на земле, который бы делал добро и не прегрешил». Тора относится к этому определению, как мы видим, совсем иначе: поскольку все действия человека продиктованы только тем духовным уровнем, на котором он в данный момент находится, то на каждой ступени духовного подъема есть состояние, называемое «совершенный праведник», находясь в котором невозможно прегрешить. И на этом уровне человек никогда не прегрешал. В Каббале эта часть духовного состояния называется частью парцуфа ниже груди, называемая также «древо жизни» и «хасадим мехусим». На эту часть нет Заповеди возвращения (тшува). После ее преодоления человек поднимается на более высокую ступень. Но и там также должен пройти подобный путь, два последовательных состояния: «совершенный праведник» и «нет праведника на земле, который бы делал добро и не прегрешил».

65. Но почему недостаточно постижения третьей ступени, управления вознаграждением и наказанием, когда сам Творец свидетельствует, что уже не прегрешит? Почему же еще называется средним или несовершенным праведником, что говорит о его несовершенном духовном состоянии в глазах Творца? Какой есть еще недостаток в его духовной работе?

66. Среди 613 Заповедей Торы есть Заповедь любви к Творцу. Но как можно приказать или заставить любить? Тора указывает: если человек выполняет 612 Заповедей, то 613-я Заповедь – любить Творца – невольно выполняется им. Поэтому считается, что от человека зависит выполнить ее, выполнив 612 Заповедей.

67. Но если после выполнения 612 заповедей 613-я выполняется автоматически, то зачем надо указывать ее отдельно? Ведь достаточно обязать выполнять 612 Заповедей, после чего любовь к Творцу приходит сама собой?

68. Все черты характера человека, все его свойства, которые он использует в общении с окружающими, даже самые низменные, все они необходимы человеку для его работы у Творца, усилий ради Творца. И только поэтому, для этого и сотворены в человеке таковыми его свойства и черты характера – самыми подходящими для этой конечной их роли, когда использует человек их все для получения всего изобилия наслаждения от Творца и ради Творца, как сказано: «Себе и для Себя создал Я все это» (Ишаяу, 43; 7), «Все делает Творец для Себя» (Мишлей, 16; 4). То есть природа, которой Творец создал человека, именно такова, что, используя ее всю, каждый может в совершенстве работать ради Творца. И именно поэтому создал таким каждого из нас Творец. Поэтому все черты характера, все свойства человека необходимы ему для достижения цели его творения. И приготовлен человеку этот мир, чтобы все его свойства и черты характера развились в процессе его взаимосвязи с окружающим и стали таким образом годны для их конечной цели. Поэтому сказано мудрецами: «Обязан человек сказать: для меня создан весь мир», потому что весь окружающий мир необходим ему для развития его свойств до степени их годности в достижении цели. А когда человек достигает конечной цели своего создания, то ощущает необходимость во всех своих свойствах, качествах, чертах: когда человек желает служить своему Творцу, то необходима ему вся его природа, именно со всеми своими желаниями и свойствами он может полностью служить Творцу. А если не использует хотя бы самое малое из созданного в нем, его работа несовершенна. Потому сказано: «И возлюби Творца своего всей душой и сердцем».

69. А потому как конечная цель развития человека – это достижение любви к Творцу, то необходимо понять суть этой любви, исходя из понятия любви в нашем мире, ведь и любовь к Творцу проходит по тем же ощущениям, как и любовь к кому-либо, потому что изначально дано нам чувство любви в этом мире только для развития любви к Творцу. Но если мы всмотримся в чувство любви человека к человеку, мы обнаружим две ступени этого чувства, делящиеся на четыре.

70. Первое – это зависимая любовь, возникающая вследствие полученных добрых ощущений, наслаждений, подарков, когда притягивается душа человека к дающему ему эти ощущения в чувстве огромной любви. И есть в этом чувстве два варианта: а) прежде чем познакомились и полюбили друг друга, причиняли друг другу неприятности, о которых теперь не желают вспоминать, потому как все взаимно причиненные неприятности перекрываются сейчас любовью, потому как если желают наслаждаться любовью, то должен помнить каждый, что нельзя упоминать о страданиях, полученных в прошлом от любимого; б) никогда не причиняли друг другу никаких неприятностей, а наоборот, всегда взаимно вызывали только добрые чувства своими поступками, а потому нет никаких плохих воспоминаний.

71. Пункт отсутствует по причине ошибки в нумерации оригинала.

72. Второе – независимая, вечная любовь, не зависящая ни от каких условий, потому как постиг величие свойств любящего его, насколько они совершенны, даже по сравнению с представляемыми им ранее, и потому потянулся к нему всей душой с огромной любовью. Также и здесь есть два варианта: а) прежде чем узнал все поступки любимого по отношению к другим, определяется его любовь как несовершенная, потому что, возможно, есть в поступках любимого с окружающими и такие, которые представятся ему плохими, недобрыми, и если бы видел их, полностью бы испортилось его мнение о любимом и исчезло бы чувство любви. И только потому, что незнаком с такими поступками любимого, его любовь огромна и совершенна.

73. б) поскольку познал все поступки своего любимого со всеми, проверил их и нашел, что все они совершенны, и доброта его беспредельна, выше всего, что представлял себе ранее, приходит к чувству абсолютной, совершенной, вечной, неизменной любви.

74. Эти четыре вида любви между людьми также проявляются между человеком и Творцом. Но здесь эти чувства образуют 4 последовательные ступени познания, ощущения Творца. Причем невозможно достичь последней ступени, не пройдя последовательно три предыдущие:

– зависимая любовь;
– независимая любовь;
– несовершенная любовь;
– вечная любовь.

75. Но как можно достичь даже зависимой любви – любви вследствие осознания, что любимый всегда делал ему только доброе, если нет в нашем мире вознаграждения за выполнение Заповедей, и поэтому невозможно узнать и проверить, что любимый всегда относился к нему любя и делая только добро? Каждый обязан пройти первые две ступени постижения управления – ощущение скрытия лица Творца. Лицо Творца означает ощущение человеком всего хорошего, когда человек напрямую получает исходящее от Творца – то, что делает Творец согласно Своему свойству абсолютного добра. Если же добро Творца скрыто ощущением страданий, то это ощущение называется скрытием лица, или спиной Творца (п. 47). Свободный выбор, решение человека усилием воли верить в Творца и Его управление в каждый момент своей жизни и потому выполнять Его желания возможен только при скрытии лица Творца. А если так, то как может достичь человек независимой любви, осознания того, что его любимый всегда делал ему только хорошее и никогда не причинил ему ничего плохого, а тем более как достичь 3-й и 4-й ступеней любви?

76. Сказано (Талмуд, Брахот, 17): «Свой будущий мир увидишь еще при жизни». Но почему не сказано «получишь», а только «увидишь»? Да и зачем человек должен видеть свой будущий мир в этой жизни?

77. Как можно увидеть свой будущий мир в этой жизни? Ведь обычным зрением невозможно увидеть духовные объекты! Да и если бы мы увидели будущий мир, это было бы нарушением законов мироздания, чего обычно не делает Творец, потому что наш мир и все его законы созданы такими именно потому, что самым наилучшим образом способствуют достижению желаемой

Творцом цели – привести человека к состоянию слияния с Творцом, как сказано: «Все делает Творец для своей цели». Так как же можно понять, что человек видит свой будущий мир?

78. Видеть свой будущий мир можно раскрытием глаз в Торе. Перед помещением души в тело с нее берут клятву (Талмуд, Нида, 39, 2): «Даже если весь мир скажет тебе, что ты праведник, выгляди в своих глазах как грешник» – «в своих глазах» означает, что, пока не достиг открытия глаз в Торе, считай себя грешником, даже если весь мир утверждает, что ты праведник, ведь до открытия глаз в Торе человек не достигает даже ступени несовершенного праведника.

79. Но если сам знает, что выполняет уже всю Тору, и весь мир подтверждает это, почему этого недостаточно, чтобы называться праведником, настолько, что поклялся считать себя грешником, пока не достиг «раскрытием глаз» в Торе видеть свой будущий мир в жизни?

80. Из 4 ступеней постижения управления две первые ступени – в скрытии лица Творца, а две последующие – в раскрытии. Смысл существования двух ступеней скрытия лица Творца состоит в том, чтобы дать человеку возможность свободным выбором, своими усилиями заниматься Торой, отчего Творец получает огромное наслаждение, большее, чем от выполнения Торы ангелами, у которых нет свободы воли, выбора.

Скрытие себя создано Творцом умышленно, чтобы человек не видел, что Творец изливает на весь мир абсолютное добро, чтобы дать человеку возможность свободно выбрать веру в Творца и Его доброе управление.

Если усилием воли человек достигает веры в Творца, он доставляет Творцу наслаждение большее, чем действия ангелов, потому как ангелы слепо выполняют волю Творца, а человек хотя и ошибается, но выбирает веру сам, сознательно стремится к своему Создателю.

81. Но несмотря на это, состояние скрытия лица Творца считается не совершенным, а только переходным, с помощью которого человек достигает совершенства. Все полагающееся за усилия выполнять Тору вознаграждение человек получает именно потому, что выполнял Тору в состоянии скрытия лица Творца,

своим свободным выбором, испытывая большие страдания в усилиях верить в Творца и в необходимость выполнения Его желаний.

И поэтому величина вознаграждения измеряется величиной его страданий в выполнении Торы и Заповедей.

82. Поэтому каждый обязан пройти переходное состояние выполнения Торы и Заповедей в скрытии лица Творца. А когда заканчивает все количество отведенных ему усилий, достигает постижения открытого управления, открытия лица Творца.

Но прежде чем достиг открытия лица Творца, т.е. ощущения, исходящего от Творца абсолютного добра, хотя и видит спину Творца, то есть не ощущает Творца, ощущает страдания, но верит, что Творец управляет миром добрым управлением, все равно не может иногда не совершать прегрешения, потому как не всегда в состоянии усилиями преодолеть сомнения, и, в отсутствие всякого ощущения Творца ощущая страдания, сказать, что Творец и сейчас управляет им с добрыми намерениями.

И не только не в состоянии выполнить все 613 Заповедей, ведь любить не заставишь, но, видя спину Творца, то есть не видя наслаждений в Торе и Заповедях, вынужден заставлять себя выполнять и остальные 612 Заповедей, потому как страх его непостоянен.

Поэтому гематрия (числовая сумма букв) слова «Тора» – 611, потому что не может человек выполнять 612 Заповедей. Но «Не вечна ссора», не вечно скрывается Творец от человека, не вечно будут у человека претензии и жалобы на Творца, а наступит момент – и удостоится милости своего Создателя.

83. Первая ступень открытия лица Творца, постижение управления вознаграждением и наказанием, приходит к человеку только вследствие помощи со стороны самого Творца, когда открываются глаза (внутреннее духовное зрение), и ощущает духовные силы и связи, «И становится как бурный родник» (Авот, 86), и за каждой Заповедью, выполненной усилием воли, видит полагающееся в будущем мире вознаграждение, а также большой проигрыш от прегрешения.

84. Но хотя еще не получает, а только видит вознаграждение, потому что в нашем мире невозможно его получить, и этого

достаточно, чтобы, начиная с данного момента, ощущать огромное наслаждение от выполнения Заповедей. Это подобно заработавшему большую сумму торговцу: хотя еще и не получил заработанного, но если уверен в получении, радуется, будто уже его выигрыш при нем.

85. Постижение явного управления гарантирует, что с этого момента человек всем сердцем притянется к Торе и никогда уже не прегрешит, потому что ощущает страдания от прегрешений, убегая от них, как от большой опасности, как убегает человек от пожара: хотя огонь не достигает его, он заранее отдаляется из боязни обжечься.

Но хотя еще несовершенный праведник, потому как не достиг возвращения из любви, большая связь с Торой и добрыми поступками помогает ему постепенно достичь и возвращения из любви, то есть второй ступени открытия лица, – тогда уже выполняет все 613 Заповедей и становится совершенным праведником.

86. В п. 78 приводится клятва, которую дает душа человека перед облачением в тело и нисхождением в наш мир (Талмуд, Нида, 39, 2): «Даже если весь мир скажет тебе, что ты праведник, выгляди в своих глазах как грешник».

Но почему человек обязуется не верить всему миру и видеть себя грешником? Почему не сказано: «Даже если ты знаешь, что ты праведник, держи себя за грешника», – ведь человек лучше всего мира знает, кто он?

Есть указание (Талмуд, Брахот, 61): «Должен знать человек в своей душе, кто он, праведник или грешник». Но тогда зачем нужна клятва души, чтобы всегда видел себя как грешника, если сам обязан установить, кто он?

87. Дело в том, что до открытия глаз в Торе (когда уже нет необходимости верить, когда явно видит ожидающее его в будущем мире вознаграждение, ощущает его своими чувствами, когда ясно понимает управление вознаграждением и наказанием), конечно же, никак не сможет обмануться и считать себя праведником, потому как чувствует, что недостает ему двух самых общих Заповедей Торы – любви и страха.

Ведь достичь явного страха, настолько чтобы Творец свидетельствовал, что человек впредь не прегрешит, от большого страха наказания за прегрешение, может только тот, кто полностью представляет себе вознаграждение и наказание.

А для этого человек должен удостоиться первой ступени открытия лица Творца, постигаемой вследствие открытия глаз в Торе. И уж тем более достичь чувства любви, которое вообще не зависит от человека, потому как никакие усилия и принуждения не изменят ощущаемое в сердце.

88. Поэтому сказано в клятве: «Хотя весь мир говорит...» Ведь Заповеди любви и страха обращены именно к самому человеку, и никто в мире, кроме самого исполнителя, не может определить их выполнение. Ни один человек в мире не может знать, что в сердце другого. То, что открыто посторонним, – это только внешние действия человека: его добрые дела, Заповеди, знание Торы.

Но недоступно постороннему знать намерения этих действий: продиктованы ли они страхом перед Творцом или любовью к Нему. Ведь человек может немного учить и выполнять, но то, что делает, исходит из его страха и любви к Творцу.

А может много учить и выполнять для собственного блага. Окружающие видят выполнение человеком 611 Заповедей и поэтому утверждают, что он, очевидно, выполняет Заповеди любви и страха. А поскольку человек склонен верить всему миру, то может впасть в горькую ошибку – поверить, что он уже праведник.

Желающий сблизиться с Творцом обязан ответить себе, праведник он или грешник, проверив себя: достиг ли он уже страха и любви к Творцу? Видит ли сейчас уготованные ему в будущем мире вознаграждение и наказание? Насколько он уже ощущает это, настолько вышел из состояния грешника.

89. Теперь понятно, что можно достичь любви к Творцу, хотя человек не получает вознаграждения в этом мире, и поэтому указано: «Мир свой (вознаграждение) увидишь в жизни, а получишь в будущем мире». Но обязан еще в этом мире, в этой жизни увидеть уготованное ему в будущем мире, потому как вследствие этого достигает хотя бы зависимой любви, достигает 1-й ступени выхода из скрытия лица Творца и прихода к раскрытию Его лица.

Это необходимо человеку для требуемого от него выполнения Заповедей по Закону Торы (лефи алаха), что означает выполнение с ощущением вознаграждения и наказания, такого выполнения Торы и Заповедей, что сам Творец засвидетельствует, что человек уже никогда не прегрешит, тем, что дает человеку

Предисловие к Талмуду Десяти Сфирот

ощущение вознаграждения (наслаждения) за выполнение Заповедей и наказания (страдания) за нарушение.

В таком случае человек вынужденно станет праведником и устремится к умножению Заповедей, как весь мир стремится к вознаграждениям нашего мира.

90. А далее, выполняя Тору и Заповеди в состоянии зависимой любви, пришедшей к нему вследствие осознания ожидаемого в будущем мире вознаграждения, но воспринимаемого как получаемое сейчас, ввиду абсолютной уверенности его получения в будущем человек постепенно достигает и 2-й ступени открытия лица Творца — постижения истинного и вечного управления Творца, Его совершенного доброго отношения как к праведникам, так и к грешникам, ко всем Своим творениям. Таким образом человек достигает состояния независимой любви — любви к Творцу, даже ничего не получая за это, отчего его прошлые намеренные прегрешения обращаются в добрые деяния, и он уже называется впредь совершенным праведником, потому как есть у него 613 Заповедей.

91. Теперь понятно, почему, достигнув 3-й ступени постижения управления, ступени управления вознаграждением и наказанием, когда Творец свидетельствует, что человек впредь уже не прегрешит, называется несовершенный праведник — ведь не хватает ему Заповеди любви. И потому называется несовершенный, ведь обязан закончить выполнение всех 613 Заповедей для достижения совершенства.

92. Отсюда понятно, почему обязывает Тора выполнить Заповедь любви, хотя мы не властны над чувством сердца, и об этом говорят мудрецы: «Старался, но не нашел — не верь» (Талмуд, Мегила, 6, 2). То есть если человек старается, может прийти и к выполнению Заповеди любви. «Обязан человек всегда заниматься Торой и Заповедями, даже ло ли шма, потому как из ло ли шма придет к ли шма (Талмуд, Псахим, 50), а ли шма означает любовь к Творцу.

93. Поэтому сказано (Талмуд, Мегила, 6, 2): «Если скажет тебе человек, старался, но не нашел — не верь; не старался, но нашел — не верь; старался и нашел — поверь». Это верно в занятиях Торой, а в остальном зависит только от желания Творца. Уже ранее спрашивалось: почему сказано: «старался и нашел», а не «старался и

получил»? Ведь если человек старается и прилагает силы, он знает, чего желает добиться, и достигнутое не называется находкой?

Дело в том, что старание относится к усилиям в Торе, а находка относится к открытию лица Творца, как указывает Зоар, что Творца находят только в Торе. То есть вследствие усилий в Торе человек удостаивается открытия ему лица Творца. Поэтому точно сказано: «Ищущие найдут Меня». Потому что в результате своих усилий человек не только приобретает Тору, но находит еще и лицо Творца.

Человек обычно считает, что мог бы дать Творцу несколько советов, каким образом управлять миром, потому как видится ему несколько изъянов в том, что создал и делает Творец. Это оттого, что ощущает страдания и считает, что при изменении мира избавится от них. А ощущая страдания, думает, что такое управление миром не подобает Творцу всей Вселенной.

Но когда человек удостаивается найти лицо Творца, сам видит, как весь мир управляется Творцом абсолютно добрым намерением и целью, настолько что не может быть ничего лучшего и более доброго для каждого из нас. И тогда исчезают его сомнения в добром управлении, ощущает доброго Творца, что и называется «открытие лица».

94. Отсюда понятна причина сказанного: «Не старался и нашел – не верь». Ясно, что Торой без усилий овладеть нельзя, но если говорится не о Торе, а о Творце, то человек может подумать, что для ощущения Творца не надо прилагать усилия. Поэтому предупреждают мудрецы: не верь утверждающему «Не старался и нашел», без усилий невозможно найти Творца.

95. Теперь поймем, почему Тора называется «жизнь», как сказано: «Вот даю Я тебе сегодня жизнь... и выбери жизнь» (Тора, Дварим, 30, 15), «Жизнь, она для нашедших» (Мишлей, 4, 22). Это исходит из сказанного: «В свете Царя жизни» (Мишлей, 16). Когда человек видит и ощущает, что не может быть более лучшего управления, чем то, которым управляет Творец, это означает, что достиг света Царя жизни.

Потому как Творец – источник жизни и добра, то от Него исходит жизнь ко всем ветвям, связанным с Ним, с теми, кто вследствие своих усилий нашел свет лица Творца в Торе, то есть удостоился открытием глаз в Торе великих постижений, вплоть до открытия лица Творца, что означает постижение явного истинного управления, когда понятно, почему Творец называется абсолютно добрым, творящим только добро.

96. И эти удостоившиеся открытия лица Творца уже не в состоянии отказаться от истинного (лефи алаха) выполнения Торы и Заповедей, как не может отказаться человек от получения огромного наслаждения. И как от огромного несчастья, убегают от прегрешения. И про них сказано: «Вы, слившиеся с вашим Творцом, живете сегодня», – потому как любовь Творца течет к ним естественно, по каналам, уготовленным природой, потому как человек теперь, как ветвь, связанная со своим корнем, и жизнь течет к нему широким потоком от самого Источника.

Поэтому Тора называется жизнью, ведь, ощущая наслаждение от Творца, человек начинает любить Его. Найти Творца, открыть лицо Творца, ощутить Творца, ощутить, открыть Его управление вознаграждением и наказанием можно только усилиями поисков Его в Торе: учась у истинного каббалиста, всеми своими мыслями и действиями в жизни и учебе преследовать только эту цель.

Но почему обязательно нужно прилагать такие огромные усилия в поисках Творца? Почему нельзя просто попросить и сразу же, без усилий найти Его? В качестве ответа на этот вопрос и сказано: «Вы, слившиеся с вашим Творцом, живете сегодня» – кто сливается с Творцом, удостаивается жизни. Слияние означает совпадение, подобие свойств, желаний, качеств. То есть у обоих, у Творца и человека, должны быть одинаковые качества: как Творец делает только добро, так и человек должен бескорыстно делать только добро, чтобы слиться с Творцом.

И к этому сводятся все усилия человека: работать над собой, чтобы все деяния человека были ради Творца, для выгоды Творца. Усилия необходимы, потому что природа человека абсолютно эгоистична, и он не в состоянии совершить ни одного действия ради пользы другого.

Усилия человека в Торе означают, что человек желает выполнять Тору и Заповеди для пользы Творца, чтобы порадовать своими усилиями Творца. Потому как работает против своей природы, то его действия называются усилиями.

Под вознаграждением понимается то наслаждение, которое он ощущает при направлении своих намерений к Творцу. То есть самое большое его наслаждение, большее, чем все наслаждения этого мира, в том, что может доставить радость Творцу. Страдания же ощущаются вследствие того, что не может сделать это.

Чтобы избавиться от эгоизма, бескорыстно стремиться порадовать Творца своими действиями и мыслями – и чтобы считать это наслаждением, – человек должен достичь открытия лица Творца – нисхождения на него высшего света, называемого ДУША.

Как говорит «Зоар»: «Приходящему очиститься помогают. Тем, что дают ему ДУШУ». Свет, исходящий от Творца, который начинает ощущать человек при достижении открытия лица Творца, называется ДУША. Вследствие этого все намерения человека становятся только ради Творца, что называется ли шма. Наслаждение его – только оттого и в той мере, в какой он доставляет своими действиями наслаждение Творцу. Страдания его только оттого и в той мере, в какой не может услужить Творцу.

А если не в состоянии выполнить волю Творца, это называется у него прегрешение (авера). Поэтому сказано, что достигший такого состояния не в состоянии не выполнять волю Творца, он-то и выполняет Заповеди «по Алахе» (алаха от слова алиха – движение к Творцу). Причем выполнение его естественно, как обычный человек не в состоянии избежать огромного наслаждения, вдруг возникшего перед ним. А также мчится прочь от прегрешения, как от пожара.

Такой человек уже не может согрешить, потому как, если прекращает направлять свои намерения ради Творца, немедленно теряет свою ДУШУ и возвращается на уровень обычного человека. И только прислуживая Творцу, ощущает наслаждения. Усилия в Торе означают, что с помощью Торы человек достигает слияния с Творцом, может направить свои намерения на пользу Творца. И тогда удостаивается света лица Творца.

97. Поэтому многократно предупреждают нас мудрецы об обязательном условии занятия Торой и Заповедями ли шма, чтобы удостоился жизни, потому что Тора дана только для того, чтобы найти в ней жизнь, как сказано: «Выбери жизнь».

Поэтому обязан человек во время занятий Торой приложить все усилия разума и сердца найти свет лица Творца жизни, то есть постичь явное управление, называемое «свет лица Творца». И каждый из сотворенных способен на это, как сказано: «Ищущие найдут Меня» и «Старался и не нашел – не верь». Потому как от рождения все есть в человеке для этого, только должен приложить свои усилия. И каждый человек способен достичь такого состояния, что бы он ни говорил: что слаб здоровьем, недостаточно умен, рожден с крайне дурными склонностями, слабохарактерен, находится в неподходящих окружающих условиях, долги и тяготы существования не позволяют ему отдаться достижению настоящей цели жизни и пр.

Существует только единственная сила в мире – Творец, и его цель привести каждого из нас к цели творения, слиянию с Ним, и в каждом своем состоянии (физическом, семейном, материальном и пр.) человек находится в самых оптимальных условиях приближения к Творцу.

Поэтому человек никогда не должен ждать иного настроения, более хороших условий, а там, где он находится внутренне и внешне, с этого состояния начинать свой духовный подъем, потому что не зря сказано: «Тот, кто прилагает усилия, – находит» и «Не верь говорящему – старался и не нашел».

Потому как все есть у человека для достижения цели его жизни, достижения цели творения, кроме одного – его стараний, усилий, как сказано: «Любой занимающийся Торой ли шма, то есть желающий уподобиться свойствами Творцу, воспринимает Тору как источник жизни» (Талмуд, Таанит, 7; 1), то есть он только должен отдать свои мысли и желания получить жизнь, что и означает «ради Творца».

Поэтому сказано: «Для всякого занимающегося Торой ли шма она становится эликсиром жизни» (Талмуд, Таанит, 7, 1) – чтобы только направил свой разум и сердце достичь жизни, что и есть ли шма (потому как ли шма означает «ради Торы»), и приложил усилия в том, чтобы намерения в Торе привели к состоянию ли шма, к слиянию с Творцом.

98. А теперь поймем, как могла Тора обязать человека Заповеди любви к Творцу: хотя любить не заставишь, но достичь этого в силах человека, потому как если человек занимается Торой и находит явное управление Творца, то любовь к Творцу естественно приходит к нему.

Когда достигает открытого управления, видит, что Творец желает ему только добра, естественно ощущает любовь к Творцу: как естественна любовь матери к ребенку и не нуждается в принуждении, так же, когда человек начинает видеть истинное отношение Творца к нему, естественно проникается огромной любовью к Творцу и уже не должен прикладывать усилия стремиться к Творцу, а все делает естественно, с большой ответной любовью.

А кто не верит в то, что может достичь этого своими усилиями – независимо от того, по какой причине, – означает, что не верит в сказанное мудрецами, что любой человек может достичь своими усилиями ощущения Творца: «Старался и не нашел – не верь», «Ищущие отыщут Меня». Именно ищущие, независимо от того кто они, а только прилагающие свои усилия.

99. Отсюда поймем сказанное: «Всякий занимающийся Торой ло ли шма, обращает Тору в яд смерти» (Талмуд, Таанит, 7, 1), «Именно в Торе скрывается Творец». Ведь логично скрытие Творца во всех объектах нашего мира, но в Торе Он открывает Себя. Зачем Творец скрывает Себя, чтобы Его искали и нашли? Почему Творец изначально скрыт от Своих творений, не предстает явно в их ощущениях?

100. Скрытие Творца, как простое, так и двойное, создано Творцом для того, чтобы Его искали, просили открыться, чтобы нашли Его, а не потому, что Он желает остаться скрытым от людей. Скрытие Творца необходимо, потому что нет иного пути у людей, чтобы достичь света жизни, лица Творца, если бы Он изначально не скрывал Свое лицо. А все скрытие есть не что иное, как предварительный этап и подготовка человека к раскрытию лица Творца.

Если человек получает что-либо от другого, он испытывает страдание в виде чувства стыда. Но если то, что мы получаем от Творца, скрыто, мы бы увидели явно – не смогли бы ничего получить: мы бы сгорели от стыда, ощущая, что все получаем от Него и ничего не отдаем.

Чтобы творения не ощущали стыда, скрыл себя Творец, и поэтому все могут получать без стыда и чувства обязанности. Скрытие заключается в том, что человек не ощущает, что Творец дает ему наслаждения, управляет им добром.

И это для того, чтобы дать человеку возможность исправить себя, чтобы все действия человека были ради Творца, а не ради себя: тогда все наслаждения, которые получит от Творца, получит потому, что знает, что Творец желает, чтобы он получил наслаждения, и потому, что Творец наслаждается, когда человек получает от Него наслаждения. А когда человек достигает этой ступени, все духовные наслаждения открываются ему.

Поэтому:
1) скрытие лица сделано, чтобы человек искал и спрашивал себя: «Почему я не могу наслаждаться в этом мире?»;
2) после того как поищет, осознает, что не ощущает наслаждения, потому что не устремляет намерения своих действий ради Творца;
3) тогда начнет совершать действия с намерением ради Творца;
4) тогда Творец сможет открыться ему (и не будет стыда, хотя и получает, как получал и в скрытии лица, все получает от Творца, потому что всем его наслаждением будет радость Творца).

101. Поэтому сказано, что Творец скрывает себя в Торе: ведь в состоянии скрытия лица Творца страдания грешащего и мало выполняющего Тору и Заповеди не подобны вкладывающему в это все свои усилия.

Ведь первый способен больше оправдать Творца, чем второй, справедливо считая, что страдания являются следствием его прегрешений. Тогда как второму чрезвычайно трудно оправдывать Творца, потому как, согласно своим поступкам, не считает себя заслужившим столь большие наказания, тем более видя более грешных не в страданиях, а в радости, счастье, здоровье.

Отсюда поймем, что до тех пор пока человек не достиг открытия лица Творца, – чем больше его усилия в Торе и Заповедях, тем тяжелее ощущает он скрытие Творца, все более явно ему, что скрывается от него Творец. И потому сказано, что Творец скрывает себя именно в Торе. В то время как если человек учит Тору и не ощущает все большего скрытия Творца от него, значит, это не та Тора, которая приводит к ли шма.

Даже если весь мир считает его мудрецом и праведником, видя его внешнюю праведность и огромные познания. А именно эта все увеличивающаяся тяжесть ощущения скрытия Творца и есть призыв Творца ускорить количество и качество (интенсивность) усилий, необходимых для открытия лица Творца.

Зачем человеку, вкладывающему все свои усилия в занятия Торой, испытывать страдания большие, чем другие? Это ли должно быть следствием его усилий в Торе? На это и следует ответ: страдания должны подстегнуть его быстрее прийти к ощущению Творца.

Почему Творец скрывается в Торе больше, чем во всем остальном в нашем мире? Когда человек ощущает наслаждение в Торе, и приходят к нему страдания, он оправдывает Творца, говоря, что Творец управляет миром, но он не достоин ощутить наслаждение, а получает наказания за свои прегрешения.

Но если человек вкладывает всего себя в Тору, то ощущает еще большее скрытие, говоря, что не видит, что Творец управляет миром, потому что, если бы Творец управлял миром Своим свойством абсолютного добра, он бы ощущал это добро в виде наслаждений, а так ему еще хуже, чем другим. Почему же не ощущает он открытие лица Творца? Неужели тот, кто меньше учит Тору, чувствует себя лучше? Находится в лучшем, чем он, положении?

Тот, кто больше дает усилий в Торе, специально ощущает большие трудности, чтобы постарался собраться с силами и дать все требуемые усилия в устремлении намерений ради Творца.

И тогда удостоится открытия лица Творца, ощущения Творца, ощущения явного управления – того, что Творец управляет всем миром абсолютным добром. Поэтому обычный человек не осуждает Творца, говоря, что он сам виноват в том, что получает страдания.

Но тот, кто «выкладывается» в своих усилиях, тот в своем сердце говорит, что Творец виноват в его страданиях. Поэтому именно он ощущает большое скрытие Творца. И это специально для ускорения его прихода к Творцу. Сказано, что Творец подобен оленю, оборачивающему назад свое лицо при бегстве от человека.

Именно во время скрытия Творца, когда человек пытается Его найти и ощущает, что «убегает» от него Творец, он начинает постепенно видеть лицо Творца, потому как не спину Творца видит он, а обернувшееся лицо, предлагающее следовать за Ним.

И именно поиски Творца и поиски Его управления во всем, что происходит с человеком, и рождают те ощущения скрытия, в которых затем ощутит он Творца. То есть в состоянии скрытия человек видит не спину Творца, а Его лицо, только «убегающее», призывающее догнать Его.

102. Поэтому сказано: «Каждый изучающий Тору ло ли шма оборачивает ее в яд смерти» – если не ставит своей целью достичь открытия лица Творца. Он не только не достигает этого, но чем больше изучает Тору, тем входит в большее двойное скрытие, являющееся смертью, потому как разрывается этим связь человека с Источником, то есть не в состоянии верить в то, что Творец управляет миром.

Поэтому его Тора становится для него ядом смерти. И все это потому, что учить надо ради Творца, чтобы замыслом человека было радовать Творца.

А когда может устремить свои намерения к Творцу, то удостоится открытия лица Творца и ощущения наслаждений. Как понять, что Тора содержит в себе две противоположности: может быть и эликсиром жизни, и ядом смерти?

Мы не можем объективно ощутить окружающую нас действительность – какая она сама по себе, а только согласно нашим органам восприятий, ощущений.

Поэтому мы не постигаем, какова сама Тора, а только как она воздействует на нас. Если человек изучает Тору, и Тора отдаляет его от любви к Творцу, его Тора называется яд смерти, если наоборот – называется эликсиром жизни.

Сама же Тора, без постижения ее творениями, – это сам непостигаемый Творец, абсолютный свет Творца. Поэтому, когда говорят о Торе, подразумевают те ощущения, которые человек испытывает вследствие своих занятий Торой. Потому что ощущения человека, только они и определяют, где он находится и в каком качестве.

Поэтому все зависит от ежеминутного намерения человека, какой Торой он занимается, чем она станет для него. Если человек изучает Тору для того, чтобы сблизиться с Творцом, то она является ему эликсиром жизни, потому как сближает с Источником жизни.

В начале пути, в состоянии скрытия, это должно быть намерение найти с помощью изучения Торы судью, вершащего суд.

В таком случае изучение Торы из ЛО ЛИ ШМА приводит к ЛИ ШМА. Изучение Торы должно привести только к одному – к вере, потому как верой называется также одна Заповедь, приводящая к склонению чаши заслуг всего мира. Вера называется также действием, маасэ.

Потому что в каждом действии человека есть причина и само действие. Обычно причина – это получение вознаграждения. Но если вознаграждение разумом не понимается, человек может действовать, если причиной для действия будет его вера. Поэтому вера позволяет все склонить к заслугам, и потому она называется «действие».

103. Отсюда поймем два названия Торы: открытая (нигле) и скрытая (нистар). Тора называется скрытой потому, что в ней скрывается Творец, и открытой потому, что Творец раскрывается в ней. Вначале учат тайную Тору, когда Творец скрыт в ней. А затем учат Тору открытую, где Творец открывается посредством Торы.

Поэтому утверждают каббалисты и говорится в молитвеннике Гаона ми Вильно (АГР"А), что скрытая и открытая Тора – это не две Торы или две части Торы, а последовательный порядок постижения Торы: начинают со скрытой, тайной Торы (сод) и вследствие усилий найти лицо Творца достигают открытой Торы (пшат).

104. Поэтому понятно, как можно достичь зависимой любви к Творцу: хотя вознаграждение человек получает только в будущем мире, но если открылись его глаза в Торе, то уже в этом мире он видит то, что уготовано ему получить в будущем мире, постигает вознаграждение за выполнение Заповедей, ощущает в настоящем вознаграждение, которое получит в будущем, видит бесконечную доброту Творца к своим созданиям, отчего проникается огромной зависимой любовью к Творцу, нисходящей к нему по тем же каналам, по которым раскрывается земная любовь.

Как мать, кормящая своего ребенка, не думает о том, что должна его любить и получить за свои усилия вознаграждение, – такого состояния любви обязан достичь человек в отношении к своему Творцу.

(Вообще этот мир называется в Каббале «знание», «постижение», а будущий мир называется «вера». В будущем мире, говорится, все получат полное насыщение наслаждением. И это только потому, что получаемое с помощью веры не имеет никаких ограничений. В то время как получаемое в разум очень ограничено самим получателем. Поэтому наш мир имеет границу.)

105. Но зависимая любовь приходит к человеку только с момента постижения открытого управления. А его страдания в прошлом, в период скрытого управления – хотя и не желает вспоминать о них, потому что все перекрывает любовь, – все равно считаются как большой недостаток даже в земной любви: ведь если человек вспоминает о страданиях, причиненных ему в прошлом любимым, мгновенно угасает его любовь.

Как же может человек достичь такой любви к Творцу, чтобы знал и ощущал, что с его рождения и всегда Творец делал ему исключительно добро и никогда не причинил малейшего зла или страдания, чтобы смог проникнуться чувством абсолютной любви?

106. Сказано мудрецами: «У возвращающегося с любовью намеренные прегрешения становятся заслугами», – что означает, что Творец не только вычеркивает его намеренные прегрешения, но все плохое, сделанное им в прошлом, обращается в доброе деяние, Заповедь.

107. Поэтому достигший такого открытия лица Творца, что его прошлые, даже злонамеренные прегрешения обращаются в выполненные Заповеди, радуется многочисленным прошлым несчастьям и горьким страданиям, неспокойной жизни, гонениям, прошедшим над ним во время нахождения в состоянии двойного или простого скрытия управления, потому что именно они породили столько злоумышленных прегрешений, превращающихся теперь светом Творца в заслуги.

А все страдания, путавшие его и доводившие до оплошностей в простом скрытии Творца или доводившие до умышленных прегрешений в двойном скрытии Творца, обращаются сейчас в подготовку и причину выполнения Заповедей и получения за них огромного вечного вознаграждения.

А потому обращаются его прошлые страдания и горечь в огромное счастье и все плохое обращается в абсолютно доброе. Поэтому счастлив испытанными в прошлом страданиями, ведь теперь, по мере перенесенных в состоянии скрытия страданий, он ощущает открытие лица Творца.

108. Это подобно притче: у одного хозяина был верный слуга. Как-то раз уехал хозяин, оставив вместо себя заместителя, ненавидящего издавна этого слугу, а потому безосновательно присудившего ему наказание в 5 ударов.

По возвращении хозяина рассказал ему верный слуга о происшедшем, и хозяин обязал заместителя выплатить за каждый удар по 1000 золотых. Пришел верный слуга домой и плача говорит жене: «Как жаль, что я получил только 5 ударов, а не 10!»

109. Так и при обращении намеренных прегрешений в заслуги приходит человек с Творцом к независимой любви, к ощущению, что его любимый никогда не делал ему никакого зла, а, наоборот, постоянно делал ему только добро. Поэтому возвращение с любовью и обращение намеренных прегрешений в заслуги происходит одновременно.

Когда человек получает вознаграждение за каждое перенесенное им страдание, он думает: «Если бы я имел большие страдания, то получил бы теперь большее вознаграждение», что подобно тому, будто никогда ранее не страдал от Творца, потому как Творец возмещает ему сторицей за все перенесенное им.

110. Выяснив два вида зависимой любви, выясним, как может прийти человек к двум видам независимой любви. Сказано мудрецами (Талмуд, Кидушин, 40, 2): «Сказал Тана Кама, всегда обязан видеть себя человек наполовину виновным и наполовину праведным.

Совершил одну Заповедь – счастлив, склонив себя и весь мир в сторону вознаграждения. Совершил одно прегрешение – поберегись, ведь склонил себя и весь мир в сторону наказания, как сказано: «Совершивший одно прегрешение теряет все».

Раби Эльазар, сын раби Шимона, автора книги «Зоар», сказал: «Потому как мир судят по большинству и одного судят по большинству, сделавший одну Заповедь – счастлив, что удостаивает себя и весь мир вознаграждения. Совершил одно прегрешение – поберегись, что призвал на себя и на весь мир наказание».

111. Но Тана Кама и раби Эльазар исходят из разных предпосылок, что выяснится далее.

112. Кроме того, как может человек видеть себя только наполовину виновным, осознавая свои большие прегрешения? Не

может же он обманывать самого себя. А как может одно прегрешение человека склонить весь мир от вознаграждения к наказанию, ведь говорится об истинном положении, а не о теоретических предпосылках?

113. Может ли быть, что во всем поколении нет выполняющих хотя бы одну Заповедь? А если не так, то почему это не склоняет мир в сторону вознаграждения, а все продолжается, как и вчера?

Видя мир, существующий по установленным природным и общественным законам, и не обнаруживая отличия нашего поколения от прошлого, мы задаем вопрос: если, сделав одну Заповедь, можно склонить весь мир на чашу заслуг, ведь обязательно есть в каждом поколении много совершивших за свою жизнь хотя бы одну Заповедь?

Почему же мы не видим никакого сдвига к лучшему в мире ни в одном поколении? Дело в том, что Тора вовсе не предлагает человеку, знающему, что имеет много прегрешений, увязшему в грехах, лгать самому себе, будто он наполовину праведник и одну только Заповедь осталось ему закончить.

Говорится о человеке, думающем, что он совершенный праведник, потому как ощущает себя совершенным, потому что уже достиг 1-й ступени любви вследствие открытия глаз в Торе, когда сам Творец свидетельствует, что уже не прегрешит.

Такому человеку Тана Кама указывает, что он еще не совершенный праведник, а средний, наполовину праведник, наполовину грешник, потому как недостает ему еще одной Заповеди из 613 Заповедей Торы, Заповеди любви. Ведь свидетельство Творца о непогрешимости человека основано на страхе наказания, которое явно ощущает человек при возвращении из страха.

114. Уже говорилось, возвращение из страха исправляет человека и гарантирует его праведность с момента возвращения и далее, но не исправляет прошлое: страдания до открытия лица Творца остаются прошлыми страданиями, а прошлые прегрешения исправляются лишь частично – из намеренных они становится ненамеренными.

Почему же человек определяется как наполовину праведник-грешник, если осталось выполнить только одну Заповедь?

Состояние, а не время жизни человека делится на две части:

а) до возвращения к Творцу называется грешник;

б) после возвращения к Творцу выполняет Тору и Заповеди в силу возвращения из страха и называется праведником. Поэтому в таком состоянии он называется в силу своего прошлого и настоящего состояний «наполовину грешник и наполовину праведник».

115. Поэтому говорит Тана Кама: человек, которому недостает одной, последней из 613 Заповедей, обязан видеть себя наполовину грешником и наполовину праведником, то есть должен представить себе, что момент его возвращения из страха находится в середине его жизни, где под серединой жизни подразумевается его «серединное» состояние: является наполовину грешником – за время до возвращения, когда точно грешил, потому что возвращение из страха не исправляет прошлого, и наполовину праведником – с момента возвращения и далее, потому как теперь не прегрешит. То есть за первую половину заслуживает наказания, а за вторую половину заслуживает вознаграждения.

116. Такому человеку Тана Кама советует подумать: если сделает одну оставшуюся ему Заповедь, станет счастлив, склонив свою чашу заслуг. Потому как выполнивший Заповедь любви вследствие возвращения из любви обращает свои прошлые намеренные прегрешения в заслуги, все страдания прошлого, до возвращения, когда был в претензиях к Творцу за то, что Творец вызывает в нем страдания, обращаются в настоящем в огромные наслаждения настолько, что сожалеет, что не страдал вдвойне, потому как страдания превратились в сосуды получения наслаждения (п.108).

Именно это и называется склонением, перевешиванием чашей заслуг чаши прегрешений, потому как все его страдания, оплошности и умышленные грехи обращаются в заслуги.

Перевешивание заслуг не означает, что чаша заслуг более полна и потому перевешивает чашу прегрешений, а что вся чаша с прегрешениями и оплошностями вследствие возвращения из любви также обращается в чашу, полную заслуг, все прошлые намеренные прегрешения обращаются в заслуги.

117. И еще, предупреждает Тана Кама, пока человек «средний» не достиг Заповеди любви, не имеет права верить в себя и надеяться на свидетельство Творца, что уже не прегрешит.

Поэтому обязан вдуматься: ведь если совершит хоть одно прегрешение – перевесит его чаша наказания, потому как немедленно теряет открытие лица Творца, вновь возвращается к скрытию лица Творца. Этим он склоняет себя к наказанию, потому как теряет все заслуги, не только прошлые, но даже впредь, будущую половину.

Поэтому сказано: «Совершивший одно прегрешение теряет все». Но если говорится о человеке, достигшем ступени страха Творца, когда сам Творец свидетельствует, что более не прегрешит человек, как можно предположить, что в состоянии совершить хоть одно прегрешение?

Поэтому раби Ашлаг приводит изречение: «Не верь себе до дня своей смерти», что означает: до тех пор пока не достиг человек возвращения из любви (света нэфэш мира Ацилут), еще может прегрешить.

Поэтому предупреждают мудрецы: «Не верь себе» – даже человек, о котором свидетельствует сам Творец, что он более не прегрешит. И потому человек должен сказать себе, что, если он сделает эту последнюю Заповедь, Заповедь любви, не согрешит более, а если совершит одно прегрешение, потеряет все.

118. Поэтому есть отличие в словах Тана Камы и раби Эльазара: первый говорит о 2-й (п. 70) и 3-й (п. 72) ступенях любви, а раби Эльазар о 4-й (п. 73) ступени. Человек называется «наполовину заслуженный» и «наполовину виновный», «наполовину праведник» и «наполовину грешник» — если он уже достиг 1-й ступени любви, возвратившись из страха, и недостает ему только Заповеди любви.

В таком состоянии он называется «наполовину»: за годы до возвращения называется сейчас «наполовину виновный грешник», а за годы после возвращения называется «наполовину заслуженный праведник».

Но до тех пор пока не достиг возвращения из любви, а достиг только возвращения из страха, 1-й ступени любви, его намеренные прегрешения обратились в ненамеренные, но прегрешениями-то они остались.

Поэтому знает, что недостает ему еще одной Заповеди – Заповеди любви. Но как согласно этому можно сказать обо всем мире – «наполовину виновен и наполовину заслужен»?

119. В п. 73 говорилось, что 4-й ступени можно достичь, зная все деяния любимого относительно себя и относительно других. Поэтому того, что человек склонил свою чашу к вознаграждению, еще недостаточно для достижения полной любви, четвертй ступени, ведь еще не постигает все величие бесконечно доброго отношения Творца как к праведникам, так и к грешникам, ко всему миру, а только постигает действия Творца относительно себя (п. 115).

В п. 72 выяснилось: насколько человек еще не постиг все деяния Творца со всеми творениями, не исключая ни одного из них, настолько его любовь к Творцу не вечна. Поэтому обязан склонить чашу всего мира к заслугам и вознаграждению – и только затем раскрывается ему вечная любовь.

Когда человек ощущает к себе доброе отношение кого-либо, возникает в его сердце любовь. И это есть независимая любовь. Но еще не знает, как этот знакомый относится к другим людям.

А если увидит, как он жестоко относится к другим, сразу же спросит себя: где же его хорошие качества? Так же и относительно Творца: человек познал величие Творца, любит Его, но еще не знает, как Творец относится ко всем своим творениям.

Может быть, когда увидит отношение Творца к другим созданиям, обнаружит, что Творец не совершенно добр и милосерден ко всем, и ослабеет его любовь, не будет совершенной. Но если не видит отношения Творца к остальным людям, хотя имеет возможность видеть, считается его любовь несовершенной.

Для того чтобы любовь человека была совершенной, не могла уменьшиться, ничто не могло бы ее убить, человек обязан убедиться в совершенном отношении Творца абсолютно ко всем творениям.

120. Раби Эльазар говорит: «...мир судится по большинству, и каждый судится по большинству...» Поскольку говорит обо всем мире, то не может говорить, как Тана Кама, чтобы видел человек всех наполовину праведниками и наполовину грешниками, ведь для этого все в мире должны достичь возвращения из страха, вследствие открытия лица Творца.

В мире есть много грешников. Почему же если мир судится по большинству, то, сделав одну Заповедь, человек склоняет себя и весь мир в сторону вознаграждения? Суд по большинству не означает, как мы обычно понимаем, что 51% – это большинство, а меньшинство – это 49%.

Ведь как тогда может быть, что осталось человеку сделать только одну Заповедь, а он еще называется грешником. Понимать сказанное надо так: то, что склонил все на чашу вознаграждения, заслуг, это зависит от «большинства», то есть от того малого, что называется «одна Заповедь», посредством которой все 100% станут на чашу заслуг и все прегрешения будут как заслуги.

Получается, что «судится по большинству» – чтобы все было переведено в заслуги, когда чаша виновности, прегрешений, которую наполнял до возвращения, обращается в чашу заслуг, зависит только от выполнения одной Заповеди.

Ведь можно подумать, что человек достигает ступени совершенного праведника при условии отсутствия прегрешений и при условии, что более не прегрешит никогда. А те, которые многократно и злонамеренно грешили, уже не достойны достичь ступени совершенного праведника.

Поэтому, указывает раби Эльазар, мир судится по большинству, как каждый из людей. До возвращения человек находится на ступени «грешник». Возвращением страхом достигает ступени «средний». После возвращения достигает ступени «праведник». А если добавит только одну Заповедь, Заповедь любви, – склоняет весь мир на чашу вознаграждения, все его прегрешения оборачиваются заслугами, даже если все его прошлое состоит из одних прегрешений, они обращаются в заслуги, будто никогда ни разу не прегрешил, – и считается совершенным праведником.

Поэтому сказано, что мир и каждый судится по большинству. То есть прегрешения, совершенные человеком до его возвращения к Творцу, не учитываются, потому как оборачиваются заслугами. Таким образом, даже законченные грешники, вследствие возвращения из любви, считаются совершенными праведниками.

121. Поэтому сказано: если после возвращения из страха, когда недостает человеку только одной Заповеди, он делает ее, то «счастлив, что склонил себя и весь мир на чашу вознаграждения». То есть возвращением из любви склоняет не только себя на чашу заслуг, как сказал Тана Кама, но и весь мир.

То есть настолько постигает свет Торы, что открывается ему, как весь мир достигнет возвращения любовью вследствие того, что всем откроется то великое знание и ощущение Торы, которого удостоился он, и они также склонят чашу заслуг, исчезнут все прегрешения человека с земли, и не будет более грешника.

Как он лично постиг совершенную любовь Творца к себе в прошлом и в будущем, отчего возникла в нем огромная любовь к Создателю, также постигает, что весь мир придет к возвращению из любви и к огромным наслаждениям, которые Творец посылает им постоянно.

Видя, как управляет Творец каждым из созданных абсолютным добром, постигая то, что постигнет в будущем каждый, человек проникается такой любовью к Творцу, что один, сам склоняет чашу заслуг, которые они получат в будущем.

И хотя все люди мира сами еще не достигли возвращения к Творцу из страха, но если один склоняет чашу заслуг, которую они должны получить в будущем, это подобно сказанному: «Мир свой увидишь еще при жизни» – достигшему возвращения из страха, потому как ощущает это настолько, будто уже получает, потому что «получающий в будущем подобен получающему сейчас» (п. 84).

Так и здесь, человеку, постигающему будущее возвращение всего мира к Творцу, засчитывается это, будто весь мир уже возвратился любовью к Творцу, и каждый из живущих обратил свою чашу в заслуги, что совершенно достаточно ему для познания всех действий Творца с каждым из Его творений.

Поэтому о достигшем возвращения из любви говорит раби Эльазар: «Счастлив, что перевесил себя и весь мир на чашу вознаграждения». Ведь с этого момента знает все пути управления Творца всеми созданиями, каждым в отдельности, познает бесконечную доброту Творца ко всем и всегда. А потому как знает это, достигает 4-й ступени любви к Творцу, вечной любви (п. 73).

Раби Эльазар, как и Тана Кама, остерегает, что хотя и достиг того, чтобы перевесить весь мир на чашу вознаграждения, не может верить в себя до своей смерти, потому что, если прегрешит хоть один раз, пропадут мгновенно все его постижения и ощущения, как сказано Тана Камой: «Одно прегрешение вызывает пропажу всего хорошего».

Таким образом выяснилось отличие Тана Камы от раби Эльазара: Тана Кама говорит только о 2-й и 3-й ступенях любви и поэтому не упоминает о склонении всего мира на чашу вознаграждения.

А раби Эльазар говорит о 4-й ступени любви, имеющей место только вследствие постижения склонения всего мира на чашу вознаграждения. Но еще необходимо нам понять, как достигается познание склонения всего мира на чашу вознаграждения.

122. Сказано в Талмуде (Таанит, 11, 1): «Когда общество находится в страданиях, да не скажет человек: пойду домой отобедать и отдохнуть. А если делает так, про него сказано: вот радость, забьем скотину, будем мясо запивать вином, потому как завтра умрем».

Но про грешника сказано: возьмем мясо с вином, потому как и завтра будет день. И тогда праведник оставляет мир, но никто не обращает внимания на то, что от зла грешника исчезает праведник. Но страдающий с обществом постигает и видит затем возрождение общества.

123. Сказанное совершенно несвязно. Ведь желает привести доказательство того, что человек обязан страдать страданиями общества. Но зачем говорит о «качествах» среднего и грешника, а не о среднем и грешнике? К чему говорится о наказании за неучастие в страданиях общества?

Почему грешник не получает никакого наказания, а за его прегрешение пропадает праведник? Какая связь между грешником и праведником, что праведник наказывается за проступок грешника? Почему должно быть небезразлично грешнику, что от его деяний наказывается праведник? Неужели наказание грешника в том, что пропадает праведник?

124. Но эти качества среднего, грешника и праведника, находятся не в разных людях, а в каждом из нас. Когда учат Тору для самоисправления, то все, что говорится в ней, воспринимается как относящееся к одному человеку, потому что в каждом из нас можно определить эти три качества:

а) во время скрытия лица Творца, когда человек не видит, что Творец управляет миром абсолютным добром, когда еще не достиг возвращения из страха – определяется как грешник;

б) достигший возвращения из страха определяется как средний, потому что наполовину хорош и наполовину плох: до возвращения – время прегрешений, грешник; после возвращения – время заслуг, праведник. В итоге в этом состоянии – до момента возвращения и с момента возвращения – наполовину грешник и наполовину праведник – определяется как средний;

в) достигнув возвращения любовью, четвертой ступени, вечной любви – определяется как совершенный праведник. Поэтому не сказано просто средний, грешник и праведник, а именно качества среднего, грешника и праведника – соответствующие духовные качества, состояния одного человека.

125. Уже говорилось, что невозможно достичь четвертой ступени любви, не постигнув предварительно открытия лица Творца, уготованное в будущем для всего мира, того, что весь мир в будущем должен постичь.

Хотя это будущее всего мира еще никому в мире не раскрыто, но чтобы склонить весь мир на чашу вознаграждения, человек обязан постичь это будущее состояние всего мира, как говорит раби Эльазар.

С открытием лица Творца каждое пережитое в состоянии скрытия страдание обращается огромным наслаждением, настолько, что сожалеет человек о том, что не ощутил в прошлом больших страданий (п. 108). Но это возможно потому, что помнит эти страдания.

Но когда склоняет чашу всего мира к вознаграждению, откуда может знать меру страданий всего мира – насколько все люди в мире страдают, – чтобы склонить их страдания на чашу вознаграждения, как склоняет свою чашу (п. 121). Чтобы не отсутствовала чаша вознаграждения всего мира, когда человек уже готов склонить ее, нет иного способа, как ощущать страдания всего мира как свои страдания.

Только в таком случае будет у человека чаша наказания всего мира готова в нем самом, как и чаша наказания своя лично. И как только достигнет возможности склонить себя на чашу вознаграждения, сможет также склонить и весь мир, потому как ощутил страдания всего мира, отчего достигает ступени совершенного праведника.

А на ощущение каждого прошлого страдания ощущает совершенное наслаждение и осознание огромного духовного вознаграждения за каждое прошлое страдание. Вообще под понятием «общество» подразумевается совокупность всех душ, созданных Творцом. Все созданные души находятся на различном удалении от Творца во всех четырех мирах АБЕ"А, каждая в зависимости от пройденного пути исправления в своих кругооборотах.

Все вместе они называются также душа «Адама», «Кнэсэт Исраэль», «Шхина», «Малхут». Пока человек не видит, как Творец наполняет все души в будущем и как Он постоянно добром ведет их к Себе – что называется, склоняет весь мир к заслугам, – он не может абсолютно возлюбить Творца.

126. Поэтому сказано в Талмуде (п. 122), что если человек не страдает вместе с обществом, то даже достигнув возвращения от страха, что является качеством среднего (п. 62), достигнув состояния «свой мир увидишь еще в этой жизни», когда видит вознаграждение, уготованное ему в будущем мире, бесконечно счастлив этим – настолько, что с радостью говорит: «Вот радость, забьем скотину и будем мясо запивать вином, потому как завтра умрем». Но спрашивает его Творец: «А покрыты ли твои оплошности?» У возвратившегося из страха намеренные прегрешения обращаются оплошностями.

Но потому как не страдал вместе с обществом, не может достичь возвращения из любви, когда намеренные прегрешения обращаются в заслуги. И остается со своими ненамеренными прегрешениями, оплошностями. А без обращения оплошностей в заслуги нет радости жизни будущего мира.

127. Но, подчеркивает Талмуд, это говорится о среднем, то есть с момента, когда возвратился из страха и далее, когда называется средний. Возвращение из страха не исправляет прошлого, и эти еще не исправленные качества называются качествами грешника.

Хотя как средний он желает достичь получения вознаграждения в будущем мире, но как имеющий еще качества грешника не желает умереть, потому что для грешников нет никакого вознаграждения в будущем мире.

Поэтому в то время как качество среднего в человеке радуется и восклицает: «Потому что завтра умрем!» – и удостоимся жизни в будущем мире, качество грешника в нем восклицает: «А каким будет завтрашний день!», – то есть желает оставаться в этом мире навсегда, потому что нет пока части в будущем мире, ведь эта часть исправляется только возвращением из любви.

128. Поэтому заканчивается изречение Талмуда: «И праведник исчезает», то есть качество совершенного праведника, которого должен был достичь человек, исчезает из него: «и никто не обращает внимания, что от зла исчез праведник»: потому как средний, который не присоединил себя к страданиям общества, не может достичь возвращения из любви, обращающей намеренные прегрешения в заслуги и страдания в наслаждения, а наоборот, все оплошности и страдания, перенесенные им в прошлом, до того, как возвратился из страха, стоят перед его глазами в виде качеств грешника, ощущающего страдания от управления Творца.

И эти ощущаемые страдания от управления Творца не позволяют ему достичь ступени совершенного праведника. Поэтому сказано: «и никто не обращает внимания», то есть сам человек не обращает внимания, «что от зла», то есть от того, что еще ощущает зло, страдания в прошлом от управления Творца, «исчезает праведник», исчезает из человека качество праведника – и умрет, уйдет из мира только в качестве среднего.

И все это только потому, что не связал себя с обществом, не страдал страданиями общества, поэтому не может достичь и видеть вознаграждение и успокоение общества, не может склонить чашу общества к вознаграждению и заслугам и видеть удовлетворение, вознаграждение общества и поэтому никогда не может достичь ступени праведника.

Вывод: если человек связан с обществом, удостаивается видеть успокоение, наслаждение общества, то есть может достичь возвращения любовью, вечного возвращения, потому что может перевесить и себя, и весь мир склонить на чашу заслуг, потому как видит в настоящем, как все страдания всего мира от Творца, до того как возвратился, обращаются после его возвращения в огромный свет, который снизойдет на все перенесенные во время скрытия страдания.

И это в силах человека – видеть, потому что знает все прегрешения и страдания всего мира. Поэтому страдающий с обществом приобретает необходимые чувства, страдания, в которых именно впоследствии и ощущает наслаждения, что и называется постижением будущего услаждения общества.

Отсюда лучше видно, что грешники, средние, праведники – эти состояния приходят к одному человеку поочередно: до возвращения – грешник, после возвращения из страха – средний, после возвращения из любви – праведник.

129. Из всего вышесказанного вытекает, что нет ни одного рожденного в этом мире, кто бы не был обязан пройти поочередно эти три качества: грешник, средний, праведник. Каждый из рожденных на этой земле обязан пройти их, и нет человека, который родился бы сразу с качествами среднего или праведника.

А называются качествами, потому что исходят из качеств постижения управления Творца. Грешник или праведник поэтому определяются по ощущению – как человек ощущает управление Творца, отношение Творца к миру.

Поэтому сказано мудрецами (Талмуд, Сота, 8): «В мере, которой человек измеряет себя, измеряют его» – человек может много учиться, молиться и поститься, но если в своем сердце чувствует, что Творец относится к нему плохо, называется грешник, а может не много учить, молиться, но радостен, так ощущая отношение Творца к себе, оправдывает управление Творца, тогда называется праведник – по тому, как человек называет Творца, так и называется человек.

Ощущающие скрытое управление Творца, не видящие Его доброго управления – одним этим ощущением в сердце человек говорит, что Творец немилостив к нему, не добр.

Ощущающие управление как плохое, грешное определяются в качестве грешника: неполный грешник от простого скрытия Творца или полный грешник от двойного скрытия Творца. Совершенно не верящий в Творца не имеет никаких жалоб на Творца.

Но верящий в Творца имеет жалобы на Него за то, что не получает ему положенного. И называется грешником, потому что чувствует, что Творец относится к нему не так, как, по его мнению, обязан относиться.

Чтобы не обвинять в своем сердце Творца, обязан человек искать всевозможные оправдания и средства, как в себе, так и в окружающем, – все, что только в состоянии делать для того, чтобы быть в радости. Потому что вся основа духовного пути – это уверенность в Творце. И если эта уверенность есть, человека не покидают радость и счастье.

Если человек, независимо от состояния, может усилиями достичь веселья, счастья и сказать в своем сердце, что Творец праведник и обращается с ним только добром, то называется праведником. Человек судит о Творце и Его управлении по своему пониманию, каким должно быть управление им и миром.

Ощущая себя плохо и считая, что ощущения эти он получает от Творца, человек определяется как грешник. Но если он утверждает, что и весь мир находится в страданиях вследствие плохого управления Творца, то еще большим грешником он считается.

А если бы Творец спросил совета, как управлять миром, он бы Ему посоветовал относиться лучше, чем, как ему кажется, Творец относится к миру сейчас. В общем, каждый понимает лучше Творца, как должен выглядеть наш мир и каким должно быть высшее управление. А причина этого только в скрытии истинного управления мира Творцом.

Поэтому постигающие управление от скрытого лица Творца называются грешниками. А потому как из глубин собственных ощущений сам нарекает себя грешником, потому это имя зависит только от ощущаемого в сердце и совершенно не зависит от произносимого устами или даже в мыслях.

Если человек ощущает себя плохо, неуверенно, не может быть в радости (радость есть ощущение, с которым человек желал бы остаться на всю жизнь), то это вовсе не зависит от его слов или даже если он разумом оправдывает Творца.

Ведь оправдание управления Творца исходит из ощущений в чувствах и жилах, которые не могут лгать сами себе от насилия, как мы. Поэтому находящийся в скрытии Творца склоняет себя и весь мир на чашу наказания, потому как представляется ему, что весь мир ощущает такое же плохое управления, как и он, не согласен остаться в своем ощущении постоянно.

130. Но постигающий и ощущающий управление Творца в раскрытии Его лица в 1-й ступени, называемой возвращение из страха, определяется качеством среднего, потому как его ощущения разделяются на две части, называемые две чаши весов: ведь постигнув открытие лица Творца и состояние «мир свой увидишь еще при жизни», постигает хотя бы с этого момента и далее управление Творца как доброе и поэтому обретает чашу заслуг, потому как утверждает своим ощущением, что Творец —

праведник, и потому сам называется так, как называет управление Творца.

Но все горькие страдания, отпечатанные в его ощущениях от прошедших горьких дней в состоянии скрытия лица Творца, то есть до того как достиг возвращения из страха, будто остались прежними и называются чашей виновности, когда обвинял Творца, ощущая материальные, телесные или духовные страдания.

А потому как есть у него эти две чаши, одна против другой, – до возвращения стоит перед ним чаша виновности, а с момента возвращения и далее стоит перед ним чаша заслуг, то в момент возвращения находится между заслугами и виновностью и потому называется средним.

131. А удостоившийся 2-й ступени открытия лица Творца, от любви, когда намеренные прегрешения обращаются в заслуги, считается как склонивший, перевесивший чашу виновности чашей заслуг, то есть все страдания, отпечатанные в его ощущениях в состоянии скрытия лица Творца, обратились сейчас в чашу заслуг, потому как все страдания прошлого обращаются в огромное наслаждение, и он называется праведником, потому как таким ощущает управление Творца.

132. Качество среднего иногда проявляется в человеке даже во время нахождения в скрытии лица Творца, когда от его больших усилий в веру в Творца и в вознаграждение и наказание открывается ему свет уверенности в управление Творца, и человек в определенной мере удостаивается ощутить Творца, увидеть открывшееся ему лицо Творца как средний, то есть чувствует, что с этого момента и далее он будет праведник и сблизится с Творцом. Но не в состоянии устоять в этом качестве постоянно, потому как это возможно только вследствие возвращения из страха.

133. Также необходимо знать, что свобода воли имеет место только в состоянии скрытия лица Творца. Но это не значит, что, после того как удостоился открытия лица Творца, уже не надо прикладывать никаких усилий и нет места работе человека в выполнении Торы и Заповедей.

Как раз наоборот: настоящая работа в Торе и Заповедях в нужном виде начинается именно после того, как удостоился человек возвращения из любви к Творцу, потому как только тогда может он заниматься Торой и Заповедями с любовью и страхом, как заповедано нам и как сказано (Талмуд, Брахот, 61): «Я сотворил мир для совершенных праведников».

Это подобно королю, пожелавшему выбрать изо всех своих подданных наиболее любящих и верных ему, чтобы окружить себя ими в своем дворце.

Послал он гонцов по всему королевству известить, что желающие работать на особой внутренней работе для короля должны явиться во дворец. Но чтобы выяснить, кто же действительно любит его, на дорогах, ведущих к дворцу, расставил посты и приказал страже умышленно путать желающих, объясняя, что не стоит работать во дворце короля, и всячески их отпугивать.

Конечно, все подданные короля, услышав о такой возможности, немедленно устремились ко дворцу, но строгие стражники жестоко отталкивали их. И все же многие смогли приблизиться ко дворцу короля, не слушая отпугивания и убеждения стражников. Но стражники, стоящие на воротах дворца, были еще более жестокими и не давали даже приблизиться к воротам, грубо отталкивая желающих.

И только особо упрямые продолжали свои попытки прорваться к королю, отступая под натиском жестоких стражников и вновь нападая в попытке достичь короля. И так продолжалось много лет, в попытках достичь дворца и отступлениях под убеждением стражников, что не стоит работать во дворце короля, – пока не ослабли и не разочаровались.

И только особо сильные духом, терпение которых позволило им продолжить свои попытки, победили жестоких и коварных стражников, открыли ворота и удостоились сразу же увидеть самого короля, который дал подходящую каждому из них должность.

И конечно, с тех пор они уже не должны сталкиваться с отпугивающими, путающими и угрожающими стражниками, причинившими им столько страданий в течение многих лет поисков входа во дворец и возвращений ни с чем обратно, потому что удостоились работать и прислуживать самому королю внутри дворца.

Так же происходит с совершенными праведниками: свобода воли, имеющая место в состоянии скрытия лица Творца, естественно, отсутствует с момента открытия лица Творца, когда открыли ворота для постижения открытого управления.

Как уже описывалось в книге «Постижение Высших миров», человек как бы движется внутри миров АБЕ"А и всегда думает и действует согласно тому духовному уровню, на котором находится, и не в состоянии мыслить иначе.

Работа в состоянии скрытия Творца, когда эгоизм человека постоянно восставал против него, отталкивая от приближения ко дворцу, эта работа, конечно, уже не имеет места в состоянии открытия лица Творца, а есть настоящая работа непосредственно на Творца, когда начинают восходить по тем многим ступеням лестницы, стоящей на земле, но достигающей неба, в соответствии со сказанным: «Праведники восходят от силы к силе» и «Каждый праведник завидует доставшемуся другому», — когда эта работа подготавливает их к желаемому Творцом, чтобы исполнился в них замысел Творца в творении, который определяется как наслаждение созданий согласно свойству и величию Творца.

134. Знай Высший закон: раскрытие чего бы то ни было может быть только в том месте, где имело место его скрытие.

Как в нашем мире, скрытие прежде открытия, росток выходит только там, где посажено и сгнило зерно, так же в духовных процессах скрытие и открытие имеют общую связь, как фитиль и свет, связанный с ним: без фитиля не может гореть масло.

Это потому, что в скрытии, когда оно доходит до своего исправления, открывается свет, относящийся к бывшему сокрытию. Поэтому скрытие есть причина, порождающая раскрытие, и появляющееся раскрытие связано со своим бывшим скрытием, как огонь с фитилем.

Стремящийся духовно возвыситься обязан это постоянно помнить. Сказано: «Преимущества света раскрываются из тьмы», — потому что невозможно понять что-либо, если прежде не постичь противоположное ему, потому как постигаемое всегда дает понимание ему противоположного.

Поэтому, если человек желает чего-то достичь, осознать, почувствовать, он обязан постичь прежде противоположность того, что ищет, и по мере раскрытия противоположности познает желаемое — как, например, горькое и сладкое, ненависть и любовь, жажда и ее утоление. Поэтому не может человек достичь любви к Творцу, желания слиться с Ним, пока не возненавидит состояние разлуки и удаления от Творца.

Поэтому должен понять, от чего он отдален, чего лишается этим отдалением, вследствие чего возникает в нем желание исправить свое состояние, чтобы сблизиться. То есть должен четко осознать, чего лишен вследствие отдаления от Творца. Вознаграждение от сближения и проигрыш от отдаления измеряются страданиями и наслаждениями.

В мере ощущения страданий человек удаляется и ненавидит их источник, потому как, естественно, ненавидит страдания. То есть мера страдания определяет меру усилий человека, его попытки и старание найти способ избавиться от источника страданий.

Мера ненависти определяет меру отдаления от источника страданий. Также обязан знать, что означает сближение с Творцом, совпадение свойств с Творцом, то есть свойства Творца, к чему он должен стремиться прийти. И от этого он тоже узнает, что означает отдаление свойств.

Хотя сказано, что Творец абсолютно добр, но человек не видит этого, ощущая плохое управление, упрекая в сердце Творца, называется грешником. Когда ощущает, что Творец дает всем только добро, оправдывает Его деяния, называется праведником.

Поэтому, ощущая страдания, человек естественно удален от Творца, потому что испытываемые им страдания сами вызывают в его сердце ненависть к Творцу. Скрытый в Торе свет постепенно создает в человеке ощущение страданий от удаления от Творца и ненависть к отдалению. То есть постепенно начинает осознавать причину удаления от Творца.

Человек должен верить, что управление Творца доброе, а он ввиду своих эгоистических свойств находится в отдалении от Творца и потому ощущает страдания вместо наслаждений, которые желает дать ему Творец. Затем, когда человек начинает понимать, насколько выигрывает от сближения с Творцом, начинает стремиться к слиянию. Поэтому каждое ощущение выявляет и себе противоположное.

Каждое страдание, уныние, нисхождение в эгоистически низкие желания осознается уже как следствие отдаления от Творца, и постигает выигрыш от сближения и оценивает связь с Творцом. Именно страдания, уже осознаваемые как следствие отдаления от Творца, подталкивают человека ненавидеть отдаление, то есть свой эгоизм как причину отдаления.

Из страданий оценивается и понимается наслаждение. Но до того как сам увидит управление Творца добрым, нет иного пути, кроме как верить в это, несмотря на страдания. Верить в то, что страдания посылаются для его продвижения.

И поэтому сказано (п. 17): «Праведник живет своей верой» – то есть только на одном должен сосредоточиться человек – просить Творца дать силы верить вопреки страданиям, вопреки тому, что знает его тело.

Усилия верить также рождают в человеке ненависть к отдалению. Отличие веры и знания (ощущения) в том, что самого знания достаточно, чтобы совершить действие. Вера – это всего лишь умственное преодоление знания, сказать себе, что выгодно работать против знания.

Поэтому вера действует, только если она больше знания, и поэтому над верой обязан постоянно работать. Поэтому все страдания человека в этом мире есть не более чем предварительные к настоящим страданиям, без которых человек не сможет достичь духовного.

А настоящие страдания – это страдания человека оттого, что он упрекает в своем сердце Творца за плохое управление и просит Творца дать ему такую веру, чтобы вопреки страданиям не смог в своем сердце говорить плохо о Его управлении.

135. Сказано, что вся Тора – это имена Творца. Но это совершенно непонятно, ведь мы находим в Торе много грубых слов и имена известных грешников, как Фараон и Билам, запретное, нечистое, проклятия и пр. Как же можно понять, что все это имена Творца?

136. Чтобы это понять, необходимо знать, что пути Творца – не подобны нашим путям, потому как наш путь исходит из несовершенного, снизу и продолжается к более совершенному, вверх, а пути Творца наоборот: от совершенства к несовершенству, сверху вниз.

По пути Его нисхождения приходят к нам все раскрытия, от совершенства к несовершенству: потому как сначала исходит из самого Творца абсолютное совершенство, которое затем, удаляясь своими качествами от Творца, спускается, последовательно сокращаясь, по ступеням миров, пока не достигает своего последнего состояния, самого сокращенного, подходящего для нашего земного, материального мира, и тогда раскрывается это нам здесь, в нашем мире.

Чтобы мы, несовершенные и крайне удаленные от Творца, смогли постичь духовные ступени, обязан Творец создать лестницу нисхождения от совершенства к несовершенству.

137. Вся Тора, высоте которой нет предела, какой создана и вышла из Творца, такой же она находится перед нашими глазами в этом мире, потому что Творец и Тора – это одно и то же.

Но в Торе нашего мира этого совершенно не видно, то есть человек может учить Тана"х и Талмуд и не чувствовать, что есть Творец мира, поскольку у нас Тора и Творец – это две категории, а не одна. И даже более того, хотя сказано, что Тора – это жизнь, занимающийся ею ло ли шма хотя и становится в ней великим знатоком, выполняет с усердием множество Заповедей, добавляя к ним всевозможные дополнения, обращает Тору в яд смерти.

Но при рождении Торы она появилась в абсолютно совершенном виде, как одно целое с Творцом. И это называется Торой мира Ацилут, о которой сказано (Акдамат Тикунэй Зоар, 3, 2): «Он, Его сила и Его сосуды – одно», то есть Божественное.

Но затем снизошла Тора от Творца и сократилась своим нисхождением по многим ступеням до состояния, в котором была вручена на горе Синай, когда была записана в том виде, в котором мы видим ее в этом мире, в одеянии грубых оболочек нашего материального мира – в изучаемые нами в Талмуде убийства, воровство и прочие прегрешения.

Но все слова в Торе совершенно точны. И хотя в нашем мире «говорит Тора языком человека», каждое слово обозначает и указывает собою определенное духовное понятие.

И потому духовные действия, управление Творца, описанные словами нашего мира, нисколько не теряют своего величия, а каждое слово есть постижение самого действия Творца, которое постигают путем раскрытия этого слова. Поэтому все слова Торы – это имена Творца.

И именно потому, что слова нашего мира скрывают Его действия более всего, через них происходит самое большое раскрытие Творца!

138. Но хотя есть огромное отличие одеяний Торы в нашем мире от одеяний Торы в мире Ацилут, сама Тора, то есть свет в этих одеяниях, остается безо всяких изменений, как в нашем мире, так и в мире Ацилут, как сказано (Малахим, 3, 6): «Я себя не меняю».

Лестница нисхождения представляет собою ступени постепенного удаления свойств от Творца, которые также называются мирами Ацилут, Брия, Ецира, Асия, Этот мир, каждый из которых также состоит из 25 ступеней. Эти ступени и есть одеяния света. В Этом мире одеяния материальные, например пища. Есть одеяния дозволенные и запретные, как в пище.

В одеянии «деньги» есть запрет красть. Есть одеяние «почести» и пр. В эти материальные одеяния одевается Тора, но сама Тора – это свет Творца: Творец одевается в Тору, в различные одеяния, и все отличие только в них, только относительно постигающего эти одеяния человека.

Более того, грубые одеяния Торы нашего мира, мира Асия, не только никоим образом не причиняют никаких изъянов свету в них, а наоборот, они важнее в окончании исправления, чем тонкие одеяния Торы в более высших мирах. И это потому, что скрытие есть причина последующего раскрытия.

Само скрытие, после того как оно исправлено, становится раскрытием, как фитиль и связанный с ним свет. И чем больше скрытие, тем больший свет раскрывает оно. Поэтому грубые одеяния Торы в нашем мире ничем не принижают Тору относительно света, а поскольку раскрывают его, то важны как находящийся в них свет.

Скрытие, неощущение Творца, после своего исправления, само обращается в раскрытие Творца: фитиль находится в масле, и масло должно подняться и пропитать его (или он всасывает масло и пропитывается им). Но огонь держится не на масле, а именно на фитиле. Получается, что фитиль – это одеяние на масло, и в мере исправления этого одеяния огонь горит. И чем толще фитиль (чем больше скрытие), тем больший свет может он дать.

139. И этим (Талмуд, Шабат, 89, 1) победил Моше ангелов в их замечании Творцу: зачем Он вручает Тору столь низкому созданию, как человек. На что Моше ответил: «Но ведь нет в вас зависти, нет в вас эгоизма!» – поскольку большое скрытие, место, где находится эгоизм, порождает большое раскрытие

света Творца, то одеяния Торы в мире ангелов недостаточны, чтобы раскрылся большой свет, как одеяния Торы в нашем мире.

140. Таким образом, нет никакого различия между Торой мира Ацилут и Торой нашего мира, а все отличие только во внешних облачениях: в мире Ацилут Творец раскрыт ощущающему Его, предстает перед постигающим Его без одеяний, а в облачениях Торы, в одеяниях нашего мира тот же Творец скрывается от человека.

И по этому свойству скрытия Творца в Торе нашего мира называется Творец по имени Учитель, чтобы показать, что даже для ощущающего двойное скрытие Творец облачается в Тору как Учитель, а Тора – учение, но облачена Тора в грубые одеяния нашего мира, потому как эти одеяния материальные, то они укрывают и скрывают Учителя, одетого и скрывающегося в них.

Но когда вследствие возвращения из любви человек удостаивается открытия ему лица Творца, 4-й ступени постижения управления, то сказано о нем (Ишаяу, 30, 20): «Не будет более скрываться твой Учитель, и увидят Его глаза твои», – потому как с этого момента и далее одеяния Торы не скрывают Учителя, а наоборот, раскрывается Он человеку навечно, потому как Тора и Творец – одно, и таким это предстает перед человеком.

141. Отсюда поймем сказанное мудрецами (Талмуд, Ирушалми, Хагига, 81): «Оставьте меня и выполняйте Тору» – оставьте ваши посты и обеты, потому что все это вы делаете только ради себя, но выполняйте Тору, потому как свет, что в ней, возвращает к Источнику: в поисках раскрытия Творца люди постились и накладывали на себя невыносимые обеты, потому как (Ишаяу, 58, 2) «близости Творца желают».

Поэтому говорит им Талмуд от имени Творца: «Оставьте меня, ведь напрасны все ваши усилия, потому как Я нахожусь только в Торе. Так «выполняйте Тору», в ней ищите Меня, а свет, что в ней, вернет вас ко Мне, и найдете Меня» (пп. 95, 103).

142. Только теперь, поняв вышеизложенное, поймешь немного суть науки Каббала и уже не ошибешься, как массы, представляющие себе всевозможные фантастические картины миров и действий каббалистов.

Знай, что Тора делится на четыре категории, включающие в себя все творение. Три категории, включающие все находящееся в нашем мире, называются МИР, ГОД, ДУША, а 4-я категория – это пути существования 3 частей, пути их питания, поведения, управления и пр.

143. Внешняя часть существующего – небо, земля, моря и пр., описываемые в Торе, – называется МИР. Внутренняя часть существующего – человек, животные, птицы и пр., описываемые в Торе, которые находятся в МИРЕ, называются ДУША.

Облачение существующего в поколения называется ПРИЧИНА И СЛЕДСТВИЕ. Облачение всего существующего (человек, животное, птица и пр.) в причинно-следственную связь называется ГОД. Время в духовном понимании – это причинно-следственное развитие.

(Например, облачение в главы поколений, от первого человека до Иошуа, пришедшего в Израиль, описываемые в Торе, когда отец определяется как причина относительно сына, своего следствия.)

Все пути существования существующего, как от внешнего, так и от внутреннего наполнения, пути их управления и поведения во всех возможных обстоятельствах, называются СУЩЕСТВОВАНИЕ СУЩЕСТВУЮЩЕГО.

144. Четыре мира – Ацилут, Брия, Ецира, Асия – вышли сверху вниз, один из другого, как копия один другого. Поэтому все, что находится в высшем мире, обязательно раскрывается во всех деталях в его копии – низшем мире.

Поэтому все категории – МИР, ГОД, ДУША, СУЩЕСТВОВАНИЕ СУЩЕСТВУЮЩЕГО – нисходят из мира Ацилут и появляются во всех своих деталях, как копия, в мире Брия, затем в мире Ецира, затем в мире Асия – настолько, что все в нашем мире также состоит и делится на эти четыре категории, нисходящие к нам из мира Ецира, где в свою очередь отпечатано как копия из мира Брия, где в свою очередь отпечатано копией из мира Ацилут, где источник всего нисходящего в миры Брия, Ецира, Асия.

Поэтому все вновь появляющееся в нашем мире обязательно раскрывается вначале выше, в мире Ацилут, оттуда нисходит к нам и открывается нашим ощущениям.

И сказано об этом (Талмуд, Хулин, 7, 2): «Нет зернышка внизу, над которым не было бы высшей силы, его родителя, корня, судьбы и управляющего, которые бьют его и говорят: «Расти!» Но отличие между мирами только в материале каждого мира. Существует только Творец и нечто, созданное им, называемое Душа.

Душа облачается в материальное, физиологическое тело в некотором периоде своего существования и называется в таком виде человеком. Душа ощущает только Творца, в той мере, в которой Творец раскрывается ей. Различные меры ощущения Творца называются мирами. То есть нет ничего, кроме Творца, а если говорится о чем-то, то надо указывать, относительно кого это говорится, кто ощущает это.

Мир определяется как определенная картина ощущения Творца, возникающая у каждого достигающего этого духовного уровня. То есть каждый совершивший определенное исправление своего эгоизма постигает одно и то же ощущение Творца, называемое миром Асия, Ецира, Брия или Ацилут.

Это подобно тому, как в нашем мире все люди, добравшиеся до одного места, видят ту же картину и только в таком случае понимают, о чем говорят побывавшие там.

145. Вследствие облачения Торы в 4 материальные категории (МИР, ГОД, ДУША и СУЩЕСТВОВАНИЕ СУЩЕСТВУЮЩЕГО) нашего мира являются нам все запреты открытой Торы, в которую одевается Творец.

Хотя Творец и Тора – это одно и то же, но облачение Творца таково, что Он совершенно скрыт от нас в материальных одеяниях этого мира. Облачения Творца в те же 4 категории в трех более высоких мирах – Ецира, Брия, Ацилут – называются наука Каббала.

146. Таким образом, наука Каббала и открытая Тора – это одно и то же. Но когда человек получает от скрытого лица Творца, когда Творец скрывается в Торе, считается, что человек занимается открытой Торой – Тора открыта, а Творец скрыт, не видно в Торе Творца, то есть не способен получить свет от Торы мира Ецира и, конечно, от более высоких миров.

Лицо Творца – это излияние на человека наслаждения, благополучия, уверенности, любви. Если человек не ощущает этого, его состояние определяется как скрытие Творца от него.

Но когда человек достигает открытия лица Творца, то начинает заниматься Каббалой, потому что одеяния открытой Торы исчезли и Тора стала его Торой, которая была Торой мира Асия, Торой мира Ецира, называемой «наука Каббала».

Творец скрывался в Торе, а теперь открылся в ней, отчего человек ощущает, что Тора и Творец – одно и то же. Но даже после того как постигает Тору мира Ацилут, видит, что не изменяются буквы Торы, остаются теми же, что и в Торе мира Асия.

А те же одеяния открытой Торы, те же буквы и такие понятия, как запрет, разрешение, убийство, кража, все материальные одеяния, очистились и преобразовались в чистые духовные облачения.

И насколько эти буквы скрывали ранее Творца, теперь с их помощью он ощущает Творца, как сказано: «...и не скроется более от тебя твой Учитель», – потому как соединились вместе Творец, одетый в Тору мира Ацилут, жизненная сила Торы мира Ацилут и одеяния Торы мира Ацилут.

Поэтому когда человек достигает открытия ему Творца, лица Творца, то в тех же буквах открытой Торы светит ему высший свет наслаждения от абсолютно доброго Творца, называемый открытием Творца (гилуй Элькуто) или высшим светом (руах акодэш).

147. Сама открытая Тора становится скрытой Торой, называемой Каббалой: когда человек еще находился в состоянии скрытия Творца, естественно, что буквы и одеяния Торы скрывали Творца от него, то есть не ощущал, что его избрал Творец, что его любит Творец, что Творец посылает ему абсолютное добро и наслаждение, что находится в самом совершеннейшем своем состоянии, а ощущал всевозможные страдания, страхи, неуверенность и не мог благодарить Творца за абсолютно доброе управление им, а потому совершал намеренные и ненамеренные прегрешения, отчего находился под прессом наказания, таких грубых одеяний Торы, как нечистота, запрет и пр.

Но после того как удостоился постижения открытого управления и возвращения из любви, все его прегрешения, как намеренные, так и оплошности, обратились в заслуги, а грубые и горькие одеяния, являющиеся намеренными или неумышленными прегрешениями, оделись в свет, Заповедь и вознаграждение, потому как эти одеяния обратились в заслуги, потому как они сами теперь и есть одеяния, нисходящие из мира Ацилут или Брия: грубые одеяния, называемые прегрешениями, обратились в заслуги, выполненные Заповеди, то есть освободились от одеяний мира Асия и приобрели одеяния мира Ацилут или Брия, а ощущение Творца, открытие Творца во время выполнения Заповедей называется «наука Каббала», а все нечистые слова Торы, как Фараон, Лаван, Эйсав и пр., стали именами Творца (как прегрешения Заповедями), и эти одеяния не скрывают Учителя, а наоборот: «...увидят учителя глаза твои».

Таким образом, нет никакого различия между Торой мира Ацилут и Торой нашего мира, то есть между наукой Каббала и открытой Торой, а все отличие только относительно человека, занимающегося Торой: двое изучающих на том же языке и по той же книге постигают Тору каждый по-разному, для одного это может быть наука Каббала и Тора мира Ацилут, а для другого – Тора мира Асия, открытая Тора.

Ведь до возвращения человек находится под скрытым управлением, не ощущает Творца и все его действия скрывают Творца. Но после возвращения в тех же открытых буквах есть открытие Творца. И это называется тайная Тора, или Каббала.

148. Отсюда поймем, насколько прав великий мудрец Гаон ми Вильно (АГР"А), указывающий на полях своего молитвенника в благословении на Тору: «Да будем все мы знающими Твое имя и учить Твою Тору ради Тебя!», – что начинающий начинает изучать тайную Тору, открытую Тору мира Асия, являющуюся тайной, потому как Творец абсолютно скрыт в ней.

А затем приходит к Торе более открытой, называемой рэмез – намек, соответствующей Торе мира Ецира, а затем достигает простой Торы – пшат, потому как освобождается Творец от всех своих одеяний-покрытий относительно человека и предстает перед человеком непосредственно Сам в открытом виде, не облеченным в одеяния нашего мира или иных, более высоких миров, за которыми ранее скрывался.

Но в книге «Сиах Ицхак» спрашивает: «Почему сначала написано знающие Твое имя, а потом сказано учить Твою Тору?» Ведь вначале человек должен учить ли шма, а потом постигает тайны Торы, имена Творца?

Порядок постижения Торы не таков, как принято думать: пшат-рэмез-друш-сод, а наоборот: начинают с тайного, называемого «знающие Твое имя», и доходят до открытия простого, истинного смысла. Таким образом, под тайной имеется в виду, что Творец – тайна, потому как не ощущается изучающим Тору, хотя сказано, что Творец везде и наполняет собою все, но это тайна для человека.

Затем приходит намек, что означает, что Творец открывается человеку только как намек. А затем приходит друш, потому как возникает в человеке требование (дриша) к Творцу. И только затем достигает человек пшат, простого смысла Торы – явно постигает Творца и цель творения.

149. Теперь поймем свойства 4 чистых миров – Ацилут, Брия, Ецира, Асия – и 4 нечистых миров – Ацилут, Брия, Ецира, Асия, находящихся один против другого. Эти 4 мира связаны с 4 ступенями постижения управления Творца (п. 45) и 4 ступенями любви (пп.70 – 73). Творцом создано лишь одно – желание насладиться, называемое эгоизм, зло, дурное начало, Фараон, Змей и пр.

Человек создан таким образом, что состоит из этого желания и вкрапленного в него альтруистического желания, данного ему от Творца, именно для возможности исправления эгоизма. Постепенно исправляя себя, человек духовно сближается с Творцом.

Мера исправления или степень сближения с Творцом называются сфира – части духовного объекта, парцуф – духовный объект, состоящий из десяти сфирот, олам-мир, духовный комплекс, состоящий из пяти парцуфим.

Потому как все это не более как меры исправления человека и все находятся внутри человека, являясь его качествами, именно поэтому сфирот называются МИДОТ – качества, свойства. Каббала представляет созданное Творцом желание – как духовное тело человека, а его исправленные качества – как органы этого тела.

Поэтому Каббала называет свойства человека именами наших физиологических органов: Хэсэд – правая рука, Гвура – левая рука, Тифэрэт – тело, Нэцах и Ход – соответственно правая и левая ноги, Есод – половой орган, Малхут – стопы ног. Три первые сфирот: Кэтэр – часть Творца в человеке, Хохма – мозг, Бина – сердце – называются головой духовного объекта – парцуфа.

150. Две первые ступени постижения управления, ступени скрытого управления – обе относятся к миру Асия. Потому указано в книге Ари «Эц Хаим» (48, 83): «Мир Асия в основном зло, и даже то немногое хорошее, что есть в нем, смешано со злом, без отличия между ними»: из простого скрытия Творца следует, что мир Асия в основном зло, ведь так ощущают свои страдания постигающие скрытое управление. А из двойного

скрытия Творца следует, что даже та малость хорошего, что есть в мире Асия, смешана со злом и неузнаваема.

Первое открытие лица Творца определяется как «мир Ецира», и потому сказано в «Эц Хаим», что «мир Ецира наполовину хороший, а наполовину плохой»: кто постигает первое открытие лица Творца, первую ступень зависимой любви, называемую возвращением из страха, называется «средний». При этом сам человек называется наполовину виновен-удостоен.

Когда человек достигает открытия лица Творца, он ощущает, что Творец наполняет все свои творения только наслаждением, а также ощущает огромное наслаждение от выполнения Заповедей и горькое наказание от прегрешения, отчего боится прегрешения как огня.

Поэтому называется такое состояние человека, его духовный уровень возвращением из страха: он поневоле выполняет Заповеди, поскольку наслаждение заставляет его, и поэтому эта ступень называется зависимая любовь, что означает: любит за получаемое.

Как уже сказано выше, в этом есть два отличия:

а) в прошлом взаимно причиняли друг другу страдания, а затем, взаимно делая добро, вызвали взаимную любовь;

б) всегда доставляли друг другу только наслаждения. Достигший возвращения из страха ощущает наслаждение в Торе и Заповедях, но до этого ощущал страдания и потому имел претензии к Творцу – вследствие этого есть деление на время «до» и «после» – «наполовину виновен и наполовину удостоен».

То есть когда человек достигает получения души от мира Ецира, то достигает возвращения страхом, или можно сказать наоборот: когда человек достигает возвращения страхом, называется, что он постигает душу от мира Ецира, которая там «наполовину хорошая и наполовину плохая».

Вторая ступень любви, также зависимая любовь, но когда уже нет никаких воспоминаний о перенесенных страданиях, и третья ступень любви, первая ступень независимой любви – обе они определяются как «мир Брия».

Когда человек достигает возвращения любовью, его умышленные прегрешения и все плохие мысли, бывшие у него в состоянии скрытия Творца и прегрешения, совершенные вследствие этого, исправляются и обращаются в заслуги – это подобно любящим, никогда не причинявшим друг другу никаких страданий, всегда любившим и верным (пп. 105-109).

Когда человек достигает двух этих ступеней любви, он получает душу от мира Брия. Потому говорится в «Эц Хаим», что мир Брия в основном хорош, а немного зла, что есть в нем, совершенно неразличимо.

И это потому, что средний достигает выполнения одной Заповеди и склоняет себя и весь мир на чашу заслуг, отчего и называется «в основном хорош», во 2-й ступени любви. А немного неразличимого зла в мире Брия исходит из 3-й ступени независимой любви – хотя и склонил свою чашу заслуг, но еще не склонил чашу заслуг всего мира, отчего и есть немного зла, потому как любовь эта не вечная.

Вследствие возвращения из любви исправляется время до возвращения из страха, становится хорошим. А чтобы подчеркнуть, что есть еще немного плохого, сказано, что большинство хорошее.

Но это немногое плохое совершенно неразличимо, потому как не ощущает человек никакого зла в управлении Творца другими творениями. А только потому, что еще не познал отношение Творца ко всему миру, и только относительно себя ощущает управление как абсолютно доброе, но может быть, если познает все действия Творца ко всем, увидит и плохое, отчего величие Творца в его глазах упадет и уменьшится любовь, только от недостатка его познания и есть немного неощущаемого зла.

Четвертая ступень любви – независимая и вечная любовь. Определяется как «мир Ацилут», как сказано в «Эц Хаим», что в мире Ацилут нет никакого зла.

Потому что после того как перевесил чашу мира к заслугам, проявляется совершенная, вечная любовь и невозможно проявление никакого скрытия никогда, потому что явно полное открытие лица Творца, как сказано: «Не скроется более твой Учитель, и увидит Учителя глаза твои», потому как познал все деяния Творца со всеми созданиями как совершенные и абсолютно добрые, потому как видит совершенно все деяния Творца и убеждается в их совершенстве ко всем и всегда.

И это называется полным открытием лица, потому как у человека не возникает уже никакого сомнения, что Творец создал мир для того, чтобы насладить все свои создания. И это подобно тому, что видит своего знакомого в лицо, когда уже не возникает никакого сомнения в том, что это точно его знакомый.

151. Отсюда поймем определение 4 нечистых миров – Ацилут, Брия, Ецира, Асия (АБЕ"А), – находящихся против 4 чистых миров АБЕ"А, как сказано: «Это против этого создал Творец». Нечистые силы мира Асия определяются сокрытием Творца, двойного и простого, которые властвуют в человеке, вызывая его переложить все на чашу виновности.

Как сказано (п. 150), мир Асия в основном плохой с немногим хорошего. Две ступени скрытия лица Творца, когда человек не ощущает доброго управления, называются «большинство плохого», потому как человек понимает, что Творец должен по-иному относиться к нему, недоволен управлением Творца, не согласен с тем, что оно «абсолютно доброе ко всем, как к праведникам, так и к грешникам». А немного хорошего, что есть в мире Асия, не ощущается.

Нечистый мир Асия постоянно воздействует на человека в его состоянии простого или двойного скрытия и подстегивает его думать против управления, любыми путающими мыслями желает вызвать в человеке мысли и чувства против того, что существует Творец, и в основном против того, что Он управляет миром, против того, что Его управление доброе.

Нечистый мир Ецира владеет чашей виновности, которая не исправлена в чистом мире Ецира и этим властвует над средним, получающим от мира Ецира, как сказано: «Это против этого создал Творец».

Первое качество вследствие открытия лица Творца называется «наполовину хорош, наполовину плох»: начиная с момента открытия такого управления человек ощущает управление Творца вследствие открытия лица Творца как доброе, но до возвращения ощущал страдания, был в унынии, жаловался на управление, называл Творца в своем сердце плохим, отчего и называется «средний».

Чистый мир Ецира означает, что человек ощущает Творца, ему открывается лицо Творца. Недостаток в таком состоянии происходит не из-за самого состояния, а из-за того, что ощущал до него, до открытия лица Творца, до возвращения.

Поэтому за этот недостаток держится нечистая сила, клипа, и говорит изнутри человеку: сейчас ты праведник, но кем ты был в прошлом? И напоминает ему об этом постоянно, чтобы отвлечь от мыслей о продвижении далее, о работе на Творца, об исправлении себя.

Поэтому сказано, что нечистый мир Ецира держит в своих руках чашу виновности. Нечистый мир Брия владеет той силой, которая желает аннулировать зависимую любовь, тем, что желает аннулировать причину, от которой зависит любовь, то, отчего эта любовь несовершенна.

Свойство чистого мира Брия в том, что человек уже достиг возвращения из любви и его бывшие умышленные прегрешения обратились заслугами, он ощущает, видит, как Творец управляет абсолютным добром, и потому весел и счастлив Творцом.

Получается, что весь мир Брия чист, ведь никогда не получал зла от Творца. Но потому как это состояние зависит от ощущения человека, то называется зависимая любовь, зависимая от открытия лица Творца, и потому несовершенна – ведь при скрытии лица Творца немедленно исчезнет любовь.

Отсюда несовершенство этого состояния, которое использует нечистая сила и, желая, чтобы любовь человека к Творцу не была совершенной, говорит человеку: Творец дает тебе сейчас добро и потому ты праведник, а что будет, если ощутишь страдания?

Нечистый мир Ацилут владеет немногим и совершенно неощущаемым злом, находящимся в мире Брия, вследствие несовершенства 3-й ступени любви, несмотря на то что это настоящая любовь, пришедшая к человеку от постижения Творца как делающего добро праведникам и грешникам, что является свойством чистого мира Ацилут. Но поскольку не смог переложить весь мир на чашу заслуг, есть возможность в нечистых силах испортить любовь.

Нечистая сила, соответствующая миру Ацилут, находится в мире Брия. В мире Брия есть немного плохого, потому как видит, что Творец управляет всем миром абсолютным добром.

Но этот недостаток, небольшое зло, в мире Брия не ощущается, потому как находящийся в мире Брия человек не присматривается настолько внимательно к управлению мира Творцом и потому не видит управление Творца как плохое относительно остальных, как бы не обращает на это внимание. Но если бы обратил внимание на управление Творца всеми, не смог бы утверждать, что Творец абсолютно добр ко всем.

Вот именно для того, чтобы исправить этот недостаток, и существует клипа, которая обращает внимание человека на его недостатки, ведь клипа создана Творцом именно для продвижения человека, чтобы сзади подталкивать его к цели творения. Так вот в клипе, соответствующей миру Ацилут, есть силы возбудить то немногое зло и показать человеку, что Творец плохо управляет всем миром, что относительно других Творец не абсолютно добр.

152. Поэтому сказано, что нечистый мир Ацилут находится против мира Брия, а не против мира Ацилут. Ведь из чистого мира Ацилут исходит только 4-я ступень любви, а потому нет в нем никакой власти нечистых сил, ведь уже склонил весь мир на чашу заслуг и знает все деяния Творца со всеми созданиями как абсолютно добрые – и с праведниками, и с грешниками.

Но в мире Брия, откуда исходит 3-я ступень, когда еще не склонил на чашу заслуг весь мир, этот недостаток и дает возможность нечистым силам воздействовать на человека, и они определяются как силы нечистого мира Ацилут, потому как, победив их, человек удостаивается мира Ацилут, где вообще нет клипот.

Хотя клипа – против 3-й ступени, ступени независимой любви, свойства мира Ацилут, но поскольку говорится о 1-й ступени независимой любви, которая еще не вечна, то место этих нечистых сил в мире Брия.

153. Таким образом, видно, что 4 нечистых мира, противостоящие 4 чистым мирам, не что иное, как недостатки, еще имеющиеся в чистых мирах.

Эти недостатки и называются нечистыми мирами АБЕ"А. То есть против любого недостатка, имеющегося в чистых, альтруистических силах человека, есть нечистые силы, называемые «клипа», и поэтому, как только все недостатки чистых сил будут полностью исправлены, естественно исчезнет из мира все зло.

Чистыми силами (кдуша) называются мысли и намерения человека, направленные к поиску ощущения Творца, ощущению Его управления, старанию человека в состоянии скрытия действовать и думать, будто он явно ощущает управление Творца.

Этот поиск происходит в постоянных усилиях против всевозможных «мешающих» мыслей, страданий и случаев, когда человек выясняет и выявляет в своих действиях, мыслях и намерениях, насколько они ради Творца. Поэтому недостаток чистых сил означает, что есть определенные силы, которые еще невозможно исправить и перевести в чистые.

Но когда все нечистые силы выявятся и перейдут в чистые силы, исчезнут все клипот, чистые силы приобретут совершенство и наступит состояние, называемое «гмар тикун» – конец исправления.

Вначале должен произойти «гмар тикун», а затем полное освобождение (геула шлема) от эгоизма, называемое также «приход избавителя» (машиаха). Тогда «И увидят глаза твои Творца...», «И наполнится земля знанием Творца...».

Но вначале исправляется внутренняя часть творения, называемая «Исраэль», а затем его внешняя часть, называемая «народы мира». Исправляя внутреннюю часть, исправляют внешнюю, но малыми частями: каждый раз, исправляя внешнюю часть путем включения ее во внутреннюю, достигают полного исправления внешней части.

Таким образом, исправляя себя, мы исправляем весь мир, «народы мира». Поэтому сказано: «Удостоился склонить себя и весь мир к заслугам», а не сказано «весь Исраэль», ведь исправляется этим весь мир.

154. Из всего вышесказанного каждый может достойно оценить величие науки Каббала, хотя большинство книг по Каббале написано именно для тех, кто уже достиг полного открытия лица Творца возвращением от любви и постижением всех высших миров.

Но если человек уже постиг управление Творца, вошел в духовные миры, ощущает Творца, что ему может дополнить изучение каббалистических книг? Такое состояние можно уподобить человеку, изучающему открытую Тору и не имеющему представления о категориях МИР, ГОД, ДУША в нашем мире, о происходящем, об отношениях между людьми, а также и о других созданиях, животных, птицах и пр., населяющих наш мир.

Если нет у него никакого понятия о собственности, как может выступать в качестве судьи? Если не имеет знаний о животных, как может определить кашерность? Разве можно предположить, что такой человек в состоянии верно понять что-либо из Торы?

Ведь перепутал бы все понятия Торы, зло на добро и не смог бы прийти сам к правильному выводу. Поэтому человек

Предисловие к Талмуду Десяти Сфирот

обязан иметь знания и о деньгах, и о почете (а в Санэдрин обязывали каждого из своих членов изучать даже магию).

Так и тот, кто постиг даже Тору мира Ацилут, познает из этого только то, что относится к его душе, и не более, а ведь обязан знать все 3 категории – МИР, ГОД, ДУША, – достичь в них совершенного знания, дабы понять все, о чем говорит Тора того или иного мира. Именно эти знания и описаны в книге «Зоар» и в других книгах Каббалы. Поэтому настоящий каббалист обязан заниматься ими постоянно.

155. Но если книги Каббалы написаны для уже постигших высшие миры, уже ощущающих Творца, общающихся с Ним, зачем же каббалисты обязывают каждого (независимо от возраста, пола и пр.) человека изучать Каббалу?

Это оттого, что есть в изучении Каббалы великая сила, о которой желательно знать всем: начинающий изучающий Каббалу хотя еще не ощущает того, что изучает, но своим большим желанием понять и ощутить изучаемое им возбуждает на себя воздействие внешнего, окружающего его душу света.

Ведь каждый стремящийся сблизиться с Творцом получит в итоге постижение всех высших миров и Творца, которое задумано Творцом для каждого из созданных им. Только тот, кто не постиг этого в настоящей своей жизни в нашем мире, постигнет в своих будущих воплощениях-кругооборотах, возвращениях в этот мир, будет рождаться в этом мире до тех пор, пока не постигнет все, что уготовил именно ему Творец. И так каждый живущий на земле.

Есть два вида проявления высшего света:

а) когда человек получает четкие постижения, знания, знает, что он постигает свет, – это постижение называется внутренним светом;

б) когда человек изучает, но свет находится снаружи, окружает его, когда ощущает только свечение от света, но не полное его постижение, понимание и знание своего духовного уровня – это постижение называется окружающим светом.

Окружающий свет можно уподобить общему ощущению, которое вдруг получает человек в виде стремления к духовному. Как верящий и ожидающий Машиаха, который явится и принесет своим приходом счастье, не может ответить: кто это Машиах, как это будет, что именно будет ему и всем – он не знает, что даст ему третий Храм, что ему даст совершение жертвоприношений, что добавит в его жизнь появление Главного Коэна?

Нет на эти вопросы ответа у обычного верящего, потому что ответ – это постижение, которое приходит только от получения внутреннего света, от явного духовного постижения.

Но есть в массах ощущение, что эти события хорошие, нужные, ценные, но никто не может перевести эти ощущения из чувств в понимание. Все эти возникающие в человеке ощущения – неосознанные и называются окружающим светом. И это ощущение возникает от окружающего каждого слабого окружающего света.

Но до тех пор пока человек не удостоился совершенства, не удостоился получить в себя, в свои исправленные альтруистические желания уготовленный ему свет, этот свет окружает его и светит ему издали, готовый войти в человека, как только человек изменит свои намерения в получении, чтобы все они были ради Творца.

Но и в то время, когда еще нет в человеке исправленных намерений в его желаниях, что называется, нет еще в нем правильных желаний получить духовное наслаждение, есть в нем еще эгоистические намерения, все равно во время занятия Каббалой – называя имена духовных объектов и каббалистические термины, у которых есть, конечно, связь и с его душой, потому что все изучаемое в Каббале находится внутри человека, но пока скрыто от него и потому не ощущается им, – очищает свои желания от эгоизма, превращая таким образом соответствующие света из скрытых, окружающих, неявных, неощущаемых, в ощущаемые внутри, в самих желаниях человека.

Но пока еще не очистил свои желания от намерений саморасслаждаться, будущий свет окружает его и светит снаружи, во время произнесения соответствующих имен и названий, терминов, то есть частей его души, его внутреннего духовного «Я», что есть в нем, но еще скрыто от него, потому что все находится только в человеке.

Но, получая издали, раз за разом, извне, даже слабый, неощущаемый свет, постепенно очищается человек от своих эгоистических намерений, и таким образом окружающий свет сам подготавливает для себя нужные желания, чтобы войти в них.

156. Но есть очень жесткое условие занятия Каббалой: ни в коем случае нельзя изображать, представлять себе духовные объекты и силы в виде похожих на знакомые нам материальные тела или физические поля – то, что мы привыкли видеть нашими глазами или представлять нашим земным воображением, те знакомые нам по нашему миру слова, которые Каббала употребляет в объяснении своих понятий, такие как рука, нога, глаза, вследствие чего и есть опасность овеществления духовного. А если учащийся делает так, то вместо пользы себе наносит огромный вред.

И потому наложили мудрецы строгие запреты, что можно изучать Каббалу только после 40 лет, и от особо признанного рава, и прочие многие условия – только от боязни, что человек навредит себе, измышляя всевозможные картины якобы духовных миров, или представляя себе чертежи в виде существующих огромных систем, или как нечто, кроме Творца, существующее и заслоняющее Творца от человека, или как особые дозировочные устройства по передаче света от Творца к человеку, или если учит не для самоисправления и служения Творцу, а для науки, чтобы заслужить уважение, должность, материальные вознаграждения, прослыть праведником, кудесником и пр.

Но все намного проще, потому как духовных миров попросту не существует, а это не более как различные меры ощущения Творца постигающим его человеком, меры постепенного раскрытия Творца чувствам человека, по мере их исправления.

Поэтому после окончания комментария на книгу великого АР"И я обнаружил, что еще недостаточно осветил этот вопрос, и еще потому, что учащиеся не уделяют достаточно сил, чтобы опереться во время изучения только на чисто духовный смысл терминов и определений, не заставляют себя повторять эти определения до тех пор, пока в любом месте книги будут применять только его правильный смысл, ведь если неточно воспринять хоть одно определение, вся наука воспримется неверно, потому что духовные понятия настолько неуловимы для начинающего, что одного неправильного определения достаточно, чтобы сойти с верного пути изучения настолько, что дальнейшее изучение пагубно и лучше бы и вовсе не начинал изучать!

Поэтому в Талмуде Десяти Сфирот много места уделено подробному объяснению каждого слова, понятия и термина в его истинном духовном смысле – настолько, что даже без рава, учителя, желающие могут изучать мои книги без опасности запутаться в овеществлении духовных понятий.

И каждый человек, приложив положенные ему усилия, постигнет все, что уготовлено для него Творцом, достигнет ощущения Творца, и весь внешний окружающий его свет обратится во внутренний.

Талмуд Десяти Сфирот

Внутреннее созерцание

(комментарии к Талмуду Десяти Сфирот ч.1, «Истаклут пнимит»)

ОГЛАВЛЕНИЕ

Вступление 127
Внутреннее созерцание 140
    Часть I 140
    Часть II 185
    Часть III 195
    Часть IV 200
    Часть V 229
    Часть VI 232
    Часть VII 240
    Часть VIII 244
    Часть IX 252
    Часть X 259

ВСТУПЛЕНИЕ

Прежде всего необходимо знать, что когда идет речь о понятиях духовных – не зависимых от времени, места и движения, – нет в нашем лексиконе слов, чтобы выразить эти понятия. Потому что все, что мы воспринимаем, происходит во времени, в определенном месте, в движении. Если остановить движение, прекратится наша жизнь. Мы не можем представить себе нечто абсолютно неподвижное, остановленное во времени, не имеющее объема.

Например, наша Вселенная существует в каком-то объеме, а если ее из этого объема убрать – как можно представить себе появившуюся пустоту, когда нет в ней ничего, что давало бы нам основу для ее измерения, описания. Так вот, в духовном нет ни тел, ни времени, ни пространства. Значит, духовное не имеет никакой связи с нашими представлениями, устройством нашего восприятия, нашей природой, нашими ощущениями.

Что же тогда изучает Каббала и зачем? Как же мы тогда вообще можем говорить об «этом» – о том, чего не можем себе представить? Если мы совершенно не представляем себе духовное и, несмотря ни на какие фантазии, не можем его вообразить, то как мы можем понять то, что написано в каббалистических книгах?

Каббалистами называются некоторые отдельные личности, которые получили нечто, что позволяет им ощущать духовный, потусторонний мир. Лишь те, кто «тот» мир видит, чувствует, понимает, называются каббалистами, так как получают (каббала – от слова «получать») эту информацию и эти ощущения.

Но мы, поскольку не способны ощутить что-либо вне рамок времени, места и движения, мы – абсолютно слепы, не ощущая существующий тут же духовный мир. Просто духовный мир как бы проходит, не затрагивая наши ощущения, не осязаем нами. Но вот он здесь! И хотя мы не можем вообразить себе мир, не имеющий пространства, времени, движения, тем не менее мы должны принять, что ничего этого в духовном мире нет.

Но какими же словами можно выразить что-либо, связанное с духовным миром? Как каббалист может рассказать нам что-то о нем, если в нем нет ничего того, что есть в нашем мире, который воспринимается нами только во времени, пространстве, движении? Ведь все наши слова – производное восприятия наших органов чувств. Таким образом создан и существует наш лексикон. Наши чувства – это нечто абсолютно субъективное. Свои ощущения мы не можем ни с чем сравнить, не можем знать, хороши они или плохи, много их или мало – мы все измеряем относительно себя, относительно наших субъективных желаний в момент измерения.

Нет какого-то абсолютного эталона. И мы знаем по нашему опыту, как могут меняться все наши чувства! Каждый живой организм воспринимает свой мир по-своему. Я нарочно сказал «свой мир», потому что у каждого он свой, и мы не можем сравнить, насколько идентичны наши восприятия. Каждое творение – неживое, растительное или животное – воспринимает мир по-своему. Каждый вид животных, утверждают ученые, видит своим зрением совершенно иную картину окружающего. У каждого по-разному устроены органы ощущений.

А если бы объявились инопланетяне и рассказали нам, как они ощущают свой мир своими органами ощущений? Как бы мы могли сопоставить наши ощущения? Весь наш язык общения построен на основе ощущаемого нами, непроизвольно включаемого в наши понятия и характеристику «хорошо-плохо» любого объекта. Как мы себя чувствуем – так мы это и выражаем: «хорошо» или «плохо». В рамках нашего общения на земле – этого достаточно, мы понимаем друг друга.

Мы можем общаться, ощущая, что различия ментальности, культуры, уклада не выходят за пределы общих представлений. Но кроме ограничения наших понятий рамками субъективных восприятий, даже ощущаемое нами – это воображаемые нами ощущения. Мы не знаем, насколько они абсолютны.

К примеру, зрение фотографирует какое-то воздействие на наш орган зрения, а затем это ограниченное субъективное впечатление «переворачивается» в мозгу, и мы ощущаем отраженную на задней стенке мозга картину, которая нам кажется существующей вне нас. Таким образом мы воспринимаем увиденное.

Все остальные ощущения окружающей действительности мы также воспринимаем относительно наших органов чувств, в их границах. Ее самой мы не знаем, мы можем только внутри себя ощутить некоторое ее воздействие на наши органы чувств – в диапазоне своего восприятия.

Мы ощущаем не воздействия внешних объектов на наши органы чувств, а только реакцию наших сенсоров в том диапазоне и на тот фрагмент внешних воздействий, которые они ощущают.

Теперь, когда нам стало ясно, что мы являемся «закрытым ящиком», который воспринимает лишь некоторые реакции от воздействия на него некоторой части внешних факторов, мы должны еще осознать, что весь наш «богатый язык общения и исследования» отражает только ту ничтожную часть существующего вокруг нас, которую мы каким-то косвенным образом ощущаем.

Но тогда, как же мы можем выражать нашим языком, созданным на основе субъективных ощущений «нашего мира», объективные ощущения духовного? Ведь даже если мы возьмем самое тонкое понятие нашего мира – свет, самое близкое в нашем мире к духовному, то и оно осознается нами как свет солнца или свет разума, что никак не подобно духовному, Божественному свету. Кстати, и в нашем мире свет – самое непонятное явление, несмотря на все корпускулярно-волновые и пр. теории.

Еще Рамбам писал, что наша Вселенная создана на уровне ниже скорости света. Выше скорости света – это уже не наш мир. Есть и иное представление о свете в нашем мире. К примеру, мы говорим: светло на душе, это – как луч света, дающий какое-то наслаждение, или свет мысли, разума.

Но если я выбираю слова соответственно своим ощущениям, передаю их тебе, а ты, соответственно, представляешь себе свои ощущения, соответствующие в твоем представлении моим словам, то где тот единый эталон, с помощью которого мы можем измерить подобие наших ощущений от одного и того же понятия-слова?

Поскольку мы не имеем дела с точным сравнением ощущений, а психология и психиатрия еще до этого неизвестно дойдут ли, то нам не остается ничего, как только пользоваться понятиями, не контролируя идентичность наших ощущений.

Не обязательно мои ощущения должны быть тождественны твоим. Я вызываю у тебя нечто похожее... и это весь наш язык. Но если мы не можем и в нашем мире точно выразить нашим языком свои восприятия, то как мы можем применять этот язык для описания духовных ощущений? Ведь духовный мир – это мир ощущений, без тел – только желания и ощущение их. Причем, как говорят каббалисты, это совершенно и абсолютно точные восприятия, а потому они требуют совершенного и точного языка для их описания.

И если это так, то как мы можем выразить нашими словами такие четкие понятия, как тончайшие, мельчайшие духовные ощущения Божественного? Описание духовного мира – это описание человеческой души, ступеней ее сближения с Творцом, то есть все большего Его ощущения. Каббала делит общую душу на части, дает каждой из частей определенное, согласно ее свойству, название, описывает действия этих частей.

Все это язык чувств, но он строгий, позволяющий применять графики, чертежи, формулы. Каббала – это инженерия души. Но как мы можем применять в таких точных исследованиях и описаниях наш неточный, ограниченный земной язык?

Попробуйте дать точную оценку вашему настроению, сравните его графически с настроением другого, сопоставьте в процентах с вашим вчерашним состоянием, попробуйте выразить все оттенки вашего самочувствия в цифрах – в зависимости настроения – от ощущений, тревоги – от усталости, формулы страхов – от времени суток и пр. Мы не можем в нашем мире четко градуировать характеристики наших ощущений.

Допустим, связь между моим прикосновением к чему-то горячему и всплеском волны в моем мозгу зависит и от моего настроения, и от самочувствия, и от тренировки – от параметров, которые у каждого индивидуальные. Мы не умеем сравнивать в процентах – количественно и качественно – наслаждение от музыки с наслаждением от вкусного блюда. Но если наш язык настолько примитивен, ограничен, субъективен и неточен, то как могли его взять каббалисты для описания духовных, абсолютно точных, чувственных действий и почему взяли именно его, а не изобрели особый язык?

Ведь если неверно использовать в точной науке хотя бы один символ, то тот, кто знаком с этим символом, но не знает, что он перепутан, не поймет – откуда взялись результаты. Для него это будет совершенно недостоверное научное утверждение. А не знающий символов примет описываемое за истину и ошибется! Если простой человек возьмет слова нашего мира или изобретет какие угодно новые термины и начнет с их помощью описывать происходящее якобы в духовном – понятно, что ни о какой достоверности речи быть не может.

Поэтому выбрали каббалисты особый язык для своей науки, который назвали язык ветвей. Причина состоит в том, что все в нашем мире создано и управляемо: неживое, растительное, животное, человек – все, что с ними происходило, происходит и будет происходить, то есть все объекты и их управление, – все это нисходит от Творца и проходит через все духовные миры, пока не проявляется в нашем мире. А управление всем этим постоянно обновляется свыше, сверху вниз – до нашего мира.

Все, что есть в нашем мире, в обязательном порядке начинается в высшем мире, а затем постепенно, поступенчато нисходит в наш мир. И так как все в нашем мире – порождение высшего мира, то есть строгая связь между объектами нашего мира – следствием – и их причиной, источником в духовном мире.

Каббалисты, которые точно находят эту связь, видя высший объект, корень, из которого нисходит эта связь, и видя низший объект в нашем мире, неосознанно, неощущаемо получающий от высшего, являющийся порождением и находящийся под властью высшего, могут точно сказать, что с чем связано, а поэтому могут назвать объекты-корни в высших мирах именами их материальных следствий, ветвей, в нашем мире.

И потому этот язык получил название «язык ветвей» (а не язык корней, потому что корням дается название ветвей). То есть каббалисты нашли такой язык, который четко описывает духовный мир нашими словами. И иного языка просто быть не может, потому что откуда возьмешь слова, которые были бы понятны находящимся в обоих мирах?

Но отсюда следует особое правило, которое мы обязаны усвоить как самое основное в нашем отношении к Торе: мы должны раз и навсегда запомнить, что читаемые нами слова в Каббале и во всей Торе – это только слова (но не объекты) нашего мира, а то, что стоит за этими словами, – это только духовные объекты, корни, ни в коем случае не имеющие отношения к нашему миру. И чтобы это нас никогда не путало!

Как говорится, Тора – это святые имена Творца, то есть постижения Творца, потому что имя означает постижение. Это подобно тому, как в нашем мире мы даем название объекту в соответствии с тем, как он проявляет себя в наших ощущениях.

И вся Тора – это описание ступеней сближения с Творцом, ощущения Творца. Язык этот взят каббалистами для того, чтобы объясняться между собой, передавать друг другу свои знания в виде слов и символов нашего мира – подобно тому, как математики в нашем мире изъясняются с помощью формул. И оба каббалиста – тот, кто пишет, и тот, кто читает, – оба понимают, о чем идет речь, что подразумевается под этими словами в Каббале.

В итоге это слово – код, указывающий на определенный духовный объект и на его определенное состояние. Читая это слово, другой каббалист может воспроизвести его, как музыкант – звук. То есть ощутить, что говорит этим словом его коллега, ощутить именно то, что имел в виду автор. Допустим, прилетел бы к нам какой-нибудь инопланетянин, начал бы говорить с нами на нашем языке, вернее, слова-то наши, а под ними он подразумевает совершенно другие понятия и действия.

Разве мы можем назвать его «нашим языком»? Для того чтобы научиться ему, мы должны увидеть, что же под этими знакомыми словами подразумевается. Но каббалисты, имея общие ощущения, могут передавать друг другу свои знания, потому что их язык – это имена ветвей в нашем мире, когда каждое название говорит об определенном предмете, который оно обозначает.

А каббалисты, когда берут какое-то имя в нашем мире, четко понимают, что стоит за этим именем в высшем мире, то есть его корень. Все отличие между нами и каббалистами в том, что когда мы читаем, то под знакомыми словами видим ветви-объекты нашего мира, и это не соответствует тому, что имеют в виду авторы текстов. А когда читают они, то видят в этих словах не ветви, как мы, а их корни – объекты духовного мира.

Поэтому в Каббале употребляются такие вроде неподобающие чистому, духовному термины, как нэшика – поцелуй, зивуг – соитие, хибук – объятие, названия всех деталей тела человека, в том числе нартик – влагалище, рэхэм – матка. Несомненно, действия духовных объектов – это не то, что подразумевается в нашем мире под этими словами.

Вступление

Даже незнакомый с Каббалой поймет и легко согласится с тем, что эта наука выше нашего разума, логики и, естественно, наших канонов поведения. Духовность – это действия, исходящие не из низких, эгоистических желаний.

Так почему же видим мы в каббалистических книгах такие «неприличные» выражения, которые мы употребляем только по необходимости? Дело в том, что после того как каббалисты приняли язык ветвей для выражения духовных объектов словами нашего мира, они уже не имеют права произвольно одни слова заменять другими.

Они обязаны брать то слово, которое непосредственно относится к своему корню. И не могут отказаться от названия только потому, что оно кажется в нашем мире не столь принятым или приличным. И ни в коем случае не может быть замены одного названия, понятия другим. Как не могут два волоса расти из одного корня, так не могут два объекта нашего мира происходить из одного духовного корня. У каждого создания, которое существует, есть свой духовный корень.

Любому названию в нашем мире соответствует свой корень в духовном мире, любому объекту-имени принадлежит свой духовный корень, который называется этим же именем. Поэтому не может быть два духовных корня, названных одним и тем же именем, как не могут два создания в нашем мире называться одним именем. Чем-то они отличаются, иначе были бы не двумя, а одним. Поэтому у каждого объекта или действия в нашем мире должно быть строго свое название. После того как мы обозначили какими-то определенными названиями объекты и явления в нашем мире, мы не имеем права называть их духовные корни иными именами.

А если бы начали заменять какие-то «неприличные» слова, наименования иными, то нарушили бы эту строгую связь между корнем и его следствием в нашем мире. Мы бы не знали тогда, какое имя соответствует духовным объектам, а какое – нет. Потому что нет в мире еще одной науки, где бы корни так точно соответствовали ветвям. Ибо есть не видимые нам, но совершенно ясно видимые каббалистам нити, связывающие корень с его ветвью.

Более того, эта связь духовного корня и материальной ветви – не «застывшая»: с начала создания нашего мира и до его конца идет процесс созидания, исправления, возвышения и т.д. –

этот вынужденный процесс развития, обновления исходит из духовного мира.

И все это идет по строго определенному плану, нисходящему во всех деталях и диктующему абсолютно все в нашем мире. Причем каждый объект проходит свой путь. И хотя он смешивается, соединяется с другими, но никогда не исчезает, ничье «я» не пропадает. Оно только может принять иные формы, но каждый сохраняет свою индивидуальность.

Поэтому, естественно, что мы ни в коем случае не можем менять названия, заменять одни слова другими. Чтобы выбрать абсолютно точный язык-код, мы должны пользоваться им во всех случаях: пользоваться всегда только тем словом, которое указывает на его высший духовный корень – так, как указали нам каббалисты.

Есть книги, которые пишут якобы каббалисты, но их не рекомендуется читать. А есть каббалистические источники, авторы которых были на таких духовных уровнях, что могли давать четкие понятия, и язык их поэтому абсолютно строг.

И если мы встречаем в каббалистических книгах такие понятия, как «поцелуй», «половой акт», «одевание», «раздевание», «одежда», «мясо», «обрезание», понятия, связанные с поглощением и выделением, – мы должны понять, что именно эти слова указывают на духовные корни, которые не могут по-другому называться, если мы взяли за основу имена их ветвей в этом мире. Но ни в коем случае мы не должны представлять себе, что в духовных объектах происходят какие-то процессы, подобные их ветвям в нашем мире, – поцелуи или объятия и пр.

И поэтому очень трудно неподготовленному, то есть человеку, не имеющему еще навыка автоматического перевода слова на язык духовных понятий, читать Каббалу. Но это же относится и ко всем книгам Торы! В сказаниях (Агадот) или Торе, не говоря уже о «Песне песней», где пишется якобы про понятную нам любовь, – невероятно сложно отделить привычные нам представления, стоящие за знакомыми словами, от их непривычного – духовного – смысла, потому что внутри нас уже создались четкие связи этих слов с ощущениями.

Легче, кстати, тем, для кого иврит – не родной язык, потому что у такого человека нет абсолютного совпадения иритского слова с соответствующим ощущением. Эта связь слов и чувств есть только в родном для него языке. И тем, для кого

Вступление

иврит родной язык, трудно поначалу отделить, разорвать эту связь слова и привычного ему внутреннего ощущения, которое дает его чувствам это слово.

Но постепенно в ученике эта связь обрывается, а затем создается новая, по мере его работы над собой, в попытках вызвать у себя духовные ощущения, соответствующие словам языка ветвей. Но обычному читателю Торы (Пятикнижия), Талмуда, Сказаний, Пророков, Святых писаний просто невозможно оторваться от привычных связей знакомых слов, которые означают нечто совершенно ему незнакомое. И вся проблема в том, что правильно Тору понимают единицы! Но и в самой Торе говорится, что вся Тора – это только святые имена Творца. Что это значит?

Именем мы называем объект по его свойствам, после того как познали его и точно определили его суть. Каббалист, поднимаясь в своих ощущениях в духовный мир, ощущает проявления, действия Творца, Его свойства, Его Самого и дает ощущаемому им названия. Имена Творцу может дать только тот, кто Его ощущает. Не читая об этом, а совершенно реально – как каждый из нас ощущает что-либо в нашем мире.

Поэтому изречение «Вся Тора – имена Творца» говорит о том, что только поднимающийся в духовных постижениях и ощущающий Творца раскрывает Тору, потому что свет, который он получает, называется Торой, ибо сказано – «Тора – свет». Поэтому только для каббалистов нет никакой проблемы в том, чтобы видеть за словами Торы их высшие корни. И так написаны все наши святые книги. И потому они называются святыми – ведь они повествуют о Творце, о Его мире.

Мы с вами изучаем, что такое парцуф. Если в его голове есть свет хохма, то такой парцуф называется «парцуф хохма». Если в нем есть свет хасадим – то он называется «парцуф бина». Высшая ступень, наибольшее постижение определяет его название. Так и нашем мире мы называем человека по его наибольшему достижению: начальник такой-то, академик и пр. Может быть, следующий пример позволит представить, что такое язык Каббалы.

Допустим, к человеку в нашем мире ученые подключили всякие датчики ко всем его органам ощущений, к его сердцу как приемнику всех ощущений. И таким образом ученые составили карты, графики и таблицы всего воздействующего на человека извне: слуховых, осязательных, обонятельных, зрительных воздействий и тех реакций, сигналов, которые они в человеке вызывают. А затем ученые подключают к человеку источники электрических сигналов и посылают в мозг человека сигналы, будто они происходят от истинного источника, а не от модулятора.

Естественно, что человек не ощущает никакого отличия, потому что получает тот же сигнал, который в итоге дает «настоящий» источник. Ну а затем, как в каждой науке, ученые создают терминологию своих исследований. И начинают называть воздействия и реакции, ощущения человека техническими терминами: даем такой-то сигнал – получаем такой-то ответ. Так вот, ученые-каббалисты на себе производят подобные опыты по воздействию на них единственного источника всех наших ощущений – света Творца – и описывают свои реакции.

Причем вместе с ощущением воздействия на себя света и своих реакций каббалист осознает все это реально и как подопытный, и как ученый одновременно и потому может описать свои ощущения не в виде музыки или стихов, а в виде четко воспроизводимой информации. Поэтому Тора называет Каббалу истинной наукой – «Хохмат Эмэт» или «Торат Эмэт».

Человек нашего мира, не достигший в своих ощущениях выхода в духовный мир, имеет в себе духовный сосуд, называемый кли (сосуд на иврите), в виде маленькой черной точки в своем сердце. Это духовная точка – она не находится физически в нашем сердце, а только ощущается в нем, через него. Если человек занимается Каббалой под правильным руководством, он постепенно развивает из этой точки сосуд, как бы раздувает эту точку, создавая внутри нее пустоту. Внутрь нее он затем может получить духовный свет, то есть ощутить Творца.

Ощущение Творца называется светом. Сосуд, могущий заполниться светом или уже наполненный им, называется парцуф. Размер сосуда определяет его духовный уровень. Поэтому в Каббале название или имя, допустим, Моше – означает не моего друга Моше, а нашего пророка Моше, и не его физический облик, а его духовный уровень, его наивысшее духовное постижение, ступень, называемую Моше. А если я достигну в своем духовном развитии этой ступени, то и я получу имя Моше.

Поэтому духовный уровень каббалиста представляет собой парцуф и определяется мерой постижения им света

Творца, степенью наполнения светом. И каббалист, читая свои книги, знает, что он должен выполнять, какие действия описываются в них. И он духовно, своим духовным телом, парцуфом, выполняет эти действия. А духовные действия называются Заповедями, потому что они – это желания Творца, чтобы человек выполнял их и получал Его свет, ощущал Его.

Итак, теперь нам должно быть понятно, почему каббалисты избрали себе такой, зачастую «неприличный» лексикон – они понимают под этим духовные альтруистические действия, огромную отдачу, в то время как мы, читая слова «объятие», «поцелуй», «совокупление», понимаем под ними ничтожные животные наслаждения. И это потому, что там, где в результате действий в нашем мире мы ощущаем животные наслаждения, в тех же духовных действиях каббалист получает наслаждение от того, что дает этим наслаждение Творцу, – и это его наслаждение!

А внешне слова одни и те же. Практически совершенно невозможно понять Тору категориями нашего мира: про созданного Творцом Адама сказано в Торе, что он вор, про жену Моше сказано, что она продажная женщина, про Лавана (высший свет хохма) сказано, что он злодей, и т.д. Но мы просто не понимаем, какой истинный духовный смысл кроется за знакомыми нам словами. Все языки имеют свои духовные корни, как и все в нашем мире. Только, конечно, есть отличие одного духовного корня от другого. В конце исправления всего мира различия между всеми объектами всех миров исчезают, но до тех пор есть духовные корни высшие и низшие, основные и второстепенные.

Поскольку весь мир построен соответственно духовной пирамиде, пока – до конца всеобщего исправления – не все равны относительно духовных миров. Но тот, кто ближе к духовным мирам, может быть хуже по своим качествам, если еще не вышел в духовный мир, а находится в своем предварительном развитии, осознает собственное зло, низость своей природы. А тот, кто дальше от входа в духовный мир, может быть лучше. Это говорится относительно тех, кто работает над своим духовным усовершенствованием, а не просто о плохих и хороших людях в нашем мире.

О не занимающихся Каббалой мы говорить не можем, потому что они еще не могут ощущать в себе ни одного истинного понятия, ибо не могут его сравнить с духовным эталоном. Итак, есть различие между корнями, как и между их ветвями в этом мире. И есть различие между языками. Можно ли было выбрать любой язык в качестве языка ветвей? В принципе у каждого языка есть определенный духовный корень. Но иврит – это единственный язык, код которого мы знаем точно, и это язык, буквами которого создан мир. А слово выражает саму природу, суть объекта.

Поэтому Тора «дарована нам» на языке иврит. «Наверху» букв нет, но духовные свойства описали нам в таком виде, который изображается в форме букв языка иврит (см. книга «Зоар», пп.22-39). Но, кроме того, есть несколько языков для описания духовного: язык Каббалы, гематрий, сфирот. Великий каббалист Ари на основании объяснения десяти сфирот позволил каждому начинающему начать разбираться в Каббале.

Вся Каббала открылась благодаря ему. «Зоар» написан на языке, недоступном нашему пониманию, написан иносказательно. До Ари каббалисты описывали духовный мир по нисхождению света, а не в виде последовательных действий сосудов и экрана, не говорили о 5 частях кли и экране. Повествование их было не научным, а умозрительным описанием видимого ими.

Ари же не просто описывал происходящее, а изложил его причины, описывая взаимодействие экрана со светом. Он четко описал законы духовных действий в виде причинно-следственных закономерностей всего происходящего. Ари, может быть, и не был – даже наверняка не был – самым великим каббалистом, но ему было позволено изложить нам всю Каббалу. Только Ари получил на это разрешение. А что же сделал Бааль Сулам? Он взял Каббалу Ари и объяснил в ней практически все, что только нуждалось в объяснении, – как отвлеченное от времени, места и движения.

Все духовные проблемы, которых мы не знали и не понимали, он объяснил таким образом, что мы можем заниматься по его книгам, не овеществляя то, что учим, не рисуя себе в воздухе какие-то материальные объекты, взаимодействующие между собой. Он объяснил все так, чтобы мы не материализовывали духовное, не думали, что духовные силы облачены в наше физиологическое тело, что есть духовные силы в нашей руке или ее действии, не думали, что, выполняя механически Заповедь, мы этим непосредственно влияем на духовное, то есть что есть непосредственная связь между духовным и

Вступление

материальным (на что существует строгий запрет: «Не делай себе идола»). Идолопоклонством на самом деле является именно это, а не поклонение какому-то куску камня или дереву. Об этом не говорится вообще.

Идолопоклонство – это овеществление духовных представлений. Ввиду возможного искажения и был наложен запрет на распространение Каббалы. Так вот, Бааль Сулам сумел изложить Каббалу таким образом, что совершенно не существует опасности материализации духовных представлений в понятиях ученика. А до него люди еще не были подготовлены воспринимать это, да и сама Каббала еще была скрыта для правильного восприятия ее человеком.

Цель эволюции и прогресса состоит практически в том, чтобы подготовить человечество к восприятию и пониманию того, что есть вещи неощущаемые, но все-таки существующие, невидимые, но самые большие, что есть возможность мгновенного перемещения, изменения или отсутствия времени и пространства и пр.

Это все должно подготовить человечество к мысли, что духовное – это нечто такое, что хотя и не поддается нашему воображению, но имеет право на существование и, возможно, существует вместе с нами. Сегодня уже не может человек возразить, что «такого не бывает», потому что наш опыт настолько вырос, что уже «все может быть».

Итак, Бааль Сулам ввел язык, отточил его до такой степени, что не стало проблемы передать этим языком все духовные понятия без опасения, что человек ошибется и начнет представлять себе материальные объекты вместо духовных. Что он сделал? «Всего лишь» объяснил десять сфирот. И ничего кроме них: девять сфирот – это отношение Творца к созданию, последняя сфира – это и есть создание, называемое малхут. Кроме этого сочетания Творца и творения в виде десяти сфирот, нет более в творении ничего.

ЧАСТЬ I

Вступление к части I.. 141

1. Нет ничего в мироздании, чего бы не существовало в бесконечности. Понятия, противоположные в нашем восприятии, находятся в бесконечности в простом единении и единстве 145
2. Различия во влиянии свыше: до его достижения получаемым и после его получения в ощущения низшего 154
3. Как можно представить, что душа – это часть Творца? 157
4. Духовное отделяется в силу отличия свойств, как материальное отделяется физической разделяющей силой 158
5. Как представить отличие свойств творения от состояния в мире бесконечности? 159
6. Дана нам работа как вознаграждение, потому что получающий подаяние испытывает стыд 169
7. Какая связь существует между усилиями и работой человека в течении 70 лет его земного существования и вечным наслаждением? Да и можно ли представить себе более незаслуженное вознаграждение?! 170
8. Одной мыслью создалось все творение. Эта мысль – причина, и действие, и ожидаемое вознаграждение, и суть всех усилий 177
9. Суть сокращения. Каким образом из совершенного произошли несовершенные действия? 182

Часть I

ВСТУПЛЕНИЕ К ЧАСТИ I

«Знай, что прежде, чем создались все творения, был один простой свет, который все собой заполнял» – с этого начинает свой основной труд по Каббале «Древо Жизни» великий Ари. Я привожу его слова в виде стиха в начале одной из своих книг. Что он заполнял, если ничего не было еще создано? Значит, что-то уже создалось?

Поэтому Бааль Сулам и говорит, что это необходимо выяснить. Каждый должен это выяснить для себя. Как это может быть, что прежде, чем были созданы какие-то миры, было какое-то место? Если мы говорим только о Творце и человеке, душе, то зачем надо место? Что это значит – «место», в котором потом появились миры? Место тоже должно было создаться?

Что значит «место» в духовном? Чем это понятие отличается от понятия пространства? Есть ли понятие «место» вне пространства? Что это за «место», которое заполнял свет? И что значит: «Это место сократилось»? Оно может изменяться? Что с ним стало? Оно находится в движении, и в нем происходят какие-то явления? И это все произошло для того, чтобы раскрыть совершенство действий Творца.

Может быть, это является причиной творения? А в другом месте говорится, что Его цель насладить нас, а не показать, что Его действия совершенны. Показать кому? Кто еще есть, кроме Него? Доказать совершенство своих действий необходимо, если существует сомнение в их совершенстве. Это указывает на какой-то недостаток в Нем? Так совершенны ли Его действия? Как это доказывается?

Наверное, сам человек обязан раскрыть совершенство действий Творца, если мы говорим, что кроме Творца и человека нет ничего более в творении. А если нет ничего более в творении, то на ком осуществляется действие Творца, кого создал Творец, если не свое единственное создание – человека? Поэтому человек постигает совершенство действий Творца на себе и в себе, достигая этим постижением своего совершенства. Все замыкается и образует этим совершенство – и причина, и действие, и следствие.

Результат действия – это осуществление замысла Творца. Как сказано далее: и мысль, и действие, и объект действия, и вознаграждение, т.е. результат, сливаются в одно совершенное, соответствующее Ему – Единому, Единственному, Особенному. Только в меру своего совершенства человек постигает совершенство Творца по закону подобия свойств: ощутить что-либо можно, только создав в себе аналогичные свойства.

И также вопрос о центральной точке творения. Это единственное, что создано. Что значит ее сокращение? В духовном мире нет объема, поэтому сокращение может быть только одно – сокращение желания. Потому что все, что создано Творцом, – это желание. И говорится о том, что оно не имеет головы, не имеет конца, а есть там только середина. Как это может быть – нечто без начала и конца, а только середина? Затем мы изучаем, что есть голова, тело и конечности.

Что вначале было только тело, только место получения наслаждения, без предварительного расчета – головы и без ограничения в получении – конечностей. Расчет же возможен только с помощью экрана. Если нет экрана – получаешь то, что дают, как в нашем мире – получать «без головы» означает готовность принять любое наслаждение. Это и значит, что работаешь «без головы», без экрана. Не взвешиваешь предварительно ничего.

А так как получение наслаждения в мире бесконечности прямое, то такое желание не имеет ни головы, ни конечностей, а только принимающую, только получающую часть, тело. И также не было и конца, потому что не было никакого ограничения в получении – насколько желание желало, настолько могло получить и получало. Со стороны Творца ограничения нет, Он желает насладить свое творение, и только. Это Его замысел в прямом виде.

Но непрямым путем Он действует иначе, развивая в нас особое, альтруистическое восприятие наслаждения, потому что только оно совершенно. Есть много причин несовершенства прямого получения наслаждения, называемого далее эгоистическим. Одна из причин его несовершенства в том, что ощущение наслаждения в своих эгоистических желаниях преходяще, временно: если наслаждение постоянно, неизменно, то оно перестает ощущаться как наслаждение, пропадает его ощущение.

А наслаждение от отдачи обладает постоянной возможностью обновления, а потому создание не теряет ощущение его.

Это мы наблюдаем и в нашем мире: пресыщаясь любым видом наслаждения, спешим сменить его вид, чтобы ощутить это чувство снова, т.е. поменять внешнее одеяние наслаждения. Есть много условий для ощущения наслаждения, достаточно общих для нашего и духовного миров.

Наслаждение ощущается только по контрасту с себе противоположным: сладкое по сравнению с горьким, мир по сравнению с войной, свет – с тьмой, раскрытие Творца – после ощущения Его скрытия. Чем больше предварительное желание, тем больше ощущение наслаждения. Наслаждение ощущается только при его предварительном сокрытии.

Более того, ощущение сокрытия, постижение сокрытия и есть тот голод, в котором затем ощущается вкус раскрытия. Нет никакого объекта во всем творении, который не находился бы и сейчас в мире бесконечности, т.е. в самом первом виде творения, каким он порожден Творцом. А затем все, что изменяется, – изменяется только относительно самого творения, но не относительно Творца.

Все творение относительно Него находится в состоянии абсолютного совершенства, каким Он и пожелал его создать. Только относительно наших ощущений – нам предстоит их исправить, чтобы ощутить это совершенство. Иными словами, мы и сейчас находимся в Творце, в совершенстве, но не можем ощутить этого. Поэтому наше состояние называется сокрытием.

Поэтому все творение – ступени миров, парцуфим, сфирот – ощущается, т.е. существует, только относительно нас и находится внутри нас. Хотя и воспринимается нами существующим снаружи. Все миры существуют внутри человека, и они – это ступени внутреннего возвышения человека в его ощущениях Творца.

Хотя все миры воспринимаются постигающим их человеком в движении, на самом же деле это только сугубо субъективное восприятие: ввиду изменения внутренних свойств человека ему кажется, что вокруг него что-то меняется. На самом же деле все творение статично, Высший свет находится в полном спокойствии, потому что его цель относительно человека ясна – насладить нас своим совершенством. А мы, пока не достигнем этого состояния, будем воспринимать свои состояния как переменные. Итак, все творение статично. Оно неизменно.

Внутреннее созерцание

Это можно объяснить просто: есть лишь Один Творец, а созданное Им творение проходит ступени познания Его, сближения с Ним. Все предыдущие формы развития творения, его нисхождения от Творца до нашего мира существуют, сохраняются и функционируют. Почему это удаление от Творца, от Совершенства называется развитием творения? Потому что именно рождение несовершенства и есть рождение творения.

Поэтому творением можно назвать только человека, ощущающего себя стоящим перед своим Творцом, напротив Него. Такое состояние человека называется самой низкой точкой развития творения и... самой желанной! Потому что, если человек действительно ощущает себя в таком состоянии, он начинает сближаться со своим Творцом. А до этого считается зародышем, неживым, самостоятельно не существующим. Это вы лучше поймете из статьи «Тайна зарождения – в рождении». Поэтому говорится, что все статично, кроме человека, и только человек изменяет свои ощущения и потому ощущает все новую картину, все новый фрагмент одного и того же мира Творца.

Вы чувствуете, насколько ограниченны слова нашего мира, чтобы объяснить то, что не имеет аналога, а потому необъяснимо нашим языком. И все-таки постепенно выявится в вашем воображении некая картина. Но это произойдет по мере ваших внутренних изменений. Если появятся хоть какие-то ощущения, подобные духовным, вы сможете из них, как из элементов, начать составлять картину духовного мира и сами будете чувствовать, каких элементов, т.е. ощущений, вам еще недостает для ее завершения.

Но это первый этап. А второй – это когда вы не в своем воображении, а воочию видите, ощущаете всеми вашими органами чувств, всеми клеточками вашего тела духовный, окружающий и всегда окружавший вас мир. Все, что существует, существует вне времени. Это подобно, но только подобно, фильму, когда вдруг человек оказывается в прошлом и начинает в нем жить, осознавая, что попал в прошлое, но остальные участники самого фильма этого не осознают.

Так и мы находимся в каком-то фрагменте, а можем выйти из него в духовное, статичное, так говорится о мире бесконечности. И те понятия, которые у нас взаимопротивоположны, там находятся в совершенном единстве, не противоположны друг другу – поэтому и совершенны, а потому и лишены изменений, ведь движение – это вынужденное восполнение недостающего. Хотя, конечно, трудно представить, что плохое и хорошее, как я их воспринимаю, могут быть одним и тем же в мире бесконечности.

1. НЕТ НИЧЕГО В МИРОЗДАНИИ, ЧЕГО БЫ НЕ СУЩЕСТВОВАЛО В БЕСКОНЕЧНОСТИ. ПОНЯТИЯ, ПРОТИВОПОЛОЖНЫЕ В НАШЕМ ВОСПРИЯТИИ, НАХОДЯТСЯ В БЕСКОНЕЧНОСТИ В ПРОСТОМ ЕДИНЕНИИ И ЕДИНСТВЕ

Нет ничего в нашем мире, что не существует и не находится в самом Творце. Ведь Он – источник всего и до начала творения существовал в одиночестве. Как же может быть что-либо, не берущее в Нем своего начала! Как можно сказать о Творце «существовал»!

Но весь наш язык построен в процессе творения, поэтому мы не имеем слов, чтобы объяснить нечто существовавшее до, выше творения. Можно думать об этом сколько угодно, но все, что только есть в нас, – исходит от Творца. А от кого еще это может исходить? И если бы человек ни на мгновение не забывал об этом, он бы быстро вошел в контакт с Творцом.

Вера в то, что «нет никого, кроме Творца», – это единственное, что выводит человека из этого мира в духовный. То есть все, что человек переживает, чувствует, все, что он сам и в нем, – это все исходит от Творца. Поэтому если человек что-то ощущает, он должен понять, что так же ощущает это и Творец.

Есть такое понятие, которое особенно хорошо объяснял великий Бааль Шем Тов: «Человек – это тень Творца». Как тень человека повторяет за ним все его движения, так и человек автоматически повторяет все движения Творца. Поэтому, если человек что-то ощущает, он в первую очередь должен подумать, что это ощущение он получил от Творца.

И в соответствии с этим он одновременно должен дать ответ в своих ощущениях. То есть если он вспомнил о том, что это ощущение он получил от Творца, значит, Творец захотел, чтобы он об этом вспомнил, Творец этим зовет его к Себе, обращает его внимание на Себя. И с этой точки он уже может дальше самостоятельно развивать связь с Творцом. До того, пока не вспомнил о Творце, считается, что был как бы в бессознательном состоянии.

Но как только Творец напомнил о Себе человеку так, что человек вдруг вспомнил о цели жизни, духовном, Творце, – немедленно человек должен дойти по цепочке мыслей до осознания, что это Творец зовет его. И так постоянно, при каждом воспоминании, мысли, желании – пока не станет эта мысль настолько привычной, желание разовьется до такой степени, что он будет «болен от любви», все время думая о Нем, настолько, что «не сможет спать», – и тогда Творец открывается ему.

Все, что в нас и вокруг нас, нисходит на нас свыше, от Творца. Нет того, чего бы не было в Нем. Это мы уже слышали много раз. Но как все, что есть в нашем мире, может исходить от Него? Вещи, которые у нас и в нас противоположны, в духовных мирах находятся в совершенном единстве.

И ни в коем случае не противоречивы, не противоположны, как в нашем мире. Это относится к различным объектам, например к столь разным, как мысль и что-то сладкое. Две совершенно разные категории. Или мысль и следующее за ней действие и следствие – ведь тоже сливаются в Его единстве, т.е. замысел, исполнение, результат.

Но более того, также находятся в Нем и две категории, противоположные друг другу. Как, к примеру, сладкое и горькое и т.д. Каждое из них совершенно отделено и отдалено друг от друга в нашем мире. От этого мне хорошо, допустим, а от этого – плохо. Настолько они противоположны для меня. Мы же все определяем на основе нашего ощущения и постижения.

Если бы мы не видели, что звезды светят, не называли бы их светящимися. Сладкое – потому что у нас это вызывает такой вкус. Горькое – потому что нам от него горько. А на самом деле оно горькое или сладкое? Само по себе оно – никакое: у меня оно вызывает такие ощущения.

А если то, что дает мне ощущение сладкого, передать иному созданию, которое создано по-другому, у которого иные ощущения, оно воспримет это совершенно иначе – не сладким и не горьким, найдет там совершенно другой вкус, иные качества. Есть в нашем мире совершенно противоположные вещи. Тогда, если они противоположны для нас, одну мы можем назвать хорошей, другую – плохой. Но как мы можем отнести их к одному, к единому корню?

Дело в том, что в Нем, в Творце, нет никаких различий ни в чем! А все находится в простом, не разложенном на части, не сложном, т.е. не составном, свете. Простой свет – не потому что прост, а потому что нет в нем дифференциации, потому что только получающий выделяет из этого однородного света определенные, согласно своим свойствам качества. И дает своим ощущениям света различные имена. А в самом свете нет этих свойств совершенно.

Это свойства воспринимающего, а не света. То есть все находится в совершенном, простом единстве. Поэтому человек дает имена не тому, что есть в свете, в окружающем его мире, а по тем ощущениям, которые в нем это вызывает, по тому, как он воспринимает.

Поэтому названия, имена, характеристики, даваемые человеком, говорят только о человеческих качествах, о свойстве воспринимающего, но не о свойстве самого воспринимаемого объекта! Человек называет не ощущаемое, а свои свойства, критерии, качества. Творец един, но только человек своими свойствами извлекает из этого абсолютного единства различные ощущения и таким образом именует Творца. Но это не имена Творца, а названия человеческих ощущений.

Как приводит великий Й.Ашлаг пример о вкусе манны небесной: сама безвкусная, она воспринимается с таким вкусом, который человек желает ощутить. Таково духовное свойство света: он содержит все – но человек, в меру своего подобия свету, воспринимает его все более простым. А также в Творце едины замысел, действие и результат, хотя в нашем мире это совершенно различные категории.

Но в Творце все, что только мы можем себе вообразить: противоположности, причины и следствия, взаимоотрицающие понятия – все эти формы объединены в простом свете, в категории, называемой «Один, Единственный, Единый». Почему это качество нельзя назвать одним словом? «Один» – означает, что Он вне всяких изменений, все в Нем абсолютно равнозначно. «Единый» – в Самом Творце все едино, хотя исходящее от Него вызывает в ощущении воспринимающего различные формы в зависимости от свойств воспринимающего. «Единственный» – говорит о том, что хотя он действует во всем творении, проявляя Себя совершенно по-разному в ощущениях воспринимающих Его действия, но одна Его сила (цель, желание) действует во всем творении, и она заключает в себе все происходящее. В таком правильном восприятии действий Творца и состоит вся цель нашего развития.

Хотя Он производит много различных действий: убивает – оживляет, вызывает страдания – радость, духовно поднимает – опускает, приносит жизнь – смерть – все крайности, и все от Него, то как же все это составляет единство? Нет отличия – не означает безразличие. Но как может одна сила действовать, запускать противоположные действия? Ответ снова тот же: противоположное есть только в наших ощущениях.

И все возвращается и объединяется в конце нашего исправления, вернее, в конце исправления наших органов чувств, чтобы мы смогли ощутить в истинном виде все творение. Наше состояние с исправленными органами ощущений, исправленными свойствами называется концом исправления. То, что мы ощутим в них, называется целью творения. Почему же в нашем мире есть такое различие в восприятии?

Потому что наш эгоизм абсолютно меняет наше восприятие. Мы не только теряем почти на все сто процентов восприятие жизни (то, что мы называем жизнью, в Каббале называется слабой свечой по сравнению со светом солнца), но наш эгоизм искажает наше восприятие. Мы даже можем в нашем мире наблюдать, как неодинаково человек воспринимает свое и не имеющее прямого отношения к нему, не затрагивающее его эгоизм.

То есть и в рамках нашего мира мы не воспринимаем действительность верно, а уж духовные миры, более высокие, мы вообще не ощущаем, потому что эгоизм, пропитывающий все наши чувства, скрывает, поглощает, не позволяет духовным, альтруистическим ощущениям дойти до нашего осознания.

А когда человек обретает свободные от эгоизма органы ощущений, то обнаруживает, что единственная цель Творца включает в себя все казавшиеся ему прежде противоположными действия. Так, Рамбан (XI век), а он был большим философом и каббалистом, в комментарии на книгу «Ецира» пишет: «Есть отличие в категориях Один, Единый и Единственный». Когда Творец собирается действовать одной силой, собирает все свои силы в одну, т.е. проявляет свое доброе желание, что и означает проявление единства, потому что нет различия в Его действиях, – то Он называется Единым.

А когда Он делит свои действия, т.е. Его действия проявляются в ощущениях человека отличными одно от другого, ощущаются то как добрые, то как плохие, Он называется Единственным, по качеству своих действий, имеющих только одну цель и результат – насладить творения. Таким образом, Он – единствен во всех своих действиях и не меняется, несмотря на то что Его действия воспринимаются как различные. А когда Он полностью однороден, все Его действия едины, называется Один.

То есть «Один» говорит о Самом Творце, в котором все противоположности равны и неотличимы друг от друга. Что значит, что Творец объединяется действовать только одной силой? Все Его действия преследуют только одну цель – насладить, что и достойно Его единства. Почему не каждый мозг может это воспринять? Возьми случайного человека с улицы: как ты сможешь ему что-то объяснить, он не в состоянии тебя слышать. Не слушать, а слышать.

Слушать сможет, если ты привяжешь его к стулу и положишь перед ним миллион долларов, а слышать не будет, не сможет, потому что для этого необходимы особые внутренние свойства, желания. Слышат не ушами, а сердцем. И это свойство никак не связано с умственными способностями. Можно быть самым умным, но не слышать. А ты возьми этого же человека, возьми палку, Творец, он то это умеет делать лучше, чем мы, и хорошенько его побей в течение дней, месяцев, лет – сколько надо, у него вдруг появится слух.

И он начнет слышать, не потому что у него вдруг появился разум, а потому что сердце, средоточие эгоизма, решило слушать, чтобы избавиться от страданий. Поэтому Бааль Сулам пишет, что «сердце понимает», а голова, наш разум, – это только вспомогательный инструмент для достижения желаемого сердцем. Но понимаем-то мы головой, и поэтому сказано мудрецами: «И не всякий мозг способен вынести это».

Непросто согласиться, принять, что противоположности могут быть как одно целое, настолько наш разум удален от возможности понять истинное единство. Но и в принятии этого духовного понятия – единства противоположностей – речь идет вначале о сердце, а мозг как вспомогательный инструмент примет все, что решит и с чем согласится наше сердце.

Мы ведь можем наблюдать, какие разные законы существуют в разных странах, как сам человек меняет свою логику, убеждения. Это не оттого, что становится умнее, а потому, что его сердце меняет объекты наслаждения и разум меняет соответственно этому свои взгляды, подходы и совершает переоценку ценностей, подводя под новые желания свою «разумную» базу.

В духовном постижении принимает участие в первую очередь сердце, «либа», которое определяет величину постижения разумом, «моха». В начале своих занятий Каббалой человек учит в основном своим умом, но затем все более осознает, насколько его понимание и освоение материала зависят от его внутреннего, духовного состояния.

И не о настроении идет речь, как в изучении иных наук или в любом другом деле, а, независимо от настроения, именно острота духовного восприятия определяет умственное постижение. Есть люди, просиживающие над Каббалой десятилетия, но если при этом не «включается» их сердце, то могут стать профессорами Каббалы, но не каббалистами, потому что внутренняя потребность найти Творца отсутствует в них. Эта потребность рождается точкой в сердце, частью Высшего, частью самого Творца, которую Он помещает по Своему выбору в того, кого желает приблизить.

Мы изучаем столько книг по Каббале, столько времени проводим в изучении, что любую науку мы бы уже освоили. А изучая Каббалу, мы все больше понимаем, что ничего не понимаем. И это потому, что наука Каббала поглощается и усваивается только в том месте, где желания изучающего совпадают с тем, что он изучает. А так как в начинающем изучать нет еще исправленных свойств, соответствующих изучаемому им, то и знания постоянно улетучиваются.

Кроме того, знание законов и правил какой-либо науки позволяет пользоваться своими логическими выводами и строить свои теории. Но в Каббале это невозможно, потому что мы до самого последнего нашего состояния – совершенного и полного исправления – не знаем всей картины и всех законов творения и потому не имеем права сами строить предположения.

И поэтому писать книги по Каббале имеет право только истинный каббалист. А не постигающий духовных миров пишет, не имея своего чувственного явного постижения, потому что ему «думается», что «там» происходит «так». Между тем в Каббале говорится всего о десяти сфирот, но сколько о них написано! Десятки тысяч страниц. Даже не о десяти сфирот, а о четырех стадиях развития света. Или, иначе, лишь о желании дать и желании получить.

Есть только один Источник, который все дает, а сколько всевозможных вариаций, порождающих все миры, наш мир, все, что в нем внутри и снаружи. И это все состоит только из двух элементов: света и кли! Нужно знать, что умом, разумом эту науку взять нельзя. Есть знающие на память написанное. Это, кстати, непохвально, потому что главное в изучении не знание, а усилия, прикладываемые изучающим: в меру своих усилий он получает свыше помощь для своего исправления.

Поэтому издавна истинные мудрецы превозносили постижение, но не просто знание. И даже просили в своих молитвах позабыть годами изучаемое! Желали стать вновь неучами!!! Как это не похоже на сегодняшних умников, кичащихся страницами, которые знают на память. Оттого что знают только на память, но не вошла Тора в их сердца, то и кичатся этим. А если бы вошла в сердце хоть толика изучаемого, то не ценили бы вошедшее в мозг, а ценили бы вошедшее и исправившее сердце!

Поэтому изучаемый в Каббале материал улетучивается, именно из-за нашего неподобия изучаемому материалу. Но в той мере, в какой человек становится подобным изучаемому духовному материалу, он его понимает. Поэтому вдруг мы чувствуем, что понимаем больше, – это зависит от нашего душевного состояния: ближе в настоящий момент своими желаниями к Творцу или дальше от Него.

Итак, вернемся к тексту: когда Он разделяется при выполнении своего действия, когда Его действия, как нам кажется, как мы ощущаем, различны или даже противоположны (хорошие – плохие) – тогда Он называется Единственным, потому что различные Его действия, хорошие и плохие, включая те, что воспринимаются нами как огромные страдания, такие, что хуже смерти (ведь иногда даже смерть кажется избавлением), такие огромные страдания, которые проходят как над одним человеком, так и над целым народом или народами, – и все это только для достижения одной цели: создать кли – такие ощущения, с которыми можно воспринять то наслаждение, которое Он желает дать.

Именно противоположность Его управления в наших восприятиях говорит понимающему о полном единстве во всех действиях Творца, о том, что у Него нет никакого отличия ни в причине Его действий, ни каким образом Он действует.

Отличие – только в восприятии человека, только относительно получающего, ввиду «неисправности» его кли, инструмента восприятия, человек воспринимает то или иное действие Творца как плохое или хорошее. В то время как настоящая характеристика Его действия – совершенство и абсолютное добро. Если бы мы исправили наши инструменты восприятия, то обнаружили бы, что все получаемое человеком от Творца совершенно и хорошо. Чем наши кли, инструменты, более неисправны, тем больше наше состояние кажется нам плохим, тем больше мы обвиняем в своем сердце Источник наших страданий. Причем обвинения эти неосознанны. Когда поселились первые поселенцы в Негев, ученики Бааль Сулама спросили у своего учителя, смогут ли поселенцы существовать в месте, где нет воды. На что Бааль Сулам ответил, что их молитва принесет дожди.

Но, возразили ученики, поселенцы-то ведь неверующие. На что получили ответ, что желание человека в сердце – это и есть его молитва к Творцу, потому что Творец – его единственный Создатель, Источник всего. И независимо от осознания человеком мира, в котором он существует, его неосознанные желания также воспринимаются Творцом, как мать чувствует и понимает желания новорожденного.

Один – говорит о том, что у Него все совершенно, едино, нет абсолютно никаких противоречий, нет различия в отношении к разным творениям. А единственная мысль и единственная цель пронизывают все творение. И это называется, что все действия Его одинаковы. Мы слишком отличны своими свойствами, чтобы понять Его.

Даже в рамках нашего мира мы не понимаем друг друга, если не похожи по своим желаниям, что означает – духовно отдалены. В таком случае двое людей как бы находятся в разных мирах, как совершенно разные создания. А между нами и Творцом разница в миллиарды раз больше.

Поэтому всякое наше усилие Его понять должно заключаться не в том, чтобы понять умом, потому что это совершенно бесполезно, т.е. инструментами нашего мира невозможно понять иной мир, необходимы только наши духовные усилия сравняться духовно, свойствами, после этого мы сможем Его понять.

Поэтому все философии и науки еще тысячи лет будут биться над загадкой жизни и не разгадают ее, как пытаются это сделать все философии и религии уже тысячи лет. Если человек рассуждает только своим разумом, то как он может постичь им что-либо вне этого мира, когда сам разум является продуктом нашего материального мира!

Как можно утверждать, что наш разум может быть объективен, если есть столько мнений? Не это ли уже отрицает его объективность? Ведь объективность может быть только одна, абсолютная, независимая от творения, а человек не в состоянии выйти из себя, если только не обретет вместо своих желаний – желания Творца. Вся художественная литература, искусство – все, что человек зовет своим духовным богатством, по сути, прославляют «нэр дакик». Что воспевают они?

Свет Творца, облаченный в объекты нашего мира. Человек воспринимает эту оболочку, в которую одевается капля духовного наслаждения: «Как хороша ты, оболочка», – потому что в ней есть духовная категория, которая и доставляет наслаждение. Вся наша деятельность направлена только на то, чтобы максимально извлечь наслаждения из этой святой искорки Творца.

А художественная литература описывает, как каждый из нас может выкачать из «нэр дакик», из маленькой искорки света, которая упала в наш мир, наибольшее наслаждение. И какие есть для этого пути. И каковы страдания, если этого наслаждения нет. И только чистая наука пытается объективно смотреть на мир. Но проблема в том, что человек не может ни с чем сравнить свою необъективность и потому внести поправку в свои исследования.

А если бы знали ученые, насколько все пропускается через человека, насколько результаты опытов зависят от совершающего их, то поняли бы, что это нам дано специально для того, чтобы мы дошли в итоге до высшей ступени развития науки, где наука помогла бы осознать ограниченность, замкнутость познания, осознать существование Творца и помогла бы перейти к Каббале. Но никакого соединения науки и Каббалы быть не может. Наука занимается только разумными выкладками, а Каббала – «сердечными», как сказано в Каббале: «сердце понимает».

Поскольку человек создан таким, что любит только себя, то чем больше что-то похоже на него, тем больше он любит это.

Говорят, что противоположности сходятся, но это в художественной литературе! Человек любит свои качества в себе. Если он ворует, то, может быть, и не любит это свойство, но в себе он это качество оправдывает, потому что оно ему приносит наслаждение, дает ему желаемое.

Но в другом это же качество он уже может не любить, потому что им наслаждается другой. То есть мы любим свои ощущения, а не качества. И если даже какое-либо свое свойство я осуждаю, все равно за то, что оно приносит мне наслаждение, я люблю его и не могу с ним расстаться.

Вот на зеленом лугу стоит аппетитная корова. Если отрезать от нее кусок, поджарить, например, и положить его между языком и нёбом, то в своем горле человек ощутит наслаждение. Я наслаждаюсь коровой? Или куском ее бока, от которого отрезаю мясо и делаю стейк? Где объект моих наслаждений? Объект моих наслаждений – это та искра света, то духовное, что находится в этом мясе, как и в любом другом объекте наших желаний.

Когда оно, это духовное, облаченное в кусок мяса, соприкасается с моими органами ощущений, то рецепторы и мой мозг могут каким-то образом извлечь определенный сигнал, воспринимаемый мной как наслаждение, потому что раздражен центр наслаждения в мозгу. Но раздражение центра – это одеяние, а ощущение наслаждения – это духовная часть восприятия. Те же, что и от куска мяса, вибрации я могу вызвать у себя электрическими сигналами на подкорку мозга. То есть дело не в корове, и не в куске мяса, и не в определенном раздражении.

Значит, любовь – это определенный вид раздражения? Тоже нет! Я не люблю этот электрический ток. Так где то, что я люблю? И кто такой я, кто любит это? В итоге, если мы покопаемся в себе, а это может сделать каббалист, то мы постигнем в себе кли и свет. Больше ничего нет. Ни коровы, ни ее тела, ни мяса, ни электрического тока. Свет и кли. А все остальное – это их одежды, в которые они облачаются.

2. РАЗЛИЧИЯ ВО ВЛИЯНИИ СВЫШЕ: ДО ЕГО ПОСТИЖЕНИЯ ПОЛУЧАЕМЫМ И ПОСЛЕ ЕГО ПОЛУЧЕНИЯ В ОЩУЩЕНИЯ НИЗШЕГО

Чем отличается манна небесная от хлеба? Особым своим свойством: в ней каждый ощущал то, что желал ощутить. Это и есть единственное духовное свойство – оно не имеет совершенно никаких свойств, а раскрывается таким, каким его может воспринять получающий.

В одеяниях нашего мира сами они фиксируют вкус, который создают из находящейся внутри них духовной свечи, не имеющей вкуса, но способной проявиться в каком угодно свойстве, в зависимости от ограниченности свойств получающего, постигающего ее. И именно за это свойство называется ман – хлебом с неба. Потому что получающий, вкушающий – ощущает в нем то, что он хочет.

Уже не раз приводился пример с электричеством, с помощью которого можно нагреть, охладить, подключить кондиционер, холодильник, плиту и прочие противоположные по действию потребители и получить различные, противоположные ощущения, но все они исходят из одного источника, и в самом источнике нет этих противоположных свойств, он один, и нет у него никакой определенной функции.

А все его действия, проявления задает ему принимающий, получающий. Не человек создает вкус, но он открывает его для себя в ман. Мы говорим о Творце: Милосердный, Сильный, Ты – Отец, Добрый или Злой.

По тому, как мы ощущаем на себе Его управление, мы и называем Творца. Вернее, по тому, как мы ощущаем себя в том мире, который сотворил Творец, мы, не произнося своими устами, а самим ощущением в сердце называем Творца, хотим этого или не хотим. Потому что только Он является причиной и силой, создающей все вокруг. Наши названия Творца ежеминутно меняются – в зависимости от того, как мы ощущаем себя.

Говоря об именах Творца, мы имеем в виду не то, как Его называют, а как человек ощущает себя. Именно внутреннее ощущение человека и есть имя, которым он называет Источник происходящего с ним.

Это относится ко всем созданиям, к любой неживой, растительной или животной природе, а также к человеку, который не осознает, что есть Источник происходящего с ним. Но наша цель ощутить этот Источник и назвать Его истинным именем: Добрый и Делающий добро.

Но с обеих сторон происходит состыковка этой проблемы: до тех пор пока человек не сможет назвать Творца Его истинным именем, Творец скрывается от него, потому что не подобает Творцу раскрыться человеку якобы совершающим зло. И, с другой стороны, не может человек ощутить Творца, пока не достигнет с Ним совпадения свойств, т.е. сам не станет по свойствам таким, как Творец, и оправдает этим свойства Творца, потому что все свои свойства оправдывает человек.

Поэтому Творец видится человеку имеющим различные свойства. Но это сам человек выделяет в едином Творце различные качества и соответственно своим свойствам делит их на хорошие и плохие. А потому якобы существуют в Творце одновременно противоположные свойства.

Плохое и хорошее обычно называется в Каббале «сладкое» и «горькое». Но существуют ли в Творце все эти вкусы, а человек только выделяет их из всех, существующих в Творце? В Творце этого нет, но Его свет воздействует на человека таким образом, что возникает в нем тот или иной вкус в зависимости от общих свойств человека и света Творца. Простой свет Творца содержит все и ничего. Содержит все, что только может почувствовать человек, и ничего конкретно, потому что без получающего ничего этого нет. Только получающий может в себе выделить и ощутить то или иное воздействие Творца.

Поэтому мы говорим, что нет ничего, кроме простого света, все заполняющего. А все, что раскрывается нам, раскрывается только относительно нас, только в нас, и только индивидуально в каждом из нас. Но для находящихся на одной духовной ступени Творец проявляется одинаково.

Как, например, нам, находящимся на ступени, называемой этот, наш мир, Творец проявляется одинаково: все мы ощущаем одну и ту же картину вокруг себя. А восходящие в духовный мир ощущают одновременно с нашим миром еще одну картину в себе, еще один мир. И все находящиеся на одной духовной ступени ощущают одно и то же. Потому каббалисты и могут обмениваться информацией и писать книги. Иначе мы ничего не смогли бы сказать один другому.

И каждый восходящий на ступень, называемую «Авраам», становится Авраамом, потому что достиг его свойств, и потому получает его имя: ведь в духовном ничто не разделяет объекты, кроме их свойств. А если свойства совпали, то совпадают и объекты. Так же и в самой Торе: каждый может видеть в ней то, что пожелает.

Но есть Тора, которая называется устной Торой, она раскрывается только лично самому ее постигающему, с помощью экрана, стоящего на уровне рта в духовном теле человека. Тогда Тора из простого света становится для человека обладающей различными вкусами. И свет Торы называется тогда таамим (вкусы) – свет, распространяющийся внутри духовного парцуфа.

И тогда человек начинает ощущать различные вкусы в ощущении Творца, но все это, как и в нашем мире, выделяет он. Сам же Творец – это простой (не составной) духовный свет. Таким образом, все сводится к сокрытию или раскрытию Творца, поскольку Он – источник света, несущего в себе все. А в Нем все возможные свойства и виды объединяются в виде простого света.

Поэтому всегда мы можем различать: 1 – простой свет – до того, как он вошел в ощущения получателя, и он еще простой потому, что не имеет никаких свойств и качеств, но включает в себя все; 2 – тот же свет после того, как он пришел в ощущение получателя, вследствие чего приобретает какое-то определенное одно качество согласно свойствам получателя.

3. КАК МОЖНО ПРЕДСТАВИТЬ, ЧТО ДУША — ЭТО ЧАСТЬ ТВОРЦА?

Каббалисты утверждают, что душа является частью Творца свыше. Что это значит, что душа – часть Творца? Каббалисты – это те, кто поднялся по духовным ступеням, почувствовал, что такое духовность, ощущает духовный мир, получает свет Творца. Поэтому и называются каббалистами – от слова «Каббала», потому что получают свет Творца.

И как ощутили раскрытие Творца, так и описали это в своих книгах. Таким образом получены нами все книги по Каббале. Ведь и вправду, ну нельзя же представить себе, что Творец спустился с неба в каком-то материализованном виде и вручил какой-то свиток или каменные скрижали.

Написали одну книгу – назвали ее Тора, другую – Мишна, третью – Талмуд и т.д. Авторы всех книг Торы были каббалистами и потому смогли описать то, что описали, смогли говорить от имени Творца. Среди этих каббалистов есть люди разных уровней. По названию тех ступеней, которые они постигли, они и называются.

Они-то и дали всем Каббалу. И описали в том числе и то, что наша душа является частью самого Творца. Причем, говорят они, нет никакого отличия между душой и самим Творцом, только душа – часть, а Творец – все. Поскольку отличие в духовном – это лишь разница в свойствах, уже этим сказано, что нет отличия по свойствам между той частью Творца, что в нас, которая называется нашей душой, и самим Творцом.

Какая же разница между душой и Творцом? Только та, что Он – целое, а душа – часть? Но ведь в духовном нет части и целого, нет объемов, а есть только отличие по свойствам, потому что духовный мир – это мир желаний. Так может быть, имеется в виду часть от большого желания? Каббалисты говорят, что душа подобна камню, отделившемуся от скалы, где скала – все, а камень – часть.

Но если все в духовном отделяется друг от друга своим отличием свойств, а здесь говорится, что нет отличия, только в размере, то как может быть такое отличие в размере в духовном, если в духовном отличие может быть только отличием по свойствам? Ведь в духовном мире если два объекта имеют одинаковые свойства, что означает, что они из одного и того же материала, тех же качеств, то чем же они друг от друга отличаются?

А если мы говорим, что это не одно и то же, а две разные вещи, что они отделены, и поскольку места и расстояния в духовном мире нет, то что же их отделяет одно от другого? Ведь должно быть какое-то различие между ними? Чем они не равны друг другу?

4. ДУХОВНОЕ ОТДЕЛЯЕТСЯ В СИЛУ ОТЛИЧИЯ СВОЙСТВ, КАК МАТЕРИАЛЬНОЕ ОТДЕЛЯЕТСЯ ФИЗИЧЕСКОЙ РАЗДЕЛЯЮЩЕЙ СИЛОЙ

Духовное отделяется от своей предыдущей формы или из одного духовного объекта выделяется его какая-то часть – вследствие различия в свойствах, как в материальном мире один предмет разделяется на две части топором, где топор – это нечто постороннее, разделяющее одно – на две части. То есть присутствует, очевидно, в духовном нечто постороннее, что может отделить от Творца часть, как топор отделяет часть от материального тела.

Но эти части, несмотря на то что они не находятся в Творце, обладают Его свойствами, подобны Ему, как камень и скала.

В Каббале говорится, что единственное, что создал Творец, – это душа Адама, которая затем разделилась на 600 тысяч частей. Так, наверное, существует 600 тысяч отличий в чем-то между этими частями, каждая из которых остается частью Творца?

Душа – это духовный парцуф, кли, сосуд, обладающий экраном – силой противодействия своему эгоизму, позволяющей принимать свет Творца. Сам сосуд является эгоистическим желанием. Вследствие влияния света на него он приобретает силу получать свет ради Творца, а не ради себя. Эта сила называется экраном.

С помощью экрана парцуф получает внутри себя свет от Творца. Этот свет называется душой парцуфа. И конечно же этот свет и общий свет, исходящий от Творца, – это одно и то же, а различие между ними в том, что свет, полученный внутри парцуфа, – часть от общего света. И все же есть отличие одной части света от другой и от общего света в парцуфим, в которые эти порции света, эти души, облачаются.

Именно определенное свойство каждого парцуфа позволяет ему как бы выделить из простого света определенное свойство, как из электрического провода каждый потребитель выделяет определенное действие в зависимости от своих качеств. Поэтому только экран, восседающий над той или иной величиной эгоистического желания, определяет подобие Творцу в душе ощущающего. Только экран делит общий свет Творца на части, каждую из которых получает подобающее ей кли.

5. КАК ПРЕДСТАВИТЬ ОТЛИЧИЕ СВОЙСТВ ТВОРЕНИЯ ОТ СОСТОЯНИЯ В МИРЕ БЕСКОНЕЧНОСТИ?

Нам известен только один закон в духовном мире – ЗАКОН АБСОЛЮТНОГО АЛЬТРУИЗМА. И только один закон в нашем мире – ЗАКОН АБСОЛЮТНОГО ЭГОИЗМА. Поскольку нет ничего в творении, кроме Творца и творения – человека, то все измерения наших состояний мы можем производить только относительно единственного эталона – Творца. Поскольку человек постоянно меняет свои состояния. Поэтому в нашем начальном состоянии мы находимся на абсолютно противоположном конце духовной шкалы, полярно удалены от Творца своими эгоистическими желаниями получать наслаждения только ради себя.

Поэтому наш прежний вопрос: как же душа может оставаться частью Творца и в то же время чем-то все же отделена от Него – имеет простой ответ: душа отделяется тем, что она помещается в кли, сосуд, желание насладиться, эгоизм. И в меру своего отличия от свойства Творца – абсолютного альтруизма – творение ближе к Творцу или дальше от Него. И кроме того в мире больше ничего нет.

Но если существуют только две вещи – Творец и творение, и это творение – эгоизм, как мы можем говорить: «Существует человек, внутри которого есть душа – часть Творца, т.е. Он сам»? Это Творец, существующий в человеке? Его частица – свет, такой же по свойствам, как и Сам Творец?

Как это может быть? Ведь Он существует в человеке, а значит, отделен от Творца? Если он отделен от Творца, как же он, свет, может быть Его частью? Часть ведь означает подобие целому. По свойствам. Значит, есть в человеке часть Творца, т.е. свойства Творца? Ведь кроме свойств, желаний, нет ничего иного в духовном. Но в духовном мы отделяем части от целого тем, что меняем свойства.

Значит, часть, которая отделяется, должна иметь другие свойства? Значит, она уже не может называться частью Творца. Она уже должна получить какое-то другое название. А Бааль Сулам раньше нам говорил, что отличие души от Творца всего лишь в том, что душа – часть, а Творец – целое. То есть душа не меняет свои свойства, а только отделяется как часть.

Как же может это быть в духовном? Ведь это противоречит правилу, что в духовном, ввиду отсутствия тел, отличие духовных объектов заключается только в различии их свойств, как и в нашем мире, впрочем, если мы поглубже всмотримся в окружающее нас. Чем же отделяется часть от Творца?

Как только Творец решил создать творение (под творением подразумевается только человек, а все остальное – это вспомогательные ступени духовного постижения, существующие только в нас, для достижения человеком его цели), все Им задуманное тут же появилось в своем окончательном виде.

Это потому, что в духовном нет никакого движения, времени, деяния, ничего, кроме желания. Поэтому с рождением такого желания в Творце – создать человека для того, чтобы насладить его абсолютным наслаждением, – немедленно это желание стало окончательным состоянием.

В таком состоянии и ощущает нас Творец. В таком состоянии и находимся мы все, но не ощущаем это. И это только потому, что наши ощущения еще не исправлены. Но как только мы их исправим, почувствуем истинное наше состояние.

А пока нам мешает это ощущать наш эгоизм, набрасывающий на все наши органы ощущений пелену.

Состояние, в каком ощущает нас Творец, которое ощущают исправленные души, называется миром бесконечности. Противоположное ему состояние – это наше настоящее ощущение, называемое «наш мир», или «этот мир». То есть мир – это не материальное пространство, а совокупность ощущений человека.

А поскольку таких комплексов ощущений может быть множество, то каждое из таких ощущений называется миром. Итак, желание Творца, весь Его план от начала и до конца, со всеми промежуточными и конечными состояниями – все это в полнейшем и совершеннейшем виде уже существует.

И это законченное состояние называется миром бесконечности, «ЭЙН-СОФ», что означает «нет конца», нет конца тому наслаждению, которое получает творение от Творца. Почему оно называется Бесконечностью? По замыслу Творца. Он хотел дать бесконечное наслаждение, поэтому появилось состояние, где души наполнены тем наслаждением, которое Творец решил им дать.

Желание Творца создать души, дабы насладить их, называется первым состоянием. Состояние, которого души немедленно достигли по одному только желанию Творца, называется третьим состояние. Но поскольку сами души еще этого не ощущают, то они находятся в промежуточном состоянии – втором, на пути к тому, чтобы ощутить свое истинное состояние. А ощутить его возможно, только очистив себя, вернее свои чувства, от эгоизма.

Потому что только это отличает их от Творца. А аннулировав эгоизм, души станут такими же, как Он, и потому ощутят себя также в совершенном, истинном своем состоянии. И тогда обнаружат, что до этого были, как во сне, ибо сказано:

Внутреннее созерцание

«Когда вернет нас Творец в Сион, мы (увидим, что) были, как во сне».

Постепенное приближение человека от самой удаленной точки, нашего мира, к третьему состоянию называется подъемом по духовной лестнице, именуемой лестницей Яакова, которую он видел, как сказано в Торе, во сне. Отдаление человека от Себя Творец произвел последовательным нисхождением, ухудшением духовных свойств, от Себя до противоположных Себе.

Это последовательное нисхождение духовных ступеней называется созданием, развитием миров сверху вниз, от Творца (абсолютный альтруизм) до нашего мира (абсолютный эгоизм). «Спускаются» – имеется в виду постепенное огрубление своих желаний. И вплоть до состояния, называемого «концом нисхождения», последней духовной ступенью – малхут мира АСИЯ, ниже которой находится только наш, уже не духовный, а материальный мир, где и существуем мы в полном отрыве от духовности, от альтруизма.

Отличие нашего мира-состояния от предыдущих – в том, что в этом состоянии, или на этой ступени, совершенно не ощущается Творец, на этой ступени рождаются из духовных объектов материальные, тела нашего мира (неживое, растительное, животное, включая человека), и их не наполняет свет Творца, как на предыдущих ступенях, но в них есть неосознаваемая самими существами только Его малая искра, дающая существование на этой ступени и называемая жизнью в этом мире. Поэтому все творение можно представить себе в виде нисхождения от Творца ступеней-миров, сверху вниз:

Творец Мир Бесконечности – состояния 1 и 3 – Мир Адам Кадмон – Мир Ацилут – Мир Брия – Мир Ецира – Мир Асия – Этот мир.

Сверху вниз Творец постепенно настолько огрубил свойство альтруизма, что создал совершенно ему противоположное – эгоизм, желание самонасладиться. Подъем человека последовательным исправлением своих свойств снизу вверх называется исправлением творения, вторым состоянием.

Его мы обязаны пройти и достичь в своих ощущениях третьего состояния, в котором уже находимся, но не ощущаем этого. Пройти этот путь обязаны все, но как его пройти – вот в чем вопрос: путем Каббалы – относительно быстро, сознательно приняв цель творения как цель своей жизни, или путем страданий, неосознанно, поневоле, вынуждающим болезненным развитием всего человечества под давлением законов природы.

Самого Творца мы не можем постичь. Из Него исходит свет – то свойство, которым Он решил создать нас и которое только мы и воспринимаем от Него. И по этому свойству – желанию создать и насладить нас мы судим о Нем, т.е. по Его действию. Но вопрос о том, кто Он сам, не имеет смысла, потому что ответа на него нет!

Поэтому нет Ему имени. Ведь имя мы можем дать только по тому свойству, которым можем охарактеризовать нечто.

А те имена, которые каббалисты, ощущающие Творца, дают Ему, даются не самому Творцу, а Его свету, потому что постигают они не Творца, а свет, исходящий от Него.

И по действию этого света в творении, в душах на различных духовных ступенях дают каббалисты имена этому свету: Добрый, Милосердный, Строгий и т.п. Поэтому там, где сказано обычно Творец, имеется в виду свет, который творит, рождает все, но ни в коем случае не сам Он. Любые наши слова – это звуки, выражающие нечто постигаемое, ощущаемое, осознаваемое нами. Не может быть слов, называющих совершенно не представляемое, то, что не может возникнуть ни в каком воображении.

Ибо мы сначала ощущаем, воображаем нечто, а затем даем имя, название нашему воображению или ощущению. И другой человек понимает меня, потому что я могу объяснить ему, что за ощущение это имя у меня вызывает, что это за объект, свойство, действие.

Поскольку все мы созданы с одинаковыми органами ощущения и воображения, то можно передать другому свои ощущения, мысли. Весь наш словарный запас построен на наших постижениях. А если мы чего-либо не ощущаем, значит, у нас нет для этого никаких слов. Те, кто ощущает Творца, называют Его или Грозным, или Страшным, или Милосердным – в зависимости от того, что ощущают.

Те же, кто не ощущает, могут только произносить по молитвеннику то, что там написано. Но это мертвые слова, за которыми не стоит никаких явных ощущений. Правда, фантазия человека работает настолько остро, что человек рисует себе картину духовного мира, Творца, наподобие того, что может себе представить на основании картин этого мира.

И хотя нет никакой связи, сходства между этими двумя картинами, но ему этого достаточно для полного удовлетворения своих религиозных ощущений и полного ощущения того, что он находится в каком-то контакте со Всевышним. Но в каждом поколении есть испытывающие острый недостаток в явном ощущении духовного, контакта с Творцом.

Такое ощущение стремления ввысь называется ощущением точки в сердце. Если человек остро ощущает такую потребность, он не находит себе покоя, он приходит к Каббале и с ее помощью достигает ощущений духовных миров. Что значит ощущение бесконечности? Как мы уже говорили, это не ощущение просто безграничности, а безграничности наслаждения: ровно столько, сколько желаешь, – ощущаешь. То есть бесконечность – это наше субъективное ощущение бесконечности наслаждения, определенного, желаемого наслаждения, которому нет конца, ограничения ни свыше, от Творца, ни снизу, от нас.

Те, кто ощутил это состояние, наивысшее состояние получения от Творца всего, наибольшего, что Он хотел дать, назвали это ощущение «Бесконечность». Именно так чувствует человек своими духовными органами ощущения, потому так и называет. Если мы совершенно не ощущаем Его, то о Нем мы ничего не можем сказать. Только о Том, чьи воздействия на себе мы ощущаем. Не Его, а наше ощущение Его. Как, к примеру, я представляю себе кого-то, как я воспринимаю все его внешние и внутренние свойства, которые я ощущаю и оцениваю в своих органах ощущения.

Каким я его ощущаю, зависит от моих качеств и от посторонних причин, не имеющих к Нему лично никакого отношения. А каков Он на самом деле? Насколько мы не можем ни о чем судить объективно, настолько же мы не можем сказать ничего объективного о Творце. Потому что ощутить что-либо вне себя, не своими органами ощущений, ощутить объект таким, каков он есть, – невозможно.

Ведь ощутить – уже предполагает наличие того, кто ощущает, со всеми его качествами и свойствами. Поэтому только Творец является одновременно и чувством, и ощущающим, тогда как в человеке эти два понятие разделены: я и то, что я ощущаю. В Каббале об этом говорится так: свет Творца находится в абсолютном покое, т.е. имеет только одну цель – создать и насладить создания.

А все имена, которыми создания Его называют, происходят от ощущения ими того света, что они в Нем своими чувствами раскрывают для себя. По тому, как Его ощущают, так и называют. И в этом отличие Творца от сотворенного Им: в сотворенном есть отличие между ощущением и ощущающим, понятием и понимающим.

То есть есть ощущающий и его связь с окружающим, которая называется ощущением внешнего. А просто нечто, существующее вне постигающего, – это только сам Творец. И потому Его невозможно постичь. Ведь человек постигает только ощущением, восприятием. И истинность человеческого восприятия может измеряться только относительно ощущающего так.

И мы сами видим, как меняются наши оценки и представления о мире, о своих качествах – а это меняется не мир, а наши органы ощущения и оценки, т.е. меняется не что, а как мы воспринимаем. Значит, есть разница между самим Творцом и тем, как я Его ощущаю. Ощущение Творца называется «свет», т.е. свет и Творец для нас одно и то же. Но, в принципе, мы должны понимать, что свет – это субъективное ощущение Творца. И, воспринимая свет, мы можем давать ему всевозможные названия.

В соответствии с теми ощущениями, которые мы испытываем. «Хасадим», «Хохма», «ГА"Р», «ВА"К» – эти понятия нам ни о чем не говорят, мы только слышим их. Но если мы взберемся на ту же ступеньку, где стояли те, кто дал эти названия свету, то сразу же поймем, о чем они говорят. Мы не просто будем говорить, например, «свет хохма в сфире хохма мира Ецира» – мы будем ощущать, что имеется в виду под тем названием, которое ощущал давший это название.

В нашем мире если ты читаешь кулинарную книгу – этого еще недостаточно, чтобы наполниться тем, о чем в ней говорится.

Но если ты находишься в духовном мире, т.е. если у тебя есть экран на свои эгоистические желания, и ты читаешь книгу о «вкусной и здоровой пище», Каббалу, ты можешь тут же наполниться пищей-светом. Каббалисты, читая книгу, одновременно производят духовное действие: получение света в экран. То есть они мысль обращают в действие.

Зная, что под этим подразумевается, можно одновременно выполнить соответствующее действие. Каббалист может читать написанное гематриями, буквами со всеми их обозначениями «таамим», «нэкудот» – и все это для него обозначение духовных действий.

В нем указано, что должен делать каббалист духовно. Для выполнения Заповеди наложения тфилин ты должен подняться до уровня парцуфа З"А мира Ацилут, достичь его большого состояния – тогда у тебя в кэтэре парцуфа З"А будет свет, который называется «тфилин». Это произойдет в твоем духовном парцуфе. И это называется в Каббале «наложить тфилин».

Поэтому духовное тело может находиться в различных состояниях, называемых наподобие физического тела: зародыш, малый, большой. Свет, наполняющий это исправленное желание, называется душой. Поэтому до появления духовного тела у человека нет души, а есть только животная душа, маленькая искра света, оживляющая его физиологическое тело.

Величина экрана, сила сопротивления эгоизму, определяет степень совпадения (по свойствам) с Творцом, величину наполнения светом, называемым нами Творцом. Значит, в этой мере ты совпадаешь с Творцом по своим свойствам. Творец находится в тебе, как говорится: «Творец одевается в человека», Он светит своими свойствами в человеке, а потому человек ощущает наслаждение от ощущения Творца.

Творец входит в человека в меру подобия желаний человека желаниям Творца. Своими усилиями в исправлении своего эгоизма человек приблизил себя к Творцу, из противоположного состояния до слияния с Ним. Насколько человек подобен Творцу, настолько Творец заполняет его Собой. В месте от «пэ» до «табур» в твоем духовном «парцуфе» духовное «кли» и свет, которые наполняют его, это одно и то же.

В этом месте они называются: «Ху вэ шмо эхад» – «Он и Имя Его едины», потому что в этой мере человек сравнялся с Творцом. И Творец, свет, как Имя Его, каким ощущает Его человек. И в таком состоянии человек ощущает, что во всем есть только Один Творец.

А конец всего исправления определяется как состояние, о котором сказано: «И будет в тот день (в том состоянии, называемом день, потому что проявится полный свет) Творец и Имя Его едины» – ибо все парцуфим, части парцуфа «Адам», постигнут полностью и только одно – полное совершенное бесконечное, т.е. безграничное ощущение Творца, в Его единственном свойстве –

услаждать души. А постигнут это потому, что сосуд будет по свойствам полностью равен свету. Сам внутренний сосуд человека. То есть сам человек будет полностью подобен Творцу.

И этим достигает человек своего предназначения, потому что Творец поставил целью своего творения – создать человека, совершенно противоположного Себе, и дать возможность человеку из ничтожного, каким его сотворил Творец, создать себя подобным Творцу. То есть Творец как бы сотворил абсолютно несовершенное, а человек своими усилиями должен прийти к абсолютному совершенству. И хотя это совершенное состояние уже существует и мы в нем уже существуем, мы не можем ощутить наше существование в нем.

И это нам надо исправить. Как и сказано: «Нет ничего нового под солнцем», «Питаться будешь старым», «Ничего не меняет Творец в действии творения» – произошло единственное действие: согласно мысли Творца был создан человек в своем окончательном состоянии бесконечного наслаждения. Теперь от человека зависит – ощутить это состояние. А весь прогресс цивилизации для того и существует, чтобы мы поняли, что все возможно: существование вне времени, вне пространства, двойные пространства, сложение пространств.

Как мы уже можем себе представить по фантастическим фильмам – одновременное существование и «там», и «здесь». Просто все зависит от наших ощущений: перенестись туда или быть здесь. В этом наша свобода выбора. Вопрос: включает ли в себя большая ступень, большее наслаждение, все, что есть на меньших? Очевидно, этим вопросом желают спросить, а включает ли конечное наше состояние все маленькие наслаждения.

Естественно, все, что есть на большей ступени, включает в себя все меньшее, потому что все, что есть ниже, проходит через более высокую ступень. Но это не значит, что на большей ступени есть все оттенки тех ощущений, которые находятся ниже. Чтобы выявить каждое наслаждение, оттенок какого-либо ощущения, необходимо совершить на него зивуг, принять именно его в себя, ощутить в себе. Иначе оно останется в потенциале, но не раскрытым.

Конец исправления потому и называется концом, что означает окончание выявления всех оттенков наслаждения, уготовленного для нас Творцом. Взрослый мужчина не может переживать то же при чтении романа, что и подросток. Он должен снова опуститься до подросткового уровня, но это уже невозможно, потому что он вырос – получил большие желания и не может удовлетвориться маленькими «ненастоящими» наслаждениями.

Но на каждой духовной ступени есть свой полный набор светов НАРАНХА"Й. И каждая ступень несет в себе оттенки всех остальных. Мой Учитель Барух дал такой пример: самой богатой едой у нас считается мясо особого сорта, приготовленное, скажем, каким-то необычным образом. Если у меня есть 5 возможностей насладиться (против 5 сфирот), то я не скажу официанту: «Принеси мне 5 порций мяса». Я скажу: «Принеси мне мясо, салат, суп, солененькое, хлеб».

Зачем мне все это надо? Разве сопоставим какой-то салат с мясом? В каждом объекте есть свой вкус. Одно дополняет другое. НАРАНХА"Й дает в итоге совершенство ощущения. Но нельзя испытать совершенство ощущения только при свете ЙЕХИДА. Ты должен чувствовать также и НЭФЕШ, РУАХ, НЭШАМА, ХАЯ. Только вместе они могут дать тебе совершенство ощущения.

Поэтому хотя большая ступень и включает в себя все более низкие, маленькие, но ты не можешь, стоя на ней, испытать все нижележащие. Когда мама-Бина должна дать свет сыну-З"А, она делает зивуг-получение на просьбу-ма"н З"А, а затем передает этот свет ему. У самой Бины нет того, что просит З"А, потому что это только его желание, а не ее.

Выполняя все Заповеди, пройдя все 620 Заповедей (613 + 7), 620 ступенек от нашего мира до конца исправления, человек получает в себя, в свой духовный парцуф весь свет, уготованный ему Творцом, весь НАРАНХА"Й. Это то количество ступеней, которое должен преодолеть человек, чтобы слиться с Творцом. То есть человек должен выполнить каждую Заповедь в ее полном духовном значении. Создать экран, исправление на свой эгоизм, сделать зивуг, Заповедь, получить в себя свет ради Творца, называемый Тора.

И так на каждой ступени. А по достижении последней ступеньки человек получает весь свой НАРАНХА"Й, всю Тору. Та часть света, которая входит в духовный парцуф человека, называется Торой, или частью Творца. Нет ничего кроме желания насладиться, исправленного экраном, стремлением быть подобным Творцу, и света Творца.

Отсюда становится ясно, почему сказано, что Тора и Творец – это одно и то же. То, что происходит после достижения всего исправления, мы не изучаем. Наша задача его достичь. У нас нет слов, чтобы описать то, что ощущается в состоянии бесконечного наслаждения. Отчасти этим занимается Тикунэй Зоар. Но это пока не может быть предметом наших бесед.

6. ДАНА НАМ РАБОТА КАК ВОЗНАГРАЖДЕНИЕ, ПОТОМУ ЧТО ПОЛУЧАЮЩИЙ ПОДАЯНИЕ ИСПЫТЫВАЕТ СТЫД

Наверное, бросается в глаза несколько странная фраза: дана нам работа как вознаграждение. Ведь должно быть вроде бы наоборот: вознаграждение за работу. Но дело в том, что постигающий духовную природу, заменяющий свои свойства на свойства Творца начинает воспринимать возможность давать, услаждать, что-либо делать ради Творца как великую милость, оказываемую Им.

И поэтому работа оборачивается вознаграждением. Как мы уже говорили ранее, ничего не меняется в мироздании, мы уже находимся в конечном своем состоянии, но только должны раскрыть глаза на окружающее. Так и с работой и вознаграждением – меняются понятия на обратные: то, что считалось усилием, становится радостной возможностью, то, что считалось наслаждением, ощущается как зло и мерзость.

Если Творец желал насладить создания, то зачем Он создал этот мир, полный страданий, поместил нас в нем, где ни одного мгновения мы не в состоянии просуществовать, не прикладывая усилий выжить, не говоря уже о недостижимости непреходящего, полного, достойного Дающего наслаждения? На это отвечают мудрецы: чтобы создать возможность вознаграждения. Потому что получающий вознаграждение незаслуженно стыдится смотреть в глаза дающему.

Потому что при каждом незаслуженном получении он ощущает огромный стыд. И чтобы души могли избавиться от этого ощущения стыда, создал Творец все миры и наш мир, именно в котором есть возможность работать и насладиться в будущем плодами своего труда, не испытывая стыда. Творец – Первоисточник всего и мог бы, естественно, создать творения, не ощущающие стыда. Но нет ничего в мирах, в том числе и в нашем, что было бы создано Им зря, а все создано только затем, что лежит на Нем какая-то обязанность привести человека к концу исправления.

Нет ничего в творении, что бы действовало без какой-то конкретной цели. Об этом человек обязан постоянно помнить и пытаться осознать сквозь это все происходящее: все, что предстает перед нами, все, что случается, все вокруг – ни в коем случае не является случайностью.

7. КАКАЯ СВЯЗЬ СУЩЕСТВУЕТ МЕЖДУ УСИЛИЯМИ И РАБОТОЙ ЧЕЛОВЕКА В ТЕЧЕНИЕ 70 ЛЕТ ЕГО ЗЕМНОГО СУЩЕСТВОВАНИЯ И ВЕЧНЫМ НАСЛАЖДЕНИЕМ? ДА И МОЖНО ЛИ ПРЕДСТАВИТЬ СЕБЕ БОЛЕЕ НЕЗАСЛУЖЕННОЕ ВОЗНАГРАЖДЕНИЕ?!

Наши мудрецы, каббалисты, поднялись на духовные уровни над нашим миром и ощутили, увидели, что все в нашем мире имеет причину, цель и происходит по четкой программе. И эта программа создана для стремящихся постичь Творца. Мы знаем, что в Каббале под каждым словом подразумеваются определенные понятия, имеющие не только место в нашем мире, но и свой духовный корень.

Мудрецы спрашивали: «Если желание Творца – создание всех миров и творений с целью насладить эти творения, то зачем было создавать наш материальный мир, полный страданий, несправедливости и унижений?» Конечно же, Творец мог насладить души на более высоких уровнях, не облачая их в тела этого мира. Так почему же Он создал тело столь низменным и вселил душу, часть Себя, в такое нечистое тело?

Зачем надо проводить человека через такое страшное состояние, как наш мир? Не отрицает ли это совершенство Его действий? Это непонятно никому. И даже если разумом мы можем как-то оправдать действия Творца, то сердцем это невозможно. Потому что сердцу не прикажешь. И если оно ощущает себя в мире Творца плохо, то этим своим ощущением оно обвиняет Творца.

Поэтому только тот, кто исправил себя, а потому и испытывает в своих новых, исправленных ощущениях истинность цели творения, тот называется праведником, потому что своим сердцем оправдывает деяния Творца. Но это его ощущение является только следствием той ступени, которую он постиг. А до постижения деяний Творца как абсолютно добрых любой человек обвиняет Его и находится в противоречии с Ним.

Пока человек находится в рамках нашего мира и не вышел в духовный, он внутренне, сердцем, не может согласиться с управлением Творца – ведь в своих эгоистических желаниях он ощущает страдания, отсутствие желаемого. И весь мир вокруг также кричит ему о своих страданиях. Но только исправивший свои органы ощущений обнаруживает, что все в мире прекрасно и все вокруг – это одеяние Шхины.

Каким образом сказанное связано с даровым хлебом и стыдом, ощущаемым получающим его? Творец сделал так, чтобы подарок вызывал чувство стыда. Мы видим, что если человек находит что-либо на улице, и никого нет, он поднимает найденное и может без стыда пользоваться им. Таков же и закон Торы в случае находки: если не известен хозяин, найденное остается у нашедшего.

Отсюда видно, что не сам подарок вызывает стыд, неудобство получающего, а ощущение Дающего. А так как Творец желает раскрыться нам, ведь это и есть наивысшее наслаждение, то Он желает раскрыться без всякого неприятного побочного ощущения в нас.

Но ведь как только мы ощутим Дающего, мы испытаем стыд! Причем мы знаем из нашего опыта в этом мире, что к дающему возникает такое чувство нетерпения и стыда, что оно затем переходит в ненависть, а к подарку возникает отвращение вместо желания.

И это потому, что получение в таком случае подавляет эгоизм, что для человека совершенно непереносимо. Поскольку эгоизм – это единственная наша суть, то мы можем пойти на все, только не на его унижение. Даже на смерть, но с осознанием собственного «я». Ощущение стыда зависит от величины подарка, от того, каким образом дающий может погасить в тебе чувство стыда от получения.

Возникает вопрос: зачем это сделано? Если Он может все, пусть бы сделал так, чтобы мы не чувствовали стыда! Он так и сделал – поместил нас в такое состояние, что мы не ощущаем Дающего... Если человек недостаточно духовно развит, он не ощущает себя получающим. Он подобен ребенку, не испытывающему никакого чувства стыда при получении.

Но Творец желает, чтобы мы поднялись в своем развитии под стать Ему. Поэтому создал, именно создал, ощущение стыда у получающего. Только для того, чтобы помочь получающему изменить свои свойства – стать дающим. Стыд – это особое творение, которое создал Творец. Эгоизм и ощущение стыда – два проявления одного свойства.

Эгоизм не может полностью насладиться, если он ощущает, что получает. А в духовно развитом ощущение получения совершенно аннулирует наслаждение от получения. На первый взгляд кажется очень логичным, что этот мир создан в единстве эгоизма и чувства стыда.

Человек работает против своего эгоизма, ради Творца, выполняя Его желания, чем зарабатывает вознаграждение, которое сможет получить как честно заработанное, а потому без ощущения стыда. Так вроде бы и сказано: чтобы «исключить» из души ощущение стыда, создал Творец этот мир, в котором существует возможность работы.

А за то, что человек прилагает свои усилия сейчас, он получит наслаждение-вознаграждение в будущем. Так как то, что получит от Творца, будет уже вознаграждением, зарплатой за то, что сделал, а не просто подарком. И поэтому таким образом он избавляется от стыда. Но если бы мы ощущали Творца, то не смогли бы принять от Него ничего: например, я тебе дарю подарок.

Ты чувствуешь, что получаешь, отказываешься от подарка, потому что, получая, ты абсолютно стираешь наслаждение, ибо стыд в тебе возникает в той же степени, что и наслаждение. Ты уже не чувствуешь наслаждения от самого подарка, каким бы он хорошим ни был. Что можно сделать? Ответ таков.

Дающий, кроме того, что дает наслаждение (подарок), еще и предоставляет возможность избавиться от стыда, т.е. что-то совершить, и тогда якобы можно считать, что ты этот подарок заработал сам. То есть как бы полностью его создал, сотворил своими руками. Ты становишься как бы Творцом своего состояния, своих наслаждений. Не ощущаешь абсолютно, что есть Дающий тебе. А в тебе самом есть и источник усилий, и те ощущения, которые получаешь за свои усилия, сам создавая себе наслаждения.

Ты не ощущаешь Дающего как дающего, а становишься его партнером. Спрашивается, почему работа для нас тяжела и вызывает страдания? Если не будем чувствовать страдания от усилий, не сможем «перекрыть» страдания от стыда за получение, т.е. одни страдания должны соответствовать другим?

Что значат страдания во время работы? Поскольку вся наша природа – желание наслаждения, страданием называется то, что против нашего желания. Если желания направлены в одну сторону, а цель работы – в другую, соответственно с этим ощущаются страдания. Если же желания направлены на то же, что и сама работа, то человек, вернее эгоизм, не ощущает страданий от работы.

Допустим, ты стоишь на своем огромном складе, где есть миллиард гвоздей. За каждый гвоздь ты получаешь доллар. Стоит огромная очередь. Каждый дает тебе доллар, а ты ему – гвоздь. Устанешь ли ты, даже если будешь работать 10 часов? Ты не устанешь, потому что тут же получаешь вознаграждение, ощущение наслаждения гасит ощущение усилия. Работа и ее цель совпадают. Ты желаешь работать потому, что тут же получаешь вознаграждение.

Работа совпадает с вознаграждением, и потому ощущается вознаграждение вместо работы и усилия. Страдания во время нашей духовной работы возникают оттого, что духовная цель и цель нашего тела, против которого надо действовать, противоположны, что и вызывает в нас ощущение страдания. По мере исправления тела вместо страданий во время работы ощущается наслаждение, как в примере с продажей гвоздей.

И ничего не меняется в работе, которую ты делаешь сейчас и будешь делать в будущем. Она даже может стать в миллиард раз больше. Но не покажется в миллиард раз тяжелее, а в миллиард раз будет тебе приятней, потому что совпадает по направлению с намерением. Поэтому праведник – это тот, кто желает все отдать Творцу. В таком случае его стремление и его работа совпадают по направлению, и он не испытывает никакого усилия, а наоборот, испытывает наслаждение.

Все отдать Творцу? Бог ты мой, я вообще не представляю, что это такое! А для праведника – в этом огромное наслаждение. Поэтому вся наша работа состоит в том, чтобы изменить свои желания. Кроме «дать» и «взять», ничего в природе нет. Но только посмотри, сколько всевозможных оттенков и сложнейших взаимоотношений в этих двух простых действиях. Потому что в этих двух понятиях – вся бесконечность. А кроме «дать» и «взять» – нет ничего.

Есть лишь Дающий и берущий. Как достичь совершенства в отношениях между ними? Сделать берущего совершенным – в этом и заключается цель творения. Стыд – это творение. Самостоятельное и отдельное. Если желающий насладиться совершенно не ощущает стыда, значит, он вообще не ощущает, что получает. Как неживое, растительное или даже животное. Но мы видим, что, например, животные уже отличают дающего.

Но еще нет реакции на получение – стыда, ввиду малого развития. И в человеке есть все уровни развития, от неживого до человеческого. И от его развития зависит, испытывает ли он стыд. Потому что стыд – это реакция на ощущение дающего. А если бы человек явно увидел все дающего ему Творца, его эгоизм не вынес бы этого. Это чувство и есть адское наказание. В нашем мире любого человека можно поставить в такие обстоятельства, что он сгорит со стыда.

И хуже этого нет ничего, потому что стыд – прямой антагонист эгоизма. И только с помощью стыда человека можно воспитать, взрастить. Стыд – это следствие развитого эгоизма. Ребенок не чувствует, что он получает. К любому подойдет и возьмет. Но дай взрослому то, что ему действительно необходимо. Как тяжело взять! Предпочтительнее совершить любое усилие, чем унизить себя. Потому что ощущение получения убивает эгоизм, так как оно против его природы.

Получать – да, но не ощущать себя получателем! А поскольку, кроме эгоизма, не создано ничего, то стыд – это прямое оружие против эгоизма, первозданного творения. С помощью стыда, как под пистолетом, можно исправить все в творении и достичь «гмар тикун». Эгоизм и стыд – это, в принципе, одно и то же. Стыд – это следствие ощущения собственного эгоизма, собственной сути, ощущения себя.

Когда возникает стыд? Когда я чувствую себя получающим. То есть когда я использую свое свойство получать. Если я его не использую, значит, я не получаю. Мне могут дать миллионы, но если я не чувствую, что мне их дают, т.е. для меня это не имеет значения, допустим, как в сфират Бина, то это не значит, что я их беру. А могут принести что-то незначительное, в чем я заинтересован, и я не смогу получить, потому что испытаю жгучий стыд.

Дело не просто в подарке абстрактно, объективно, а относительно кого, субъективно, какие ощущения подарок в нем вызывает. Стыд, как и эгоизм, измеряется только относительно самого человека – насколько он ощущает в себе эти свойства. И насколько человек ощущает в себе эгоизм, настолько же сильно в нем, в его ощущениях и чувство стыда. А тот, кто ощущает стыд, осознает в той же мере свой эгоизм. А не ощущающий стыда или собственного эгоизма подобен недоразвитому, или, красивее, маленькому ребенку.

Стыд – это свойство развитого эгоизма. И когда человек начинает ощущать стыд, в меру этого ощущения он начинает себя исправлять, стыд поневоле заставляет его исправляться. Поэтому для исправления нам необходимо только одно: ощутить Дающего. Ведь по замыслу Творца мы уже созданы готовыми сделать все, чтобы только не почувствовать себя берущими, потому что это ощущение убивает наш эгоизм.

Если Творец дает нам подарок, но мы не можем его получить, потому что стыдимся, то Он дает нам работу, чтобы этот подарок мы как бы заработали, т.е. как бы «сделали сами», а «не получили». Это подобно тому, как в нашем мире человек зарабатывает деньги, платит другому в обмен на нужное ему (подарок). Это называется обменом. И потому нет чувства ущербности, ощущения, что ты получаешь даром.

Цель Творения не в том, чтобы заработать себе и этот мир, и будущий. Как можно заработать за 70 лет вечное наслаждение? Ведь сколько бы я в этом мире ни трудился, ни выполнял желания Творца, я не смогу уравновесить никаким ограниченным сроком работы Его «Бесконечный дар». Он всегда останется как подарок.

Может ли быть более огромное и даровое получение, чем это? И за 10 тысяч лет не отработать его. Чтобы обменять работу на вечность, и работа должна быть вечной. Так зачем же Творец создавал этот мир и наше кратковременное существование в нем? Неужели за 70 лет можно выполнением каких бы то ни было Его желаний (Заповедей) в этом мире достичь цели Творения – получения безграничного наслаждения без стыда, в абсолютном виде.

На что похоже это условие Творца? На предложение одного человека другому: «Ты поработай на меня одно мгновение, а затем я тебе всю остальную жизнь буду отплачивать чем только пожелаешь». Разве есть больший подарок, чем такое условие? Потому что нет никакого соответствия между усилиями человека и тем, что будет получать в течение остальной жизни.

А так как духовное – это истинное, и нет в нем места обману и подмене, то ощутил бы человек стыд за подобное «соглашение» с Творцом? Ведь нет никакой ценности у этого преходящего мира относительно вечного наслаждения в будущем мире! Ведь за выполнение Заповедей, как сказано, «уготовил Творец для каждого праведника ШАЙ=620 миров». Но нельзя сказать, что часть мы отрабатываем, а остальное получаем как подарок.

Иначе у нас все равно остался бы стыд. А тем более если примем в расчет не только количество, но и качество подарка: разве можем мы сравнить усилия в этом мире с вознаграждением в будущем? И еще сказали мудрецы, что ощущение стыда не дано каждому, а уготовано только для особых, высоких душ, не часто спускающихся в этот мир. То есть не всем живущим предназначено ощутить его? А что означает ощутить стыд? Это означает ощутить Дающего, как мы уже говорили. Так вот это, говорят мудрецы, не для всех, а только для особых душ.

А для остальных? Каббала рассматривает все творение как статическое, в котором меняется только ощущение человека. «Этим миром» называется в Каббале настоящее ощущение человека, его сегодняшнее состояние. А «будущим миром» называется будущее состояние человека, которое он ощутит в свое следующее или более отдаленное мгновение.

Человек, работающий в это мгновение, зная для чего и получая за свои усилия немедленное вознаграждение, не испытывает стыда. С помощью Каббалы человек осознает цель творения, получает свыше стремления и силы, ощущает, что ему надо исправить в себе, просит об этом Творца и потому получает заслуженное за свою работу вознаграждение – свойства Творца, Его желания, возможность отдавать Ему.

Поднимаясь в своих свойствах с одной духовной ступени на другую, человек получает заработанное, не испытывая при этом никакого стыда. Не потому, что якобы все заработал справедливо сам: все, что сделано, – сделано Творцом.

Это постигает каждый поднимающийся. И далее все делает Творец. Но так как усилия человека состоят в стремлении стать дающим, как Творец, то в этом его вознаграждение, и потому не может быть места чувству стыда. Поначалу человек работает над своим исправлением в «этом мире», проходя поэтапно все ощущения осознания зла, пока не войдет в ощущения «будущего мира», духовного. А когда входит в духовный мир, там он получает вознаграждение в виде света, знания Творца, слияния с Ним.

Но каждая последующая, более высокая ступень является следствием работы на предыдущей. И так все время, и нет никакой разницы, где находится человек, в этом мире в своем физическом теле, или, уже оставив свое тело, он продолжает духовный подъем. Как сказал раби Михаль, явившись своему ученику: «Я продолжаю подниматься, и то, что вчера было небом, сегодня для меня – моя земля».

Или как сказано: «Праведники идут от силы к силе». Творение непрерывно. Существует только Творец и человек, постигающий Его, независимо от того, в каком мире он находится. Нам кажется, что мы зря, бесцельно находимся в этом мире, но это не так. Мы неосознанно выполняем программу творения. Ни одно состояние, ни одно мгновение не создано Творцом зря. Его творение совершенно. Все продвигается оптимально к цели.

Но дана нам свобода воли стать осознанными партнерами Творца. И если смотреть на все творение как на непрерывное и единое, то не может возникнуть и мысли о том, что этот мир создан только для того, чтобы отработать в нем, а после физиологической смерти получать эгоистические наслаждения. Работа начинает восприниматься как вознаграждение, возможность сделать что-то для Творца – как награда!

8. ОДНОЙ МЫСЛЬЮ СОЗДАЛОСЬ ВСЕ ТВОРЕНИЕ. ЭТА МЫСЛЬ — ПРИЧИНА, И ДЕЙСТВИЕ, И ОЖИДАЕМОЕ ВОЗНАГРАЖДЕНИЕ, И СУТЬ ВСЕХ УСИЛИЙ

Одной мыслью создалось Творение, поскольку Его мысль – уже действие. Эта мысль и есть все существующее. Она – вознаграждение и усилия, нейтрализующие чувство стыда. Все, что мы только можем себе представить, есть простой свет Творца, или Его мысль. Но мы видим (или каббалисты нам говорят о их существовании) множество миров, множество созданий, множество состояний каждого из созданий. Даже в себе мы наблюдаем огромное множество противоречивых свойств, желаний, мыслей.

Какова суть созданных миров? В том числе суть нашего мира, где мы видим четыре вида природы и множество типов каждого вида. Мы наблюдаем бесконечное множество часто всевозможных, противоположных мыслей, желаний в нас, действий во Вселенной. Если все это является следствием одной Его мысли, то как эти действия могут быть противоположны?

Как могут из одной мысли появиться взаимопротивоположные, нейтрализующие друг друга действия и мысли? Когда мы в нашем мире пытаемся найти законы, которыми Творец управляет нами, мы их не находим. Наоборот, находим все, отрицающее Его существование и управление. Видно это и по окружающим, так как нет явного немедленного наказания, мы не можем найти никакой формулы, никакой логической связи между поступками и следствиями. Если есть точная программа, точные законы управления, то такая «формула» обязана существовать. Но то, что мы видим, отрицает сказанное.

То же – относительно Творца: люди поступают плохо, но удачливы и вознаграждаются, как следовало бы великим праведникам, а те, в свою очередь, страдают на глазах у всех. Наш мир: все, что я вижу вокруг себя, – это проявление той или иной дозы света Творца, одетой в эгоистические одеяния, которая таким образом рисует мне в моих субъективных ощущениях всю действительность, мой мир. То, что мы постигаем, – огромно и многообразно.

А то, что мы еще не постигли, что находится в духовных мирах? Соотношение между духовными ступенями таково, что каждая последующая ступень духовного мира в миллиарды раз больше предыдущей по количеству и качеству ощущения наслаждения, проявления Творца, по своей духовной силе.

Как пишет раби Ашлаг в Талмуде Десяти Сфирот: как песчинка по сравнению со всей Вселенной, – таково духовное соотношение между низшей и высшей духовными ступенями. А их – от наинизшей ступени мира Асия до ступени конца исправления – малхут мира Ацилут – 125. В нашем мире мы можем представить только всю нашу Вселенную со всем множеством ее элементов материальной ступени.

Мы не можем сопоставлять материальные части нашей Вселенной ни по количеству, ни по качеству с самой низшей духовной ступенью. Потому что эти категории несопоставимы. Хотя по разнообразию даже того, что мы видим в нашей Вселенной, на нашей земле, мы уже можем судить, насколько многогранны духовные связи и зависимости.

То есть мы судим не о сути духовных объектов, а об их бесконечном многообразии. Потому что хотя материал нашей ступени «этот мир» и духовных ступеней различен, существует точное подобие всех ступеней, а отличие только в их материале. Поэтому мы и можем называть именами нашего мира (ветвями) духовные объекты, им подобные, их источники, корни.

Мы не выделяем из окружающего нас простого света Творца тот или иной его фрагмент, ту или иную его часть. В нем нет этих частей. Картина, ощущаемая нами, является порождением только наших эгоистических свойств. Если бы у нас были другие органы ощущений, мы выделили бы из окружающего света совершенно другой мир, воспринимая совсем другую сущность. Вокруг существовал бы тот же самый свет Творца, несоставной, который включал бы в себя, как и сейчас, бесконечное множество частностей в одном едином виде.

Как пример, но не более: простой свет, мы говорим, состоит из 7 цветов, но в действительности он не составлен из 7 цветов – его можно разложить (нашими свойствами) на 7 цветов. Потом эти 7 цветов можно сложить в один, общий свет. Если бы у нас вместо 5 наших органов ощущения были бы 5 других, мы бы видели вокруг себя другой мир из того же простого света. Иные 5 органов чувств – опять другой мир в том же простом свете, исходящем из Творца.

С одной стороны, мы говорим, что чем выше ступень, тем свет, который на ней, проще. В итоге, доходя до высшей из ступеней, мы ощущаем один только свет, неделимый на части, о котором сказано: «Творец и Имя Его едины». А с другой стороны, мы говорим, что каждая более высокая ступень в миллиарды миллиардов раз больше предыдущей. Речь здесь не о количестве составляющих, а исключительно об их качестве.

В духовных мирах невозможно говорить о количестве. Все состоит из десяти сфирот, все состоит из НАРАНХА"Й света, каждая ступень подобна предыдущей, состоит из тех же десяти сфирот. Отличие ступеней – только в качестве: в силе экрана подавления своих исконных свойств и обращения их в альтруистические свойства. Причина нашего ощущения управления Творца как плохого – в неисправности наших органов ощущений.

Поэтому абсолютно добрые воздействия света Творца мы ощущаем как болезненные, нехорошие, несущие страдания. Только наши свойства определяют, где мы находимся. И только наши свойства ответственны за то, что мы воспринимаем свет Творца как несовершенство окружающего мира. Мы извлекаем из света именно то, что могут ощутить наши эгоистические свойства: все отрицательное. На самом же деле у света есть только одно свойство – наслаждать.

С таким свойством он исходит от Творца. Все остальное – это восприятие его творением. Все имена, которыми мы называем свет (воздействие на нас Творца): хороший, плохой, справедливый, страшный, – все положительное или отрицательное – это то, что мы ощущаем сейчас. И я не могу себя сейчас заставить чувствовать хорошо или плохо – сердцу не прикажешь.

Единственное, о чем можно просить, – чтобы Творец поднял меня на другую ступень, чтобы я ощутил Его воздействие на себя в истинной форме, что возможно, если Творец исправит мои эгоистические органы ощущений на альтруистические, что и означает поднять меня на более высокую ступень, тогда я, естественно, смогу ощутить Его в своих, соответствующих свету ощущениях как хорошее. И только тогда смогу я в сердце своем благодарить Его, чего сейчас сделать не в состоянии. Чувствовать себя хорошо или плохо – в этом человек не хозяин. Задача – поверить, что Творец существует и что Он может исправить, изменить состояние человека, поднять его до такой ступени, когда он сможет благодарить Творца, а не проклинать своим ощущением в сердце, как сейчас. Мир (олам) от слова (олама) «сокрытие».

Мир – это определенная картинка частичного постижения Творца – в меру подобия свойств постигающего с Постигаемым. В нашем мире Творец называется природой. Поэтому слово «природа», тэва, в гематрии – Элоким – одно из имен Творца. Через природу нашего мира, через нас самих, наши свойства и окружающее нас – так на нашем настоящем уровне представляется нам Творец.

А все миры, высшие и низшие, – это простой свет Творца, единый и единственный, у которого есть одно свойство – наслаждать. Любой объект нашего мира, одушевленный или нет, в том числе и мы сами, высшие миры, управление ими и системы этого управления, силы и то, к чему они приложены, результат действия этих сил и цель, во имя которой они появились, – все это заложено в свете, исходящем из Творца. То есть практически нет ничего, кроме Творца. Все остальное – это иллюзия существования творений относительно самих творений. Дело в том, что все миры созданы для нас, для человека, который находится на самом низком уровне, «в конце» творения.

И человек должен соединить противоположные «концы» творения, дойти до такого внутреннего духовного уровня, до самой верхней точки, до самого простого света, исходящего из Творца, до самой первичной мысли творения – наслаждение творения. Только вследствие ощущения этой ступени у человека рождается абсолютная бесконечная любовь к Творцу, что и является целью его духовного развития. И эта цель должна быть достигнута при жизни в этом мире.

Человек должен пройти все 125 ступеней, подняться, находясь еще в нашем мире, до наивысшей ступени духовного развития, т.е. «спустить» все духовное до уровня нашего мира, впустить духовные свойства в себя, вытеснив эгоизм, наполнившись полностью этой простой, исходящей из Творца мыслью, простым светом. «Спустить» – не означает низвести духовное до свойств нашего мира, но, заменив в себе свои свойства на духовные, весь мир вокруг преобразовать в подобие мира Ацилут.

Поэтому, начиная свой путь духовного возвышения, человек должен понимать, постоянно вспоминать и говорить себе, что нет никого, кроме Творца, и цель духовного возвышения человека – дойти до такой духовной ступени постижения Творца, на которой человек, Творец и свет Творца слились бы в одно целое.

Нет никаких различий между этими тремя: человеком, его путем к Творцу и самим Творцом. И, чтобы достичь цели, необходимо постоянно соединять в себе их воедино. Речь идет о том, что человек, чтобы не сбиться с дороги, должен знать заранее, находясь еще на наинизшей ступени, что и он, и Творец, и все ступени, по которым он восходит, – все едино.

И нет никакой разницы, никакого различия между ним, Творцом и Торой – ступенями, по которым он поднимается. Если он не будет выполнять этого в своих духовных действиях, то обязательно сойдет с пути, образно говоря, вправо или влево. А ошибившись, взяв ложное направление, чем дальше будет двигаться, тем больше будет удаляться от истинного пути.

Поэтому Бааль Сулам пишет, что все надо связывать с первичной мыслью творения. И это правило для начинающих, движущихся с самой низкой точки. Как говорит раби Й.Ашлаг (Бааль Сулам): «Я тебе раскрою, что такое средняя линия, по которой надо сближаться с Творцом. И это необходимо знать, потому что лучше вообще не двигаться, чем идти неправильно».

Для этого необходимо постоянно освежать в памяти два принципа: «Нет никого, кроме Творца», и «стремящийся к Творцу, путь к Творцу и Творец – это одно». Поэтому ни в коем случае нельзя представлять себе, что у Творца есть две мысли в творении. Такая дуальность возникает в понимании начинающего вследствие изучения основ творения, подобных следующим: «Рождающий свет и порождающий тьму», «Управляющий вознаграждением и наказанием», «Сотворивший доброе и злое начало в человеке» и пр.

Невозможно на низшей ступени, в начале своего духовного развития соединить все противоречия, понять, каким образом это все едино, включая страдания, наинизшие проявления эгоизма, всю низость поведения человека, как все это исходит из Одного источника и существует совместно в одной цели творения.

9. СУТЬ СОКРАЩЕНИЯ. КАКИМ ОБРАЗОМ ИЗ СОВЕРШЕННОГО ПРОИЗОШЛИ НЕСОВЕРШЕННЫЕ ДЕЙСТВИЯ?

Поскольку существует изначально только один Творец (мы обязаны употребить слово «существует», так как нет в нашем лексиконе слов, означающих извечное, не относящееся ко времени, бытие), то что же такое творение?

Это градации ощущения отсутствия Творца, света. Поэтому Ари начинает свою основную книгу по Каббале так: «Знай, до начала творения был лишь высший, все собой заполняющий свет». Если бы свет заполнял все, то это означало бы присутствие только одного Творца. Поэтому, с целью создания «места» для творения, Творец сократил свое присутствие относительно созданий, как бы скрылся от них. И это действие Творца называется сокращением, сокрытием, света. То есть стопроцентное наличие света – это полное присутствие Творца.

В таком случае нет места творению – никакому иному свойству. Ведь сокрытие означает в духовном не физическое отсутствие, как в нашем мире, а недоступность органам ощущений ввиду отличия свойств ощущающего и не ощущаемого им. А в конце исправления, когда все свойства творения станут подобными свойствам Творца, полностью проявится Творец, и полностью проявится творение, и не будут занимать «место» один вместо другого, а полностью сольются, потому что не будут мешать своими свойствами друг другу.

А пока, до конца исправления, в меру совпадения свойств человека и Творца человек занимает «место» Творца. То есть, как сказано в Каббале, из-за отличия свойств скрывается Творец, и это «место» занимает эгоизм, «я» человека. Поэтому сказано: «Не можем Я и он находиться в одном месте». И потому понятие «мир» есть то, что представляет себе человек вместо заполняющего все Творца, и происходит от слова «олама»-сокрытие, сокрытие Творца.

Каким образом происходит проявление картины мира вместо ощущения простого света – Творца? Как в нашем мире, если мы поставим на пути луча света (проявления Творца) какой-то объект (эгоистическое свойство), то получим его отражение, оно нарисует определенную картину мира, допустим мира Ацилут, поставим еще какой-нибудь экран – появится картина мира Брия, добавим еще какое-то эгоистическое свойство – нарисуется картина мира Ецира, добавится еще более эгоистическое свойство – появится в ощущениях воспринимающего его мир Асия вместо Творца.

То есть мы не видим света, а то, что заслоняет свет, задерживает его, и рисуется нам как мир. То есть мир – это не частичное проявление Творца, а проявление свойств, задерживающих свет, проявление противоположного Ему.

В нашем мире задерживаются все 100% света. Так вот этот заслоняющий свет объект – наши эгоистические свойства – и рисует нам картину нашего мира. А оживляет наш мир искорка света, упавшая, вопреки всем законам полностью эгоистической природы, милостью Творца в наш мир, чтобы дать нам возможность подняться из этого состояния.

Отсутствие света – также исходит от Творца. Им создано сокращение своего проявления, называемое первым сокращением. И оно, как и все Его прочие действия, только для достижения цели – услаждения творений. В одной мысли заключено все творение, значит, и все недостатки, всевозможные страдания – все это исходит из Него, Он излучает свет и, скрывая его, творит тьму.

Как могут исходить из Него страдания при единственной цели насладить нас? Мы не понимаем, что такое духовные «страдания», потому что оцениваем страдания и наслаждения в наших эгоистических желаниях. Но если бы мы могли сравнить наши страдания с наслаждением, уготованным нам Творцом, то все наше существование в этом мире показалось бы нам невыносимым.

И не потому, что уготовленные нам наслаждения во много раз больше, чем все наслаждения этого мира, а потому что это совершенно иные наслаждения, альтруистические, несопоставимые с нашими ни в мере, ни в качестве. Поэтому все, что бы мы ни испытывали, – это полнейшая тьма по сравнению с Высшим светом.

ЧАСТЬ II

10. Выяснение замысла творения 186
11. Желание отдать в Творце создало в создании желание получить, называемое сосуд, в который он получает наслаждение 186
12. Желание насладиться, находящееся в замысле творения, извлекает наслаждение из самого Творца, образуя состояние бесконечности 190
13. До своего сокращения желание получить не отличалось от Творца 192
14. Сокращение означает, что малхут мира бесконечности уменьшила свое желание – и исчез свет, потому что нет света без сосуда 193

10. ВЫЯСНЕНИЕ ЗАМЫСЛА ТВОРЕНИЯ

Только у маленьких детей и у сумасшедших действия бездумны. Но взрослый нормальный человек осознает, что он делает и чего желает. Любая мысль является порождением желания, а любое действие исходит из какой-то мысли. Естественно, что это исходит из духовного закона: вначале была мысль, а потом действие, и конец действия является целью, как он был заранее запрограммирован в замысле творения.

То есть всегда существует цепочка: возникновение желания, осознание желания для достижения желаемого, действие для достижения желаемого (цели). Допустим, человек хочет построить дом. Сначала он думает об этом в общем, затем выполняет чертежи, затем составляет спецификации, затем расценки и т.д. И мы видим, что конец действия, готовый дом, уже заранее существует в его мысли, является его целью и причиной всех его действий.

А так как цель Творца – насладить творения, и одна Его мысль мгновенно выполняет до конца все задуманное, то сразу же при появлении мысли о творениях и их наслаждении немедленно создалось все в своем законченном виде: распространился свет от Творца и создал все творение, и наполнил его собой, как задумал Творец.

И эту мысль мы называем замыслом творения, или миром Бесконечности. А поскольку самого Творца мы не можем ощутить, то нет у нас слов о Нем, ведь слово выражает ощущение. Но начиная с замысла творения, т.е. Его связи с нами, мы можем говорить о Нем, вернее, о Его отношении к нам.

11. ЖЕЛАНИЕ ОТДАТЬ В ТВОРЦЕ СОЗДАЛО В СОЗДАНИИ ЖЕЛАНИЕ ПОЛУЧИТЬ, НАЗЫВАЕМОЕ СОСУД, В КОТОРЫЙ ОН ПОЛУЧАЕТ НАСЛАЖДЕНИЕ

Поскольку Творец задумал создать творение, чтобы его насладить, то исходящий от Него свет включает в себя эти два требования: создать и насладить. Если цель Творца – насладить творение своим светом, то для выполнения этой цели необходимо только наличие желания насладиться светом, желания получить это наслаждение. Откуда может возникнуть это желание?

Только если оно само тоже исходит из Творца – ведь кроме Творца нет никого и ничего? Желание обязано появиться вследствие нисхождения света от Творца к творению. Должно появиться, хотя в самом Творце этого желания нет, но оно возникает как следствие Его мысли, как следствие Его замысла насладить творения. То есть исходящее из Творца наслаждение, то, что Он желает передать будущему творению, само обязано построить под свои свойства будущее творение.

А когда свет – исходящее наслаждение – построит под себя кли-желание им насладиться, то мера ощущения наслаждения и будет мерой исходящего из Творца света, потому что только та порция света, которая раскрывается в кли, говорит о наслаждении им. Поэтому важно не то, сколько света в потенциале может выйти из Творца, насколько Он замыслил насладить творение-кли, а сколько это творение получило, сколько света вошло в него.

Мы говорим всегда только относительно творения. И если творение получило 1 грамм наслаждения, исходящего от Творца, оно самим своим ощущением утверждает, что Творец замыслил дать ему 1 грамм наслаждения, а если ощущает 10 граммов наслаждения – значит, говорит, что Творец замыслил насладить его 10 граммами наслаждения. То есть вокруг существует весь свет, сам Творец, ты сам находишься в свете Творца, но не ощущаешь этого абсолютно, потому что у тебя нет необходимого желания.

Когда у тебя появится желание ощутить этот свет, в меру этого желания ты начнешь ощущать его. Тогда это ощущение наслаждения в действии определяет, что исходит от Творца к тебе, т.е. само творение определяет, сколько света оно способно получить. Творец может «послать» тебе столько света, сколько ты хочешь. Точнее, Он не посылает тебе – все это всегда существует вокруг тебя. А что и сколько ты ощутишь – зависит только от твоего желания.

Поэтому желание насладиться светом Творца мы называем «местом». Духовное определение места – это величина желания. И в нашем мире тоже. Когда ты говоришь: «У меня нет в желудке места» – здесь также речь идет о желании, а не о физическом месте. У тебя может быть пустой желудок и в то же время нет настроения, и ты не хочешь есть.

Это не говорит о том, что у тебя в желудке нет места. Это говорит об отсутствии желания. Значит, желание – это и есть место. Иного определения у нас нет.

В духовном нет понятия тела наподобие материального вместилища, не обладающего желанием, а только емкостью. Поскольку ничего не создано, кроме желания света, то только желание определяет сам духовный объект. В духовных мирах есть лишь желания без тел. Само желание называется телом. И величина тела равна желанию. То есть изменение желания говорит об изменении тела, нет желания – нет тела. Например, человек в нашем мире не имеет желания насладиться духовным светом – это означает, что он не имеет духовного тела.

Итак, творение начинается с того, что из Творца выходит свет, который создает под свое желание насладить желание им насладиться, равное ему по количеству и качеству. И наполняет это желание. Такое наполненное состояние этого желания называется миром Бесконечности, состоянием бесконечного, не ограниченного ничем наслаждения. В Каббале мы имеем дело только с этими двумя понятиями: наслаждением и желанием им насладиться. Да и не только в Каббале, а вообще во всем творении нет ничего, кроме этих двух компонентов.

Каббала как наука оперирует этими двумя понятиями, составляющими творение, не называя их «наслаждение» и «желание насладиться», – то, что испытывает творение, не называя наслаждение «желанием насладить Творца», и прочими чувственными определениями. Каббала подходит к творению «научно» и потому оперирует «нечувственными» терминами.

И только для того, кто может по каббалистическому тексту, как музыкант по нотам, воспроизвести внутри себя соответствующие ощущения, эти сухие термины становятся руководством к внутренним душевным действиям. Вместо наслаждения применяется термин «свет», ор. Вместо желания насладиться – «сосуд», кли. Меры желания и наслаждения описываются цифрами, говорящими о величине «объема» желания и о величине света.

Поскольку кли испытывает наслаждение только от наполняющего его, то лишь в этой мере можно говорить о желании Творца насладить и о виде наслаждения. Поэтому говорить, не указывая, кто именно ощущает, – бессмысленно. Говоря «мир Бесконечности», мы имеем в виду, что кли ощущает неограниченный свет, что его наслаждение неограниченно, каково желание кли – столько оно и получает. Но само желание не бесконечно – оно может быть любым, ограниченным по величине.

Вид наслаждения, ощущения наслаждения называются миром Бесконечности. Таким кли ощущает наслаждение: бесконечным, безгранично его наполняющим. В этом и состоит желание Творца – безгранично насладить творение, а узнаем мы об этом, постигая Его действия. Никаким иным способом Он нам не открывается, только поднявшийся ближе к Творцу ощущает больше и потому может рассказать нам то, что ощутил. И это называется пророчеством. А для нас это еще наши будущие состояния, когда и мы достигнем их.

Но поскольку наш мир создан нисхождением света от Творца, то, поднимаясь, каббалист проходит в обратном направлении все ступени нисхождения творения и потому узнает не только будущее, но и прошлое: каким образом развивалось творение и почему именно так происходит каждое из событий в нашем мире. Это он узнает не из будущего, а потому, что постигает прошлое – нисхождение света вниз, в наш мир. Видно, что определения «прошлое» и «будущее» также имеют смысл только относительно того, кто их ощущает. Для каббалиста время сливается в одном настоящем ощущении и пропадает как координата существования.

Таким образом, необходимо всегда помнить, что все, о чем мы говорим, определяется нашими ощущениями наполняющего нас света. И только относительно каждого своего состояния мы можем описывать происходящее. И это не только в нашем мире, но и находясь на духовных ступенях: все ощущаемое – от наполнения кли (сосуда, души) светом.

Отличие ощущающего только наш мир от ощущающего и мир духовный в том, что последний ощущает в себе источник света, наполняющий его, ощущает Творца в меру своего наполнения светом, т.е. в меру своего подобия Творцу. И ощущает вне себя окружающий его свет, который в будущем войдет в него, ощущает свойства Творца. В то время как ощущающий только наш мир подобен слепому в мире слепых.

Представим, что мы попали в такой мир, где все рождаются слепыми. Они не осознают отсутствие в них органа ощущения – зрения, а потому не страдают от этого. Ведь никто не может им даже рассказать о том, чего они лишены. А если и рассказать им, то каким образом они почувствуют, что такое зрение? Но если некоторые из того мира уже обрели зрение, они могут и остальных научить, как сделать это. И такая инструкция называется Каббалой, от слова «получить» – как ощутить недостающее, то, что Создатель желает дать.

Эту инструкцию мы получили от каббалистов, которые поднялись на высшие духовные ступени и все, что ощутили, передают нам. Они повествуют о нисходящем из Творца наслаждении и потому делают вывод, что в этом заключается причина нашего сотворения. Они повествуют о желаниях Творца, т.е. о правилах подъема на высшие ступени. Эти правила называются Духовными Законами.

Вся эта информация называется Светом, правилами получения света. Эти правила каббалисты излагают всеми возможными способами: языком сказаний и притч, повествовательно-историческим, юридическим и пр. Но самый точный из всех этих, описывающих духовные миры языков – это язык Каббалы. Он самый верный и открытый: он описывает увиденное каббалистами в словах нашего мира, в иносказательном виде.

12. ЖЕЛАНИЕ НАСЛАДИТЬСЯ, НАХОДЯЩЕЕСЯ В ЗАМЫСЛЕ ТВОРЕНИЯ, ИЗВЛЕКАЕТ НАСЛАЖДЕНИЕ ИЗ САМОГО ТВОРЦА, ОБРАЗУЯ СОСТОЯНИЕ БЕСКОНЕЧНОСТИ

До тех пор пока мы не ощущаем духовного мира, в нас отсутствуют истинные ощущения происходящего, мы представляем себе духовное в виде всевозможных картин в объеме, времени, движении. Это естественно, потому что иначе нам его не представить.

Вследствие этого есть в Каббале множество различных методов, картинок, иллюстраций, чертежей, описывающих происходящее в духовных мирах. Как же свет исходит из Творца? Мы знаем, что Творец и свет – это относительно нас одно и то же, потому что Его самого (ацмуто) мы не постигаем, а постигаем Его «из Его деяний», ощущаемых на себе. Почему же мы говорим: «Из Творца исходит свет»? Ничего из Творца не исходит.

Происходящее можно представить в нескольких вариантах. Творец, однородный простой свет, расступился и освободил в себе пустое, не заполненное им пространство, называемое местом.

Каким образом Он создал это пространство? Тем, что придал ему противоположное Себе свойство эгоизма. Поэтому свет ушел из этого объема и оно (это пространство) стало пустым, темным.

Это место и есть единственное творение. «Местом» оно называется потому, что оно место наличия или отсутствия света. Но это не «место» в привычном для нас понимании, а желание, желание самонасладиться. В меру совпадения свойств этого места с Творцом оно заполняется светом, наслаждением.

Желание насладиться светом, в меру своего желания, привлекает к себе свет, исходящий от Творца, и наполняется им. И это первое в творении наполнение желания наслаждением – совершенно полное и безграничное, а потому оно называется миром Бесконечности. Желание насладиться, созданное Творцом, находящееся в Творце, в меру своего желания, ощущения собственного «я», своего существования ощущает себя существующим вне Творца.

А потому оно способно ощутить наслаждение полученным от Творца, наслаждение от отдачи, отдачи Творцу, и прочие ощущения, именно в меру ощущения себя самостоятельно и свободно существующим. Поэтому мы в нашем мире должны пройти большой путь внутреннего развития – именно для того, чтобы суметь ощутить все те наслаждения, которые Творец задумал дать нам. И этот путь нашего развития включает в себя в первую очередь развитие нашего эгоизма.

Именно развитие, а не его подавление. Развитие и осознание его как зла для нашего истинного совершенного состояния. Но кроме получающего и дающего, человека и Творца нет в мироздании более ничего. Человек находится в Творце и по мере своего исправления он ощущает это, а также то, как свет Творца наполняет его.

Нисхождение света из Творца имеет место, если есть нечто, принимающее этот свет, ощущающее это наслаждение, говорящее о том, что получает от Творца. Но это все существует внутри, в самом Творце. В духовном нет такого понятия, как пространство: здесь Творец, там творение, и свет переходит через это пространство от одного к другому. При наличии в творении желания получить наслаждение – это наслаждение переходит от Творца к нему, он чувствует, что наполняется этим наслаждением. Творец окружает его всего светом – «ор макиф», часть из этого окружающего света он получает внутрь – «ор пними».

Лучше представить себе это в таком виде. И теперь мы поймем, как же этот бесконечный свет исходит из Творца. Когда появляется новый вид «желания насладиться», оно ощущает, что наполняется наслаждением, исходящим из Творца. Это желание не существует в самом Творце, оно возникает из ничего, Его желанием. В самом Творце не существует желания насладиться, не существует наслаждения, потому что наслаждение – чувство, присущее желанию насладиться. О Творце мы не можем говорить ничего.

Все, что мы знаем о Нем, Его свойствах и желаниях, все, что называется нами Каббалой и Духовными Законами, мы черпаем из света, исходящего из Него и наполняющего исправленные желания человека. Мы определяем Творца как бесконечный источник наслаждения. Сколько мы получаем от Него, зависит от нашего желания. Наше желание насладиться притягивает к себе, «отсасывает» от Творца, «переливает» из Него в себя столько, сколько желает.

13. ДО СВОЕГО СОКРАЩЕНИЯ ЖЕЛАНИЕ ПОЛУЧИТЬ НЕ ОТЛИЧАЛОСЬ ОТ ТВОРЦА

Само желание насладиться создано Творцом. И пока оно не ощутило себя, своих эгоистических желаний, не осознало свою природу, оно ничем не отличалось от Творца. Это подобно ребенку в утробе матери, который, хотя и имеет свое самостоятельное существование, полностью находится во власти желаний матери и не имеет своих самостоятельных движений, не осознает себя.

Поэтому сказано, что вначале творение находится в состоянии полного единства с Творцом: если само творение не ощущает своих собственных эгоистических желаний, то оно как бы не существует, ведь все измеряется только относительно ощущений творения, а не Творца.

Поэтому сказано, что Он и Его имя едины, где Он – это Творец, а имя Его – это творение. Творение называется «имя Его», потому что по своему ощущению Творца оно дает Ему имена по тому, как ощущает Его.

А так как в состоянии полного слияния с Творцом, подобно зародышу в материнском организме, творение совершенно неотличимо от Творца, то это и выражают каббалисты, говоря, что в мире бесконечности Он и имя Его едины. Причем в этом состоянии, когда все творение находится в мире бесконечности, все мы находимся в полном слиянии с Творцом.

В духовном мире нет времени. Все состояния существуют «одновременно», а ощущающий переходит как бы из одного «кадра» в другой. Все состояния одновременно существуют, а человек в своих ощущениях переходит с одной ступени духовной лестницы на другую или как бы из одной комнаты в другую.

Поэтому все воспринимается и описывается только относительно ощущающего. В состоянии бесконечности нет никакого отличия между светом в сосуде и самим сосудом, потому что если бы было такое отличие, то это состояние не могло бы называться миром бесконечности, абсолютного насыщения наслаждением.

14. СОКРАЩЕНИЕ ОЗНАЧАЕТ, ЧТО МАЛХУТ МИРА БЕСКОНЕЧНОСТИ УМЕНЬШИЛА СВОЕ ЖЕЛАНИЕ — И ИСЧЕЗ СВЕТ, ПОТОМУ ЧТО НЕТ СВЕТА БЕЗ СОСУДА

Мы уже не раз говорили, что мера наполнения светом сосуда зависит только от меры желания сосуда. И только в той мере, в какой кли готово насладиться светом, свет заполняет его. Вернее, свет постоянно существует, он пронизывает все творение, Творец находится повсюду. Но только в той мере, в какой кли способно ощутить свет, ощущает его.

Это подобно уже знакомому нам примеру с радиоприемником. Вокруг нас находятся радиоволны, они пронизывают все, но только если появится кли, у которого есть возможность воспринять определенную радиоволну ввиду сходства с этой волной, она будет принята данным кли.

Это устроено Творцом специально, ибо насильно насладить нельзя. Наслаждение может быть получено только в меру появившегося изнутри самого кли желания. Насильное воздействие никому не доставит наслаждения. Все, что против желания, воспринимается как страдание! Поэтому единственный способ приблизить человека к духовному – окольными путями вызвать в нем желание, а затем, согласно этому желанию, дать ему желаемое. Желание всегда первично, свет – вторичен. И это именно так, потому что, хотя первичен свет, он создает все и управляет всем, но когда мы говорим о восприятии творением Творца, то желания и действия человека – первичны, и они определяют все. Мы должны прилагать всевозможные усилия (молитва, учеба, чтение книг, выбор окружения, учителя), чтобы приобрести, а вернее, удостоиться истинного желания.

Без желания ничего невозможно сделать. Как сказал великий Ари, если человек родился без точки в сердце, влекущей его к духовному, ничто не поможет ему. Но если она существует в сердце человека, то развить ее он в состоянии. И это называется приобрести желание. Откуда получить желание? Как сказано: «Лефи софрим ве лефи сфарим» – от авторов и от книг.

Проблема только в том, чтобы найти именно истинные книги и истинного Учителя. После того как создалось Творцом единственное творение, называемое «малхут мира бесконечности», оно решило само изменить себя таким образом, чтобы стать подобным Творцу. Но для этого малхут должна была спуститься от Творца до уровня нашего мира и разделиться на отдельные части. Только затем у нее появляется возможность исправить каждую часть эгоистической природы на подобную Творцу, альтруистическую.

Для того чтобы отделиться от Творца, малхут должна изгнать из себя его свет. Такое желание не получать света является сокращением желания получить или называется просто «сокращением». Потому что говоря о творении, мы имеем в виду только его желание. И так как нет насилия в духовном, то, соответственно желанию, свет немедленно покинул сосуд.

ЧАСТЬ III

15. ИСТОЧНИК ДУШ

Как уже говорилось, душа называется частью Творца. Но чем же она отличается от Его простого света настолько, что говорится о ней как о части Творца? После всего, что уже сказано, становится нам понятно, что именно та порция света, которая входит в духовное желание, и называется душой.

И именно само желание отрывает часть от всего света и, наполняясь этой частью – светом, называется духовным телом, душой. А отличие между душой и Творцом только в том, что эта часть Творца облачена в желание насладиться. И этим она отдаляется от Творца. Но как только человек исправляет свой эгоизм, свое желание на желание отдавать, подобно Творцу, то исчезает стена, отделяющая внутренний свет, в сосуде человека, от внешнего света Творца, и человек полностью растворяется в Творце благодаря подобию свойств.

Но если мы говорили, что без желания насладиться невозможно ощутить всего того наслаждения, которое Творец желает дать нам, как же понять то, что надо исправить эгоизм? Если не будет эгоизма, как может наслаждаться человек? Эгоизм не исчезает, а только меняет свое намерение – исправление означает приобретение желания насладить Творца.

Желание не исчезает, уничтожить созданное Творцом человек не в состоянии. Но во власти человека изменить направление, стремление, ради чего наслаждаться. И если стремление человека такое же, как у Творца, то они абсолютно подобны, и пропадает все различие между ними, а потому и перегородка между частью света в человеке и вне его. То есть человек уже не является преградой для света Творца внутри Творца.

Поэтому если вначале творение и Творец полярно противоположны по своим свойствам, то после исправления эгоизма человек и Творец совершенно подобны друг другу, что означает в духовном отсутствие места и размеров, соединение, слияние. То есть Творец создал человека абсолютно удаленным от духовного, а человек якобы своими силами сам становится как Творец! Душа – часть Творца. И нет никакого различия между Ним и этой частью. Если это так, то почему она – часть, а Он – целое?

В нашем мире мы можем сказать, что камень, отсеченный от скалы, – это часть, потому что у него те же свойства, что и у скалы. Но в духовном отделение происходит именно изменением свойств. То есть если изменилось свойство, значит, отделилось. Но почему же говорится, что хотя душа и отделена от Творца, все равно ничем от Него не отличается? Чем же отличается свойство души, части света, от простого света, так что этим отличием она отделяется от своего Создателя?

Творец включает в себя различные виды и свойства, которые только можно вообразить. Но единственное, чего в Нем нет, – это желания получить, эгоизма. Творец находится в абсолютном совершенстве, желания получить у Него быть не может. Насладить души, которые и созданы Им с этой целью, является замыслом творения.

Поэтому изначально существует в природе самих душ эта потребность – желать получить наслаждение от света Творца, т.е. от Него самого, потому что Он и Его свет – это одно и то же. В наших ощущениях мы не отделяем Творца от Его света, ощущая только свет. Свет – это ощущение Творца. Чем отделяются души – свет в человеке – от Творца?

Тем, что в них появляется желание получить Его свет, желание насладиться Им, желание ощутить Его. Тем, что эта часть света Творца заключена в эгоистическую оболочку нашего «я» – наших желаний, рассуждений, мнений, мыслей. Если это «я» отличается от Творца, то мы удалены от Него, и только в той мере, в которой наше «я» и Его желания совпадут, мы как бы этими своими исправленными свойствами раскрываем в себе Творца. Это подобно тому, о чем мы говорили: Творец существует во всем мироздании и занимает Собою все.

Но человек своим «я» вытесняет Творца из какого-то «объема» и занимает этот «объем» сам. По мере исправления своих эгоистических свойств человек, аннулируя и заменяя их на желания, подобные желаниям Творца, как бы постепенно удаляет свое «я», и на это место возвращается Творец. Человек и Творец как бы существуют в одном объеме, потому что здесь их свойства совпадают. Духовный объем, занимаемый человеком, постоянен – таким он создан Творцом.

Но от человека зависит, какая часть его желаний будет эгоистической и какая – альтруистической. Когда все наши желания, свойства, души не будут собой вытеснять Творца из мироздания, наступит состояние полного исправления и бесконечного наслаждения. Творение станет совершенным и совершенно как Творец. Все наше «я» – мысли, ощущения, взгляды, рассуждения и понятия – ограничено и определяется нашим духовным уровнем, является его следствием. Вся Каббала – это то, что великие люди, каббалисты, постигли и осознали, то, что и мы когда-нибудь увидим и постигнем.

Все ощущения при духовном продвижении находятся внутри нас, нами непостигаемы. И тем, что в душах появляется желание получить, они отделяются от Творца, потому что желание получить совершенно отлично от свойства Творца давать наслаждение. И если разница в свойствах настолько велика, что два объекта практически противоположны друг другу, то считается, что они полярно отдалены вплоть до полного неощущения одним другого. Таким образом, что значит: объекты слиты в один, абсолютно подобны по своим свойствам?

Это могут быть два совершенно различных объекта, но в какой-то из моментов своей духовной истории они сравниваются по свойствам. И тогда считается, что они как бы сливаются друг с другом. Иногда бывает, что один объект лишь частично подобен по свойствам другому – тогда они частично сливаются, как накладывающиеся окружности.

Совпадение свойств происходит в том месте, где окружности совмещаются, в месте наложения окружностей. Если у двух объектов из всех свойств есть только какое-то одно свойство, в котором они совпадают, тогда говорится, что они лишь касаются друг друга. Если же объекты совершенно не имеют общих свойств, то они отделены друг от друга.

Но это еще не значит, что они удалены один от другого, у них просто нет общих свойств. Степень отдаления, расстояние между объектами зависит от того, насколько их свойства отличны. Если их свойства полностью противоположны друг другу – они полярно удалены. Как мы в начальный момент нашего создания. Все сближения и удаления в духовном пространстве определяются только изменением свойств творения относительно

Творца, так как Он принимается за эталон, цель, а все движется относительно Него.

Но на каждом духовном уровне человек принимает за Творца более высокий парцуф, потому что видит-ощущает только более высший, и его он принимает за своего Творца. Допустим, все желания, которые во мне, полностью эгоистические, желания же Творца, наоборот, полностью альтруистические. Я и Творец абсолютно удалены один от другого: нет никакой явной духовной связи, никакого ощущения Творца. Причина – противоположность свойств. Находясь в таком состоянии, мы не имеем никакого представления о Творце, потому что не можем Его ощутить, быть в связи с Ним, получить от Него, потому что мы «чужие» друг другу. Это справедливо относительно ощущений человека, но для Творца человек близок и раскрыт. Творец не раскрывает Себя только относительно наших ощущений, но Сам Он наполняет все и продолжает управлять всем, только не проявляется человеку явно.

Поэтому, когда мы говорим, что человек и Творец взаимно удаляются, стали чужими, то это только относительно человека так Себя проявляет Творец, скрываясь и удаляясь. Душа является частью Творца. Чем же эта часть отделяется от Творца настолько, что можно назвать ее частью? Душа – конструкция из желания и света. Это – «парцуф», духовный объект, состоящий из десяти сфирот, и в меру подобия по свойствам Творцу заполненный Его светом.

Если есть в его желаниях подобие Творцу на 10%, он заполняется светом Творца только на 10%. В этих 10% исправленных желаний нет никакого различия между его свойствами и свойствами Творца. Почему же все-таки этот парцуф-душа является частью Творца, что в ней подобно Творцу и в то же время чем все же отличается она от Него, как часть от целого?

Парцуф – это желание получить, противоположное Творцу, желание которого отдавать, но желание получить, исправленное на 10%, совпало с Творцом – желанием насладить, и потому эта часть желаний считается частью Творца. И ввиду подобия Творцу она заполняется светом Творца. Чем отличаются сфирот друг от друга? Своими желаниями, силой эгоизма в них, а потому и силой экрана.

Свет Творца, заполняющий все творение, однороден, но глубина эгоизма в какой-либо сфире парцуфа, т.е. страдания от неполученного в него эгоистического наслаждения, страдания исправления его, усилия, потраченные на его исправление, все эти ощущения боли от пережитого осознания зла и его искоренения, исправления, именно на них ощущается затем наслаждение, и более полно раскрывается Творец.

Поэтому хотя Творец раскрывается всем, но в совершенно разной степени – в зависимости от работы кли в процессе исправления. Как и в нашем мире: можно получить обед и безо всякого аппетита попробовать его, но если накопил в себе желание и именно этой пищи ждал и именно от того, кто сейчас подает, – насколько будет отличаться наслаждение от того же блюда!

Именно для того, чтобы согласно своей цели насладить человека самым безграничным наслаждением, создал Творец начальное состояние творения полярно удаленным от Себя. Ведь именно исходя из самого противоположного Творцу состояния, человек имеет возможность накопить в себе ту остроту желаний, которые затем и создадут в нем полное ощущение безграничного наслаждения в совершенной мере.

Бесконечное наслаждение – это наслаждение, не ограниченное ничем, полностью заполняющее все желания, все кли. Но ведь есть отличие в размере самого желания и в его качестве – эти два параметра Творец желает поднять в человеке до Своего уровня, чтобы не удовлетворился ничтожным наслаждением, как котенок. В гмар тикун нет никакой разницы между Творцом и творением – полное слияние.

Зачем же тогда нужно было создавать творение, если не будет отличия, разницы? Нет разницы в свойствах. Творение остается творением. Оно создано, оно существует и всегда будет существовать. Творение не пропадает. Наше «я» остается, но поднимается до уровня Творца. Граница ощущения себя и Творца не пропадает. Но именно это и позволяет, ощущая себя, ощущать наслаждение от подобия Творцу.

Такое же явление частично происходит в каждом исправленном парцуфе-душе: как только мы отделяем какую-то часть, отрываем ее от своих эгоистических желаний, она сразу же заполняется светом Творца. Интенсивность же этого света зависит от величины бывшего эгоизма, т.е. от усилий, которые мы приложили для его исправления, страдая от него как от несущего нам зло.

ЧАСТЬ IV

16. После сокращения и появления экрана над эгоистическим желанием само эгоистическое желание становится непригодным для получения света и выходит из системы чистых сил. Вместо него в качестве сосуда используется отраженный свет, а эгоистическое желание отходит к системе нечистых сил 201
17. Человек питается от нечистых сил, а потому, подобно им, использует эгоизм 203
18. Все творение заключено в мире бесконечности, нисходит из уже существующего, и только эгоизм является вновь созданным и происходит из ничего 203
19. Поскольку у ветви исходят из своего корня, то находящееся в орне воспринимается нами как наслаждение, отсутствующее в нем – как страдание .. 211
20. Потому как желание насладиться не находится в нашем корне, мы ощущаем от этого стыд и нетерпение. Поэтому сказано мудрецами «Сотворил творец этот мир, чтобы дать нам возможность усилий в Торе и Заповедях, дабы обратить «желание получить» в «желание отдать» 219
21. Грешники проигрывают вдвойне, а праведники вдвойне выигрывают 224

16. ПОСЛЕ СОКРАЩЕНИЯ И ПОЯВЛЕНИЯ ЭКРАНА НАД ЭГОИСТИЧЕСКИМ ЖЕЛАНИЕМ САМО ЭГОИСТИЧЕСКОЕ ЖЕЛАНИЕ СТАНОВИТСЯ НЕПРИГОДНЫМ ДЛЯ ПОЛУЧЕНИЯ СВЕТА И ВЫХОДИТ ИЗ СИСТЕМЫ ЧИСТЫХ СИЛ. ВМЕСТО НЕГО В КАЧЕСТВЕ СОСУДА ИСПОЛЬЗУЕТСЯ ОТРАЖЕННЫЙ СВЕТ, А ЭГОИСТИЧЕСКОЕ ЖЕЛАНИЕ ОТХОДИТ К СИСТЕМЕ НЕЧИСТЫХ СИЛ

Творение, каким оно создано Творцом, называемое малхут мира бесконечности, получает свет совершенно бесконтрольно, как того желает, т.е. только в те желания, которые создал в нем Творец. Но подобное состояние творения является духовно неживым, потому что нет у него ни одного собственного желания, а все они порождены Творцом.

Поэтому его наслаждение подобно наслаждению неразвитого человека в нашем мире: пока нет самостоятельных желаний, стремлений, в которые человек получает желаемое, он не ощущает наслаждение. Наслаждение ощущается только в мере и виде желаемого, иначе оно воспринимается как страдание.

Например, мать желает дать своему младенцу самое лучшее, а он не желает: как страдает она и как страдает он! Для того чтобы выйти из этого состояния, малхут вначале производит изгнание света-наслаждения из себя – чтобы остаться независимой от воздействия света на свой эгоизм. Это действие называется «Цимцум Алеф» – отказ от получения света непосредственно от Творца, т.е. от получения наслаждения бесконтрольно, согласно лишь своему естественному желанию.

Малхут желает поставить экран на пути света, чтобы она сама контролировала входящие в нее наслаждения по силе и качеству, согласно только силе своего экрана, не опасаясь вновь получать просто для самонаслаждения. «Цимцум Алеф» означает решение малхут никогда впредь не использовать те желания, с которыми ее создал Творец, а, противодействуя им, создавать в себе новые альтруистические желания, равные прежним эгоистическим, созданным Творцом, но противоположные им по направлению (не в себя, а к другим) и потому по свойствам.

Такие желания подобны желаниям Творца, потому что в Нем не существует эгоистического свойства получить наслаждения. Поскольку малхут решает, что ее естественные, «человеческие» желания непригодны, то они отделяются и образуют запрещенную к использованию группу желаний, называемую нечистыми силами, клипой, эгоизмом, дурным началом и пр. Но их-то и создал Творец.

И эти же желания, то же творение, оно само, сам эгоизм, решило: все, отличное от Творца, нехорошо, и оно не желает пользоваться своими свойствами. Это решение эгоизм принял под воздействием света Творца, его заполняющего, потому что, когда свет заполняет сосуд, он передает сосуду свои свойства, альтруистические желания. И поэтому сам же сосуд решает не использовать свой эгоизм. Это подобно тому, как в нашем мире человек под воздействием убеждения или хорошего примера решает не идти на поводу у какого-то своего желания, ибо начинает понимать его зло.

Такое желание уже считается непригодным для применения. И хотя оно продолжает существовать в человеке, он считает его нечистым. Но вместо прежнего эгоистического желания он не может создать какие-то новые, ведь человек не Творец, и его желания появляются на ощущаемые наслаждения. Человек просто должен изменить направление использования своих же прежних желаний: если прежде он желал получить наслаждения для себя, то теперь желает ими дать наслаждение Творцу.

Этим он как бы отражает от своего эгоизма те наслаждения, к которым тот стремится. Это усилие воли против эгоизма называется созданием отраженного света. А затем в это новое намерение, не ради себя, а ради Творца, потому что этим доставляет наслаждение Творцу, человек начинает получать свет, наслаждение.

Но по ощущению это уже совсем иное наслаждение – наслаждение от услаждения Творца, а не от эгоистического наслаждения. А так как услаждать можно неограниченно, ведь получаемое наслаждение не зависит от величины собственного кли, то ощущаемое наслаждение воистину безгранично. Вместо прежнего сосуда «получения ради самонаслаждения» используется отраженный свет, стремление отдать, т.е. изменилось только намерение – получить свет ради Творца.

И это является единственным условием получения света сосудом. А еще неисправленные эгоистические желания определяются самим кли, человеком, как нечистые, и не желает он их использовать. И пока не исправил их, не создал на них экрана, обязан противостоять их соблазняющим раздражениям и бороться с ними, дабы не начать использовать их для самонаслаждения. Все различие между чистыми мирами АБЕ"А и нечистыми АБЕ"А в том, что сосудами чистых является «отраженный свет», т.е. принятие света с намерением насладить Творца.

А в нечистых мирах АБЕ"А находятся эгоистические желания получить ради себя. У них нет экрана, нет отражаемого света. После сокращения, решения о получении только в экран они не могут уже получать в свои эгоистические сосуды, хотя и страстно желают этого. Зачем Творец создал таким образом свое творение? Чтобы само творение как бы самостоятельно избрало альтруизм и вело борьбу против того, что создал в нем Творец!

И для того, чтобы у человека, внутри которого находится все мироздание, все миры, все, кроме самого Творца, появились две противоположные системы сил – чистая и нечистая, называемые мирами; и он мог бы постепенно, свободным своим выбором перевести желания из системы нечистых сил АБЕ"А в систему чистой АБЕ"А, подобной Творцу, снабдив постепенно все элементы миров нечистой АБЕ"А экраном.

17. ЧЕЛОВЕК ПИТАЕТСЯ ОТ НЕЧИСТЫХ СИЛ, А ПОТОМУ, ПОДОБНО ИМ, ИСПОЛЬЗУЕТ ЭГОИЗМ

18. ВСЕ ТВОРЕНИЕ ЗАКЛЮЧЕНО В МИРЕ БЕСКОНЕЧНОСТИ, НИСХОДИТ ИЗ УЖЕ СУЩЕСТВУЮЩЕГО, И ТОЛЬКО ЭГОИЗМ ЯВЛЯЕТСЯ ВНОВЬ СОЗДАННЫМ И ПРОИСХОДИТ ИЗ НИЧЕГО

Поскольку Творец создал единственное творение, называемое желанием насладиться, Он создал этим основу всего зла и страданий, всех неисправностей и несовершенства в мироздании. И эта причина заложена в самой основе творения.

И хотя цель творения – насладить нас, но этот же замысел включает в себя и сотворение зла.

Затем, по мере развития творения, этот зародыш зла растет, и из него исходят нечистые миры, существующие параллельно чистым мирам. А в конце развития всех систем параллельно нисходящих чистых и нечистых миров создается внутри них человек, о котором сказано: «Сердце человека зло от рождения», т.е. эгоистично, потому что все, что он получает, все наслаждения и жизненные силы получает он от системы нечистых сил.

Мы должны понять, в чем заключается основа всей неисправности, порчи в нас, которая появилась сразу же с замыслом Творца создать творения. Ведь замысел был вроде бы насладить творения, так при чем же здесь появление нечистых сил? Зачем нужна такая борьба между противоположными системами, которая происходит внутри человека?

Человек как бы является жертвой этого противодействия. Эти две системы миров существуют параллельно, т.е. находятся на совершенно одинаковых духовных ступенях. Как может быть, чтобы желание самонасладиться занимало хоть какую-то духовную ступень? Как Творец мог создать это? Желания не зависят от самого творения, они – следствие ступени, на которой находится человек. Если человек духовно поднимается, то это означает изменение его желаний. Ведь, кроме желания, не создано ничего, и только качество желания определяет ступень, на которой находится человек.

Желания меняются в человеке в зависимости от того уровня, на который его поставили свыше, сам себя человек поставить не может ни на какую ступень. Он может только осознать свою зависимость от Творца и просить о своем возвышении.

В результате собственных многочисленных попыток измениться человек осознает, что он сам это совершить не в состоянии.

Только после этого начинается этап обращения многочисленных просьб к Творцу. И если эти просьбы действительно исходят из глубины сердца, то человек получает помощь свыше в виде антиэгоистических духовных сил, называемых экраном. И тогда, соответственно своим новым желаниям, он поднимается на более высокий духовный уровень.

Если человек не ограничивает свои желания, то постоянно находится в ненаполненном, неудовлетворенном состоянии, потому что как только получает желаемое, оно создает в нем новое, вдвое большее желание. Таков закон развития кли. Поэтому наблюдающие развитие желания в нашем мире советуют самоограничение как путь достижения удовлетворения.

Но мы избираем этот путь не для самоудовлетворения, как они, т.е. не для эгоистического насыщения. Сторонники ограничения и аскетизма предлагают сознательно ограничить кли, и тогда человек, естественно, сможет его наполнить.

Например, сознательно ограничиться желанием только самого необходимого, получить это и остановиться, наслаждаясь полученным и тем, что ограничиваешь себя. Для желающих достичь духовных высот этот путь непригоден, потому что мы, чтобы ощутить духовное, должны иметь огромное желание, а путь самоограничения противоположен духовному росту.

Потому сказано: «Большой человек имеет большие желания» – но эти желания в нем исправленные. Потому наш путь заключается не просто в ограничении желаний, а в их исправлении, в просьбе к Творцу о больших желаниях к истинному их исправлению. В прошлые времена путь самоограничения помогал человеку достичь исправления.

Конечно, такие ограничения каббалисты принимали с намерением достичь духовных, альтруистических свойств. Этот путь был пригоден только для прошлых поколений. В наше время только Свет Каббалы, помощь Творца могут спасти человека. Необходимо понять некоторые свойства того непостижимого, кого мы называем Творцом.

Это свойство полной отдачи, полного наслаждения, исходящее от того, кого мы никак не можем назвать. Свойство, исходящее свыше, называется желанием насладить. Это свойство мы называем Творцом, Создателем – потому что это свойство насладить творит (рождает, создает) второе – желание насладиться, получить наслаждение, называемое творением.

Разницы между объектами в духовном не может быть ни по какому иному признаку, только по единственному свойству – желанию. Так же и в нашем мире, но в духовном мире желания «оголены», а в нашем мире желания облачены во всевозможные одеяния, и потому мы можем их характеризовать по признакам их одеяний, а не их самих.

Их самих мы характеризовать еще не умеем – это возможно только после того, как они «оголяются», что происходит только по мере их исправления и только для тех, кто их исправляет.

Поэтому каббалисты могут говорить только о самих желаниях и характеризовать их, обозначая знаками, номерами, изучая их взаимодействия, бесстрастно описывая их. Но это после того, как сами на себе ощутили свои желания и наслаждения, получаемые в них. Как музыканты пользуются всего семью значками нот, так и каббалисты описывают самые величайшие в мироздании наслаждения и страдания в виде простых объяснений взаимоотношений света и кли.

Итак, в духовном есть только желания Творца и творения. И свет, заполняющий творение соответственно его желанию. Желания Творца и творения различны: дать наслаждение и получить наслаждение. Почему же говорится, что в начале творения желания Творца и творения совпадают: «Он и имя Его едины»? Вот что говорил раби Элиэзер: «Там был свет и желание получить этот свет, насладиться им – как одно желание».

Не было никакого различия между ними, так как они оба находились вместе в одном замысле творения. Его имя – это Малхут мира бесконечности, само творение получает Свет, называемый творением «Творец». Оба они исходят из самого Творца: и свет, и желание им насладиться. Пока в творении не возникло своего самостоятельного желания, а оно действует только с желанием, созданным в нем Творцом, оно не считается самостоятельным, эгоистичным, сознательно получающим.

Можно сказать, что такое творение не считается творением, потому что творением может считаться только то, что себя таким уже ощущает, ведь все мы говорим только относительно наших ощущений, а не относительно Творца. Поэтому не ощущающий своих собственных желаний, а только природные побуждения не считается нами самостоятельным творением, а называется «домэм» – духовно неживой природой.

И только по мере замены своих инстинктивных природных желаний на самостоятельные, экран, человек может считаться самостоятельным от природы, от Творца, творением. А до тех пор пока творение не пожелало само насладиться светом, не сделало от себя какого-то первого, независимого шага, оно считается созданным Творцом и выходит из Него – так же, как исходящий из Него свет.

И поэтому нет между ними никакого различия, так как любое различие предполагает отсутствие чего-то в творении относительно света. А этого, естественно, быть не может, потому что это место, желание, творение, до первого сокращения своих желаний, до своего первого самостоятельного поступка, всеми своими свойствами, как и свет, исходит из Творца.

Как между плодом внутри матери и матерью еще нет никакого различия в желаниях, так нет никакого различия между светом и желанием его получить, потому что оба одинаково исходят из Творца. Но как только творение почувствовало себя творением, у него появилось личное желание, отличное от Творца, оно сразу же сделало первое сокращение своего желания («Цимцум алеф») на получение света.

И появилось различие между творением и Творцом. После того, как творение определило для себя, что оно создано, по мере осознания себя как творения оно имеет все более самостоятельные желания и действия. И все последующие после первого сокращения действия, которые совершаются творением – малхут мира бесконечности: первое и второе сокращения, создание экранов, парцуфим, миров, всего, вплоть до человека в нашем мире, – все это делается самим творением из-за ощущения его отличия от света, а не Творцом.

И хотя за всем этим стоит единственный Создатель, ведь Он создал такие свойства в творении, но поскольку мы рассматриваем все с точки зрения творения, то говорим о наших самостоятельных действиях. А сказанное «Нет никого, кроме Творца», «Слушай, Израиль, наш Творец – Один» – относится к наивысшей ступени постижения истины самостоятельно пришедшим к этому ощущению творением.

Но не его неосознанным, как в чреве матери, существованием в Творце в мире бесконечности или в природе нашего мира. До первого сокращения свет, желание насладить, и желание получить не одинаковы. Желание получить получает, а свет дает наслаждение. Но это желание получить не ощущает себя получающим (все определяется относительно кли).

Творец создал одну-единственную вещь: эгоизм (зло). Пока эгоизм не ощущается, считается, что его нет. Получение до первого сокращения не ощущалось как получение, оно было одновременно со светом, исходило из Творца. Как только творение стало ощущать, что получает, т.е., пройдя все стадии развития (4 стадии от Творца до малхут мира бесконечности), почувствовало себя полностью эгоистичным, – в тот же момент вместе с этим ощущением оно прекратило получать свет.

Потому что само ощущение получающего является отрицанием этого ощущения, отрицанием желания, нежеланием получать. И такое состояние стало для малхут невыносимым, она не смогла им больше наслаждаться. Желание наслаждаться исчезло. Это и называется первым сокращением (желания).

И теперь это высшее решение не получать свет обязывает к выполнению всех последующих, рождающихся из этого состояния, объектов, потому что решение высшего есть закон для низшего.

Поэтому, как только появляется где-либо в творении, в какой-либо части этой малхут мира бесконечности желание получить свет для себя, это желание немедленно исчезает, свет удаляется от него, потому что духовный мир – это мир свободных желаний. И так как первое творение приняло решение не получать свет ради себя, Творец также согласился с этим. Можно объяснить проще: поскольку есть нисхождение парцуфим сверху вниз, и каждый высший рождает низшего, то каждый высший для низшего является его Творцом.

А так как малхут мира бесконечности породила все, то она передает свои свойства всем духовным объектам. И потому если бы низший пожелал получить для себя, то более высокий парцуф немедленно ограничил бы доступ света через себя к нему. Стадия 4 ощутила себя получающей относительно света, противоположной ему по свойствам. И это вызвало в ней жуткую боль, отвращение к своему состоянию, которое называется «стыд» – «буша».

Это страдание от эгоистического получения. Появилось страстное желание избавиться от этого страдания, потому она исторгла из себя свет. Однако она может только получать, такой она создана Творцом, и тогда единственное, что ей остается, это получать, потому что этого желает Творец, но получать ради Него.

Свет, наполняющий ее, дал ей свои альтруистические желания, показал, что такое свойство, как альтруизм, существует. Так же и в нас, до тех пор пока мы не почувствуем свет, его свойства, мы не можем осознать и поверить, что может существовать нечто такое, как абсолютный альтруизм. Потому что мы можем осознать и понять только то, что есть в нас, но не вне нашей природы. Свойств и явлений, которых эгоизм не содержит, мы не можем вообразить.

Свет дал малхут мира бесконечности возможность ощутить, что можно отдавать и наслаждаться отдачей. Свет дал ей понять, что есть не только действие отдачи, услаждения, но есть наслаждение от этого действия. Ор хасадим – это наслаждение от отдачи, поэтому он называется ор – свет. Это значит – не просто отдавать, а наслаждаться от того, что отдаешь. В малхут есть теперь все эти свойства. Они не ее, а получены ею от света. Но они в ней есть. И если малхут действует в соответствии с этими, полученными от света свойствами, считается, что она использует свойства выше ее исконного эгоистического желания, взаимодействует с девятью высшими сфирот («тэт сфирот ришонот», кроме бхины далет).

Свет создал малхут, постепенно нисходя от Творца. Он прошел несколько стадий своего нисхождения, и все эти его свойства малхут, рожденная ими, принимает в себя и использует их, а не свои личные эгоистические свойства. То есть меняет свои желания на желания девяти первых, предыдущих, более высоких сфирот, желаний. Первое сокращение означает, что малхут мира бесконечности поменяла свое желание на желание света.

И свет исчез – потому что нет света, наслаждения, без желания. Желание первично по отношению к ощущению света. Наполнение светом измеряется относительно желания: желание может быть маленьким, но если оно полностью наполнено, то это состояние называется бесконечным, неограниченным насыщением. В чем смысл первого сокращения?

Созданное Творцом желание насладиться, называемое малхут мира бесконечности, получило весь свет Творца. То есть малхут включает в себя все творение-желание и все управление-свет. Все, что впоследствии проявится во всевозможных формах – есть не более чем различные фрагменты и варианты того, что уже есть в этом состоянии полностью заполненной светом малхут мира бесконечности. В ней есть все, но только в виде замысла, который под действием света начинает разворачиваться, дополняться и принимать все новые и новые формы.

Поэтому говорится, что она включает в себя все творение. Малхут украшает себя, так как хочет стать еще выше того состояния, в котором ее создал Творец. Она желает достичь свойств света, Творца, причем сама стать, как Он. Как это возможно? Если она сравняется с Ним по свойствам, станет такой же, как Он. Она сама поднимает себя до соответствующего уровня.

Такое состояние называется «кишут» – украшение, потому что оно не обязательно, в этом нет жизненной необходимости: малхут полностью наполнена светом. Сделала она это потому, что хотела уподобиться Творцу. Творец дал ей возможность произвести такое совершенное действие, стать подобной Ему, не испытывать стыд от получения.

Это в принципе и является совершенством действий Творца, конечной целью творения: создать абсолютно несовершенное, противоположное Себе, совершенству, творение, но дать ему возможность самому достичь абсолютного совершенства. И поэтому малхут уменьшила свое желание получить свет, сделала это сознательно, решив украсить себя и подняться до уровня Творца.

Затем малхут постепенно сокращает свои желания, что называется нисхождением миров и сфирот, до самых маленьких, называемых точками. Эти точки, микрожелания духовного, вселяются в физические тела нашего мира, т.е. в сердце человека, находящегося в нашем мире. И тогда человек, в котором появилась такая точка, начинает ощущать тягу к истинно духовному.

Почему «истинно»? Потому что многие желают чего-то более высокого, но это не обязательно истинно духовное. Это может быть лишь любопытство, стремление больше знать, тяга к власти над другими и пр. Малхут, уменьшив свои желания до последней точки, до отсутствия желаний, оказавшись на самом низком своем уровне, может начать свое исправление.

Только вселившись именно в тело человека, она может исправить себя, свое желание, может достичь свойства отдачи и стать подобной Творцу. Оказывается, что человек и малхут мира бесконечности – это одно и то же, только в разных своих состояниях. А так как снизу, с состояния малхут, называемого «человек», начинается исправление, то человек называется венцом природы. Не в смысле его «величия», а, наоборот, именно потому, что он так низок, он может начать исправление и довести себя с самого низшего состояния до совершенства Творца.

Тогда он действительно становится венцом творения. Все действия малхут вынужденны: она обязана так поступать, если в ней возникает желание украсить себя, стать подобной Творцу. У нее нет никакой другой возможности, кроме той, чтобы спуститься, уменьшить себя духовно до уровня нашего мира.

Спустившись до нашего мира, облачившись в сердце человека, малхут проходит долгий путь самоисправления, чтобы во всех ее частях, от мира бесконечности до нашего мира, светил полный свет Творца. Явление света в кли зависит только от желания кли. Поскольку желание Творца рождает все остальные желания и управляет ими, то говорится, что все остальные желания находятся внутри этого желания.

Человек, творение, находится внутри Творца. А Творец, управляя всем, приводит все творение к выбранной Им цели. В состоянии бесконечного наполнения светом в мире бесконечности малхут не испытывала стыда. Она отвергает свет не от ощущения стыда, а потому что желает подняться своими свойствами до уровня Творца, стать дающей. Поэтому причина первого сокращения называется «кишут» – украшение.

Только потом, когда появится отличие творения от Творца, стыд начнет играть свою роль. В духовном нет насилия. Творец создал эгоистическое желание, и оно неизменно, оно просто используется в другом направлении, с другими намерениями: получает не ради себя, а ради Творца, и этим из получающего становится дающим. И именно так достигается совершенство действий Творца: создать творение, равное Себе.

Поэтому сказано, что Творец начал творение, создал эгоистическое желание самонасладиться, а праведники заканчивают творение – исправляют в себе это желание, обращая его в противоположное, альтруистическое. И так они становятся полноправными партнерами Творца.

19. ПОСКОЛЬКУ ВЕТВИ ИСХОДЯТ ИЗ СВОЕГО КОРНЯ, ТО НАХОДЯЩЕЕСЯ В КОРНЕ ВОСПРИНИМАЕТСЯ НАМИ КАК НАСЛАЖДЕНИЕ, А ОТСУТСТВУЮЩЕЕ В НЕМ — КАК СТРАДАНИЕ

Единственное, что создал Творец, – это эгоизм, желание получить наслаждение. Это единственное, что существует, кроме Него, и это есть мы. А все, что кроме этого, – Творец, ощущаемый нами свет, исходящий из Него. Поэтому сказано: «Посылающий свет и Творящий тьму». И называется Творец по этому своему действию. Это значит, что Творец сотворил тьму?

Да, чтобы наполнить ее светом. Только в меру своего желания ощутить Творца можно ощутить Его. Только само наше желание и есть мера Его проявления нам. Мы сами определяем, в какой мере нам проявится Творец. Со стороны Творца все Его управление нами построено на том, чтобы привести нас к такому исправленному состоянию, чтобы всей мощью созданного в нас желания мы смогли насладиться духовным совершенством.

Поэтому вокруг созданного Им желания насладиться и вращается все управление. А так как мера ощущения Творца, наслаждения, зависит только от меры исправленного желания, то желание называется «место» – место раскрытия Творца. Если это «место» не подготовлено к «приему» Творца, то оно называется тьмой и мертвым местом, ибо ввиду отличия собственных свойств от света оно полярно удалено от Творца, пусто и безжизненно.

Все наслаждения и страдания, ощущаемые в единственно созданном желании, зависят от того, насколько близко оно находится к своему корню, источнику или не ощущает себя в нем. Каждое созданное творение стремится к своему источнику, к тому, кто его породил, откуда оно произошло. Все, что имеется в корне, воспринимается созданиями, ветвями, как приятное.

И каждая ветвь стремится сблизиться со своим корнем, из которого произошла. Причина этого в том, что природа каждого подобна природе его породившего. А потому все, что не имеет места в корне, воспринимается ветвью как неприятное, вызывая ощущение страдания, ненависти и побуждает ее отдалиться.

Так как Творец – корень всех творений (ведь, кроме Него, нет больше никого, и все, что создано, создано только Им), то все, что в Нем, ощущается нами, естественно, как хорошее, приятное, а все, что отсутствует в Нем, – как неприятное, потому что наша природа близка Его свойствам.

Мы созданы Им так, чтобы ощущать все Его свойства, ощущать Его как хорошее, а все противоположное – как плохое. И потому все исходящее напрямую от Творца ощущается нами как наслаждение, а все поступающее в наши ощущения не напрямую от Него, ибо отсутствует в Нем, – ощущается нами как страдание. Это закон естественной природы, для этого не надо было Творцу создавать что-то специально.

Свет Творца для нас положителен, Его отсутствие – отрицательно. Тот, кто ощущает себя, свое «я», т.е. собственное желание насладиться, тот воспринимает все исходящее из Творца как положительное, а отрицательным – все остальное. Таким образом, все, что есть в свете Творца: покой, богатство, величие, любовь, надежность и прочее, – нам желанно. Отсутствие всего этого, или то, чего в Творце нет, – неприятно нам. Чтобы получить свет Творца, приятные нам ощущения, необходимо иметь подобные Творцу свойства. Зачем это сделано Творцом? Ведь Он – источник наслаждения, света, создал приемник этого наслаждения – эгоизм, желание получить наслаждение. Зачем же Он создал также условие, что наслаждение входит, ощущается в творении только по мере исправления творением своих свойств, в меру их изменения, замены их свойствами Творца.

Зачем надо Творцу, чтобы творение было подобно Ему? Есть несколько ответов, из которых нам может стать более понятной истинная причина такого желания Творца. Во-первых, совершенство может быть только одно. И это совершенство – Он. Поэтому, вынуждая свое творение самостоятельно прийти к совершенству, Творец дает нам этим возможность своими силами достичь совершенства, заработать свое наслаждение, получить его без ощущения стыда, не как подарок, подачку.

Это ощущение незаслуженно полученного он специально создает в нас, чтобы помочь совершить необходимые усилия и получить заслуженное наслаждение. Мы не можем изменить нашу природу. Творец создал нас такими, что все, что в Нем, приятно нам. Единственное, что нас отличает от Творца, это то, что Он какую-то свою часть наделил эгоистическим желанием. Он создал «место», которое, получив эгоизм, стало пустым.

Это «место», исправляясь, восстанавливает в себе свойства Творца. Но при этом оно не теряет своего личного «я», а ощущает себя совершенным в Творце, потому что сливается с Ним. Мы являемся частью Творца, кроме Него, нет никого и ничего, за исключением ощущения нами нашего «я». Единственное, что мы должны сделать, – это аннулировать свое «я», и тогда почувствуем истину.

Поэтому наше «я» до его исправления называется «место», нечто отличное от Творца. Можно ли сказать, что Творец сотворил настолько отрицательное состояние, что мы называем его тьмой и смертью? Смертью называется не отсутствие жизненной силы в нашем физиологическом теле, а отсутствие света.

Мы находимся в состоянии ниже смерти, потому что не ощущаем потребности в свете, не ощущаем нашей смерти, отсутствия света в нас.

Когда же человек начинает чувствовать отсутствие света, нехватку духовного, можно говорить, что он по своим ощущениям находится в состоянии смерти. Если человек ощущает такое состояние, то уже может приложить усилия выйти из него, получить жизнь – свет. Есть много градаций в понятиях «темнота» и «смерть». Смерть – это полное отсечение, отделение от света, от Творца, Его неощущение. Но, снова напоминаю, все эти ощущения всегда оцениваются относительно человека.

Представьте, какую страшную тревогу, какие страдания испытывают каббалисты от ощущения несоответствия их свойств свойствам Творца. Абсолютные понятия: жизнь и смерть, наслаждения и страдания, счастье, тревоги и страхи – все это для каббалиста ничто по сравнению с самым большим счастьем – сближением с Творцом, желанием что-то сделать для Него.

В этом – самая большая награда для каббалиста. Такое состояние называется ими «жизнь». В соответствии с этим чем выше мы поднимаемся к Творцу, тем ближе мы к корню нашей жизни. Полное слияние с Творцом и есть абсолютное бессмертие. Отдаление от Него – падение в «ад», в «объятия смерти». Пока не оказываемся в состоянии «тьмы», там, где находятся «нечистые силы», в состоянии полного отсутствия света, между «внутренним светом» и «окружающим».

Но в этом месте ощущается отсутствие света, как и в нашем мире. Тогда как мы находимся в бессознательном состоянии, даже не ощущаем себя во тьме. Поэтому наше состояние ниже нечистых сил. Нечистые силы знают, что такое свет Творца, и эгоистически желают его. Осознание человеком своего состояния и отношение его ко всему творению, его духовные силы, его свойства определяются только одним – ступенью, на которой он находится. В соответствии со своей ступенью он определяет для себя понятия жизни и смерти. Для одного жизнь – возможность «хорошо пожить», а для другого – это смерти подобно, потому что уже поднялся на более высокую ступень, которая дает ему иную оценку жизни.

Все, ощущаемое нами как отрицательное, косвенно «исходит» от Творца: так как не находится в Нем. Это ощущение дано нам для осознания необходимости нашего исправления. Все неприятные ощущения – это призыв покинуть их и сблизиться с Творцом. На что это похоже? Предположим, богач приглашает бедняка с улицы, начинает его поить, кормить и давать все от всей души. (Если не от всей души, то не считается, что он дает. Например, он может поступать так, чтобы прослыть праведником.)

Если богач дает совершенно бескорыстно, т.е. без всякого вознаграждения со стороны бедняка, настолько, что бедняку совершенно нечем его отблагодарить, даже если расхвалит богача, в виде вознаграждения за обед, то бедняк ощущает себя полностью получающим. В таком идеальном случае бедняк не желает получать, так как испытывает стыд именно в момент получения, чувствует страдания от наслаждений, которые обязан получать для своего существования. Наслаждается при получении и в то же время стыдит себя за это. Чем больше получает, тем больше страдает. И ничего не может поделать, никак не может уйти от этих переживаний.

Мы опять говорим об абсолютном примере, а не о скрытом обмене, когда богач угощает, получая при этом в качестве вознаграждения в этом мире удовлетворение собой, своим богатством, превосходством или умиление своей праведностью и надеясь на вознаграждение в мире будущем.

Бедняк не думает о том, что, прося милостыню или получая предлагаемое, он предоставляет богачу возможность заработать вознаграждение в будущем мире или выполнить Заповедь Творца, как стучащие в наши двери требовательные сборщики милостыни.

Мы видим из их требовательности к нам, что они не ощущают себя получающими, а скорее, дающими нам – дающими возможность выполнить требуемое Творцом. В них чувствуется нечто от сборщиков налогов. И это потому, что они перестали ощущать себя получающими, а ощущают дающими.

Но истинно получающий находится в отчаянном состоянии. Ему никуда не деться от необходимости получения, а потому никуда не деться от ощущения унижения, стыда. Стыд – это ощущение унижения эгоизма, единственного творения, по сравнению с альтруизмом, Творцом. Такое ощущение может довести человека даже до самоубийства или помешательства, настолько оно непереносимо для эгоизма. В чистом виде – это ощущение и есть описываемый в Каббале ад.

И хотя наслаждение, которое получающий испытывает от подарка, исходит непосредственно от дающего этот подарок, от него же, пусть и косвенно, получающий испытывает стыд и ощущение нетерпения. Но стыд этот он испытывает во время получения наслаждения от подарка. Не может быть одного без другого, нельзя ощущать стыд, не ощущая получения. Только в силу ощущения себя получающим он испытывает стыд. Поэтому если бы мы ощутили дающего Творца, мы бы немедленно испытали стыд и пожелали исправиться… Ад – это жгучий стыд, огонь, который сжигает. Даже в нашем мире мы знаем, что такое стыд. Хуже стыда ничего нет, потому что стыд уничтожает человека, его «я».

Стыд – это прямое поражение эгоизма. Стыд может убить человека. Он сам себя убьет, чтобы избавиться от ощущения этого состояния. Убивая свое тело, человек не убивает свое «я», неосознанно ощущая, что оно бессмертно и продолжает существовать после смерти тела. Есть много примеров, когда человек ради своей идеи, своего «я» готов идти на смерть, потому что он ощущает, что свое «я» он при этом не убивает.

Такое ощущение вечности дает нам точка бесконечности, точка Творца, которая находится в нас (ахораим нэфэш дэ кдуша). Если человек достигает такого состояния, в котором он ощущает себя получающим от Творца, и это вызывает в нем стыд, – это самое лучшее состояние, о котором можно мечтать. И так как это состояние связано с вечностью, тут Творец напрямую с ним. Одновременно с этим человек получает возможность кричать к Творцу о помощи.

Достичь такого состояния, ощутить стыд – непросто, а достичь ощущения получения от Творца – уготовано только, как говорит раби Ашлаг, особо высоким душам… Но это означает, что каждый достигший определенной духовной ступени приходит к этому состоянию.

Ощущение стыда испытывается получающим, ощущающим себя получающим, потому что ощущает дающего. Это ощущение вызывает чувство стыда, беспокойства, страдания. И в мире бесконечности созданное желание насладиться, творение, предпочитает отказаться от громаднейшего наслаждения, только чтобы не испытывать чувств получающего – стыда и унижения.

Это и есть сила, заставляющая сделать «цимцум алеф», первое сокращение. Чувство стыда нейтрализует чувство наслаждения настолько, что вызывает ощущение, что лучше ничего не получать. А исторжение света из духовного желания ощущается как расставание с жизнью.

Ощущение стыда вызывается в получающем самим дающим. Творец, который может все, мог бы сделать так, чтобы кли, творение, не чувствовало, что оно получает от дающего, не ощущало стыда. В нашем мире только человек способен ощутить себя получающим, не животное, не говоря уже о растительной или неживой частях природы.

Но не каждый человек ощущает себя получающим, а в меру своего человеческого развития каждый ощущает это, и в разной степени. Мне могут что-то дать, но я решу, что мне это полагается. Что-то я сам возьму, как будто мне это надо, не принимая во внимание желания окружающих. Только получение жизненно необходимого не вызывает чувства стыда – минимально необходимого для пропитания и выживания.

Но все, что не является истинно необходимым (границы этого минимума человек определяет для себя сам), вызывает в духовно развитом человеке чувство стыда и потребность избавиться от получения. Как только человек начинает ощущать, что он получает, у него возникает чувство стыда. Это самый хороший двигатель. Что побуждает нас к достижениям в этом мире? Чувство стыда, страх унижения эгоизма.

Люди отличаются один от другого величиной желания. Если желает только необходимого – обладает примитивным желанием; желает наслаждений тела – хочет животных наслаждений; желание власти, почета, богатства (как средства власти, почета, уверенности) – это уже желания, имеющиеся только у человека; жажда знаний, постижения силой разума – это человек достигает не за счет других, а собственными усилиями в исследовании мира.

Постижение духовного, что выше нашего мира, – это стремление познать себя и свой Источник, понять, кто он и откуда. Создав в нас стремление к наслаждению, Творец с помощью «нер дакик» – маленького наслаждения в эгоистических одеяниях нашего мира – может взрастить наши желания до большого уровня, чтобы затем мы пожелали переделать их.

И поэтому мы устремляемся за деньгами, властью, известностью, различными животными наслаждениями – для того, чтобы взрастить желания, сделать их большими, но ни в коем случае не подавлять их. «Тикун» – исправление не заключается в том, чтобы подавлять свои желания, как это рекомендуют другие религиозные учения. От того, что разбиваешь одно желание, получаешь два других.

Есть морально-этическое воспитание и в иудаизме. Но оно пригодно только для масс, которым, как маленьким детям, воспитатель постоянно говорит: «Ну-ну-ну, не делай этого. Надо делать так-то!». Все время запрещать, указывать, не давать человеку самому размышлять, развивать собственные желания и контроль – это означает убивать в нем самостоятельное развитие.

Мы видим, что все развитие творения – это развитие отрицательного: нисхождение миров с уровня мира бесконечности до нашего мира, разбиение сосудов, прегрешение первого человека Адама, разрушение первого и второго Храмов и пр. и пр. И все это сделано для того, чтобы как можно больше смешать темные и светлые силы, дать им возможность влиять на человека, чтобы взрастить в нем животные желания.

Большой человек отличается от маленького только размером желания. Чем отличается чистый человек от нечистого? Только экраном. Размеры желания у них одинаковые. Нужно только растить экран. Если человек поднялся на первую духовную ступень, он должен взрастить желание, эгоизм, для второй ступени, чтобы потом, исправив его, подняться. Как это делается?

Левая сторона, левая линия духовной ступени, на которой ты находишься, добавляет тебе эгоистические желания. Ты снова падаешь в этот мир, снова становишься эгоистом. Исправляя эгоизм и имея уже дополнительные желания, поднимаешься на следующую духовную ступень. И т.д.

Ступень от ступени отличается только большим кли-желанием с большим масахом-экраном. Большее желание добавляется от клипот, больший экран – от Творца, от света. Именно в экран, в отраженный им свет, человек получает ощущение Творца, ощущение духовного, основанное на эгоистическом, но исправленном и отторгнутом желании.

Духовное восседает на эгоизме, как всадник на лошади. Прямого пути снизу вверх не существует, есть попеременные падения во имя подъема. Не бывает просто падения. То, что нам кажется спуском, – это падение во имя следующего подъема. Поэтому духовно растущему запрещено указывать, как поступать. Он обязан учиться сам и на себе.

20. ПОТОМУ КАК ЖЕЛАНИЕ НАСЛАДИТЬСЯ НЕ НАХОДИТСЯ В НАШЕМ КОРНЕ, МЫ ОЩУЩАЕМ ОТ ЭТОГО СТЫД И НЕТЕРПЕНИЕ. ПОЭТОМУ СКАЗАНО МУДРЕЦАМИ «СОТВОРИЛ ТВОРЕЦ ЭТОТ МИР, ЧТОБЫ ДАТЬ НАМ ВОЗМОЖНОСТЬ УСИЛИЙ В ТОРЕ И ЗАПОВЕДЯХ, ДАБЫ ОБРАТИТЬ «ЖЕЛАНИЕ ПОЛУЧИТЬ» В «ЖЕЛАНИЕ ОТДАТЬ»

Существуют только два действия – отдача и получение. Отдача со стороны Творца – это то, что находится в корне, что естественно для Него. А то, что неестественно, единственное противоположное ему, – это получение. Это и есть то, что Он создал. Поэтому, когда мы ощущаем себя получающими, одновременно с этим мы испытываем стыд и страдания.

Отсюда вывод: чтобы испытать стыд, нужно ощутить дающего, т.е. Творца. Не может быть никакого исправления до того, как человек ощутит Творца. Но как только человек ощущает Творца, он сразу же принижает себя, преклоняется перед Его свойствами, начинает испытывать чувство стыда от получения.

А это самое лучшее состояние для того, чтобы человек в своем сердце взмолился к Творцу о замене своих эгоистических свойств на альтруистические. Настоящая молитва – это ощущение в сердце человека, которого даже сам человек до конца не знает, не понимает и не может описать и объяснить. Слишком много шелухи (клипот) находится в сердце, всевозможных одежд.

Мы не знаем точных намерений нашего сердца. Только Творец может читать наше сердце, понимать наши истинные намерения. Именно Он вложил в самую глубину нашего сердца ту духовную точку, которая называется «точка в сердце», из которой, получив альтруистические свойства, можно строить духовное тело – парцуф – десять сфирот.

А пока в начинающем она – лишь точка-кэтэр. Творец отвечает только на истинное намерение, исходящее из глубины сердца. Поэтому кричать вслух бесполезно. Сами себя из этого болота мы тоже не можем вытащить. Но чтобы осознать это, человек должен вначале многократно пытаться самостоятельно спасти себя. И только убедившись, что он сам не в состоянии переделать себя, сможет покорить свою гордость и обратиться к Творцу.

Как говорится, «нет большего мудреца, чем имеющий опыт». Как пишут каббалисты, единственная сила, способная помочь человеку, находится в истинных каббалистических источниках. Только изучая немногочисленные истинные книги по Каббале («Зоар», сочинения Ари с комментариями раби Ашлага и сочинения самого раби Ашлага), изучающий возбуждает окружающий свет, который постепенно очищает его (см. «Предисловие к Талмуду Десяти Сфирот», п.155).

Но необходимо иметь очень точное направление намерений во время обучения, иначе можно удалиться от истины еще больше, чем был до начала изучения даже указанных книг (см. «При хахам», т.2, стр.64). И для этого необходим настоящий учитель. Это – единственный спасательный круг, который бросил Творец в наш мир. В наинизшем состоянии находится человек, когда появляется в нашем мире.

Таково было желание Творца: довести человека до наинижайшего эгоистического состояния и оставить его, предоставив ему возможность самому двигаться навстречу Творцу – с помощью Каббалы, книг и учителей. Ни в коем случае нельзя понимать отдаление или приближение как «механические», как расстояния нашего мира. В духовном мире сближение лучше всего представить как все большее ощущение Творца, а отдаление – как все меньшее.

Сначала я Его совсем не ощущаю. Это значит, что Он полярно отдален от меня, хотя и существует вокруг, но не в моем ощущении. Затем я начинаю Его понемногу ощущать, что означает «приближаться». И так, все больше ощущая, приближаюсь я к Нему – до полного слияния в свойствах, а следовательно, и в ощущениях.

На всем этом пути ничто не измеряется в расстоянии, а только в моем ощущении. Поскольку мы созданы воспринимать Творца, исходящий из Него свет как наслаждение, то все, что нисходит от Него (а ведь от Него исходит все), но не напрямую, – воспринимается нами как страдание. Поэтому страдание – это мера скрытия Творца. Нет ничего, кроме света Творца.

Свет – ощущение Творца – ощущается нами как наслаждение, а его отсутствие – скрытие Творца – как страдание. В творении могут быть только два этих ощущения: света-наслаждения или отсутствия света, тьмы-страдания. И тьму создает Творец, как сказано: «Испускающий свет и сотворяющий тьму».

Сказано так, потому что для Творца скрыть Себя труднее, чем дать свет.

Потому что это против Его свойства. Человеку в начале его пути предстоит период «осознания зла», ощущения своего эгоизма как зла. Показать человеку истинную его природу можно только в контрасте с чем-то противоположным. Как сказано: «Преимущества света раскрываются из ничтожества тьмы». Но невозможно показать человеку сразу, кто он такой: его «я» не выдержит такого унижения, заставит человека покончить с собой.

Поэтому свыше это делается постепенно, в соответствии с проделанной работой и усилиями в искоренении зла. Когда он почувствует свое настоящее состояние, насколько противоположно оно свету Творца, когда испытает мучительные страдания от жгучего стыда, тогда и возникнет в его сердце истинное желание вырваться из этого состояния.

И только на это желание ответит ему Творец, дав силы вырваться из оков эгоизма. В творении нет ничего одностороннего. Нельзя познать духовного роста, не испытав перед этим ощущение падения. В то время и в той мере, как растут альтруистические качества, показывают человеку, сколько зла и эгоизма еще есть в нем на самом деле.

И вот эта противоположность свойств эгоизма и альтруизма, эти огромные «ножницы», все больше и больше расширяются в человеке. Он становится выше, увеличивается разница между «головой» и «ногами», этими двумя внутренними духовными точками — из одной точки, которая в сердце, начинают выделяться две точки: кэтэр — альтруистическая и малхут — эгоистическая.

И так человек растет. Для роста человека создал Творец В САМОМ ЧЕЛОВЕКЕ две равные, параллельные, противоположные системы миров АБЕ"А: чистые и нечистые. Подъем человека происходит попеременно, как бы на двух ногах. Из нечистых сил, его «левой стороны», он берет эгоистическое желание, исправляет его с помощью правой, чистой силы, и, таким образом, получает более высокую ступень — большее исправленное желание, в которое входит свет.

Чем больше исправленных желаний — тем выше человек. Чтобы подняться на уровень Творца, наивысшую духовную ступень мира бесконечности, необходимо прежде иметь такого же уровня противоположные Ему желания. Поэтому кли, эгоистическое желание, созданное Творцом, равно тому количеству света, которое оно должно получить.

Количество эгоизма в нас и духовное величие Творца должны быть равны, соизмеримы. Значит, нет никакой ущербности в желании самонасладиться, в эгоизме, и даже наоборот, именно это является целью творения, центральной точкой творения. Именно в ней находится центр творения, его начало и конец, и все управление – только чтобы привести ее к цели слияния с Творцом.

Свет Творца находится вокруг центральной точки именно для того, чтобы довести ее до последнего исправленного состояния. Из этой центральной точки творения, малхут мира бесконечности, и создан человек. Все остальное – свет, миры, ангелы и прочие, населяющие все миры, все, что кроме человека, – это Творец. Это Его явление человеку в том или ином виде, Его силы, с помощью которых Он приводит эту центральную точку, единственное творение, к окончательному, желательному виду.

То, что создано природой, т.е. Творцом, независимо от нас, не по нашей воле, не оценивается ни как плохое, ни как хорошее. Инстинктивное, животное, необходимое для существования не может быть оценено как хорошее или плохое, потому что это природа.

На этой наинизшей, неживой стадии духовного развития нельзя оценивать человека по данным свойствам, потому что они являются его природными. Так же в духовных мирах: свет, необходимый для существования, исходит из постоянного зивуга АВ"И мира Ацилут и беспрепятственно проходит сквозь парса в миры БЕ"А.

И все получают его по мере необходимости для своего существования, не испытывая при этом ощущения стыда, как не возникнет чувства стыда за вдыхаемый воздух. Отсюда можно понять, что понятие «получать» рассматривается относительно объекта и оценивается им поневоле в меру его духовного развития.

Но никогда не возникнет чувство стыда за получение необходимого для существования, это не считается «получением». В нашем мире – это необходимое количество калорий, в духовном мире – необходимый для поддержания духовного существования свет хохма.

«Каждый незаслуженно получающий стыдится». Это означает, что в свете Творца, в меру интенсивности этого света, человек видит себя в той или иной степени получающим и испытывает чувство жгучего стыда, осознавая, насколько его свойства и намерения полярно противоположны свойствам Творца. А поскольку это можно ощутить только в свете Творца, то каббалисты говорят, что это ощущение в нашем мире уготовано только для высоких душ: для тех, кто, находясь в нашем мире, ощущает Творца.

Дай Б-г каждому ощутить Дающего! Только тогда можно почувствовать себя получающим и пожелать избавиться от этого тягостного чувства, потому что оно противоположно нашему корню, не жалея никаких усилий для исправления. Поэтому все свои силы человек должен направить на поиски Творца в себе. А затем, уже занимаясь Каббалой, человек постепенно исправляет свой эгоизм.

С помощью альтруистического получения света только ради Творца, что называется Заповедью, человек получает маленькие порции света, называемые Тора. Таким образом, он на каждой ступени своего духовного подъема выполняет на другом уровне Заповеди и все более раскрывает в себе Тору. Если бы своим «я» творение не было полностью оторвано от Творца, не находилось бы в рабстве своего эгоизма, оно бы было под властью Творца. Отрываясь от Творца, творение становится якобы самостоятельным и может само выбрать законы своего поведения.

Своего рабства в эгоистическом плену мы не ощущаем: это ощущается только по мере ощущения противоположного свойства света. И это ощущение и называется осознанием зла (эгоизма). Свободы в созданном желании получить нет: есть выбор – быть рабом Творца или рабом эгоизма, и этот выбор, в нашем ощущении, свободен. Творение может ощутить Творца в той мере, в какой это не мешает его свободе воли.

Состояние тьмы должно быть таким, чтобы оставалась возможность по собственному желанию приблизиться к Творцу. Творец осторожно и очень медленно приближает к Себе человека, постепенно вырабатывая в нас все необходимые для ощущения совершенства качества. Творец скрывается, чтобы насильно не покорять нас.

Как и в нашем мире, при огромнейшем наслаждении начинает кружиться голова, теряется рассудок, человек становится рабом того наслаждения, которое видит, ощущает и безропотно, как кролик в пасть удава, попадает в полную власть этого наслаждения, даже если это и приведет его к смерти. Поднимающийся зачастую ощущает на себе такую игру Творца, осознает это и понимает, что ничего не может поделать с этим. И такие состояния необходимы для того, чтобы понять, что истинная свобода – это свобода от рабства своего стремления наслаждаться. Творец ждет от человека желания стать духовным, и никакого насилия здесь быть не может.

21. ГРЕШНИКИ ПРОИГРЫВАЮТ ВДВОЙНЕ, А ПРАВЕДНИКИ ВДВОЙНЕ ВЫИГРЫВАЮТ

Грешники ничего не наследуют в результате своих огромных усилий в погоне (движении) за наслаждением, потому что оно немедленно гасится в их эгоистическом желании. А «праведники» выигрывают вдвойне. Наш мир, последняя, уже не духовная ступень, создан совершенно опустошенным от настоящего света, от настоящего наслаждения.

Только искра света светит человеку в одеяниях этого мира, привлекая его. И для того чтобы получить хоть какое-то наслаждение в этом мире, одетое в такие одежды, как пища, дети, противоположный пол, свобода, почет, власть и т.д., мы должны находиться в постоянном движении, гнаться за ними. Кто такие грешники и праведники? А заодно ангелы, первый человек Адам, Моше, Аарон и другие имена в Каббале?

Это духовные ступени: когда человек поднимается по 125 духовным ступеням от нашего мира до Творца, то называется именем той ступени, на которой находится. Допустим, человек получил какой-то определенный свет, исправил какой-то определенный «кусок» своего эгоизма, находясь на какой-то ступени Х, которая по своему духовному уровню называется, скажем, пророк Моше.

Значит, этот человек в данный момент называется Моше. Что значит Моше? Это определенная порция раскрытия Творца человеку, т.е. человек ощущает в себе Творца и называется той Его частью, которую он раскрыл в себе этим именем. Не существует ничего, кроме человека и его внутреннего ощущения, которое он называет Творцом.

Поэтому «праведники» или «грешники», да и все остальные имена – это определения, которые сам человек дает вследствие нахождения на определенных уровнях, на определенных ступенях. Человек не может быть вне какой-то ступени. Любое творение – или это желание насладиться ради себя, или уже исправленное желание насладиться ради Творца, все равно, – находится на одной из ступеней: либо удаления от Творца, либо сближения с Ним.

Если человек в глубине своего сердца, в его точке, ощущает, что недоволен своим состоянием, он этим неосознанно, поневоле ругает или даже проклинает Творца, ибо недоволен своим состоянием. А потому он называется грешником. Когда в этой же точке человек ощущает себя довольным своим состоянием, то этим ощущением неосознанно благодарит Творца, оправдывает Его во всем, а потому называется праведником.

Таким образом, «праведник» или «грешник» – это следствие той ступени, на которой находится человек. В Предисловии к «Талмуду Десяти Сфирот» объясняется, что «праведник», «грешник», «средний», «любовь независимая» и «зависимая» – все это следствия овладевания духовными ступенями, по которым человек поднимается согласно своему экрану – противодействию на его желание насладиться.

Мы говорим, что все ступени, все миры находятся внутри человека, а снаружи – только Творец, потому те градации ощущений, которые человек должен пройти, фиксированы и находятся в каждом из нас. Это и называется «лестницей Яакова». Нет явной, каменной или веревочной лестницы, по ступеням которой человек должен подниматься. Кроме меня, существует один Творец. Меры, стадии, градации Его постижения мною, Его раскрытия во мне называются ступенями лестницы.

Эти ступени фиксированы. Человек не влияет на них. Они постоянны и всеми раскрываются одинаково, как в нашем мире мы все наблюдаем перед собой примерно одинаковую картину. И разницу между ступенями человек не может менять, не может сделать разницу между ступенями большей или меньшей. Ступени постепенного, все большего сближения с Творцом называются сфирот, парцуфим, мирами.

Как все мы ощущаем почти одинаково наш мир (с небольшими отличиями, вследствие типа души каждого), так же и в духовных мирах: если двое продвинулись вперед от нашего мира на одинаковое количество ступеней, то они могут друг с другом разговаривать о своих ощущениях и при этом превосходно понимать друг друга. Каббалисты так и пишут свои книги. И все, что написано в Торе, написано пророком, ощутившим все 125 духовных ступеней.

Погоня за наслаждениями опустошает человека, потому что при этом он постигает противоположное корню удаление от Творца, не постигает свет, а приобретает еще большее кли-желание. Как только получил желаемое, немедленно возникает желание в два раза большее. Но поскольку в нашем мире искра света одета в объекты нашего мира, то человек гонится якобы не за светом, а за его многочисленными одеяниями, в которые облачена микроскопическая порция света.

Сама погоня, движение неприятны человеку, потому что противоположны свойству Творца, ведь совершенство не нуждается в движении для достижения чего-либо. Человек сам себя как бы проклинает, сам гонится за своим проклятием: получив, желает вдвойне. Внутренние стремления и вечная погоня доставляют человеку постоянные страдания. Иногда можно видеть людей, которые всегда в бегах и, кажется, не страдают от этого. Но они несчастны: им светит будущее наслаждение, и им кажется, что они вот-вот его достигнут.

Это подобно тому, как впереди стаи собак бежит искусственный заяц, заставляющий всех преследовать его по бесконечному кругу, до смерти от изнеможения. Но, умирая, каждый умирает с вдвойне опустошенным желанием. Люди страдают вдвойне: от постоянного движения и от ненаполнения своих желаний. И так, прожив свои 70 лет, уходят из нашего мира, не наполнив и половины желаний, потому что таким образом они создают только новые желания-кли. Но к этому их вынуждает природа, и человек не в состоянии оставаться в покое, если его желание не удовлетворено! Ведь при этом он остается пустым. А поскольку наш корень полон всех наслаждений, то поневоле человек выбирает погоню (за наслаждениями) и ничего не может с собой поделать. И потому страдает вдвойне: от движения и от постоянно неудовлетворенного желания. Но те, кто обращает свои эгоистические желания в альтруистические, так называемые «праведники», в свои же желания получат вдвойне, наполнятся вдвойне. Они заменили свои эгоистические желания на альтруистические, получают с намерением отдавать

Творцу, поэтому и получают вдвойне: постигают не только свет Творца, но и наслаждение от полного слияния с Творцом. И оттого что они полностью соответствуют Творцу по свойствам, они сами становятся, как Творец.

Они получают весь свет, ощущают Творца, Его величие, Его бесконечность, совершенство – наслаждаются всеми этими свойствами, той ступенью, которой достигли и, кроме того, наслаждаются полным покоем, наслаждение нисходит на них безо всякого усилия, работы и движения с их стороны.

Но ведь праведники столько трудились, прикладывая невероятные усилия. Да, они трудились до тех пор, пока не переделали эгоизм на альтруизм. Но, как только проделана эта работа, исчезает время (уже все достигнуто), расстояние (достигнута последняя ступень), удаление (от Творца), нет ни в чем недостатка (есть абсолютнейшее, совершеннейшее наслаждение), и человек-творение получает все наслаждение от света и от своего подобия Ему.

Но можно ли испытывать наслаждение, не испытывая желания? А ведь желание есть отрицательное ощущение? Остаются «воспоминания» от прошлых усилий, а в настоящем есть постоянное желание все больше сделать ради Творца, и оно немедленно осуществляется.

Такое состояние в чем-то подобно нашему примеру с хозяином магазина, который тут же, при продаже, получает вознаграждение и потому не испытывает тяжести в работе по сравнению с рабочим, получающим вознаграждение в конце месяца. Почему говорится, что свет входит, исходит, т.е. он подвижен? Почему говорится, что Творец меняет свои желания, по-разному относится к человеку, что говорит о Его движении?

Мы знаем, что свет неподвижен, не распространяется, что весь духовный мир статичен, существует в неизменном виде внутри человека. Только человек в своих ощущениях, т.е. в своей душе, может передвигаться по этой лестнице ощущений духовного мира, или Творца, вверх и вниз, ближе к Творцу или дальше от Него, в зависимости от своих внутренних свойств, от своих желаний, состояний, силы своего экрана на эгоизм. Поэтому свет не выходит и не входит. Так говорится относительно ощущающего человека, относительно творения.

Появилось творение – новое альтруистическое желание, оно начинает ощущать, что наполняется светом, ему кажется, что свет входит в него. Свет в него не входит, он наполняет творение постоянно. Только раньше это наполнение не ощущалось творением ввиду эгоистических, скрывающих свет желаний. Это подобно человеку, который, надев очки, обнаружил, что вокруг него существует прекрасный мир.

А до этого, будучи практически слепым, он видел только маленький ближайший фрагмент, что давало ему возможность лишь едва ориентироваться в окружающей обстановке. Разве раньше вокруг него не было того же мира? Был. Только не хватало килим, ощущений, не было возможности все это ощутить. Мир не меняется – меняется человек.

ЧАСТЬ V

22. Замысел творения обязывает все части творения достичь окончательного исправления 230
23. Малхут мира бесконечности – это малхут, не создающая ограничений 231

22. ЗАМЫСЕЛ ТВОРЕНИЯ ОБЯЗЫВАЕТ ВСЕ ЧАСТИ ТВОРЕНИЯ ДОСТИЧЬ ОКОНЧАТЕЛЬНОГО ИСПРАВЛЕНИЯ

Цель творения, вернее, замысел творения обязывает все, что создано, снизойти до наинизшей ступени эгоизма, полного сокрытия Творца, т.е. снизойти в этот мир, пройти все свои промежуточные стадии и достичь конца исправления. Как только у Творца возникла мысль о создании совершенного творения, Он немедленно его таким и создал.

Мы же в своих ощущениях должны пройти этот путь, потому что он нам необходим, чтобы впоследствии мы смогли ощутить это наивысшее наслаждение. Без такого пути мы не сможем создать себе необходимых килим-желаний, в которые потом сможем получить то бесконечное наслаждение, которое Творец замыслил для нас. Но относительно Творца этого пути как бы не существует. Он видит нас в нашем конечном состоянии.

От человека зависит, где находиться в своих ощущениях. Добровольно. Но Творец, хотим мы или не хотим, ведет нас в силу законов природы вынужденно, долго к Своей цели. Все, что происходит, все, что делается ежесекундно, любой процесс в духовном или в материальном – все это приближает нас к концу исправления. Это может происходить при нашем вмешательстве в этот процесс – и тогда мы можем его ускорить.

Для этого нам и дана Каббала, как сказано: «Израиль освящает (ускоряет) времена». Чтобы привести души к цели, окружающий свет постоянно воздействует на них – до тех пор, пока они полностью не примут его внутрь себя, обратив его из окружающего во внутренний, в наполняющий их свет. Этот окружающий свет заставляет кли, нас, двигаться и исправляться. Он – цель творения и само действие. Окружающий свет заставляет каждый парцуф делать зивуг, частично входит внутрь парцуфа, а оставшейся снаружи частью давит на парцуф, чтобы еще больше исправил себя и, таким образом, принял его.

Свет расширяет кли, заставляет его изменяться. Он – само действие и сила, которая действует, и наслаждение. Свет попросту осуществляет над нами, в нас, желание Творца, очищая нас. Он создал нас желающими Его, и одного этого свойства в нас достаточно Ему, чтобы полностью управлять нами. Поэтому мы являемся лишь результатом Его действия, т.е. получающими Его воздействия.

В той мере, в какой потом мы сможем нейтрализовать воздействие на нас со стороны Творца – то природное желание самонасладиться, которое Он вложил в нас, чтобы оно уже не действовало в нас автоматически, а чтобы мы сами могли руководить им, – в той мере мы сами добровольно становимся все более подобными Творцу, приближаемся к Нему по свойствам и, следовательно, из рабски действующих становимся способными самостоятельно действовать, как Он.

В этом наше усилие и наша работа. От абсолютного неощущения Творца, полярного удаления от Него – через частичное ощущение, частичное отдаление – до стопроцентного ощущения Творца, полного слияния с Ним. Вся шкала отдаления нас от Творца измеряется не расстоянием, а мерой ощущения Его, мерой совпадения свойств.

Таким же образом в эту единственную мысль – привести человека к совершенству – включается все, что есть во Вселенной и во всем творении: все многочисленные миры и все, что их населяет, от букашки и до самого большого ангела, во всем многообразии их форм, видов и преобразований; все, что касается изменений, происходящих с идущими дорогой Торы или путем страданий, – все это исходит из одной Его мысли и заканчивается ею.

23. МАЛХУТ МИРА БЕСКОНЕЧНОСТИ – ЭТО МАЛХУТ, НЕ СОЗДАЮЩАЯ ОГРАНИЧЕНИЙ

Само понятие «малхут мира бесконечности» означает желание насладиться, которое не создает никакого ограничения на получение наслаждения. В мире бесконечности существует желание насладиться, которое создал Творец.

Это желание самонасладиться не создавало никаких ограничений на получение света, потому что еще совершенно не раскрылась его противоположность Творцу, которая затем вынудила его прекратить получать свет, сократить получение света.

Но после того как малхут ощутила себя получающей, она прекратила получать свет, что называется первым сокращением; и далее получает только порционно, в меру своего исправления. Различные порции получения света называются сфирот, парцуфим или мирами.

ЧАСТЬ VI

24. Проявление желания в ком-либо возможно только в результате его развития по четырем стадиям имени АВА"Я 233
25. Желание насладиться рождается в творении только с появлением его личного стремления.......234
26. Общность всех миров в замысле творения называется светом бесконечности, а в общности всех получающих свет в замысле творения называется малхут бесконечности.....................237

24. ПРОЯВЛЕНИЕ ЖЕЛАНИЯ В КОМ-ЛИБО ВОЗМОЖНО ТОЛЬКО В РЕЗУЛЬТАТЕ ЕГО РАЗВИТИЯ ПО ЧЕТЫРЕМ СТАДИЯМ ИМЕНИ АВА"Я

Невозможно, чтобы желание самонасладиться проявилось в каком-либо существе, творении, не пройдя четырех предварительных стадий, соответствующих четырем буквам юд-кэй-вав-кэй имени АВА"Я, которым создано любое желание самонасладиться, любое творение. Любое желание, появляющееся в нас, исходит из Творца, является Его творением.

Желание Творца насладить проходит четыре стадии, пока не становится нашим желанием получить это наслаждение. Мы можем разбить эти стадии на дополнительные подстадии и градации, но как минимум их четыре. Сейчас мы более подробно рассмотрим, как появляется желание получить вследствие нисхождения четырех ступеней исходящего из Творца света, желания дать.

Как объясняют нам каббалисты в «Тикунэй Зоар»: «Нет никакого света, большого или малого, ни в высших мирах, ни в низших, который не исходил бы свыше по законам имени Творца АВА"Я, состоящего из четырех букв». Ари в книге «Эц хаим» говорит, что не может быть света, который бы не наполнял кли-желание, не «одевался» бы в него.

Желание насладить, исходящее из Творца, рождает четырьмя последовательными стадиями своего нисхождения желание получить этот свет, рождает под себя сосуд его получения. Человек находится в океане света. Вокруг существует только Творец. Он не ощущается, потому что человек может почувствовать только то, что входит в него, что могут уловить его органы ощущений. Именно это человек и ощущает.

Желание насладиться, находящееся в свете, рождающееся в этом свете Творца, является мерой величины света, мерой Его величия, которую оно раскрывает. И эта мера называется местом света. Когда мы говорим в молитвах: «Где твое место?», – под местом подразумеваем «кли», в котором раскрывается свет. Что значит: Он имеет место? Это то место, где Творец раскрывается.

Отношение человека к «месту» – это соотношение между самими свойствами человека и тем местом, теми его свойствами, в которых Творец раскрывается ему. Эти два проявления человек способен ощутить в себе: себя и Творца. Есть часть в сердце, место, где раскрывается Творец, и есть часть в сердце, место, где раскрываются желания человека. И постоянно приходится воевать этим двум частям сердца.

Различие свойств Творца и творения (желания насладиться) порождает ощущение тьмы. В свете, распространяющемся из Творца, есть одно свойство – создать желание насладиться – сосуд. Это происходит в процессе изменения свойств на пути от Творца к творению в трех первых стадиях (или девяти первых сфиротах), которые рождают последнюю стадию, последнюю сфиру – малхут.

Желание насладиться противоположно желанию насладить, из которого оно исходит, и потому не может развиться мгновенно, а только в результате последовательных действий света по четырем стадиям.

25. ЖЕЛАНИЕ НАСЛАДИТЬСЯ РОЖДАЕТСЯ В ТВОРЕНИИ ТОЛЬКО С ПОЯВЛЕНИЕМ ЕГО ЛИЧНОГО СТРЕМЛЕНИЯ

Желание считается истинным, если исходит лично от самого желающего, когда возникает в нем как самостоятельное. Желание насладиться является следствием ощущения страдания, возникает в результате отсутствия наслаждения и является источником тьмы. Но необходимо отдельное существование наслаждения, чтобы возникло к нему желание.

Желание есть ощущение недостатка, стремления к наполнению, а потому является несовершенством. В Творце отсутствуют любые желания, кроме единственного – насладить нас. Но это желание не говорит о том, что Ему чего-то не хватает. Оно не делает Его несовершенным, хотя и говорится человеческим языком о том, как страдает Творец оттого, что мы не получаем то, что Он уготовил нам; как Он якобы страдает оттого, что Ему некого насладить или что кто-то не может насладиться Его наслаждением. Такое желание не исходит из чувства недостатка, эгоизма и потому не противоречит совершенству.

В то же время единственное, что создал Творец, – это именно недостаток, зло, эгоизм, отсутствие совершенства и наслаждения. И, естественно, желание насладиться абсолютно противоположно свету, наслаждению, совершенству. Поэтому желание насладиться возникает при нисхождении света по духовным ступеням и исходит из него. Свет сам создает желание его получить, формирует сосуд точно по себе, и потому это абсолютно соответствующее ему кли, которое затем полностью наполняется светом, чем и достигается совершенство.

Процесс создания желаний происходит постоянно и поступенчато: вначале из Творца исходит свет – желание насладить, и постепенно из него рождается ему противоположное – желание насладиться им. Для рождения желания необходимо отсутствие желаемого. То есть из света рождается тьма. Процесс появления новых желаний называется в духовном мире рождением. Потому что духовный мир – это мир одних желаний. Каждое духовное, т.е. альтруистическое, желание называется «парцуф» – объект, состоящий из духовных «головы», «тела», «конечностей».

Затем из каждого предыдущего парцуфа рождается последующий, потому что рождение последующего всегда связано с появлением нового желания, нового недостатка, более низкого, более темного, более несовершенного. И процесс появления нового из прежнего называется рождением (или движением). Все, что исходит, исходит из самого Творца. Нет ничего, что добавлялось бы «по дороге», откуда-нибудь, из какого-то другого источника, потому что Творец является Источником всего. И Его свет включает в себя в потенциале все, что потом исходит из Него и все, чем это созданное наполняется. То есть свет включает в себя все: программу творения, сам зародыш творения, силы творения, его окончательный вид.

В самом свете, в его желании насладить уже заложено зерно будущего творения, в котором, как в хромосомах биологического семени, уже запрограммировано «внутриутробное» развитие этого творения от его наивысшего состояния в мире бесконечности до наинизшего – его рождения в человеке нашего мира.

И в той же программе содержится весь алгоритм исправления и возвышения человека от самой низкой точки мироздания, нашего мира, до наивысшей – мира бесконечности; все ступени подъема – от нашего мира до полного слияния с Творцом. Все изначально несет в себе свет, исходящий из Творца, а затем это развивается в материале. Само желание самонасладиться, эгоизм, заключено в свете, как в своем корне, и выходит из него.

Но для того чтобы выйти из света, т.е. стать совершенно самостоятельным, называться творением, свету надо произвести над собой, над зерном, которое находится в нем, несколько последовательных операций, называемых стадиями. Ведь чтобы стать настоящим творением, необходимо, чтобы оно ощутило себя как полностью самостоятельное желание и вышло наружу из света в полной своей личной эгоистической силе, почувствовало, что оно противоположно своему источнику-свету и не имеет с ним никакой связи. Только тогда творение сможет ощутить, что желание, которое в нем, является его собственным, а не навязанным извне.

Истинным желанием насладиться считается такое, которое находится в полном отрыве от Творца, от света, так, что совершенно не ощущает себя порождением света, но считает, что является исконным порождением самого творения. А когда оно начинает думать о своем предыдущем состоянии, когда задает вопрос: «Кто я, где мой корень, откуда я?», – значит, у него появляется желание поиска духовного, поиска Творца, которое и выведет его на путь духовного восхождения.

Мы в нашем мире ощущаем желания, возникающие в нас, как свои, не связанные со светом, хотя любое желание происходит только от его последовательного четырехстадийного развития. Первая стадия – это свет, вторая и третья – развитие творения и четвертая – это самостоятельно ощущающее себя творение, желание в человеке, совершенно не ощущающем, что это желание не его, а данное ему свыше.

Желания, которые порождены в нас ранее, создают ощущение прошлого; порожденные светом сейчас, создают в нас ощущение настоящего; светящие нам якобы впереди, те, что вот-вот должны войти в нас, – создают ощущение будущего. Постепенно спускающиеся в нас желания и дают нам ощущение времени. Кроме желаний и соответственных им наслаждений, света и кли нет ничего.

Возникновение самостоятельного желания самонасладиться означает, что сейчас это твое желание больше, чем то желание, с которым ты создан. Разница желаний, дающая ощущение личного желания, и называется творением. Это и есть ощущение самого себя.

Когда в человеке возникает настоящее желание к получению наслаждения, дополнительное желание, большее, чем то, которое создано в нем Творцом, и творение уже начало «работать» согласно своему внутреннему желанию (искать наслаждение) и, соответственно ему, желает получить наслаждение, – то можно сказать, что оно является полностью оформленным, и свет (наслаждение) уже может войти согласно его личному желанию и наполнить (насладить) его.

Внутри всех «одеяний» нашего мира находится «нэр дакик» – микропорция света, и ею мы желаем себя наполнить, и в этом наша животная задача, и в погоне за этим находится человек. Человек постоянно думает, каким образом, т.е. через какое «одеяние», ему легче и быстрее доставить в себя эту микродозу света: съесть немножко сладенького, солененького, посмотреть телевизор, послушать что-то, пойти куда-то.

Так постоянно ищет человек: что еще можно добавить, как больше урвать от этой микродозы света. Этим занимается реклама: объясняет человеку, где скрыта искра света.

26. ОБЩНОСТЬ ВСЕХ МИРОВ В ЗАМЫСЛЕ ТВОРЕНИЯ НАЗЫВАЕТСЯ СВЕТОМ БЕСКОНЕЧНОСТИ, А ОБЩНОСТЬ ВСЕХ ПОЛУЧАЮЩИХ СВЕТ В ЗАМЫСЛЕ ТВОРЕНИЯ НАЗЫВАЕТСЯ МАЛХУТ БЕСКОНЕЧНОСТИ

Творцом мы называем отношение Его Сущности к нам. Свет – это единственное, что мы ощущаем, и этот свет является нашим Творцом. Его проявления в нас мы называем различными именами Творца: Сильный, Добрый и прочее, но не сам Источник света, потому что он совершенно нами не ощущается. Цель творения (его конечная форма, наше будущее состояние, называемые замыслом творения) заключена в самой первой мысли Творца.

И эта цель определяется как «сотворение созданий, чтобы насладить их». Также мы выяснили, что у Творца Его свет и желание – это одно и то же, и кроме этого нет ничего. Свет – это то, что мы ощущаем, что входит в нас, что мы называем Творцом. Кроме света и желания его ощутить нет в мироздании ничего, и потому все наши ощущения – от света (или от его отсутствия).

Исходящий непосредственно из Источника свет создал единственное творение – малхут мира бесконечности и наполнил ее. Эта малхут мира бесконечности и есть то творение, которое Творец желал сотворить. А свет, который эту малхут наполняет, и есть то наслаждение, которым Творец желал это единственное творение насладить. Но хотя относительно Творца Его создание находится уже в желаемом Им конечном совершенном виде, самим созданием это еще не ощущается: создание сотворено с эгоистическим желанием и не может ощутить свое состояние как совершенное. Поэтому исправление создания сводится к его добровольной, сознательной замене эгоистических желаний на альтруистические, благодаря которым оно сможет увидеть свое неизменное, вечное состояние как истинно совершенное.

До тех же пор пока создание ощущает свет (Творца) в своих эгоистических кли-желаниях, оно ощущает его только в меру своего подобия свойствам света и потому ограниченно, или, если его свойства совершенно эгоистичны, вообще не ощущает его, как человек в нашем мире. Но по мере исправления своих свойств, т.е. частичной замены эгоистических желаний на альтруистические, начинает ощущать свет.

Меры исправления желания в творении, человеке, называются ступенями, парцуфим, мирами. Цель творения – не малхут мира бесконечности. Эта малхут мира бесконечности – совокупность всего творения. Но цель творения – человек, созданный из этой малхут, из ее самой центральной точки, и потому человек и есть единственное творение. А все остальные миры и их населяющие, кроме человека, – не более чем девять первых сфирот этой малхут. То есть это – свет Творца, сфера, в которой действует человек, которую он ощущает как проявление Творца.

В самом заглавии этой части подчеркивается, что все миры – это свет Творца, Сам Творец, воспринимаемый нами в некоем ограниченном виде, называемом «мир». Вне нас существует только Творец. В наших же ощущениях Он воспринимается искаженно, частично, в меру совпадения наших свойств с Ним.

И это возникающее в нас частичное ощущение Творца воспринимается нами как окружающий нас мир. Свет, выделенный Творцом для наполнения творения, полностью наполняет малхут мира бесконечности. А творение может ощутить только ту часть этого света, которая воспринимается исправленными на альтруистические желаниями. И эта часть общего света создает в самом творении картину окружающего его мира.

Само же получающее свет – творение, малхут мира бесконечности, желание полностью получить все исходящее из

Творца, желание ощутить Его всего. Ощутить в меру величины желания, какой ее создал под себя сам свет. Поэтому желание абсолютно равно, соответствует величине света. Отличие созданного Творцом – малхут мира бесконечности от развившегося затем из этого состояния человека в том, что человек должен пройти все состояния: от полного неощущения Творца, по всем ступеням, до абсолютного слияния с Ним.

Только в таком случае создаются в человеке все необходимые для ощущения истинного совершенства желания и способность насладиться Творцом. В итоге мы видим, что совокупностью всех желаний, которые затем называются «человек», является малхут мира бесконечности. Источником же всех желаний является свет, исходящий из Творца. И сам свет – это совокупность всех миров, ощущений, наслаждений, созданных Творцом для Своего творения.

ЧАСТЬ VII

27. Хотя сократилась только четвертая стадия, свет исчез также из трех первых 241
28. Затем вернулся луч света и заполнил собой три первые стадии, а четвертая осталась пустой 242

27. ХОТЯ СОКРАТИЛАСЬ ТОЛЬКО ЧЕТВЕРТАЯ СТАДИЯ, СВЕТ ИСЧЕЗ ТАКЖЕ И ИЗ ТРЕХ ПЕРВЫХ

Цель творения называется его центральной точкой, потому что содержит в себе весь замысел творения. Осуществляет этот замысел желание насладиться светом. Но, получив свет в себя, ощутив наслаждение, малхут мира бесконечности ощутила одновременно с этим и Источник света, Творца, т.е. свойство света. И это вызвало в ней ощущение себя как получающей в противовес Дающему.

Это как в известном нам примере с богачом, угощающим бедняка: богач поневоле, непрямым своим действием вызывает у бедняка чувство неполноценности, потому что, давая, ставит бедняка в положение получающего.

Вследствие этого малхут мира бесконечности именно в своей центральной точке, где ощутила стыд получения, отказалась от желания получать свет, что привело к его исчезновению, потому что невозможно получать свет, наслаждение, без желания. Но цель малхут – не просто прекратить получать свет Творца, она желает не отличаться от Творца. Это желание вызывает в ней сам свет, но не прямым своим наслаждением, а исподволь.

И потому мы говорим, что цель творения состоит не только в простом наслаждении, а в слиянии с Творцом: в наслаждении Его (и ставшим нашим, вследствие исправления и подобия Ему) совершенством. Хотя напрямую со стороны Творца нет давления на творение, кли стремится к подобию с Ним.

Но никто иной, а сам Творец заложил в природе света и малхут свойства, приведшие малхут, даже в состоянии наполненности светом до бесконечности, к ощущению несовершенства своего состояния настолько, что она не желает получать свет. Но поскольку мы всегда говорим только об ощущениях самого кли, ведь можем судить о происходящем с нами только по нашим ощущениям, по тому, что входит в малхут, то мы говорим, что сама малхут пожелала добавить к своему состоянию еще одно условие: наслаждаться только в состоянии слияния с Творцом.

И хотя уменьшение желания получать произошло только на последней, самой эгоистической, четвертой стадии, но и в предыдущих трех состояниях малхут перестала ощущать свет, наслаждение, и потому это определяется как уход света на всех стадиях. Это можно примерно сравнить с тем, как в нашем мире можно не слышать звучащую вокруг чудесную музыку, потому что в этот момент человек желает насладиться не музыкой, а чем-то иным.

Отсюда видно, что свет бесконечности, заполняющий малхут мира бесконечности, исходил из самой Сущности. Но мы сам свет называем относительно нас Творцом, потому что его источник мы не можем назвать никаким именем.

Этот свет, Высшая мысль, Замысел включает в себя все творение, от начала и до его окончательного состояния; в нем все заранее задумано, запрограммировано и существует, как мысль, затем воплощающаяся в творении и приводящая человека, единственное творение, к начальной цели – ощущению человеком совершенства слияния с Творцом.

После того как Высшая сила решила сотворить нечто, чтобы насладить, это решение и явилось самим действием. И эта мысль управляет всем творением, она осуществляет все, все доводит до конца. Она и есть все, она – Творец. И только к ней мы обращаемся в наших молитвах, у нее просим силы и помощи.

28. ЗАТЕМ ВЕРНУЛСЯ ЛУЧ СВЕТА И ЗАПОЛНИЛ СОБОЙ ТРИ ПЕРВЫЕ СТАДИИ, А ЧЕТВЕРТАЯ ОСТАЛАСЬ ПУСТОЙ

После того как малхут мира бесконечности отказалась получать свет, вследствие того что перестала ощущать наслаждение только от его получения, свет покинул ее, потому что наслаждение ощущается только в меру желания. Но малхут исторгла свет не для того, чтобы остаться пустой, ведь не это является желанием Творца. Она решает вновь получать свет, но не потому, что желает наслаждаться им, а потому, что таково желание Творца.

Таким образом, она получает и наслаждается ради Творца. Это означает, что малхут получает не в саму себя, не в свою четвертую стадию, желание самонасладиться, а в три предыдущие стадии, что называется затем ее первые девять сфирот. Иными словами, сама центральная точка творения, малхут дэ-малхут, остается пустой, и свет не входит в нее, согласно ее собственному решению, называемому первым сокращением.

Поскольку все четыре стадии включают одна другую, и каждая получает свойства остальных, то и в самой четвертой стадии есть включения свойств трех предшествующих ей стадий и она сама. Итого, четыре стадии в четвертой. Высший свет может заполнять три стадии, находящиеся в четвертой, но в последнюю, в саму четвертую стадию, малхут дэ-малхут, свет не входит, и она остается пустой.

ЧАСТЬ VIII

29. Хохма называется «светом», а хасидим называются «водой». Бина называется «высшие воды», а малхут – «низшие» 245

30. Объяснение необходимости четырех стадий распространения света бесконечности для создания сосуда – желания получить 245

31. Четыре стадии в желании получить – это четыре буквы имени АВА"Я, являющиеся сфирот К – Х – Б – З"А – М 249

32. Буквы ЮД-ВАВ в имени АВА"Я узкие, потому что означают только силу 250

29. ХОХМА НАЗЫВАЕТСЯ «СВЕТОМ», А ХАСАДИМ НАЗЫВАЮТСЯ «ВОДОЙ». БИНА НАЗЫВАЕТСЯ «ВЫСШИЕ ВОДЫ», А МАЛХУТ — «НИЗШИЕ»

Четыре стадии нисхождения света необходимы для того, чтобы в итоге создалось желание насладиться тем светом, который это желание формирует. Иными словами: свет, нулевая стадия, кэтэр, в итоге всех своих изменений создает под себя сосуд – желание им насладиться, называемое малхут.

Можно сказать, что есть Творец-кэтэр и творение-малхут, а все, что между ними, – то, что создает Творец, чтобы творение достигло Его цели. И на этих промежуточных стадиях Он изменяет в творении то, что желает, и управляет им, наполняет творение, раскрывает или скрывает Себя – все это и есть промежуточные стадии: хохма – бина – З"А – малхут, называемые мирами.

30. ОБЪЯСНЕНИЕ НЕОБХОДИМОСТИ ЧЕТЫРЕХ СТАДИЙ РАСПРОСТРАНЕНИЯ СВЕТА БЕСКОНЕЧНОСТИ ДЛЯ СОЗДАНИЯ СОСУДА — ЖЕЛАНИЯ ПОЛУЧИТЬ

Рассмотрим создание творения в причинно-следственной последовательности.

СТАДИЯ 0 – по замыслу Творца «создать творение, чтобы насладить его», свет, несущий в себе этот замысел, исходит из Творца.

Эта первая стадия творения называется «стадией 0» или «кэтэр» – корона, окружающая (управляющая) и венчающая (заканчивающая) все творение. СТАДИЯ 1 – желание Творца создать творение, которое бы наслаждалось Его светом, порождает желание получить свет (насладиться им).

Как только в свете, стадии 0, появляется такое желание, эта часть выделяется из стадии 0 и называется стадией 1, или хохма, потому что появление в свете нового отделяет эту его часть от предыдущей. Если стадия 0 определялась как желание Творца создать и насладить, то стадия 1 определяется как желание насладиться.

Этот свет хохма и есть весь свет, исходящий от Творца, включающий в себя все, что желает дать нам Творец. Затем, по мере развития всего мироздания, происходит только раскрытие этого света хохма, всех таящихся в нем наслаждений. Также и сосуд этой стадии потенциально заключает в себе все желания, раскрывающиеся затем под воздействием в нем света. Но это созданное желание не является истинным, законченным творением, потому что настоящее желание – это стремление насладиться со стороны самого творения, а не созданное в нем извне.

А в стадии 1 творение подобно зародышу в теле матери, не имеющему самостоятельных желаний. То есть появление творения можно считать только при проявлении в нем свойств-желаний больших, чем те, с которыми оно создано. А поскольку Творец желал создать самостоятельное творение, а не робота, то необходимо еще и дальнейшее его развитие.

Поэтому в свойства света Творец предусмотрительно заложил способность влиять таким образом на кли, чтобы оно почувствовало в свете не только наслаждение, но и самого Дающего. Как только желание насладиться начинает наслаждаться, оно немедленно ощущает Дающего. А потому в нем тут же возникает желание быть подобным свету.

Это первое самостоятельное желание в творении. И как только это желание возникает в стадии 1, оно немедленно отделяется от него в самостоятельную стадию – стадию 2, бина. СТАДИЯ 2 желает быть подобной свету – все отдавать.

Согласно ее желанию, свет хохма покидает ее, а ощущение наслаждения от подобия Творцу называется в ней светом хасадим. Или, можно сказать, что вследствие подобия Творцу, от Творца приходит и заполняет ее свет хасадим. Это свет наслаждения от сходства с Творцом.

Но оттого, что стадия 2 не получает света, она не выполняет желания Творца и потому не схожа с Ним в том, что Он наслаждает ее, а она Его – нет. Насладить Творца можно только собственным получением наслаждения. Поэтому стадия 2 решает получить немного света.

Зарождение в ней нового желания получать частично свет хохма, как того желает Творец, выделяет ее из стадии 2 и образует новую стадию 3, Зэир Анпин (З"А). СТАДИЯ 3 желает быть подобной Творцу и не получать свет, но так как Он желает, чтобы она получала, то она принимает немного света хохма ради Творца.

Но желание Творца в том, чтобы она получала весь уготованный ей свет хохма и наслаждалась этим, ибо в нем – наслаждение Творца. Стадия 3, выполняя желание Творца, принимает весь свет и выделяется этим в последнюю, 4-ю стадию. СТАДИЯ 4 желает получать весь свет, исходящий от Творца, весь свет стадии 1, потому что таково желание Творца.

Так как это желание исходит из осознанного выполнения желания Творца, то стадия 4 полностью слита своими свойствами с Творцом. И хотя она и получает свет ради Творца, но она ПОЛУЧАЕТ его и этим отличается от Творца. Поэтому она решает: единственное, что позволяет быть подобной Творцу и выполнять Его желание, – это получать ради Него.

Для этого стадия 4 отказывается от получения в таком виде, как прежде, и, согласно этому ее желанию, свет из нее удаляется. Это решение никогда более не получать свет в свои желания насладиться называется первым сокращением, или Цимцум Алеф, Ц"А.

Поскольку стадия 4 получает свет от всех предыдущих стадий, то приобретает и их свойства, а потому в ней образуются все предыдущие стадии. Поэтому стадия 4 состоит из пяти частей: четырех предыдущих и своей собственной. Хотя она не пожелала принимать свет только в свое желание, он удалился из всех остальных, потому что все действия в духовном целостны.

После Ц"А четвертая ступень постепенно получает свет в свои первые четыре части. Это получение света образует миры: А"К и АБЕ"А. Когда все миры родились, т.е. все предыдущие ступени стадии 4 заполнились, насколько это возможно, это создало возможность для исправления и наполнения самой внутренней, пятой части в ступени 4, которая только и является творением.

Эта внутренняя ступень называется «Адам». Сначала строится стадия далет, затем рождаются все миры, потом рождается человек из самой центральной точки, человек начинает исправляться, постепенно поднимается до мира бесконечности, строит совершеннейшее желание получить свет Творца ради Него.

Эгоизмом, своим «я» называется качество, противоположное свету, которое создал сам свет. Понять эгоизм можно, только сопоставляя его со светом. Если ты поймешь природу света, то увидишь, насколько эгоизм противоположен ему.

Пока в человеке не возникло свыше дополнительного, выше природного желания получить – его желания еще не называются эгоизмом в абсолютном их понимании. Мы ведь не говорим, что у деревьев, животных, детей есть эгоизм – такова их природа, природное желание получать согласно заложенным свойствам.

Такими они созданы, и эти их свойства исходят не от них, а заложены в них. Поэтому такая стадия эгоизма, когда человек действует согласно своей природе, называется нулевой, или духовно неживой, потому что в ней отсутствует личное желание, собственное духовное движение. Существование такого человека – это автоматическое выполнение программы, заранее заложенной в нем, в его желания и обстоятельства, которые ему даются свыше.

Когда возникает настоящий эгоизм? Когда человеку неявно светит свыше так называемый окружающий свет (ор макиф), и человек неосознанно начинает к нему стремиться, желать его. До этого момента он желал только того, что было вокруг него. Но не всего, что было вокруг него, а только того, что отвечало заложенным в нем желаниям: в каждом человеке – своя часть желаний из всех желаний малхут.

В нашем мире нет света, но во все предметы, вернее, объекты нашего мира помещена искра света. Если тип этой искры и желания человека совпадают, то он начинает стремиться к этому предмету. Поэтому до того как человека привлек окружающий неощутимый свет, он желал наслаждения от искры света в объектах нашего мира и постоянно стремился к приобретению их.

Причем для этих наслаждений не надо развивать какие-то новые желания: если человек получает, достигает чего-то, он тут же начинает желать вдвойне. Это кли-желание рождается в нем автоматически, вместе с получением ранее желаемого. Такова природа, и потому появление таких, даже больших желаний не считается проявлением своего собственного желания.

Собственное желание – это качественно новое желание. Такое не может возникнуть само по себе, а незримо создается окружающим светом. В стадии 1 появляется желание быть подобным свету, исходящее уже от самого кли, а потому называемое первым самостоятельным желанием. Все строится светом, все исходит от света.

Быть роботом или получать свыше новые желания – зависит от осознания этого процесса и стремления активизировать его. Эгоизм появляется тогда, когда человек начинает хотеть того, чего нет в нашем мире. Единственное отличие всех людей нашего мира друг от друга – в мере их желания насладиться. Дополнением к этому желанию может являться желание подняться на самую маленькую духовную ступень.

А до появления этого желания человек считается еще духовно не родившимся. Постепенно получая от окружающего света желание духовно родиться, человек меняет свои стремления, мысли, занятия – вплоть до истинного своего духовного рождения – вхождения всеми своими ощущениями в духовный мир.

31. ЧЕТЫРЕ СТАДИИ В ЖЕЛАНИИ ПОЛУЧИТЬ – ЭТО ЧЕТЫРЕ БУКВЫ ИМЕНИ АВА"Я, ЯВЛЯЮЩИЕСЯ СФИРОТ К – Х – Б – З"А – М

Свет, исходящий от Творца, это единственная сила, которая создает все творение от начала и до конца и движет его к цели путем Торы или путем страданий, заставляя развиваться каждую мельчайшую частичку до достижения совершеннейшего развития, когда получит все, предназначенное ей в замысле творения. То есть малхут обязана достичь состояния кэтэр.

Эта конечная цель и промежуточные состояния творения, как правило, противоположны, потому что происходит рождение новых кли-желаний, а незаполненные желания – это страдания. И нельзя по предварительному состоянию еще незаполненного кли, по его страданию оценивать цель творения.

Как я пишу со слов раби Й.Ашлага, если бы незнакомый с нашим миром увидел однодневного бычка и новорожденного человека, пришел бы к выводу: «Бычок станет главой мира, потому что, только родившись, он несравненно более развит, чем младенец. А человек так и останется ничтожным по сравнению с бычком».

Но мы, не раз наблюдая процесс их развития, знаем, что результат противоположен! Появление самостоятельного желания, т.е. творения, возможно только при полном распространении света по четырем стадиям создания желания. Только в четвертой ступени образуется настоящее кли, получающее весь свет Творца. В любом месте мироздания, во всех мирах, если появляется новое желание, т.е. творение, – это говорит о том, что свет, исходящий от Творца, прошел свои четыре стадии и сотворил это желание.

Поэтому и мы должны помнить, что любое наше желание исходит от света, а нам нужно его осознать и исправить. Так как имя Творцу мы даем по своему ощущению Его, то четырехбуквенное имя Творца АВА"Я отражает четыре стадии построения в нас ощущения Творца, Его имени. Наполнение этого имени, всех четырех стадий, называется наполнением или гематрией (См. Зоар, п.22 и далее).

32. БУКВЫ ЮД-ВАВ ИМЕНИ АВА"Я УЗКИЕ, ПОТОМУ ЧТО ОЗНАЧАЮТ ТОЛЬКО СИЛУ

Буквы юд и вав из имени АВАЯ – «тонкие» буквы. Начертание букв в нашем мире обозначает соотношение их внутренних духовных свойств – сил, которые этими буквами обозначаются. Буква юд обозначает хохму, весь исходящий от Творца свет. Буква хэй обозначает бину, буква вав обозначает З"А, последняя буква хэй имени АВА"Я означает малхут.

Бина, З"А и малхут получают свет от хохмы и потому считаются как бы надевающимися на нее: одевание означает постижение, получение от источника, на который надеваются. Если хохма – самая важная стадия, источник всего света, то она, очевидно, должна была бы обозначаться, соответственно, большой и особой буквой в имени АВА"Я по сравнению с другими буквами?

Но дело в том, что буквы обозначают не то количество света, которое находится в них, а меру ощущения света кли, меру реакции кли на свет, поскольку все, о чем мы говорим, мы говорим только относительно творения, относительно того, как оно воспринимает воздействующий на него свет. Сам свет бесцветен, но белый свет говорит нам о том, что кли его не воспринимает, и потому он остается белым, без всяких выделений в нем.

Это подобно белому листу, на котором написаны буквы Торы. Черный же цвет букв Торы означает свойства тех или иных кли. Поэтому кэтэр обозначается только маленьким штрихом, какой получается в начале изображения любой буквы, поскольку это еще не кли, ибо нет желания, и потому ощущения со стороны творения, его реакции на свет. Потому что свет нисходит свыше и строит под стать себе желание.

Вначале это желание несамостоятельно, как зародыш, и потому не ощущает света, и это подобно кэтэру – части Творца, а затем в нем проявляется сила, будущий замысел. Но так как это только сила, то обозначается самой маленькой буквой алфавита – буквой юд.

Но затем этот замысел творения раскрывается, сила воплощается в действии и обозначается буквой хэй – первой, бина – широкой буквой, символизирующей свойство хасадим – милосердия. З"А, поскольку является силой, которая порождает действие в следующей за ним малхут, обозначается тонкой (мало хасадим) и длинной (наличие хохмы) буквой вав.

Тонкость буквы означает скрытие в ней силы, которая в следующей за ней букве раскроется в действии. А длина буквы вав говорит о том, что в конце своего действия она создаст совершенное кли – малхут. И это потому, что хохма не создает совершенного кли – бина еще не кли, не настоящее желание насладиться, а только промежуточное действие к созданию такого кли.

Поэтому буква юд, обозначающая хохму, короткая в написании, показывает этим, что еще не раскрыто ее внутреннее намерение создать совершенное кли. Но ведь и малхут, совершенное кли, обозначается буквой вав, как бина, несовершенное кли?

Это оттого, что именно слияние в малхут ее эгоистических и законченных желаний с альтруистическими желаниями бины приводит малхут, т.е. все творение, к исправлению и наслаждению совершенством.

ЧАСТЬ IX

33. Духовное движение – это появление новых свойств 253

34. Духовное время – это последовательное обновление свойств, происходящее по причинно-следственной цепочке 257

33. ДУХОВНОЕ ДВИЖЕНИЕ — ЭТО ПОЯВЛЕНИЕ НОВЫХ СВОЙСТВ

Духовным движением называется обновление свойств объекта. Иного понятия движения в духовном нет. Человек, у которого не возникает духовных желаний, на каком бы уровне он ни находился, называется духовно неподвижным. В нашем мире человек рождается только с желаниями нашего мира, и если в нем ничего качественно нового не возникает, он называется духовно неживым.

Духовно неподвижны ангелы, потому что не исправляют себя, а служат вспомогательными силами для духовного возвышения человека. Если человеку привили в детстве потребность выполнять какие-то действия и он их выполняет, то эти действия называются духовно неживыми, потому что они совершаются не в результате его внутренней работы, а диктуются его второй природой, которую он приобрел благодаря воспитанию, полученному в детстве.

Следующие ступени – это те, в которых есть уже изменение духовных желаний, когда человек начинает ощущать желание приобрести альтруистическую природу. Только в этом случае считается, что у него появились качественно другие желания. Растительный – это такой уровень, когда человека вытягивают из эгоизма к альтруизму, из нашего мира в духовный.

Духовное движение означает появление нового свойства, нового желания. Человек становится совершенно другим объектом творения. Он принимает другую форму, в нем происходит зарождение нового существа, неземного, неэгоистического. Осталось еще выяснить понятие времени и движения, с которыми мы постоянно сталкиваемся в науке Каббала.

Мы говорим: свет движется, приходит, уходит; кли притягивает свет, изгоняет. Из одного кли рождается другое. Все построено на каких-то действиях. Все время происходят какие-то процессы во времени и движении. Изменение наших ощущений называется движением. Последовательность наших желаний или ощущений называется временем.

Движение духовного не имеет ничего общего с нашим передвижением с места на место, а является изменением свойств духовного объекта. Если в человеке не появляется никакого нового, неэгоистического свойства за все годы его жизни, считается, что он не сделал ни одного духовного движения, т.е. практически не жил. Относительно духовного мира он считается духовно нерожденным. Новое духовное свойство, которое появляется в человеке, отличное от его прошлого духовного состояния, называется рождением из прошлого объекта качественно нового, который не только отделяется, рождается и появляется, но и отдаляется от предыдущего объекта как самостоятельный.

Не может быть изменения ни одного мельчайшего свойства, если при этом не происходит изменение во всей структуре этого объекта, потому что все его свойства взаимосвязаны. Поэтому мы говорим, что малейшее изменение любого свойства ведет к рождению нового парцуфа. В этом смысле человек духовно развивающийся каждый раз заново рождается.

Вопрос: насколько зависит от человека его духовное продвижение, если он рождается «неживым» и свыше ему даются желания к духовному? Пока человеку такое желание не дано, от него ничего не зависит. Если нет желания, ничего не сделаешь. Это не является его внутренним свойством. Ему можно говорить о духовных понятиях, но он совершенно не слышит. Поэтому есть запрет Торы: «Не ставь перед слепым препятствие».

Не нужно показывать человеку, что у него отсутствует внутренний орган восприятия духовного. Зачем приносить ему страдания? Таким его создал Творец. Оставь его в покое. Не пытайся исправить то, что Творец не сделал. Внутренняя точка в сердце человека появится, когда это станет необходимо для его дальнейшего развития. До появления альтруистического желания обычному человеку так же далеко, как до перехода от неживого состояния к растительному.

Есть люди в нашем мире, которые только устремляются за деньгами, другие – за славой, третьи – за почетом, четвертые – за знанием. И все это называется эгоизмом нашего мира. Что же выше этого? Стремление быть подобным Творцу. Это нельзя купить ни в какой аптеке, как говорил мой учитель, раби Барух Ашлаг.

Это можно только получить свыше. Человек сам не знает, есть оно в нем или нет. Но каббалист, поговорив с человеком или глядя на него, может это понять. А человек, пока не ощутит, не может знать. Появиться такое желание само по себе не может. Человек рождается духовно неживым.

На каком-то этапе ему дают это желание свыше, так называемую «точку в сердце». Она постепенно начинает проявляться, и, согласно этому, человек стремится к духовному так же, как раньше искал материального. Человек действует только под давлением внутренних желаний, полученных им свыше. И заранее очень трудно сказать, насколько хватит этих желаний, какими будут следующие и когда прекратят их давать свыше. Поэтому когда человек вновь чувствует стремление к духовному, он должен сказать утреннее благословение, как пробудившийся к жизни.

Это действительно чудо – появление в неживом чувства растительного. Таким же чудом является возникновение в человеке, который не знает, ни что такое эгоизм, ни что такое альтруизм, искры духовного стремления к Творцу, желания быть Ему подобным. А не просто ради любопытства знать, что такое миры: «Хочу их увидеть, хочу знать, что будет завтра, хочу заниматься каббалистической астрологией и медитацией» – и пр.

У человека, получившего такой огромный подарок с неба, появляется возможность духовного развития с помощью трех факторов: истинных источников – книг, настоящего учителя, истинного окружения – соучеников. Истинные источники – это те книги, которые точно указывают путь правильного развития: книга Зоар, книги Ари, книги раби Й.Ашлага.

Только они, и ничего больше. Потому что от лжекаббалистов получаешь их ошибки, от которых трудно избавиться. Поэтому истинных каббалистических источников только три: книги раби Шимона, Ари и Бааль Сулама. Найти себе истинного учителя непросто: тут уж как повезет человеку свыше. Должен выбирать, должен пробовать, должен требовать и должен проверять.

Сначала – проверка, но затем – такая вера в учителя, которая превыше всех сомнений. Этот пункт требует пояснений, но я их даю только устно. Окружение – это то, что создают сами ученики. Здесь учитель практически очень мало может сделать. Группа строится самими учениками, потому что этим они строят себя. По окружению можно судить об уровне ученика. Без этих трех факторов никакого духовного возвышения ни у кого не получится.

Что такое духовное движение? В нашем мире движение означает, что объект с одного места переместился на другое. Он остался тем же, только поменял свои координаты. В духовном мире место человека определяется его духовной ступенью. Если он переходит на другое место, значит, изменил свои свойства. А если изменил свои свойства, значит, это уже не тот же объект.

Этот переход из одного качества в другое называется духовным движением. Духовное движение – это переход из одного состояния объекта в другое, с одной ступени на следующую, из одной комнаты, где все подобны своими свойствами, в другую, где также все подобны своими свойствами, как будто красный свет переходит в синий.

Меняется сама суть объекта. Духовное движение – это обновление свойств. Новый объект означает, что он хоть чем-то, хоть одним свойством отличается от своего прошлого состояния. Он появляется, словно заново родившись, и называется новым именем согласно своим новым свойствам. Нет такого, чтобы имя следовало за духовным объектом. Изменился он – изменилось и его имя.

Потому что имя говорит о совокупности его свойств. Эти имена мы называем именами Творца. Потому что имя человека в духовном мире говорит о том, насколько он приобрел свойства Творца. Человек обязан раскрыть святые имена, т.е. сам должен стать этими именами.

По всем этим именам-свойствам человек должен самостоятельно взбираться, как по лестнице, становиться ими. Все миры, все духовные ступени, все перемещения находятся внутри нас. Изменение духовных желаний человека приводит его к внутреннему движению.

Каждая сфира обозначает одно отдельное свойство. Поэтому на всех диаграммах «Книги Древа» изображена душа человека, разбитая на свои составные желания. А сама Каббала говорит о внутренних желаниях человека, повествует ему о нем самом, о том, чего он еще в себе не раскрыл. И учит, как можно вылечить себя, свое «я», т.е. свою душу, исправить ее.

Каждой клеточке, как в техническом описании, дается определенное название и прописывается необходимое лекарство для излечения. Изучающий видит, как эти клеточки души взаимосвязаны, как влияют друг на друга, как вся душа в конце концов излечивается.

34. ДУХОВНОЕ ВРЕМЯ — ЭТО ПОСЛЕДОВАТЕЛЬНОЕ ОБНОВЛЕНИЕ СВОЙСТВ, ПРОИСХОДЯЩЕЕ ПО ПРИЧИННО-СЛЕДСТВЕННОЙ ЦЕПОЧКЕ

Духовное время означает некоторое число последовательных изменений, происходящих друг из друга, где одно является причиной, а другое – его следствием. Причинно-следственное изменение свойств называется духовным временем. Чем же это отличается от движения?

Там тоже были свойства. А есть ли что-нибудь, кроме желания? Почему же мы разбиваем желание и наслаждение на несколько понятий? В нашем мире понятия времени, движения, пространства – совершенно разные вещи. Но они взаимосвязаны: если время «ноль», т.е. скорость бесконечна, то все пространство сжимается в точку.

Ведь его можно преодолеть за мгновение ввиду бесконечной скорости. Мы можем понять время в нашем мире только как ощущение движения. Если бы в человеке ничего не двигалось, не стучало, не перемещалось, не было бы никаких биологических часов, никаких биологических реакций, он бы никогда не смог понять, что такое время.

Время – это ощущение движения. Неважно, какого движения – внутреннего или внешнего, неважно, на каком уровне – физическом или чувственном. Наш мозг устроен так, что все ощущения он рисует нам в виде определенной картины последовательных событий, которая в нашем ощущении вызывает, рождает представление времени. Если бы не было этих кадров, мы бы не чувствовали времени. Когда мы смотрим на застывший кадр киноленты, то не ощущаем времени, оно будто остановилось.

Последовательность движения рождает время, хотя и время, и движение не связаны сами по себе, а существуют только в наших субъективных ощущениях. Мы должны понять, что это – иллюзия. В нашем духовном восхождении, как только прекращается борьба с темными силами, которые вынуждают нас меняться, растягивают все процессы, – понятие времени пропадает.

Если бы человек оказался в окружении, которое совсем бы не двигалось, вокруг него все было бы в абсолютной неподвижности, то он даже не представлял бы, что есть такое понятие, как время. Таким образом, время – это не только не абсолютное понятие, но даже не относительное. Это сугубо индивидуальное наше внутреннее ощущение.

Когда человек смотрит на окружающее его духовным взором, он видит, что все находится в абсолютном покое. Он видит только неподвижную систему миров – последовательное раскрытие Творца. А меняется только он сам. Как в нашем мире новые формы создают в нас ощущение движения, так и в духовном мире новые духовные формы определяются как движение, а их причинно-следственное появление называется временем, потому что создает отличие «прежде» и «затем».

ЧАСТЬ X

35. Весь материал, относящийся к творению, – это желание получить, а все, что есть в творении кроме этого, относится к Творцу 260
36. Желание получить – это первое свойство каждого создания, и это свойство мы называем его материей, потому что сути мы непостигаем.... 260

35. ВЕСЬ МАТЕРИАЛ, ОТНОСЯЩИЙСЯ К ТВОРЕНИЮ, — ЭТО ЖЕЛАНИЕ ПОЛУЧИТЬ, А ВСЕ, ЧТО ЕСТЬ В ТВОРЕНИИ КРОМЕ ЭТОГО, ОТНОСИТСЯ К ТВОРЦУ

Весь материал, который относится к созданию, называется желанием насладиться, сосудом, а все, что кроме этого, относится к Творцу. Желание получить – означает желание получить наслаждение, получить то, что Творец желает дать.

Наслаждение, свет Творца, постигается нами только через ощущение Его в этом созданном желании насладиться получением. Каким Творец желал, чтобы мы почувствовали Его, таким Он и создал наш материал, желание насладиться, только это мы и ощущаем.

Но как сам свет, так и нас самих, «материал», из которого мы (т.е. наши желания) созданы, мы познать не можем. Суть – непознаваема. Желание получить мы определяем как проявление некой сути, которую мы постичь не можем.

36. ЖЕЛАНИЕ ПОЛУЧИТЬ — ЭТО ПЕРВОЕ СВОЙСТВО КАЖДОГО СОЗДАНИЯ, И ЭТО СВОЙСТВО МЫ НАЗЫВАЕМ ЕГО МАТЕРИЕЙ, ПОТОМУ ЧТО СУТИ МЫ НЕ ПОСТИГАЕМ

Молитвой называется желание в сердце человека, независимо от того что произносят его уста. Мы можем произносить любые слова, а сердце при этом чувствует совершенно другое. Творец знает, что делается в нашем сердце, но не мы сами. Мы даже не знаем, насколько мы сами себе лжем и приукрашиваем себя.

Самое внутреннее, глубокое ощущение в нашем сердце мы называем молитвой. Над этим желанием в глубине сердца мы не властны. Это не значит, что человек не должен пытаться прийти к молитве. Единственное, что может человек, – это подготовить себя к молитве, попросить Творца, чтобы Он вложил в его сердце молитву, изменил его желания.

Поэтому мы говорим: «Открой наше сердце, открой наш рот». Не Творцу, а нам нужны эти искренние духовные желания в нашем сердце, потому что в них мы затем воспринимаем Его свет-наслаждение. Истинное, глубокое желание исправиться и возвыситься называется «алият ман» – «вознесение желания», вознесение молитвы, настоящего духовного стремления.

Такая молитва тут же вызовет ответную реакцию свыше, и молящийся получит силу противодействия эгоизму, позволяющую подняться в духовные миры, возможность ощутить их, ощутить Творца. Наша работа заключается в том, чтобы постоянными усилиями в учебе и попытках антиэгоистических поступков довести себя до такого состояния, чтобы почувствовать, что и наша молитва эгоистична и ни в коем случае не духовна, что ничего, кроме самонаслаждения, мы не желаем. Когда поймем, что это состояние является самым низким, нашей духовной смертью, настолько возжелаем выйти из него, что это ощущение в сердце и станет настоящей молитвой.

Но чтобы гарантировать сохранность еврейскому народу в течение двухтысячелетнего изгнания, каббалисты составили тексты молитв и учредили заповеди – кодекс поведения каждого в течение жизни. Эти молитвы и заповеди – не желание сердца человека, но, поскольку связаны как корень и следствие с высшей силой, несмотря на то что выполняется с эгоистическим намерением, сохраняют выполняющего на духовно неживом уровне.

Желание получить наслаждение – это первое ПРОЯВЛЕНИЕ любой сути. И это желание насладиться мы определяем как материал творения. О самой сути мы ничего не знаем, не можем ее постичь. Поэтому первое ее проявление, самое глубокое, самое истинное постижение мы называем материалом. Внешнее относительно нас проявление Творца, воспринимаемое нами на самой близкой к Нему ступени как «желание нас создать, чтобы насладить» – это единственное, ощущаемое нами извне на самой высокой ступени, мы называем Творцом.

Но о Нем самом мы ничего сказать не можем, мы можем говорить только о том, что доходит к нам от Него. Мы определяем создание как желание получить, потому что это наиболее глубоко постигаемое нами свойство. Мы можем постичь только три свойства: материю, ее внешнюю форму, отвлеченную форму (само свойство без облачения во внешнюю форму).

Саму суть мы постичь не можем. Она находится выше нашего познания. То же происходит и у нас. Мы называем первое свойство предмета, которое находится в самом предмете, как его суть, потому что у нас нет истинного постижения самой сути. Все наши пять органов чувств поставляют в наш мозг сигналы, которые являются субъективными реакциями на то, что воздействует на нас.

Мы не можем определить границы субъективности нашего познания. Если мы возьмем самые точные приборы, которые вроде бы объективно реагируют на проявления природы (микроскопы, счетчики, определяющие атомы и молекулы), где не требуются наши органы чувств, то даже на таком уровне, когда нам кажется, что мы доходим до объективной сути творения, даже в этом случае мы должны понять, что далеки от понимания истинной сути материи.

Суть остается скрытой, и только ее внешние проявления мы можем исследовать. Когда человек выходит за рамки желания получить, у него начинают зарождаться внешние источники постижения, он начинает ощущать не свою реакцию на воздействие Творца, а якобы постигать ощущения Творца, насколько Творец наслаждается им, насколько Творцу хорошо от его действий. Он как бы переносит свои органы чувств в Творца: все мои органы чувств будут в Тебе, и моя голова будет работать на Тебя.

Я полностью выхожу из рамок своего тела. Я не являюсь творением, потому что не руковожусь своими желаниями, органами чувств. Даже в духовных мирах мы ограничены в постижении высшего света, мы постигаем только его воздействие на нас. По тому внешнему свету, который «давит» на нас и который мы ощущаем в голове парцуфа, в наших внешних органах чувств; по обратному воздействию, реакции на него, по нашему взаимному давлению друг на друга, которое называется «ударным соединением», – мы можем знать, что потом проникнет в нас.

Таким образом действуют все наши ощущения. Наша ограниченность проявляется во всем, пока мы не выходим полностью из желания эгоистического на ступень полного слияния с Творцом. Там сосуд, желание получить, настолько выходит из своих ощущений, настолько меняется, настолько использует все ощущения Творца, что становится подобным Творцу.

Талмуд Десяти Сфирот

Часть 3

Прямой и отраженный свет

ОГЛАВЛЕНИЕ

Предисловие	265
Глава I	268
Глава II	292
Глава III	335
Глава IV	356
Глава V	389
Глава VI	415
Глава VII	430
Глава VIII	457
Глава IX	477
Глава X	493
Глава XI	497
Глава XII	500
Глава XIII	503
Глава XIV	505
Глава XV	509
Иллюстрации	511

ПРЕДИСЛОВИЕ

«Талмуд Десяти Сфирот» (ТЭ"С) – «Учение Десяти Сфирот» – основной учебник по Каббале. Среди каббалистов ТЭ"С считается главным наследием Бааль Сулама – рабби Йегуды Ашлага. Хотя Бааль Сулам знаменит как создатель комментария «Сулам» на книгу «Зоар», но стремящимся войти в высший мир ТЭ"С дает те силы, которые необходимы для преодоления махсома – границы, разделяющей наш и высший, духовный, миры.

ТЭ"С состоит из 16 частей, описывающих нисхождение творения от Творца до наинизшего его состояния, до нашего мира. Рабби Й.Ашлаг взял за основу «Эц Хаим» Ари – основную книгу по Каббале – и написал к ней комментарий «Ор пними» (внутренний свет).

«Эц Хаим» – это основная книга по Каббале. Вся современная Каббала основывается на этой книге. До Ари только единицам было разрешено изучать Каббалу, так как те виды душ, которые спускались в мир, не были готовы к исправлению с помощью Каббалы.

Все каббалисты до Ари работали только в прямом свете. То есть их объяснения строились только со стороны прямого света, в виде светов. Они видели какую-то картину, но не понимали внутреннюю причину этой картины: почему именно таким образом свет нисходит вниз.

Подобно тому как один человек просто наблюдает окружающую природу, а другой видит и знает, каким образом эта природа действует согласно законам физики, химии и т.д., которые объясняют, почему есть определенные свойства в материалах, почему эти свойства проявляются, как их можно изменять и т.д. А можно видеть картину мироздания и описывать ее внешне.

Рама"к, самый последний из этого типа каббалистов, – ученик Ари. Когда он учился у Ари, ему было уже 75 лет, а Ари – 35 лет.

Часть 3. Прямой и отраженный свет

Но хотя Рама"к и был большим каббалистом, то есть его постижения были огромны (поэтому он и пришел к Ари и был его учеником), он уже не смог его понять – другой тип души.

Начиная с Ари и далее нисходят другие души, поэтому и Каббалу им надо давать, объясняя ее в отраженном свете. И они имеют право заниматься Каббалой потому, что отраженный свет – это уже индивидуальная работа снизу вверх самой души, самого человека. Все взаимосвязано: одно определяет другое.

Ари первый описал именно первопричины рождения и развития мироздания, а также – управление им. Бааль Сулам объясняет это в ТЭ"С в деталях.

Сначала Бааль Сулам приводит избранные предложения Ари из его книги «Древо жизни», а затем дает внизу свой комментарий к ним. То, что пишется наверху, и то, что пишется внизу, не одно и то же. Если бы Бааль Сулам был точно уверен, что весь мир спокойно примет то, что он пишет, он просто написал бы от себя одну книжку, а не шеститомник, и в ней бы все изложил. ТЭ"С – его главная книга, остальные второстепенные, в том числе и комментарий «Сулам» на «Зоар». Для того чтобы утвердить ТЭ"С, чтобы ТЭ"С читали и приняли, чтобы его не забыли, он вынужден был написать комментарий «Сулам» на весь «Зоар», чтобы создать себе имя, чтобы люди приняли его истинное детище – ТЭ"С.

Он взял из книг Ари отрывки, скомпоновал их и дал свой комментарий. Его объяснения подчас не связаны с текстом Ари, он пользуется текстом Ари для того, чтобы объяснить то, что он хочет сказать.

Бааль Сулам должен был именно таким образом написать ТЭ"С, иначе бы его книги нигде не воспринимались. Каббалист, если он хочет что-то делать, обязан каким-то образом быть связан с предшественниками – иначе его не примут. И хотя мы знаем, что на сегодня нет такого каббалиста, который мог бы что-то возразить против его методики, противники находятся... Причина в том, что древняя методика, применявшаяся до Ари, позволяет человеку, изучающему Каббалу, но не вышедшему в высший мир, обманываться и считать, что он изучает Каббалу и он каббалист.

Бааль Сулам единственный, кто принял систему Ари такой, как она на самом деле существует, и полностью ее объяснил, то есть исследовал и изложил все на основании работы экрана и отраженного света.

ТЭ"С является настоящим учебником, подлинным руководством по Каббале. Необходимо достичь действительно наивысшей ступени, которой только может достичь творение, чтобы понять ее. Бааль Сулам постиг самую высокую ступень, а затем, как он пишет в своем откровении-пророчестве, попросил, чтобы его опустили ниже. Только тогда у него появилась возможность описать увиденное и постигнутое.

Чем выше поднимается каббалист, тем меньше у него возможности облачить этот подъем в слова. Потому что язык ветвей – это слова, взятые из нашего мира. То есть его постижения становятся гораздо выше, но ему все сложнее передать эту информацию так, чтобы это было понятно тем, у кого еще не существует адекватного соответствия между словами и духовными объектами.

В одном из своих писем Бааль Сулам пишет, что ни в чем не изменил методику Ари, а только разъяснил ее более понятным для нашего поколения языком. В том же письме он пишет, что является продолжением нисхождения той же души, которая в теле рабби Шимона вручила человечеству книгу «Зоар», в лице Ари раскрыла методику исправления душ, а в его виде позволила сделать комментарии на книгу «Зоар», книги Ари и изложить ясно и доступно именно нашему поколению метод духовного восхождения, потому что именно мы являемся первым поколением массового духовного восхождения к общему исправлению человечества.

ТАЛМУД ДЕСЯТИ СФИРОТ

Часть 3

ГЛАВА I

Прямой и отраженный свет

Существует «свет» и «сосуд». Вначале распространился свет Бесконечности, и это тайна образования сосуда. Впоследствии в него облачился свет – Творец.

(ТЭ"С, стр. 101)

1) Все мироздание состоит из двух компонентов: АЦМУТ и КЛИ, желания и света, исходящего из Творца и наполняющего это желание. В начале всего распространился высший свет ЭЙН СОФ в десять сфирот мира Ацилут в виде кли, потому что распространение означает огрубление света относительно того, каким он был ранее. Находим, что десять сфирот – это 10 келим-желаний, свойств, которые создались распространением света Бесконечности (ЭЙН СОФ). Свет огрубился вследствие распространения и превратился в келим. После того как возникли 10 келим, облачился в них Свет Бесконечности. И это – тайна АЦМУТ и КЕЛИМ.

- комментарий -

Свет распространяется из Мира Бесконечности сверху вниз, то есть удаляется от Творца. Что означает удаление от Творца, от духовного? Свет постепенно огрубляется тем, что создает все более грубые келим – желания, все более удаленные от Творца, – и наполняет их собою. То есть по мере того как свет

Глава I

делает все новые и все более грубые келим, он, в соответствии с этим, все меньше и меньше наполняет их. И таким образом происходит удаление келим от Творца, а свет, ощущаемый ими, все более тусклый, более далекий от своего первоначального состояния.

Во всем мироздании существует всего 10 келим – десять сфирот. Мы эти десять сфирот делим на 5 миров:

— Кэтэр – это мир Адам Кадмон.
— Хохма – мир Ацилут.
— Бина – мир Брия.
— Шесть сфирот: хэсэд, гвура, тифэрэт, нэцах, ход, есод – мир Ецира.
— Малхут – мир Асия.

Что означает понятие «мир»? И почему эти 10 сфирот или группу из 6 сфирот мы называем «мир»? Мир = олам – от слова «олама» – сокрытие. То есть сфирот скрывают настоящий свет Творца. Свет, прошедший сквозь них, ощущается более тусклым, принявшим их форму, и каждый из миров и сфирот, пропуская через себя свет, придает ему свои свойства.

Например, выйдя на улицу в солнечный день, мы защищаем свои глаза темными очками. Это помогает нам, потому что прямой свет для нас был бы слишком сильным, а в свете, прошедшем через очки, мы можем нормально видеть. Так же и миры – скрывают высший свет для того, чтобы ослабить его настолько, насколько это необходимо для пользы творений, чтобы те могли правильно его воспринять с пользой для себя. Он раскрывается им в той мере, в какой они могут его постепенно принимать: получать свет не ради наслаждения, а для исправления, чтобы с его помощью, исправляясь, приближаться к Творцу.

Сокрытие света необходимо, оно создано специально, еще до появления творения, созданием пяти миров или десяти сфирот сверху вниз, для того чтобы подготовить «лестницу», по которой творения смогут постепенно подниматься снизу вверх, все больше и больше раскрывая свет по мере своего исправления.

Почему мир Эйн Соф называется бесконечным? Сфира малхут ограничивает распространение света и дальше его уже не пропускает. Она делает соф – конец, ограничение на получение света. Но в состоянии Эйн Соф (буквально «нет конца») она этого не делает, и тогда свет распространяется в ней совершенно безо всяких ограничений.

Часть 3. Прямой и отраженный свет

Понятие, связанное с местом, говорит об изменении свойств. Распространение (итпаштут) – это удаление от Творца. В чем оно заключается? В постепенном огрублении света по отношению к тому свету, который вышел из Творца. Что означает выход света из Творца и дальнейшее его распространение? То, что свет прекращает быть светом бесконечным, распространяющимся вне всяких ограничений, и начинает распространяться с ограничениями, с огрублением и удалением по своим свойствам от свойств Творца. Это огрубление света и представляет собой изменение его формы, то есть свет приобретает другое свойство, поскольку наполняет творение.

Мы никогда не можем говорить про свет, существующий сам по себе. Мы можем говорить только о свете, воспринимаемом в кли. Свет вне кли – никем не ощущаемый свет – не имеет своего определения, поскольку нет того, кто бы его ощутил, определил, описал его восприятие. Когда свет наполняет кли, оно ощущает, что же в этом свете есть. Точнее: наполнение светом кли означает, что кли ввиду своего подобия свету раскрывает именно ту часть света, которая ему, кли, подобна.

Допустим, кли само по себе абсолютно эгоистично, а свет, исходящий из Творца, абсолютно альтруистичен.

В этом случае кли совершенно не может раскрыть никакого свойства в свете, их качества абсолютно различны, противоположны, они полярно удалены друг от друга, совершенно один другого не ощущают.

В какой мере кли может ощутить свет? Только в мере приобретения какого-либо свойства света. По мере того как кли приобретает свойства света, оно может начать его ощущать. Поэтому кли более высокие по своим свойствам, близкие к свету, больше его ощущают, а кли более низкие, более удаленные от света, ощущают его меньше. Изучая келим, мы можем говорить, что есть свет более низкий и грубый или более чистый и светлый, но в принципе мы говорим не о свете, а о кли, его исправленных свойствах.

О свете мы не можем говорить даже тогда, когда он находится в кли, потому что мы не знаем, что такое свет, и никогда не сможем этого узнать. Свет – это суть Творца. Мы можем ощутить только нашу реакцию на него, на то, что Он нас наполняет, а мы Его ощущаем в подобных Ему свойствах. То есть мы при этом определяем и ощущаем не свойства Творца, а свое

Глава I

подобие Ему, Его свойствам. Но мы это называем свойствами света, или Творца.

Это-то свое свойство мы и ощущаем и говорим, что оно является свойством света, потому что, если бы его в нас не было, мы бы ничего в себе не ощущали. То есть если человек достигает какого-то альтруистического свойства в виде милосердия, то он начинает ощущать в этом своем свойстве милосердия милосердие света. Поэтому сказано: «Из действий Твоих я познаю Тебя» (ми маасэйха икарнуха): из Твоих действий на мне, т.е. исправлений, я узнаю Тебя.

Вот по этому-то ощущению человек и может сказать, что в Творце существует свойство милосердия. Поэтому, как только я достиг свойства милосердия, я начал ощущать Творца, по мере наличия во мне самом этого свойства. То есть опять-таки мы воспринимаем не свет и даже не свою реакцию на него, а только свое исправленное свойство. Это исправленное свойство и является нашим внутренним светом.

То же самое и в нашем мире: мы ощущаем нечто, якобы происходящее вне нас. Но снаружи ничего нет, мы ощущаем лишь то, что генерирует наш организм, наши органы чувств, наше «Я». И только иллюзия наша, внутренняя, говорит о том, что картина, рождающаяся в нашем представлении, наше впечатление, приходит к нам извне.

Так же действуют все приборы, которые мы создаем, – от простейших электрических измерительных приборов и до самых сложных. То есть все, что мы ощущаем, является внутренней реакцией кли на что-то неизвестное вне нас, и по этой нашей реакции мы судим о внешнем.

Поэтому все миры, сфирот, все, кроме Творца – высшего неопределенного света, – находится внутри нас. Это наши реакции на высший свет. Меняются же они не потому, что меняется свет, свет неизменен, а потому, что меняемся внутренне мы.

Огрубив свет, Творец создал 5 келим. Эти келим являются порождением самого света, потому что, по мере своего распространения сверху вниз, свет (кэтэр) нисходит по четырем ступеням: хохма, бина, Зэир Анпин и до малхут (нуква), то есть до тех пор, пока не вызывает в творении желания получить его, «желания, направленного на себя», желания насладиться именно им.

И это желание получить является последней ступенью распространения света и называется «бхина далет». Эта последняя ступень является кли, творением, настоящим его желанием, и называется его авиют, его толщиной, его эгоизмом.

В принципе мы можем рассматривать и свет, и кли как свет, ведь кли является следствием распространения света. Свет создает нечто, ощущающее именно его. Ощущающей является только последняя стадия распространения света сверху вниз, а три предыдущие стадии являются только причиной появления последней стадии, которая будет ощущать свет. И эта последняя стадия и называется творением, сотворенным, а предыдущие три стадии – подготовительный этап создания светом кли.

Итлабшут – облачение, от слова «левуш» – одежда. Одеяние означает покрытие, сокрытие, как одеяние в нашем мире скрывает того, кто находится в нем.

Невозможно постижение низшими, если нет у них заготовленного кли, исправленного желания ощутить этот свет. Поэтому свет должен вначале скрыться, а потом низший через созданное одеяние постепенно раскрывает его. Таким образом, одеяния помогают раскрыть свет. Сверху вниз спускаются ступени скрытия света для того, чтобы снизу вверх постепенно души, творения могли этот свет раскрыть.

Каждая ступень отличается от предыдущей своим сочетанием, пропорцией, мерами скрытия-раскрытия света. На самой низшей ступени 0% раскрытия и 100% скрытия, на самой высшей ступени 0% скрытия и 100% раскрытия, а посередине – в зависимости от меры исправления кли. Эта пропорция определяет высоту духовной ступени.

Мы изучали с вами, что малхут – это всего лишь одна из сфирот, последняя. Высший свет проходит через все девять сфирот, он их строит, он в них облачается и спускается через них к малхут. Когда он принимает определенную огрубленную форму, то может создать малхут и создает ее, и перед малхут возникает особое свойство, называемое экран.

Образование экрана необходимо для того, чтобы высший свет, распространившийся по девяти первым сфирот, не пропустил в кли малхут. Этот экран находится в конце мира Ацилут для того, чтобы свету, дошедшему из Мира Бесконечности до малхут мира Ацилут, не дать распространиться ниже этого места, в миры Брия, Ецира, Асия.

Глава I

Экран не позволяет Высшему свету облачиться в кли малхут и отделяет мир Ацилут от остальных миров.

(ТЭ"С, стр. 102)

2) И вот, когда дошло распространение света (через все предыдущие миры, парцуфим, сфирот от Мира Бесконечности) до малхут мира Ацилут, то увидел Творец, Высший, что нет сил у нижестоящих получить свет, если он будет распространяться по той же системе огрубления, как было раньше (его надо ослабить намного больше). И тогда, когда закончилось последнее, десятое кли мира Ацилут, создался там экран и занавес, который разделяет мир Ацилут и все остальные нижестоящие миры.

- комментарий -

Мы обычно говорим о том месте творения, в котором было принято решение, ставшее причиной того, что сейчас происходит. Это решение было принято в малхут Мира Бесконечности, которая сделала Цимцум Алеф и желает принимать только ради Творца. Малхут Мира Бесконечности, которая распространилась до малхут мира Ацилут, то есть облачилась в мир Адам Кадмон и мир Ацилут, увидела, что она не может далее распространяться по той же системе огрубления света, какая была раньше.

После того как свет распространился в первых трех бхинот мира Ацилут, называемых хохма, бина, Зэир Анпин, теперь свет полностью готов к тому, чтобы распространяться в бхине далет, называемой малхут мира Ацилут. В каждом мире свет создает все эти бхинот заново, и они выстраиваются таким образом, что создают под себя кли малхут, бхину далет, которая в состоянии от них получить свет.

То есть как было в четырех стадиях прямого света, так и тут, в мире Ацилут, и в каждом из миров: распространяясь, свет строит, по сути дела, ощущения малхут, ощущения со стороны низшего, на самого себя, на свет.

Почему малхут не может получить свет? Бхина далет не в состоянии получить свет, потому что в ней отсутствует экран, те намерения, при которых свет может ее наполнить. Кли малхут и масах, имеющийся в ней, – это две разные силы, потому что

Часть 3. Прямой и отраженный свет

само кли-желание представляет собой свет, который огрубился до бхины далет. То есть наше первородное эгоистическое желание является, по сути дела, обратной стороной света.

Это означает, что наше эгоистическое желание и свет – это две стороны проявления наслаждения: его наличие или отсутствие. Итак, у нас есть авиют, порожденный самим светом и являющийся его следствием, то есть первоначальное эгоистическое желание к свету, наслаждению. Затем на это желание у нас возникает масах (экран).

Малхут возникает как 10-я ступень начального распространения света. Для того чтобы создать малхут, настоящее желание, свет должен пройти 10 ступеней развития, огрубления, нисхождения. И только тогда он создает на себя настоящее желание, противоположное себе. Свет настолько скрывает себя в 9 одеяниях, что возникает нечто, желающее его, желающее насладиться, ощущающее абсолютную недостачу, отсутствие его.

Таким образом, 10-я сфира, возникающая за этими девятью одеяниями, страстно его желает, ей его «не хватает». Свет не просто скрывается от этого желания, чтобы оно его не ощущало, а скрывается так, что малхут ощущает, что такое свет, что он есть, но не в ней, и она страстно желает его. То есть сокрытие должно возбудить желание раскрытия.

Поясним, что означают понятия «масах» – экран и «паргот» – занавес. Это сила, которая ограничивает распространение света, как какая-то перегородка, защищающая малхут: перегородка стала как будто выше малхут и предохраняет ее от того, чтобы высший свет не взломал и насильно не проник в нее.

С другой стороны, малхут страстно желает свет, и если бы не было этого масаха и паргот, то она не смогла бы себя ограничить и получила бы его. Значит, в малхут есть еще одно, противоположное ей желание – сила, называемая масах и паргот, и эта сила позволяет малхут защитить саму себя от своего же желания.

У человека существует стремление насладиться, и, кроме того, существует у него противоположная этому сила, которая его защищает и дает ему возможность противостоять этому стремлению. Эгоистическое желание самонасладиться, наполниться светом в его естественном виде – это и есть обратная сторона света, которую создал Творец, – бхина далет.

Сила воли, или величина веры, противодействие этому желанию называются масах и паргот. И эти масах и паргот защищают малхут, чтобы свет в нее не проник, чтобы она не была вынуждена поневоле его получать. Потому что желание имеется, и оно заставляет, вызывает в кли соответствующее действие.

Если есть только одно желание и нет никакого экрана, то нет никакой возможности контролировать ни свой поступок, ни свои действия, ни свои движения – ничего, и тогда все происходит согласно закону этого желания, как мы видим в природе: физические поля, заряды, притяжения, отталкивания. Таким образом существуют животные, растения – вся природа на всех ее уровнях. Подобным образом и мы существуем внутри себя.

Мы являемся только продуктом тех желаний, которые в нас находятся. Мы все эти желания взвешиваем, выбираем самые наилучшие, с которыми мы можем действовать, и таким образом действуем. И не существует никакой возможности действовать иначе.

Масах и паргот – это такая посторонняя сила, которая дает нам возможность действовать не на основе эгоистического расчета, не на основе своей природы, а на основе высшего расчета Творца.

Кроме того что масах защищает малхут, чтобы она не начала вопреки Цимцум Алеф получать свет, есть в нем еще одно свойство: он стоит между миром Ацилут и другими мирами. Что это означает в духовном? Не следует понимать так, что существуют эти миры, и между ними есть какое-то расстояние, и там стоит какой-то экран, какая-то стенка, и вот поэтому свет не проходит. Мы с вами говорили о том, что экран находится внутри желания. Он должен находиться буквально в самом желании, в самой его толще, и противодействовать ему.

Есть во мне сотни желаний. Если есть экран, то в каждом желании, там, где оно проявляется, где оно ощущается, там и находится экран, то есть ограничивающие, защищающие силы, которые не дают ему возможность использовать само желание в «чистом» виде. Этот экран стоит в толще малхут мира Ацилут, и кроме того, что он защищает малхут мира Ацилут, он не пропускает свет и на нижестоящие миры: Брия, Ецира, Асия.

Все миры – это одна и та же малхут – малхут Мира Бесконечности, которая облачается в различные одеяния, в разные миры, которые по-разному себя проявляют. Кроме малхут Мира Бесконечности, бхины далет – единственной, которую создал

Часть 3. Прямой и отраженный свет

Творец четырьмя стадиями распространения прямого света, – больше не создано ничего.

Все остальное – это всевозможные изменения на малхут, которые она делает для того, чтобы уподобить себя Творцу, то есть она принимает различные внешние формы, используя свое желание насладиться с намерением насладиться ради Творца. Но все эти использования желания – у одной и той же малхут, другого творения нет. Она же – во всех мирах, только проявляет себя по-разному, с разной степенью интенсивности, глубины.

Если она одевается в слабые одеяния, если она еще интенсивна, то она является малхут мира Адам Кадмон; если она более скрыта, более ограничена, то она уже малхут мира Ацилут, и т.д. То есть это одна и та же малхут, которая разделила себя на малхут миров, парцуфим, сфирот – внешнюю малхут – и на души – внутреннюю свою часть.

Часть малхут, или проявление малхут в мире Адам Кадмон, не действует в мире Ацилут, в мире Ацилут действует уже другое проявление малхут. То есть после того как малхут оделась в первое одеяние и стала называться малхут мира Адам Кадмон, она одевается в следующее, более грубое одеяние и уже называется малхут мира Ацилут.

И это – одно и то же желание, которое проявляется в более грубом виде, подобно свету, проходящему последовательно через серию из девяти защитных стекол, чтобы человек, стоящий за десятом из этих стекол, мог бы этот свет воспринять, не поранив свои глаза, и правильно все увидеть, и даже сделать в себе такие линзы-фильтры, чтобы убрать эти защитные экраны, стоящие перед ним, и увидеть настоящий свет в правильном виде – таким, каким он существует в кэтэр.

Учитесь задавать вопросы. Не важно, что ответ придет не сразу, но уже есть кли, и даже если ты забыл об этом вопросе, то не важно, что ты его забыл, даже если в данный момент у тебя это не всплывает, оно все равно внутри тебя существует, кли уже создано, и когда придет время, ты сразу же на него получишь ответ наполнением.

Поэтому вопрос – это в принципе самое главное. Не надо бояться, что возникает очень много вопросов, наоборот, надо каждый из них продумать. А ответ на них может быть получен сейчас или через годы, практически есть всего лишь один вопрос – кли и один ответ – свет.

Глава I

> После удара света Бесконечности в экран этот свет возвращается в виде отраженного света (ор хозэр) и облачает высший свет до той высоты, до которой может распространиться луч света Бесконечности, называемый миром Ацилут.
>
> (ТЭ"С, стр. 102)

3) И вот ударил свет Бесконечности в экран при нисхождении света сверху вниз и начал подниматься вверх в виде тайны отраженного света, возвращающегося на то место, откуда ударил. И тогда закончился мир Ацилут в виде келим, и вернулся бесконечный свет и облачился в эти келим в виде тайны Ацмут. Поэтому место, до которого распространяется бесконечный свет, называется мир Ацилут. Потому что сам свет проходит лишь свое огрубление.

– комментарий –

Свет, проходя сверху вниз, до конца мира Ацилут, всего лишь огрубляется. На самом деле тот свет, который дошел до малхут мира Ацилут, – это свет Бесконечности, и он, проходя через мир Адам Кадмон и через весь мир Ацилут, не испытал практически никаких ослаблений.

Выясним, что такое «удар». Встреча света Бесконечности с экраном подобна взаимодействию двух твердых вещей, предметов, каждый из которых желает проникнуть в другой, причем каждый из них сопротивляется вхождению в себя другого и ни в коем случае не разрешает ему проникнуть через свои внешние границы внутрь. Взаимодействие между такими твердыми предметами называется удар, в отличие от взаимодействия между двумя жидкостями, которые не мешают друг другу прорвать свою границу и смешаться друг с другом, и поэтому в них нет такого понятия, как взаимный удар.

То же – с двумя мягкими вещами: удар между ними настолько слабый, что они позволяют друг другу как бы войти немного сквозь свою границу, один в другой. А два твердых предмета совершенно не позволяют одному нарушить границу другого, и поэтому их встреча между собой определяется как взаимный удар.

Переведем этот пример на наши понятия. У нас есть всего три составляющие: желание Творца, желание творения, экран. То есть свет, желание насладиться и экран, стоящий между ними. Теперь постараемся понять происходящее между ними взаимодействие, называемое ударом. Почему ни один из них не позволяет другому проникнуть в себя и что вследствие этого происходит?

Допустим, малхут позволила войти в себя свету. Тогда это подобно двум жидкостям, совершенно свободно проникающим одна в другую. Свет заполняет малхут, смешивается со всеми ее желаниями, наполняет их. Не существует совершенно никакого сопротивления, то есть один полностью заполняет другого. Существует ли при этом проблема взаимопроникновения? Что тут перемешивается? Ничего. Просто свет заполняет малхут. Удара не происходит.

Если стоит экран, то происходит удар, то есть желание света дать наслаждение и желание малхут ничего не получать являются абсолютно противоположными. Ни один из них не желает уступить своей цели, свое желание. Поэтому границы света, желания войти в малхут, и границы малхут, экрана, отказ получить свет – эти две цели, два желания никогда не перемешиваются, не допускают один другого в свои границы.

Если же малхут начинает получать ради Творца, то происходит удар, вхождение света в малхут, а затем и их смешивание. Почему смешивание возможно? Потому что уже имеется подобие малхут свету. Когда свет напрямую заполняет малхут, без удара об экран, то есть без экрана, малхут и свет остаются противоположными по своему желанию: один желает отдать, а другой получить, перемешивания не происходит, происходит только наполнение светом сосуда.

Когда малхут, приобретая экран, приобретает такое же желание, как свет, то свет заполняет малхут, и малхут заполняет свет – каждый отдает, и происходит абсолютно полное слияние одного с другим. В этом и есть отличие наполнения кли до Первого Сокращения (Цимцум Алеф) и наполнения кли с помощью экрана.

Поскольку Первое Сокращение на получение света (Ц"А) произошло со стороны творения, а не со стороны Создателя, свет, исходящий от Творца, называемый светом Бесконечности, совершенно не принимает во внимание Сокращение, которое

Глава I

малхут сделала на себя, на свои желания, и по-прежнему стремится распространиться во всей малхут, как и до Сокращения, ведь не он же делал Цимцум.

Малхут сопротивляется, производит на себя какие-то действия, но свет первичен, и он распространяется с тем же намерением, что и раньше. И поэтому понятно, что он распространяется с той же силой, что и раньше, желая дать и насладить, так как в Мире Бесконечности до Сокращения он полностью наполнял бхину далет, малхут. И поэтому он совершенно не должен менять свое намерение, свой путь.

Свет спускается в малхут с намерением полностью наполнить ее, но масах и паргот, которые находятся в малхут, ограничивают его продвижение, останавливают его, не позволяют ему распространиться ни в коей мере в самой малхут, и поэтому эта встреча высшего света с малхут называется ударной. А удар происходит именно там, где находится экран.

Вы, занимаясь Каббалой, через некоторое время увидите, что существуют сотни различных видов света и они между собой не перемешиваются. В Торе приводится пример: река Иордан, начинаясь выше озера Кинерет, входит в озеро, проходит по нему, совершенно не смешиваясь с водой озера, вытекает из него и идет к Мертвому морю. То же – с течением Гольфстрим.

В Талмуде Десяти Сфирот объяснена лишь небольшая часть мироздания. Каббала – это наука о том, КАК постичь духовный мир, а не о том, ЧТО такое духовный мир. То, о чем в нем не говорится, в миллиарды раз больше того, что нам объясняют книги. Но есть смысл в том, что Бааль Сулам написал именно это, а не другое, и это, им написанное, нам действительно стоит изучать, а прочее меня не должно сейчас интересовать. Бааль Сулам дал нам ключ именно к тому, что он тут написал, потому что именно с помощью этого я могу достичь Цели.

Сверху нисходит свет, который стремится войти в кли. В зависимости от того какой масах стоит в кли малхут, от него вверх поднимается отраженный свет (ор хозэр) и достигает, например, уровня кэтэр, если масах соответствует миру Адам Кадмон, или достигает уровня хохма, как при масахе авиют гимэл в мире Ацилут. Поэтому мир Адам Кадмон называется мир Кэтэр, а мир Ацилут называется мир Хохма.

Когда отраженный свет поднимается вверх и облачает Высший свет, тогда и считается, что он сформировался в виде келим. То есть только когда ор хозэр поднимется снизу до самого верха, то есть малхут будет иметь экран такой отражающей силы, чтобы оттолкнуть весь приходящий свет, и ее намерение будет достаточным для того, чтобы весь свет получить ради Творца, только тогда можно считать, что она полностью отражает приходящий свет, только тогда можно считать, что есть келим для того, чтобы затем принять этот свет внутрь тела.

Что значит: **вернулся бесконечный свет и облачился в эти келим в виде тайны Ацмут?** Бааль Сулам говорит, что, когда отраженный свет поднимается снизу вверх, свет Бесконечности одевает себя в этот отраженный свет, и тогда считается, что Ацмут одевается в кли.

Когда он одевается в кли, то через кли постигается Творец, только через наше ощущение, только в том виде, в котором келим его ощущают. Отраженный свет называется «кли», а прямой свет называется Ацмут. То есть кли в духовном понимании – тоже свет. А тот свет, который приходит сверху, вступает во взаимодействие с малхут и поэтому отражается снизу вверх. То есть подобно тому как существует намерение Творца дать наслаждение кли, так и у кли есть намерение дать наслаждение Творцу.

Это намерение со стороны творения называется сосуд (кли), намерение со стороны Творца называется свет (ор). Поэтому место, до которого может распространиться свет Бесконечности, называется мир Ацилут.

До какого места распространяется Высший свет, ор элион? До того кли, которое находится в мире Ацилут, потому что масах этого кли возвращает снизу вверх весь свет и не дает этому свету больше распространяться сверху вниз. То есть на границе (парса), которая находится под малхут мира Ацилут, заканчивается распространение Высшего света от Творца вниз. А свет, находящийся под парса, называется только вторичный свет (ор толада), или свет.

Сила, с которой масах останавливает распространение «Высшего света», не действует на сфирот мира Ацилут. Свет проходит из Мира Бесконечности через мир Адам Кадмон и через все сфирот мира Ацилут до последней сферы – малхут мира Ацилут, и только перед мирами Брия, Ецира, Асия происходит задержка Высшего света.

Глава I

Таким образом, свет Бесконечности – ор хохма, облаченный в ор хозэр, абсолютно безо всякого ослабления и без всякой задержки распространяется до парса, то есть до экрана, находящегося в малхут мира Ацилут.

Высший свет, проходя через малхут дэ-Ацилут (частица «дэ» означает принадлежность) и ниже, через парса в миры Брия, Ецира, Асия, расщепляется, уменьшается и проходит вниз, через масах, очень ослабленным. Поэтому, когда он проходит экран, то считается уже не светом Бесконечности, а вторичным светом (ор толада).

Вопрос: Как может отраженный свет быть кли, желанием?

Ор хозэр не просто строит кли на «Высший свет» (ор элион), ор хозэр является кли. Как может свет быть кли, желанием? Дело в том, что никакие выражения, никакие определения нельзя воспринимать буквально, всегда надо понимать, что за ними стоит, их смысл, а не только само название.

Кли – это желание, желание же есть только одно – желание насладиться, и это творение, созданное Творцом. Это желание до Первого Сокращения называлось кли на высший свет, то есть было желанием, сосудом, пригодным для получения высшего света, для получения ощущения Творца.

После Первого Сокращения (Цимцум Алеф) это желание стало непригодно для получения света, непригодно для ощущения Творца. Оно находится в абсолютной темноте и, вследствие Цимцум Алеф, абсолютно не ощущает свет.

Когда мы говорим, что свет уходит или приходит, раскрывается в кли и пр., мы имеем в виду не сами движения света, потому что свет неподвижен, а ощущения кли относительно света, постоянно ее наполняющего. Когда говорится, что после Ц"А свет ушел из кли, имеется в виду, что кли перестало ощущать свет в себе относительно прежнего отношения к нему как к прямому наслаждению.

То есть после исправления, называемого Ц"А, кли уже не может ощущать в себе свет, приходящий прямо от Творца без облачения в ор хозэр, как наслаждение. Наоборот, такое состояние ощущается ею как тьма, потому что свет для нее сейчас – это услаждать Творца, отдавать Творцу.

И также, когда говорится о любых перемещениях света в мирах, мы обязаны понимать, что это просто изменения

Часть 3. Прямой и отраженный свет

внутренних свойств, мера исправления кли, и поэтому оно воспринимает свои изменения как ощущение перемещения света.

Мы в данный момент находимся полностью в том же состоянии, в котором нас и создал Творец первоначально, то есть находимся в состоянии Мира Бесконечности, но поскольку существует Цимцум Алеф, а у нас нет подходящих келим, то мы вместо Бесконечности – состояния абсолютно светлого – сейчас ощущаем состояние абсолютно темное, самое ужасное, какое только может быть.

Ниже нашего мира и хуже нашего мира не может быть ничего. И это потому, что у нас нет исправленных келим. То есть у нас нет условий ощутить свет, ведь свет светит только в ор хозэр, то есть только в меру совпадения свойств кли с его свойствами. Только в этой мере кли ощущает свет. Кли – это не просто желание. Мы видим, что (после Ц"А) недостаточно желания для того, чтобы получить свет. Для того чтобы его получить, необходимо желание с правильным намерением.

Если желание получить будет с альтруистическим намерением отдать – оно наполняется наслаждением. Поэтому хотя желание необходимо, но одного желания мало: чтобы насытиться, недостаточно ощущения голода, надо «заплатить», чтобы получить наслаждение.

После Цимцум Алеф ты должен «заплатить», то есть сначала отразить наслаждение, а затем выразить свое желание доставить наслаждение Дающему, аналогично Его отношению к тебе, и тогда ты наполнишься. Вот эту силу отражения и называют кли вместо голода, потому что свет можно получить только по мере оплаты, а не по мере голода.

Например, я голоден на 100 кг наслаждения, а могу заплатить только за 10, значит, я могу получить только эти 10 кг. Поэтому не 100 кг сейчас называются кли, а 10 кг. Мои способности отражать наслаждение называются кли, поэтому кли после Цимцум Алеф называется масах и ор хозэр, хотя это не кли – это условие, которое позволяет мне насладиться, и оно точно измеряет емкость моего кли, его часть, которая действительно может наполниться.

Поэтому после Цимцум Алеф мы говорим: маленькое кли, большое кли. Что значит кли меньшее, большее? Кли создано одно, но в зависимости от того какой имеется экран, такую часть себя оно и использует.

Глава I

Что значит мир Адам Кадмон? Кли, которое может использовать максимальную свою часть. Мир Ацилут – меньшую часть, а все остальные желания остаются пустыми, незаполненными. Мы в нашем мире имеем желания проглотить весь этот мир, и если на это желание человек делает экран, то есть желает ощутить духовное вместо этого мира, то он понемногу начинает его ощущать.

Все наши желания остаются, так как желания созданы Творцом и никуда не исчезают, они не уменьшаются и не увеличиваются, просто человек предпочитает одни другим.

В каждый определенный момент времени можно ощутить только одно определенное желание. Если человек ощущает несколько желаний, это значит, что у него настоящего желания нет, так как он еще не выбрал то желание, которое действительно нужно наполнить, потому что желать можно только одно. Так вот, если человек четко предпочитает духовные желания желаниям нашего мира – он выходит в духовный мир. Он делает экран на все наслаждения нашего мира и получает силу, которая выводит его в духовный мир.

Такое состояние называется холат ахава ани – я болен любовью. Подобными выражениями каббалисты передают, что значит настоящее желание. И тогда есть экран, определенная четкая сила, достаточная для того, чтобы отраженный свет стал кли.

Самая большая проблема человека – то, что вместо одного единого желания его желания раскалываются на много мелких, ему хочется немножко животных наслаждений, немножко почестей и славы, немножко знаний, всего понемногу.

Что значит – наслаждения? Как вообще отсортировать и выбрать так, чтобы было только одно желание, а не много, но желание хорошее, которое может двигать нас вперед? Для этого надо предпочесть духовное материальному. Для этого должен прийти свет, и тогда ты увидишь, что значит духовное по сравнению с тем, что ты можешь получить в этом мире. А это можно сделать только с помощью упорных занятий.

В нашем мире нет силы, которая способна вытащить человека в духовный мир. Она и должна быть получена свыше, так как несет в себе заряд, которого нет в нашем мире. И когда мы, изучая, возбуждаем окружающий нас свет, то у нас появляется сила, которая к нашему миру не относится, и она нас потихонечку очищает.

Часть 3. Прямой и отраженный свет

Если бы не Каббала, не было бы никакой возможности выйти в духовный мир! Но после того как Творец приводит человека к Каббале, теперь это уже зависит от того, как ее использовать. Так что мы учимся, чтобы уметь отделять от жизни лишнее и брать от учебы силы, исправляющие нас. Если так – методика начинает работать. Например, человек приходит сюда, на урок, у него есть желания к нашему миру, обычные, человеческие, и, кроме того, вдруг в нем возникают какие-то желания особенные.

Во-первых, он приходит сюда, потому что чего-то хочет, причем кроме своих эгоистических желаний он хочет ощутить еще какие-то наслаждения, о которых пока только догадывается. Он начинает испытывать какие-то страдания, которые ему посылают специально, свыше, для того чтобы он начал думать о том, почему он страдает, где источник его страданий.

И эти страдания подталкивают его к поиску источников наслаждения. Он видит, что в окружающем мире желаемых им сейчас наслаждений нет – и вдруг обнаруживает, что где-то недалеко есть какое-то место, наш Центр, где можно получить ответ на вопрос: «Как перестать страдать и как можно насладиться?»

У начавшего заниматься Каббалой человека эгоистические келим к этому миру будут развиваться, вплоть до того что он пожелает захватить не только этот мир, но и духовный. А затем постепенно, в результате правильной учебы в группе, в нем будет происходить переоценка ценностей. Это постепенно рождается и развивается в человеке, он постепенно делает правильный выбор.

Какие у человека в этом мире есть наслаждения? Чуть большие, чем у животных, потому что он ощущает понятие времени: прошлое, настоящее, будущее, общество, положение в обществе, зависть, почет, славу. Относительно духовных желаний все эти желания – животные, находятся в животном теле, называются животной душой, у этой животной души нет никакого различия между «евреем» и «гоем».

Желания к духовному – это уже желания совсем другой ступени, когда человек не просто желает наслаждений, а наслаждений из совершенно другого источника, наслаждений от совершенно других ощущений-келим. То есть и свет другой, и кли другое. Поэтому и называется состояние, обретенное кли-желанием при наполнении светом, «будущий мир» – «тот мир»,

Глава I

а не этот, потому что это – совершенно другое состояние, другое кли и другой свет. И отделяет один от другого совершенно непроницаемая оболочка – махсом.

Мы с вами изучаем отличие мира Ацилут от нижестоящих миров БЕ"А. И хотя в них все-таки проходит вторичный свет, но та перегородка, которая существует между мирами БЕ"А и низшим миром, абсолютно непроницаема. Никоим образом человек, пока он не получит свойства, в чем-то подобные духовным, существующим в мирах БЕ"А, не ощутит ни малейшей частички света.

Есть 4 стадии удаления от высшего света, от первоисточника, от Творца. Или можно сказать, что есть 4 стадии огрубления света, исходящего из Творца. И это постепенное огрубление света приводит к рождению из света кли, то есть свойство света меняется на противоположное ему. Лишь только свет огрубляется, он обращается в свою противоположность – в кли. Каким же образом это происходит? Как может из одного произойти продукт совершенно ему противоположный, если, кроме этого одного, больше ничего нет?

> **4 стадии огрубления высшего света: 1) Получение свыше – называется ор хохма, 2) Отдаление от хохмы – называется бина, 3) Окно и узкое отверстие – это Зэир Анпин, 4) Удаление от хохмы и узкое отверстие – малхут.**
>
> (ТЭ"С, стр. 103)

4) Причина огрубления света в том, что увидевший очень сильный свет не в состоянии его выдержать. Есть удаление света, его ослабление, огрубление с помощью экрана или отдаления или с помощью обоих. В кэтэр мира Ацилут светит бесконечный свет совершенно без экрана и без всякого удаления, поэтому он называется Эйн Соф – Бесконечность. Хохма получает от Кэтэр. Бина получает свет Бесконечности только с помощью удаления. Зэир Анпин может получить свет только через окно и узкое отверстие, которое в окне и через которое проходит сам высший свет без всякого экрана. Отличие только в том, что путь не широкий, а очень узкий. Но путь от бины до Зэир Анпина очень короток. К малхут свет приходит через окно и узкое отверстие, как в Зэир Анпине, но с удалением.

Часть 3. Прямой и отраженный свет

– комментарий –

Этими словами Ари желает показать нам, какие стадии огрубления существуют в Высшем свете, распространяющемся от Творца до малхут – законченного творения, какого они вида, свойства, почему именно такие изменения высшего света рождают кли.

Хохма получает от кэтэр: то есть получает свет от кэтэр, не огрубляя. То есть хохма способна получить этот свет в состоянии, когда он близок к ней. А бина не может: бина получает свет Бесконечности только с помощью удаления. Что значит удаление? В духовном ведь нет расстояния. Свет должен быть чуть-чуть удален, и тогда она его может получить, а иначе она не смогла бы выдержать – уж слишком он сильный и яркий. Все как с пламенем: подальше от огня – греешься, близко к нему – обжигаешься.

Кэтэр мира Ацилут называется тоже по имени Эйн Соф, то есть в нем нет ограничения на распространение света. Эйн Соф – не имеются в виду желания бесконечные по расстоянию, по объему, а бесконечные по качеству относительно света: кли не делает ограничения, конца на распространение света в себе. Все духовные процессы качественные, а не количественные, все соотношения сводятся к связи между наслаждением и желанием его получить.

И нуква (малхут), и Зэир Анпин получают свет только через окно и узкое отверстие, которое в окне. В чем различие между ними: как получает Зэир Анпин и как получает малхут?

Зэир Анпин получает ближе, а малхут получает через удаление. Здесь у нас есть множество вариаций в ощущении света со стороны кли: свет близкий, далекий, он приходит через какое-то узкое отверстие. Что значит узкое отверстие? Малхут получает так, что свет просто к ней приходит, или необходимо оттолкнуть и только после этого сможет получить?

Огрубление света формируется постепенно, самим же светом, а кли, творение, желание насладиться этим светом рождается не сразу, потому что оно обратно свету. В самом свете постепенно появляется и усиливается огрубление и выходит из самого света кли-сосуд, который этот свет получает, ощущает. Родить такой сосуд свет может только путем огрубления по 4 последовательным стадиям.

Глава I

Последней стадией является окончательное огрубление света до его самого последнего грубого свойства, которое уже обратно свету, то есть оно уже желает. Первая стадия света, которая желает отдать и поэтому начинает распространяться и создавать под себя желание получить, называется кэтэр. Та стадия, которая уже огрубилась полностью и желает получить, насладиться, называется малхут, бхина далет, 4-я стадия.

Эти 4 стадии, называемые хохма, бина, Зэир Анпин и малхут, обязаны быть в каждом творении, иначе творение не будет называться творением, потому что творение (желание получить) – это и есть самая последняя стадия, которая рождается только вследствие распространения 3 предыдущих.

Это означает, что, если возникает где-либо, в любой части творения, мироздания или в нас самих, какое-то желание, мы должны понимать, что желаемое рождено светом, непосредственно исходящим из Творца, прошедшим через 4 стадии сверху вниз до нас, ничтожных, в самом низу находящихся, чтобы родить в нас какое-то желание. Это желание, возникшее в нас, рождено самим Творцом, Он его родил и вселил в нас. А когда это желание уже ощущается человеком, то мы относим его к человеку, хотя оно зародилось сверху Творцом. И нет никакого желания, которое бы произошло от самого человека. Необходимость этих четырех стадий при рождении желаний выясняется в 1-й части Талмуда Десяти Сфирот.

В кэтэр мира Ацилут светит бесконечный свет, совершенно без экрана и абсолютно безо всякого удаления. И поэтому называется кэтэр мира Ацилут тоже по имени Эйн Соф. Каждый мир, парцуф, душа – в любом месте, где бы они ни находились, – обязаны получать свет, наслаждение, насыщение, изобилие (шефа) от света Бесконечности, то есть от кэтэр, своего Творца. Даже находясь на самой последней стадии, на самой маленькой ступени, наиболее удаленной от Мира Бесконечности, кли все равно получает непосредственно от Творца. Поэтому сказано, что в кэтэр мира Ацилут светит свет Бесконечности.

Творцом называется любая высшая ступень относительно низшей. Любая часть Мира Бесконечности относительно любой части, которая от нее что-то получает, называется кэтэр. Та часть, которая получает от Мира Бесконечности, независимо от того где она находится, называется малхут относительно этой

Часть 3. Прямой и отраженный свет

части. А то, что находится между Миром Бесконечности и какой-то определенной малхут, – это остальные восемь сфирот.

Кэтэр находится в Мире Бесконечности, малхут всегда относится к месту, в котором находится. А между ними – восемь остальных сфирот, от хохмы до есод, которые осуществляют связь между кэтэр и малхут.

Весь замысел Творца – это создать кли и наполнить его полностью своим светом. Это и есть Мир Бесконечности. Теперь, если мы возьмем любой фрагмент Мира Бесконечности, в нем всегда будет часть этого кли и часть от света. Таким образом, всегда можно сказать, что в том фрагменте, который мы произвольно выберем, есть Творец, то есть свет, находящийся внутри, и есть кли-творение, ощущающее Творца, эту частицу света в себе.

Распространение света Бесконечности, впервые исходящего из кэтэр в мир, называется ор хохма. Ор хохма обязательно включает в себя также желание получить этот свет. Если бы в свете Бесконечности не существовало этого желания, называемого распространением, не мог бы свет Бесконечности называться распространяющимся. То есть свет Бесконечности сам по себе не включает в себя творение. Но если мы говорим о том, что в нем есть творение, это потому, что в нем начинает постепенно возникать огрубление, желание получить. И такое постепенное возникновение в свете желания получить называется «распространением света».

Свет никуда не распространяется, просто в нем постепенно возникает все более отчетливое и сознательное желание насладиться светом. И это желание – кли – ощущает свет и наслаждается. И тогда ему кажется, что оно растет, и все больше и больше ощущает, что растет свет, поэтому кажется ему, что свет приближается, наполняет его больше. На самом деле это ощущение кажущееся: по мере роста желания и возникает ощущение все большего наслаждения. Это обоюдное ощущение наслаждения в желании называется распространением света.

Нет в действительности распространения света, свет находится в абсолютном покое. Постепенное, все большее и большее ощущение света и называется его распространением в кли. То есть все зависит от кли: кли больше – кажется, что свет распространяется больше, что свет более интенсивный, кли меньше – и ему кажется, что свет ослабляется, удаляется. На

Глава I

самом деле нет со стороны света никаких изменений, все изменения только со стороны кли-потребителя.

Все зависит только от нас, от того, каким образом мы подготовим свои келим. Если они будут уменьшаться, нам будет казаться, что удаляется свет, что удаляется Творец. Как мы можем различать в свете прерывистые (дискретные, не аналоговые) состояния? В свете мы различаем прерывистые состояния, потому что в нас все наши чувства, все наши ступени, все наши ощущения – прерывисты. Между ними есть четкое разделение на ступени. Каждую ступень можно еще разделить хоть на миллиарды, но все равно эти градации прерывисты. А свет сам по себе – абсолютный, безо всяких отличий в себе. Но поскольку мы его можем определить только в четко отградуированном кли, то поэтому мы всегда ощущаем градации, то есть его прерывистые свойства, согласно свойствам самого кли.

Мы всегда рассматриваем эти свойства только с точки зрения кли. С точки зрения света мы вообще ничего не можем сказать. То есть все, что мы знаем, ощущаем, все, что мы получили от каббалистов, которые сами все постигли, – это все ощущения кли. Мы не знаем, что такое свет, что вообще существует вне наших ощущений, я знаю только то, что я ощущаю, и даже не это, а то, что является моей внутренней реакцией на воздействие извне (см. статью 82 «Все миры» в книге «Услышанное» данной серии).

Я могу взять кусок яблока в рот и сказать, что ощущаю яблоко, могу также воздействовать электродом на мозг и ощутить тот же вкус яблока, при этом я совершенно не отличу, яблоко ли у меня во рту или это сигнал электрического возбуждения. Мне не важно, что на меня воздействует, я все равно не могу этого определить, я могу определить только то, что во мне возникает ощущение, которое я называю «вкус яблока».

Поэтому о свете мы не говорим, а если и говорим, то все равно мы имеем в виду восприятие кли: то, как кли возбуждается на нечто неизвестное. Мы должны говорить, что существует нечто вне кли, потому что кли на это начинает вдруг реагировать, говоря научно, «возмущаться».

Поэтому говорится: Творец непознаваем, Творец непостигаем. Качество, которое он в нас возбуждает, мы называем Им самим. Он во мне возбудил хорошее качество, значит, Он –

хороший, возбудил во мне какие-то плохие свойства, ощущения, значит, Он – плохой.

Я не знаю, кто Он такой, существуют ли в Нем какие-то качества. Я могу говорить лишь о том, что он вызывает во мне. Поэтому начиная с первой ступени, с бхинат шорэш в четырех стадиях распространения прямого света, мы уже говорим не о свете, а об ощущениях кли.

Творец называется – Ацмуто, то есть Он Сам. Кто Он, мы не знаем. Если мы говорим, что существует стадия шорэш, являющаяся Его желанием насладить творение, – это уже то, что мы постигаем. После того как мы действительно постигаем ощущение света, когда свет полностью распространяется и заполняет то, что находится вне нас, как нам кажется поначалу, тогда мы говорим, что Он добрый, что Он хороший, что Он желает нас насладить и т.д.

По мере распространения и огрубления света в конце стадии хохма в самом свете появляется некое желание, и это желание наполняет себя светом хасадим от света Бесконечности. Что это значит? Непосредственно в самом свете нет ни света хасадим, ни света хохма, нет никаких отличий, а только кли, которое, в соответствии со своими желаниями, выделяет в этом абсолютно аморфном высшем свете наслаждение, называемое ор хасадим, или наслаждение, называемое ор хохма.

И это подобно тому, как мы, например, с помощью призмы разлагаем простой свет на 7 цветов. Через определенное стекло, то есть через такое-то кли, я ощущаю простой свет как красный, через такое-то стекло – как синий, как оранжевый и т.д. Свет сам по себе не имеет этих свойств, и только если есть во мне свойство задерживать определенные цвета, я ощущаю этот или иной цвет. Сам свет состоит абсолютно из всех наслаждений, но он в принципе состоит из ничего и из всего. Кли своими желаниями может выделить из света самые различные наслаждения, только бы у кли было желание. Если у кли возникает желание, это значит – желание возникло от света.

Мы должны в этой жизни достичь ощущения самой наивысшей ступени – кэтэр. Каббала – единственная практическая наука, потому что ты являешься сам на себе ее испытателем: то, что ты ощущаешь, только то и существует, ты постигаешь свои ощущения, твои ощущения и есть все мироздание.

Глава I

Бхинат шорэш – первая, самая высшая бхина – это желание Творца насладить творение. Согласно этому желанию распространяется свет. Оно все более огрубляется, пока в этом желании – желании Творца – не появляется желание насладиться – получить то наслаждение, которое исходит из Творца. Это желание насладиться называется бхина алеф. Оно создано прямым действием со стороны Творца и поэтому не называется самостоятельным, не может называться творением, не является удаленным от Творца, потому что Он же его и создал.

Как только бхина алеф начинает осознавать, что желает получить, она ощущает себя получающей, а свет – дающим и начинает воспринимать желание получить как более грубое, как более удаленное от Творца. В мере осознания себя получающей она и определяет себя как более удаленную от Творца, кли само определяет, ближе оно или дальше от Творца, от света.

Осознанное ощущение удаления от Творца приводит кли к тому, что оно ничего не желает получать. Оно желает быть только подобным Творцу. Но если оно ничего не получает, так как желает быть подобным Творцу, почему же оно не ближе к Творцу, а дальше, чем предыдущая стадия, которая получала от Творца? Да потому, что та стадия получала неосознанно, она такой была создана. А эта уже немного ощущает, что желает получать. Неважно, что она ничего не получает. Но она желает, и поэтому это свое желание она оценивает как далекое от Творца. Поэтому стадия бэт более грубая, чем стадия алеф, – она сама себя так определяет. Бхина бэт – корень, зародыш будущего окончательного эгоистического желания.

ГЛАВА II

Миры Ацилут, Брия, Ецира, Асия и их отличие

В мире Ацилут нет масаха.

(ТЭ"С, стр. 106)

1) Существуют далет бхинот, которые отделяют части мира Ацилут одну от другой. И все вместе они отличаются тем, что у них совершенно нет экрана, и поэтому называются мир Ацилут. Потому что сам свет Бесконечности распространяется в нем безо всякого экрана.

– комментарий –

Есть правило, что любые ограничения, где бы они ни появились (в мирах, парцуфим, во всем мироздании), действуют только с того места, где они рождаются, и ниже. На месте их появления они тоже не действуют, потому что сила, вызывающая эти ограничения со стороны самого творения, – добровольная. И поэтому если появляется в каком-то парцуфе новый Цимцум, новый запрет, то сам парцуф принимает это на себя добровольно, а более низшие парцуфим обязаны следовать этому ограничению. На более высшие парцуфим Цимцум не распространяется.

Есть закон – авиют и масах не могут ни в коей мере преуменьшить то, что находится выше места их раскрытия. И несмотря на то что ор хозэр поднимается от экрана (от кли малхут) и одевает от себя и вверх девять сфирот, сила авиюта, то есть толщина экрана (сила эгоизма), не поднимается наверх совершенно, и поэтому эти девять сфирот Ацилут, находящиеся выше экрана Ацилут, считаются как будто не имеющими никакого экрана. И это несмотря на то, что мы различаем в

Глава II

самом мире Ацилут много всевозможных экранов (стоящий во «рту», стоящий в «хозе»), и эти экраны находятся в различных частях и деталях мира Ацилут.

Дело в том, что они не являются экранами в полном смысле слова, а возникают в мире Ацилут ввиду того, что поднимаются снизу вверх души для исправления, и эти желания (алият МА"Н) создают в мире Ацилут всевозможные дополнительные частные экраны. И только экран, стоящий в малхут дэ-Ацилут, над парса, называется экраном мира Ацилут. От него восходит снизу вверх отраженный свет (ор хозэр), который сам строит парцуфим мира Ацилут.

Кли – имеется в виду то место-желание, где раскрывается очередной новый запрет. Мы же не говорим о запрете, а говорим о том, как распространяется сверху вниз вся система, от более совершенного свойства, экрана, к менее совершенному. Поэтому если появляется по мере распространения сверху вниз в каком-либо месте что-то новое, то это всегда новое ограничение, новый парцуф, то есть новый занавес, задержка на распространение света Бесконечности сверху вниз.

Поэтому местом называется то свойство, которое раскрывает новое ограничение. И это производит каждый парцуф: Гальгальта, А"Б, СА"Г. То есть у парцуфа СА"Г после А"Б не может быть большего масаха, чем у А"Б, и свойства, лучшего, чем в А"Б, и т.д. Сам А"Б, выходя, добровольно принимает на себя ограничения, посредством которых он рождается, и поэтому они на него лично не действуют. Они действуют в нем, но он неподвластен им, потому что он принял это на себя добровольно. А все последующие парцуфим обязаны следовать этим ограничениям. А Гальгальта не обязана, она их совершенно не чувствует. Это для нее не ограничение.

Допустим, человек находится на каком-то уровне, у него есть защита – воспитание не украсть 1000 долларов. В своих более высоких состояниях он не нуждается в этой защите, а в более низких состояниях он, к сожалению, нуждается в дополнительной защите-воспитании, чтобы эти 1000 долларов не украсть. Говорится всегда об ограничениях относительно наслаждений, приходящих в парцуф, то есть относительно уровня парцуфа.

Часть 3. Прямой и отраженный свет

От душ, находящихся под парса в мирах БЕ"А, поднимается МА"Н – желание исправиться (алият МА"Н – поднятие незаполненного желания). Желание – стремление только к духовному и только правильное, то есть желание духовно возвыситься, духовно очиститься, укрепиться, стремление получить силы отдавать. И оно вызывает во всех парцуфим мира Ацилут определенную реакцию, действие. То есть они должны принять это желание в себя, получить на него свет, который бы это желание исправил, и передать этот свет исправления вниз, в ту душу, которая в этом нуждается, которая об этом просила и подняла МА"Н.

А затем, когда эта душа воспримет этот свет исправления и исправится, в ней появится экран. После этого душа уже будет просить не света исправления, а наслаждения, света наполнения ради Творца. Тогда снова поднимется МА"Н в мир Ацилут. Снова мир Ацилут, все его парцуфим примут высший свет из Мира Бесконечности и потихоньку, то есть ступенька за ступенькой, спустят этот свет к той душе, которая желает получить ради отдачи Творцу.

Мир Ацилут является единственным управляющим всем мирозданием, посредником между душами и Творцом. Мир Ацилут, в соответствии со своими свойствами, так же, как мир Адам Кадмон, и так же, как Мир Бесконечности, не испытывает на себе ограничений. Все, что делается в этих мирах, делается только для того, чтобы привести к правильной работе систему управления миров БЕ"А и привести души, находящиеся внутри миров БЕ"А, к тому, чтобы они начали просить исправления и наполнения.

Поэтому считается, что в мире Ацилут нет никаких ограничений, и поэтому он называется Ацилут, от слова «эцло» – у Него, то есть в нем существует весь свет Бесконечности и он существует в бесконечном виде, без ограничений. Ограничения начинаются под ним, под малхут Ацилут, под парса.

Слово «Брия» произошло от слова «бар» – вне. Мир Брия подобен семи нижним сфирот бины, которые в Цимцум Бэт вышли из своей ступени специально для того, чтобы помочь малхут получить свойства Творца, свойства Бины. А миры Адам Кадмон и Ацилут, находящиеся над парса, – это кэтэр и хохма. Миры, в которых находятся души в течение 6 тысяч

Глава II

лет, – это миры, находящиеся под парса: Брия, Ецира, Асия – это бина, З"А, малхут.

Кэтэр и хохма – это стадии шорэш и алеф из четырех стадий прямого света, в которых еще нет зачатка кли, потому что реакций со стороны кли еще нет, а реакция начинается со стадии бэт, когда кли не желает получать. Это первая реакция снизу вверх. Поэтому миры Адам Кадмон и Ацилут являются как бы полностью проводящими сверху вниз – кэтэр, хохма. Бина является первой ступенью зарождения будущей малхут. Поэтому бина и малхут обозначаются в имени Творца АВА"Я одной и той же буквой хей.

Ниже мира Ацилут свет Эйн Соф распространяется только с помощью зивуг дэ-акаа в масахе, стоящем в конце мира Ацилут, и десять сфирот проходят через экран в мир Брия. И так же с помощью зивуг дэ-акаа на экран, который находится в конце мира Брия, образуются десять сфирот, которые проходят через этот экран малхут мира Брия в мир Ецира и так же из мира Ецира в мир Асия.

(ТЭ"С, стр. 106)

2) Отсюда и вниз распространяется не сам свет Эйн Соф, а только маленькое свечение, которое может пройти через экран, и это потому, что экран и занавес разделяют миры Ацилут и Брия. Вследствие удара, который производит высший свет в виде десяти сфирот мира Ацилут, приходящий и ударяющий в этот занавес, рождаются искры света, которые проходят через экран вниз – они-то с помощью экрана и образуют десяти сфирот мира Брия от свечения десяти сфирот мира Ацилут, находящихся над ними.

И так же в масахе, который стоит в конце мира Брия, так называемом масах дэ-Брия. Там также находится другой экран, не такой, как в мире Ацилут. И вследствие удара в этот экран десяти сфирот мира Брия, в столкновении десяти сфирот света и десяти сфирот келим, рождаются десять сфирот мира Ецира. И таким же образом от Ецира к Асия, экраном, который стоит в конце мира Ецира, рождаются десять сфирот мира Асия.

Часть 3. Прямой и отраженный свет

Отсюда пойми, почему Ацилут, Брия, Ецира, Асия называются миры – потому что есть экран, который отделяет их один от другого, и поэтому один не подобен другому.

– комментарий –

Экран стоит в конце каждого мира, в его малхут. Этот экран вместе с малхут делают зивуг дэ-акаа, и свет распространяется от этого места вниз.

В мироздании нет ничего такого, что не было бы создано светом Бесконечности. Любой свет, любое кли существуют под парса мира Ацилут в силу того, что малхут мира Ацилут делает зивуг дэ-акаа и пропускает от себя вниз десять сфирот келим и десять сфирот света, таким образом образуя мир Брия. Затем мир Брия делает то же самое – зивуг дэ-акаа, образует десять сфирот, пропускает их через себя и образует десять сфирот и орот мира Ецира, и т.д.

И так устроен любой парцуф: малхут стоит в пэ дэ-рош, приходит к ней свет, она этот свет отталкивает, затем одевает в свой отраженный свет, делает расчет, сколько может взять, и принимает в себя. Начинает распространяться свет, который существует в рош, облаченный в ор хозэр от малхут и вниз, и таким образом строится гуф (тело) парцуфа. То же самое происходит и с рождением миров.

К малхут мира Ацилут приходит высший свет, она его отталкивает, одевает в десять сфирот своего отраженного света, берет от этого света столько, сколько может взять, – от каждой сферы немножко, но по той же системе, по той же «фигуре», которую представляет собой мир Ацилут, и такую же «фигуру», подобную ей, строит под собой.

То есть малхут мира Ацилут сама спускается и распространяет новые десять сфирот от нее и вниз в том виде, в котором существуют десять сфирот мира Ацилут, от кэтэр и до малхут, и эти десять сфирот, которые малхут мира Ацилут строит по подобию мира Ацилут под собою, и называются «десять сфирот мира Брия».

Хотя свет, находящийся в мире Брия, приходит из Мира Бесконечности (потому что нет такого света во всех мирах, который бы не исходил из Мира Бесконечности), но, проходя через экран, он ослабевает настолько, будто Мир Бесконечности обрывается выше него, в масахе мира Ацилут, а вниз проходит только маленький свет, как бы свечение. Экран и занавес (масах и паргот) несут на себе разные функции, и то, каким образом проходит через них свет, мы будем разбирать далее.

То, что мы называем «точкой нашего мира», – это не то место, в котором мы существуем духовно. Точка нашего мира – это черная точка, эгоистическое желание к духовному, а у нас эгоистического желания к духовному еще нет.

У нас есть эгоистическое желание только к тем наслаждениям, которые мы видим.

Духовных желаний у нас пока нет, поэтому относительно духовного мы находимся в абсолютно бессознательном состоянии. Можно сказать, что на тех чертежах, где изображают соответствия духовным уровням (Сэфэр Аилан, Альбом чертежей), нашего состояния нет, мы его не можем изобразить, потому что в духовном пространстве мы еще не существуем, не вошли в него, или, если угодно, не вышли в духовное пространство.

В высших мирах существует закон: любая низшая ступень, жаждущая исправления, вызывает дополнительный свет в высшей ступени, и это увеличение света, вызываемое ею в высшей ступени, затем нисходит к ней же и наполняет ее. Как этот закон отражается в нас?

Как понять то, что души снизу вызывают дополнительный свет в мире Ацилут? Мир Адам Кадмон и мир Ацилут созданы только для того, чтобы родить миры Брия, Ецира и Асия, породить души и дать душам через эти миры возможность достичь самого высокого уровня, уровня Творца. Поэтому мир Ацилут и тем более мир Адам Кадмон находятся в состоянии готовности, то есть они ничего не берут для себя, ничего не потребляют.

Это такая система, которая в той мере, в которой души снизу просят у нее, берет свет Бесконечности, преобразует его в тот вид, который подходит, чтобы души не разбились, чтобы это было им на пользу, чтобы постепенно могли себя исправить и получить его ради Творца, и передает им.

То есть каждый мир находится в минимальном своем состоянии в режиме ожидания. Когда души просят у мира Ацилут помощи, они вызывают этим дополнительный свет во всех мирах, по которым свет проходит, спускаясь к этой душе.

Часть 3. Прямой и отраженный свет

В мире Ацилут свет существует в бесконечном виде, совершенно безо всяких ограничений. В миры БЕ"А пропускается очень маленькое количество света, там существуют нечистые силы, эгоистические желания: система БЕ"А чистых сил и система БЕ"А нечистых сил расположены одна против (параллельно) другой, а между ними находятся души, на которые одновременно действуют обе эти системы.

Таким образом в душах создается возможность свободы воли, свободы выбора. Естественно, если у нас есть 2 системы – светлых и темных сил, то свет не может заполнять это пространство желаний. Ибо, если там будет свет, эгоистические желания его сразу возьмут – и, естественно, если у человека есть возможность постоянно эгоистически самонаслаждаться, он никогда не сможет выйти из своего эгоизма. Если я все время могу наслаждаться своими эгоистическими желаниями, то зачем же мне их менять и как я вообще могу от них избавиться? Я являюсь, таким образом, рабом этих желаний.

Для того чтобы у человека была свобода воли, он должен быть в состоянии равновесия. Свет, проходящий через малхут мира Ацилут в миры БЕ"А, – это маленький ничтожный свет, структурно подобный свету мира Ацилут, и интенсивность его ничтожно мала.

Если вы соберете все наслаждения нашего мира за всю историю человечества: то, что было, и то, что будет, со всеми людьми всех поколений, это будет одна маленькая искорка – «нер дакик» (буквально: тоненькая свечка) по сравнению со светом самой низшей ступени мира Асия. Но смотрите – она оживляет всю природу: неживую, растительную, животную, человеческую – во всех уровнях, во всех поколениях в течение стольких лет.

Каждая последующая более высшая ступень, каждая сфира, начиная от малхут мира Асия, в бесконечное количество раз больше предыдущей ступени, как песчинка по сравнению со всей Вселенной. Поэтому у нас нет никакой возможности понять разницу в интенсивности света или в ощущении наслаждения в мире Ацилут и в мире Брия. Мы не можем даже понять разницу в свете между нашим миром и самой низкой ступенью – малхут мира Асия.

Есть люди в нашем мире, достигающие огромных духовных ступеней, – вот что чудо! То есть человек может внутри себя приобрести такие келим, которые позволят ему подняться и ощутить свет Мира Бесконечности или, по крайней мере, ступеней лестницы миров АБЕ"А. А Цель всего творения в том, чтобы каждый достиг самой высокой ступени, не имеющей абсолютно никаких ограничений, но и высшую ступень тоже надо завоевать, находясь в этом мире, то есть в материальном (физиологическом) теле.

Дело в том, что любая духовная ступень завоевывается только после того, как на нее можно сделать экран – Цимцум Алеф (Первое Сокращение). Если ты делаешь на все наслаждения нашего мира (нер дакик) Цимцум Алеф и говоришь, что «ради себя не хочу наслаждаться, а предпочитаю более высокую духовную ступень», тогда тебя начинают на нее поднимать. То есть ты на этой ступени сделал уже Цимцум Алеф, теперь тебе дают возможность сделать его на более высокой.

Что значит сделать Цимцум Алеф? Цимцум Алеф означает, что ты ради себя уже не получаешь. Тебе тут же раскрывается возможность начать получать этот свет «не ради себя». Наслаждение, приходящее в ответ, состоит из двух составляющих. Оно состоит из наслаждения светом, которым ты обязан наслаждаться, после того как решил получать не ради себя, потому что, если ты не наслаждаешься, что ты можешь отдать? И второе наслаждение, которое к тебе приходит, – это ощущение того, как Творец наслаждается тем, что ты от Него получил. Вот это второе наслаждение – бесконечно и вечно.

Ты ощущаешь Его и наслаждение в Нем, то есть ты работаешь не в своих келим, ты как бы заполняешь не свой, а внешний сосуд (ор хозэр), который ты строишь над эгоизмом. Этот сосуд бесконечен, а эгоизм является лишь средством, над которым можно сделать эту надстройку – ор хозэр, и поэтому не нужны никакие предохранители. Предохранитель на твой маленький эгоизм – только Цимцум Алеф.

Но после того как человек «одевает» в свой отраженный свет приходящие наслаждения, он ощущает затем это наслаждение во всем своем теле, в каждой клеточке. Мы не можем определить, где в нашем теле находится душа, она «одевается» в общую массу всего тела. Так и в обычных наслаждениях: когда ты слушаешь хорошую музыку, наслаждаются не только уши, но и все тело. Даже в нашем мире внутри тела находится

Часть 3. Прямой и отраженный свет

частичка света, только получаем мы ее через материальное облачение, внешнюю оболочку наслаждения.

То же самое с моим кли: хотя вроде бы я ощущаю это своими зрительными, вкусовыми и прочими рецепторами, но на самом деле позади этих рецепторов находится духовное кли на духовный свет, заключенный внутри материальных одеяний. Поэтому душа, внутреннее кли, и наслаждение, сила, оживляющая душу, абсолютно духовны.

А материальные оболочки – всего лишь внешние одеяния. По мере того как мы духовно поднимаемся, мы видим, что эти оболочки как бы исчезают, они существуют только относительно тех, кто не видит сквозь них духовных сил.

Каббалист постепенно, в мере своего исправления, поднимается по ступенькам миров до Эйн Соф. Все миры, все ограничения находятся под ним, потому что он приобрел такое исправление, что нет никаких ограничений, потому что он сам добровольно эти ограничения принимает на себя, так как видит их абсолютную справедливость, необходимость и абсолютное добро.

Теперь он включается как интегральная часть в высшее управление, являясь одним из тех келим, которые создал Творец. В чем же проявляется его роль? В келим, которые он поднял с собой, одновременно находясь в нашем мире, каббалист вбирает страдания всего остального мироздания, поднимает их и исправляет. Таким образом, он сверху вниз подготавливает приближение исправления всех остальных душ. Это роль отдельных душ праведников. «Зоар» пишет об этом в статьях «Видение рабби Хия» и «Погонщик мулов» (см. книгу «Зоар»).

Это особые души, которые могут существовать или в материальном облачении (как отдельные большие личности: Рабби Акива, Рабби Шимон, Ари, Бааль Сулам), или вне его, так как могут совершать исправления, не входя в наш мир. Существующие только в духовных мирах общаются между собой иначе. Но те, кто существует в нашем мире и имеет связи с духовным миром, общаются с теми, кто находится в духовном мире.

В духовных мирах находятся также так называемые «ангелы», то есть определенный вид управляющих сил, у которых нет никакой свободы воли. Это просто исполнительные механизмы, абсолютные роботы. Мир Ацилут управляет ими, а они реализуют его приказы. Человеку дается возможность управлять всеми мирами и ангелами, потому что он поднимается снизу вверх и приносит с собой в миры дополнительный свет, дополнительную силу, и таким образом он может влиять на все души, находящиеся в нашем мире, то есть приводить наш мир к более быстрому общему подъему вверх.

У ангелов нет свободы воли, потому что у них нет эгоизма. У человека есть эгоизм, и он, исправляя его, зарабатывает в мере этого исправления свободу воли. Что значит свобода воли? Каббалист сам выбирает, как надо поступать со своей материей, со своим эгоизмом. Он управляет своим эгоизмом, ничем больше.

Человек, поднимаясь вверх, вносит вклад в светлую систему сил, потому что он поднимается по правой стороне. Он берет из темных сил желания, исправляет их и таким образом вносит эти исправленные желания в правую линию – в светлые силы.

А если он, кроме того, включает в себя страдания нашего мира (а каббалист без этого не может), потому что видит Цель Творения и видит две крайние точки (с одной стороны, огромное кли-страдания, а с другой стороны, наслаждения, уготованные Творцом) и желает соединить эти две точки вместе, то он, меняя свои эгоистические келим на альтруистические, начинает в меру своей духовной ступени ощущать страдания всего мира.

Он может вбирать их в себя, наполнять их, но на своей ступени и, исправляя их в себе, помогает остальным – дает некоторое внешнее свечение, ор макиф, который быстрее приводит каждого человека к осознанию необходимости духовного исправления.

Ари говорит, что вследствие удара Высшего света в занавес и силой десяти сфирот мира Ацилут рождаются искры – десять сфирот света, которые проходят через экран и строят под экраном десять сфирот мира Брия.

Вследствие удара высшего света в занавес ор хозэр спускается сверху вниз в мир Брия. Силой сфирот мира Ацилут рождаются десять сфирот мира Брия.

Есть здесь две причины, два фактора рождения мира Брия. Ор хозэр, который, поднимаясь от малхут вверх, облачает Высший свет и проводит его вниз. Он уменьшает высший свет, одевая его в себя. Как снизу вверх ор хозэр строит в мире Ацилут десять сфирот, так и сверху вниз он строит в мире Брия десять сфирот.

То есть ор хозэр выполняет две функции: создает десять сфирот, уменьшая свет до такого состояния, что он может пройти через занавес (паргот), и облачает его, то есть он в мире Ацилут облачает, выбирает свет и передает его под парса, в мир Брия. А появление высшего света, облаченного в ор хозэр, везде, в любом месте, называется искрение, свечение (итноцецут), потому что отраженный свет вызывает свечение кли высшего света. Высший свет, облачаясь в ор хозэр, светится согласно форме этого отраженного света.

То же, что происходит в мире Ацилут, только в уменьшенном виде, вплоть до самых тонких деталей, повторяется в мире Брия, в мире Ецира и в мире Асия.

Наш мир устроен в соответствии с духовными мирами. Все связано между собой: предметы, действия, желания и все, что только можно назвать в нашем мире, – как на ментальном уровне, так и на физическом. Связи этих объектов соответствуют духовным мирам, только этого соответствия мы не видим.

А в духовных мирах эти связи прослеживаются четко, потому что там та же природа. Просто каждая ступень – это уменьшенная копия предыдущей, но повторяющая все детали и четкие связи этих деталей между собой. То есть миллион деталей существует в верхней ступени, миллион деталей в нижней, и каждая деталь нижней ступени связана с соответствующей деталью верхней ступени. Так же и в нашем мире, но мы эти связи наблюдать не в состоянии.

Свет в любом месте, в любой ступени, в любом мире, до того как он одет в кли, называется «свет Бесконечности», «ор Эйн Соф», потому что кли на него еще не сделало никаких ограничений. А после того как он одевается в ор хозэр, когда кли уже приняло его в своем ограниченном виде, он уже светится в кли, называется светом этой ступени: нэфэш, руах, нэшама, хая, ехида какой-то определенной ступени.

Свет, существующий в кли, естественно, не называется Эйн Соф, а называется по имени кли. Свет вне кли, до того как ударил в масах, до того как масах одел его в свой отраженный свет, называется светом Эйн Соф, где бы он ни был. Наслаждение, которое еще не оделось в кли, называется Эйн Соф, а

Глава II

наслаждение, облаченное в кли, называется именем этого кли, и оно, естественно, ограничено его размером.

Если мы говорим о передаче света сверху вниз, то говорим о том, как кли передают его из одной ступени в другую. Свет исходит из высшей ступени и приходит на низшую ступень, но низшая ступень его еще не принимает, отталкивает, и относительно низшей ступени он является Бесконечным светом, ор Эйн Соф.

Нет конца, нет еще ограничения на него со стороны нижней ступени. Он относительно нижней ступени действительно не ограничен, бесконечен, а когда нижняя ступень уже одевает его в свои ограничения, накладывает на него свои условия получения, тогда он принимает его форму, вид, на него как бы одевается модуляция этой низшей ступени, и он принимает ее свойства, ее форму.

Повторим еще раз, каким образом образуются миры один из другого. Экран, стоящий в малхут каждого мира, делает зивуг дэ-акаа со светом, который к нему приходит и, отражая его, облачает от экрана и выше десять сфирот в себя. Обнаруживает, что находится перед ним, переворачивает эти десять сфирот и в уменьшенном виде спускает вниз – келим-желания и орот-света, рождая следующий, более низкий мир. Таким образом, все миры: Брия, Ецира, Асия – являются копией мира Ацилут, но каждый – все более уменьшенной копией.

После того как бина захотела получить от Творца свет хасадим, этим желанием она как бы отдалилась от получения света хохма, а если бы она не отдалилась, то не смогла бы получить ор хасадим, ведь ор хохма наполняет желание получить, а ор хасадим – желание отдать.

В самом наслаждении-свете нет никакого различия между светом хохма и светом хасадим. Свет, исходящий из Творца, совершенно безымянный, он не несет в себе ничего. Кли-творение, или человек-душа (не важно, как называть), в результате взаимодействия со светом называет получаемое наслаждение «ор хохма» или «ор хасадим».

Если я что-то получаю (ради Творца) и при этом наслаждаюсь, то получаемое наслаждение называется «ор хохма». Если же я отдаю и при этом наслаждаюсь, то наслаждение называется «ор хасадим». И поэтому бхина алеф и бхина бэт прямого света абсолютно обратны друг другу по своим исконным свойствам: бхина алеф – кли получающее, а бхина бэт – кли отдающее.

Бина сама удалила себя от света и обратилась таким образом в 3-ю ступень, а если бы не удалила сама себя от Эйн Соф, не стала бы третьей ступенью, не смогла бы получить свет – свет хасадим.

Есть проблема в зарождении кли, души. Для того чтобы душа ощущала себя получающей от Творца и могла бы отдавать, быть подобной Ему, она должна быть самостоятельной. Для этого она должна отдалиться от Творца настолько, чтобы Он не мог на нее воздействовать и она могла бы производить совершенно самостоятельные действия.

Совершенно самостоятельное действие она может производить именно благодаря тому, что в ней появляется свойство бины «ничего не получать». После того как в ней появилось это свойство, она уже может варьировать свои желания и быть совершенно свободной в своем выборе. Это свойство бины называется «удаление от Творца». Слово «дальний» употребляется относительно света хохма, что означает малое его получение, как сказано в Торе: «Сказал я хохме, что ты далека от меня».

Творение стремится только к тому, чтобы получать свет. В зависимости от того в каком виде происходит получение от Творца, существуют различные виды келим. Кли получает вследствие того, что оно близко к Творцу, как бхина алеф (хохма) или как бхина бэт (бина) – при отдалении, или же получает уменьшением и отдалением, как Зэир Анпин, или получает отдалением и через «узкое отверстие», как малхут.

Что значит в духовном – «узкое отверстие»? Надо понимать расстояния и формы получения как вариации отношений между Творцом и душой, получающего и Дающего.

Известно, что ор хохма – это свет жизни. Поэтому, когда бина уже выросла до предела и на все свои желания сказала, что не желает получать ничего от ор хохмы, после этого отказа в ней вдруг возникает желание притянуть к себе некоторое количество света хохма внутрь света хасадим, который полностью ее заполняет.

И поскольку вся разница между духовными объектами заключена только в отличии свойств, поэтому, как только в бине снова появилось желание получить в себя свет хохма, то сразу же появилось маленькое свечение хохма внутри света хасадим. Такое распространение света хохма внутри света хасадим является отдельным духовным объектом, определяется отдельным именем и называется «Зэир Анпин».

Он называется так потому, что свет хохма называется «Анпин», «паним» (лицо) на арамейском языке (в Каббале широко используется арамейский язык – как разговорный в эпоху Талмуда и «Зоар»). Сказано: «Мудрость человека светит из его облика» (буквально – лица), и поскольку в бине имеется свечение хохма, но в основном бина – это ор хасадим, поэтому называется «Зэир Анпин» – маленькое лицо, маленький ор хохма. То есть только малая мера ор хохма находится в ор хасадим, и такое соответствие между ор хохма и ор хасадим называется «Зэир Анпин».

З"А – особенный духовный объект, потому как он – предварительный относительно малхут, то есть тот духовный объект, с помощью которого души получают весь свет от Творца. Малхут – следующая стадия, она представляет собой собрание всех душ. Зэир Анпин получает сверху весь ор хохма и передает его вниз.

В мире Ацилут Зэир Анпин называется Творец, потому что относительно творений высшая ступень называется Творцом. Ступень более высшую, чем Зэир Анпин, мы не воспринимаем, и поэтому малхут называется «Шхина», а З"А называется Творец. Зэир Анпин называется также «Шохэн» – наполняющий Шхину.

З"А также называется бхина гимэл из четырех стадий прямого света, а то огрубление, с помощью которого он получает свет, называется «холон», или «нэкев цар». Что это значит в духовном? Холон в переводе означает окно, а нэкев цар – узкое отверстие. Экран, создаваемый в высшем парцуфе вследствие того, что низший просит у него, называется «холон».

Бина для себя ничего не желает, но Зэир Анпин, который следует за ней, начинает просить, требовать у нее, чтобы она провела через себя свет хохма и передала ему.

Стена – это свойство бины ничего не получать. Желание, которое Зэир Анпин возбуждает в бине, – получить свет хохма для него, – называется окно, холон, Зэир Анпин делает в этой стене окошко, отверстие, и тогда свет хохма через это окошко, через масах бины, проходит к Зэир Анпину.

Такое действие Зэир Анпина в бине, там, где он требует от нее и заставляет ее получать свет хохма, называется «холон», потому что там нет никаких ограничений, а есть только единственное желание – получить немного света хохма для Зэир Анпина. Все желания получения, так называемые «авиют», и все экраны, находящиеся в мире Ацилут, существуют лишь для того, чтобы получить свет сверху, из Мира Бесконечности, и передать душам, то есть мир Ацилут сам по себе является совершенно альтруистическим миром и ничего для себя не желает получать.

Такое состояние, когда мир Ацилут ничего не получает, называется «катнут» – малое состояние. Если же в нем возникает какое-то желание – это потому, что души, находящиеся ниже мира Ацилут, поднимают к нему свои желания и заставляют его принять свет свыше и передать им. Состояние, при котором Ацилут получает ор хохма для того, чтобы провести вниз в души, называется «гадлут» (большое состояние).

Когда мир Ацилут получает свет хохма, его экран называется «холон», а когда он получает только ор хасадим, тогда его экран называется «нэкев цар» – узкое отверстие. А сама бхинат бина называется не холон, а только отдаление от света хохма.

В Зэир Анпине нет никакого отдаления от света хохма, то есть от света, на который есть отдаление в бине, потому что все отличие между Зэир Анпином и биной в том, что в нем есть «аяра» – маленькое свечение света хохма, и поэтому Ари говорит, что З"А близок, и нет в нем отдаления от света хохма. То есть распространение света бина в бхине гимэл, то есть в Зэир Анпине, не причиняет отдаления Зэир Анпину, а наоборот – дает ему возможность получить свет хохма.

То есть в бине есть только ор хасадим без ор хохма, и поэтому такое состояние мы называем удалением от Творца, от получения ор хохма. А в Зэир Анпине – именно благодаря тому, что в нем распространяется ор хасадим, – можно провести немного ор хохма, и поэтому ор хасадим является как бы помощью для получения ор хохма, и поэтому он не только не вызывает отдаления, а наоборот – получение ор хохма с помощью ор хасадим называется сближением.

Близкий и дальний – понятия относительно ор хохма; широкий и узкий – понятия относительно ор хасадим. Мы говорим о том, кто много отдает, «широкая рука», «широкое сердце». Близкий – это возможность большего получения ор хохма, а далекий –

Глава II

это малое получение света хохма. Кроме этих двух светов – ор хохма и ор хасадим – и, соответственно, двух возможностей в кли – получать и отдавать – больше нет никаких других вариаций.

Нуква дэ-З"А, то есть малхут (4-я стадия) получает свет через отверстие и окно как З"А, но при удалении. Что это означает? После распространения света в 3 стадиях в третьей стадии – в З"А – возникло желание получить свет, ор хохма во всем огромном объеме, который исходит из Творца. И это желание имеет несколько названий: «бхина далет», «малхут», «нуква». Нуква от слова «нэкев» – недостаток.

Затем в бхине далет произошел Цимцум Алеф. Мы видим, что после Цимцум Алеф бхина далет не получает весь свет Мира Бесконечности, то есть не может неограниченно получать свет хохма, как до Ц"А, и поэтому ее желание называется удаленным.

В малхут так же, как в бине, есть 2 ступени: холон и нэкев цар. Но есть огромная разница между отдалением бины и отдалением малхут. Отдаление от света хохма, которое есть в бине, – это отдаление по ее собственному желанию, потому что ее внутреннее свойство – это стремление к отдаче, хэсэд. Она стремится только к свету хасадим, наслаждению от отдачи, а не к получению света хохма. А отдаление, которое есть в малхут, – это отдаление насильственное, то есть исходящее не от желания самой бхины далет, а вследствие стоящего в ней экрана.

Имеет ли малхут желание получать ор хасадим? Нет, не имеет. Она желает получить весь свет хохма. А если за неимением этого она получает только маленькое свечение – аярат хохма, то это не ее желание. Желание бхины далет – получить весь свет хохма, который исходит из Творца.

Почему о желании бины не получать свет хохма и все отдавать мы говорим, что это желание добровольное, а о желании малхут ничего не получать – что это не добровольное желание? Ведь она все отдает, вследствие своего экрана, но мы все же говорим, что такое желание насильственное? Потому что оно против ее природы, так как малхут, согласно своей природе, желает только все получать, а экран пытается переделать ее намерение на противоположное.

Таким образом, бхина далет не желает быть в отдалении от ор хохма. Она отталкивает его и находится в удалении от него только потому, что не видит пути избавления от своего неприятного состояния, от страданий. Но это как бы насилие над своей природой. То есть затем, в бхине далет, кроме ее желания получать свет хохма возникает противоположное желание – ни в коем случае не получать свет хохма. Это второе желание как бы насильственное по отношению к ее исконной природе.

Мы говорим о мире Ацилут как о наивысшем мире. Однако мы изучаем, что свет, нисходящий из Творца, строит бхинот шорэш, алеф, бэт, гимэл, далет. Потом бхина далет делает Цимцум, потом строит мир Адам Кадмон, потом мир Некудим, потом происходит разбиение сосудов – и только потом появляется мир Ацилут.

Следовательно, между миром Ацилут и миром Эйн Соф существует огромное количество парцуфим, ступеней. Почему же мы считаем мир Ацилут наивысшим миром? Да потому, что в принципе Цимцум Алеф не имеет к нам никакого отношения, впрочем, как и все парцуфим мира Адам Кадмон. Это желание Творца – кэтэр, бхинат шорэш.

Что же такое миры? От Творца распространяется свет, и этот свет души должны получить, наполнившись им полностью, потому что он дает им абсолютное наслаждение и совершенство. Для того и существует система миров, чтобы подготовить их к получению света. Что означает система миров? Необходимо создать систему фильтров на свет, который исходит из Творца, чтобы души постепенно через эту систему фильтров могли получать все большие и большие порции света до тех пор, пока не смогут получить его полностью.

Адам Кадмон – это первый мир, который представляет собой самую первую завесу на свет, исходящий из Творца. Все души являются частями последней стадии малхут, которая построена таким образом, что ее желания точно соответствуют свету – наслаждению, исходящему из Творца, потому что это наслаждение ее и создало.

Как образуется малхут? Свет создает точное кли-сосуд, которое затем наполняет. Каким образом можно сделать этот свет градуированным так, чтобы он постепенно входил в малхут от маленькой порции до полного света? Когда малхут делится на множество частей от самой эгоистической до самой альтруистической, она накладывает себя на бхинат

Глава II

шорэш, на свет, исходящий из самого Творца, и делает на него фильтр, таким образом, свет, выходящий из Творца, проходит через этот фильтр прежде, чем делает все остальные свои действия.

Малхут поднимается и накладывается на бхинат шорэш, таким образом создается мир Адам Кадмон, а малхут, которая поднимается и накладывается на бхинат алеф, создает мир Ацилут. Что означает мир Ацилут? Свет, который должен войти в малхут, – это свет бхины алеф, в которой свет хохма раскрывается полностью во всем своем величии. Он градуируется под малхут, под ее свойства, под ее возможность получить свет. И это градуирование, которое малхут делает в бхине алеф, в хохмы, называется «мир Ацилут».

Этот мир является для нас источником света хохма, который управляет нами и является основой всего Замысла Творения – того, что Творец желает дать душам. В Ацилуте происходит постоянное взаимодействие между самыми разными силами. Эти силы делятся на две части: правую и левую. Творцом созданы две противоположные и равные по величине системы.

Единственное, что может сделать человек, если он хочет вмешаться в эти силы, – на сопоставлении правой и левой линий сделать среднюю: взять от левой линии столько, сколько можно, соединив ее с правой, и подчинить ее правой линии, образовав среднюю линию, тем самым создать сосуд, в который можно получить свет Творца. Этот сосуд называется душой, а свет, который она получает при этом, называется светом жизни. В какой мере человек в состоянии это сделать, в той мере он включается в Высшее управление.

Каббалист поднимает свое желание, называемое МА"Н, в высшую систему, в бину, возбуждая в ней недостаток. Бина раскрывает в себе окно-холон и пропускает вниз свет хохма, свет изобилия, который, распространяясь в нашем мире, поднимает его на новую ступень. Мир становится лучше, благородней, возвышенней.

Если человек не делает этого, то бина закрыта, и ничего не проходит в наш мир. Эти силы (правой и левой стороны) находятся между собой в противостоянии. Для того чтобы заставить человека действовать, они начинают его подталкивать толчками как с правой, так и с левой стороны.

Хотя правая сторона абсолютно добрая, ее толчки очень неприятны для человека – как и родители, которые, желая добра, наказывают ребенка. Так действует Высшее управление: сообща толкает нас с двух сторон, с правой и левой. Творец создал систему управления, называемую «природа», и отдельно от природы – человека, который якобы может идти вопреки законам природы.

Если человек может сделать среднюю линию, то он двигается вверх сам, и тогда он не ощущает на себе этих двух линий и обгоняет в своем самостоятельном развитии это природное подталкивание. Если не может, тогда две линии (природное развитие) подталкивают его, и он ощущает это на себе в виде страданий, катастроф – личных, общих, глобальных.

Очень трудно говорить о том, что происходит наверху: можно сказать, что происходит борьба между темными и светлыми силами, но это не совсем верно. Это не борьба, а запрограммированное воздействие на человека со стороны природы, если он не обгоняет ее в темпе своего самостоятельного развития.

Но в принципе нам не надо помогать ни правым, ни левым силам – это две абсолютно противоположные, равные системы. Мы должны просто взять что-то от одной, что-то от другой и идти вперед своими силами, самостоятельно, а они нас подталкивают, чтобы мы это делали. Духовные войны ведутся только за то, чтобы поскорее заставить человека прийти к своему исправлению, до тех пор, пока он не приходит к нему самостоятельно.

Правая линия, альтруизм – это свойство Творца – чистые силы, святые. Все построено только на отдаче. У нас этого нет изначально, мы абсолютные эгоисты. Левая линия – это наш собственный огромнейший эгоизм. Когда человек вскрывает его в себе, ему становится ясно, кто он.

Итак, работа человека заключается в том, чтобы впитать в себя свойства правой линии. Затем в соответствии с этим взять по мере возможности от своего эгоизма, то есть левой линии, и объединить их вместе, создав сосуд получения (ведь эгоизм хочет получить), но уже ради отдачи, так как сосуд приобрел альтруистические свойства, намерения правой линии.

Если у тебя есть готовый сосуд (душа), в него вселяется, входит свет, и в этой мере у тебя есть слияние с Творцом. А на весь остальной твой эгоизм, который ты не можешь еще

Глава II

прилепить к этому альтруистическому намерению, ты делаешь замок, Цимцум, ты им не пользуешься.

Эта работа выполняется в средней линии на протяжении 6 тысяч ступеней, называемых 6000 лет. Только в этой линии мы и можем работать и исправлять себя. Вся книга «Зоар» говорит только об этом, рассматривает, каким образом сделать исправление на среднюю линию на различных ступеньках и в различных состояниях, в каких только может находиться душа. И так называемые тьма, свет, ночь, день, праздники, будни во всевозможных вариациях, все, что может встретиться на пути развития души от нуля и до самого большого состояния, когда она полностью весь свой эгоизм обращает в получение ради Творца (то есть ко всему своему эгоизму левой стороны сможет прилепить альтруистическое намерение правой стороны и получить весь свет Творца, уготованный для нее), она полностью сливается с Творцом своим действием, своим намерением. Это состояние называется «Конец Исправления», приход Машиаха.

Весь Зоар, вся Каббала и вся Тора говорят только о том, как получить этот свет. Все мироздание только для этого и создано, чтобы, сотворив человека в самой низшей точке, дать ему возможность подняться до самой высшей и с помощью этой инструкции объяснить ему, как это делается.

Как человек представляет себе приход Машиаха? Скорее всего, он представляет себе довольство, покой, достижение всего, желаемого им сейчас, в его эгоистических желаниях.

На самом деле Машиах – это абсолютный покой. Что значит покой? Это значит, что господствует только одно желание – отдавать, а не получать, одно – вместо многих эгоистических желаний, в постоянных гонках между которыми находится человек. Тут у человека появляется одно четкое желание, одно четкое направление. Он может его использовать, реализовывать и при этом постоянно полностью наполняться, не только быть наполненным, а постоянно продолжать наполняться и ощущать таким образом совершенство и Бесконечность, вне смерти, вне времени. Это возможно только при достижении свойства бины – полной отдачи.

Это и есть на самом деле Машиах – полное слияние с Творцом свойством отдачи. Тогда то, что есть у Творца, есть у тебя. В этом мире, в нашем сегодняшнем теле, в котором мы находимся, каждый может достичь этой ступени. Не успеет сейчас, родится в следующий раз, пока не дойдет до самой последней ступеньки, пока действительно не встретит Машиаха в этом мире.

Все люди являются частичками одной души, но мы себя воспринимаем отдельно существующими. А если бы наш эгоизм был уже исправлен, чувствовали бы друг друга как совершенно одно целое, безо всяких различий.

Ввиду того что каждый из нас еще не исправил свой эгоизм, мы друг другу чужды до состояния ненависти, зависти и т.д. В той мере, в какой души начинают исправлять свой эгоизм на противоположное свойство, возникает между ними связь. Эгоизм, само свойство «получать» остается – исправляется только намерение: вместо получения с намерением «ради себя» возникает намерение «ради Творца».

Как только это намерение начинает преобладать над эгоизмом, человек начинает сразу же чувствовать свою связь с остальными душами: насколько он включен в них, настолько они включены в него. И вот это взаимное переплетение душ рождает то конечное совершенство, которое в итоге ощущается каждым элементом.

Не важно, что вы сделали только свою маленькую часть исправления и живете в определенное время и не смогли пережить, перечувствовать и перепробовать и заполучить миллиарды всевозможных ощущений, наслаждений и создать всевозможные исправления на них. Поскольку вы избавились от своего индивидуализма, то получаете все от всех: все, что прошло все человечество во всех поколениях.

Вы отдаете каждому из них то, что сделали вы, и в этой мере каждый начинает ощущать совершенство. Но это достается всем не за ваш счет, а именно потому, что все творения на самом деле единое целое – Адам.

Никто никого не поднимает, нет ничего, что происходило бы за счет высшего. Единственное, что может сделать высший, – заставить вас захотеть самому подняться.

Сначала заставляют плохим путем, а по мере того как вы начинаете желать, вам показывают более хороший путь, то есть плохой путь, по мере вашего исправления, начинает казаться необходимым, добрым, хорошим для вас, как поначалу казался плохим и сплошным наказанием. По мере вашего исправления вы начинаете видеть в другом свете, и поэтому страдания обращаются в наслаждения.

Глава II

Если мы исправляемся, то достигаем такого состояния, при котором хотим только отдавать. Но это всего лишь промежуточная ступень, бина, а не кэтэр. Это еще не подобие Творцу. Ты подобен Творцу по использованию желания получить, если сам ничего не получаешь, но без желания отдавать – результат действия иной, потому что Творец отдает, ничего не получая.

Итак, после отказа от получения для себя человек может начинать получать, но это получение будет уже ради отдачи, и оно полностью эквивалентно ей. Таким образом, человек с уровня малхут поднимается на уровень бины, а затем поднимается на уровень кэтэр и становится отдающим, как Творец.

Поэтому самая высшая ступень – это подобие Творцу в том, что человек получает ради отдачи, полностью наполняя все свое желание насладиться, но уже не ради себя. Таким образом, он ощущает двойную награду: с одной стороны, обязан наслаждаться, при том что он будет отдавать наслаждения, которые пропускает через себя. С другой стороны, он наслаждается не только тем обедом, допустим, который он получает от Творца, а еще и тем, что наслаждает Его, то есть кроме того, что ощущает собственное наслаждение во время получения, он еще и наслаждается тем чувством, которое он вызывает в Творце. А поскольку Творец абсолютно безграничен, то наслаждение, которое Творец ощущает от действия человека к Нему, – безгранично.

Человек, получая это наслаждение, действительно полностью выходит из своих ограниченных рамок. То есть он начинает воспринимать то, что происходит в Творце, и начинает воспринимать то наслаждение, которое в Нем, а не в себе. То есть человек полностью становится равным Творцу по свойствам, по ощущению. Постигает мысли Творца – тайны Торы.

Существуют правая и левая линии. Есть еще клипа – нечистая сила с правой линии, Ишмаэль, и клипа – нечистая сила с левой линии, Эйсав. Относительно средней линии тоже есть клипа.

Есть только я, и кроме меня – свойства Творца. Поскольку они противоположны мне, то проявляются во мне самыми отрицательными ощущениями. Ну как я могу воспринять свойство Творца все полностью отдавать – положительно? Допустим, сейчас мне навяжут это свойство – отдавать. Да это самое ненавистное, самое болезненное, что только может быть во мне!

Часть 3. Прямой и отраженный свет

Говоря о правой и левой линиях, мы говорим не просто о человеке и Творце. Правая и левая линии – это система исправления человека. Правая линия говорит о том, что надо все отдавать. Левая линия говорит, каким образом можно это сделать, какими порциями, как использовать эгоизм.

Правая линия говорит о намерении, а левая линия – о действии. Душа в итоге должна получать с намерением отдать. То есть действия и намерения противоположны, поэтому возникает противостояние между линиями, и нет в человеке решения этому противостоянию. Оно приходит свыше, в обмен на усилия человека.

Человек начинает заниматься, ничего не зная, ничего не понимая. В нем сталкиваются всевозможные желания, всевозможные мысли уводят его в сторону, он совершенно запутан – и это хорошо, это значит, что он начинает хорошо действовать, и ответ приходит из средней линии свыше. Сам человек не в состоянии соединить в себе эти две противоположные силы. Но борьба между ними порождает все явления в нашем мире.

Привести человека к средней линии – это задача Высшего управления. Любым путем, хорошим или плохим, но к этому его приводят. Я говорю о человеке как о собирательном образе. Так двигаются миллиарды людей. Творцом задана общая программа: привести творение к Его подобию. Затем эта программа разделяется на две системы противоположных сил. Одна из них тянет, другая подталкивает сзади каждого человека.

На взаимном соединении этих двух сил и основано все влияние на человека свыше. Все управляется Творцом относительно каждой души и, в зависимости от усилий, человека подталкивают больше или меньше. Заданы начальная точка и конечная точка, а скорость прохождения промежуточных этапов зависит от самого человека.

Страдания, переносимые великим Праведником, помогают возвышению всего человечества, то есть свое кли он уже исправил, его не надо подталкивать вперед. Он, переживая эти страдания, может толкать незаметно других.

Нельзя достичь полностью последней ступени слияния с Творцом ни одной душе до тех пор, пока она не сольется с остальными душами и пока они не достигнут также полного исправления. Чтобы слиться с остальными душами, Праведник должен переживать все людские страдания, вобрать их в себя и отнести к Творцу. У нас есть примеры таких каббалистов, которые, после того как закончили свое личное исправление, еще десятки лет находились в этом мире только для того, чтобы приблизить человечество к цели творения.

Бааль Сулам специально молился, чтобы его отдалили от того уровня, которого он достиг, чтобы суметь написать Талмуд Десяти Сфирот, и только после этого спуска он смог начать писать. До этого у него не было связи с нашим миром, настолько высока и полностью оторвана от возможности описать в словах то, что он ощущал, была та ступень, которой он достиг. В его рукописях, хранимых мной, есть такие, которые написаны с этих ступеней словами и условными обозначениями, собранными из частей других слов, которых вообще нет в нашем языке.

Страдания заставляют человека думать об их причине. А когда он начинает думать о причине страданий, он становится умнее, становится чище, начинает обращать свое внимание наверх. Но ни в коем случае неверно думать, что вслед за неприятностью обязаны дать вознаграждение.

Получил неприятность – настраивай себя правильно, чтобы произвести самому дальнейшие усилия, и не жди за это наказание или вознаграждение, будто Творцу доставляет удовольствие наказывать: Он наказывает, а затем компенсирует человеку нанесенный ущерб. (Так это можно представить в отношении садиста к его жертве.) Но как ни странно такое мнение о Творце, именно на основе этого строятся многие мировые мнения о Нем.

В этом случае все управление сводилось бы к битью и прянику. То есть человеку тогда ничего не надо было бы делать, а только ощущать все производимое над ним. Необходимо заботиться о том, чтобы больше продвигаться самому, а не «подставлять спину, а потом протягивать руку» – при таком образе действий в человеке не развивается ничего духовного, осмысленного. Надо постепенно учиться видеть вознаграждение совсем в другом. Все остальные религии появились от недопонимания смысла работы в средней линии. Не просто убиение эгоизма или движение только в альтруизме, а именно взаимное использование этих двух свойств и дает человеку рост вверх, потому что, только опираясь на эгоизм, можно расти.

Что нам объясняет Бааль Сулам в своем комментарии этого пункта в ТЭ"С? Он говорит, что из Творца вышел свет, и этот свет построил под себя желание его получить, то есть ощущение потребности им насладиться. Каким образом он это сделал? Из Творца вышел свет, и этот свет называется «кэтэр», «бхинат шорэш», и затем через бхинот алеф, бэт, гимэл родилась бхина далет.

Все предыдущие стадии распространения света от бхинат шорэш, то есть от мысли Творца создать творение, через бхинот алеф, бэт, гимэл являются предварительными, и только последняя стадия – бхина далет – является творением, то есть желанием получить то наслаждение, которое заложено в начальной, нулевой стадии – шорэш.

Четыре стадии: бхинот шорэш, алеф, бэт, гимэл называются четырьмя стадиями распространения прямого света, а последняя стадия, далет, называется «кли» – творение, которое получает этот свет. Творение получило свет, наполнилось им полностью и немедленно переняло от света его свойство – отдавать, потому как оно этим свойством создано, и тут же в нем возникает противоречие, которое кли не в состоянии вынести.

Это противоречие вынуждает кли сделать сокращение на получение света, так называемый Цимцум Алеф. Затем малхут решает, что она будет получать свет только в той мере, в которой она как бы может его отдавать, то есть получать ради Творца. Получение ради Творца эквивалентно отдаче, в этом она полностью равна Творцу и потому испытывает то же совершенство, какое испытывает Творец, то есть выходит за границы времени, пространства, движения.

Каким образом она это делает? С помощью антиэгоистической силы, называемой «экран». Она получает от света силу противодействия своему первоначальному желанию самонасладиться и начинает использовать это желание насладиться только ради отдачи и в мере этого желания. Экран измеряет меру использования эгоистического желания в альтруистическом ключе, намерении.

Поэтому чем экран сильнее, тем с большим эгоистическим желанием мы можем работать. Допустим, Творец создал желание насладиться 100 кг, а экран есть всего на 10 кг, значит, можно принять в себя только 10 кг наслаждений ради Творца, а в остальные 90 кг желания – ничего не принимать, то есть 90 кг

Глава II

остаются пустыми, незаполненными, и, соответственно, свет-наслаждение, который должен заполнить эти 90 кг желания, остается снаружи. Это так называемый «окружающий свет» (ор макиф).

Здесь он нам рассказывает о том, что свет приходит к малхут, и в зависимости от того какой экран стоит в малхут, приходящий свет отражается от этого экрана: на одну ступень, на две, три или на четыре. Если малхут имеет самый сильный экран, который полностью покрывает все ее эгоистические желания, то тогда приходящий свет отражается до самого верха – до источника, откуда он пришел.

Если же малхут имеет меньший экран, то приходящий свет отражается, соответственно, на меньшую высоту. Кли без экрана чем менее эгоистично, тем лучше. А если экран есть, то наоборот – чем с большим эгоизмом можно работать, тем больше экран и тем лучше кли, как говорится: «У большого человека – большой эгоизм». Имеется в виду исправленный эгоизм – эгоизм, исправленный экраном. Для того чтобы полностью уподобиться Творцу, надо иметь огромный эгоизм, и на весь этот эгоизм надо иметь экран.

Из этого мы делаем вывод: человек, рождающийся в нашем мире, не имеет всего этого огромного эгоизма, который ему необходим, чтобы достичь Творца. Значит, по мере своего духовного развития человек обязан откуда-то получать все больший и больший эгоизм, вплоть до того бесконечного эгоизма, который находится на самой высокой ступени.

Одновременно на этот эгоизм он должен соответственно получать экран и таким образом. развиваться. В нашем мире мы находимся с очень маленьким эгоизмом без экрана. Любая добавка эгоизма возможна только в той мере, в которой человек получает экран, и если нам просто будут добавлять эгоизм – этим только будут ужесточать, отяжелять переход из ощущения нашего мира в ощущение духовного мира, переход через «махсом» (шлагбаум), который отделяет наш мир от духовного мира.

Поэтому просто так не добавляют эгоизм, а добавляют только в той мере, в которой человек его может преодолеть. Еще до того как человек начинает преодолевать свой эгоизм с помощью экрана, с момента, когда он уже начинает видеть в нем зло, помеху для того, чтобы ощутить духовный мир, ему добавляют эгоизм, но не духовный, а эгоизм нашего мира.

Часть 3. Прямой и отраженный свет

Поэтому те, кто начинает заниматься Каббалой, даже еще не выйдя в ощущение духовных миров, начинают чувствовать себя более худшими, более эгоистичными, более черствыми, грубыми. Они ощущают себя такими не потому, что раньше были другими, были внутренне красивыми, добрыми – нет, они были такими же плохими и раньше, но сейчас начинают это в себе видеть.

То есть каждый человек имеет внутри себя весь тот эгоизм, который должен у него быть на самой последней ступени его развития. Только весь этот эгоизм скрыт от человека и раскрывается ему только в мере его духовного развития. Раскрытие состоит как бы из двух частей:

Первый этап раскрытия эгоизма состоит в том, чтобы ощущать его как зло. Второй – когда его просто добавляют, по количеству и качеству.

Главное из того, что нам с вами надо вынести из этой части: чем экран сильнее, тем больше духовной работы может сделать кли, то есть больше света оттолкнуть и, соответственно, – больше в себя получить, больше познать, насладиться, достичь. Поэтому чем больше эгоизм и экран на него, тем лучше.

Обычные люди, массы, обучаются обратному: меньше получать, больше раздавать, ограничиваться меньшим. Почему? Потому что там речь идет не об исправлении эгоизма, а просто о самоограничении. То есть если не учатся исправлению эгоизма, то чем меньше пользуется человек эгоизмом, тем он лучше.

В этом и заключается основное различие между воспитанием масс и воспитанием каббалиста. В каббалисте постепенно все больше и больше развивается эгоизм, включая нечистые и чистые духовные миры. Массы же воспитывают на том, чтобы меньше пользоваться эгоизмом, потому не исправляют его.

В этой главе также выясняется истинный способ измерения отраженного света, который определяет авиют (толщину) – степень, величину силы сопротивления, имеющуюся у экрана, стоящего в малхут. У этого экрана существует 5 частей, 5 степеней авиюта.

Самый «толстый» экран называется «бхина далет», и его отраженный свет самый большой. Он одевает приходящий свет до уровня кэтэр.

Глава II

А экран, у которого есть только авиют гимэл (сила сопротивления только на бхину гимэл), одевает приходящий свет до уровня хохма, то есть до бхины алеф прямого света.

Масах, у которого авиют бэт, одевает приходящий свет в отраженный свет до уровня бины.

Масах, у которого авиют, то есть сила сопротивления, только на бхину алеф желания самонасладиться, одевает приходящий свет до уровня Зэир Анпин.

А масах, в котором есть только сила сопротивления на авиют шорэш, то есть на самое маленькое эгоистическое желание, которое только может быть, – этот экран называется масах дэ-кэтэр, то есть самый тонкий, самый слабый масах.

В таком экране совершенно нет никакого взаимного ударного отражения света (зивуг дэ-акаа). И поэтому свет совершенно от него не поднимается, величина этого отраженного света равна сфире малхут. То есть отраженный свет остается внутри самой малхут, никуда не отражается.

Бааль Сулам отсылает нас к 1-й и 2-й частям ТЭ"С, где он изучает взаимодействие экрана и света и показывает, что чем больше экран, тем больший свет отражается обратно и тем большее постижение есть у кли, и рассматривает, как распространяется кли сверху вниз из Мира Бесконечности до нашего мира. Экран и желание насладиться спускаются вместе, одновременно, в полном соответствии друг с другом. И таким образом строятся ступени миров, так называемые парцуфим.

В малхут Мира Бесконечности есть 5 уровней экрана: шорэш, алеф, бэт, гимэл, далет, каждый из которых тоже делится на 5: шорэш, алеф, бэт, гимэл, далет – всего получается 25 уровней экрана. Этим 25 уровням экрана соответствуют 5 миров, в каждом из которых по 5 парцуфим.

Экран с самым большим уровнем строит первый парцуф, затем рождаются парцуфим с меньшим экраном. Так выходят 5 первых парцуфим. Они образуют первый мир, Адам Кадмон.

Затем рождаются 5 парцуфим мира Ацилут, затем 5 парцуфим мира Брия, 5 парцуфим мира Ецира и 5 парцуфим мира Асия.

То есть экран и желание самонасладиться (в полном соответствии друг с другом) постепенно уменьшаются в одинаковой пропорции и строят все меньшие и меньшие парцуфим – пока полностью не исчезает экран, соответственно, с полным исчезновением желания насладиться духовными наслаждениями, и

Часть 3. Прямой и отраженный свет

остается единственное желание – стремление к нашему миру, то есть к свету, облаченному в наслаждения нашего мира.

Этот свет очень слабый; мы не знаем, не ощущаем совершенно его источника, не ощущаем Творца, но мы можем наслаждаться без экрана. Это позволяет нам существовать до обретения экрана. Ведь без наслаждения нет жизни.

То есть через всякие одеяния нашего мира мы можем получать некоторые наслаждения, позволяющие нам существовать до тех пор, пока мы не приобретем экран и, соответственно, начнем приобретать больший эгоизм и соответствующие ему духовные свойства. Когда сверху вниз спускаются парцуфим, то по мере уменьшения экрана эгоизм исчезает, но по мере увеличения экрана снизу вверх эгоизм проявляется в ощущениях кли.

Ни в коем случае эгоизм не добавляется раньше экрана, потому что иначе вместо духовного подъема с помощью экрана будет духовное падение (в клипот). Эгоизм окажется больше, чем экран, то есть вместо того чтобы духовно подняться – сделать альтруистические действия, человек будет вынужден действовать эгоистически.

Мы все запрограммированы очень просто: если мой экран соответствует моему эгоизму, то у меня альтруистическое действие. Экран не может быть больше, чем мой эгоизм, потому что как только он становится больше, сразу же в соответствии с ним раскрывается и эгоизм, чтобы альтруистическое действие было максимально возможным.

Наши действия являются прямым следствием экрана, который в нас. Вся проблема, вся наша задача в том, чтобы приобрести экран. Желания заранее заданы и проявляются вместе с экраном, мы на них совершенно не можем оказывать никакого воздействия. Единственное, что мы можем выбрать – это увеличить скорость приобретения экрана, скорость исправления.

Свет, приходящий к малхут, абсолютно простой, не составной. Свет строит под себя малхут таким образом, чтобы она сама раскрыла в нем определенные свойства, определенные наслаждения. Поэтому мы не можем говорить, что приходящий свет содержит в себе какие-то вкусы. Мы говорим наоборот – пока он не зашел в малхут, пока малхут этот свет не одела в свой отраженный свет, она ничего в этом свете не выделяет.

Глава II

Именно облачив этот свет в себя, в свой отраженный свет, она его «модулирует», выделяет в нем определенное качество, определенный вкус, и этот вкус затем принимает внутрь. То есть что именно принять из абсолютно простого света, из его миллиардов и миллиардов составных наслаждений – решает сама малхут с помощью своего экрана.

Когда свет распространяется сверху вниз и строит под себя кли, он строит под себя парцуфим, миры, Адам аРишон, то есть общую душу. Сначала происходит разбиение миров, потом разбиение души – Адам аРишон. А затем, снизу вверх, происходит исправление и наполнение души. И одновременно с этим исправление и наполнение миров? Нет, миры исправлять не надо. Это система внешняя, как механизм для исправления душ.

Говоря «сверху вниз», мы имеем в виду, что экран уменьшается и соответственно с этим уменьшается желание, над которым он работает. Говоря «снизу вверх», подразумеваем подъем, то есть исправление души, мы говорим о том, что экран увеличивается и соответственно увеличивается желание. Мы с вами изучаем в ТЭ"С до 8-й части (всего в ТЭ"С 16 частей) распространение света сверху вниз. Начиная с 8-й части ТЭ"С мы изучаем распространение и подъем кли снизу вверх.

В духовном существуют определенные процессы, называемые «ибур», «еника», «мохин», то есть зарождение, внутриутробное развитие, рождение, вскармливание и затем развитие в течение определенного времени духовного парцуфа. Здесь говорится о духовных процессах: о рождении и развитии экрана. В соответствии с тем какой экран родился в кли, мы можем говорить о раскрытии желаний, которые ранее были скрыты в человеке.

Во мне существует огромное количество желаний, о которых я и не подозреваю. В мере наличия экрана они во мне будут раскрываться для того, чтобы дать мне возможность их исправлять и работать с ними. Но раскрываются во мне только такие желания, с которыми я действительно смогу справиться. Сверху никогда не вызывают падение человека. И вообще, падений нет!

Если нам кажется, что нам дают специально очень неприятные ситуации, вводят в такие состояния, что мы якобы не можем с собой совладать, то это все надо правильно воспринимать. На самом деле такого сверху не делают, но дают критические состояния, причем самые острые, доводя человека до такого состояния, чтобы он увидел и осознал действительную свою границу, но только границу, а не больше. Так что сверху человека ведут только в сторону исправления.

Любые действия, которые над нами производят, самые, как нам кажется, плохие, – все это только для исправления. Подъемы и спуски человека имеют четкое и строгое определение. Подъемом называется рост экрана, с помощью которого я могу взять большее эгоистическое желание, сделать как бы дополнительную духовную работу, то есть получить ради Творца какой-то новый свет. И действительно, если я делаю дополнительную работу, то, в мере своих усилий, я поднимаюсь выше, от нашего мира к Творцу. От нашего мира и до Творца существует 125 ступеней, потому что существует 5 миров по 5 парцуфим в каждом мире, по 5 сфирот в каждом парцуфе, всего 125 ступеней.

Значит, каждая дополнительная ступенька – это больший экран с большим исправленным эгоизмом. Падение ощущается мною в то время, когда в начале каждого подъема я должен получить дополнительный эгоизм, а потом на этот эгоизм создать экран. Приобретая эгоизм, я при этом «падаю», потому что вдруг оказываюсь во власти этих новых, еще не исправленных эгоистических желаний.

При этом я воспринимаю окружающий мир своими новыми эгоистическими желаниями и не вижу наслаждений. Духовное из этих новых эгоистических желаний меня совершенно не притягивает. Не возникает также желания отдавать кому-либо что-нибудь. В своей жизни я тоже не нахожу ничего интересного, наслаждаться нечем. Человек в итоге оказывается в депресии.

Выйти из нее можно медленно и можно быстро – это зависит от человека, от его подготовки. Если действовать по программе, можно выйти из этого состояния от нескольких минут до нескольких часов или суток. Чем человек выше, тем быстрее он выходит из состояния падения. Есть такие рассказы: ученик каббалиста говорит своему учителю: «Я больше не могу, уже несколько часов как на меня спустилось такое темное состояние!» – «Когда?» – спросил учитель. «Ну вот с того часа, как мы начали заниматься...» – «С того часа, как мы начали заниматься, и до сих пор я проделал 400 внутренних падений и подъемов», – ответил учитель.

Это не красивые слова, это на самом деле так. То есть если человек четко внутренне работает, у него внутри четко и быстро проходят все эти состояния, они у него разбиваются на миллионы маленьких действий: экран и дополнительный эгоизм, снова экран... Все его мысли и все его чувства, весь перебор желаний и всех его ощущений проходит очень быстро.

Но для этого, конечно, требуется сноровка и опыт. Человека не помещают специально свыше в такое состояние, когда он является рабом своего эгоизма; его контролируемо держат, показывая ему его эгоизм без экрана. То есть он существует за счет экрана высшего.

Даже если у человека в состоянии падения не существует экрана на его эгоистические чувства, то есть этот экран не существует в его ощущениях, сверху все равно его держат экраном, только этот экран существует за счет верхнего парцуфа, то есть Творца.

Допустим, я в состоянии своего эгоистического падения желаю украсть миллион и меня подводят к этому миллиону и дают мне все условия для того, чтобы я это сделал, кроме самого действия, от которого меня удерживают другим экраном. Как ребенка учат. Так же, как дети учатся за счет нас, за счет нашего опыта, за счет нашей силы, так и нас учат сверху. Сначала падение, в падении накапливается опыт осознания, что такое мой новый эгоизм по сравнению с предыдущим хорошим (эгоизм, исправленный альтруистическим намерением) духовным состоянием, и после этого я начинаю на него делать экран.

Сделал экран на этот дополнительный эгоизм, который получил, – значит, я поднимаюсь на эту дополнительную ступеньку, и т.д. Чтобы подняться выше, я снова должен упасть и, естественно, я падаю еще ниже, потому что у меня добавился более грубый эгоизм, и я снова должен сделать на него экран, то есть чем выше поднимается человек, тем ниже он перед этим падает, тем больше теряет информации, чувств.

Но не надо отчаиваться – сверху ведут. Если человек придерживается основных требований-инструкций духовной работы, то каким бы тяжелым ни было состояние – и оно тоже

Часть 3. Прямой и отраженный свет

проходит. То, что не делает сам человек, делает время. Время — это природный путь исправления, то есть сверху все равно ведут, даже если сам не ускоряешь. Процесс все равно дойдет до своего завершения.

И снова ступенька, снова падение... и так весь путь до Конца Исправления. Конец Исправления (гмар тикун) — это состояние, когда все желания уже исправлены и получили экран. Тогда происходит один огромный зивуг дэ-акаа, называемый именем специального ангела, собирающего все маленькие частные ступеньки в одну большую, и происходит зивуг и получение света ради Творца на всю малхут целиком, и это состояние уже не исчезает: более совершенного состояния нет, поэтому исчезать ничего не должно.

Если в группе кто-то находится в состоянии духовного падения, на чисто физическом уровне, не может слушать, спит, но он сделал усилие, приехал на занятия, то этого достаточно, чтобы он ускорил, притом резко ускорил прохождение своих низших состояний падения. Но все равно они обязательны и их необходимо прочувствовать во всей остроте. Проблема только в том, сколько в них находиться.

И в духовном, и в нашем мире человека ведет Творец. Любые страдания засчитываются. Они постепенно накапливаются из одной жизни в другую, пока он не достигает такого состояния, что ему уже начинают показывать, что есть какой-то смысл в его страданиях, что из них можно выйти, что для этого необходимо постичь духовный мир и т.д.

Но пока неосознанно, не занимаясь по инструкции, шагает человек по этой жизни, он не понимает, почему даются ему плохое настроение, почему хорошее, то депрессия, то вдруг ему хорошо. Мы начинаем изучать причины того, что с нами происходит. Когда человек приходит сюда и начинает заниматься, у него через пару месяцев начинаются состояния подъемов и падений в его ощущениях. Поначалу он этого не понимает, а потом постепенно начинает их осознавать. И так он учится...

Случается и такое: отзанимался определенное количество занятий и после этого отошел — очевидно, он себя уже наполнил. Ему в этом кругообороте, очевидно, больше не надо. Поэтому он уже не чувствует в занятиях никакой потребности. Возможно, у него потребность в следующих занятиях возникнет через

Глава II

одну-две жизни, через пару сотен лет, а до этого он будет жить, как все остальные.

Это касается кругооборотов душ, и это очень сложный вопрос. Это тема занятий с учениками, уже вошедшими в истинный (духовный) мир. Как много учеников приходит и уходит? Через мои уроки прошли тысячи учеников. У меня открыта дверь, каждый может прийти и слушать. В зависимости от того как человек ухватывается за то, что слышит, по мере этого он получает. Можно получить только в той мере, в которой желает получить, вкладывает себя, пытается ухватится за материал. А это желание зависит от зрелости души.

Сколько бы мы с вами ни говорили, что есть духовные падения и подъемы, то есть различные ощущения самочувствия, различная оценка духовности относительно материального, – когда такие состояния приходят, ничего не помогает, потому что человек живет только ощущениями. И когда приходит депрессивное состояние, все, что ты учил, так и остается на бумаге.

Ты можешь записать, но тебе это не поможет понять то, что ты записал, смотришь и не понимаешь вообще, о чем я говорил и что ты писал, потому что ты уже совсем другой человек. Человек каждую минуту, каждую секунду совершенно другой. В нем меняется внутренняя программа, меняется внутреннее желание, и поэтому он чувствует, ощущает все по-другому.

Это и называется «настоящий кругооборот душ». Каждую секунду в человеке меняется душа и, как следствие этого, в нем меняются вкусы, взгляды, мысли, желания, ежесекундно в нас что-то меняется. Вот это изменение души в нас самих, изменение желаний, их качества, их величины ведет к тому, что в нас все живет, крутится. Иначе бы приостановилось движение на клеточном, на атомном, на всех прочих уровнях.

Кругооборот душ – это та духовная сила, которая приводит в движение жизнь, развитие и материальную природу. Внутреннее первоначальное желание насладиться, наполниться движением в духовном (то есть к наполнителю, к наполнению) вызывает движение чувств, вызывает жизнь.

Если бы желания не сменяли друг друга, то движение прекратилось бы, поскольку не надо было бы ничего наполнять. В Конце Исправления наполняются все желания, и больше

Часть 3. Прямой и отраженный свет

ничего не надо делать. И что тогда, все останавливается? Значит – смерть? Нет, поскольку кли приобрело неограниченный экран, оно работает уже не на своем поле, а на неограниченном поле Творца – отдавать можно бесконечно.

Ты можешь получать всего 1 грамм наслаждения, но то, «кому ты отдаешь», определяет твое наслаждение. То есть всего лишь 1 грамм наслаждения, которое может быть получено мной, умноженный на коэффициент Его важности в моих глазах, дает возможность получить бесконечное наслаждение, поскольку Он бесконечен по своей важности в сравнении с творением, т.е. все зависит только от меры важности Творца в ощущении человека.

Насколько Он в моих глазах получит истинное свое величие, настолько мое наслаждение может быть бесконечным. В таком случае продвижение неограниченно. Но все его ступени, от самой маленькой и до самой большой, – совершенны. Все свойства определяются внутренним желанием. Душа – это желание. Желание постоянно меняется, обновляется, увеличивается по количеству, качеству. Нет ничего, что остановилось бы в своем движении.

Что значит минимальное желание? Минимальное желание, облачаясь в материальную, внешнюю оболочку, принимает вид камня: делает внешнюю оболочку, допустим, камнем, то есть такое оно маленькое, что даже не вызывает движения. А еще чуть большее желание создает вокруг себя оболочку, которая в связи с этим желанием вдыхает, выделяет, растет. А чуть большее желание уже вызывает не только рост, раскрытие или движение только вверх, а движение в трех координатах, и т.д.

Есть 5 миров: Адам Кадмон (А"К), Ацилут, Брия, Ецира, Асия. Адам Кадмон не является корнем всех миров, главой всех миров является Ацилут. Адам Кадмон – это бхинат шорэш, Ацилут – это бхина алеф. Все многочисленные действия, все, что образовалось в мире Адам Кадмон и находится там в скрытом состоянии, переходит в мир Ацилут.

Мир А"К скрыт внутри мира Ацилут и через него светит в миры Брия, Ецира, Асия, которые именно потому и называются мирами, что в них-то и существуют души. В них родилась общая душа, которая называется Адам аРишон, она раскололась от прегрешения на 600 тысяч частей и исправляет затем эти части. Все это происходит с помощью света, который проходит от мира Адам Кадмон через мир Ацилут в эти миры БЕ"А.

Экран далет дэ-авиют (максимальной отражающей силы) в мире Адам Кадмон поднимает отраженный свет, достигающий уровня кэтэр приходящего света, и поэтому все парцуфим в мире Адам Кадмон называются по имени «мир Кэтэр».

В мире Ацилут работает экран гимэл дэ-авиют, поэтому ор хозэр достигает только уровня хохма и не достигает уровня кэтэр приходящего света. Свет кэтэр, ехида, скрыт внутри света хохма, светящего в Ацилут.

Все желание, существующее в мироздании, находится во мне. Передо мной находится весь свет мироздания, но если у меня есть только маленький экран, то я могу раскрыть только маленькую часть из всего находящегося передо мной света. А вся остальная часть скрыта в нем внутри, в этом маленьком свете, который мне раскрывается. Почему она обязана там быть?

Потому что от Творца до меня свет обязан пройти все стадии распространения. Все эти стадии находятся передо мной, между мною и Творцом, но я раскрываю из них самую маленькую, ближайшую ко мне часть. А если стану больше, то есть с большим экраном, – раскрою более раннюю (более высшую) стадию. И так до тех пор, пока не раскрою все, пока все эти стадии находятся как бы внутри того, что я раскрываю. Они существуют, но скрыты от меня, от моего постижения.

Мир Ацилут называется «мир Хохма». Потому что свет, отражаемый экраном мира Ацилут, достигает уровня хохмы, но не кэтэр. И поскольку именно мир Ацилут создает все низшие миры и души, то сказано, что все создано хохмой. То есть все как бы зарождается в мире Ацилут, а не в мире Адам Кадмон, который называется мир Кэтэр, потому что мир Адам Кадмон совершенно не считается корнем для низших миров, миров БЕ"А.

Сказано: «...и встанут ноги Его на горе Зеитим» (на Масленичной горе). Она называется так, потому что масло – это ор хохма. Уровень десяти сфирот, в любом месте, где бы они ни находились, определяется по уровню наивысшей сфиры. Если это уровень кэтэр, то весь парцуф из десяти сфирот считается за парцуф кэтэр. То есть самая наивысшая сфира задает свойства всем остальным сфирот.

Часть 3. Прямой и отраженный свет

А если наивысшая сфира – на уровне хохма, то весь парцуф, все десять сфирот называются «хохма», и т.д. Сфирот бина, Зэир Анпин, малхут этого парцуфа тоже имеют свойства наивысшей сфиры хохма, то есть все они относятся к хохме.

Если наивысшая сфира, которую постигает отраженным светом человек, допустим, бина, значит, весь характер его постижения в духовном определяется этим наивысшим постижением, то есть он уже только в этом свете, в этом ракурсе, в этой модуляции видит всю картину, которая перед ним раскрывается.

Самое главное – до какой наивысшей черты доходит отраженный свет. Любая картина, которая раскрывается нам, будет состоять из десяти сфирот. То есть все миры построены по одному и тому же принципу, но какой мир мы увидим? Составные части во всех мирах одинаковые, но раскроются эти части в другом материале: или из материала нашего мира, или из материала мира Асия, Ецира, Брия или Ацилут. Это определяется только уровнем экрана, находящегося внутри нас. Чем больше будет экран, тем более тонкий, более высокий, более сильный мир мы раскроем (увидим) вокруг себя.

Прямой свет проходит 4 стадии и в итоге создает «под себя» малхут. Малхут наполняется этим светом, воспринимает его свойства, делает на этот свет экран и отражает его. Допустим, она отражает приходящий свет до уровня бины, до бхины бэт, а затем начинает в себя принимать приходящий свет, облаченный в отраженный свет. Значит, весь парцуф, все наполнение малхут будет осуществляться светом бины: внутри себя она тоже состоит из десяти сфирот, и все эти десять сфирот будут называться «парцуф Бина».

В приходящем свете нет ни хохмы, ни бины. Но в зависимости от того до какого уровня малхут одевает приходящий свет своим отраженным светом, она выделяет из него определенную картину, называемую хохма, или бина, и т.д.

Это подобно описанному в Торе примеру, происходившему в пустыне при получении ма"н. В Торе приводится пример, как в зависимости от того, что каждый хотел ощутить в этом ма"не (в этой «Манне небесной»), именно этот вкус он и ощущал (в зависимости от того какой экран у него есть). Сама же эта «Манна небесная» совершенно не имеет никакого вкуса (приходящий свет абсолютно простой). Что значит простой? Не комбинированный, не состоящий из миллиардов отдельных вкусов. В нем вообще нет никаких вкусов. Вкус ему придает потребитель своими свойствами.

Ты накладываешь на свет свои свойства, и это ты ощущаешь. Есть желание насладиться, наслаждение, и экран между ними. Почему в нашем мире нет этих трех компонентов, а есть только два: желание насладиться и наслаждение, которое ему представляется (светит) впереди? В этом и заключается особенность нашего мира, я бы даже сказал – прекрасная особенность, далеко не приятная, но прекрасная, с точки зрения возможностей, которые она нам дает.

Дело в том, что, когда происходит построение миров и парцуфим сверху вниз, до рождения души, масах постепенно уменьшается. От Творца распространился свет. В четыре стадии построил кли, называемое «малхут Мира Бесконечности». Наполнил эту малхут светом. Малхут решила этот свет не принимать, а сделать Цимцум, экран, и получать только с помощью экрана.

Малхут постепенно начинает получать в себя свет. И постепенно уменьшаются порции получения света. В итоге 125-порционными получениями света достигается истощение экрана до нулевого уровня. Самый большой экран – в мире Адам Кадмон, самый маленький экран – в последнем парцуфе мира Асия. После него экрана вообще нет.

Вот этот последний экран мира Асия называется «махсом», там, где кончается весь духовный мир. Затем начинается материал, построенный по подобию всех остальных духовных миров, но без экрана. Мир, лишенный экрана, называется материальным, а не духовным. Для чего он сделан? Именно для того, чтобы душа с этого уровня, находящегося ниже уровня духовной жизни, начала свое развитие.

То есть чтобы еще до экранного развития, с самого нуля, начала душа выяснять свою эгоистическую природу, а потом приобретать на нее альтруистический экран, вплоть до того что получила бы на самой высшей ступени на все 100% желания 100% экрана. В этом – необходимость нашего настоящего низкого состояния. Необходимость чрезвычайная, потому что, когда перед вами вместо тьмы раскрывается свет, у вас уже нет никакой свободы воли, вы уже являетесь рабом света, Творца.

Когда у вас света нет, вы являетесь рабом своего эгоизма. А вот когда у вас есть и то и другое, хотя бы немножко, тогда у вас есть возможность свободы воли. Она позволяет проделать именно ту сознательную работу, которая развивает из эгоистического желания, созданного Творцом, духовный парцуф, называемый Адам, Человек. А если эгоистическое желание эту работу не производит, оно просто называется животным желанием, созданным Творцом, и функционирует в силу законов природы, которые в этом желании находятся. В таком случае оно не развивается.

Как мы говорили, все земные творения, неважно какие – камни, растения, животные, человек, все они существуют и действуют только по тем законам, которые в них заложены. Кто получает свободу действия? Только тот, в ком одновременно есть осознанное эгоистическое действие и альтруистическое желание. Таких в мире единицы, остальные все находятся на «животном» уровне, и от них, в соответствии с этим, нельзя требовать духовного развития. Как от ребенка или от животного. Ведь оба они действуют в силу природы, в них заложенной. Поэтому спрашивать начинают лишь с того, кто раскрывает книжку и начинает заниматься.

В нашем мире все желания эгоистические отличаются друг от друга по количеству, по силе желания. Желание одной силы материализуется в жидкость, желание другой силы – в газообразность, желание третьей силы – в животную клетку, какое-то еще более развитое желание создает целый организм и т.д. Но все эти желания эгоистические. Желания альтруистические – это тоже организмы, объекты, но их направленность, законы их существования иные. Вместо того чтобы все поглотить – все отдать. Антимир!

Совершенно иные понятия пространства, времени, перемещения: различные понятия рождения и смерти, притяжения и отталкивания, относительно иного смысла материала. В нашем материале эти законы не действуют.

Мы изучаем законы мира, из которого изгнаны, из которого «провалились» в наш мир. Изучая законы высшего мира, мы вызываем на себя его излучение, и это помогает нам постепенно к нему приблизиться. Но, естественно, то, что мы изучаем, совершенно для нас пока неприемлемо, абсолютно противно нашему естеству.

В главе 2 во 2-м параграфе Бааль Сулам приводит слова Ари о том, что есть разные экраны между мирами. Масах между миром Ацилут и Брия, между Брия и Ецира, между Ецира и

Глава II

Асия. И эти масахим совершенно не похожи один на другой. В конце мира Ацилут, в его малхут, тоже находится экран. Когда к нему через весь мир Ацилут приходит свет, он отражает его. В зависимости от тех свойств, которые есть у экрана, он одевает приходящий свет в свет отраженный.

Отраженный свет – это не просто отброшенный обратно от экрана свет. Он уже включает в себя свойства экрана и авиют, свойства самого кли-творения. Допустим, в мой глаз попадает свет. В зависимости от того как я этот приходящий ко мне свет одеваю в свой отраженный свет, в свои свойства, какие из частот приходящего ко мне света могу облачить в отраженный свет согласно свойствам своего глаза, – только это я и могу увидеть.

Если мой глаз близорукий или чем-то пораженный, с какими-то дефектами, то он работает в определенном диапазоне. В зависимости от этого я из приходящего света выхватываю только ту информацию, которую способен «одеть» в свойства своего глаза снизу вверх, то есть от себя и обратно, наружу.

Сначала я одеваю эту информацию от себя и наружу, после этого я как бы оборачиваю ее внутрь себя, и она уже входит ко мне в мозг. Так же и в духовном: экран, который стоит в конце мира Ацилут, отражает приходящий свет, и не только отражает, но и одевает приходящий свет в свои свойства. А затем проводит его сверху вниз, в себя. Свет, который проходит через этот экран вниз и создает мир Брия, уже является вторичным, является следствием экрана мира Ацилут.

Различие между миром Ацилут и мирами БЕ"А состоит в том, что в мире Ацилут вообще нет экрана. В мире Брия свет уменьшается посредством одного экрана, в мире Ецира – двух, в мире Асия – трех экранов. Но четыре стадии огрубления света – одинаковые во всех мирах.

(ТЭ"С, стр. 107)

3) Различие между миром Ацилут и мирами БЕ"А состоит в том, что свет Бесконечности пронизывает мир Ацилут полностью, совершенно не ограниченный никаким экраном, однако от него вниз уже существует экран. Различие между миром Брия и миром Ецира в том, что в мире Брия существует один

Часть 3. Прямой и отраженный свет

экран, в мире Ецира – два экрана, в мире Асия – три экрана. Однако в каждом мире – те же четыре стадии огрубления света, как в мире Ацилут, так и во всех остальных мирах.

– комментарий –

В четырех стадиях огрубления высшего света нет никакого различия между одним миром и другим, в любом из миров есть одни и те же 4 стадии прямого света, когда он проходит сверху вниз до экрана. И этот высший свет одинаков повсюду, где бы ни находился этот парцуф, а вот экран, который там стоит и принимает этот свет на себя, экран имеет уже свое специфическое строение и силу, в отличие от всех остальных, каких бы то ни было экранов.

То есть все, чем отличаются духовные объекты, парцуфим, миры друг от друга, – только наличием в каждом из них особого экрана. Также и люди устроены практически совершенно одинаково по своим данным: те же органы, то же самое функционирование, отличаются друг от друга только своей реакцией. Если человек себя никак не проявляет, он не выделяется среди остальных.

Если каждый из множества людей не проявляет себя, именно свою индивидуальность, свое «я», то тогда они ничем не отличаются совершенно. Как только начинается проявление экрана, тут же начинается индивидуальность.

Четыре стадии огрубления света, называемые хохма, бина, тифэрэт, малхут, о которых уже говорилось раньше, являются следствием распространения света Бесконечности с целью создания келим. Рассмотрим эти 4 стадии распространения света, после которых у нас уже образуется малхут, 5-я стадия, называющаяся «кли». Следует сказать так: если у меня возникает какое-то желание, какая-то мысль, какое-то мнение, значит, источник находится в Творце, из Него выходит так называемый свет (так называемый, потому что это не свет в нашем понимании. Допустим, это свет мысли).

И этот свет, это воздействие от Творца, проходит 4 стадии своего огрубления, своей материализации, и его 5-я стадия – это то ощущение, которое и возникает у меня как реакция на то, что задумал Творец за 4 стадии до этого. То, что возникает у меня, уже является кли. То есть я всегда должен понимать, что любое мое желание, какая-то мысль – это следствие

Глава II

распространения четырех стадий желания Творца, распространения света ко мне.

И называются эти 4 стадии – десять сфирот прямого света, или 4 стадии прямого света. Десять сфирот, потому что тифэрэт, говорит Рав, состоит из шести сфирот: хэсэд, гвура, тифэрэт, нэцах, ход, есод. Для чего они существуют? Именно для того, чтобы родить, создать творение.

Отраженный свет – это как бы облачение творения на Творца, и когда этот отраженный свет надевается на приходящий свет, оба они становятся как одно целое. В этом облачении отраженного света на прямой осуществляется полнейшая связь творения с Творцом. Естественно, что она происходит в зависимости от того, какое воздействие Творец посылает на творение, каким образом Он строит малхут, каким образом Он в малхут создает экран.

Ему заранее известно, какая реакция будет со стороны экрана, как эта созданная Им сейчас малхут поймет Его, как она облачится в Него, ощутит Его. Творцу это известно заранее. Творение, когда оно отражает свет и облачает приходящий свет в отраженный, начинает понимать, что же такое Творец, чего Он хочет, что посылает ей. И все это зависит, как мы говорим, от уровня силы отраженного света.

Эти 4 стадии приходящего света одинаковы в каждом из миров. То есть всегда, когда мы говорим о какой-то ступени, о каком-то творении, о какой-то его части, то как в каждой части, так и во всем творении – везде, где мы различаем 4 стадии приходящего света, или десяти сфирот, то есть девять сфирот и малхут, нам ясно, что девять сфирот – это воздействие Творца на малхут, а малхут, десятая сфира, созданная приходящим светом, – это желание насладиться, мысль, которая уже определенным образом реагирует.

Говорится, что 4 стадии приходящего прямого света имеют место в каждом мире и каждом парцуфе, и совершенно неважно, большая ступенька или маленькая. Эти 4 стадии обязаны быть в любом месте, где существует желание. Все отличия в парцуфим и мирах существуют только благодаря наличию экранов и света, отражающегося от них, потому как нет ни одного экрана, который был бы подобен другому.

Малхут Мира Бесконечности сделала Цимцум (Сокращение). После этого она пытается порционно получить приходящий к ней свет ради Творца, то есть облачить его в отраженный свет. Она не в состоянии это сделать за один раз. Надеяться на приходящий свет она может только порционно. То есть постепенно, множеством таких экранов, множеством таких порций, облачений на свет Эйн Соф малхут и приходит к 3-му состоянию, которое равно первому, только в нем имеется также намерение ради Творца.

А все эти последовательные порции света, которые она получает одну за другой, называемые шестую тысячами лет существования мира, то есть существования этой последовательной цепочки исправления малхут, все эти порции света друг от друга отличаются экранами по величине и по их свойствам, «характерам». Только этим и отличаются все творения друг от друга. Четыре стадии прямого света одинаковы. Четыре стадии отраженного света, или отраженный свет и экран, – везде разные.

ГЛАВА III

Объясняет четыре вида ударного взаимодействия света с четырьмя свойствами экрана, рождающие 4 уровня: хохма, бина, тифэрэт и малхут в мирах АБЕ"А

В мире Ацилут свет Бесконечности облачается в хохму.

(ТЭ"С, стр. 109)

1) Знай, что, для того чтобы свет Бесконечности мог светить в мире Ацилут, необходимо облачение Ацмуто в хохма, и после этого свет может распространяться во всем мире Ацилут, и только благодаря этому облачению может мир Ацилут получить свет Бесконечности. Это – тайна слов «Все сотворил мудростью Своей».

– **комментарий** –

Как это можно себе представить? Высший свет существует в каждом мире, в каждом парцуфе, в каждой душе, в каждом творении. Он там существует сам по себе. А проявляет себя уже относительно того, во что он облачен, то есть зависит от того, какой экран существует в этом кли.

Мы говорим, что везде существует один и тот же Творец – нет никого кроме Него, Он находится везде. То есть высший свет заполняет совершенно все, в том числе нас и вокруг нас. А каким образом мы можем его раскрыть, отреагировать на него, зависит от нашего экрана. Если экран реагирует на высший свет так, что он выхватывает из него максимум свет хохма, то такой экран, такое облачение света хохма называется миром Ацилут.

Если экран в другом объекте выхватывает из света Бесконечности максимум свет бина, то объект с таким экраном

Часть 3. Прямой и отраженный свет

будет называться «миром Брия», и т.д. Свет, находящийся внутри объектов, один и тот же, а экран каждого объекта выделяет из этого света только ту часть, которую может раскрыть. А часть, которую он еще не может раскрыть, называется скрытой, то есть тайной. Поэтому в каждом из парцуфим существует раскрытая часть света Бесконечности и часть скрытая.

Для того чтобы понять, что говорит рав Ари, необходимо вспомнить объяснение 5 частей, находящихся в экране, рождающихся при ослаблении экрана от ступени к ступени. После того как экран делает зивуг дэ-акаа в голове парцуфа (место, где происходит расчет, сколько парцуфим может принять ради отдачи), он спускается до табура, в табуре происходит взаимоударение между прямым и окружающим светом, и экран начинает подниматься снизу вверх постепенно от табура до груди (хазе), от хазе до пэ (рот), проходя при этом 4 ступени.

Проходя все эти ступени, масах ослабляется, осветляется от самой большой ступени бхина далет до самой светлой ступени бхинат кэтэр, или шорэш. И таким образом постепенно образуются 5 внутренних парцуфим в Гальгальте (высшем парцуфе мира Адам Кадмон), по мере уменьшения, осветления экрана.

После нее выходит парцуф А"Б на более слабый экран, после него СА"Г на еще более слабый экран и т.д. То есть все последующие парцуфим выходят из предыдущих, поскольку их экран становится все более и более слабым. И все это изучается во 2-й части ТЭ"С. Вот что сказано в тех местах, куда он нам указал вернуться:

Свет не прекращает свечения, где бы то ни было, ни на миг. Он существует сам по себе, наполняет все, заполняет все безо всяких изменений. А творения, которые появились и существуют внутри этого океана света, могут воспринять и ощутить его только в мере своих келим, своих способностей, своих свойств.

Чем они ближе к свойствам света, тем больше его воспринимают, чем дальше эти свойства, тем меньше его воспринимают. Каждый парцуф и ступень в то мгновение, когда раскрывает для себя свет, немедленно вместе с его раскрытием постигает свет в той мере, в которой это кли его может постичь.

Глава III

И тогда оно называется «кли», или «сфира», потому что имя сфира говорит о какой-то мере света, одетой в кли. Сфира от слова «сапир» – светящийся. Кли начинает светить тем светом, который находится в нем.

И не ошибись в том, пишет Ари, что когда происходит надевание отраженного света на приходящий свет, то вдруг он надевается только на 9 сфирот: ведь сказано, что может быть в парцуфе только десять сфирот, но не 9 и не 11, и т.д. Всегда у нас в любом парцуфе есть десять сфирот, маленький он или большой, а здесь мы говорим, что свет может одеваться до кэтэра, до хохмы, до бины.

Бааль Сулам объясняет, что всегда существует десять сфирот. Но если свет одевается только до хохма, как же существует десяти сфирот света? Он говорит, что внутри этих девяти сфирот есть и кэтэр тоже, то есть его свет, но этот свет одевается внутри света хохма, потому что на него не существует кли. Он как бы не выражается, не ощущается внутри творения, хотя и существует в нем, и потому не называется по имени.

То есть такая ступень называется по имени хохма, а не по имени кэтэр. Потому что только сфира хохма является его наивысшей. И по этому же принципу пойми все уровни и все парцуфим, которые где-либо появляются, проявляются в мироздании. Имя каждому парцуфу мы даем по его максимальному уровню отраженного света.

Например, мы говорим о человеке: это профессор, это ученый, это доктор. То есть у него существуют и другие черты, хорошие и плохие, но мы называем наивысшее достижение, которое в нем. Этим он характеризуется. Так же и в духовном. Мы говорим: все состоит из десяти сфирот. Почему?

Потому что если свет распространяется от Творца и создает малхут, которая его ощущает и отражает, значит между кэтэр, Творцом и малхут существуют восемь сфирот. Первая наивысшая – кэтэр – это зарождение, желание Творца, Его замысел – создать малхут, а остальные сфирот: хохма, бина, хэсэд, гвура, тифэрэт, нэцах, ход и есод – следствия из замысла Творца, из того, каким образом он желает создать малхут. Малхут создается именно этим замыслом.

То есть между Творцом и творением всегда существуют 4 стадии, или десять сфирот. Поэтому мы говорим, что в прямом свете всегда есть десять сфирот. Если говорить со стороны

Часть 3. Прямой и отраженный свет

Творца, тогда вообще нет ничего, кроме Него. Рассматривая свет со стороны творения и называя его приходящим светом, мы имеем в виду, что он до творения уже дошел.

И если он вызвал в нас какое-то ощущение, значит, существует его 10-ступенчатая развертка от замысла Творца и до нас, пока свет не достигает в своем нисхождении и материализации того, что рождает в нас желание на его получение.

Что значит малхут? Это желание насладиться тем, что есть в кэтэр. Она обнаруживает в себе желание насладиться. Это желание насладиться у нее определенной силы, именно той, которая находится в кэтэр прямого света. Твое желание точно соответствует первоначальному сигналу в источнике. Теперь вопрос в том, как творение, которое хочет работать только в отраженном свете, воспринимает это приходящее желание?

Вот тут проблема. Экрана на весь приходящий свет нет. Есть, допустим, экран, то есть сила воли, только на часть приходящего света. Но и эта часть приходящего ко мне света, которую я принимаю в себя, состоит из дести сфирот. В прямом свете во мне существуют желания на все десять сфирот, потому что они меня создали.

Я не могу хотеть меньше, я не могу хотеть больше – я вообще не знаю, что значит меньше и что значит больше. Есть во мне сейчас желание. Это то желание, которое было создано заранее, еще до того, как я его ощутил. Оно снизошло со своего корня, источника и приходит ко мне. Я хочу именно то, что было заранее задумано.

Теперь вопрос в том, могу ли я действительно это наслаждение в себя принять? Ведь мы говорим о том, что кли работает в режиме экрана только в той мере, в которой может отбросить прямой свет, получив его только с намерением не ради себя, а ради Творца. Таким образом, оно работает против своей природы, против своего эгоизма. Существует огромная трудность: действовать против своей природы, работать против исконного желания самонасладиться практически невозможно.

Поэтому невозможно облачить весь приходящий свет. Это делается порционно. В любом месте, где бы то ни было, где бы ни находилось творение, в любом из миров оно может принять только часть приходящего к нему света, облаченного в свой отраженный свет. В зависимости от того какую часть ты можешь принять в себя, ты занимаешь определенную ступень в этой иерархии, на этой лестнице от тебя и до Творца.

Лестница образована последовательным нисхождением парцуфим от самого большого, где 100%-ное получение с помощью экрана – будущее состояние в Мире Бесконечности, и до самого маленького, где полностью теряется экран и уже начинается наш мир, то есть эгоистические келим без экрана. И в них тоже есть различия: у каждого свои эгоистические желания, большие или меньшие.

И только разница этих эгоистических желаний по их качеству, количеству отличает нас друг от друга. Что бы ни говорили о творении, ты должен знать, что в нем существует десять сфирот. Потому что любое творение после Цимцум Алеф – это какая-то частичка малхут Мира Бесконечности с какой-то маленькой, соответствующей ей частичкой девяти сфирот или четырех бхинот приходящего света. Малхут Мира Бесконечности можно рассматривать как большой круг, внутри которого существует 10 концентрических окружностей (малхут – самая внутренняя окружность, а кэтэр – самая внешняя). Сначала заполняется какой-то один маленький сегмент, потом другой и т. д.

Но всегда это состоит из 9 сфирот верхних, и малхут – последняя, потому что иначе они не построили бы это желание – малхут. То есть они обязаны быть до нее. И если она ощущает свет, ощущает и 9 предыдущих сфирот также. Мы другого ощутить никак не можем. Поэтому я никак не могу ощутить что-то вместо тебя, а ты вместо меня. У каждого из нас существует так называемая внутренняя душа – желание насладиться.

И она у меня моя, а у тебя твоя, и мы не можем ими обменяться, мы можем говорить об условленном между нами понимании вкусов, понятий, но это сугубо условно. А четко сопоставить между нами реакции, впечатления, наслаждения не дано никоим образом, потому что у тебя сугубо твое желание, ты – какая-то точка в малхут дэ-Эйн Соф, и какая-то точка – я.

И эти точки заранее созданы девятью сфиротами приходящего света совершенно различными. И вместе мы не сможем быть никогда, кроме ситуации, когда у всех этих душ будет единое желание относительно одного определенного объекта – Творца. Если каждый свое субъективное эгоистическое желание обратит полностью на Творца, тогда в этом едином желании, вернее намерении, мы соединяемся между

Часть 3. Прямой и отраженный свет

собой. Это единое намерение, то есть новое кли, которое мы строим, наш общий ор хозэр, будет действительно общий, хотя он и базируется на каждой отдельной точке, но поскольку намерение направлено к единому для всех нас Творцу, то это кли, этот ор хозэр каждого из нас, объединяется в единое целое.

И получается одно огромное кли. Поэтому и проявляется свет, то есть наслаждение, в миллиарды миллиардов раз большее, чем в эгоистическом кли. Поэтому альтруистическое кли не ограничено по своему объему, по своему ощущению. Творец заранее задумал сделать творение альтруистическим, потому что в таком виде оно может наслаждаться бесконечно, перенимая свойства друг у друга, объединяясь друг с другом, так как различные части творения объединяют свой отраженный свет и таким образом, получают эту возможность.

Поэтому и существует эта необходимость быть в группе, поскольку есть у каждого желание к Творцу – отраженный свет, даже если это еще не отраженный свет – духовный, а какие-то его зачатки, какие-то попытки в еще материальной толщине нашей области, но они уже есть.

Человек не знает, для чего и почему он начинает заниматься: то, что сам он пока думает, – это неправильно. Потом он поймет, как его привели. Эти зачатки отраженного света, соединяясь вместе, образуют единое кли. В случае если человек хочет объединиться с остальными членами группы, он от этого выигрывает, потому что получается общий ор хозэр. А если он находится в группе и в течение ряда лет не входит своими желаниями, своими действиями в группу, то ему лучше в группе не быть, так как он портит своими действиями это объединение в одно кли, в один сосуд.

У рабби Шимона была в пещере группа из 10 человек, это минимум. Потому что каждый, когда начинает в итоге постигать духовные миры, принимает на себя определенную фазу, как бы определенную сферу. Таким образом изначально собираются люди в группы. Их таким образом приводят свыше, чтобы каждый из них дополнял другого под определенное духовное свойство.

И у Ари то же самое было, и у Бааль Сулама. Невозможно достичь духовного, если не объединяться со свойствами остальных людей. Мы все время пытаемся работать в той группе, которая у нас существует на постоянных занятиях. Тот, кто захочет и дальше продвигаться, тот постепенно должен войти в нее. Если бы человек мог продвигаться один – тогда не надо было бы разбивать парцуф Адам аРишон.

Вся задача в том, чтобы разбить его на отдельные части, потому что взаимодействие отдельных эгоистических элементов дает намного больший эффект, чем один общий эгоистический элемент. Отличия между людьми дают возможность каждому члену группы вобрать их в себя и таким образом постичь высшее свойство.

Один человек тоже может достичь всего, если будет на то воля Творца. Это путь сверху. Тебя берут и просто так наполняют духовным постижением. Такое тоже случалось в поколениях, и это называется «против природы». А по законам природы, Творец поставил для нас эту лестницу снизу вверх. По этой лестнице можно подниматься только в том случае, если ты связан с руководителем, группой, правильной книгой и больше ни с какими руководителями, ни с какими группами и ни с какими другими книгами.

Не соединяясь с остальными, человек не в состоянии ничего достичь, если только Творец не выбирает его как какого-то определенного особого человека, который должен светить всем поколениям. У каждой души существуют какие-то определенные задания, те, что на нее сверху нисходят. Я говорю о том пути духовного постижения, который предназначен для всех душ, для этого нам написали эти книги, дали все эти инструкции.

Все каббалисты: рабби Шимон, Ари, Рамхаль, Агра, Бааль Шем Тов, Ашлаг, мой рав – Барух Ашлаг – все они пишут, что без собрания в четко определенную группу с одним намерением, с которым все работают, невозможно вступить в духовный мир никому.

Ты можешь возразить тем, что были одиночные каббалисты, и даже указать на какого-то одного или двух каббалистов в каждом поколении, но это исключение. Все остальные работали только в группе, и поэтому каждый серьезный каббалист, если брал себе учеников, то создавал из них группу.

В группе могут быть как еще не достигшие духовного мира, так и часть уже вышедших в духовный мир и находящихся там со своими постижениями. Всем им тоже необходимо взаимодействие. В группе рабби Шимона все были на таких духовных ступенях.

Часть 3. Прямой и отраженный свет

И все они все равно были в группе и шли дальше только благодаря группе. Я понимаю, что твой эгоизм, желание властвовать не меньше, чем у всех, и он против того, чтобы сидеть вместе с кем-то и что-то делать, но я прихожу поневоле. Они здесь, так и я здесь. И мне еще надо его любить, с ним общаться, надо с ним вместе что-то создавать. На самом деле связь в группе намного сильнее.

Настоящая группа – это как маленький отряд воинов, который идет в атаку, в котором один полностью зависит от другого. Духовная жизнь зависит только от правильной совместной работы, где каждый готов жертвовать ради всех. Это несомненное условие, элементарное, о котором пишут все каббалисты. А иначе ты из эгоизма не выйдешь.

Как только у тебя эгоизма не станет, участники группы перестанут быть противными. Станешь любить их, потому что в каждом из них есть свечение Творца, Его облачение. Так что это вещи взаимосвязанные. Потому что без этого все наши занятия в итоге – абстрактные умоизмышления. Они практически ничего не дадут.

Если группа по причине ухода руководителя, бывшего ее источником, распадается, возникает необходимость в следующих развитиях. Идет как бы реакция размножения. Из прошлой группы возникает несколько новых групп. Почему Творец забирает руководителя?

Для того чтобы дальше продолжить развитие в его учениках. Если он уходит, то при этом не прекращается его руководство учениками, оно идет другим образом, явно или неявно для них. Все равно он с ними связан, но это уже иное... На все есть свой расчет. Но, как правило, группы действительно распадаются после ухода руководителя и продолжают свой путь к следующему этапу.

В духовном управлении связи не простые. Для того чтобы вести человека вперед, ему постоянно дают удары и вознаграждения, он рождается и умирает. То же самое с природой, со всем творением и с группой. Есть взлеты и падения, есть собирание различных душ в определенную ассоциацию. Есть разделение, разбиение, дробление и т.д. Есть взаимные перемещения душ, взаимные смещения, слияния или, наоборот, разделения. Мы этого не понимаем.

Душа – это совершенно не то, что связано с нашим мясом. Сегодня может быть одна, завтра другая, часть от одной и часть от другой и т.д. – это конструкция непостоянная. Любое изменение в тебе является следствием изменения души. На самом деле происходит постоянный кругооборот душ, ведь в духовном нет времени.

То есть изменение души в каждом из людей ведет к тому, что ежесекундно меняются его внутренние параметры, свойства, возможности, строение и т.д. Кругооборот душ – это на самом деле беспрерывный, постоянный процесс. Все частички малхут Мира Бесконечности взаимно связаны между собой. Самая нижняя определяет самую верхнюю. Если ты возьмешь только десять сфирот, прямой и отраженный свет, связь сфирот в каждом мире, то обратишь внимание, что если каждая частичка в чем-то меняется, то при этом ее включение в разные части мироздания изменяется. А если изменяются все, значит, снова меняется их включение во все остальные.

В мире Брия свет Бесконечности светит посредством облачения в сфиру бина, в которой скрыта хохма.

(ТЭ"С, стр. 110)

2) Для того чтобы светить в мире Брия, необходимо, чтобы и хохма также облачилась в бину, и благодаря облачению в них обоих свет Бесконечности светит в мире Брия. И это – тайна экрана, находящегося между миром Ацилут и Брия, так как находится этот экран в сфире бина, в которую облачается хохма, чтобы светить в мире Брия.

В мире Ецира свет Бесконечности светит посредством облачения в сфиру тифэрэт, в которой скрыта бина. В мире Асия свет Бесконечности светит посредством облачения в сфиру малхут, в которой скрыта тифэрэт.

(ТЭ"С, стр. 110)

3) Чтобы свет Бесконечности мог светить в мире Ецира, добавляется экран и одно облачение, поскольку бина облача-

ется в тифэрэт, и посредством тифэрэт свет Бесконечности светит в мире Ецира. Чтобы свет Бесконечности мог светить в мире Асия, добавляет экран и одно облачение, поскольку тифэрэт облачается в малхут, и посредством малхут свет Бесконечности светит во всем мире Асия. И это – тайна высказываний «Высшая мать появляется и исчезает в своем кресле», «Центральный столп ее в мире Ецира», «Малхут проявляется в мире Асия».

На эти пункты Бааль Сулам не дает комментарий.

Ударное взаимодействие света с экраном, рождающее десять сфирот мира Ацилут, происходит в мире Адам Кадмон, находящемся над миром Ацилут, в экране бхины гимэл, на уровне хохма.

(ТЭ"С, стр. 110)

4) Чтобы это лучше понять, необходимо знать, что написано: «Все сотворил мудростью (хохма)». Это означает, что в мире Ацилут свет Бесконечности облачается в хохме и посредством этого светит во всем мире Ацилут. Тайна этой мудрости выяснится позже. В эту хохму, находящуюся над миром Ацилут, облачен свет Бесконечности и светит в мир Ацилут.

– комментарий –

Самый большой свет, который проявляется в мире Ацилут, – ор хохма, а ор ехида облачается внутрь ор хохма. Что он хочет этим сказать? Существует постоянная причинно-следственная цепочка от Творца и до творения, человека, находящегося в этом мире. И эта цепочка работает и не может нигде быть прервана.

Все то, что каждый чувствует в нашем мире, приходит к нему от самого Творца через Мир Бесконечности, потом через миры Адам Кадмон, Ацилут, Брия, Ецира, Асия – через все миры до него. Таким образом один мир одевается в другой, то есть мир более низкий как бы скрывает более высокий мир, является на его пути экраном. Поэтому до низших душ доходит такой свет, который они уже могут выдержать.

Например, в Мире Бесконечности и в мире Адам Кадмон свет – ор ехида, затем в мире Ацилут он одевается в ор хохма, существует как бы внутри него и проявляется наружу как ор хохма.

Глава III

Ранее мы выяснили смысл того, что в мире Ацилут светит свет хохма, а внутри него неявно светит свет кэтэр. Это относится не к тому состоянию, когда мир Ацилут только родился (потому что он рождается в своем самом минимальном состоянии, называемом «ибур» (зародыш), затем следующее его состояние – «еника», вскармливание), а сказанное здесь относится к состоянию, когда мир Ацилут получает свет хохма, то есть достигает своего большого состояния – «гадлут». Вот тогда в конце своего развития парцуф Арих Анпин – кэтэр мира Ацилут получает уровень хохма, а уровень кэтэр и ор ехида у него отсутствуют.

Арих Анпин считается в мире Ацилут как парцуф кэтэр. Дело в том, что мир Ацилут – это первый мир, который вышел на Цимцум Бэт и является исправляющей системой. Этот парцуф весь построен на Цимцум Бэт: три линии, АХА"П дэ-алия, Аба ве Има пнимиим. У него есть очень много законов, с помощью которых он управляет душами таким образом, чтобы больше не произошло разбиения келим, чтобы каждый шаг приближал души к исправлению, несмотря на то что относительно душ он воспринимается как отрицательный в их эгоистических, еще не исправленных желаниях.

Мир Ацилут весь создан в Цимцум Бэт, но свет – четыре стадии прямого света – он получает от Творца через миры Бесконечности и Адам Кадмон, где на прямой свет действует Цимцум Алеф. Поэтому необходим какой-то переходник, буфер между миром Адам Кадмон и миром Ацилут.

Этим переходником является парцуф Атик, состоящий не из одного, а из двух парцуфим. Один парцуф – в Цимцум Алеф, а второй – в Цимцум Бэт. Своим первым парцуфом, находящимся в Цимцум Алеф, он принимает свет от А"К и трансформирует его во второй парцуф. Второй парцуф трансформирует свет уже окончательно в Цимцум Бэт и передает Арих Анпину.

Второй парцуф Атика уже является кэтэром мира Ацилут, но он практически не проявляется для всех нижестоящих, потому что сам мир Ацилут тоже является только миром Хохма. Арих Анпин является основным парцуфом в мире Ацилут (как Гальгальта в мире Адам Кадмон), на который уже надеваются все остальные парцуфим.

Все, что только есть в Управлении, – заложено в голове Арих Анпина, состоящей из трех частей. Там есть парцуфим Сеарот –

вторичные парцуфим, такие маленькие системы, через которые он дозирует свой большой свет. А затем это уже выливается в управляющую систему более низших парцуфим – Аба вэ Има, Ишсут, Зэир Анпин, Малхут, пока не доходит до душ.

Совершенно замкнутая система управления, которая уже четко приводит всех к исправленному состоянию, где каждое действие связано с миллиардами других действий в совершенно взаимном соответствии, потому что если где-то происходит изменение, то изменяется все.

То есть система должна быть настолько оптимизирована, чтобы конец и начало всего пути были взаимосвязаны и во времени, и количеством душ, и по личному состоянию каждой души, каждого кли, в котором она находится в данный момент. Все бесконечные сокрытия, находящиеся выше мира Ацилут, включаются в один мир, называемый «Адам Кадмон» и элемент «кэтэр».

Повторим коротко еще раз, как происходит начало развития Творения. Мы с вами в принципе говорим о том, что существует малхут Мира Бесконечности, к которой приходит свет от Творца. Эта малхут Мира Бесконечности один раз получила свет, затем решила не получать и вытолкнула его обратно. Эта процедура называется Цимцум Алеф.

Затем она решила принять в себя, но с намерением ради Творца. То есть процедура та же, действие то же – принимать (ведь если она хочет дать наслаждение хозяину – обязана принять от него), но только с другим намерением. Начинается работа над тем, как сделать, чтобы получение было в виде отдачи. То есть я получаю не для себя, а потому, что хочу Тебя усладить.

Это намерение называется «экраном», и только в силу этого намерения малхут сейчас начинает принимать свет. Если бы намерение, сила экрана была бы равна его первозданному, исконному желанию насладиться, с которым Творец ее создал, то сразу, как только свет приходит, она делает на него зивуг дэ-акаа (то есть все, что я сейчас принимаю, – ради Тебя), и принимает все в себя. Очень просто и все за один раз.

Но этого делать нельзя, во-первых, потому, что малхут должна суметь оценить, что именно она делает. Она должна желать дать Творцу так же, как Творец желает дать ей. А это возможно только в том случае, если она будет полностью отделена от Творца.

Глава III

Для этого и строятся миры. Строятся не для того, чтобы наполнить малхут, а чтобы отдалить ее от Творца. Но отдалить таким образом, чтобы это соответствовало ее внутреннему строению. Я вас запутываю немножечко, но это необходимо для вашего развития. Творение, душа или человек должен начать свой путь к Творцу из состояния абсолютно противоположного, абсолютно оторванного, скрытого. Тогда он будет точно знать, что ему не хватает Творца, так же как Творцу не хватает человека. Когда он будет точно знать, что только этого он желает, – он сам пройдет весь этот путь и заработает, то есть достигнет Творца.

Для этого и надо сделать между ними разрыв. Разрыв образовать вроде бы очень просто: поставил экран, и не видно за экраном ничего, и невозможно его перепрыгнуть. Но надо сделать такой разрыв, который был бы прозрачным, то есть чтобы он был как лестница, по которой можно подниматься с нуля до уровня Творца.

Экран должен служить инструментом движения вперед, инструментом исправления, сближения, получения. Как он строится? Малхут Мира Бесконечности получает света столько, сколько может. А может она не много. То, что малхут получила в своем первом зивуге после Цимцум Алеф, по сравнению с тем, что она получила до Цимцум Алеф, – это всего лишь тонкая линия по сравнению с окружностью, то есть такой сектор от окружности, который похож на тонкую линию.

Эта тонкая линия внутри себя состоит из миров. Центр этой окружности – черная точка – это сама малхут. А затем по этой линии – миры Асия, Ецира, Брия, Ацилут, Адам Кадмон, и голова А"К уже заканчивает эту окружность. Она контачит с самим кругом и вне его – с окружающим светом всего мироздания. То есть все миры – это всего лишь тонкая, маленькая линия. Именно по этой линии душа может подняться снизу вверх.

Итак, Гальгальта получила немножко света. Если бы она получила весь свет, то это было бы равносильно тому, как малхут Мира Бесконечности после Цимцум Алеф получила бы весь свет с намерением ради Творца, и на этом бы все кончилось. Мы говорим, что Гальгальта получила всего 20% (на самом деле это невозможно даже обозначить: какие-то миллиардные доли).

Духовный парцуф выглядит следующим образом: все, что малхут получила, располагается от пэ (рот) до табура (пуп), а желания, которые она не смогла наполнить светом с намерением

Часть 3. Прямой и отраженный свет

ради Творца, находятся от табура до сиюм (окончание). То есть площадь этой линии (кав Эйн Соф) равна площади всех миров (то, что они получили), и это все равно – тонкая линия. А келим, которые не получили свет, – это вся остальная пустая окружность и, соответственно, свет, который не загрузился в них, остался снаружи.

В мире Адам Кадмон был сделан зивуг на далет дэ-авиют. Потом масах уменьшается, слабеет от гимэл, бэт, алеф до шорэш. Мы называем эту серию «миром». Почему должен выйти еще один мир? Потому что под табуром Гальгальты остались келим совершенно незаполненные. И снова начинает раскручиваться та же серия парцуфим, которая была в мире Адам Кадмон, именно благодаря остатку огромного желания, которое совершенно не заполнилось, не было исправлено под табуром дэ-Гальгальта.

Поэтому, если мы разобьем всю Гальгальту на части относительно малхут Мира Бесконечности, то у нас получится, что от пэ до табура Гальгальты – это кэтэр, а под табуром Гальгальты – хохма, бина, Зэир Анпин, малхут.

Вы, наверное, сейчас немножко подавлены обилием незнакомых терминов, новым материалом, ивритом и всем прочим. Даже если бы вы лучше знали иврит и если бы знали немножко больше материал – все равно, когда знакомишься с ним и учишь его первый раз – ничего не понимаешь. Я повторяю еще раз: этого и не требуется. В вашем состоянии требуется постепенно адаптироваться к духу, который есть в книге.

К моему Раву приходили много учеников, не имевших вообще никакой подготовки, и они сразу садились за эту часть, не проходя ничего заранее. Хотя это и наука, но она изучается не так, как другие. Необходимо стремиться понять – должен быть четкий учебный процесс, как в любой науке, но с первого раза и вообще, может быть, первые два-три года, когда человек начинает читать, изучать – у него только зарождаются новые клетки в мозгу и в сердце, которые начинают затем потихонечку воспринимать то, что он читает. Поскольку мы созданы из совершенно противоположного материала, в нас это не отпечатывается. Ничего не поделаешь. Это совершенно необходимый подготовительный процесс.

У человека есть определенный набор желаний. В итоге своих занятий, чтения книг, каких-то действий он получил сверху или, как ему кажется, у него самого возникло какое-то желание, стремление к духовному.

Как он может сопоставить силу и качество этого духовного стремления со своими желаниями, чтобы знать, каким своим желанием он может правильно пользоваться – мы сегодня не в состоянии этого определить. Для этого надо пройти полное сокращение желания, то есть получить свыше возможность отказа от использования ради себя, то есть сделать так называемый Цимцум Алеф на свои желания.

Затем – сделать соответствие с высшим парцуфом, называемое «ибур» (зарождение), и т.д. Таким образом мы покупаем, приобретаем экран. То есть ибур, еника, мохин (зарождение, вскармливание, мудрость) – это 3 стадии развития экрана. Человек после приобретения экрана начинает точно и правильно пользоваться своими желаниями потому, что любое его действие по приобретению экрана совершается уже после того, как он сделал Цимцум на все свои желания.

Допустим, у меня есть определенное количество желаний: я все время нахожусь в таком состоянии, когда у меня есть желание попить, покушать, погулять, отдохнуть, поспать, еще что-нибудь. Все это – обычные животные желания, включая науку, даже более высокие вещи, но в рамках нашего мира. При достижении такого состояния, когда всему набору этих желаний я предпочитаю только связь с Творцом, – такое состояние определяется как «Цимцум».

Все эти желания я практически в себе не ощущаю, то есть не желаю ими пользоваться. А теперь возникает следующий этап, когда я могу полностью аннулировать себя относительно Творца, то есть как бы включиться в Него. Это состояние – ибур. Сейчас, когда я начинаю в Него включаться, я начинаю работать против себя, против своего эгоизма. Мне подбавляют желания уже духовные. И я уже работаю против духовных желаний, чтобы духовно не самонасладиться.

Когда человек поднимается (с нуля, где нулевая ступенька – это Цимцум), он точно знает, что именно он приобретает, какой экран, против какого своего желания, в каком объеме он этим может пользоваться. У него не существует никаких проблем, потому что он сам четко создает внутри себя подобие Творцу, и тут не может быть никаких сомнений, потому что на каждую ступень, на каждое свое действие он сам же делает расчет.

Такой человек не получает свыше того, что он не знает, так как сначала должен сделать усилие, и в соответствии с этим усилием он получает свыше постижение, духовную силу, с помощью которой уже дальше делает следующее духовное действие. Так же как и в нашем мире: чтобы начать работать на каком-то сложном ответственном механизме, ты должен сначала четко знать все, что в нем может случиться, и то, как он действует.

А здесь – более того; здесь человек сам создает в себе этот механизм, начиная с нуля. Он сам строит систему миров в себе. В предисловии к книге «Вступление в науку Каббала» самая главная строчка о том, что все миры и все, что вообще существует, существует внутри человека. То есть он внутри себя создает все это. Поэтому нет никаких проблем с тем, чтобы точно знать, сколько я могу принять наслаждений, а сколько не могу, как это сделать и почему.

Мы созданы из материала, противоположного Творцу, но хотим приобрести Его материал, Его свойства, начиная с начальной нашей точки. Путь Каббалы, духовного возвышения человека – это путь постоянных противоречий. В человеке нашего мира тоже могут быть противоречия: украсть или нет, взять себе или поделиться.

В Каббале противоречия возникают между своим естеством и естеством Творца. И поэтому на протяжении всего пути ты идешь, ощущая постоянные противоречия, ибо не может быть такого состояния в нашем пути, против которого не было бы противоположного ему состояния. Подъем – падение, падение – подъем, все взаимосвязано, потому что движение должно состоять из двух сил: правая линия – левая линия.

Относительно изучения. С одной стороны, знать материал – хорошо. С другой стороны, хорошо знать, что ничего не знаешь. Потому что и то, и это – правильно. Все это необходимо для движения вперед. То есть надо прикладывать все силы для того, чтобы понять материал, а с другой стороны, не понимаешь – тоже хорошо. А если тебе кажется, что ты понимаешь, – это все ложь, это самообман.

Что ты можешь тут понимать? Ты говоришь какие-то слова о предмете, которого ты никогда не видел, не ощущал, жонглируешь просто выдуманными терминами. И поверь мне – когда увидишь, это будет такая картина, которую ты себе заранее не представляешь.

Глава III

То, что мы учим, мы учим не для того, чтобы знать, а учим для того, чтобы стремиться постичь. Бааль Сулам говорит об этом в п. 155 предисловия к ТЭ"С. Вследствие того что человек много вкладывает в учебу, развивается огромная потребность схватить это дело в руки. Что же это такое, что я изучаю? И этим он вызывает на себя окружающий свет.

А если его успокаивает то, что он изучает, то он тогда на этом останавливается. И очень много есть таких людей, которые прекрасно знают, что написано. Они не видят, что есть что-то за тем, что не написано. И поэтому, с одной стороны, это им помогает изучать материал, они на него смотрят только как на чистую науку, на то, что находится вот здесь, на поверхности листа, и им это здорово помогает, они буквально его весь фотографируют.

А постольку, поскольку не видят вглубь, что там за каждым словом есть пропасть, им это не путает мысли, и они очень спокойно становятся большими знатоками ТЭ"С. Но, к сожалению, у них учиться нельзя, нельзя даже задавать вопросы.

Каббала – это то, что человек внутри себя ощущает как проявления Творца. Когда он может с помощью вот этих вот инструкций четко поворачивать в себе определенные свойства, настраивать себя, идти вперед, вперед, вперед! Поэтому надо много учить, для того чтобы понимать, что ничего не знаешь и что только постижение даст тебе духовное освобождение, выход вот из этого состояния непонимания, незнания, совершенной тьмы. Надо много учить для того, чтобы была сильная претензия к Творцу.

Для того чтобы серьезно потребовать у Творца, чтобы действительно заслужить ответ, надо выложиться, иначе ничего не сделаешь, свое же тело не даст тебе востребовать. Должна тут произойти такая внутренняя ломка, а она происходит только тогда, когда человек действительно выкладывается.

В предисловии к ТЭ"С в п. 133 Бааль Сулам рассказывает такую притчу. Царь решил призвать к себе на службу только тех, кто его действительно любит и искренне ему предан. Для этого он поставил вокруг своего замка стражников, и когда народ устремился к замку, то стражники, стоящие кругами за много сотен километров от замка, начали рассеивать и отталкивать людей.

Тех, кто проявлял настойчивость, пропускали дальше. Чем ближе к замку, тем сильнее отталкивают стражники, они более

Часть 3. Прямой и отраженный свет

разъярены и чинят больше страданий тем, кто хочет попасть в него. И только те, кто действительно накопил в себе желание достичь замка, достичь Творца, те пробились сквозь этих стражников.

У человека на нашем пути возникают падения и депрессии, разочарования, но он снова стремится вперед, и снова его отталкивают, и снова вперед... И так много, много дней и много лет. Многие разочаровались, и остались из них только герои. Что значит герои? Те, которые победили своим терпением, только терпением. Видите, он не пишет, что надо иметь силы, что надо иметь светлую голову, особый талант – ничего не надо, только терпение, настырность.

Такая вот животная, примитивная настырность, что я без этого не могу жить. Если есть она у человека, то все, ничего больше не надо. У самого человека такого терпения нет, его тоже надо удостоиться получить сверху в ответ на усилия. Если посчастливилось, именно этим терпением он и победит.

Другого выхода нет. Оттого, будешь ли ты понимать больше или меньше, ничего не изменится. Но что главное? Чтобы была правильная Цель, иначе будешь стремиться не к тому дворцу и не к тому Творцу. И не с теми стражниками придется иметь дело.

Что такое парцуф? Есть всего 5 бхинот: бхинат шорэш, алеф, бэт, гимэл, далет. Бхина далет сделала Цимцум и стала черной точкой, ничего в себя не хочет получить. Поставила перед собой экран. То есть теперь имеются: бхинат шорэш, алеф, бэт, гимэл, экран и под ним бхина далет. Свет начинает нисходить по этим бхинот до экрана, и в бхину далет хочет войти все то количество света, которое Творец задумал дать. И теперь экран его отталкивает, не хочет принимать ради себя совершенно, а то количество, которое хочет принять ради Творца, называется облачением на высший свет.

Через пэ дэ-рош парцуф получает свет вовнутрь своего духовного тела, и поэтому тела у парцуфа до того, как парцуф начинает получать свет, не существует, оно все находится в пэ дэ-рош, а затем оно начинает расширяться, поскольку то облачение света, которое я сделал в своем намерении снизу вверх, ор хозэр на ор яшар, теперь я это переворачиваю и спускаю с экрана и вниз, внутрь малхут.

Глава III

Что и почему переворачивается? Что происходит в рош? В рош происходит получение света от Творца, а в тох, в теле парцуфа, происходит отдача света Творцу. То есть та часть творения, которая была самая низкая в голове, она в итоге оказывается самой высокой по своему служебному состоянию. Что значит «переворачивается»? Если в голове у меня было направление в сторону приходящего света, то после того, как я решил эту проблему, я обращаюсь теперь к собственным келим сверху вниз, поэтому он имеет в виду, что направление оборачивается, изменяется на противоположное.

Для того чтобы вышло десять сфирот мира Брия, произошел зивуг дэ-акаа в мире Ацилут в экране бэт дэ-авиют, то есть бина. Чтобы родить 10 сфирот Ецира, произошел зивуг дэ-акаа в мире Брия на масах бхина алеф, Зэир Анпин, или тифэрэт. Чтобы родить мир Асия, зивуг дэ-акаа произошел в мире Ецира на масах бхинат шорэш, комат малхут. А для того чтобы появились десять сфирот в мире Ацилут (то есть он возвращается к миру Ацилут), для этого произошел зивуг дэ-акаа выше мира Ацилут, то есть в мире Адам Кадмон на экран бхина гимэл, то есть хохма.

(ТЭ"С, стр. 112)

5) Для того чтобы светить в мире Брия, облачился свет Бесконечности в бину мира Ацилут, находящегося выше мира Брия, и посредством этого светит бина в мире Брия. По этому же принципу, чтобы светить в мире Ецира, облачается свет Бесконечности в тифэрэт мира Брия. И так же для мира Асия свет одевается в малхут в мире Ецира. По этому же принципу в мире Ацилут: чтобы светить в Ацилут, свет должен облачиться в сфират хохма мира, находящегося выше мира Ацилут, с помощью этого он может светить в мире Ацилут. Но не подумай, что это и есть хохма самого мира Ацилут, – это хохма мира Адам Кадмон.

– комментарий –

Мир Брия имеет свойства бины. Для того чтобы светить в нем, свет должен облачиться в бину мира Ацилут, который

Часть 3. Прямой и отраженный свет

находится выше мира Брия, и тогда мир Брия сможет получить свет. То есть не просто сделать зивуг в мире Ацилут на малхут дэ-Ацилут и передать в мир Брия, а именно сделать зивуг в мире Ацилут на свойства бины, и тогда мир Брия получит тот свет, который может получить, иначе он просто «не расслышит», что же ему дают.

Расслышит – потому что миру Брия соответствует свойство «озен» (ухо), то есть низшему надо дать свет определенного качества и количества, согласно его свойствам. Поэтому в мире Ацилут масах одевается не просто в бхину гимэл по своей величине, но еще и в бину, бхины бэт мира Ацилут, и тогда он рождает и наполняет мир Брия.

В мире А"К светит свет Бесконечности, поэтому он называется «кэтэр». А"К берет свет от своей сферы хохма. Делает на этот свет зивуг на бхину гимэл дэ-авиют, создает из него мир Ацилут и наполняет его. Поэтому мир Ацилут – мир Хохма. Мир Ацилут берет свою бину, делает на нее зивуг дэ-бхина бэт, рождает мир Брия и наполняет его светом, поэтому мир Брия – это мир Бина.

Брия делает зивуг на свою тифэрэт, на бхину алеф, рождает мир Ецира, наполняет его светом ор руах, то есть тифэрэт, или Зэир Анпин. Затем мир Ецира делает зивуг на масах бхинат шореш и таким образом рождает мир Асия. То есть каждый высший мир рождает последующий с определенным свойством келим, не только по количеству, но и по качеству, и наполняет его соответствующим наслаждением.

В соответствии с этим принципом созданы все миры АБЕ"А – посредством зивуга дэ-акаа в мире, предшествующем тому, который создается. То есть высший парцуф рождает низший парцуф и наполняет его. А что же чувствует мир Брия? А мир Брия, точнее находящиеся в нем, чувствуют только мир Брия, а мир Ацилут и мир Адам Кадмон они не ощущают, эти миры скрыты внутри мира Брия. То есть все ступени от Бесконечности, от самого Творца и до того места, где находится постигающий, все они скрыты в той ступени, которую он постигает.

Допустим, я постигаю, что передо мной находится этот стакан. Этот стакан просто так здесь не появился. Нет ничего, что не было бы заложено в Мире Бесконечности. Значит, путь этого стакана в Мире Бесконечности и до того, как он

Глава III

проявился передо мной, я не вижу, я вижу перед собой только стакан. Если же я начну подниматься в своих свойствах, то постепенно за всем окружающим меня начну видеть и предыдущие ступени.

Но всегда я буду видеть максимум только ту ступень, которую постигаю, а более высшие ступени будут скрыты в ней. И потому Каббалу называют тайной наукой, так как она ведет к тому, чтобы то, что пока скрыто и проявилось бы только на следующей ступени, стало явным. И так в каждой ступени, в каждом состоянии.

ГЛАВА IV

Выясняет, что при облачении Высшего света в отраженный свет уровня хохма все десять сфирот будут хохма.

Когда мир Адам Кадмон облачился, чтобы светить в мире Ацилут, он оделся в отраженный свет именно на уровне хохма и не больше, а не в отраженный свет бхины бэт уровня бина, и потому исчез с этого уровня мира Ацилут лишь кэтэр, и этот кэтэр облачен в хохму. То есть мир Адам Кадмон светит внутри мира Ацилут.

(ТЭ"С, стр. 113)

1) И также знай, что когда пожелал Творец светить в мире Ацилут, то облачился в хохму, находящуюся выше мира Ацилут, и с помощью этой хохмы, в которую он оделся, уже светил в кэтэр и хохму мира Ацилут и не нуждался в том, чтобы одеться также и в бину выше мира Ацилут, а оделся только в хохму выше мира Ацилут, чтобы с ее помощью светить в кэтэр и хохма мира Ацилут.

– комментарий –

Я советую обязательно читать сверху тексты Ари. Они не пишутся гладким языком, но имеют особую силу. Надо привыкать к тем выражениям, которые приняты у каббалистов, потому что и в «Зоар», и в сочинениях Ари, у Бааль Сулама и у Баруха Ашлага это постоянно используется. Такой старомодный, архаичный язык, неправильные обороты, путаница, с нашей точки зрения, падежей, родов в лексике и т.д. Но к этому надо привыкать.

А потом вы увидите, что это имеет определенный смысл. Иногда называют кли «он», иногда называют кли «она», в

Глава IV

зависимости от роли, которую кли выполняет, потому что в принципе творение создано получающим, а затем исправляет себя и обращается в дающее, то есть из женской роли переходит в мужскую, меняет пол. И видно – когда он хочет подчеркнуть именно письмом, он может это слово поставить в таком выражении, что оно выделяется, но выделяется как бы своей неправильностью.

Надо на это обращать внимание. Существует много таких тонкостей, и рассказать обо всех невозможно. Постепенно в результате чтения текстов вы будете видеть, что это делается не случайно. Хотя, с другой стороны, архаичность вообще присуща каббалистическим текстам. Откуда каббалист берет свой язык? Его постижения – личные, но он также учит все предыдущие истинные сочинения и оттуда черпает эти выражения, он живет ими.

Как мы говорим о том, что один мир облачается в другой, так и каббалист – один облачается в другого. Он получает от другого знания, живет через другого. Поэтому пробивается язык раби Шимона через Ари и язык их обоих через Бааль Сулама и т.д. Остается какой-то общий язык, общий стиль.

Ари не поленился и объяснил нам в развернутом виде отличия, которые есть между 4 ступенями прямого света, называемыми хохма, бина, Зэир Анпин, малхут, и между 4 ступенями отраженного света, называемыми этими же именами, то есть хохма, бина, Зэир Анпин, малхут.

Бааль Сулам в этой части, в 1-й главе, п. 3 объясняет нам, что есть келим мира Ацилут, созданные с помощью ор хозэр, который поднимается снизу вверх, и в эти келим одевается непосредственно свет Мира Бесконечности, представляющий собой 4 стадии прямого света.

Он хочет сказать самую тривиальную вещь, которую мы уже все знаем. В любом месте, где бы ни происходили какие угодно события в духовном мире, ничего нового не происходит, как и сказано у царя Соломона: «Нет ничего нового под Солнцем». Что имеется в виду?

Все творение, начиная от малхут Эйн Соф и далее, – это всего лишь ее отношение к тому, что ее наполняет. Поэтому в любом месте, где бы мы ни разбирали состояния какого-то парцуфа, мира, любое действие имеет готовую структуру: 4 стадии прямого света и малхут, которая каким-то образом в данный

Часть 3. Прямой и отраженный свет

момент, то есть в данном своем состоянии, реагирует на то, как она наполнена светом.

И такое конкретное состояние, такое отношение к свету, его наполняющему, мы называем или «парцуф», или более глобально – «мир». А в принципе не меняется ничего. Поэтому любой парцуф состоит из четырех стадий прямого света, малхут и экрана, единственного отличия от первоначального состояния малхут Эйн Соф. Экран характеризует, что в ней нового и что именно с ней происходит.

И отсюда пойми, что в любом месте, где употребляется слово итлабшут-одеяние, имеется в виду, что прямой свет одевается в ор хозэр (отраженный свет), а когда сказано, что одевается свет Бесконечности в хохму, то имеется в виду, что далет бхинот: хохма, бина, тифэрэт, малхут прямого света одеваются в хохму отраженного света.

Различие между проявлениями высшего света только в том, в какой отраженный свет он одевается. Свет Бесконечности приходит к парцуфу, и в зависимости от высоты, от мощности отраженного света в нем проявляется прямой свет в различных своих мерах.

Свет всегда один и тот же, то есть всегда приходят 5 светов, ничего в нем не меняется. А если кли раскрывает для себя всего лишь 4 стадии из этого света, то какой-то свет как бы прячется внутрь тех светов, которые раскрываются, поэтому неправильно было бы говорить о том, что раскрывается свет хохма и ниже. Всегда раскрываются 5 светов.

И только когда мы рассматриваем один парцуф относительно другого – что один, например, на голову ниже другого, – то это не говорит о том, что в более низком недостает головы, просто при сохранении все тех же частей его «рост» ниже. И поэтому относительно другого в нем как бы недостает «по росту» кэтэр. Как говорится о человеке, «на голову ниже другого», будто у него нет головы.

Когда 4 стадии прямого света распространяются от Мира Бесконечности и проходят через причинно-следственную цепочку сверху вниз со ступени на ступень, естественно, что хохма исходит из кэтэра, бина исходит из хохмы, Зэир Анпин исходит из бины, малхут исходит из Зэир Анпина, как уже сказано было выше.

Но это не называется одеванием одного в другое, потому что 4 стадии прямого света не облачаются одна в другую,

Глава IV

одевание – итлабшут – означает облачение в отраженный свет, в ор хозэр, а не в распространение сверху вниз по 4 ступеням прямого света.

То есть если мы говорим, что кэтэр Ацилут одевается в хохму, хохма одевается в бину, а мы стоим якобы за всеми этими слоями и видим только внешний относительно нас слой. Он предупреждает нас о том, что каждый из них одевается в отраженный свет. Одеяние – это не сокрытие одной стадии в другую, это отраженный свет, который поднимается снизу вверх, от экрана, находящегося лишь в бхине далет и больше ни в какой другой бхине.

Высший свет, который относится к Зэир Анпину прямого света, обязан пройти через все стадии выше него, в том числе через бину прямого света, потому что она в этой цепочке по отношению к Зэир Анпину является высшей ступенькой и причиной. И не может Зэир Анпин постичь, почувствовать, получить этот высший свет, пока тот не пройдет через бину. Зэир Анпин получает его от бины, но это не называется одеянием в экран бины, так как там нет экрана, поскольку экран, как мы говорили, существует только в бхина далет, то есть в малхут.

Каждая низшая бхина получает свет только от предшествующей высшей бхины. Он проходит через все предварительные стадии, как бы одеваясь в них, но это не одевание по определению, потому что одевание существует только в отраженный свет, только лишь в малхут, которая с помощью экрана создает этот отраженный свет, а то, что свет проходит через все предыдущие стадии (называемые «дерех маавар»), то он проходит, трансформируется в таком виде, чтобы каждая низшая стадия смогла его получить, я бы сказал, по своему качеству, а не по количеству.

Экран, стоящий в малхут, определяет высоту парцуфа. Но все равно этот парцуф будет иметь все десять сфирот, разница будет только в высоте. Свет, который проходит через бхинот, как бы трансформируется ими в другой свет, пригодный для того, чтобы его получила низшая бхина.

Допустим, свет Бесконечности (совершенно аморфный) проходит через кэтэр – он становится светом, который приходит именно к хохме, чтобы его можно было определить, то есть ощутить.

Часть 3. Прямой и отраженный свет

К бине свет приходит через хохму. Если бы он не прошел хохму, то бина была бы не в состоянии его ощутить как свет для себя. Каждая низшая стадия рождается в высшей и поэтому только от нее способна получить наслаждение именно в том виде, который она способна определить, вкусить, понять и принять как наслаждение.

Это все равно как если вы будете давать корове пирожное, а ей нужно сено – если это свежее хорошее сено, то она в нем понимает вкус, а в пирожном не понимает, то есть это зависит не от отраженного света, а от качества света, и оно заранее должно быть приготовлено предыдущей бхиной, которая и порождает именно эту бхину, а также готовит для нее свет.

В голове каждого парцуфа существуют 4 стадии прямого света, и пока малхут, творение не отреагирует на них, они остаются такими же, как в Мире Бесконечности, то есть они как бы не существуют. Мы только говорим о том, что они якобы существуют заранее, но эти воздействия еще не вошли через органы ощущений внутрь.

Допустим, приходит к человеку звук через ухо, свет через глаза, тактильные ощущения, а он находится, например, без сознания. Внутри себя он ничего не чувствует, нет малхут, сердца, которое ощущает. Эти 4 стадии прямого света находятся в голове, это и называется зрением, слухом, обонянием, осязанием. То есть если малхут как бы не реагирует на них, не дает свое обратное воздействие, не отражает, то она никоим образом не участвует в приеме этого воздействия на себя.

Поэтому 4 стадии прямого света – это просто сфирот, которые находятся в голове каждого парцуфа. А в зависимости от реакции ор хозэр мы уже можем говорить об одеянии, о том, как человек, душа, творение надевается на свет Творца.

И запомни, пишет Бааль Сулам, в чем различие между 4 стадиями прямого света и 4 стадиями отраженного света, чтобы не запутался ты вследствие своей фантазии, которая может тебя увести от внутреннего понимания смысла. Когда мы говорим хохма дэ-ор яшар, то имеем в виду следующую сфиру после кэтэр дэ-ор яшар, которая называется хохма.

Но когда мы говорим хохма дэ-ор хозэр, мы уже имеем здесь в виду зивуг дэ-акаа. Десять сфирот ор хозэр, которые надеваются на десять сфирот ор яшар, то есть всего 20 сфирот, которые одеваются одна в другую, связаны и включаются друг

Глава IV

в друга. Таким образом, получается 100 сфирот, то есть десять сфирот в высоту и каждая из них – в толщину десять сфирот, потому что связаны между собой и включаются одна в другую.

И поэтому мы называем все эти 100 сфирот вместе как хохма дэ-ор хозэр, так как хотим подчеркнуть именно высоту уровня ор хозэр, который поднимается от экрана вверх и одевается только до уровня хохма дэ-ор яшар. И поэтому все эти 100 сфирот мы называем по имени «хохма».

Это очень важный для познания Каббалы ключ, и по этому же принципу ты поймешь, что означает бина дэ-ор хозэр, которая представляет собой 20 сфирот, причем кэтэр и хохма скрыты внутри бины, а также Зэир Анпин дэ-ор хозэр, в котором также есть 20 сфирот, но кэтэр, хохма и бина спрятаны внутри Зэир Анпина.

Естественно, что мир Ацилут не начинается с уровня хохма. Просто относительно всего мироздания мы говорим, что характер мира Ацилут – это хохма, потому что характер мира Адам Кадмон – кэтэр, мира Брия – бина, и т.д. Пять миров соответствуют 5 ступеням, 5 основным сфиротам. Но в каждом из них есть еще и свои внутренние 5 частей, называемые уже парцуфим, и в каждом парцуфе есть внутренние 5 частей, называемые сфирот, и так далее до бесконечности.

Просто мы останавливаемся на каком-то этапе, для того чтобы нам было легче общаться. Но мы должны понимать, что элементов в творении бесчисленное множество. Даже то, что он говорит: десять сфирот прямого света одеваются в десять сфирот отраженного света. А что значит одеваются?

Если свет пришел к малхут и малхут этот свет отражает, она отражает его до уровня кэтэр, то есть как же может быть меньше 100 сфирот? Но для того, чтобы свет попал из кэтэра в хохма, он должен пройти все стадии в кэтэре. То есть и в кэтэре должны существовать кэтэр, хохма, бина, Зэир Анпин, малхут кэтэра и только затем из малхут дэ-кэтэр рождается кэтэр шель хохма. И также в хохме должны проходить все 5 стадий до малхут хохмы, которая рождает уже кэтэр бины и т.д.

То есть даже сверху вниз, когда происходит распространение света, оно уже происходит через определенные бхинот, но разница между ними в качестве. То есть в кэтэре все его части являются кэтэром, замыслом. В хохме все ее части уже называются как бы чертежами в действии. В бине как бы уже спецификации. В Зэир Анпине уже в виде стройматериалов. В малхут – в виде готового творения. Разница между ними в качестве, грубости материала, а элементы одинаковые.

Вообще ТЭ"С очень удивительно устроен. В 1-й части ТЭ"С Бааль Сулам говорил нам про Цимцум и кав (линия). Вторая часть – парцуф Гальгальта, немножко А"Б. А третья часть вдруг совсем выходит за пределы постепенного развития материала, и хотя он и говорит о прямом и обратном свете, но на самом деле это практически все творение.

Поэтому здесь он включает всю систему вместе. Рассказывает о связях между высшими мирами и нашим миром. Мы будем дальше это проходить и увидим, насколько все эти вещи взаимосвязаны и соответствуют друг другу. А затем он возвращается снова к общему течению ТЭ"С (4-я, 5-я части и т.д.), и уже до конца он идет напрямую сверху вниз от Мира Бесконечности. И последняя часть – это миры БЕ"А, включая Адам аРишон. Доходит в последней части до нашего мира. А именно 3-я часть как бы выходит за рамки этого распространения сверху вниз, то есть в принципе здесь он должен был бы нам говорить про парцуф хохма, а говорит нам через прямой и обратный свет обо всем мироздании.

Это необходимо для того, чтобы подтолкнуть человека к общему видению всей картины, а не вести его через весь ТЭ"С до последней части; чтобы уже сейчас начало формироваться в изучающем правильное направление взгляда на себя самого и на то, что он изучает. То есть включаться в картину, уже начиная с нашего мира, пытаться вживаться в нее и находить в себе эти определения. Конечно, пока не в духовном виде, но их прообразы в материальном.

> **Бина проводит через холон (окно) свет уровня хохма к Зэир Анпину и в малхут безо всякого вторичного одеяния своим отраженным светом уровня бэт на этот свет хохма.**
>
> (ТЭ"С, стр. 114)

2) Когда свет Бесконечности хотел светить из бины мира Ацилут и далее до конца всего мира Ацилут, то, естественно, обязан был облачиться в бину мира Ацилут, потому что Зэир Анпин и малхут-нуква могут получить свет только с помощью бины.

Глава IV

Но дело в том, что бина может быть только проводником, пропускающим свет Бесконечности, одетый в хохму, которая находится выше бины, чтобы он беспрепятственно проходил через бину мира Ацилут к нижестоящему. Бина не является экраном и вторичным одеянием на этот свет Бесконечности, чтобы он мог светить в Зэир Анпине: свет приходит к Зэир Анпину через окно, как сказано выше, без всякого экрана. И поэтому находим, что, несмотря на то что свет проходит через бину, это не называется одеянием, потому что нет там совершенно экрана, поэтому свет Бесконечности одевается только в хохму и именно его получают ЗО"Н (Зэир Анпин и нуква, малхут) мира Ацилут.

– комментарий –

Выше сказано, что в бине нет никакого экрана. Каким же образом бина вмешивается в прохождение этого света, если она не одевает его в свой свет – ор хозэр, не воздействует на качество света, не преобразует свет хохма в свет бина, а, очевидно, влияет только на количество пропускаемого через себя света?

Как известно, есть кэтэр, хохма, бина, Зэир Анпин, малхут. Бина стоит между хохмой и Зэир Анпином. Для себя она не хочет получать ор хохма. Она проводит через себя свет хохма только тогда, когда в этом нуждаются Зэир Анпин и малхут. Прохождение света хохма через бину происходит таким образом, что она не воздействует на этот свет хохма своим экраном на уровне бхины бэт, а пропускает этот свет хохма определенным методом, который называется «окном».

То есть раскрывает в себе какой-то проем, через который свет из хохмы проходит в Зэир Анпин. То есть бина каким-то образом все же взаимодействует с этим светом, и это взаимодействие называется «холон». Почему она его не может пропускать обычным путем? Почему это взаимодействие называется «холон»? Написано: «Свет проходит через холон». То есть все-таки какое-то воздействие на этот свет бина оказывает. Не просто тот же свет, который имеется в хохме, попадает в Зэир Анпин, как будто бины между ними не существует, нет. Она оказывает какое-то влияние на свет, он проходит через нее; но это влияние особенное, называемое «холон».

Выясняется выше, что слово итлабшут-облачение обозначает, что десять сфирот прямого света одеваются в десять сфирот отраженного света, которые поднимаются от зивуга дэ-акаа в экране. Поэтому здесь Рав имеет в виду то, что поскольку в бине нет экрана, то нет и одеяния в бину. Почему он здесь не употребляет слово «итлабшут» относительно бины? Свет проходит через бину, не одеваясь в нее, а как через окно, потому что бина не одевает этот свет в свой отраженный.

Зэир Анпин и малхут мира Ацилут получают свет только от бины, через бину, посредством бины. Он хочет подчеркнуть, что свет проходит через бину. Но свет, проходя через бину, каким-то образом трансформируется в форму, в которой Зэир Анпин может его принять, ощутить, поглотить, абсорбировать. То есть бина не просто уменьшает свет для Зэир Анпина по количеству, она должна этот свет сделать приемлемым для него.

Бина называется «мать», Зэир Анпин – «сын», и есть различного вида свет, который Зэир Анпин получает от бины: есть ор хасадим, который называется духовным «молоком», есть ор хохма – это уже «питание», и т.д. В любом случае бина активно участвует в получении света от хохмы и в передаче его Зэир Анпину. Зэир Анпин не возник напрямую из хохмы, он родился через бину, и потому, естественно, если кто-то и может дать Зэир Анпину свет, чтобы он был готов его принять, то это только бина, любой нижестоящий обязан получать от вышестоящего, как было сказано ранее. Поэтому ЗО"Н обязан получать свет только от бины, никак иначе он не сможет его получить.

Прохождение света через бину называется «холон и нэкев цар» – окно и узкое отверстие. Когда бина находится в гадлут (большое состояние) и пропускает свет хохма к Зэир Анпину, тогда прохождение света через бину называется холон – окно. Когда бина находится в катнут (малое состояние), то есть пропускает через себя к Зэир Анпину только свет хасадим, тогда свет проходит через узкое отверстие – нэкев цар.

Это зависит не от бины, а от того, в каком состоянии находится Зэир Анпин: возбуждает ли он бину получить ор хохма, тогда он его получает через холон, или он возбуждает бину получить только ор хасадим, тогда он возбуждает ее пропустить свет хасадим через себя на Зэир Анпин только как нэкев цар – узкое отверстие.

Человек должен самостоятельно работать над материалом. Таким образом он прикладывает необходимое количество усилий, независимо от уровня его способностей. Наоборот, тот, кто быстро схватывает, тому тяжелее, потому что ему труднее дать дополнительные усилия, вроде бы ему не надо их давать. Поэтому количество часов в принципе определяет, получит ли человек ключ к будущему миру или нет. И ни в коем случае это не зависит от ума.

Этот материал должен откладываться внутри на наших клетках и отпечатываться на них, перестраивая их таким образом под себя, чтобы связи между нашими клетками установились по образу этого материала. Тогда в человеке возникнет некоторое духовное одеяние, в котором возможно ощутить высший свет.

Во 2-й части ТЭ"С в вопросах и ответах объясняется, что такое холон, и там Бааль Сулам объясняет, что когда масах с определенным авиютом поднимает снизу вверх ор хозэр, который облачает высший свет и позволяет пропустить его вниз, то этот авиют называется по имени холон, то есть возможность приходящему свету в меру силы масаха пройти сверху вниз через экран.

Эта возможность, этот авиют экрана и называется «холон». То есть под экраном находится эгоизм, и в той мере, в которой этот экран может приходящее наслаждение отразить, то есть действовать антиэгоистически, в той мере он как бы открывает окно для приходящего свыше света, чтобы пропустить его вниз в малхут. И поэтому авиют работает здесь снизу вверх, и поэтому называются авиют Зэир Анпина и авиют малхут по имени холон и нэкев цар.

Когда свет проходит через экран Зэир Анпина, то считается, что он проходит через холон, а когда он проходит через экран, стоящий на малхут, то он проходит, словно через нэкев цар – через узкое отверстие, потому что экраны, находящиеся ниже уровня хохма, используются только для того, чтобы отражать обратно приходящий сверху свет.

Вопрос: мы говорили, что в бине нет экрана, а сейчас мы говорим, что в бине есть холон – экран?

Когда мы говорили, что в бине нет экрана, то имели в виду, что бина для себя не нуждается в экране, потому что она все отталкивает, у нее нет никакой заинтересованности получать свет хохма, и поэтому она получает только свет хасадим, то есть как бы существует без экрана.

Часть 3. Прямой и отраженный свет

Понятие «экран» всегда относится к экрану на ор хохма. Экран – это антиэгоистическая сила, отталкивающая приходящее от Творца наслаждение, называемое «ор хохма», и облачающая его в отраженный свет, ор хозэр. А бина – все, что к ней приходит, просто отбрасывает, не хочет с этим иметь никакого дела. Ее желание – только ощущать слияние с Творцом. Поэтому в бине экрана нет. Бина относительно себя совершенно ничего не получает, но любое прохождение вниз ор хохма всегда происходит вследствие зивуг дэ-акаа.

Расчеты на ор хохма должны быть всегда, без этого он никаким образом не может проявиться. Бина проводит свет в Зэир Анпин. У Зэир Анпина самого нет головы, то есть нет части, принимающей решения. Решение о том, что он получит, принимается во 2-й части бины, в ее семи нижних сфирот, так у нас повелось еще с четырех стадий прямого света, когда нижняя часть бины решила, что для того, чтобы давать Творцу, она должна получать, и приняла решение получить некоторое количество света хохма.

Это решение приняла та часть, которая еще относится к бине. Приняв решение, сколько именно она будет получать, она уже рождает это действие, которое является отдельной стадией – Зэир Анпином. Зэир Анпин является четким порождением бины, причем совершенно подчиненным, он ничего сам не решает. Поэтому бина так и продолжает в верхней своей части все отталкивать – быть настоящей биной, а в нижней своей части является головой Зэир Анпина.

Парцуф – это порционное получение света хохма внутрь (тох) после антиэгоистического расчета, произведенного в голове (рош). В каждом парцуфе есть рош, тох, соф (голова, тело, окончание). То есть приходит ко мне наслаждение – ор хохма, я его отталкиваю. Часть из него получаю, это называется «тох», часть не получаю – называется «соф». Как же может в бине образоваться парцуф, если она отражает весь ор хохма, и в ней распространяется только ор хасадим, который можно получать неограниченно, Цимцум был на ор хохма? Как в парцуфе бина существуют рош, тох, соф, где часть получает, а часть – нет?

Ор хасадим – это понятие непростое. Есть всего лишь один свет – ощущение Творца. Ощущение Творца, когда получаешь от Него, называется ор хохма, ощущение Творца, когда просто ощущаешь соответствие Ему, называется ор хасадим. Но и в

Глава IV

том и в другом случае ощущение Творца – это наслаждение. Это те два ощущения, которые только и может ощутить творение, таким образом оно создано. В принципе, что сделал Творец? Он создал кого-то, кто бы Его ощущал, желал бы ощутить, наслаждался бы тем, что ощущает Его. Так и бина – хотя она и отталкивает все и желает быть только отдающей, подобной Творцу, но от соответствия, совместимости, подобия свойств в ней возникает огромное наслаждение.

И если она будет принимать его ради себя, то это наслаждение будет называться отдачей ради наслаждения, как в нашем мире: я готов отдавать для того, чтобы получать наслаждение, я это и делаю каждый раз. Я прихожу в магазин и плачу за что-то. Почему? Отдаю, чтобы получить наслаждение, которое мне выгодно. То есть мы обмениваемся наслаждениями – то наслаждение, которое выгодно продавцу, я даю ему и получаю от него то наслаждение, которое выгодно мне.

Если бы не надо было делать экран на отдачу, я бы из эгоизма не вышел. Наслаждение от отдачи – вторично, оно не приходит прямо с ощущением Творца, оно возникает вследствие совместимости свойств с Творцом. Сначала возникает исправление свойств, подобие Творцу и вследствие этого уже возникает наслаждение.

Поэтому бина также должна делать расчет, и парцуф бина поэтому всегда имеет рош, тох, соф. Сколько он может принять наслаждения от подобия Творцу? У нас есть бина на разных ступенях. Есть СА"Г – парцуф бина в мире А"К, есть бина в мире Ацилут, бина в Брия, Ецира, Асия, бина на каждой ступеньке, в каждом парцуфе, в каждой вторичной ступеньке, в каждой частной сфире. В чем же различие всех этих бинот? Различие между ними именно в экране.

О чем говорит нам этот экран? О том, что не всегда ты можешь быть полностью отдающей, потому что возникает огромнейшее наслаждение, и с ним надо что-то делать. Как бы не начать получать это наслаждение ради себя. Поэтому, когда мы говорили, что в бине нет экрана на ор хохма, то имели в виду, что в ней есть экран на ор хасадим, а здесь мы имеем в виду экран в бине на ор хохма, с помощью которого она проводит этот свет в Зэир Анпин, а не ради себя.

То есть дополнительно к своему экрану на ор хасадим она еще делает экран на ор хохма, и уже через этот экран свет проходит в Зэир Анпин. Этот экран в бине называется холон, потому что он позволяет пройти части света через бину в Зэир Анпин. А экран, который через Зэир Анпин проходит в малхут, называется нэкев цар – узкое отверстие, то есть не холон – большое отверстие, а узкое отверстие, это то, что Зэир Анпин пропускает в малхут.

И не удивляйся тому (слова Бааль Сулама), что сказано было (в другом месте), что и в мире Ацилут есть также 5 парцуфим, и в каждом из них есть свой зивуг дэ-акаа, потому что отличие большое и значимое имеется между ними, ведь парцуфим мира Ацилут – это 5 частей, 5 видов уровня хохма...

Для того чтобы светить в мире Брия, одевается высший свет в ор хозэр на уровне бхина бэт, называемый бина. И получается, что хохма также исчезает и сфирот кэтэр и хохма включаются в бину.

(ТЭ"С, стр. 115)

3) Но чтобы светить в мире Брия, одевается свет Бесконечности в другое одеяние, называемое бина дэ-Ацилут, и только после этого он может светить в мире Брия. И эта бина превращается в абсолютно непрозрачный экран, полностью скрывающий свет хохма, и уже от этого экрана получают свет все 10 сфирот мира Брия, даже кэтэр и хохма мира Брия.

– комментарий –

Он хочет сказать, что ниже мира Ацилут свет хохма не проходит, поэтому экран мира Ацилут, который получает высший свет и пропускает этот свет в мир Брия и еще ниже под парса, во все миры БЕ"А, этот экран скрывает ор хохма полностью и пропускает только определенный свет, а какой – он нам сейчас опишет.

То есть в любом случае у нас есть высший свет. Этот высший свет все равно проходит стадии кэтэр, хохма, а проявляется только с уровня бины. Кэтэр и хохма предыдущей стадии скрыты внутри бины и никоим образом не проявляются, если мы говорим, например, о мире Брия, потому что мир Брия – это мир бины.

На какой бы ступеньке не находился человек, он ощущает, открывает для себя только ту духовную ступень, на которой находится. Все предыдущие духовные ступени между ним и миром Бесконечности скрыты внутри этой ступени, а все, что до этой ступени, для него уже является миром Бесконечности, и этого он не постигает, потому что у него нет экрана, чтобы создать границы, ограничения. Поэтому все, что находится выше той ступени, на которой он находится, для него является безграничным, то есть бесконечным.

В мире Ацилут есть 2 экрана, как и в каждом мире. Один экран в мире Ацилут обычный, на бхину гимэл, который делает зивуг дэ-акаа и, сколько может, принимает ор хохма, а остальное оставляет в виде ор макиф (окружающего света). Кроме того, в мире Ацилут существует еще один экран – не бхина гимэл, а бхина бэт.

Приходит на этот экран свет – ор яшар. Экран, как обычно, отражает его. Поскольку отражает до уровня бины, то приходящий свет может быть одет лишь до уровня бины. Одев его снизу вверх, он пропускает свет через себя вниз, в мир Брия. Экран, который пропускает свет бины в мир Брия, называется «холон», как мы уже знаем.

Но он уже ни в коем случае не пропускает ор хохма, потому что ор хохма может пропустить только экран бхины гимэл, а это – экран бхины бэт.

То есть несмотря на то что этот отраженный свет поднимается изначально от экрана, что в бине и выше, то есть в мире Ацилут, и там, в десяти сфиротах мира Ацилут, он обязательно одевает приходящий свет в комат бина, но все же этот авиют и это скрытие до уровня бины, которое делает этот экран, совершенно не влияет на свет в мире Ацилут, потому что любое огрубление, которое происходит, ни в коем случае не может влиять на высшие ступени, а только на низшую ступень.

Этот отраженный свет проходит сверху вниз от Ацилута в мир Брия безо всякого авиюта, то есть в десяти сфирот мира Брия, где он распространяется, эта сила экрана является основой, корнем, источником распространения света Бесконечности, и поэтому этот экран становится абсолютно закрытым, непрозрачным, совершенно не пропускающим свет. Это абсолютно полное скрытие.

Он полностью скрывает свет Бесконечности в том смысле, что никакой свет хохма через него не проходит, потому что этот экран находится только на уровне бхина бэт, и его ор хозэр

Часть 3. Прямой и отраженный свет

не доходит до уровня хохма, а только до уровня бина прямого, приходящего света. И поэтому, говорит Рав, образовался там «полностью закрытый» экран, который скрывает свет мира Ацилут, чтобы ор хохма ни в коем случае не проходил в мир Брия. И потому этот экран, который проводит свет в мир Брия, работает как бы сверху вниз – из мира Ацилут в мир Брия, чтобы экраны стояли в бхинот гимэл и бэт.

Экран всегда стоит в малхут, так как малхут является получающей. Там, где нет малхут, там, где нет желания получить, не может быть никакого экрана. Что значит экран? Это антиэгоистическое намерение. Только там, где есть эгоизм, может быть и отрицающее его желание. Я эгоист, я хочу чего-то, и на это желание я могу сделать экран.

Малхут после того, как получает свет, называется парцуф, потому что в ней есть часть, которая решает, сколько ей получить, – рош, есть часть, в которую она получает, – тох, и часть, которая не получает, – соф. То есть сама она делится на две части: на тох и на соф, а каждый парцуф, каждый мир, каждая сфира являются просто ее маленькой частичкой.

Мир Ацилут – это та же малхут, на которую есть масах гимэл дэ-авиют. И он получает ор хохма столько, сколько он может получить ради Творца, а то, что не может, не получает. Ты можешь весь мир Ацилут представить себе как один парцуф. И ему надо еще провести далее, от себя и вниз, свет для нижестоящего парцуфа, потому что после того, как произошло получение света на гимэл дэ-авиют, он создает, рождает следующие парцуфим. Что же он может еще сделать ради Творца? Хотя бы парцуфим на бэт дэ-авиют. Поэтому мир Ацилут после себя создает следующее действие отдачи, называемое мир Брия. И сколько тот может получить, он получает. Но это уже называется ор хасадим. Так кто же это делает? Мир Ацилут.

То есть сколько он мог принять для себя, он получил на ор хохма, экран бхина гимэл, далее он рождает мир Брия и проводит в него света столько, сколько тот способен получить. Но при этом, естественно, он делает зивуг дэ-акаа уже на бхина бэт дэ-авиют, на то, что Брия в состоянии получать. Поэтому в Ацилут есть 2 экрана: экран на гимэл дэ-авиют для себя, на ор хохма, и экран на бэт дэ-авиют для Брия, на ор хасадим.

Глава IV

Высшая из десяти сфирот каждого уровня светит на эти 10 сфирот таким образом, что в мире Ацилут все его десять сфирот получают свет хохма, а в мире Брия все десять сфирот получают свет хасадим.

(ТЭ"С, стр. 116)

4) Таким образом, мир Ацилут получает высший ор хохма, так как Мир Бесконечности облачается в нее, и поэтому считается, что Ацилут получает не более чем свет хохма. А Брия получает только свет бина, потому что и свет Бесконечности, и хохма облачаются в бину, как сказано: высшая мама качается в своем кресле (миконена). Потому что курсая – мир Брия получает свет бины мира Ацилут, так как образовался масах, отделяющий Эйн Соф и хохма от мира Брия.

– комментарий –

Кинун от слова «кен» – птичье гнездо. Понятие «кинун» означает – присутствует и не присутствует. Что это значит? Намек на птицу, которая прилетает, кормит своих птенцов и снова улетает за пищей для них. И это есть только у птиц. Женщина не должна убегать от своего ребенка для того, чтобы достать пищу: ей приносят младенца, и она кормит, у нее постоянно существует молоко, а у птицы нет, поэтому она обязана с первого же дня летать и приносить. Не существует у птиц внутри резервуара, из которого она бы давала пищу детям.

Курсая – это кресло, а также – от слова «кисе» – покрытие, сокрытие. Каждое слово в Каббале имеет очень много всевозможных оттенков, оно объясняет различные свойства. Так вот, Има Илаа, высшая мать, то есть бина мира Ацилут, присутствует и не присутствует в мире Брия, называемом «курсая». Почему присутствует или не присутствует? Дает и не дает свет в мир Брия. И поэтому зивуг дэ-акаа на бхину бэт не приводит к парцуфу постоянный свет в мир Брия, и потому этот зивуг называется «кинун».

В духовном мире, как уже упоминалось, наивысшее достижение парцуфа определяет все его десять сфирот, потому что все десять сфирот связаны между собой и нет между парцуфим разницы в количестве сфирот, отличие в каждом случае только в экране.

Часть 3. Прямой и отраженный свет

Десять сфирот, они всегда юд-кей-вав-кей – 4 буквы, которые не меняются, – это скелет, а экран создает все отличия между парцуфим. Если бы у нас не было Цимцума Алеф и решения принимать ради Творца, то у нас было бы всего 4 стадии прямого света юд-кей-вав-кей – эти 4 буквы получали бы весь свет, который бы исходил из Творца. Кли решило, что оно будет принимать в той мере, в которой оно будет схоже с Творцом, и мы этот буквенный скелет, скелет этого кли – юд-кей-вав-кей – называем Творцом, именем Творца.

В принципе, это разве Творец? Это же творение, это же сфирот хохма, бина, Зэир Анпин, малхут. Поскольку после Цимцума эти 4 буквы, эти 4 свойства с помощью экрана наполняются светом ради Творца, в подобие Творцу, то они изображают собой Творца, пусть в какой-то определенной мере, но всегда Его свойства. Поэтому мы называем это имя именем Творца.

Самого Его мы не постигаем, а это имя, то есть кли вместе со светом, говорит нам о каком-то Его проявлении, свойстве. Поэтому мы говорим, допустим, что юд, кей, вав, кей в каком-то определенном наполнении светом называется «Моше», в каком-то другом наполнении светом называется «Гавриэль», или А"Б, или СА"Г, – то есть это проявление свойств Творца, хотя это на самом деле кли. Но поскольку наполнение происходит с помощью экрана, то это не просто кли, а кли, подобное Творцу.

А когда оно полностью будет подобно Творцу? Тогда, когда полностью на все свои желания сделает экран и полностью получит весь свет, который исходит из Творца. Тогда это имя и Творец будут едины, как говорится: «аШем эхад у Шмо эхад». А до тех пор – нет. Есть разные келим, и они все сходны. У всех у них есть кэтэр, хохма, бина, Зэир Анпин, малхут. Все одинаковы, подобно тому как у всех людей, маленьких, больших, белых, черных, красных – неважно, у каких, – у всех одинаковый скелет. А что у них разное? Разное то, что дополняет этот скелет, больше ничего.

Каким образом мы определяем наполнение этого скелета? По наивысшему уровню экрана, наивысшей силе экрана. Если экран гимэл дэ-авиут, значит, все десять сфирот этого скелета уровня хохма. Экран бэт дэ-авиут – все десять сфирот скелета уровня бина. Что значит десять сфирот? Все десять сфирот наполняются светом бины. В этом свете бины есть, конечно,

Глава IV

свой НаРаНХаЙ (света нэфэш, руах, нэшама, хая, ехида), но весь этот НаРаНХаЙ относится к бине.

Если это хохма, то весь НаРаНХаЙ относится к хохме, и т.д. Поэтому каждая духовная конструкция определяется своей наивысшей сфирой, то есть наивысшим достижением экрана, уровнем, до которого экран может достать своим отраженным светом. Экран не определяет, сколько светов будет в парцуфе – в нем всегда будет 5 светов, потому что в нем существует 5 сфирот: кэтэр, хохма, бина, Зэир Анпин, малхут, и мы говорим только о том, какого уровня будут эти света. Поэтому мы говорим, что любой парцуф, где бы он ни был, состоит всегда из десять сфирот. Разница только в том, какой свет эти десять сфирот наполняет, то есть с помощью какого экрана они наполняются.

После Цимцум Алеф малхут решила принять какое-то количество света. Приняла, сколько смогла, затем, после того как масах полностью использовал свой авиут, малхут начинает снова принимать какое-то количество света в другой парцуф. Мы говорим о том, что следующий парцуф, следующая порция света ради Творца уже не такая, как предыдущая, не только по количеству, но и по качеству. То есть это не просто первый парцуф, только в уменьшенном виде, а 2-й парцуф, он уже и по своим свойствам другой: если первый парцуф кэтэр, то второй – хохма. Если первый парцуф «собака», то второй парцуф – «кошка». Каким образом, почему это так происходит?

Потому что все решимот, на которые выходит парцуф, исходят из малхут Эйн Соф. И после того как малхут Эйн Соф сделала Цимцум, все эти решимот в ней выстраиваются в определенную линию, в цепочку от самого большого до наименьшего. То есть все эти решимот – это сфирот малхут дэ-Эйн Соф, которые были наполнены светом, а сейчас они не наполнены светом и желают наполниться с помощью экрана.

Поэтому сейчас, с помощью экрана, они требуют своего наполнения. Сначала наполняется самое первое решимо, затем 2-е, 3-е и т.д. А поскольку они располагаются по цепочке, как в малхут дэ-Эйн Соф, то каждый парцуф выходит по цепочке из предыдущего и отличается от него и по качеству, и по количеству одновременно – оба эти параметра связаны между собой.

Малхут дэ-Эйн Соф есть просто желание. После того как оно начало наполняться светом, в этом свете начали ощущать свойства тех бхинот, откуда этот свет пришел. Малхут дэ-Эйн

Часть 3. Прямой и отраженный свет

Соф просто начала наслаждаться, потом она видит: этот свет, которым я наслаждаюсь, приходит ко мне от кого-то, называемого «бхина гимэл». Значит, она таким образом определяет, что существует бхина гимэл и какой свет есть в ней.

А затем бхина гимэл начинает ощущать, что внутри нее тоже кто-то, кто дает свет, бхина бэт. И начинает наслаждаться светом бхина бэт и т.д., пока не доходит до бхинат шорэш и света, который находится в бхинат шорэш. Свет, который находится в бхинат шорэш, желает только все отдать. И тут она начинает понимать, что она желает только получать.

Вот из-за этого несоответствия, из-за противоположности этих 2 желаний, в ней возникает желание немедленно сделать Цимцум, перестать быть получающей. Но до того, как она сделала этот Цимцум, в малхут образуется десять сфирот, в каждой из которых есть свой определенный свет. То есть малхут дэ-Эйн Соф состоит уже из десяти сфирот.

Это мы называем итколелут, взаимное включение предыдущих частей в ней самой. Сделала Цимцум. Ничего больше не желает, свет ушел. Внутри малхут дэ-Эйн Соф есть 10 пустых игулим (окружностей). Теперь она желает получать в них ради Творца. Вопрос в том, как она сейчас может получать ради Творца в эти 10 игулим? Она может сначала наполнить первый круг, потом 2-й, потом 3-й и т.д., или она должна наполнять себя обязательно по сектору: мы режем от центра все 10 игулим, как пирог.

Мы говорим о том, что малхут не может получать ни для себя, ни ради Творца, если она не будет себя наполнять. А наполняет она себя только в самой своей внутренней, последней части – малхут дэ-малхут, а все предыдущие части только ее создают. Поэтому любая порция света состоит из сектора этой малхут Мира Бесконечности, то есть включает все ее 10 бхинот.

Любое наполнение обязательно должно состоять из 10 светов. И этот сектор она теперь делит еще на 2 части, называемые «тох» и «соф». И в тох есть десять сфирот, и в соф есть десять сфирот. То есть она разрезает этот сектор еще на 2 сектора. И так каждое получение света.

Теперь вопрос в другом: почему получение света таким образом дает нам парцуфим различного вида? Большие, меньшие, еще меньшие. Но не только в этом отличие. Отличие еще и в качестве. Кто создает это различие в качестве, отличающее эти секторы один от другого? Каким образом они могут быть

Глава IV

разными? Почему один сектор у нас будет кэтэр, как будто он относится к самой наружной части малхут, а другой – хохма, а третий – бина, то есть относящиеся к более низким ее частям, к более грубым, эгоистическим?

Кто создает это различие? Экран. Как сопоставить эти отличия? Если мы будем рисовать парцуфим и миры в этом круге малхут дэ-Эйн Соф, то будем рисовать их один под другим, то есть сверху парцуф кэтэр, потом хохма, потом бина. Рисуем также миры: Ацилут, под ним Брия, Ецира, Асия, но мы не рисуем их в виде секторов внутри круга малхут дэ-Эйн Соф. Как же сопоставить одно с другим?

Мы говорим: Гальгальта – самый большой парцуф, который начинается с кэтэр и кончается в малхут дэ-А"К. «Голова» в Мире Бесконечности, а «ноги» прямо в центральной точке творения. Все остальные парцуфим – маленькие, меньше, меньше, еще меньше – не сводятся куда-то к центру Гальгальты, а к ее низу, надеваются на нее сверху вниз.

Это если мы говорим о мирах. А с другой стороны, если они надеваются друг на друга, то они надеваются все время как бы от центра наружу. А если мы говорим о том, как творение проникает все ближе и ближе через толщу этих миров к Творцу, то оно как бы снаружи проникает внутрь всех этих оболочек, которые скрывают Творца, Он якобы находится внутри.

И мы также говорим пнимиют (внутренняя часть) и хицониют (наружная часть). Хицониют менее важный, пнимиют более важный. Как сопоставить все эти категории? В принципе эта система не цифровая, а аналоговая. То есть она одновременно проявляется от начала и до конца, причем начала и конца нет. Есть причинно-следственная связь, но не построенная, а уже готовые связи для творений, постигающих эту систему.

А сама она не образуется сверху вниз или снизу вверх, сама она сразу же мгновенно создается в готовом виде в своем 3-м, окончательном состоянии, безо всяких промежуточных состояний. И только творения, когда начинают себя ощущать, то они начинают воспринимать и оценивать относительно себя эту систему таким образом, как мы ее сейчас изучаем, раскрывать в мере исправления своего экрана, в мере возможности постижения со своей стороны, от себя, снизу вверх.

А сама по себе эта система никогда не была в этих состояниях, она просто такой создана и все. То есть Творец создал

1-е, 2-е, 3-е состояния одновременно. Он захотел создать творения и создал их в самом их совершенном состоянии, Он не мог создать их по-другому. А мы для того, чтобы оценить, где мы находимся на самом деле, должны пройти внутри себя состояния оценки того, что Он сделал, чтобы оценить, вкусить, постичь, вот этот наш путь мы должны пройти в состоянии подготовки настоящего ощущения...

Мир Ацилут может получить свет только от уровня хохма, но не от уровня кэтэр, потому что его масах дэ-бхина гимэл работает в мире Ацилут сверху вниз. То есть он одевается в бхина гимэл, находящуюся выше мира Ацилут, и поэтому получается масах, полностью закрытый для ор хохма, и считается, что получает только от уровня хохма и ниже.

И этот масах полностью скрывает ор кэтэр от тех, кто получают ор хохма, и ниже. Допустим, мир Адам Кадмон получает ор кэтэр. Затем мир Ацилут делает масах на бхина гимэл и получает свет от мира Адам Кадмон – ор хохма. Ор кэтэр он уже получать не может. Его масах бхина гимэл не в состоянии проявить ор кэтэр, он его не чувствует. Для него ор кэтэр или ор Эйн Соф – это одно и то же. То, на что нельзя сделать ограничения, не ощущается.

Мы это знаем из любой нашей науки. Если я не могу что-либо измерить, я и не ощущаю, что это существует. То есть то, на что у меня не существует ограничений, не поддается моему ощущению. То же самое относительно духовных миров – вокруг меня все это существует, а я этого не ощущаю, потому что я не могу сделать на них ограничения, нет у меня этого экрана. Тот же самый принцип. То есть самое главное – сделать ограничения. Чем оно будет тоньше, чем оно будет глубже, тем более тонкие структуры войдут в наши ощущения.

А Брия получает свет бина сверху, потому что Эйн Соф и хохма одеваются внутрь света бины. То есть масах дэ-бхина бэт совершенно не ощущает светов выше, чем свет бина, потому что его ор хозэр достает снизу вверх только до уровня бины. Все, что выше, называется Эйн Соф, «без конца», он не делает на это ограничения, соф и поэтому и свет хохма, и свет кэтэр для него одинаково являются Эйн Соф.

Кэтэр и хохма скрыты внутри света бины, потому что ор хозэр не может достать больше, чем до уровня бины. И поэтому

Брия получает только свет бины и не может получить свет от кэтэр и хохма, потому что ее масах полностью закрывает свет, который находится выше постижения мира Брия, экрана мира Брия. И это то, что говорит Рав: «Создался экран, который полностью отделяет кэтэр и хохму от Брия». И запомни, что кэтэр называется Эйн Соф.

> **Бина мира Ацилут проводит в ЗО"Н мира Ацилут ор хохма, бина мира Брия проводит в ЗО"Н мира Брия ор бина.**
>
> (ТЭ"С, стр. 116)

5) Но если спросишь, что Зэир Анпин и нуква в мире Ацилут и Зэир Анпин и нуква в мире Брия одинаковы, поскольку оба получают от бины мира Ацилут, то, как мы уже выяснили раньше, ответ в том, что Зэир Анпин и нуква мира Ацилут получают именно ор хохма. Как сказано: все создано светом хохма, и бина может только послужить для них проводником, передатчиком света, но после мира Ацилут бина становится масахом и полным облачением на хициоинт, внешнюю часть кли бина дэ-Ацилут, и только с помощью этого масаха получают все десять сфирот мира Брия свет Мира Бесконечности, ор Эйн Соф.

– комментарий –

Зэир Анпин и малхут в мире Ацилут получают ор хохма. Мы говорили, что далее свет Бесконечности – свет хохма – уже скрыт, и мир Брия получает только свет бины.

О внутренней работе

Нельзя делиться с другими своими личными ощущениями. Можно обсуждать любую статью, учить вместе ТЭ"С. Обсуждать на том языке, на котором написана Каббала, – в этом нет никаких проблем. Статьи Баруха Ашлага можно читать и можно обсуждать, только безотносительно к своим личным состояниям. И уж совсем нельзя говорить о том, в каком состоянии я в данный момент нахожусь и что при этом ощущаю, что я при этом воспринимаю и т.д.

Этого нельзя никоим образом никому рассказывать, потому что при этом человек навязывает другому свою матрицу ощущений. Вам непонятно, что с вами происходит, если вы делитесь

Часть 3. Прямой и отраженный свет

своими ощущениями, но тем не менее – этого делать нельзя. И кроме того, вы вызываете на себя так называемый «дурной глаз». Это, конечно, не тот дурной глаз, о котором на улице говорят, но все-таки это определенная духовная сила, которая существует и действует даже на тех, кто еще не находится на духовных ступенях, но возбуждает на себя соответствующие внешние силы.

В «Зоар» есть на эту тему целая книга, которая называется «Сафра дэ-цниюта» – «Книга Скромности». Это книга о том, что человек должен скрывать свое желание, делать экран. Эта часть, самая сложная из всей книги «Зоар», говорит о том, каким образом устроены все парцуфим в мире Ацилут и какие есть системы в каждом парцуфе. Огромное количество систем. И там они разбираются путем очень точного анализа их внутренних структур, состояний.

Очень сложная, тяжелая часть. Соответствует примерно 13-й части ТЭ"С. Человек должен (хотя он еще и не понимает, что значит духовная скромность, то есть экран) делать такое же сокрытие, какое Творец делает на себя. Тогда он будет схож с Творцом, и в соответствии с этим они начнут друг другу раскрываться. С товарищем надо говорить о любых общих знаниях, но ни в коем случае не о личных ощущениях и состояниях....

Бааль Сулам написал ТЭ"С не на самом сложном языке. Те вещи, которые он писал для себя в сжатом виде, выглядят как формулы, матрицы, очень сложные виды записей. Там он пишет слово, состоящее из 30–40 букв. А это слово включает в себя и структуру, и состояние, и всевозможные внутренние движения, и т.д. То есть имеется в виду уже другой язык, в котором он пользуется для передачи этих состояний другими терминами, неизвестными нам.

А здесь он пишет относительно доступным языком. И очень скоро те, кто начинает серьезно вникать в текст, могут понять этот язык и начинают изъясняться на нем, могут объясниться. Поэтому лучше всего объясняться не на языке личных чувств, а на языке ТЭ"С, так как он более универсальный. Бааль Сулам мог написать вместо прямого света – «наслаждение, идущее от Творца» – отраженный свет – «намерение насладить Творца» – и все перевести на такой чувственный язык.

Он немного открывает, сколько-то закрывает, таким-то образом представляется, таким-то образом скрывается. Он мог

Глава IV

бы все это изобразить проще. Но тогда точных состояний не передашь, потому что мы не знаем нашего собственного внутреннего чувственного аппарата. Наука, с одной стороны, чисто опытная, но очень уж личностная.

Так что лучше всего – говорить с друзьями, с товарищами на языке Каббалы. И надо очень, очень бояться вредного влияния даже от самого хорошего товарища, который и не думает тебе вредить, но когда ты духовно открываешься, ты подставляешь себя под любое воздействие.

Лучше всего, если человек представляет, будто он находится внутри бетонного кольца, сквозь которое никто не может проникнуть к нему своими влияниями, а он может смотреть из этого бетонного кольца только вверх и видеть только Творца. Если он представляет себе свое состояние именно таким, тогда он действительно четко находится в исходном хорошем состоянии.

Через меня прошло несколько тысяч человек, через моего Рава прошло намного больше. Когда мы с ним гуляли или посещали какое-нибудь мероприятие, вдруг бросались к нему какие-то люди, жали руку, спрашивали о здоровье. Этот учился у него 20 лет назад, этот – 40 лет назад, а этот – 10 лет назад, и т.д. Мы все не первый раз являемся в этом мире. В одном кругообороте никто из нас не может достичь Цели Творения, то есть спуститься в этот мир и сразу же за один раз пройти все 6000 ступеней, дойти до последней ступени, до полного слияния с Творцом.

Пройти, как он говорит в предисловии к ТЭ"С, 4 стадии любви за один раз – невозможно, так же как мы изучаем, что невозможно, чтобы малхут дэ-Эйн Соф сразу же за один зивуг приняла в себя весь свет ради Творца, ради отдачи. Допустим, мы прошли много жизненных кругооборотов. В итоге добрались до такого состояния, что нам позволили уже приблизиться к инструкции, с помощью которой мы можем начать осознанно двигаться на последнем этапе к Цели Творения, в то время как все предыдущие наши жизни были неосознанные. Жили, как и сейчас живет все население Земли. И в этой жизни неизвестно, чего каждый из нас достигнет. В принципе, если человеку дали эту инструкцию в руки, он может пройти все за один кругооборот. Это то, что я слышал от Рава, и я верю, что это так. Но с другой стороны, я видел тысячи людей, которые когда-то у него учились и потом перестали.

У Рава были каждый месяц трапезы новолуния (рош ходеш), на которые приезжал каждый, кто хочет, и там собиралось человек 150. Среди них было систематически занимающихся человек 30, остальные – так называемые поклонники учения. Это тоже неплохо. Я ни в коем случае не выгоняю никого. Но для того чтобы серьезно идти вперед, нужна целеустремленная, сплоченная группа. Тому, кто может войти в эту группу, чтобы серьезно заниматься, вход открыт.

Я не говорю тем, кто может заниматься только раз в месяц, что не стоит заниматься. Этот раз в месяц – то единственное, что у него останется после того, как он из этого мира уйдет. Расчет на следующий кругооборот будет исходить только из того, что он именно раз в месяц все равно чем-то занимался и что-то приобретал. Все остальные его занятия в этом мире исчезают вместе с телом.

Каждый движется вперед согласно своему желанию, согласно тому, что ему дают свыше, согласно тому, насколько он может попросить свыше дополнительных желаний и дополнительных сил. В итоге это зависит от интенсивности учебы и от интенсивности связей с остальными членами группы. Те, что приходят сюда и сидят, хотя и спят во время занятий, все равно получают подпитку от группы, их не выбрасывают наружу, свыше их держат, и они остаются здесь и постепенно начинают получать больший вкус, большую тягу к духовному, постепенно начинают переоценивать все ценности этого мира по сравнению с духовным миром и идут вперед.

Зэир Анпин мира Брия проводит в малхут свет бины.

(ТЭ"С, стр. 117)

6) И знай, что и в мире Брия, хотя свет и облачается в Зэир Анпин мира Брия, все равно и малхут мира Брия также получает свет бины мира Ацилут. И Зэир Анпин, который находится между малхут и биной, не является преградой между ними, а является только посредником, проводящим через себя свет бины в малхут. Это подобно тому, как это происходит в Ацилуте, и так же точно в мире Ецира и в мире Асия свет распространяется «миней у бей», сверху вниз.

Глава IV

– *комментарий* –

Если зивуг дэ-акаа для того, чтобы родить мир Брия, находится в бина дэ-Ацилут, то вроде бы ниже бины мира Ацилут ор хохма уже не может распространяться? Нет, ор хохма распространяется до Зэир Анпина мира Ацилут и прекращает распространяться только там, где начинается мир Брия. А вследствие того что экран используется снизу вверх, он ничего не рождает своим отраженным светом, поднимающимся снизу вверх, и ни в коем случае не ограничивает, не делает новую границу и новый авиют для тех, кто получает от него.

Потому что есть получение в потенциале и получение в действии: получение в потенциале – это как в рош парцуф, получение в действии – это как в гуф парцуф. То есть есть получение в потенциале – это когда мы только делаем расчет, сколько получить, а получение в действии – получаем после расчета.

Расчеты – получение света на низшей ступеньке от экрана, находящегося на высшей ступеньке, то есть окно и узкое отверстие, которые совершенно не ограничивают саму ступень, на которой они находятся, и являются ограничителями только для низшей ступеньки, на которую они проводят свет. Так же, как окно у нас в стене ограничивает только то, что находится внутри комнаты, и не ограничивает снаружи.

Мы говорим в различных местах об экранах, создающих границы на распространение света, но их границы совершенно не ощущаются находящимися над этими экранами, а ощущаются только находящимися под этими экранами. Экран ограничивает начиная с пэ дэ-рош парцуфа и ниже. С пэ дэ-рош и выше, хотя он и делает зивуг и ор хозэр, но ничего там не ограничивает.

Малхут мира Ацилут, для того чтобы родить мир Брия, поднимается до бины мира Ацилут, а под биной мира Ацилут еще находятся и Зэир Анпин, и малхут мира Ацилут. Возникает вопрос: если зивуг происходит в бине мира Ацилут, тогда от бины и вниз должны быть какие-то ограничения на распространение ор хохма? Он говорит: нет. Ограничения на распространение ор хохма относятся только к тем получателям, для которых этот зивуг производят, то есть к бине мира Брия, а не к Зэир Анпину и малхут мира Ацилут.

Хотя свет облачается в Зэир Анпин мира Брия и делает зивуг дэ-акаа при этом на масах дэ-бхина алеф, вследствие чего ор хозэр поднимается до уровня Зэир Анпин, но и малхут мира Брия также получает от этого ор хозэр, то есть от экрана Зэир Анпина.

И все-таки, поскольку этот экран также используется снизу вверх на отражение света, то он совершенно не ограничивает малхут мира Брия от получения света бины, потому что Зэир Анпин не может ограничить малхут мира Брия своим экраном, который работает снизу вверх. Все ограничения сверху вниз не на отражении, а на получении, потому что относительно малхут существует только экран, проводящий к ней свет в виде окна, а не экран в его обычном виде.

Есть парцуфим, которые проводят свет сверху вниз как проводящая система. Есть парцуфим, которые при этом делают ограничения на свет, выполняя функции, которые называются окном, или отверстием. Есть разница между ними, мы еще будем разбирать и изучать, что это за ограничения.

Ор хозэр, который спускается сверху вниз с головы в тело парцуфа, этим как бы расширяет малхут, которая до того, как он в нее начинает спускаться, является всего лишь точкой. Свет десяти головных сфирот начинает спускаться в малхут. Он как бы ее распирает, расширяет (мархив) до десяти сфирот, потому что сам состоит из десяти сфирот и распространяется в ней сверху вниз от ее кэтэра до ее малхут.

Кэтэр находится под масахом пэ дэ-рош, и малхут находится на табуре. Так вот это распространение малхут во всех местах называется распространением сверху вниз, миней у бей. То есть одно-единственное кли, называющееся малхут, распространяется само от себя и вниз, как бы внутрь себя в десять сфирот. И, как нам уже известно, эти десять сфирот, одни и те же во всех мирах, создаются с помощью отраженного света, который распространяется к ним сверху, то есть от головы вниз.

Когда ор хозэр, наполненный ор яшар, начинает спускаться внутрь малхут – тогда он и создает в ней эти десять сфирот. И поэтому называются эти десять сфирот внутри кли малхут по имени десяти ее личных, частных сфирот, то есть называются десятью сфиротами самой малхут. Как в мире Ацилут, так и в мире Ецира, так и в мире Асия.

Рассмотрим подробнее. От Творца исходит свет, называемый бхинат шорэш. Он строит под себя бхинот алеф, бэт, гимэл,

Глава IV

далет. Далет – это уже малхут, желание получить этот свет и им насладиться. Это желание мы называем точкой, как и все остальные бхинот. Каждая бхина – это одно желание.

Когда это желание начинает получать в себя, оно начинает разбухать, то есть получать весь приходящий свет, все его 10 составляющих, точнее 9 светов, и 10-й – сама малхут. Таким образом, малхут как бы разбухает, она начинает делиться, расширяется до 10 частей, называемых десять сфирот. Затем происходит Цимцум, и из малхут уходит весь свет, приходящий из предыдущих частей, она остается пустой, и относительно нее уходит весь свет из четырех стадий прямого света. Она не чувствует, что Творец ей что-то дает. Не хочет ничего, сделала полнейший цимцум. И теперь она решает: что же я буду делать? Надо получить ради Творца. Малхут делает расчет. Перед ней находятся 4 стадии прямого света: шорэш, алеф, бэт, гимэл, и она 5-я, малхут. Сколько я смогу получить ради Творца?

Делает расчет, поднимает ор хозэр, одевает в этот ор хозэр, допустим, 20% ор яшар и начинает получать внутрь себя. Вот когда она получает этот свет, 20% с каждой сфиры, с каждой бхины, которые находятся перед ней, то этот свет входит в малхут, начинает ее расширять до десяти сфирот и дает этим десяти сфирот малхут свои свойства.

Таким образом, малхут внутри себя от пэ до табура на эти 20% становится подобной Творцу. Тут и происходит слияние творения и Творца.

В мире Ецира одевается высший свет в ор хозэр бхинат алеф, то есть на уровне Зэир Анпин. А в мире Асия одевается высший свет в ор хозэр бхинат шорэш, то есть на уровне малхут – нуквы дэ-Зэир Анпин.

(ТЭ"С, стр. 117)

7) Чтобы светить в мире Ецира, свет Бесконечности полностью облачается в Зэир Анпин мира Брия. Он превратился в экран и одеяние для мира Ецира, и через него получает свет весь мир Ецира. Так же, чтобы светить в мире Асия, свет Бесконечности полностью облачается в нукву Зэир Анпина мира Ецира и через нее получает свет весь мир Асия. Это тайна шести

появляющихся и исчезающих сфирот мира Ецира и има татаа, нижняя мать, появляющаяся и исчезающая.

– **комментарий** –

То есть весь мир Ецира по общей своей структуре (бхина алеф) представляет собой Зэир Анпин. Где для него вырабатывается свет, который его наполнит? В Зэир Анпине предыдущей ступени, в Зэир Анпине мира Брия, там происходит зивуг дэ-акаа на свет Зэир Анпина, который является характерным и наполняющим мир Ецира.

Если низшая ступень по сравнению с миром Брия – это мир Ецира, а мир Брия – это бина, и мир Ецира – Зэир Анпин, значит, мир Брия на уровне своего Зэир Анпина должен сделать зивуг дэ-акаа, чтобы этим светом наполнить мир Ецира, который весь представляет собой Зэир Анпин.

И также мир Ецира, для того чтобы наполнить светом мир Асия, должен сделать у себя зивуг на свою малхут, потому что мир Асия весь является качеством малхут. Этот зивуг дэ-акаа надо сделать на такое качество в себе из всех своих десяти сфирот, которое является характерным для следующей ступени.

Точнее, мы потом будем изучать, что хотя мы и говорим, что зивуг дэ-акаа происходит в бине, в Зэир Анпине, в малхут, на самом деле зивуг дэ-акаа всегда происходит в пэ дэ-рош и всегда в малхут предыдущей ступени. Но на каком уровне в малхут предыдущей ступени он происходит, это зависит от того, какая ступень следующая.

И то же мы должны сказать про Гальгальту относительно А"Б: чтобы передать свет в А"Б, она должна у себя сделать зивуг дэ-акаа на А"Б пними-внутренний, который находится в ней, и от него передать свет на внешний А"Б (хицон), иначе он не почувствует тот свет, который дает ему Гальгальта. Она должна преподнести свет так, чтобы он смог оценить этот подарок. Если я приду к человеку, которому я хочу принести подарок, я должен подумать о том, что для него является подарком. То есть должно быть наполнение от высшего к низшему в соответствии с качествами низшего.

Отраженный свет, который распространяется от экрана вниз, называется законченным облачением, потому что он своим особенным авиютом, свойственным только ему, ограничивает свет, который одевает в себя или который одевается в него.

Глава IV

Свет, который приходит снаружи в парцуф, – это простой свет, так сказать, аморфный. В нем не существует никаких особенностей – он несет в себе все и не несет в себе ничего.

Все зависит от свойств отраженного света или, можно сказать, от свойств получателя, потребителя, который своим отраженным светом делает границы на принимаемый абсолютно бесконечный, то есть неограниченный, не проявляющийся никакими особыми свойствами свет. И когда низший получатель одевает приходящий прямой свет в свой ор хозэр, вот тогда-то он и командует, каким образом хочет почувствовать этот приходящий свет в себе. Какую именно энергию, какое наслаждение он хочет ощутить в приходящем свете. А в приходящем свете есть все, только в абсолютно непроявленном виде.

Рав Барух Ашлаг в таких случаях приводил такой пример: от электричества работает вентилятор, кондиционер, холодильник, зимой мы включаем печку, мы можем включить компрессор, создающий давление, или, наоборот, создающий разрежение, вакуум.

То есть совершенно противоположные свойства, которые якобы есть в электричестве, но на самом деле ничего в нем нет, а есть абстрактная энергия, не имеющая своей конкретной формы. Форму ей задает сам потребитель. Так и здесь. Отраженный свет задает конкретную, определенную форму своим ограничением на приходящий свет.

И поэтому отраженный свет не позволяет прямому свету распространиться по-другому, не в соответствии с теми границами, которые он на него наложил. В то время как отраженный свет, поднимающийся снизу вверх, несмотря на то что он также является одеянием на десять сфирот приходящего света, не является ограничивающим ни в чем приходящий свет, который он одевает. Поэтому он определяется как одеяние не законченное, не совершенное, а являющееся только зародышем, корнем будущего законченного одеяния.

То есть ор хозэр, поднимающийся снизу с пэ дэ-рош вверх, в голове является незаконченным одеянием на высший приходящий свет, а ор хозэр, который уже одевает этот свет и затем распространяется сверху вниз от пэ до табур, является законченным, и его называют «левуш гамур» на высший свет.

Зэир Анпин называется по имени шести сфирот, считается, что у него нет ГА"Р (гимель ришонот, три первых сфирот) –

кэтэр, хохма, бина. И также нет у него малхут. И потому как у него есть шесть сфирот, то он так и называется «вав сфиран».

Высшая има – это бина (има илаа), а низшая има (има татаа) – это малхут. Малхут мира Ацилут называется иногда низшей мамой, потому что она является корнем для всех находящихся в мирах БЕ"А, и по ее имени называется также малхут мира Ецира, потому как является тем же корнем, что и малхут мира Ацилут. Просто он вскользь упоминает некоторые вещи, которые потом еще будет подробно объяснять.

АБЕ"А – это тайна четырех букв: юд, хей, вав, хей. Юд – это Ацилут (хохма), хей – Брия (бина), вав – Ецира (Зэир Анпин), последняя хей – Асия (малхут).

(ТЭ"С, стр. 118)

8) Теперь понятно, почему 4 мира – Ацилут, Брия, Ецира, Асия обозначаются 4 буквами имени АВА"Я: юд – Ацилут, хей – Брия, вав – Ецира, хей – Асия. Свет мира Ацилут – это высший ор хохма, поэтому называется «юд». Брия получает посредством бины мира Ацилут, поэтому называется «хей». Аналогично «вав» – Ецира и последняя «хей» – Асия.

– **комментарий** –

Мы называем мир по наивысшему свету, который в нем светит. Если в мире Ацилут наивысший свет – это свет хохма, то мы называем мир Ацилут миром Хохма. В мире Брия наивысший свет, который светит в нем, – свет бина, поэтому мир Брия мы называем миром Бина, и т.д.

Миры АБЕ"А – это десять сфирот, представляющих собой все мироздание, все существующее. И несмотря на то что в каждом мире существует его личное разделение на 4 стадии, также называемые частной АБЕ"А (существуют также частные вторичные и третичные деления на десяти сфирот и т.д. до бесконечности), необходимо знать, что все они, соединяясь, образуют также десять сфирот, а эти 4 буквы указывают просто на порядок этих десяти сфирот.

Это знание очень необходимо и должно быть постоянно перед глазами изучающего, потому что всегда необходимо

Глава IV

определять основные 10 сфирот и вторичные, отношения между ними и соответствия, каким образом одни происходят из других и одни включают другие.

Мы уже говорили, что любая структура состоит из четырех стадий прямого света и малхут, которая получает от этих четырех предыдущих стадий. Малхут, в свою очередь, тоже делится на 4 части, или на десять сфирот. Таким образом, 4 части, из которых она состоит (или 5 частей, включая кэтэр), можно обозначить буквами юд-кей-вав-кей. Это – скелет частей любой духовной структуры, потому что любая духовная структура является частью малхут Мира Бесконечности.

Малхут Мира Бесконечности постепенно наполняет свою часть – структуру, состоящую из четырех частей юд-кей-вав-кей – всевозможными порциями света. Первое наполнение называется «Гальгальта», второе – А"Б, третье – СА"Г. Почему эти порционные получения света так называются? Потому что юд-кей-вав-кей наполняются определенным светом, и мы вычисляем их общую гематрию. Сделаем расчет на юд-кей-вав-кей, их гематрия 26: юд – 10, кей – 5, вав – 6, кей – 5. Это просто скелет самого кли, и, кроме этого, свет, который наполняет это кли, имеет какую-то определенную собственную массу.

Добавляем гематрию света к гематрии кли, получаем общее значение. Например, свет хохма на уровне хохмы А"Б = 72, почему? Потому что, если мы расшифруем наполнение хохмы светом хохма, наполнение бины светом хохма, наполнение Зэир Анпин и малхут светом хохма – всех 4 частей этого кли, то в сумме они дадут 72, то есть айн-бэт, и так вычисляется вся гематрия.

Все вычисления построены только на том, какой именно свет заполняет кли. Кли всегда одинаково: десять пустых сфирот или 5 частей его юд-кей-вав-кей с куцо шель юд, а свет, который ее заполняет в зависимости от экрана, всегда различный. Поэтому всегда есть различные имена.

В мироздании нет ничего, кроме света и кли. В зависимости от того какой свет наполняет кли, у нас и возникают различные объекты. Имена этим объектам мы даем по тому свету, который их наполняет, и по тому экрану, который принимает этот свет, одевает его в себя, это одно и то же, потому что экран является причиной того, что именно этот свет наполнил это кли.

Общий вывод, что все отличие миров АБЕ"А один от другого только вследствие экранов, которые находятся в четырех стадиях: хохма, бина, тифэрэт, малхут.

(ТЭ"С, стр. 118)

9) Общий вывод: только мир Ацилут получает свет от хохма, потому что на свет хохма между Миром Бесконечности и миром Ацилут образуется экран, абсолютно непрозрачный для нижних миров. А от бины мира Ацилут, в которую облачаются свет мира Эйн Соф и высшая хохма, получает свет мир Брия. И это называется «свет бина», поскольку масах полностью отделяет последующие миры от света бины. Так же в мире Ецира, который получает от Зэир Анпина мира Брия, и так же мир Асия получает от нуквы З"А мира Ецира. И если бы не эти масахим и одеяния, невозможно было бы получить свет Бесконечности в каждом мире на каждой ступени, потому что каждый мир обязан получить от более высшей ступени, которая делает зивуг дэ-акаа на свойства более низшей ступени.

– комментарий –

Каждый мир может получить только тот свет, который проводит к нему экран, находящийся на высшей ступени, и только то, что проводит к нему этот экран. То есть на более высшей ступени всегда делается зивуг дэ-акаа на качество низшей ступени и посылается свет в эту низшую ступень.

ГЛАВА V

Выясняет, что каждое творение состоит из четырех частей авиют, называемых «хохма», «бина», «тифэрэт», «малхут», а высший свет распространяется внутри этих желаний, для того чтобы сделать зивуг дэ-акаа на масах, находящийся в малхут. Корень всех их называется «кэтэр». И поскольку каждая бхина отлична от другой, то необходимо, чтобы было что-то среднее между ними, которое бы соединяло в себе качества обеих бхинот.

Есть Творец и творение. Каждое творение состоит из четырех бхинот огрубления, в которых распространяется свет от Творца, создающий келим в творении, и эти части в творении называются «хохма», «бина», «тифэрэт» и «малхут», а также называются «огонь», «ветер», «вода» и «пепел». И это также 4 буквы имени АВА"Я, и это – ТАНТ"А: таамим, некудот, тагин, отиет – и также 4 части, находящиеся в Адаме: НАРАН"Х (нэфэш, руах, нэшама, хая), тело, одежда, дом, в котором он находится, – потому что нет творения, состоящего менее чем из четырех частей.

(ТЭ"С, стр. 119)

1) Есть Творец и творение. Творение состоит из четырех основ: огонь, ветер, вода, пепел и также из четырех букв: юд, кей, вав, кей – АВА"Я, называемых хохма, бина, тифэрэт, малхут, и они же – таамим, некудот, тагин, отиет, они же: Ацилут, Брия, Ецира, Асия, они же – 4 свойства в человеке: внутренний человек, то есть его часть, называемая «духовная», состоящая из 5 частей: нэфэш, руах, нэшама, хая, ехида; вторая часть в Адаме – это его тело, третья часть – одеяние на его теле и 4-я часть – это дом, в котором сидит человек со своим телом и со своим одеянием.

– комментарий –

Все миры: Адам Кадмон, Ацилут, Брия, Ецира, Асия и Наш мир – состоят из одних и тех же частей, только духовные миры – Ацилут, Брия, Ецира, Асия и мир Адам Кадмон – состоят из духовного материала, а Наш мир – из материала физического.

То есть духовные миры состоят из отраженного света, экрана, намерения отдачи, а Наш мир состоит из намерения получения ради себя. Эта разница в намерениях, разница в материале непостигаема нами сегодня. Она настолько огромна, что мы просто не представляем себе, каким образом устроены все остальные миры, кроме нашего.

Структура, взаимосвязи в духовном мире такие же, как и в Нашем мире. То есть духовный мир сделал на Наш мир отпечаток, но только в материале Нашего мира. Поэтому связи в Нашем мире подобны связям в духовном мире, но связи между Нашим миром и духовным миром нет.

Здесь происходит очень сложная односторонняя инверсия сверху вниз, а человек из Нашего мира может начать влиять на духовный мир только в той мере, в которой у него будет правильное намерение, то есть в той мере, в которой он создаст внутри себя материал духовного мира.

Мы изучаем структуру духовного мира, благодаря которой лучше можем понять и соответствия в Нашем мире. Только не надо путать и не надо делать никаких связей, не дай Б-г, между Нашим миром и духовным, иначе он будет полностью неправильно понимать все, что происходит. Тем самым он совершает самое огромное нарушение, которое может быть, – нарушает запрет «не сотвори себе кумира» и в конечном итоге начинает представлять, что в материальных предметах или силах Нашего мира существуют духовные свойства.

Из-за этого и был основной запрет на изучение Каббалы. В этой главе мы с вами будем говорить о собаках, кораллах, об обезьянах, домах, одеяниях. При их изучении на иврите не воспринимаешь эти вещи так близко, как на русском языке. На иврите опосредованы их ассоциации с определенными объектами у нас, у русскоязычных, поэтому меньше страх овеществлять духовное или, наоборот, одухотворять материальное.

Глава V

Но мы все-таки переводим на русский язык, и поэтому я предупреждаю: ни в коем случае не думать о том, что мы что-то изучаем из Нашего мира. Во всех книгах Торы, начиная с Пятикнижья, в Гмаре, Мишне, Талмуде говорится только о духовных мирах. О Нашем мире Тора не повествует.

Наука Нашего мира может вам объяснить то, что существует в Нашем мире. Но человек рожден только для того, чтобы перейти из этого мира в духовный. Единственное, чего ему не хватает в Нашем мире, это постижения духовного мира. Все остальное у него есть. Если бы человек занимался только постижением духовного мира, то ему не надо было бы заботиться ни о чем.

Мы созданы такими, что у каждого есть все, что надо. Именно потому, что мы пытаемся заниматься материальным вместо духовного, то нам спускаются все большие и большие потребности и ощущение, что нам не хватает чего-то в этом мире.

Мне часто задают вопрос по поводу наркотиков. Наркотики являются ложным носителем наслаждений. Человек находится в состоянии ложного наслаждения, а поскольку Цель Творения – это наслаждение совершенством, то употребление наркотиков полностью сбивает человека с пути к Цели Творения, потому как якобы дает ему наслаждение. Он не воспринимает удары судьбы, то есть управление Творцом, и поэтому не находится в пути к Цели Творения, в то время как все остальное человечество, любые виды природы проходят этот путь подсознательно или сознательно – не важно как. Сами же наркотики совершенно не опасны, даже наоборот, они могли бы быть очень хорошим лекарством от всяких нежелательных проблем, если бы использовались исключительно в медицинских целях.

Если бы общество задалось целью каким-то образом нейтрализовать эгоизм, сделать его неопасным, оно бы это сделало с легкостью. Можно было бы бесплатно раздавать очень интересные вещи, и люди, родившиеся с плохими чертами и склонностями, просто отключались бы...

Но высшая природа, Высшее управление на это не согласны, потому что человек таким образом действительно полностью отключается от своего предназначения, и на это человечество никогда не согласится, даже по отношению к абсолютно социально опасным, совершенно непроизводительным и неполезным элементам.

Часть 3. Прямой и отраженный свет

Поэтому наркотики – это сугубо отрицательное явление. Какие бы нежелательные и крайние проблемы мы бы не могли с их помощью решить, все равно это не путь решения вопроса.

Насчет донорской крови. Влияет ли донорство на дающего и получающего? Мы через пару страничек будем изучать, что дам (кровь) – это нэфэш и якобы душа облачается в кровь. Это совершенно не имеет никакого отношения к крови.

Ее проверяют на обычные медицинские показатели, и если они подходят по своим животным показателям, то к моему телу кровь подходит, а к душе это не имеет отношения. Можно пришить руку, голову, сердце, печень, что угодно, даже от врага, и все равно останешься с теми же своими качествами, что и раньше.

Желания человека являются его сугубо духовным свойством, духовным наполнителем. Это духовная дискета, как в компьютере, которая вставляется в наше мясо и проявляет себя через наше тело.

Физиологическое тело не имеет никаких духовных свойств. Оно просто должно быть здоровым по своим физиологическим показателям. И на основании этих показателей можно взаимозаменять части, можно поочередно или полностью заменить все части тела, при этом ничего не изменится. Я прошу прощения за несколько грубоватый пример: берем человека, разделяем его на части и заменяем все их частями от разных людей. Естественно, что душа останется, хотя все части тела, все тело обновится.

Мы должны взять какую-то часть от предыдущего тела, сказать, что эта маленькая частичка от предыдущего тела – главная, а все остальные части являются прикрепленными к этому телу, то есть являются дополнением. Теперь вопрос о том, что мне надо взять из предыдущего тела, чтобы оно было как главное по отношению к этим частям как дополнениям.

Может быть, эти части и будут главными, а оставшееся будет дополнением? Лет 30–40 назад все были убеждены, что сердце – это душа человека, его чувства, его «Я». Теперь мы понимаем, что сердце можно заменить, а голову еще нет. Быть может, мы еще доживем, что то же самое будут совершать с головой.

Голова – это обсчитывающий механизм, «компьютер»: запоминающий, самообучающийся, накапливающий опыт, но на самом деле – это всего лишь арифмометр, который вычисляет,

Глава V

каким наиболее удобным путем и как достичь того, чего хочет душа. И больше ничего. То есть голова является лишь «компьютером». Естественно, если заменить компьютер, то, конечно, получишь более производительный, с большей памятью, большей скоростью, с другими данными, но все зависит от того, какая программа действует в компьютере. А программа задается душой. Компьютер только претворяет эту программу в действие с той скоростью, на которую способен. То есть если я не могу бегать после аварии, то ничего не сделаешь. Душа бежит, а тело нет. То же самое с компьютером. Если я болею, если у меня температура, если мне плохо, давление поднимается, то естественно, что и концентрация душевных, духовных сил иная. Работаю я все-таки через тело, ибо нахожусь внутри него, и естественно, что и моя работа, и ее КПД падает.

Поэтому надо заботиться о своем осле, то есть животном, потому как он помогает тебе делать работу. Ты обязан о нем заботиться в той мере, в которой необходимо его здоровье для духовной работы: чистить, мыть, гладить, то есть наполнять всем тем, что ему надо. Если ты это делаешь ради духовной работы, это все – положительно и присоединяется к той же работе, к той же Цели.

Естественно, самое нехорошее действие для творений – это разрушение, то есть исчезновение экрана света, когда вместо духовно высоких, чистых стремлений (намерения ради отдачи) то же желание оборачивается эгоистическим намерением.

Мгновенная смена альтруистического намерения на эгоистическое называется «разбиением сосуда», «разбиением экрана». Значит, естественно, поскольку такие действия есть в духовном мире, то и в наш мир нисходят их следствия, образуя в нем категорию ощущения времени. Поэтому в нашем мире есть времена более лучшие и времена более худшие.

Это чередование времени, естественно, влияет на массы. Оно дает в нашем мире праздники, субботы, будни, периоды хорошие и периоды плохие. Но это все имеет отношение к массам, потому что это – общее управление на всех в нашем мире. И поскольку это управление общее, то оно и влияет на массы. А те, кто идет своим путем к Творцу, ими это влияние практически не ощущается.

Все, что есть в нашем мире, является следствием нисхождения сил из духовных миров. В духовных мирах, мы уже знаем, есть такие духовные святые высокие действия, которые вызывают нисхождение света из малхут Эйн Соф к нижестоящим парцуфим, мирам, душам и т.д. Есть действия противоположные – нечистые, которые приводят к тому, что изобилие, свет исчезает, поднимается наверх, удаляется от творений.

Хасиды Коцка (была такая каббалистическая группа 300 лет назад) решили сделать шабат в другой день, и они его провели полностью по всем религиозным законам и пришли к выводу, что не имеет никакого значения, в какой день недели проводить шабат.

Тот, кто достиг уровня праведника, всегда находится на уровне шабат. Для него этот уровень связи с Творцом, который называется «шабатом», постоянен. Состояние полного исправления называется «шабат» – «шабатон». Праведник – это тот, кто оправдывает все действия Творца. Это зависит от того, насколько он сам исправлен. В мере своего исправления он и может оправдать действия Творца на нем.

Что означает понятие вероятности? Неуправление Творцом? Тогда кем же, чем же? Вспомните себя, каким вы были в институте. Разве вы верили в случайность? Или знали, как техник, что все действует по закону, что есть вход и есть выход, что посредине может быть черная коробочка, устройства которой я не знаю. Но все подчиняется четким законам. Мы еще эти законы природы не знаем, но мы постепенно все узнаем.

Я не увожу вас от материализма. Мы все можем узнать, все можем исследовать, все можем понять. Никаких случайностей быть не может. Нам что-то кажется случайным, потому что мы не видим полную картину. Частное и общее управление, как и все остальное вообще, отличается только потребителем.

Свет находится в состоянии абсолютного покоя, все зависит от того, какое кли. Кли может быть обратным свету по своим свойствам, тогда оно не ощущает этот свет, считает, что нет света, нет Творца, все случайно, потому что не видит источника.

Затем кли потихонечку начинает себя исправлять. Если оно себя не исправляет – его исправляют в течение поколений, начинают подавать ему другие мысли. Посмотрим на наше поколение. Я уехал из России в 70-м году, тогда все были материалистами, вера только начинала возрождаться, но уже была в моде.

Глава V

Вдруг приезжает в Израиль миллион человек, и я смотрю: что с людьми происходит? За 20 лет, с 70-го по 90-й год, все стали другие, начали верить, всюду экстрасенсы, ощущают что-то. Раньше никто ничего не ощущал, все было по науке. Сейчас почему-то нет.

Сверху дали развитие душе, и она вдруг начинает что-то подспудно ощущать, соглашаться, еще не понимает, но уже начинает входить в какое-то состояние... Люди ощущают какие-то вещи, которые уже выводят их из примитивного состояния чисто материалистического равновесия. Но это не говорит о том, что все висит в воздухе. Просто это картина, которую мы не видим до конца.

Да, существуют еще другие силы, внешние, которых мы не чувствуем или чувствуем немножко, но не понимаем четко их источника и не видим связи с ним. Мы не можем их четко прогнозировать, увидеть причинно-следственную систему.

Но если 20 лет назад мы не верили в то, что это есть, то через 20 лет нам, может быть, все откроется, и мы будем на это смотреть как на неотрывную часть всего нашего представления, понятия, ощущения природы, и эта часть тоже войдет в нашу науку.

Гаон ми Вильно был большим каббалистом, очень любил заниматься этими вопросами, он очень хорошо описывает эти связи. Бааль Сулам приводит пример в «Предисловии к ТЭ"С», он пишет очень просто, что Тора начинается для всех с тайны, потому что когда ты начинаешь учить ее, то ничего в ней не понимаешь, а заканчивается простым смыслом.

Творец создал человека, потом был Ноах, потом Авраам, потом Ицхак и Яков – для тебя это все сод, тайна, ты ничего не понимаешь в том, что написано. Постепенно, если ты будешь правильно себя воспитывать, развивать, ты начнешь видеть, и эта книжка станет для тебя не сод, а пшат, то есть открытой, а пока – она закрыта.

Нет ничего в природе, что бы не было доступно человеку – все доступно. Только зависит от того, насколько у тебя будут истинные, правильные, широкие и сильные келим постигнуть то, что есть. Свет находится вокруг тебя в абсолютном покое, все зависит от того, насколько ты внутренне уподобишься этому свету, в мере подобия ему ты начнешь его принимать, ощущать, измерять, чувствовать. И тогда для тебя перестанет что-либо быть случайным.

Часть 3. Прямой и отраженный свет

Мы созданы в рамках нашего мира. Что значит мы созданы? Мы созданы так, что 99% от общей природы мироздания от нас скрыто и 1% от общего мироздания для нас открыт. Что значит открыт? Мы рождаемся с заготовленными органами чувств на этот 1% от общего мироздания, который мы можем раскрыть.

Допустим, мы создали прибор, который ловит волны только в диапазоне 20 кГц, как мы своим ухом. А остальное нам еще неизвестно. Прибор на больший диапазон не рассчитан. Так откуда мы можем знать, что существует, а что нет? Значит, мы должны теперь начинать расширять его границы.

И тогда мы сможем добавить ко всем своим органам чувств безграничный диапазон на каждый из них и увидеть на самом деле полную картину, весь спектр, во всех воздействиях. Тогда для нас, естественно, пропадет эта проблема случайности, детерминированности, все будет четко, явно, ясно.

Сегодня я знаю, что если суну руку в огонь, то обожгусь, – на этом уровне мне открыта природа. А на другом уровне – слова, мысли, например: сказал что-то плохое или подумал, а через пару дней получил неприятность – здесь я прямой связи не ощущаю, так как эта связь от меня скрыта.

Так и все человечество пытается философскими измышлениями заменить ту часть, которая от нас еще скрыта. Серьезно занимающиеся наукой больше ощущают скрытое в мироздании. Они как бы чувствуют эту черную бездну и понимают, насколько там огромные силы, насколько эти силы нематериальны, неуловимы, причем силы, которые кажутся уже как бы даже не силой, а больше одухотворенной мыслью.

Недаром даже такие астрономы, как Кеплер и другие, вместо планет слышали звуки или цвета или какие-то чувства вместо всяких звезд. А физики ощущают и говорят, что все мироздание представлено в виде различных мыслей. Причем это люди неверующие, просто для них таким образом открывается это двойное скрытие, которое существует от непознанной части творения; оно таким образом светит им своей темнотой.

Мы этого касаемся в предисловии к ТЭ"С. Это очень сильное предисловие, включающее в себя анализ буквально всего пути человека. Такого сильного предисловия нет больше ни в каких каббалистических книгах...

Глава V

Отраженный свет, который поднимается от экрана вверх, называется «левуш ло гамур», то есть не окончательное одеяние на приходящий свет, потому что все, что происходит выше экрана, это корни – зародыши того, что потом будет происходить под экраном. Так же как голова – это еще не келим, а только зародыши келим.

Так и облачение – это не окончательное одеяние, а его зародыш. А настоящим облачением является принятие прямого света в себя, распространение его под экран в тело.

Я повторяю, что представляет собой все творение. Оно состоит из Творца и творения. Дальше он о Творце больше не говорит, он говорит о творении. Оно состоит из четырех основ: огонь, ветер, вода и пепел, и они также представляют собой четыре буквы имени Творца юд-кей-вав-кей и также четыре бхинот или четыре сфирот: хохма, бина, тифэрэт, малхут; также четыре вида взаимодействия света и келим: таамим, некудот, тагин, отиет; также четыре мира: Ацилут, Брия, Ецира, Асия и также четыре вида, которые внутри человека.

Все, что он сейчас говорил, является основой вокруг человека, а в человеке тоже есть четыре вида: внутренний человек, то есть что значит внутренний человек? Это практически пять светов, которые находятся внутри келим. Затем само кли-гуф, затем еще одеяния на теле и затем дом. Есть у нас душа-руханиют, который в человеке: нэфэш, руах, нэшама, хая, ехида – все вместе находятся в теле, которое находится внутри одеяний и которое находится с телом, одеянием и душой внутри дома. Что все это значит?

Те, кто читал мою книгу «Система мироздания», могут оттуда кое-что почерпнуть, потому что Бааль Сулам это объясняет подробно и хорошо в «Бейт шаар а каванот» – «Основы намерений», я в своей книге использую много материала оттуда.

Сразу же он нас опускает на землю и очень просто все объясняет. Творцом называется высшая ступень относительно низшей. Творением называется низшая ступень относительно высшей. По такой цепочке Творец-творение-Творец-творение и т.д. все сверху вниз и развилось. Он все делает для того, чтобы мы не выдумывали себе всяких духов или каких-то ангелов, теней на стенке. У нас здесь этого нет. То, что есть в руке, то и есть. А то, чего нет, того и нет. Поэтому Каббала называется наукой, а не мистикой.

Часть 3. Прямой и отраженный свет

Все эти четыре основы, из которых состоит любое творение, уже упоминались выше. Они произошли вследствие распространения света Бесконечности в малхут, на пути которой стоит экран и отражает этот свет обратно. И поскольку малхут отражает этот свет обратно и производит различные действия со светом с помощью экрана, то у нас появляются различные названия этих взаимодействий света и экрана, который стоит над желанием насладиться.

И поэтому нет ни одной наимельчайшей частички в мироздании, которая бы не состояла из четырех частей. Все мироздание состоит из четырех частей, называемых четырьмя мирами: Ацилут, Брия, Ецира, Асия, и даже самая маленькая деталь состоит из четырех частей. И поэтому эти четыре части как бы вдавлены, впечатаны в каждой самой маленькой, частной детали мироздания.

А разница между ними не в том, что они состоят из разных частей (все части мироздания, все мироздание в общем состоит из одинаковых частей, из четырех частей), а разница между ними только в экране, только в том виде, в котором они работают. Это напоминает разницу между маленьким ребенком, повзрослевшим, здоровым взрослым и стариком.

Одни и те же части у маленького и у большого. Все зависит от того, какова сила экрана, каким образом он может взаимодействовать и что он может сделать. Но части в каждом элементе мироздания одни и те же: хохма, бина, тифэрэт, малхут и корень – кэтэр, который в принципе не относится к самому творению.

Корень – это как бы посланник, представитель Творца относительно этих четырех частных частей в элементе, который рассматривается. Есть еще очень и очень много делений и внутри самого так называемого тела, то есть духовного тела, – это голова, грудь с горлом и тело само: бедра, колени, пятки, мы потом будем это изучать.

Это разделение потом действует у праотцов, потому что эти четыре части: хохма, бина, тифэрэт, малхут – каждая делится еще на три линии, и таким образом все делится на 12 частей, 12 колен, 12 месяцев, а в основе всего лежат четыре стадии прямого света.

И эти четыре бхины в человеке также состоят из четырех, то есть руханиют: хая, нэшама, руах, нэ-

Глава V

фэш. Тело: ацамот, жилы, мясо, кожа. Одеяния: рубашка, брюки, одежда особая и пояс. Дом, тоже состоящий из четырех частей: дом, двор, поле, пустыня.

(ТЭ"С, стр. 120)

2) И вот эти части, каждая из которых делится еще на четыре. Первая часть – руханиют, которая находится в этом объекте, называемая нэшама ле нэшама, или ор хая, затем нэшама, руах, нэфэш. Вторая часть – тело состоит из ацамот, то есть костей, в которых находится внутренний костный мозг, из жил, мяса и кожи. И как уже было сказано в другом месте, кожа и мясо надеваются на кости и жилы. И третья часть – это одеяние обычного коэна: кутонет – рубашка, брюки, мацнефет – накидка и авнет – пояс, потому что четыре других одеяния, в которые одевался Коэн Гадоль – это более высокие одеяния, естественно, духовные, как сказано о них в «Зоар», и это одеяние имени АДН"И, уже другого имени Творца, а левушим, которые у обычного коэна, – они имени АВА"Я – юд-кей-вав-кей, но все равно состоят из четырех частей, и дом также состоит из четырех частей: дом, двор, поле и пустыня.

– комментарий –

То есть любые духовные категории сверху вниз и изнутри наружу делятся на четыре части и имеют каждая свое название, потому что в Нашем мире они дают такие соответствующие следствия, и поэтому мы берем из Нашего мира эти названия, чтобы нам можно было более удобно, более кратко говорить о каком-то духовном корне в действии.

Чтобы не говорить: «это сфира хэсэд, которая находится в парцуфе таком-то на уровне ход, и третья или четвертая сфира по горизонтали в этой ход, и т.д», я могу просто сказать, что имеется в виду гидин дэ-парцуф Яков, и все.

И поэтому так говорится в Торе, что Творец взял и притронулся к его ноге и поразил его ногу, и т.д. Значит, мы уже точно знаем, что произошло на каком уровне и с каким парцуфом и т.д. А Творец – это, естественно, как мы сейчас говорили, – более высший парцуф, который произвел такое действие над более низким парцуфом.

Часть 3. Прямой и отраженный свет

Нам достаточно рассмотреть тело человека: сначала у нас есть кожа, под ней мясо, под ним жилы, ниже кость, в костях мозг. Но то, что у нас в книге написано сверху, писал не врач, не физиолог и не патологоанатом, это писал каббалист, которого звали Ари.

Он пишет о строении духовного парцуфа. Он берет названия из нашего мира, других названий он взять не может, потому что в духовном мире названий нет. Откройте ТЭ"С. На стр.13 начинается часть «Внутреннее созерцание». У меня эта часть есть на русском языке в «Талмуде Десяти Сфирот». Я советую вам, даже с точки зрения той энергии, которую дает чтение его текстов на иврите, читать лучше на иврите, чем мои книги на русском.

Он объясняет в этой части, что в духовном мире у нас нет названий, нет имен, мы берем имена, названия, определения из Нашего мира, по принципу «ветвь и корень», то есть каббалисты, которые одновременно находятся в двух мирах, видят, что с такого-то духовного объекта в Наш мир нисходит такая-то сила и превращается в нашем мире в такое-то свойство.

Каббалисты берут слова из Нашего мира и описывают духовный мир, и у нас получается картина такая, как будто они описывают наш мир, а иначе нельзя сделать. Так написана вся Тора. Авраам вышел из своей палатки и пошел в другую землю и прошел через речку. География верная, и история верная, и физиология, и анатомия верная, и жены, и дети, иначе и быть не может, если все в Нашем мире является следствием духовных сил. По тому же принципу, как эти силы между собой взаимодействуют, так и в нашем мире взаимодействуют материальные объекты.

Естественно, что это будет то же самое. Получается исторический рассказ, патриархальное такое описание, приятное такое, приличное. Почему книга называется святой? Не потому, что она говорит о духовном мире, а потому, что описано о том, что было 5000 лет назад, причем люди верят, что это было именно 5000 лет назад.

Ничего не изменилось и не должно меняться. Внешне ты можешь меняться только оттого, что сегодня ты живешь, используя более богатую жирами, белками и прочим пищу, и поэтому ты больше по своему объему, чем 1 или 2 тысячи лет назад, а в принципе ничего не изменилось. И что могло измениться? То, что раньше ты обитал в пещере, а сейчас живешь

Глава V

в своей квартире? Кстати, в пещере удобней, и с экологической точки зрения тоже.

В течение многих и многих начальных месяцев учебы трудно объяснить, почему Тора написана таким языком. Она подразумевает совершенно другой мир – духовный, но человек этого не слышит. Проходят годы, пока он начинает понимать, что происходит. Почему годы? Пока в нем образуются зачатки духовных келим. Только в меру того как это в нем образуется, он начинает понимать, а если это в нем не образуется, он может 20 лет слышать одно и то же и не поймет.

Ничего с этим не поделаешь. Просто надо говорить и говорить, и у кого-то эти ощущения появятся, а у кого-то нет. Я вспоминаю себя. Я тоже это все прошел. Сегодня, когда мне что-то говорят на эти темы, я не представляю, как можно думать о нашем мире. Что здесь есть, кроме белковых тел на траве, на асфальте, не важно где...

Я помню, насколько я пытался вслушиваться в то, что говорит Рав, и не мог долгое время сопоставить слова с совсем другой картиной. Это берет очень много времени до тех пор, пока не появляются внутренние зачатки духовных келим. Если они не появятся – ничего не сделаешь. Те же самые слова будут оставаться только словами.

Хотя это вам и покажется, может быть, совершенно неверным, мягко говоря, или вообще еретичным, но я бы советовал вообще Тору пока не читать в течение хотя бы годика, пока у вас не появится возможность правильно ее прочесть. А иначе вы просто будете вбивать себе в голову одну и ту же материалистическую картину, которая вообще, в принципе запрещена Торой.

Это и называется – построение идола и рисование образов, которое запрещено. Рисование образов и построение идолов имеется в виду не перед своими глазами: не важно, будешь ли ты это делать в камне, изображать на холсте или рисовать в своем воображении.

Потому что настоящую духовную картину невозможно даже вообразить: это сочетание всевозможных качеств. Разве ты можешь сказать о человеке: смотри, какой он добрый, или: смотри, какой он злой, или какой он мягкий, или какой он мудрый?

Мы в Каббале выражаем это в графиках. В «Сэфэр аИлан», которую сделал Бааль Сулам, эти графики говорят о

Часть 3. Прямой и отраженный свет

качествах. Пока мы, читая Тору, не будем представлять себе качественную картину, то есть соответствие качеств, а качества у нас ощущаются в чувствах, а не умозрительно в каких-то видах на плоскости, то ее не стоит и читать.

Вместо нее стоит читать то, что подготавливает нас к правильному восприятию. Иначе ты вместо Торы, вместо святой книги читаешь просто исторический рассказ. Жили-были Авраам и Сара...

Каждая частица мироздания состоит из четырех частей, каждая частица в свою очередь тоже из четырех частей, и та еще из четырех и т.д. Этого бы не было, если бы у нас не было экрана, не было взаимодействия экрана со светом. Если бы экран не разбивал все мироздание на 4, еще на 4, еще и еще и т.д.

Если бы экрана не было, малхут Эйн Соф получила бы через четыре свои бхинот прямой свет, наполнилась бы, и никаких делений больше не было бы, но потому как было решено принимать ради Творца, то есть в той мере, в которой есть намерение, малхут начинает разбивать себя на те части, в которых это намерение появляется, и те, в которых этого намерения еще нет. И таким образом происходит дробление ее каждый раз на 4, еще на 4 – как бы нарезаются кусочки.

Ари объясняет нам: нэшама ле нэшама – это ор хая, а ор ехида наполняет кэтэр. Кэтэр является как бы частью Творца на каждой ступени, поэтому мы здесь его не принимаем во внимание. Мы говорим о творении, о том, что творение состоит из четырех частей, то есть без кэтэра. И также частью Творца является мозг, находящийся в костях. Он против кэтэра.

Повторим, с чего началось все творение – бхинот шорэш, алеф, бэт, гимэл, далет. Бхинат шорэш – это замысел Творца создать творение и насладить. Где эта мысль-намерение реализуется? В последней стадии – в бхине далет, как в малхут.

Значит, между начальной, нулевой стадией, кэтэр, и последней, пятой стадией, малхут, существуют промежуточные стадии, которые и делают из намерения Творца творение в таком виде, которое бы полностью приняло свет Творца и оправдало бы все эти промежуточные стадии между кэтэр и малхут.

Они созданы для того и в таком виде, чтобы сделать малхут такой, какая бы полностью приняла то, что уже заложено, уже замыслено в кэтэр. Но кэтэр мы не рассматриваем в

Глава V

нашем делении на четыре части, от хохмы и вниз. Почему? Потому что кэтэр является замыслом Творца. А мы говорим о том, с чего он начал пункт алеф. Он говорит: «Есть Творец и творение, и творение состоит из четырех частей...» То есть кэтэр мы не рассматриваем. К кэтэру относится ор ехида и моах, который в ацамот (мозг в костях) и т.д. в различных других видах.

Между каждыми двумя частями есть промежуточная ступенька, включающая в себя их обе.

(ТЭ"С, стр. 120)

3) Но во всех этих четырех частных ступенях есть еще одна часть, включающая все. И она называется средней, связывающей частью между двумя смежными, например, как говорят исследователи природы, промежуточная часть между неживым и растением – это кораллы, а между растением и животным – это так называемый «келев саде», который описан в Талмуде (трактат Килаим). Он живет в земле, и у него пуповина прикреплена к земле, и он из земли питается. И когда эту пуповину ему отрезают, он умирает. И так же между животным и человеком промежуточное состояние – это обезьяна.

– комментарий –

То, что любая верхняя ступень относительно нижней называется Творцом, – вещь чисто условная. Что такое на самом деле Творец, мы не ощущаем и не постигаем. Для нас каждая высшая ступень во всех наших чувствах и пониманиях является абсолютным Творцом. Ступень еще более высшую, чем она, мы никогда не ощущаем. А даже поднявшись на тот уровень, из которого она нам светила, мы не становимся ею, а лишь поднимаемся на этот уровень, и тогда следующая ступень выступает для нас как Творец.

Мы должны понимать, что в духовном мире существуют промежуточные состояния между четырьмя основными состояниями. То есть имеется какой-то набор элементов, порядок которых определяет передачу информации. В животной природе – это животные клетки, а в компьютере – это математические значки. И то же самое – в духовном.

Мы говорим, что есть решимот, которые определяют всю суть того парцуфа, который родился на зивуг дэ-акаа в экране более высшего, или определяют будущий парцуф. Все определяют только решимот.

Когда Ари рассказывает мне про обезьян и кораллы, я подразумеваю или пытаюсь подразумевать под обезьянами и кораллами не обезьян в нашем мире и не кораллы (я не нахожусь на каком-то там экзотическом острове между обезьянами и кораллами), а пытаюсь находиться в это время между теми объектами, которые он имеет в виду. Они немножко далеки от этой экзотики, но именно это он и имеет в виду.

Не надо пренебрегать наукой, но с помощью Каббалы можно раскрыть мир еще больше, раздвинуть границы науки и те же законы, которые мы видим в нашем мире, расширить за счет внутренних наших инструментов и продолжить изучение мироздания в более широком виде.

И не будет никакого противоречия. Одно будет полностью четко облачаться в другое. Потому что, если человек правильно постигает природу, он ее постигает своим животным началом, подключенным в общую систему мироздания. Если законы открываются человеку, он их открывает из своего постижения, он так же и продолжает их открывать.

Они действовать не перестают. Каббалист так же живет, и умирает, и болеет, и так же его притягивает поле тяготения, несмотря на то что душа рвется куда-то, а ходить ему так же, как нам, и прыгать так же, как и нам, тяжело. Никакие физические законы при этом не изменяются. То, что пишется в Гмаре, что там вдруг стена падает или не падает, а он управляет, – надо понимать все эти вещи чисто в духовном виде, а не в виде сказочек.

Между Творцом и творением, которое называется духовностью, что в человеке, есть средняя ступень, о которой сказано: «Сыновья вы Творцу». Праотцы составляют собой меркава – систему Высшего управления.

(ТЭ"С, стр. 120)

4) И все же есть здесь между Творцом и между творением, который является общей духовной категорией, средняя

Глава V

переходная ступень, о которой сказано: «вы сыновья Творцу вашему». Я сказал, что вы – Элоким, и сказано: «...и поднял Элоким над Авраамом, и сказали мудрецы...» Праотцы являются меркава.

– комментарий –

То есть творением он называет здесь духовную часть в человеке, и есть средняя ступень, о которой сказано, что она является ступенью сыновей Творца. Не о нас и не о творении сказано, а об этой промежуточной ступени.

Мир Ацилут называется Творцом, а далет бхинот в мире Брия вместе называются творением. Почему Ацилут называется Творцом, это можно понять: в нем происходят все решения и все ответы – все, что необходимо для управления более низшими мирами.

Души праведников, которые нисходят из мира Ацилут в мир Брия (о них говорит Рав), находятся между Творцом, то есть миром Ацилут, и творением, которое представляет собой в общем духовное, находящееся в мире Брия. То есть имеется средняя ступень между Творцом и кэтэр, которая представляет собой ор ехида, включающий в себя все духовное человека, состоящее из нэфэш, руах, нэшама, хая, как сказано было уже выше в 1-м пункте. А ехида включает в себя все остальные бхинот, которые уже исходят из кэтэра.

Есть у нас Творец – Ацилут, есть получающий сосуд, есть кэтэр, который находится между сосудом и Творцом и который включает в себя все, что нисходит от Творца к творению, и кэтэр этот – желание отдавать – промежуточное между Творцом и творением. Кэтэр включает в себя ор ехида, который затем разделяется на света: нэфэш, руах, нэшама, хая – четыре света в четырех стадиях творения.

Что значит «праотцы представляют собой меркава»? Рав объясняет, что свет ехида, который находится в праотцах, то есть в желании отдавать – в кэтэр, называется меркава (колесница). То есть праотцы находятся как меркава между Творцом и кэтэром, подобно тому как всадник находится над колесницей, которая ему предназначена, так же и духовное – элокиют – спускается свыше на ступень, которая называется праотцами.

Промежуточная ступень состоит из двух искр: из искры Творца, которая облачается в искру творения.

(ТЭ"С, стр. 121)

5) Имеется в виду, что есть маленькая искра, которая несет в себе Божественное – элокут, нисходящее от последней ступени в Творце. И эта искра одевается в другую искру, называемую творением, и представляет собой тонкую душу, называемую ехида, определенный очень высокий, очень тонкий свет. И в этой искре находятся корни четырех основ души, духовного, которое называется: нэфэш, руах, нэшама, хая.

— комментарий —

Все-таки Бааль Сулам потихонечку объясняет структуру промежуточной ступени между Творцом и творением. Говорит, что она состоит из двух частей: из части Творца и части творения. Часть Творца одевается в часть творения, и эта часть творения уже в зародыше своем состоит из четырех светов: нэфэш, руах, нэшама, хая, которые уже затем распространяются в человеке.

Человеком, надо запомнить, он называет определенное духовное состояние – кли, без всякой связи с человеком в нашем мире, с тем, что мы называем человеком.

Что значит Творец, в котором есть первая, вторая, третья и какие-то еще ступени до последней? Творцом, как мы говорили, он называет мир Ацилут. То есть из последней ступени мира Ацилут нисходит в мир Брия искра, называемая искрой Творца. Что это за ницуц маленький, называемый искрой Творца, он объясняет ниже.

Дальше он дает очень много четких определений. Определения «большой» и «маленький» – гадлут и катнут – не соответствуют нашим представлениям о большом и маленьком. Имеется в виду, что пока мы почти ничего не постигаем от какой-то вещи – это постижение мы называем малое, а если постигаем ее во многом, то называем большое.

То есть мы говорим о своем постижении. Мы не говорим о том, что находится в духовных мирах. Этого мы никак не можем

Глава V

узнать. Мы можем узнать только то, что входит в наши келим, в нас, в наши ощущения.

Если мы, допустим, вообще не ощущаем Творца, то говорим, что он не существует. Если бы мы на самом деле ощущали, что происходит в мироздании, то увидели бы, что, кроме Него, вообще ничего не существует. То есть все постигается только изнутри келим.

Поэтому все наши определения: большой, маленький, верхний, нижний, стороны, все, о чем бы мы ни говорили: цвета, света, вкусы – это все таким образом воспринимается нами и ни в коем случае не говорит об истинных состояниях, истинных размерах или объективных качествах духовных объектов.

И поэтому он предупреждает: имя ницуц, то есть название «искра» не путай с искрой в нашем мире. Ницуц – это отраженный свет, и когда он говорит, что есть искра Творца и есть искра творения, он имеет в виду отраженный свет мира Ацилут, который спускается вниз, в мир Брия, и одевается в его отраженный свет.

Искрой Творца называется Мир Бесконечности, а искрой творения называется кэтэр ступени, или ГА"Р, или голова ступени, и есть в нем четыре стадии прямого света, и Мир Бесконечности постепенно распространяется по этим четырем ступеням до экрана, до зивуг дэ-акаа, поднимая таким образом вверх отраженный свет и одевая приходящий свет в четырех частях этой новой ступени.

Отраженный свет поднимается снизу вверх. Прямой свет приходит к нему по четырем ступеням, нисходящим сверху вниз, и таким образом получается голова этой ступени в мире Брия, образующая собой корни – основы будущих келим.

Вся эта часть – свет, который нисходит из Ацилут в Брия, проходит в мире Брия по четырем ступеням, достигает экранов в малхут, одевается в отраженный от экрана свет – все это называется по имени искра творения, или ехида. То есть вся голова первой ступени под миром Ацилут называется ехида.

И потому еще называется искра, что отраженный свет, поднимающийся от экрана, одевает в себя свет Творца, нисходящий из мира Ацилут. Верхняя ступень называется меркава, потому что рохев-всадник находится сверху, властвуя над тем, во что он одевается.

Часть 3. Прямой и отраженный свет

Естественно, что высший всегда властвует над низшим и полностью определяет свойства низшего. Одеяние всегда происходит в отраженный свет, который поднимается от экрана низшего снизу вверх. То есть в намерении низшего быть полностью подобным высшему.

В той мере, в которой низший, творение может быть подобен Творцу, в той мере Творец облачается в творение. Как только у тебя появится 10 граммов подобия Творцу, так в эти 10 готовых граммов сразу же вселится в тебя Творец и ты почувствуешь Его.

Или ты наденешься на Творца своим отраженным светом. Ты – одеяние, а Он – внутренняя часть, которая облачается в тебя. Он внутри нас, только мы в мере создания отраженного света потихоньку это раскрываем до тех пор, пока малхут Мира Бесконечности не создаст полностью весь отраженный свет на свое желание получить, и тогда снова оденет весь свет, который ее наполнит.

До тех пор пока нет света на облачение всего Творца, существуют прямой и окружающий света. То есть Творец как бы находится и снаружи, и внутри. В Конце Исправления, когда экран уже существует на все желания, весь прямой свет полностью входит в весь отраженный свет, и тогда не остается никакого окружающего света.

То есть и творение, и Творец полностью подобны и равны друг другу, и зивуг происходит полностью на весь свет, то есть прямой свет равен отраженному свету. Таким образом, никакого окружающего света не остается.

И творение ни в коем случае не растворяется в Творце, а наоборот, тем, что самостоятельно делает зивуг дэ-акаа и отраженный свет, оно определяет, насколько Творец будет обнаружен и будет светить, будет находиться в творении только в той мере, в которой творение в состоянии своим выбором, своим желанием обнаружить и облачить Творца.

Происходит четкое подобие свойств и четкий зивуг двух одинаковых элементов творения. И это то, что задумано Творцом, чтобы творение не исчезло и не растворилось, а чтобы оно было равным Ему по мощи, по величию, по величине, по постижению и использовало разумно, явно, активно все те элементы, которые Он в нем создал.

Глава V

Почему Рав называет искру творения, кэтэр, ехида, только корнем, зародышем, основой четырех бхинот – это он объясняет ниже. Потому что одеяние света Бесконечности в отраженный свет, в ор хозэр, поднимающийся снизу вверх, еще не делает законченных келим, законченных свойств творения, а только его основные начальные свойства. И поэтому, говорит Ари, возникают здесь корни четырех бхинот в голове, а в теле парцуфа они уже будут называться четыре сфирот: хохма, бина, З"А, малхут. Эти четыре бхинот представляют собой четыре света: нэфэш, руах, нэшама, хая, общий свет которых уже назывался нами ранее – ехида.

Нам известно, что свет нэфэш одевается в малхут, руах в З"А, ор нэшама одевается в бину, хая в хохму, потому как эти келим образуют четыре стадии тела парцуфа, и затем свет из головы входит в тело и облачается в эти келим.

Я еще раз повторяю: ни в коем случае не надо выдумывать себе физиологию всякую, медицину, несмотря ни на что. В нашем мире существует четкое подобие духовных сил, которые образуют те вещи, которые мы сейчас изучаем. Эти же силы, нисходя, образуют соответствующие законы и в материи, которые четко выполняются, подобно духовным законам.

> **Между духовным, что в человеке, и его телом есть промежуточное свойство, называемое четвертой частью крови, которая в нэфэш. Оно состоит из обеих этих стадий. Нэфэш называется руханиют, а четвертая часть крови, в которую одевается нэфэш, называется – тело.**
>
> (ТЭ"С, стр. 121)

6) Между руханиют и телом есть промежуточная стадия, состоящая из них обоих, и она представляет собой четвертую часть крови души. Потому что есть в ней искра последнего уровня нэфэш. Этот свет нэфэш состоит тоже из четырех частей: хая, нэшама, руах, нэфэш дэ-нэфэш. Нэфэш дэ-нэфэш является четвертушкой от света нэфэш (ревиит дам шель нэфэш). И эта искра облачается в четвертую часть крови, и становятся единым целым, так как кровь – это и есть нэфэш. И эта четвертая часть является высшей стадией, существующей в

Часть 3. Прямой и отраженный свет

теле, и является оживляющей его частью, потому что кровь распространяется по всем частям тела для того, чтобы его оживлять. И в эту четвертую часть, что в высшей крови, входят корни всех четырех основных частей, и это средняя, самостоятельная бхина между духовной частью и телом, состоящая из них обоих.

– комментарий –

Кровь уже считается телесным образованием. Самая высшая, четвертая часть крови, и самая низшая, четвертая часть света нэшама облачаются друг в друга, и этот объект, как бы состоящий из обеих частей, называется промежуточной частью между духом и телом.

В самой малхут есть четыре стадии, в этих четырех стадиях во всей малхут есть общий свет нэфэш, и в каждой из четырех стадий малхут есть четыре стадии света. И самая последняя стадия, малхут дэ-малхут, то есть свет нэфэш дэ-нэфэш, облачается в кровь, которая является уже самой высшей частью тела. То есть дам-кровь уже относится к телу, и одевание самого последнего, четвертого света от света нэфэш, в самую верхнюю, высшую часть тела, называемую кровь, и дает нам эту промежуточную стадию между душой и телом. И сказано: кровь представляет собой душу.

Может быть, отсюда исходит наличие у нас четырех групп крови. Есть ветвь и корень в любой части, только нельзя замыкать их между собой. Надо постараться оторваться от всевозможных наших ассоциаций, хотя, несмотря ни на что, в нашем мире существует четкое подобие тех духовных сил, которые мы сейчас изучаем, и эти силы, когда они нисходят, то образуют соответствующие законы в мире материи, которые четко выполняются, подобно духовным законам.

Дам от слова «домем» – неживая часть, но неживая часть относительно духовного, а относительно человека это самая живая наша часть.

Выше этой стадии уже начинается руханиют. То есть во что одевается руханиют? В кровь тела, то есть в самую высшую часть духовного парцуфа. Когда свет входит в духовный парцуф, он не одевается прямо в желание получить. Желание получить многогранно, оно делится на очень многие подступени.

Глава V

Свет для облачения в кли выбирает в нем самые высшие, самые тонкие структуры, наиболее близкие к нему, и в них он облачается. А затем из этих промежуточных облачений он уже светит всем остальным, более грубым структурам, более низким желаниям.

Человек прикладывает серьезные усилия, приходит, занимается, устает, выкладывается на занятиях, между занятиями пытается все время промывать мозги духовной идеей, и тогда его начинают посещать всякие мысли – мешающие, помогающие – не важно, как их комментировать. Все помогает, и то, что, как нам кажется, мешает, на самом деле – это и есть самая большая помощь.

По мере возникновения у человека всевозможных внутренних вопросов о своих состояниях он должен обращаться к книгам, и тогда он увидит в них то, что в них написано на самом деле. И через пять лет ты откроешь те же книги на русском языке и увидишь, что ты их раньше не читал, потому что ты станешь другим, и книги в соответствии с этим станут другими.

Между телом и одеждой есть средняя часть, называемая волосы и ногти человека, которая содержит обе эти части. А между одеянием и домом существует промежуточная стадия, называемая палатка.

(ТЭ"С, стр. 122)

7) Между второй и третьей категориями, то есть между телом и одеждой, есть промежуточная стадия, называемая волосы и ногти человека, как сказано: это было одеяние Адама вначале. Эти части (волосы и ногти) полностью слиты с кожей человека и подобны своими свойствами самому телу человека. Однако когда эта часть уходит, то она обращается в одеяние из волос, подобно тому как делаются одеяния из волос-шерсти коз. Кроме того, эти промежуточные категории, будучи еще частью тела человека, все-таки подобны одежде, как у животных – их шерсть является для них одеянием. Особенный интерес в Первом человеке представляли его ногти (мы знаем, что есть такие животные, у которых покрытие – панцирь или чешуя – это производное от ногтей). И мы находим подобный пример в Навуходоносоре, о котором сказано, что у него было одеяние из

ногтей, как из когтей орлов (нельзя забывать, что говорится только о духовных категориях, в том числе и о Навуходоносоре). И так же между одеянием и домом промежуточная стадия – это палатки, которые делаются из хлопка и шерсти, как одеяние, и используются в качестве домов. И это понятие палатки требует дальнейшего изучения: только так ли это или есть в ней еще дополнительные свойства.

— **комментарий** —

Волосы и ногти в духовном объекте представляют собой среднее между телом и одеянием. Что значит тело и одеяние? Тело – это отраженный свет, а одеяние – это окружающий свет, тот свет, который кли не может вместить в себя вследствие отсутствия экрана.

Мы с вами рассматривали Второе Сокращение. Говорили о том, что Второе Сокращение возникает, потому что не хватает экрана на желание получить, и невозможно использовать эгоизм в альтруистических намерениях, можно использовать только отдающие келим Г"Э, а келим АХА"П использовать невозможно.

То есть из пяти келим, которые есть в парцуфе, можно использовать только два – кэтэр и хохма, а бину, З"А и малхут использовать нельзя. Вот эти келим – кэтэр и хохму – мы называли с вами по-разному. Пять келим мы называли: таамим, некудот, тагин, отиет, или Ацилут, Брия, Ецира, Асия, или юд-кей-вав-кей, или хохма, бина, З"А, малхут, или огонь, ветер, вода и пепел, называли: нэфэш, руах, нэшама, хая в зависимости от света, называли: кости, жилы, мясо и кожа.

Теперь мы с вами изучаем, что же находится между домом человека и его одеянием, между одеянием и телом, между телом и душой, то есть состояния, промежуточные между основными. Между душой и телом, мы сейчас с вами разобрали, – это кровь, четвертая часть крови. Между телом и одеянием – это волосы и ногти. Между одеянием и домом промежуточное состояние – палатка.

Но надо еще точно выяснить, к чему относится палатка – к одеянию или к дому, то есть это промежуточное состояние, как и все промежуточные состояния, состоящие из двух основных смежных состояний, и мы не знаем точно, к чему ее отнести: то ли это одеяние, то ли это дом. Потому как это не постоянное

Глава V

жилище, то это одеяние, и потому как это не одеяние, которое непосредственно связано с телом человека, то это дом.

Так же и предыдущие духовные промежуточные состояния, о которых мы говорим: кровь, волосы и ногти, палатка. Но сука (шалаш) не представляет собой жилища, не представляет собой промежуточного состояния. Ее человек делает специально для выполнения определенной Заповеди, то есть это осознанное состояние, которое человек строит сам снизу вверх, а не те состояния, с которыми он заранее создан сверху вниз, хотя якобы и одежду, и дом человек тоже строит сам, но они нисходят к нему сверху вниз.

То есть любой дикарь тоже создает себе одеяния и создает себе дом. Для этого не надо указаний Творца, ибо это заложено в природе (сверху вниз), тогда как суку человек обязан делать по личному указанию Творца (снизу вверх), то есть это не является необходимым для животных природным действием.

Все отличия между всем существующим заключаются только в величине желания получить. Эта величина проградуирована от нуля и до какого-то большого размера, которого мы не знаем, и кончается где-то там в бесконечности, на самой большой ступени, 620-й, 125-й или на 6000-й, смотря как эти ступени делить. На каждой ступени существует четыре ее основных компонента. Каким образом действует взаимосвязь между ступенями? Полагать, что многообразие видов и сортов, всевозможных изменений и всего того, что у нас есть в любом виде природы (неживом, растительном, животном, человеческом), происходит от того, что возникают промежуточные состояния, – неверно.

Промежуточные состояния особенные и строго фиксированные. Есть, допустим, частоты, как в радио, какие-то мегагерцы или килогерцы, и они делятся между собой от такой-то частоты до такой-то. Так и птицы, допустим, захватывают какой-то диапазон желаний из всех желаний в малхут Эйн Соф. И внутри этого диапазона птичье желание, то есть желание, которое создает в нашем мире птиц, градуируется на множество частей, и это дает нам все многообразие, допустим, пернатых. То же самое с камнями и со всем, что существует в нашем мире.

То есть все это – не многообразие промежуточных состояний, это следствие основных состояний, и все эти состояния практически непрерывно следуют друг за другом, настолько они малодискретны. А промежуточные состояния уже относятся к переходу из одного вида в другой, из одного типа в другой тип. Таким образом, внутри всех категорий существуют переходные ступени...

О разбиении сосудов

Подобно тому как свадьба начинается с того, что разбивается стакан, а обручение начинается с того, что разбивается тарелка, – так же все начинается с разбиения сосудов.

После разбиения сосудов происходит смешивание свойств Творца со свойствами творения. Свет входит в желание получить, и после этого – желание получить можно исправлять. Поэтому в день, когда происходит разбиение сосудов, разрушение первого и второго Храма, – в этот день рождается Машиах и рождается возможность для творений исправиться и вознестись до уровня Творца. А без разрушения было бы невозможно это сделать.

То есть 9-го ава мы не оплакиваем предыдущие Храмы и не радуемся, а занимаемся исследованием тех свойств, которые необходимо исправить. Нас интересует конкретно, что разрушено в нас, в наших внутренних свойствах, из чего мы должны по камешку взять и собрать каждый в себе Храм. Что значит Храм? Отраженный свет, в котором поселится Творец. Храм – это место пребывания Творца, это исправленное кли.

ГЛАВА VI

Объясняет, что сфират кэтэр состоит из двух частей: 1) последняя часть Эйн Соф, или малхут дэ-малхут Эйн Соф, называемая Атик; 2) корень творений, называемый Арих Анпин. Соединение их вместе называется кэтэр.

В творении есть только четыре части: хохма, бина, тифэрэт и малхут, и хохма является начальной сфирой в творении.

(ТЭ"С, стр. 123)

1) А теперь вернемся к разговору о высших мирах, и из примеров постигнем корни. И мы знаем уже, что есть всего лишь четыре основы для всего существующего – это четыре буквы имени АВА"Я, которые являются: хохма, бина, З"А, малхут, и поэтому хохма, которая является первой, называется решит.

– комментарий –

В этом пункте Рав желает сказать, что тот пример, который он привел о промежуточных состояниях между частями и между ступенями, не распространяется на устройство высших пяти ступеней, потому что четыре высшие ступени и существующая между ними средняя ступень устроены другим образом.

В высшем нет ничего более чем четыре основы: огонь, ветер, вода, пепел, которые представляют собой четыре буквы имени АВА"Я – юд-кей-вав-кей, а промежуточная их часть не входит в число четырех основ, и поэтому говорит Рав, что хохма называется решит, то есть первой ступенью, чтобы показать этим, что нет никакой ступени, которая находится перед ней, потому что переходная ступень от искры Творца, являющейся бесконечной частичкой, совершенно не входит в счет этих ступеней.

Часть 3. Прямой и отраженный свет

А искрой творения является ехида или кэтэр, она относится уже к последующим, нисходящим из нее четырем ступеням: хохма, бина, тифэрэт, малхут. Это называется «кэтэр». Внутри ехида делится на четыре части и начинается с хохмы, которая в ней.

И поэтому в четырехбуквенном имени Творца, то есть в четырех частях скелета любого кли (юд-кей-вав-кей), нет буквы, которая бы обозначала кэтэр, потому что кэтэр нельзя принимать за какую-то часть, относящуюся к телу парцуфа.

Необходимо выяснить, что такое душа. В каждом ли она существует или нет? Есть оживляющая тело душа; так же, как животное ты можешь убить и оно перестанет каким-то образом органически существовать, обратившись уже в неживое из живого, так и человека убиваешь, из живого он становится неживым. Ну и что? Душу при этом ты убил или сделал что-то иное? Она переселяется куда-то, во что-то другое живое или уходит куда-то, пока снова не вернется во что-то?

Это вещи, которые мы сейчас просто не можем правильно понять. Через некоторое время мы их поймем. Не только поймем, но сможем действительно общаться, управлять этими категориями абсолютно четко, работать активно со всем, что нам дано в мироздании. Но необходимо сказать, что в любом элементе мироздания существует определенная оживляющая душа, иначе бы он не существовал.

Какая-то частичка света в нем существует, и эта микродоза света оживляет, держит его по крайней мере в структуре, в которой он существует, и ведет его все равно какими-то своими путями к его истинному конечному совершенному состоянию. Ничего не существует зря и ни одного мгновения не проходит зря ни с чем и ни с кем.

Просто есть такие двуногие, так называемые люди, которым дана, кроме этого, возможность быстро и самостоятельно идти к той же Цели Творения, к которой все остальные подталкиваются автоматически. Эти люди называются каббалистами.

Тогда в той мере, в которой ты готов идти вперед, тебе открываются все дороги, все пути, все системы мироздания, чтобы ты мог сам управлять ими и сам идти вперед. То есть вместо того чтобы Творец тебя подталкивал, Он дает тебе все это в руки, раскрывает перед тобой все карты, и все зависит только от твоей готовности заменить Его в этой системе управления, стать вместо Него.

Глава VI

Для этого ты должен стать таким же большим, как Он, таким же умным, как Он, таким же всезнающим, как Он, и этого-то Он и желает, ожидает от тебя.

Кэтэр иногда входит в состав десяти сфирот, а иногда не входит, и тогда вместо него десятой сфирой считается сфира даат.

(ТЭ"С, стр. 123)

2) Также пойми, что кэтэр – это всегда наивысшая ступень, он совершенно не относится к тому, что исходит от него (подобно короне, находящейся на голове царя, которая выше его головы и поэтому совершенно не относится к его голове), и он не имеет ничего общего со всеми сфирот, а вместо него считается сфира даат, как упоминается в книге Ецира. И все-таки иногда мы считаем кэтэр в составе десяти сфирот, и это потому, что в принципе не кэтэр считается внутри десяти сфирот, а та средняя промежуточная ступень, которая имеется между ступенями, наподобие того, о чем говорят мудрецы, изучающие природу, а также говорит Рамбан в своей книге, в которой он объясняет отрывок из Торы о том, что Земля была хаотична и пустынна (тогу вэ боху). И также сказано в Сэфэр аБаир (очень известная древняя каббалистическая книга), что ранее того, как были созданы четыре основы, создал Творец особый материал, называемый юли (то есть абсолютно отвлеченный, непостигаемый и не имеющий никакой формы), и этот материал может принимать любую форму из четырех основ, но он сам не имеет никакой формы абсолютно. И поскольку он находится до ступеньки тогу, то называется эфес – ноль совершеннейший, а тогу считается нулем относительно всего остального.

– **комментарий** –

Под тогу вэ боху подразумевается недосягаемая ступень, которая нами непостигаема и потому называется хаотичной и пустынной. А поскольку мы всегда говорим со стороны постигающего человека, то он то, что не постигает, называет пустотой, хаосом, пустыней.

Это указывает на отсутствие у него постижения, а не на то, какова вещь на самом деле. Этого мы никогда не знаем,

Часть 3. Прямой и отраженный свет

а говорим только о нашем постижении какой-либо категории. В изречении Торы: «Земля была хаотична и пустынна» есть две части: тогу и боху. Тогу – эта часть абсолютно непостигаемая, абсолютно скрытая. Как правило, она называется мир Некудим.

Там, где говорится боху, уже можно даже указать пальцем: бо-здесь, ху-он, «в этом находится Он», здесь уже можно указать на наличие постижения. Это уже про мир Ацилут. Например, вкус манны: каждый, пробовавший манну, чувствовал тот вкус, который желал получить. Или как в примере с электричеством, который мы приводили ранее.

Боху – это уже то, что мы постигаем. Тогу – это то, что мы не постигаем, но нам ясно, что мы этого не постигаем. То, что находится раньше ступеньки тогу, называется эфес-ноль совершеннейший, а он считается нулем относительно всего остального.

Цель нашего изучения в том, чтобы постичь то, что мы изучаем. Не философские умствования, а явное постижение своими новыми, приобретенными органами чувств. Каббалисты – это люди, которые уже постигли практически все ступени, возможные для постижения творений, и они нам объясняют, из каких частей состоит этот путь постижения высших, духовных форм.

Этот путь состоит из постижения нашего мира, его материала, затем из постижения духовного мира, его материала. Наивысшая ступень постижения духовного мира называется боху – мир Ацилут. За ним следует определенная ступень постижения тогу, постижение того, насколько непостигаема эта ступень, которая находится выше мира Ацилут.

Затем есть еще и такое понятие, как ступень, находящаяся выше ступени тогу, называемая просто ноль.

Кэтэр – это всегда самая высшая часть любой духовной категории, к которой он относится. Под кэтэром подразумевается искра Творца, то есть высшая ступень, которая вопреки всем законам, изучаемым нами, пробивает себе путь сверху вниз и из малхут предыдущей ступени становится кэтэром более низшей ступени, так называемое преобразование ани в эйн. И вот эта часть верхней ступени, которая затем образует кэтэр низшей ступени, и называется искра Творца относительно более низшей ступени.

Глава VI

Мир Бесконечности называется ноль, затем кэтэр, называемый тогу, а затем боху, включающая в себя четыре основы.

(ТЭ"С, стр. 124)

3) Мир Бесконечности называется «ноль», потому что мы его не постигаем, так как он не состоит ни из какого материала и не имеет никакой формы, после него выходит тоху, или кэтэр, и затем выходит боху, включающий четыре основы: хохма, бина, тифэрэт и малхут.

– комментарий –

Бесконечность – это невозможность постичь, поэтому называется «без конца». Творение не может объять границы своего постижения, постичь то, что перед ним находится такая категореия, как бесконечность. Значит, Бесконечность представляет собой эфес-ноль, то есть часть, которую мы не постигаем, то есть она ноль относительно нас – получающих, постигающих.

Что значит ноль или бесконечность? Это совершенно противоположные в нашем понятии вещи. Бесконечность относительно нас – это то, что не укладывается ни в какие границы наших органов чувств и поэтому не ощущается, то есть в наших органах чувств не возникает никакой реакции, и мы называем это – ноль.

Желание получить, появляющееся в творении, – это свет, который огрубился по мере своего отдаления от Творца, и он представляет собой весь материал творения, из которого вырисовываются и создаются все келим, все желания, стремления, вся суть творения. Этого, естественно, мы в Мире Бесконечности не найдем, совершенно никакого желания и никакой формы.

И это то, что говорит Рав: «Бесконечность называется нулем, потому что нет в нем никакого постижения творением и нет там никакого материала». То есть относительно желания в свете без кли нет никакого постижения. Выходит, поскольку у нас нет кли, ограничения, желания, созданного светом в нас на свет Бесконечности, то этот свет Бесконечности мы не можем ощутить.

Свет, приходящий к нам из Бесконечности, обращается в кли, в наши желания, то есть наши желания – это не более чем огрубленный свет. Что значит огрубленный свет? Свет, в котором появилось желание насладиться этим же светом. Сам свет несет в себе это желание сверху вниз и создает в себе самом желание насладиться, желание постичь, желание ощутить себя до определенной ступени.

Самая высшая ступень, за которой уже обрывается постижение, называется боху. А за ней уже идет тогу, то, что мы никак не можем постичь, а выше него – ноль.

Четыре части: хохма, бина, тифэрэт, малхут, называемые четырьмя формами желания, видами желания, представляют собой четыре уровня ступеней, одну под другой, которые вырисовывают или образуют собою весь материал в творении. То есть хохма, бина, тифэрэт, малхут – это части, которые уже постигаются нами, и они находятся ниже Бесконечности. Рав немножко повторяется, чтобы мы четко поняли иерархию, по которой происходит появление материала творения из света.

> **В ступени, называемой тогу, есть корень четырех основ творения, находящихся в замысле, но не в действии.**
>
> (ТЭ"С, стр. 124)

4) Мы выяснили, что обязана быть промежуточная ступень между Творцом и творением, потому что отдаление, которое есть между ними, подобно удалению неба от земли. И как может быть в таком случае, что из одного произойдет другое и одно создаст другое, если они представляют собой две противоположности? Должно быть между ними что-то среднее, которое бы их объединяло и соединяло и было бы одновременно составляющей, близкой и к творению, и к Творцу. И вот эта категория называется кэтэр и называется тогу, потому что нет в нем никакой основы (из четырех основ – хохма, бина, тифэрэт, малхут), а кэтэр находится выше этих основ. И поэтому даже никоим образом нет о нем намека в четырехбуквенном имени Творца АВА"Я – юд-кей-вав-кей, – а только в куцо шель юд, в букве юд – первой букве, которая представляет собой хохма – самую высшую из четырех ступеней. Кэтэр – это и есть средняя категория между Творцом и творением. И это потому, что кэтэр подобен предматериалу, называемому юли, в котором есть корень всех четырех основ, в замысле, но не в действии, и он называется тогу, потому что путает мысли, понятия людей, которые говорят, вот мы видим, что нет в нем никакой формы,

Глава VI

и в то же время мы видим, что он творение и есть в нем все четыре формы в замысле.

– комментарий –

Любая духовная ступень, которую постигает творение, представляет собой конструкцию, состоящую из десяти сфирот или из четырех основ, а над ними находится то, что мы называем кэтэр, который уже явно не постигается. Боху постигаем, а кэтэр или тогу непостигаем абсолютно.

В то же время мы видим, что хотя и нет в нем никакой формы, но это уже – создание. То есть, с одной стороны, мы видим, что в нем нет никакой формы, а с другой стороны, сказано, что уже он вышел из творения, и мы называем его Бесконечностью или нулем, но форму его еще уловить не можем.

Вопрос: то, что мы сейчас с вами изучаем, – это все мироздание целиком, от Творца и до нашего мира, которое делится на такие части: ноль или Бесконечность, кэтэр, затем идут четыре основы в потенциале, потом в действии – или это на каждой ступеньке, по которой поднимается душа?

Человек поднимается на 620 ступеней, или 6000 ступеней, или 125 ступеней, смотря как измерять, но на самом деле это десять сфирот, ступеней. Любая часть творения представляет собой как бы микрокосмос, то есть состоит внутри себя из всех частей творения – любая ступень от самой маленькой до самой большой и все в целом, и поэтому все эти части существуют на любой ступеньке.

Существует часть, которую мы постигаем явно: свет входит в кли, в пэ духовного парцуфа в виде внутреннего света и таким образом постигается в нем явно, в его органах ощущений, то есть в десяти сфирот тела самого парцуфа.

Затем есть постижение в голове, где оно не ограничено, представляет собой Эйн Соф – рош, непостигаемую часть, то есть неограниченную часть, и есть также то, что находится выше, и т.д. То есть в любой части есть ноль – Бесконечность, тогу-кэтэр и боху – хохма, бина, тифэрэт, малхут, те четыре ступени, в которые явно входит свет, и то, что постигается нашим духовным телом от входящего света, называется Творцом.

Часть 3. Прямой и отраженный свет

Итак, то, что мы постигаем, называем Творцом. И то, что сегодня мы постигаем вокруг нас, в принципе это тоже Творец. Только это постижение неявное, и отнести это к Творцу мы не можем, потому что не постигаем то, что внутри этого постижения есть высшая сила.

Духовное постижение, в отличие от постижения нашего мира, – это такое постижение, внутри которого мы явно ощущаем источник того, что постигаем. То есть свет несет в себе кроме наслаждения четкое осознание источника наслаждения со всеми его замыслами, планами в мере той ступени, на которой мы его постигаем.

Чем ступень выше, тем более явно постижение источника. Эфес-ноль, тогу вэ боху – это категории, части постижения каждой ступени. Любое твое духовное ощущение состоит из этих трех частей: ноль или Бесконечность, затем более низкая часть, которая называется тогу, где я не понимаю, что это – Творец, творение и вообще что это такое, но уже что-то такое, хаос, и потом боху – явное ощущение, потому что свет входит внутрь меня.

Боху состоит из хохмы, бины, Зэир Анпина, малхут. Боху – это юд-кей-вав-кей – скелет парцуфа, в который входит свет, и оно дает абсолютно четкое постижение, потому что находится ниже экрана. Что значит ниже экрана? То, что я иду выше своих ощущений, вопреки своему эгоизму, это затем входит в меня и дает мне постижение Творца.

Экран находится в пэ парцуфа, между тогу и боху. Экран – это действие на тогу, то есть то, что я согласен идти на тогу, аннулируя свои постижения, и не хочу заниматься тем, что постигаю. Только идти вопреки своему разуму – это называется, что ор хозэр уходит в тогу от экрана вверх, в голову, в кэтэр в той мере, в которой я могу это сделать. В этой мере я начинаю затем внутри себя мое слияние с тогу для постижения в боху.

Это противоречие само в себе. Насколько идешь выше разума, настолько у тебя расширяется, обогащается разум. Отрицание собственного разума является ключом к тому, что человек становится умней.

Духовное тело состоит из костного мозга, костей, жил, мяса и кожи. Кожа тоже состоит из семи шкур, как мы говорим, а потом есть еще волосы и ногти. Потом есть одежда, она тоже состоит из нескольких частей: мы с вами их изучали; потом

Глава VI

промежуточная часть – дом и палатка (это одно и то же), и потом двор и пустыня. Какое между ними отличие?

Мы с вами недостаточно разбирали место клипот. Клипот (желания без экрана) находятся между внутренней и наружной частью каждого желания. Допустим, между кожей и одеждой уже находятся клипот. Потому что одежда является чисто внешними свойствами, которые человек создает за неимением экрана.

Когда парцуф достигает своего полнейшего исправленного состояния, то кроме него ничего не существует, не существует ни волос, ни ногтей в таком виде, тем более не существует одеяния, палатки, двора и пустыни. Все они входят вовнутрь парцуфа, потому что это те части, которые под Ц"Б невозможно исправить до гмар тикун. А клипот находятся между этими частями.

Это описывается в книге «Бейт шаар а каванот» – есть такая книга. Она идет как продолжение последней части ТЭ"С. Там он обо всем этом очень четко рассказывает. Так где же находятся нечистые миры относительно чистых, и «клипат нога», и как они разделяются относительно тела духовного парцуфа?

Я вам хочу сказать только одно: что никогда человек не сможет понять эти вещи в своей голове, никогда. И то, что вы сейчас читаете, у вас исчезает через пару дней, и вы пытаетесь удержать в себе чисто умозрительно картину, она все равно не удерживается и не удержится.

Любая картина нашего мира удерживается у нас в зависимости от умственных способностей каждого, и удерживается потому, что мы рождаемся уже с келим, с инструментами, с ячейками, в которые можем эту картину вобрать, с памятью, как в компьютере, на которую эта картина может наложиться и остаться на ней.

А любая духовная форма не имеет у нас своих келим, чтобы отложиться на них, на этих ячейках. И поэтому совершенно бесполезно пытаться представить себе что-то, то есть представляйте, конечно, но одновременно с этим имейте в виду и не забывайте, что никогда вы правильной картины и ничего близкого не сможете в своих ощущениях представить, что же это на самом деле, о чем тут говорится, до появления вот этого духовного органа чувств, духовной памяти.

А после этого, конечно, будет совершенно явное, во много раз большее ощущение постижения, чем любое постижение какого-либо объекта или действия в нашем мире. Намного ярче и выпуклее.

Кэтэр относительно Эйн Соф можно назвать творением, а относительно творения его можно назвать Творец.

(ТЭ"С, стр. 125)

5) Получается, что можно называть Бесконечность и Творца (как называют некоторые каббалисты своими короткими мозгами, пишет Ари), именем «кэтэр». И можно называть творением, потому что, естественно, Бесконечность выше него, выше кэтэра. И все же мудрецы предостерегают: не занимайся тем, что выше тебя. А та цель, о которой мы можем говорить, называется БО ХУ, потому что кэтэр – это среднее между Творцом и творением. А причина состоит в том, что последняя часть самой низшей ступени, которую можно себе представить, в Бесконечности создает первую часть, в которой находится корень десяти сфирот, но в самом зародыше, в самом тонком своем состоянии, которое только может находиться в творении, в самом неуловимом виде, потому, что тогу, то есть кэтэр, который находится выше боху и выше тела, как голова, которая находится вне тела, и нет там ничего, кроме того, что не постигается и относится к абсолютному нулю.

– комментарий –

Есть вещи, которые ты не можешь постичь, потому что ты создан ниже них, значит, не стоит тебе этим заниматься, потому что это невозможно постичь. Ты просто запутаешься, и тогда практически отрежешь себя от правильного постижения.

Исследуй четко любое постижение, раздели его на ту часть, которую ты можешь постичь, и на ту, которую ты не можешь постичь, исходя из своих природных свойств на данной ступени, и занимайся тем, что находится в границах твоих постижений.

Здесь он намекает на то, что у нас есть вообще-то две ступени, а не три. Одна ступень называется Эйн Соф, или ноль, а вторая ступень называется уже тогу вэ боху вместе, и они все-таки относятся к творению, потому что голова тоже относится к творению, хотя неявно, так как находится вне тела. Но это –

Глава VI

уже ограничение не в действии, а в замысле со стороны творения. Теперь уже ор хозэр одевает в себя ор яшар, поднимаясь снизу вверх, образуя этим голову парцуфа.

То есть все-таки тогу в определенной мере относится к творению, хотя оно путает творение, хотя там еще нет полного постижения и еще не входят в келим все эти свойства, которые он постигает. Но все-таки это уже часть, относящаяся к творению. Поэтому он называет эту часть промежуточной.

Тогу называется та часть Бесконечности, которая выделяется из самой ее последней части в самую высокую часть творения, которая только может быть в нем в самом неуловимом виде. Такая часть называется тогу. То есть вещи очень тонкие. Зачем он нам это все говорит, специально выбирая такие отрывки из всех сочинений Ари? Всего у Ари – 15 томов, а он выбрал здесь всего лишь отрывки. Почему?

Чтобы показать, каким образом правильно относиться к тому, где мы находимся, к тем ощущениям, которые мы постигаем в нашем мире, и к тому, что мы вообще надеемся постичь далее из более тонких духовных материй.

Мы должны постоянно и четко представлять себе наши ограничения, не поддаваться никаким фантазиям, а принимать за достоверность только то, что подконтрольно входит в наши органы чувств – так называемые боху, – которые можно повторить, проверить, четко осознать, понять и каким-то образом передать другому.

А обо всем, что выше уровня боху, необходимо также четко понимать, что это – вещи, находящиеся вне нашего постижения на данной ступени. На следующей ступени они будут уже внутри нашего постижения, а Творцом будет еще более высокая ступень. Каждая высшая ступень относительно низшей называется всегда «Творец», а на следующей ступени этот Творец постигается уже в творении. И Творцом уже называется еще более высшая ступень, и т.д.

В кэтэре есть две ступени: последняя ступень Бесконечности, которая создала вторую ступень, являющуюся корнем, зародышем всех творений.

(ТЭ"С, стр. 125)

6) Находим, что есть в этой части две ступени. Одна ступень – самая низшая из Бесконечности, как мы, например,

могли бы сказать, являющаяся малхут, что в малхут. И хотя на самом деле это не так, потому что нет никаких сфирот в Бесконечности, но так мы говорим для того, чтобы это прозвучало привычно нашему уху. И в этой самой последней ступени Бесконечности есть все, что находится выше нее, и она получает от всех ступеней, потому как известно, что малхут получает от всех высших ступеней. И вот эта последняя ступень в Мире Бесконечности создает более низкую, последующую ступень, представляющую собой самую высшую ступень, которая только может быть в творении. И есть в этой наивысшей в творении ступени, которую она создает, корень всех творений. И эта ступень уже действует и влияет на все остальное, что под ней. И нет между самой низшей частью Творца, то есть Эйн Соф, и самой высшей, то есть самой высокой, самой тонкой частью из всех творений, никакой другой промежуточной ступени. Действует только эта ступень, которая представляет собой последнюю часть малхут дэ-малхут Мира Бесконечности и которая порождает кэтэр дэ-кэтэр всех творений. И нет творения более близкого к Создателю, чем эта ступень.

– комментарий –

Ари, говоря: «Последняя ступень в Мире Бесконечности», подчеркивает, что это он просто говорит так, ибо – какие могут быть ступени в Бесконечности, если никто их не постигает, если никто не видит, что Бесконечность таким образом делится на какие-то ступени. Но выразить по-другому он не может, поэтому говорит так.

Мы с вами знаем, что любая часть, любое духовное постижение состоит из той же структуры, что и вообще все духовное, все мироздание. То есть любая духовная структура, нами постигаемая, любая самая маленькая духовная ступенька состоит из Бесконечности, из мира Адам Кадмон, Ацилут, Брия, Ецира, Асия и нашего мира – из всех этих частей.

Этот мир – это тоже духовная категория, которая означает определенное духовное ощущение, а вовсе не те ощущения, которые мы испытываем сейчас. Если человек постигает наименьшую духовную ступень, то он начинает постигать вещи, которые мы сейчас ощущаем, и те вещи, которые мы еще не в состоянии ощутить.

Глава VI

Нам необходимо в любом духовном постижении, как только нам представится такая возможность, сразу же их различать и четко понимать. Каким-то образом нам, очевидно, дадут такую возможность – различить, где Творец, где творение, а где промежуточная часть между ними и почему не надо путать одно с другим. Вот сейчас он начинает пояснять более конкретно.

Свойство Творца в кэтэре называется Атик. Корень творения в кэтэре называется Арих Анпин.

(ТЭ"С, стр. 125)

7) Две этих бхины вместе называются кэтэр. Верхнюю часть из них некоторые каббалисты называли Эйн Соф, а вторую часть в ней они называли кэтэр, который относится уже к десяти сфирот. Но мы, говорит Ари, не считаем, что это так, то есть эта часть нашего постижения, называемая кэтэр, не представляет собой ни Творца, ни творение, а представляет собой промежуточную стадию между Бесконечностью и творениями, в которой есть свойства Бесконечности и есть свойства творений. И эти две части называются Атик и Арих Анпин, и вместе они называются кэтэр. И это должно быть нам совершенно ясно.

– **комментарий** –

То есть кэтэр состоит из двух частей: верхней и нижней. Верхняя называется Творцом, нижняя называется творением. Верхняя называется Атик, нижняя – Арих Анпин. И все это относится к кэтэру, то есть к той части, которую, в общем-то, творение постигает, но не в действии, а в замысле.

То есть сейчас Ари делит наше постижение снизу вверх на такие части: Этот мир, Асия, Ецира, Брия, Ацилут. В мире Ацилут есть у нас снизу вверх: малхут дэ-Ацилут, Зэир Анпин дэ-Ацилут, Исраэль Саба вэ Твуна, Аба ве Има, затем Арих Анпин и затем Атик.

Арих Анпин и Атик – два первых высших парцуфа мира Ацилут: Атик – наивысший, за ним ниже стоит Арих Анпин, и оба они относятся к понятию «кэтэр». Атик относится к Творцу, Арих Анпин – к творению. А выше них находится уже мир Адам Кадмон и т.д., и это все Ари относит к Эйн Соф.

Атик – его так и назвали, от слова «неетак», то есть абсолютно оторванный от наших постижений. В Арих Анпине уже находится корень всех творений, и он является корнем или кэтэром в действии для всего мира Ацилут.

В Арих Анпине находится полностью все управление Творца, весь мозговой центр всего мироздания. Если мы говорим когда-либо, где-то, о чем-то, о каких-то действиях, то должны всегда идти в Арих Анпин и там смотреть, почему на самом деле то или иное действие происходит. В нем зарождается совершенно все, и нет ничего, что зародилось бы не в нем, и нет ничего неподконтрольного ему.

Арих Анпин – самая высшая ступень, на которой зарождается все, а затем существует множество низших ступеней, в которых зарожденные в Арих Анпине будущие события обретают все более и более реальную форму, пока не воплощаются в материале.

> **Последняя часть в мире Ацилут, которая представляет собой малхут дэ-малхут мира Ацилут, является Атиком в мире Брия, находящемся под миром Ацилут, и она же облачается в Арих Анпин мира Брия.**
>
> (ТЭ"С, стр. 125)

8) И это то, что сказано в другом месте, что малхут дэ-малхут мира Ацилут облачается в рош дэ-Брия, которая называется кэтэром мира Брия или Арих Анпином, и эта же часть мира Ацилут, одевающаяся в Арих Анпин в мире Брия, называется Атиком мира Брия.

– **комментарий** –

То есть относительно мира Брия мы можем представить себе Ацилут как Эйн Соф, и последняя часть от Эйн Соф, малхут дэ-малхут дэ-Ацилут, одевается в Арих Анпин дэ-Брия, и Арих Анпин дэ-Брия уже представляет собой кэтэр дэ-Брия, и от него распространяется весь мир Брия.

И каждая ступень относительно другой ступени, вплоть до самой мельчайшей, на которую можно указать как на деталь, на какую-то порцию постижения, также состоит из всех этих частей.

Глава VI

Далее рассказывается уже не о том, как переходит информация якобы из Творца в творение, а о том, как Творец облачается внутрь творения, то есть присутствует внутри каждого и каждого элемента творения – полностью все понятия: Эйн Соф, Атик, Арих Анпин – все они присутствуют внутри каждого духовного объекта, то есть творение рассматривается уже не сверху вниз, а как бы вглубь, и в любом нашем постижении, в глубине его находится Бесконечность, сам Творец.

Ребе считал эту часть очень важной, настолько, что мы несколько раз возвращались к ее изучению.

ГЛАВА VII

Выясняет, как малхут мира Ацилут спустилась и обратилась в кэтэр мира Брия.

Две категории высшего мира нисходят в низший мир: 1) это десять сфирот прямого света, облаченные в обратный свет, распространяющиеся вследствие зивуг дэ-акаа с экраном, и 2) это то, что последняя бхина высшего мира, называемая малхут дэ-малхут, спускается и образует из себя Атик в более низшем мире. И она не распространяется с помощью отраженного света и экрана, а пробивает экран и спускается в низший парцуф.

(ТЭ"С, стр. 126)

1) Нашел я у рава Гидалья аЛеви, пишет Ари, что первые три из шести сфирот Арих Анпина мира Брия, называемые Ха-Га"Т, которые совершенно раскрыты и не имеют никаких одеяний, – они и являют собой экран. Пояснение: мы выяснили, что в каждом из трех миров: Брия, Ецира, Асия, есть только один экран. Когда через экран между Ацилутом и миром Брия проходит свет мира Ацилут, чтобы создать десять подобных ему сфирот в мире Брия, то свет не ударяет в этот экран, чтобы затем пройти сквозь него, а только проходит через экран, вопреки всяким законам, и создает внизу под ним десять сфирот мира Брия. И эти три первые сфиры: хэсэд, гвура, тифэрэт Арих Анпина мира Брия – они также проходят через экран, но не пробивают его, а уменьшаются по мере своего нисхождения через экран, и вниз проходит только маленькая часть света. А точка малхут мира Ацилут спустилась, чтобы облачиться в эти три первые сфирот Арих Анпина мира Брия, и ее свет, который находится в малхут мира Ацилут, прорывается сквозь сам экран,

пробивая его, спускается и облачается в три первые сфирот (ГА"Р) Арих Анпина дэ-Брия.

– комментарий –

То есть одна часть распространяется вследствие зивуга дэ-акаа, по законам совпадения свойств (насколько высший парцуф может быть подобен низшему парцуфу, то есть наинизшая часть высшего и наивысшая часть низшего стыкуются между собой), и при этом происходит передача, переливание из высшего парцуфа в низший. Это одно свойство.

А второе свойство передается вопреки законам природы: просто малхут дэ-малхут пробивает экран и образует из себя Атик, то есть кэтэр в более низшем парцуфе.

Почему это происходит вопреки законам природы? Почему должно быть именно такое превращение и такая двухсторонняя связь, одна часть которой действует согласно законам всех ступеней, то есть соответствием свойств, а вторая – вопреки этим законам? Какая в этом надобность? Что сохраняется во втором случае, когда пробивается малхут дэ-малхут в низший парцуф через экран без помощи зивуг дэ-акаа?

Все десять сфирот мира Брия представляют собой свет Бины, потому что весь мир Брия – это бэт дэ-авиют, включая кэтэр и хохму мира Брия, потому что общий уровень мира Брия – Бина. Бина мира Ацилут одевается в ХаГа"Т Арих Анпина мира Брия и не может распространяться далее в мире Брия, то есть только в ХаГа"Т Арих Анпина, но не в его НеХ"И.

И поэтому ХаГа"Т Арих Анпина мира Брия определяется как его ГА"Р, а НеХ"И дэ-Арих Анпина – как его ВА"К. То есть соответствующий свет, который приходит из мира Ацилут, одевается только в верхнюю часть, в ХаГа"Т дэ-Арих Анпин мира Брия. И поэтому эти ХаГа"Т дэ-Арих Анпин дэ-Брия абсолютно без левушим – одеяний.

Голова любого парцуфа никогда не одевается в нижний парцуф. Низший может надеяться на все тело предыдущего парцуфа до пэ дэ-рош, но никогда не на его голову. То есть низший парцуф может увидеть, понять, почувствовать все действия высшего парцуфа, но никогда не может понять, почувствовать и осознать причины этих действий.

Голову, то есть мысли, планы, причины того, как действует высший парцуф, низший парцуф никогда не постигает, потому что одевание низшего парцуфа начинается с пэ дэ-рош высшего парцуфа и вниз. И потому как ХаГа"Т Арих Анпина мира Брия называется рош, то он абсолютно без левушим, то есть без того, чтобы какой-то низший парцуф мира Брия облачился на него.

Одеяние низшего парцуфа на высший – это постижение, совпадение свойств, слияние с высшим парцуфом. Что же означает в нашем мире: «я надеваюсь на что-то»? Если я своей мыслью, своим разумом могу на что-то надеться, то, значит, я эту вещь постигаю, я ее как бы включаю в себя, я ее в себе могу анализировать, разделять, складывать, делать с ней аналитические или физические действия, то есть она уже подвластна мне.

Это называется надевание парцуфа на парцуф. То есть низший парцуф может, сделав определенную работу, надеться на тело высшего парцуфа, но не на его голову. Так вот, есть часть, которая проходит из высшего парцуфа в низший парцуф с помощью экрана, и есть часть, которая проходит из высшего парцуфа в низший парцуф, пробивая этот экран и не обращая на него никакого внимания. Почему?

Высший парцуф хочет передать низшему парцуфу всю свою информацию в каком-то виде. В высшем парцуфе есть часть, которую низший никогда не постигает, то есть с помощью экрана он не может ее постичь, и есть часть, которую он постигает с помощью экрана. Эту часть, которую он постигает с помощью экрана, высший ему и передает с помощью экрана, а есть часть, которую он с помощью экрана вообще никогда в жизни не сможет постичь. Эту часть высший передает низшему противозаконно, то есть против всех законов природы, прорываясь сквозь экран.

Бкия – прорыв означает, что свет, несмотря ни на какие законы, прорывается своими усилиями сквозь границу экрана, совершенно не принимая во внимание ограничивающую силу, которая есть в нем, то есть вскрывает его, проходит и светит под экран. Такое действие света – вопреки законам экрана, когда он просто взламывает и прорывается сквозь него, называется бкия.

Вспомним для сравнения то, что мы изучали про зивуг дэ-акаа на высший свет и экран. Когда экран останавливает высший свет, желающий распространиться под его границей, и возвращает его обратно, то какая-то часть высшего света все же проходит сквозь экран и светит там, спускаясь сверху вниз. И это выглядит подобным тому, как свет разбивает границу экрана и проходит сквозь него вниз. Но в этом все же нет никакого сравнения с тем, что мы называем бкия (взламывание экрана). И ни в коем случае нельзя это уподобить той картине, которую мы можем представить себе, как взламывание границы в нашем мире.

А причина этого действия в духовном мире заключается в том, что постигается граница, ограничение экрана. Эта часть, которая постигается как граница экрана и проходит сквозь него, называется малхут дэ-малхут высшей ступени, или точка малхут высшей ступени.

Поэтому у нас всегда есть в зивуг дэ-акаа две части: одна часть – это экран, который может остановить высший свет, возвратить его обратно, сделать с ним зивуг дэ-акаа, облачить его в свой ор хозэр на четырех ступенях своего развития, то есть все четыре ступени высшего света облачить в четыре ступени отраженного света снизу вверх.

Затем, насколько эта малхут может отразить от себя высший свет, настолько она себя этим расширяет и принимает в себя высший свет, облаченный в отраженный свет в таком виде, что все десять сфирот, которые получились над экраном, – головные. Это четыре бхинот – десять сфирот прямого света, облаченные в десять сфирот отраженного света, вместе одно в другом – называются голова парцуфа.

В соответствии с этим то, что есть в голове, распространяется под экраном в тело. И все эти качества, части, свойства затем проявляются уже в теле парцуфа в самих сфирот, в его желаниях согласно тому образу, который есть над экраном в голове.

И это первая часть взаимодействия света с экраном, во всех распространениях света сверху вниз после Ц"А. Вторая часть особая. Ее мы здесь изучаем впервые. В ней часть высшего света, в данном случае бхина Бэт, пробивает и ломает экран, существующий между Ацилутом и Брия, и проходит сквозь него вниз безо всякой помощи отраженного света, а только благодаря своей собственной силе.

В чем вся разница? Наверху есть один свет или два? Один свет – тот, который проходит согласно законам, а второй проходит незаконно? Это один вопрос. Второй вопрос: что они делают внизу? У первого есть определенная форма, потому что он облачен в экран и строит по подобию высшего внизу ту же пропорцию между частями и т.д.

А тот свет, который прорывается согласно только своим желаниям, не принимая во внимание границы экрана, что он делает внизу? Для чего он нужен? Что он в себе несет и передает? Это все мы должны узнать.

Если после Ц"А кли решило, что свет будет распространяться согласно величине экрана, и только оно определяет все, что происходит в мироздании (малхут сама определяет, сколько она получит света), то почему есть еще все-таки вопреки этому какое-то явление?

В основном вопрос такой: зачем это надо? Что таким образом передается сверху вниз, если эта часть света, которая проходит сверху вниз, совершенно не изменяется, то есть она вообще не меняется от Мира Бесконечности и до самого последнего парцуфа, в котором даже нет экрана?

Этот свет проходит везде и всюду, вопреки всем законам, совершенно не меняясь, потому что экран-то на него не влияет, не одевает в себя и не уменьшает, вообще никак не изменяет, и поэтому он проходит таким, как он есть, как космические лучи. Каким же образом он проявляется относительно низшего парцуфа? Как низший парцуф может выдержать свет, который вообще не одет в ор хозэр?

Взломать экран – это значит достигнуть его границы. Он ничего при этом не разрушает, и это не подобно тому, что происходит в нашем мире, когда разрушается преграда и что-то проходит, а что-то – нет. Он просто не обращает внимания на экран, как будто его не существует, то есть проходит гладко, как будто нет никакого решения со стороны малхут получать свет и пропускать в себя только согласно своему экрану.

Нисхождением света называется его ослабление путем последовательного одевания в различные виды ор хозэр. То есть по мере того как экран ослабляется, он одевает все меньшую и меньшую порцию высшего света и таким образом делает парцуфим, то есть все меньше и меньше наполняет малхут.

Что делает свет, который не обращает внимания на экраны, на ор хозэр, а просто проходит через всю малхут? Наполняет или не наполняет ее? Свет, который проходит из высшего парцуфа в низший, как будто нет экрана, и не взаимодействует с ним – взаимодействует ли он с десятью сфирот?

Или со всеми творениями и со всеми ступенями он взаимодействует, а только на экран не обращает внимания? Или на

Глава VII

творения и сфирот тоже? Если на них он тоже не обращает внимания, то зачем о нем говорить? Или он все-таки каким-то образом влияет на них, но так, как будто экрана не существует?

То есть экран выставил, родил, составил все эти парцуфим, миры и все прочее, а этот свет проходит среди них и воздействует каким-то определенным образом на каждый мир. Возможно, в зависимости от его толщины, в зависимости от его свойств он воздействует по-разному и только на экраны не обращает внимания, только в этом он особенный?

Вполне возможно, что на авиют самого кли он обращает внимание, а на авиют экрана – нет. Рав пока ничего об этом не говорит. Мы учим только то, что написано. Дело в том, что из самой учебы мы учимся, как задавать вопрос, ведь вопрос – это и есть кли, в которое затем входит свет, ответ. Поэтому основное в учебе – научиться правильно, вернее целенаправленно, спрашивать.

Всегда, когда вскрываются новые законы даже в науке, они кажутся якобы противоречащими и не сходящимися с предыдущими, а через некоторое время и это явление совершенно правильно и еще более четко вписывается в наши представления о том, что свет делает все только по желанию и в соответствии с подготовкой кли. Просто мы еще относительно этого явления не знаем всех его особенностей.

Мы увидим, что все это верно, просто есть часть, которую можно передать через экран, и есть часть, которую через экран передать нельзя. Почему, как, зачем – все это мы узнаем.

Вначале малхут была такой же большой, как З"А. Затем она начала возмущаться, что хочет властвовать сама. И тогда ей было сказано идти и уменьшить себя до одной сфиры в мире Ацилут, а девять сфирот, которые у нее пропали, спустились в мир Брия и обратились в его первый парцуф, называемый Атик.

(ТЭ"С, стр. 127)

2) И вот тайна этой точки, как нам известно, заключается в том, что вначале были созданы два светила (Зэир Анпин и малхут в мире Ацилут называются соответственно Солнце и Луна, Левана) абсолютно равными по своему размеру, по своему

положению. Затем малхут (Левана) пожаловалась и вследствие этого уменьшилась, то есть она была полным парцуфом, уменьшилась и стала маленькой точкой, состоящей из десяти точек, то есть малхут сама была полным парцуфом от кэтэр до малхут. Естественно, что в таком парцуфе в каждой сфире есть еще десять сфирот в толщину. Так вот то, что у нее осталось, это только сфират кэтэр, в которой внутри есть десять сфирот вдоль, то есть в толщину, и больше ничего, а остальные девять низших сфирот улетели от нее. И она теперь начинает свой новый парцуф как новая абсолютно маленькая точка, а девять остальных точек-сфирот она получает с помощью Зэир Анпина, и поэтому она называется «аспаклария дэ-лит ла миграма клюм» – источник света, который совершенно не может сам из себя светить. Поэтому возвращается Зэир Анпин и забирает у нее все, и она остается в виде маленькой точки, и не может оставаться в нем такой ввиду своего маленького состояния, и потому она спускается в голову мира Брия.

– **комментарий** –

Ни в коем случае не думать, что Солнце и Луна в нашем мире напрямую соединены с Зэир Анпином и малхут мира Ацилут. Наш мир устроен по принципу подобия, соответствия определенных духовных свойств, но не более того. Нечего Солнцу и Луне поклоняться.

В начале созданы были Зэир Анпин и малхут как два совершенно равноценных парцуфа, но в таком состоянии малхут не смогла в себя получить свет, и она начала при этом якобы возмущаться. (Но надо понять, что значит возмущаться. Если она не могла получить свет, то зачем тогда была создана такой?)

И единственное исправление этого состояния заключается в том, чтобы малхут из своего большого состояния, при котором она равна по величине Зэир Анпину – как для нас с Земли Солнце и Луна зрительно примерно равны между собой, – чтобы Луна-малхут постепенно начала уменьшаться до точки, совершенно пропадая, а затем уже получала свет с помощью Зэир Анпина, который будет передавать ей свет в определенной последовательности, в определенных качествах, давая ей и свои келим, и свои света.

Малхут мира Ацилут – это та же малхут Мира Бесконечности, которую надо наполнить светом с помощью экрана на все

Глава VII

100%. Но есть тут очень много всяких вопросов. Вопрос-то в основном в том, что Творец создал свойства – желание насладиться – еш ми айн, то есть из ничего. То есть качество, совершенно противоположное Его свойству отдавать, и оно настолько полностью противоположно, что ни в коем случае не может даже немного ощутить, что такое отдавать, абсолютно не может впитать в себя никакого свойства, кроме ощущения себя. Как же в таком случае можно говорить о таком исправлении творения, чтобы оно сумело достичь свойств Творца, уровня Творца, подобия Творцу?

Изначально из того, что оно создано еш ми айн, то есть из нуля, из абсолютнейшей противоположности, оно не может в себя вобрать никаких других свойств. Как можно что-либо с ней сделать, если все исправление производится только с помощью каких-то свойств Творца, которые впитываются творением? Можно ли что-то сделать на совмещении, симбиозе, совместном использовании малхут и ор хозэр (получение ради отдачи)?

Малхут дэ-Эйн Соф состоит из пяти частей: шорэш, алеф, бэт, гимэл, далет – и все это относится к бхине далет. Шорэш, алеф, бэт, гимэл в ней – свойства предыдущих бхинот света, который она смогла в себе абсорбировать, поглотить, впитать. С их помощью она может как-то действовать.

А далет дэ-далет, сама малхут, являющаяся творением, именно она, а не все остальные части, никак не может в себя впитать ни одного свойства выше себя, ни одного свойства Творца. Как же тогда можно ее исправить? Эта малхут строит вокруг себя миры: Адам Кадмон, Ацилут, Брия, Ецира, Асия. Все они находятся в оболочке под Ц"А, и сама она находится внутри.

Что можно сделать теперь с этой центральной точкой малхут, которая не может никаким образом в себя впитать ни одного свойства Творца, чтобы она достигла не только какого-то подобия Творца, а стала равной Ему?

Мы рассматриваем возможность исправления и эту последовательную серию действий, когда малхут из абсолютно черной точки, совершенно изолированной от всего, совершенно ограниченной от всех остальных свойств, не ощущаемых ею, начинает уподоблять себя тем свойствам, которых она совершенно не чувствует, не понимает и не находится с ними ни в каком изначальном контакте. И это то, что мы с вами изучаем, – самое практическое деяние в творении.

Часть 3. Прямой и отраженный свет

Что означает: «малхут создана как Зэир Анпин, совершенно равной ему по величине»? Зэир Анпин и малхут называются двумя источниками света, двумя светилами, потому что они светят в низших мирах БЕ"А, поскольку от ГА"Р (кэтэр, хохма, бина) низшие не могут получить свет. Его получают только Зэир Анпин и малхут от ГА"Р мира Ацилут, а под парса, в миры Брия, Ецира, Асия свет пройти не может.

Эти миры называются низшими. Почему низшими? Потому что в этих мирах: Брия, Ецира, Асия обитают души. И только Зэир Анпин и малхут мира Ацилут могут светить под парса в мирах БЕ"А, то есть душам. И поэтому они называются: два источника, два светила. И в то время, когда они были созданы (в четвертый день творения), они были абсолютно одинаковыми.

То есть малхут получала свой свет от Бины мира Ацилут, а не от Зэир Анпина. И в этом они были одинаковыми. Если малхут не может получить от бины, а только от Зэир Анпина, то она находится под Зэир Анпином, ниже него и поэтому получает от него как от высшего парцуфа.

Существуют два состояния Зэир Анпина и малхут:
– когда они абсолютно одинаковые и оба получают от бины;
– когда Зэир Анпин и малхут разные, то есть Зэир Анпин выше, а малхут ниже. Тогда малхут получает от Зэир Анпина, и они уже совершенно различны между собой по уровню.

И в этом первом состоянии произошел с малхут так называемый кетруг, то есть ее жалоба бине. На что же она жаловалась в этом случае, когда была совершенно подобна и равна Зэир Анпину и получала от бины, как и он?

Все это происходит в мире Ацилут. Как мы уже выяснили, Луну называют малхут, и она была полностью равна Зэир Анпину, называемому Солнцем. Они были совершенно одинаковыми по уровню ВА"К, то есть имели не полный парцуф, а только частичный: ХаГа"Т, НеХ"И, и в обоих отсутствовала голова – рош. Отсутствовали ГА"Р (сфирот кэтэр, хохма, бина), и они оба были как два маленьких парцуфа – еника, относительно Бины.

Они получили свет от бины, а в таком случае бина называлась их кэтэром. Сказано в Талмуде в трактате Хулин, что малхут начала жаловаться, что не могут два Властелина (она же хотела властвовать) пользоваться одной короной, и поэтому ей было сказано: «Ты иди и уменьши себя, то есть выйди из мира Ацилут в мир Брия, и там ты сможешь властвовать».

В мире Ацилут у малхут существовал полный парцуф в десять сфирот. Все это исчезло, парцуф спустился в мир Брия, осталась в мире Ацилут только одна маленькая точка, которая в потенциале состоит из десяти точек. Затем из этой точки вырастает новый парцуф, но уже с другими свойствами, и она получает уже свойства от Зэир Анпина.

Это означает, что первоначальные свойства тех десять сфирот, которые были у малхут, непригодны для того, чтобы получать свет и быть равной Зэир Анпину, быть равной Творцу. (Зэир Анпин мира Ацилут называется Творцом.) Остается от нее всего лишь точка. Остальные девять сфирот она получает от духовного источника, сверху. Тогда она становится равной Зэир Анпину, и творение действительно полностью достигает уровня Творца.

Бааль Сулам объясняет, что означает выражение «аспаклареия дэ-лит ла миграма клюм». Так называется малхут. Аспаклареия – это источник света, который не светит своим светом. Малхут в Каббале называется Луной, она светит только отраженным светом, а планеты представляют собой несветящиеся самостоятельно тела.

Если малхут является источником света, то она должна была бы светить сама, то есть свет должен был бы исходить из нее непосредственно, а сказано, что «нет в ней от себя самой совершенно ничего», потому что ее корнем является черная точка, на которую произошел Цимцум.

Черная эгоистическая точка – это то, что мы определяем как еш ми айн, то есть создание из ничего: самая противоположная Творцу точка, единственное творение. Естественно, что она не может никак светить, потому что вся ее природа – получать, а не отдавать свет.

Все девять сфирот, которые малхут обрела в мире Ацилут, не являются ее личными. В малхут не находится прямой свет, как в остальных сфиротах, а эти девять сфирот образуются в малхут в результате того, что экран, созданный ею для противодействия своему эгоизму, поднимает ор хозэр от себя вверх к Зэир Анпину.

Часть 3. Прямой и отраженный свет

Этот ор хозэр затем возвращается от Зэир Анпина к малхут уже сверху вниз и несет с собой в малхут девять первых сфирот. Таким образом, малхут получает девять первых сфирот от Зэир Анпина, и десятая сфира ее личная. Получается, что малхут обладает парцуфом в десять сфирот.

Поэтому на время, когда малхут уменьшается и нисходит в мир Брия, она нисходит в мир Брия только сама по себе, только своей сутью непосредственно. А все девять первых сфирот, приобретенных от Зэир Анпина, остаются в мире Ацилут, потому что они являются отраженным светом, который находится в корне Зэир Анпина мира Ацилут. И это то, что говорит Ари: «Возвратился Зэир Анпин и получил их обратно».

Малхут является единственным творением – это эгоистическая точка. Она не может делать ничего иного, кроме получения, и это свойство напрямую создано Творцом. Оно неизменно. Вся проблема малхут в том, что она в этом состоянии абсолютно противоположна Творцу, абсолютно пуста, а задача Творца, Его желание состоит в том, чтобы творение приобрело Его уровень, Его свойства, Его возможности совершенства.

Для этого малхут должна к своей единственной точке добавить девять остальных точек, то есть девять первых сфирот, и образовать парцуф, то есть на свою десятую точку сделать экран и работать только с девятью первыми сфиротами, с теми девятью свойствами Творца, которые она может в себе адаптировать. В таком состоянии малхут уже называется Шхина, или общая Душа, или Адам.

Это и есть единственное творение, которое уже можно назвать таковым, то есть способным действовать. Малхут, не связанная с девятью первыми сфирот, то есть свойствами Творца, которые она вбирает в себя, – называется прах, потому что она не способна ни на что, ни на какое движение.

Движение может быть только там, где существуют два каких-то отличных друг от друга желания, а если они одинаковые – это одно желание. Таким образом, в малхут может появиться движение, если она вбирает в себя хоть какое-то свойство, отличное от себя, то есть свойство Творца.

Прахом называется малхут сама по себе, потому что в ней ничего не может расти и она не может дать жизнь, так как сама абсолютно безжизненна. Но при ее соединении со свойствами Творца (соединение малхут с биной, с желанием отдавать), она начинает приобретать уже свойства Земли. И из праха превращается в Землю, в которой уже может зарождаться жизнь и т.д.

И потом из земли все растет. Как сказано: все начинается с земли. Земля сначала начинает образовывать скалы, камни, потом живые объекты – растительные, животные, потом человеческие, – все они основываются на этой первичной, абсолютно эгоистической точке, которая не способна ни на что, но которая постепенно включает в себя, адаптирует, абсорбирует в себе все новые, все более высокие и сильные свойства Творца до тех пор, пока она не достигает такого уровня, что рождает из себя человека, то есть такой духовный парцуф, который полностью равен по величине, по свойствам и по возможностям Творцу.

Творец, передавая малхут первые девять сфирот, как бы показывает, демонстрирует малхут, кто Он такой. Она все эти девять свойств получает в себя и ставит экран на свою десятую, эгоистическую ступень, подавляя ее, и начинает работать с эгоизмом так, что уподобляется полностью этим девяти свойствам, сфирот и таким образом образует из себя парцуф, который полностью равен по высоте, по подобию Творцу и сливается с Творцом в одно общее.

Это и есть Цель Творения, и этой ступени достигают все души вместе. А каждая частичка этой малхут называется душа...

Даже после того как исправилась ущербность малхут, она осталась в виде Атика в мире Брия.

(ТЭ"С, стр. 128)

3) Это произошло во время уменьшения Луны, при сотворении мира. Но после того как она исправилась, вернулась на свое место и стала параллельно З"А, спина к спине, еще не получая от него свет, – родился новый парцуф, называемый Адам аРишон, который своим действием вернул З"А и малхут в состояние лицом к лицу, как было вначале. Затем, вследствие прегрешения низших, малхут снова уменьшилась и спустилась. Это и есть тайна наших молитв – исправление малхут и возвращение ее к начальному состоянию, так как на большее нет у нас сил. Каждая частица святости оставляет рошем – запись на своем месте, даже тогда, когда исчезает оттуда, и всегда эта точка остается в рош дэ-Брия.

– комментарий –

Мы с вами изучаем, как рождается творение. Четырьмя ступенями нисходящего света образуется малхут и получает свет – это малхут Мира Бесконечности. Она делает на себя Цимцум – это мир Сокращения, а потом начинает получать с помощью экрана, рождая парцуфим Гальгальта, А"Б, СА"Г и т.д.

В Торе все эти процессы начинают упоминаться только с мира Ацилут, потому что мир Ацилут является корнем наших миров и Души. Он заведует всем исправлением и управлением. До создания Души – сосуда, который должен получить весь свет Творца, – идет особая подготовка по созданию окружающего пространства, в котором эта Душа будет существовать, то есть всех условий и сил, которые будут на нее воздействовать и с помощью которых эта Душа сможет исправиться и полностью наполниться светом.

Процесс создания среды для Души называется шесть дней творения. Душа, называемая Адам, создалась в конце шестого дня творения и, не достигнув седьмого дня творения, разрушилась, разбилась на 600 тысяч частей. Процесс создания среды и самой малхут до появления Души происходит в определенном порядке, и он разделен на части, называемые днями: 1-й день творения, 2-й, 3-й, 4-й день творения.

Эти дни творения считаются по исчислению сфирот Зэир Анпина. Зэир Анпин является представителем, прообразом Творца относительно малхут, и поэтому семь его сфирот олицетворяют собой ту среду, которую малхут будет ощущать по отношению к себе как Творца.

Зэир Анпин – это сфирот хэсэд, гвура, тифэрэт, нэцах, ход, есод. Малхут седьмая. Это уже шабат. Хэсэд, гвура, тифэрэт – это кэтэр, хохма, бина в З"А, сфира нэцах – это сам З"А в З"А, ход – это его малхут, и есод – это общая сборная сфира всех частей З"А, которая уже передает все дальше в парцуф Малхут.

В четвертый день творения произошло очень интересное событие, называемое кетруг а яреах, то есть жалоба Луны на то, что она только по размеру может быть подобной Солнцу, то есть малхут может быть равна по размеру З"А, но не может сама светить как он.

З"А может светить, потому что у него есть келим дэ-ашпаа – альтруистические свойства. Малхут, хотя она и вбирает в себя свойства З"А, но такой, как З"А, быть не может. Она должна приобрести, вобрать в себя альтруистические свойства таким образом, чтобы они стали ее свойствами, и тогда уже на основе ор хасадим, который ее заполнит, она сможет получать и, получая таким образом, отдавать ор хохма, то есть светиться.

Вот это ее превращение из просто получающей в отдающую с помощью экрана, с помощью вбирания свойств З"А, называется процессом кетруг а яреах. Все души являются частицами малхут. После того как малхут вбирает части З"А, чтобы полностью смешаться с его свойствами, происходит разбиение Малхут-Души, так называемое разбиение парцуфа Адам аРишон, и все ее части падают вниз. Они находятся в мирах БЕ"А под миром Ацилут. Постепенно эти части постигают, насколько им желателен подъем в мир Ацилут, и это ощущение желательности подъема, слияния с миром Ацилут, называется молитвой. Молитва о том, чтобы собраться вместе всем частям разбитой малхут в одно общее кли и получить один общий свет.

И в этом заключается смысл всех наших молитв: добиться Ее исправления. Чтобы затем Она вернулась в то состояние, в котором была раньше, потому что нет лучше состояния, чем это. Но зато, когда мы заставляем малхут своими молитвами вернуться в первоначальное состояние (то есть подключаем к ней свой хисарон), она возвращается уже совсем в другом виде. (Хисарон – недостаток, ненаполненность, нехватка, недостаточность.) Мы включаемся в нее и достигаем ступени в 620 раз более высшей, чем в начале. То есть мы в 620 раз более качественно ощущаем совершенство и слияние с Творцом по сравнению с тем, каким оно было и ощущалось в малхут до грехопадения Адама.

Рав Ари говорит, что каждое явление в духовном оставляет после себя решимо – запись на том месте, в котором оно было, хотя и исчезло оттуда. Но несмотря на то что оно исчезло, скрылось с наших глаз и уже не существует относительно нас, оно светит нам, дает информацию через свое новое покрывало, и это явление называется решимо.

Нет никакого исчезновения в духовном мире, а все изменения – меньшие, большие или якобы исчезновения, о которых мы говорим, указывают на то, что прежняя картина остается на своем месте такой же, как была, а в дополнение к ней возникает новая картина.

Часть 3. Прямой и отраженный свет

Изменения являют собой всего лишь дополнения, добавку, наслоение на прежнюю форму, на прежнее свойство. Но прежняя все равно остается внутри, там, где она сейчас находится, и не проявляет себя. И она находится там постоянно, поэтому малхут постоянно находится в виде точки в голове мира Брия. То есть поднятие этой точки и ее спуск на свое место в мире Ацилут не приводит ни к каким изменениям, исчезновениям этой точки в мире Брия. Если она спустилась в мир Брия и стала Кэтэром для мира Брия, то что бы затем не происходило с ней в мире Ацилут – в мире Брия она продолжает работать по-прежнему.

Это не так, как в нашем мире: если какой-то предмет перемещается на другое место, то на прежнем месте его уже нет. Духовное пространство – это пространство сил, свойств, поэтому каждое свойство занимает какой-то объем, какое-то влияние, какое-то действие, явление. Оно изменилось, в соответствии со своими изменениями переместилось, занимая другое место.

Но нет такого, чтобы тот же объект переместился, потому что перемещением называется изменение свойств. Например, бутылка, если бы она переместилась в духовном на другое место, это означало бы, что она из бутылки превратилась во что-то другое. На том месте, на котором она была, она может быть только в виде бутылки, допустим, я ее перемещаю на миллиметр в сторону, это значит, что я должен на миллиметр изменить ее свойства, и это значит, что она, будучи перемещенной на миллиметр, уже не будет бутылкой, она уже получит совсем другое название, у нее будут совсем другие свойства, она будет называться сыном или последующим парцуфом относительно предыдущего своего явления, из которого произошла, но того же самого на другом месте быть не может, потому что духовное – это только пространство свойств.

И если какое-то свойство изменяется, мы называем это перемещением. То есть механических движений нет. Есть только изменения свойств. Поэтому таких явлений, как исчезновения, быть не может.

Если какое-то явление преобразуется в другое, то предыдущее остается действовать так же, как и раньше. Оно может быть скрыто относительно других объектов каким-то образом, но если оно уже проявило себя, выявилось как свойство относительно Творца, значит, оно уже постоянно и вечно существует в том же месте, которое заняло когда-то.

Глава VII

Невозможно изменение и остановка, то есть неизменность на одном и том же месте в одном и том же состоянии. Изменения и передвижение – это одно и то же. И поэтому необходимо понять, что возвращение этой точки в мир Ацилут является дополнением, обновлением, как при зажигании свечи от свечи – первая свеча при этом ничего не теряет.

Так и малхут, которая спустилась в мир Брия, а затем поднялась снова в мир Ацилут, находится также и в мире Ацилут. И с того времени есть две точки малхут: одна, которая находится в мире Брия и представляет собой кэтэр для всего мира Брия и последующих миров, а другая, которая вернулась в мир Ацилут и является малхут мира Ацилут.

Исчезновение девяти сфирот малхут происходит вследствие прегрешения низших, и эти девять ее сфирот не поднимаются к З"А, а падают в клипот – в нечистые желания.

(ТЭ"С, стр. 129)

4) Однако в то время, когда малхут уменьшается вследствие прегрешения низших, девять прочих ее точек исчезают от нее (кроме нее самой, потому что она впитала от З"А альтруистические желания) и не возвращаются обратно к З"А на свое место, откуда пришли. Они спускаются в нечистые желания вследствие наших прегрешений, как сказано «Шхина бэ галут» (Шхина – явление Творца, ощущение Творца находится в изгнании, то есть Творец неощутим) и нет возможности продолжить рассмотрение этого.

– **комментарий** –

Мы уже говорили о том, что малхут представляет собой прах, эгоистическое желание, которое абсолютно ни на что не способно, из которого не может ничего вырасти. В ней можно что-то взрастить только в том случае, если она впитает в себя девять свойств, сфирот З"А, что и достигается в мире Ацилут.

Малхут получает здесь девять сфирот от З"А, создавая полный парцуф. Затем, вследствие прегрешения Адама, малхут теряет эти девять сфирот (альтруистические свойства, полученные от З"А) – свойства Творца. Но эти девять сфирот, девять свойств, которые она теряет, не возвращаются обратно к З"А, от которого она их получила, а спускаются вниз.

Что называется «вниз»? Нет верха и низа в духовном. Они попадают в ее распоряжение, в распоряжение самой малхут, в нечистые силы. Это можно уподобить тому, как человек входит в какую-то хорошую компанию, попадает под влияние хорошего воспитателя, набирается от него каких-то хороших свойств, обучается полезному ремеслу. А потом вдруг проявляются в нем его истинные нехорошие, эгоистические желания, противоположные всему тому, чему он научился, и теперь он обращает все эти знания и все это ремесло во вред, то есть в плохие действия, в эгоистические. Учился быть хорошим слесарем, допустим, а стал хорошим взломщиком. Вот это то, что, грубо говоря, происходит здесь с малхут. Она хочет использовать те девять альтруистических сфирот, которые получила от З"А, с эгоистической целью: сейчас она желает самонасладиться с их помощью всем этим проявлением совершенства, глубиной познания и духовным возвышением.

Теперь она хочет насладиться всем тем, что раньше было возвышенным, направленным на отдачу, и по-своему использовать все эти свойства. Это определяется как падение всех этих девяти сфирот в клипот, в нечистые силы и нечистые желания, под власть малхут. Вместо того чтобы малхут уподобилась этим девяти сфиротам, альтруистическим свойствам, она включает их в себя, и своим желанием, направленным внутрь себя, властвует ради себя над этими девятью свойствами.

Как точка малхут мира Ацилут спустилась и образовала Атик в кэтэр мира Брия, так и в каждом мире малхут высшего мира спустилась и оделась в кэтэр более низшего мира.

(ТЭ"С, стр. 129)

5) Как сказано выше, эта точка, бывшая последней («хвостом льва») в мире Ацилут (как сказано, что «Хава являлась хвостом Адама»), спустилась, уменьшилась и стала «головой лисицы», то есть рош в мире Брия. И то же произошло в каждом мире: точка малхут мира Ецира спустилась в рош мира Асия, и то же – в мире Брия: малхут мира Брия спустилась в рош мира Ецира, и то же – в рош мира Ацилут, как сказано (про

мир Ацилут): «Все сделано светом хохма», потому что свет Мира Бесконечности, который находится в мире Адам Кадмон, облачился в высший свет хохма, который находится над миром Ацилут. И спустился этот свет хохма сам, и пробил экран, который находится над миром Ацилут, и облачился в мир Ацилут. И это соответствует сказанному про мир Ацилут: «Все создано светом хохма».

– комментарий –

Львы – это те парцуфим, у которых есть масах и которые могут вопреки своему эгоизму работать на отдачу. Арайет-львы от слова итгабрут, то есть сила, а шоалим-лисицы – от слова шеелот-вопросы, то есть точка спустилась в такую сферу, где неясно проявление Творца, не как в мире Ацилут.

«Хава являлась хвостом относительно Адама». З"А и малхут называются по имени Адам и Хава. Малхут представляет собой окончание всех сфирот З"А, и поэтому мудрецы, говоря о парцуфе «Адам аРишон» до того, как родилась Хава в своем полном парцуфе в десять сфирот, а имелась только сама ее точка, говорят, что она представляет собой «хвост Адама», то есть находилась в конце его. Это самая последняя его точка.

А потом она получила якобы от Адама его ребра – НеХ"И парцуфа З"А – эти НеХ"И с малхут разделились, и получился полный парцуф, который называется или Малхут, или Шхина, или Хава, и есть еще много других названий.

Когда она находится под З"А, то называется «нуква, находящаяся в его теле», то есть заканчивает все его сфирот. Малхут, которая получила дополнительно от З"А еще девять сфирот и образовала отдельный парцуф, который называется нуквой нефредет – отдельная малхут.

Малхут мира Адам Кадмон прорвалась сквозь границу между миром Адам Кадмон и миром Ацилут и облачилась в голову мира Ацилут. И там она уже представляет собой не свет Бесконечности, а свет хохма. И именно от нее, от этой точки малхут мира Адам Кадмон, которая превратилась в голову мира Ацилут, весь мир Ацилут получает свет Бесконечности. Что значит свет Бесконечности? То есть он получает свет Бесконечности, облаченный в свет хохма.

Часть 3. Прямой и отраженный свет

Малхут мира Адам Кадмон образует собой масах дэ-бхина гимэл – уровень хохма. Одеваясь в бхинат гимэл и в уровень хохма, она прорывается вниз и образует Атик мира Ацилут. Мы знаем, что предыдущий парцуф всегда делает зивуг на решимот последующего парцуфа, и таким образом рожает его так же, как А"Б получается из Гальгальты.

Экран Гальгальты после того, как поднялся в пэ дэ-рош, берет решимот, спускается до хозе, делает зивуг дэ-акаа и рожает парцуф А"Б. Так же и здесь: после того как вышел весь мир Адам Кадмон, вплоть до малхут мира Адам Кадмон, а все парцуфим мира Адам Кадмон – далет дэ-авиют, его малхут делает зивуг гимэл дэ-авиют и рожает первый парцуф мира Ацилут.

Я специально выбрал эту часть, потому что она не требует заранее никаких четких знаний. И любой человек, у которого есть желание, может приобщиться к изучению, заодно постепенно изучая иврит, а также строение самого ТЭ"С, то, как к нему надо подходить, как читать, поэтому эта часть очень удобна для начинающих...

Вследствие того что малхут высшего парцуфа стала кэтэром низшего парцуфа, связаны миры один с другим и получают свет один от другого.

(ТЭ"С, стр. 130)

6) Но все, что происходит в мирах, – только для их пользы, то есть для исправления, для достижения конечной цели, для того чтобы связать все свойства одно с другим и чтобы все миры смогли получить свет один у другого, как это было сперва в конце мира Ацилут, когда малхут дэ-Ацилут стала кэтэром мира Брия, а затем в остальных мирах.

– комментарий –

Мы с вами изучали, что все разбиения сосудов были необходимы только для того, чтобы взаимно связать свойства малхут, представляющей собой прах, со свойствами Творца и таким образом, с одной стороны, впрыснуть в малхут эти альтруистические свойства, с другой стороны, создать вокруг нее такую среду, которая могла бы в определенной последовательности

Глава VII

возбуждать в малхут альтруистические свойства, в определенном порядке то поддавать ей силы, то, наоборот, убирать ее и изматывать малхут таким образом, чтобы постепенно вынудить ее стать подобной этим альтруистическим свойствам, работать на исправление.

Эта среда образует собой миры и строит их вокруг малхут. От нее исходит все управление. Ари указывает на связь между миром Ацилут и Брия, потому что в Ацилуте есть полнейший свет, полное проявление Творца. Все свойства абсолютно исправленные.

Начиная с парса и ниже происходит разбиение сосудов, там находятся нечистые миры – все вперемешку: исправленное и неисправленное. Ацилут устанавливает связь с тем, что находится под парса, – это самая интересная связь, потому что тут и происходит смыкание между двумя противоположностями.

Естественно, что так же это происходит и в остальных мирах: от мира Брия к Ецира, от Ецира к Асия. И это уже не проблема. Главное – это связь между Ацилут и нижестоящими мирами, потому что Ацилут ими всеми управляет. Он их всех приводит к исправлению: все случаи, все действия, все явления рождаются в мире Ацилут, и все они после исправления немедленно поднимаются в мир Ацилут и остаются в нем.

Смысл исправления каждой души – подняться в соответствии со своими свойствами в мир Ацилут и слиться с ним, включиться в него – в тот корень, с которого она вследствие прегрешения, вследствие разбиения упала вниз своими свойствами.

Вследствие того что малхут мира Ацилут спустилась и облачилась в кэтэр мира Брия, в Святая Святых, он получил возможность подняться в шабат в мир Ацилут.

(ТЭ"С, стр. 130)

7) Смысл шабата заключается в том, что в таком состоянии происходит дополнение святости, то есть света во всех мирах. И тогда поднимается Высшая Святая Святых мира Брия и возвращается обратно в Ацилут, и становится Ацилут совершенно законченным, и то же – во всех остальных мирах.

Часть 3. Прямой и отраженный свет

– комментарий –

Что значит – Ацилут становится законченным? Мир Брия становится сейчас по свойствам равным миру Ацилут, потому что получил сверху дополнительный свет внутрь, и его свойства под влиянием света исправились, сравнялись с миром Ацилут. Это и называется – поднялся в мир Ацилут, слился с ним.

Такое состояние подъема мира Брия в мир Ацилут называется шабатом относительно мира Брия. Шабат – это подъем какой-то души, какой-то части парцуфа из-под парса и временное нахождение в мире Ацилут. Происходит оно под воздействием нисхождения света свыше.

Из Мира Бесконечности исходит свет, входит в какой-то определенный парцуф или во весь мир, и если при этом данный объект поднимается в мир Ацилут, его состояние называется шабат. В таком состоянии, естественно, он ничего не может сделать самостоятельно, потому что не своими силами улучшил свои свойства и поднялся в мир Ацилут, а под воздействием получаемого свыше света.

Поэтому в шабат и запрещена работа. Есть определенные вещи, которые надо выполнять такому парцуфу, есть вещи, совершенно запрещенные для его выполнения, потому что его собственные свойства еще не исправлены, а весь подъем сделан за счет того, что он свыше получил силу, в общем-то незаслуженную, в виде подарка, поэтому шабат называется «подарком».

Будние дни – это присутствие на каких-то уровнях в мирах БЕ"А, под парса. Шабат – нахождение в мире Ацилут. Не имеет значения, как долго эти состояния продолжаются у человека, находящегося еще в нашем мире и существующего в нашем теле, они так называются, характеризуются, а не определяются по календарному времени.

Голова мира Брия, в которой находится точка малхут мира Ацилут, называется Святая Святых. Все это место, свойство, все это облачение на точку, спущенную из мира Ацилут в мир Брия, поднимается вместе с этой точкой в мир Ацилут в день шабат, когда сверху нисходит из Мира Бесконечности свет и поднимает, таким образом, свойства всех объектов, которые он наполняет, вследствие силы точки мира Ацилут, которая находится там.

Глава VII

Мир Брия может подняться в мир Ацилут потому, что внутри его кэтэра, в его Святая Святых, находится точка мира Ацилут. Поэтому свет сверху нисходит в эту точку, и благодаря тому, что эта точка находится в мире Брия, она светит всему миру Брия через Святая Святых, и таким образом мир Брия поднимается в мир Ацилут, и Святая Святых считается находящейся в мире Ацилут.

В каждом творении есть не более чем четыре ступени Ху"Б, Ту"М и промежуточная ступень между Творцом и творением, называемая кэтэр, в которой есть свойства Творца и свойства творения.

(ТЭ"С, стр. 130)

8) Из этого следует вывод, что творение состоит из четырех ступеней, которые представляют собой четыре буквы юд-кей-вав-кей имени АВА"Я, или четыре мира: Ацилут, Брия, Ецира, Асия, или четыре сфиры: хохма, бина, тифэрэт, малхут. И поэтому Тора начинается со слова Берешит, потому что нет решит, кроме хохмы, как сказано мудрецами. Они сказали об этом на языке отрицания для того, чтобы отрицать наличие кэтэр. Однако есть промежуточное свойство между свойствами Творца и творения, и оно называется кэтэр. И этот кэтэр включает в себя все, что находится выше него. И хотя он самый маленький из всех предшествующих ему наверху, в более высшем парцуфе сфирот, он получает от них от всех, и есть в нем корень всех десяти сфирот творения, и он передает им всем свет сверху вниз.

– комментарий –

Хохма – это первая сфира, первая ступень, с которой начинается творение, и поэтому с нее начинается Тора. Тора рассказывает нам о сотворении мироздания, о том, что находится в творении.

Сфира кэтэр, с одной стороны, – это малхут высшего парцуфа. Она вбирает в себя все, что находится наверху: все свойства, все деления, все качества, и затем как бы отворачивается от того, чтобы быть малхут предыдущего парцуфа, и поворачивается, чтобы стать кэтэром последующего парцуфа, благодаря чему приобретает связь – и как малхут предыдущего парцуфа, и как кэтэр последующего – со всеми десятью сфирот более низшего парцуфа.

Там она имела связь с девятью сфирот высшего парцуфа, находящимися над ней, и была его малхут. Тут она – кэтэр относительно девяти низших сфирот этого парцуфа и влияет на них.

Дальше Ари подчеркивает то, что мудрецы могли бы сказать: «решит (начало) – это хохма». Почему же они сказали, что «нет решит, кроме хохмы», то есть специально на этом сделали ударение? Потому что они хотели этим сказать другое: кэтэра в творении не существует – кэтэр относится еще к Творцу.

Хотя он и находится в творении, но является представителем Творца. От него исходит все влияние, все управление, все, что получает творение в свои девять последующих низших сфирот, и поэтому наивысшим свойством творения является Хохма. И поэтому Хохма называется «решит», и Тора начинается со слова «Берешит».

Весь мир, то есть все творение, состоит всего лишь из четырех бхинот: хохма, бина, тифэрэт, малхут, где хохма высшая из них, а кэтэр совершенно не считается находящимся в этом мире или в этом парцуфе. Это промежуточная ступень между этим миром, парцуфом, ступенью, душой и более высшим. Но этот кэтэр сам по себе также делится на четыре ступени, иначе он не был бы способен связаться с четырьмя ступенями самого парцуфа.

Поэтому в самом кэтэре есть четыре ступени: хохма в кэтэре влияет на хохма, бина в кэтэре влияет на бину, тифэрэт в кэтэре влияет на тифэрэт, малхут в кэтэре влияет на малхут. Кэтэр в кэтэре – это часть, которая к парцуфу не относится абсолютно, а все остальные сфирот уже являются влияющими на все остальные соответствующие сфирот всего парцуфа.

Когда мы считаем четыре ступени, то имеем в виду четыре свойства самого творения, а когда мы считаем пять – добавляем к ним кэтэр, в котором есть и Творец, и творение.

(ТЭ"С, стр. 130)

9) И не ошибись в том, что иногда мы считаем десять сфирот, на которые делятся четыре буквы АВА"Я – Имени Творца, а иногда мы делим эти четыре буквы АВА"Я на 5 частей,

Глава VII

на пять парцуфим, но, когда мы говорим четыре, то считаем только свойства творения, существующие в действии, а когда мы считаем пять парцуфим, то добавляем к ним и корень творений, то есть Творца вместе с творением.

– комментарий –

Однако не все десять сфирот образуют парцуфим. Дело в том, что шесть сфирот: хэсэд, гвура, тифэрэт, нэцах, ход, есод не образуют парцуфим, потому что все они выходят на один авиют и представляют собой, естественно, один духовный уровень, то есть бхину гимэл, потому что все они выходят на один зивуг дэ-акаа, и потому они считаются как один парцуф.

Во всех мирах верхняя из ступеней определяется как Творец, а нижняя как творение, в котором есть четыре свойства. И есть между ними промежуточная ступень, называемая кэтэр, в которой есть одновременно Творец и творение. И этот кэтэр, являясь малхут высшего парцуфа, то есть относительно высшего парцуфа, называется ани («я»), а будучи кэтэром низшего парцуфа, называется «эйн» («нет»). И это тайна сказанного: «Я – первый и Я – последний».

(ТЭ"С, стр. 131)

10) И знай, что по этому же принципу в десяти сфиротах каждого мира, каждого парцуфа, каждой ступени высшая из них называется «Творец», а низшая – «творение». И нет в творении менее четырех букв АВА"Я, даже в самых частных десяти подсфирот и под-подсфирот. И есть между ними промежуточная часть, называемая «кэтэр». И продумай это хорошо, потому что именно на этом строится все наше изучение. И об этом сказано: «Я первый и Я последний», потому что кэтэр – он первый для низшего парцуфа и последний для высшего парцуфа, и он называется эйн – «нет», и он называется ани – «я» (те же самые буквы: алеф, нун, юд). Являясь частью высшего парцуфа, он называется «ани», что соответствует малхут, а будучи кэтэром низшего парцуфа, называется эйн.

– комментарий –

Есть два парцуфа, верхний и нижний. Малхут верхнего парцуфа и кэтэр низшего парцуфа представляют собой единое целое. Это промежуточная ступень между верхним и низшим. И эта промежуточная ступень относительно высшего называется «ани»-я, а относительно низшего называется «эйн»-нет, то есть непостигаема относительно низшего и полностью постигаема и является основой относительно высшего.

«Нет» – это отрицание. Оно говорит о том, что нет абсолютно никакого постижения, нельзя его никак схватить, а «я» говорит о том, что есть полное абсолютное постижение.

Почему называется «я»? Потому что в духовном мире постижение происходит только вследствие совпадения свойств. То есть насколько я совпадаю свойствами с каким-то духовным объектом, настолько, то есть в той мере я его постигаю, полностью или частично.

Поэтому, если я говорю «я», то есть этот объект становится мной, – значит, я его полностью постигаю. Кэтэр относительно высшего парцуфа полностью постигаем, представляет собой его суть. Относительно низшего парцуфа он как бы абсолютно непостигаем, представляет собой ничто.

Малхут творения, которая в нем, называется «последней» и называется «я», что соответствует «малхут», и в этом виде она является корнем творений, которые в нем, являющихся в свою очередь кэтэром, то есть корнем, и это «первый», называемый «нет», состоящий из букв: алеф, нун, юд.

Здесь есть намек на очень важную вещь, потому что слово «нет» – эйн указывает на абсолютное непостижение, непостигаемость, и оно обратно слову я – ани, которое указывает на абсолютную постигаемость до самого последнего элемента анализа постижения.

И несмотря на то что нет двух более крайних друг другу, взаимно аннулирующих, исключающих друг друга понятий, чем эти слова «я» и «нет», однако буквы в них абсолютно те же, и это заключает в себе огромное чудо творения, и это тайна сказанного: «Я первый и Я последний».

Эти две категории не противоположны друг другу, а это вообще одно понятие, а не два. То есть «я» и «нет» – абсолютное постижение и абсолютное непостижение – это именно одно, а не два понятия.

Глава VII

И потому Ари указывает: продумай это хорошенько, потому что вокруг этого понятия вращаются все комментарии и все объяснения, которые будут у нас впереди. Потому что промежуточное звено между двумя звеньями – это и есть точка соприкосновения творения с Творцом, в которой есть и часть творения, и часть Творца, и поэтому творение, с одной стороны, может постичь Творца, а с другой стороны, Он все равно остается абсолютно непостигаемым в себе.

С одной стороны, эта точка включает в себя сумму всех сфирот, всего, что есть выше нее, потому что все, что есть выше нее до Бесконечности, представляет собой не более чем подготовку к тому, чтобы родилась вот эта последняя ступень и породила еще более низкую ступень.

Значит, в потенциале эта промежуточная ступень несет в себе все высшие ступени, которые являются относительно нее постепенным раскрытием света, и она же является в потенциале всеми будущими ступенями, которые произойдут от нее. Далее, эта ступень включает в себя свет Бесконечности, облаченный во все одеяния предыдущих парцуфим, с одной стороны, и включает в себя в потенциале будущее кли, представляющее собой все парцуфим, которые родятся от нее и вниз. Поэтому в этом понятии (промежуточная ступень – ани вэ эйн малхут высшего и кэтэр низшего объединяются в одно.

С одной стороны, малхут высшего парцуфа представляет собой весь этот парцуф, его «Я», и она пробивает экран, как уже было сказано выше, и проникает сквозь эту границу в более низший парцуф, и поэтому кэтэр низшего парцуфа называется «Я» – последний, что означает наивысшую степень совершенства, потому что малхут высшего парцуфа получает от всех 10-ти сфирот, которые находятся в высшем парцуфе.

Она последняя из десяти сфирот, значит, она получает в себя от всех девяти предыдущих. И эти десять сфирот высшего парцуфа включают в себя все парцуфим, которые должны одеться во все нижестоящие ступени. Поэтому точка малхут высшего парцуфа, ставшая кэтэром низшего парцуфа, представляет собой абсолютное совершенство.

Хотя корень любого парцуфа являет собой все, что находится до него и представляет собой абсолютно четкую конструкцию, получающую от всех предыдущих парцуфим, и в этом смысле он абсолютно постигаем, но относительно того, как он светит и образует все нижестоящие парцуфим, он относительно них проявляет себя как Творец, и с этой точки зрения он абсолютно непостигаем.

Этим и объясняется абсолютно обратное понимание «ани» и эйн, потому что он является одновременно и частью высшего парцуфа (это промежуточное звено, малхут высшего), и корнем низшего. Но с точки зрения того, что он является светом, проходящим через экран, как уже сказано выше, он включает в себя четыре стадии, которые он рождает именно в своем действии, делая на них зивуг дэ-акаа, и поэтому называется рош творения, кэтэр, потому что все, что есть в нем, затем распространяется в тело творения.

А можно сказать, что все, что есть в теле, распространяется из головы и поэтому называется «нет», потому что все, что есть в каждой ступени и в каждом мире, находящемся под ним, – это всевозможные ограничения и наложения на то, что есть в нем.

Низшие ступени – это не более чем какие-то порции того, что есть в голове парцуфа. А до того, как эти низшие парцуфим ограничивают голову этого парцуфа, голова сама по себе называется непостигаемой – эйн, как сказано: «Я первый...», то есть она представляет собой только самое начало раскрытия и корень для его раскрытия. И эта голова называется в таком случае не Атик – тогу, а Арих Анпин – боху, или – ницуц нивра, то есть искра творения, а не Творца, или – кэтэр, потому что в этом он проявляется уже относительно всех творений.

Но в сказанном про Атик «...Я последний» имеется в виду только то, что в шабат, то есть в субботу (когда поднимаются миры в мир Ацилут и все возвращается к своему корню), малхут высшего парцуфа возвращается и полностью сливается с кэтэром низшего и т.д.

И очень углубись и постарайся понять эти вещи. Бааль Сулам пишет: ДО"К – это не просто проверь-тивдок. ДО"К – это сокращение двух слов, которое означает: если захочешь, сможешь здесь постичь, то есть ощутить духовное. И проверь (то есть ДО"К) эти понятия. Возможно, ты удостоишься и найдешь ворота в эту мудрость (вовнутрь мироздания, то есть в Каббалу) именно через сопряжение этих двух понятий «Я» и «НЕТ», то есть «Я» и «ТЫ», что означает – творение и Творец.

ГЛАВА VIII

Она говорит о том, что четыре стадии Ху"Б Ту"М подобны человеку, в котором душа одета в тело, а тело одето в одеяния, и он сидит внутри помещения. Хохма – это тайна света мира Ацилут и поэтому называется – нэшама мира Ацилут, или Адам Элион, Высший Человек. Хохма одевается в Бину, представляющую собой все келим, называемые «телом» мира Ацилут, а тело, то есть Бина, одевается в З"А, называемый «одеждой», и Малхут, представляющую собой помещение, дом.

1) И после того как мы выяснили, что все творения вместе являются единым целым, состоящим из четырех основ, представляющих собой четыре буквы АВА"Я, или четыре мира АБЕ"А, в которых есть высшая часть, промежуточная между ними и Бесконечностью, называемая кэтэр, мы выясним сейчас в общем виде каждый мир по отдельности, а затем снова вернемся выяснять все эти миры как одно общее целое.

Все, что есть во всех мирах АБЕ"А, – это не более чем 4 бхинот: Ху"Б Ту"М, представляющие собой четыре буквы юд-кей-вав-кей, представляющие собой также душу, тело, одежду и дом.

(ТЭ"С, стр. 133)

2) И вот все, что создано во всех мирах, – это не более чем четыре части, называемые АВА"Я, которые представляют собой также: духовную часть, называемую душа, часть, представляющую части тела, часть, называемую одеяние, и часть, называемую дом.

Часть 3. Прямой и отраженный свет

– комментарий –

То есть когда мы говорим, что четыре мира Ацилут, Брия, Ецира, Асия – представляют собой четыре ступени или представляют собой соотношения души, тела, одеяния и дома, то имеем в виду, что такое соотношение между этими мирами имеет место только тогда, когда три мира: Брия, Ецира и Асия – поднимаются в мир Ацилут. А это происходит только в состоянии, называемом шабат.

Мир Ацилут – самый внутренний, снаружи на него одевается Брия, на Брия одевается мир Ецира, а на него мир Асия, и отношения между ними как Душа-Тело-Одеяние-Дом, четыре условных духовных категории, но соответствие между ними возникает, когда один находится в другом и связь между ними, как в четырехбуквенном имени Творца.

Они представляют собой одну категорию, одно общее тогда, когда эти три мира не находятся под парса, а поднимаются в мир Ацилут. А в остальное время, то есть в остальных своих состояниях, когда они не надеваются на мир Ацилут в таком порядке, а находятся под парса – нет никакой связи между ними, и они представляют собой четыре разрозненных мира, а не один духовный объект.

Свет в мире Ацилут представляет собой духовное, называемое душа, и это – хохма. Душа эта одета в келим мира Ацилут, называемые телом.

(ТЭ"С, стр. 133)

3) Рассмотрим мир Ацилут, на примере которого поймем все последующее. Внутренняя часть в мире Ацилут называется «душа» – нэшама, и она одета в части тела, называемые «келим», которые представляют собой десять сфирот, называемые «голова, конечности и тело».

– комментарий –

В мире Ацилут, как и в любом мире, есть две составляющие: свет и кли. Свет в мире Ацилут определяется как душа, или руханиют. Кли, что в мире Ацилут, – гуф-тело.

Келим состоят из трех частей: головы, конечностей и тела, а свет, который наполняет их, называется душой. Ни в коем случае, естественно, не следует представлять себе какие-то тела, подобные человеческим. Здесь имеются в виду лишь желания, не облаченные в материальную форму, то есть как силы, как поля, если можно себе представить поля абстрактно, без каких-либо материальных носителей.

В желаниях, исправленных подобием Творцу, ощущается его присутствие, называемое светом. Тело состоит из десяти сфирот, называемых головой, конечностями и телом. Никаких голов, конечностей и тел нет. Так называются десять сфирот.

Под словом «голова» подразумевается сфира кэтэр. Верхние конечности называются хэсэд и гвура. Хэсэд – правая конечность, сфират гвура – левая конечность, и тело называется тифэрэт. А от табура, то есть от пупа и вниз есть у нас четыре сфирот: нэцах, ход, есод, малхут. Нэцах и ход соответственно правая и левая нижние конечности, есод – это место, где происходит зивуг, то есть, допустим, половой орган, и малхут – это уже полное окончание конечностей, там, где заканчивается все тело, так называемые ногти ног.

Но все эти термины обозначают чисто духовные категории. А строение человека и все эти «анатомические» понятия просто являются их следствием и потому используются для определения этих чисто духовных категорий. У нас просто нет другого выхода, кроме как использовать этот язык ветвей и корней.

Десятью келим есть у нас в теле, представляющие собой десять сфирот, являющиеся ограничением и мерой мира Ацилут, и они называются «бина».

(ТЭ"С, стр. 134)

4) Вернемся к понятию тело. Оно состоит из 10 сфирот или из десяти мер, в которых есть свои ограничения и меры. Как сказано в «Эц Хаим», в главе, называемой «Пиркей Эйхалот», – когда мы делим части тела на меры, то находим в нем, согласно тому, что пишет Рамак, рейш-ламед-вав, то есть 236 тысяч реавот (это 10 в 6-й степени, то есть 236 миллионов) частей.

– комментарий –

Он нам хочет сказать, что количество огромное, но ограниченное. «Шиур кома» – это книжка Рамака, каббалиста, который жил до Ари, а потом был в свою очередь учеником Ари. Рамаку было уже лет 70, когда он сидел и занимался у 30-летнего Ари. И Ари многое подчас берет в виде определений из его книг для того, чтобы дальше объяснять свой анализ Каббалы.

И нам уже известно, что со стороны света нет никаких ограничений, то есть свет проникает всюду, все наполняет, не изменяется, не перетекает, даже не проникает и не наполняет, просто существует везде в абсолютном покое, и для него не существует никаких границ.

Кли делает границу на распространение света и ограничивает его настолько, насколько ощущает этот свет. Именно от этого ограничения, от зивуга дэ-акаа, который кли делает на свет, и образуются у нас десять сфирот, но эти десять сфирот образуются начиная с Бины и вниз. То есть Бина – это гуф, затем З"А – левуш и Малхут – эйхаль. Бхинот бэт-гимел-далет.

Но бхина алеф, называемая «хохма», или «душа», не относится к кли, а относится к свету. И это именно то, о чем говорит Ари: десять сфирот тела называются десятью мерами ограничений, потому что с бхины бэт (Бина) начинаются келим. С нее начинаются только ограничения, в то время как в десяти сфирот души (бхина алеф, или хохма) нет никакого ограничения.

Бхина алеф еще не считается имеющей авиют. В ней нет такого огрубления, чтобы считаться кли, а не светом, как сказано уже было ранее, и поэтому в этой бхине алеф, в душе (в хохме) нет совершенно кли, то есть ограничения.

Видите, насколько неуловимые понятия: свет и кли. Как только появляются ограничения, это понятие называется кли; когда этих ограничений еще нет, то это понятие называется свет.

Мы изучали стадии распространения прямого света: бхина шорэш, потом бхина алеф, которая все получает от бхины шорэш. Она создана с очень маленьким авиютом, собственного желания у нее практически нет: все ее желание идет от кэтэра, который ее создал, и поэтому она получает свет и не делает на него никаких ограничений.

Распространение света в хохме и вся эта категория хохма, при которой свет светит в бхину алеф дэ-авиют, еще называется светом (то есть бхина алеф только «высвечивает» свет, не делая на него никаких ограничений). Это можно сравнить с пылью. Если бы ее не было в помещении, то луч света, который проникает в помещение, не был бы нам виден, тогда как пыль, которая находится в воздухе, показывает нам, что в воздухе есть луч света.

То есть хохма просто проявляет свет, который существует в кли, а бина уже начинает его ограничивать, говорит: «Не хочу». Поэтому с бины начинается кли, граница. И что же она ограничивает? Тот свет, который находится в кэтэре, – бхинат шорэш. Бина, надеваемая на хохму, начинает ограничивать этот свет, поэтому она является первым кли. Следующие З"А и малхут, естественно, тоже келим – еще более грубые.

Поэтому бина получила название – тело, З"А – одеяние и малхут – дом. Кэтэр совершенно непостигаем. Он считается Творцом, а хохма, которая только выявляет жизнь этого кли, его наличие, насыщение его светом, является душой. И еще Ари говорит о том, что никаких границ, ограничений, разделения этого света на всевозможные части в самом свете нет. Они происходят ввиду того, что первое кли бина, как он говорит, делится на 236 миллионов частей (реш-ламед-вав алафим ревавот парсаот).

А тело Ацилута одето в одеяния, которые представляют собой З"А, облачающий Бину.

(ТЭ"С, стр. 134)

5) И это тело, то есть сфират бина, одето в одеяния мира Ацилут. Как сказали мудрецы – в десять одеяний одевается Творец. Например, в одеяние гордости, как сказано, Царь-Творец одевается в гордость, и это тайна сказанного в книге «Пиркей эйхалот» Рамака. Халат, одеяние Творца, называется там Зоаркель (Зоар от слова «сияние»), то есть сияние Творца. Но на душу, находящуюся внутри, нет никаких ограничений, которые исходили бы от тела и одеяний, хотя относительно Бесконечности и в душе имеются сфирот и ограничения.

– комментарий –

Облачаясь, Творец таким образом светит нижестоящему, проявляется ему как человек-невидимка: если он надевает на себя одеяния, то видно, что это человек, а когда раздевается догола, то его не видно. Кто создает эти одеяния? Низший! Творение делает одеяния на Творца, и по мере того как растет способность делать на него одеяния – постигает Его через них.

Часть 3. Прямой и отраженный свет

Душа в принципе бесконечна. Нет в ней никаких имен, разделов, различных цветов. Мы только можем называть ее какими-то именами, выделяя те света, которые светят в определенных одеяниях – по имени этих одеяний.

Одеяния находятся внутри домов, представляющих собой семь залов мира Ацилут, являющихся Малхут. И все вместе определяется, что Высший человек, то есть Душа, облачен в тело, тело одето в одежды и находится в залах Творца.

(ТЭ"С, стр. 134)

6) И вот эти одеяния находятся внутри домов, то есть внутри семи залов мира Ацилут, представляющих собой самостоятельный мир, состоящий из неба и земли и воздуха между ними. И все это представляет собой дома или залы и называется миром Ацилут, внутри которого находится Высший человек, представляющий собой душу и тело и царские одеяния. Он находится внутри зала высшего Царя, и все это вместе взятое представляет собой в целом общую конструкцию мира Ацилут.

– комментарий –

То есть эти залы закрывают как бы снаружи всю эту конструкцию, называемую миром Ацилут, потому что малхут, шесть ее сфирот – это шесть эйхалот, шесть домов, шесть залов.

Четыре стадии: Душа, Тело, Одеяние, Зал – представляют собой Ху"Б Ту"М, а Кэтэр – пятая часть над ними, и в нем находятся корни этих четырех стадий: Нэшама, Гуф, Левуш, Эйхаль (НиГЛ"Э).

(ТЭ"С, стр. 134)

7) И эти четыре бхинот составляют десять сфирот, начинающихся с Хохма, и есть в них эти четыре части, а также кэтэр, пятая часть, которая является корнем для всех остальных, и есть в ней также корни всех остальных нижестоящих частей.

Глава VIII

> **В каждой из четырех частей НиГЛ"Э мира Ацилут есть десять сфирот: Ху"Б Ту"М. Нэшама, душа, находящаяся в Кэтэр, представляет собой корень для десяти сфирот Ху"Б Ту"М всех нэшамот мира Ацилут. Гуф, то есть бина, которая в Кэтэре, представляет собой корень десяти сфирот Ху"Б Ту"М всех гуфим. Левушим, то есть З"А, которые в Кэтэре, представляют собой корень для десятити сфирот Ху"Б Ту"М всех З"А или всех левушим, и зал, малхут, которая в Кэтэр, представляет собой корень для десяти сфирот Ху"Б Ту"М всех залов, всех малхует, которые находятся в мире Ацилут.**
>
> (ТЭ"С, стр. 135)

8) Находим, что свет нэшама, который находится в кэтэр, является основой для десяти сфирот всех нэшамот мира Ацилут, который начинается с хохмы. А бхинат гуф-тело, который в кэтэре – корень для всех гуфим, которые в десяти сфирот мира Ацилут, начинающихся с хохма. Бхинат левушим-одежды, которые в кэтэре, – это корень для всех десяти сфирот левушим в десяти сфирот мира Ацилут, начинающихся с хохмы. И бхинат эйхаль, который в кэтэре, – корень для десяти сфирот всех эйхалот, находящихся в десяти сфирот мира Ацилут, начинающихся с хохмы.

– комментарий –

Короче говоря, кэтэр состоит из кэтэра, хохмы, бины, З"А, малхут. Кэтэр, что в кэтэр, относится только к кэтэр. Хохма в кэтэр является корнем для всех хохмот, что в мире Ацилут, бина в кэтэре является корнем для всех бинот, что в мире Ацилут, З"А в кэтэре является корнем всех З"А, что в мире Ацилут, малхут в кэтэре является корнем для всех малхует, что в мире Ацилут.

Почему он подчеркивает это? Потому что есть передача света от высшего к низшему, но есть связь и между подобными частями, а это совсем другое дело. Подобные части не сопряжены между собой. Каждый духовный объект состоит из десяти сфирот. Значит, хохма высшего парцуфа связана с хохмой низшего парцуфа через все остальные парцуфим, но все остальные парцуфим являются только проводниками между ними, связующими.

Между хохмой высшего парцуфа и хохмой низшего парцуфа существует полное подобие свойств, в определенной пропорции, конечно, вследствие подобия света, который их наполняет.

На внутренние десять сфирот парцуфа надеваются нэшама, гуф, левуш, эйхаль. Каждая из них состоит в свою очередь из десяти сфирот сверху вниз: хохма, бина, тифэрэт, малхут. А дальше он их связывает между собой. Нэшама кэтэра является корнем для десяти сфирот Ху"Б Ту"М нэшамот, что в Ацилуте. Гуф в кэтэре – это корень, основа, источник для Ху"Б Ту"М во всех остальных гуфим. Левушим в кэтэре – корень десяти сфирот Ху"Б Ту"М в левушим. Эйхаль в кэтэре – корень для десяти сфирот Ху"Б Ту"М в эйхалот.

О чем бы мы ни говорили в кэтэре мира Ацилут, все, что находится в нем, является кэтэром или основой для всех остальных соответствующих сфирот мира Ацилут. То есть в кэтэре есть, в свою очередь, десяти сфирот – эти сфирот, эти бхинот являются основами, корнями, источниками относительно всех остальных сфирот мира Ацилут, и каждая – против подобной ей. То есть в кэтэре есть нэшама, гуф, левуш, эйхаль. Так вот нэшама, которая в кэтэре, – корень для всех нэшамот, и т.д.

Все, что есть в мире Ацилут, отпечатывается в мире Брия.

(ТЭ"С, стр. 135)

9) А после этого по такому же принципу создался мир Брия. Экран, который является землей, то есть низшей частью эйхаля мира Ацилут, согласно своей природе светит вниз и отпечатывает внизу, как печатью, все, что находится в мире Ацилут. И это ор толада, производный свет от мира Ацилут, а не сам высший свет. Поскольку это отпечаток мира Ацилут, то должны все части, все детали мира Брия быть подобными миру Ацилут.

– комментарий –

Экран, находящийся в конце мира Ацилут, благодаря которому светит весь этот мир, пропускает через себя весь свет мира Ацилут и отпечатывает внизу, на другом материале, уже называемом миром Брия, полное подобие мира Ацилут.

Далее он нам дает объяснение, почему экран называется каркой, то есть землей, поверхностью. Как уже объяснялось в предыдущих частях ТЭ"С, окончание ступеней всегда происходит только вследствие экрана, который находится в малхут, то есть распространение любой ступени, от Мира Бесконечности до самой наинизшей прекращается и останавливается в том месте, где стоит экран, там, где свет соприкасается с экраном.

Это подобно тому, как поверхность земли не позволяет стоящему на ней распространиться внутрь, а давит обратно с той же силой, с которой сила притяжения давит на землю. Поэтому мы удерживаемся на земле, а не летаем выше земли и не погружаемся внутрь земли.

Так же и экран, стоящий в конце парцуфа, останавливает свет, для того чтобы он не проник ниже экрана и не вошел в саму малхут. И поэтому этот экран называется карка. Карка – это в принципе земля, но здесь имеется в виду ее поверхность.

Дальше Бааль Сулам хочет нам объяснить, что такое печать и отпечаток. Он говорит, что в отпечатке ничего не исчезает, ни одно из свойств самого источника. Отпечаток повторяет собой все детали мира Ацилут, и именно поэтому они называются печать и отпечаток.

И есть еще один, более точный смысл, почему они называются так. Любой приход высшего света в мир Брия происходит только вследствие зивуг дэ-акаа на экран бхины бэт, находящийся в карке мира Ацилут, то есть его малхут снизу вверх поднимает внутри самого мира Ацилут этот отраженный свет, который в результате принимает всю форму, все многочисленные детали мира Ацилут, вбирает этот мир в себя, инверсно переворачивает сверху вниз и посылает в мир Брия.

Таким образом, мир Брия является абсолютно подобным миру Ацилут. И все детали, которые отраженный свет одевает с карки мира Ацилут и вверх, затем возвращаются сверху вниз и, как в отпечатке, надеваются на мир Брия.

То есть отраженный свет абсолютно подобен – как печать – всему тому, что находится выше него. И поэтому он абсолютно четко копирует все, что находится выше него. Поэтому отраженный свет представляет собой, кроме прочего, еще и глубину или высоту постижения того, что было в предыдущем мире, в предыдущем парцуфе, откуда происходит это исходное изображение, которое затем переворачивается сверху вниз в мире Брия и отпечатывается там уже всего лишь как копия.

Чего же не хватает в копии относительно оригинала? Проблема именно в том, что материал, из которого создана копия, действует совершенно по другим законам, он уже находится под другими ограничениями, но все детали, находящиеся в низшем мире, отпечатываются абсолютно точно, без потери чего бы то ни было из высшего мира.

Итак, мир Брия абсолютно подобен миру Ацилут. Другое дело, как он работает. Он находится под парса, и в нем действуют силы, с помощью которых он поднимает праведников, цадиким и т.д., и в этом состоит его роль.

Как бы то ни было, мир Брия является более грубым следствием, чем мир Ацилут. При этом, повторяя мир Ацилут в деталях, он совершенно не подобен ему по своему основному свойству, поскольку его материя на порядок ниже. Свет, который распространяется в мире Брия, представляет собой всего лишь вторичный свет – ор шель толада.

И это общее правило: каждое место определяется тем, что ор хозэр поднимается снизу вверх и одевает в себя высший свет. Распространение света Бесконечности сверху вниз для того, чтобы создать кли, происходит именно таким образом.

Высший свет, одетый в ор хозэр, уже не представляет собой тот свет, каким он был до воплощения в какие-либо объекты, а определяется всего лишь как свет вторичный, не исходящий из Творца. И причина этого состоит в том, что он исходит из экрана, поднимающего ор хозэр вследствие ограничения, которое в нем есть.

Сила низшего как бы включена в этот свет и находится в нем. Этот свет ограничен келим и высотой, которые есть в экране, то есть тем, как высоко масах может поднять ор хозэр (высота его парцуфа). Экран – это антиэгоистическая сила, и если есть эгоизм, то может быть и экран, если нет эгоизма – экрана быть не может.

Но это сказано только про мир Брия и ниже. В мире Ацилут вообще нет никаких экранов, и поэтому весь свет, который там светит (включая раглаим мира Ацилут до парса), определяется как свет, не облаченный в келим, или как свет, который находится

Глава VIII

выше всяких келим – «ор элион», тогда как под парса, в месте мира Брия, где уже существуют клипа и кдуша вместе, свет, распространяющийся там, называется «вторичный свет».

> **От каждой части кэтэра дэ-Ацилут делается отпечаток на корень части кэтэра мира Брия: нэшама кэтэра мира Ацилут отпечатывается в нэшама кэтэра мира Брия, гуф, который в кэтэре мира Ацилут, отпечатывается в гуф кэтэра мира Брия и т.д.**
>
> (ТЭ"С, стр. 135)

10) И вот кэтэр, являющийся пятой ступенью, состоящей, в свою очередь, из четырех ступеней, отпечатал в голове мира Брия кэтэр такой же, как он сам; от света мира Ацилут отпечатывается свет мира Брия; от тела кэтэр дэ-Ацилут отпечатывается тело кэтэр дэ-Брия; от левуш кэтэра мира Ацилут отпечатывается левуш кэтэра дэ-Брия, и от эйхаль кэтэра дэ-Ацилут отпечатывается эйхаль кэтэра дэ-Брия.

– комментарий –

То есть все пять частей кэтэра мира Ацилут отпечатываются в пяти частях кэтэра мира Брия, и в мире Брия действуют уже эти пять частей его кэтэра. Мы видим, что все части отпечатываются друг относительно друга так, что любой нижний парцуф полностью повторяет верхний, во всех его деталях.

> **НиГЛ"Э кэтэра мира Ацилут, которая распространяется до НиГЛ"Э кэтэра мира Брия, – распространяется с помощью малхут мира Ацилут, которая одевается в кэтэр мира Брия. И все десять сфирот мира Ацилут, которые распространяются в мире Брия, также распространяются через малхут мира Ацилут, которая делает зивуг дэ-акаа на каждую из бхинот, имеющихся в мире Ацилут.**
>
> (ТЭ"С, стр. 136)

11) Но свет от кэтэра мира Ацилут проходит сначала через малхут мира Ацилут, которая является Атиком мира Брия, и

только после этого уже одевается в кэтэр мира Брия. И она пропускает через себя четыре стадии кэтэра мира Ацилут, чтобы образовать кэтэр мира Брия, и тем же путем десять сфирот мира Ацилут, которые проходят через нее потому, что малхут действует именно таким образом. То есть она берет в кэтэре Ацилута все свои свойства и отпечатывает их в мире Брия: нэшама мира Ацилут – в нешаме мира Брия, гуф мира Ацилут – в гуф мира Брия, левуш мира Ацилут – в левуш мира Брия, эйхаль мира Ацилут – в эйхаль мира Брия.

Малхут дэ-Брия, которая спустилась и облачилась в кэтэр дэ-Ецира, распространила отпечаток пяти парцуфим КаХа"Б Ту"М дэ-Брия, то есть его НиГ-Л"Э, в мир Ецира: нэшама от нэшама, гуф от гуф, левуш от левуш, эйхаль от эйхаль. И то же – в мирах Ецира и Асия.

(ТЭ"С, стр. 136)

12) Таким же образом это происходит в мире Ецира, потому что малхут мира Брия становится Атиком и соединяется с Арих Анпином в мире Ецира, и там это называется – «кэтэр» мира Ецира, а пять парцуфим мира Брия так же, соответственно, делают отпечаток в мире Ецира: нэшамот из мира Брия – на нэшамот мира Ецира, гуфим из мира Брия – на гуфим мира Ецира, левушим из мира Брия – на левушим мира Ецира, эйхалот из мира Брия – на эйхалот мира Ецира.

– комментарий –

Все находится в простом подобии. Малхут дэ-Эйн Соф наполнилась светом, потом сделала Цимцум Алеф – свет из нее исчез. Теперь она начинает потихоньку наполняться.

Каждое ее наполнение – это еще один парцуф, состоящий из десяти сфирот, в котором существуют все законы, только большой пропорционально отличается от маленького тем, что он может сделать подобие Творцу в большей степени, а маленький – в меньшей степени.

Сам материал творения остается тем же: желание насладиться не меняется. То единственное, что меняется, – это мера подобия Творцу, и поэтому все парцуфим разные. А свет, который в них, остается тот же, материал, из которого они сделаны – желание получить, – тот же. Детали каждой части – десять сфирот, масах и ор хозэр – абсолютно те же.

То есть практически между парцуфим нет никакой разницы. Вся разница только в том, что позволено одному и что – другому, в зависимости от меры исправления, в зависимости от экрана, который в них есть.

Атик мы вообще не называем парцуфом, относящимся к мирам, потому что он атик, неетак – непостигаем. Он относится не к низшим парцуфим, а к Цимцум Алеф, в то время как Арих-Анпин является кэтэром любого из миров: Ацилут, Брия, Ецира, Асия, он светит в каждом мире.

Арих Анпин является кэтэром каждого мира и светит только в той мере, которая необходима, чтобы правильно принять эту высшую силу, которая светит в этих мирах, чтобы каждый из миров мог с ее помощью подняться, а не наоборот – разбиться.

Этот парцуф – малхут мира Брия становится Атиком в мире Ецира, и затем этот Атик мира Ецира одевается в Арих Анпин мира Ецира, который уже является полномочным представителем кэтэра мира Ецира. И так же происходит между Брия и Ецира, и так же – соединение кэтэра мира Ецира с Арих Анпином мира Ецира.

Малхут высшего парцуфа называется ницуц Боре (искра Творца), потому как она проникает против всех законов природы вниз под ограничения и там делает кэтэр низшего парцуфа и уже в нем распространяется. И поэтому все ступени подобны друг другу от начала кава (тонкой линии) и заканчивая миром Асия.

Творец ничего не создал другого, кроме этих десять сфирот, наполнил их светом, и на этом все закончено: есть желание насладиться и есть само наслаждение – свет. Одно наполняет другое, и на этом со стороны Творца закончено совершенно все. Что делает творение?

Творение начинает делать Цимцум: оно не желает ощущать наслаждение, которое исходит от Творца как наслаждение, потому что ощущает стыд – сверху было задумано так, что желание самонасладиться перестает ощущать этот свет, который ее наполняет, как наслаждение. И на это существует несколько оправданий и объяснений.

Если у нас есть желание и это желание наслаждается (то есть наполняется наслаждением) и если желание неизменно, то, естественно, и наслаждение неизменно, и тогда происходит насыщение, и, таким образом, наслаждение пропадает, потому что наслаждение возможно только тогда, когда происходит движение, то есть когда происходит непрестанное развитие желаний, потому что наслаждения ощущаются не в желании, а на грани между возможностью наслаждения и пустотой. То есть если я очень голоден, то для меня самое острое наслаждение – когда я беру первую ложку и соприкасаюсь с наслаждением, а как только наслаждение в меня входит, оно уменьшает мой аппетит и таким образом убивает возможность насладиться.

То есть наслаждаться в прямом виде фактически невозможно, и надо постоянно думать о том, где я получу дополнительные желания, чтобы можно было их использовать и насладиться. Мы это видим у богатых людей. У них есть все, и при этом они очень бедны тем, что им нечем насладиться, и потому они мечутся, могут кончить жизнь самоубийством, не знают, что делать, потому что им не хватает келим, не хватает незаполненных желаний.

Значит, Цимцум Алеф создан для того, чтобы начать развивать совершенно другое кли. Но что это значит – другое кли? Желания другого быть не может. Желание создано Творцом, и оно не меняется. Свет наслаждения тоже не меняется. Творец его уготовил еще до того, как сотворил с его помощью желания. Что же тогда надо делать?

Единственное – чтобы желание, которым наслаждается творение, исходило бы от Него. То есть для этого надо такое желание построить. Как можно сделать новое желание, если Творец уже создал какое-то другое, первичное? Очень просто. Использовать первичное желание совершенно в другом ключе, и это то, что делает кли.

Поэтому все эти имена: новое кли, новое желание, новое творение – слова не совсем точные. Поэтому я и говорю, что это подобно тому, что взяли предыдущее кли, которое было полностью наполнено светом. Сейчас свет из него ушел, и теперь начинаем получать в это кли порционное наполнение светом уже по нашему режиму, в соответствии с тем как мы желаем.

Существует малхут Мира Бесконечности, которая полностью была наполнена светом. Теперь берется эта малхут Мира Бесконечности, опустошается, и начинается ее постепенное порционное заполнение по мере наполнения желания «ради себя не получать», то есть «отдавать Творцу».

«Отдавать» – таких келим нет. Келим дэ-ашпаа – это Творец, только он отдает, потому как это – Его природа, а наша природа была и остается эгоистической. Альтруистическое намерение только меняет стиль ее использования. Не более.

Поэтому все миры, все парцуфим – это использование одного и того же кли – малхут дэ-Эйн Соф, только маленькими частями. Устройство всех этих келим одно и то же – десять сфирот. Потому что все, что вы можете, – это взять ту же малхут дэ-Эйн Соф, только разбитую на более «толстые» или более «тонкие» части, подобно тому как колбасу можно нарезать толстыми или тонкими кусками.

Но каждый кусок будет представлять собой кружочек, и этот кружочек будет одинаков у всех. Будет меняться только толщина этого куска в зависимости от экрана, а так вся работа и все устройство одинаковые, потому что на это вы не можете влиять. Это уже создано до вас.

Мы сейчас изучаем только взаимодействие между мирами Ацилут, Брия, Ецира, Асия: то, как высший мир отпечатывает сам себя в более низшем мире, то есть в более низшем материале, в более низшем желании таким образом, чтобы и это низшее желание, находящееся на ступень ниже, чем он, функционировало так же, как и более высший мир.

Проблема в том, что миры не одушевлены. Это механические ослабители (если так можно сказать) духовных законов, ослабители света Творца. Поэтому соответственно так и надо к ним относиться. Это сравнимо с природой, находящейся вокруг нас, в которой нет никакого разума, а есть просто ее законы и больше ничего.

За этими законами природы стоит Творец. Он находится внутри них. Но есть законы и есть Творец, который через них действует. То же самое – с мирами. Миры – это та же самая природа, которая находится сейчас вокруг нас. Так же точно – миры вокруг вашей души. Как только вы начинаете оперировать ею, то есть пытаться с ее помощью войти в контакт с Творцом, возникает взаимодействие между вами и мирами.

Так же, как в данный момент между вашим телом и окружающим миром существует взаимосвязь, возникает взаимосвязь между вашей душой и окружающим ее духовным миром. Все творение – это желание насладиться. Отличие только в уровне интенсивности силы этого желания. Больше нет ничего, созданного Творцом.

То есть существует желание насладиться. Все зависит от того, какой оно силы: то ли это мир Адам Кадмон, то ли Ацилут, Брия, Ецира, Асия. Только лишь – желание. Оболочки на это желание (ор хозэр) различные, но материал такой же.

В нашем мире существует огромная разница между материалом: растительный, животный, человек. В духовном мире разница еще больше. Это нам может показаться: если он так просто пишет (алеф или бэт, гимэл или далет), то разница между ними, наверное, совсем невелика. А это миры, содержащие миллиарды миллиардов различных возможностей в каждом.

Но подобие абсолютно полное. Возьми одного человека, второго, третьего – у всех различные характеры, различные уровни. Так же и в духовном мире. Материал духовного мира – абсолютнейший эгоизм, и ничего, кроме эгоизма, не создано. Экран есть только на это. И он с этим же эгоизмом, пусть с усилием, но делает такие вещи, которые являются совершенно противоестественными.

У животного и у человека – одни и те же желания. Интенсивность заключается не в том, что один хочет кушать больше, а другой – меньше. Интенсивность заключается в личном использовании желания. То есть, допустим, и у человека, и животного существует один и тот же аппетит. Разница между человеком и животным заключается в том, насколько человек может лично руководить этим желанием по сравнению с животным.

Желания руководят действиями человека. Насколько интенсивнее (не по силе, а по глубине запуска, что ли) желания в человеке относительно животного, настолько человек способен больше, чем животное, ощущать, преображать мир. То есть эти же желания толкают его на неизмеримо более глубокие поступки.

Если бы у животного было желание такой же силы, как у человека, то волки, допустим, стали бы разводить овечек, как люди. А вот у человека такое желание, что он разводит. Что я хочу сказать? Сами желания, десять оригинальных сфирот, везде остаются одинаковыми. Вот глубина их использования – личностная. Она уже зависит от уровня духовного развития.

Глава VIII

Есть люди, которые слушают радио, смотрят программы телевидения, следуют своей природе, своим внутренним порывам и так живут. Такого человека мы называем человеком животного уровня развития. Что же у него есть от себя, от человека? Даже если он использует высшие человеческие достижения, то он в них не вносит свое: он просто их использует. При этом он не является человеком.

Человек – тот, кто начинает использовать эти желания, эти возможности наслаждения так, как он хочет, а не так, как ему говорят снаружи. Человек может начать сам лично использовать свои желания, но для этого он должен полностью оторваться от своего эгоизма. Только тогда он начинает ощущать связь с Творцом, потому что тогда он начинает ощущать, откуда он получает эти новые желания. До этого он их получить не может.

Миры надо воспринимать абсолютно неодушевленными. То есть в соответствии с тем насколько я вижу окружающее: тебя, мир – в соответствии с этим он вокруг меня и существует. Изменю я свои свойства, свое отношение к окружающему – мир вокруг меня получит совсем другую оценку. Миром является определенный фрагмент явления Творца человеку. Каббалисты миров не создают, они нам только о них рассказывают. Творец создал нас такими, чтобы мы Его могли воспринять, приблизиться к Нему, ощутить Его последовательно: с нуля, как сейчас, и до максимума, грубо говоря, по пяти ступеням, каждая из которых называется миром.

И в каждой из этих ступеней есть еще подступеньки. Существуют они или не существуют? Существуют! Существуют ли они, когда я в них не участвую, или не существуют? Благодаря кому они могут существовать, где, относительно кого, когда я в них не участвую?

Существует Творец и я. Если я раскрываю Творца своими внутренними чувствами, то они раскрываются в пяти стадиях, в пяти последовательных ступенях. А если я Творца не раскрываю, то я эти пять стадий в себе тоже не раскрываю, не разворачиваю, и поэтому их не существует. То есть мир существует относительно того, кто живет и находится в этом мире. Рассматривается все сверху вниз только затем, чтобы рассказать о том, каким образом Творец сокращал себя. Но в принципе

Часть 3. Прямой и отраженный свет

все пути – снизу вверх. Каббалисты нам рассказывают, что до того, как мы что-то сами начинаем ощущать, существуют первопричины, почему мы начинаем это ощущать. Их не одна, а множество, они находятся одна в другой, другая в третьей...

Для того чтобы создать в нас желание, Творец должен себя сократить поступенчато миллиарды раз. И тогда в нас возникнет такое желание, которое ощутит себя удаленным от Творца. Для того чтобы это желание появилось, родилось в нашем мире, необходимо предварительно создать все промежуточные ступени сокращения, ступени скрытия.

Естественно, до того как появляется желание, столь удаленное, как мое, от Творца, – весь его свет, все воздействие на меня проходит огромное количество сокращений, сжатий, удалений, и только потом, именно благодаря им, я это воздействие на себе как-то ощущаю.

Эти фильтры объективно существуют на Творце, который таким образом взаимодействует со мной и вызывает соответствующие желания. И эти же фильтры делаю я в себе, в обратном порядке, снизу вверх, если хочу достигнуть Творца.

Наше восприятие – абсолютно ложное. Мы от начала до конца живем в абсолютнейшей иллюзии, но желаем воспринять все окружающее в соответствии с тем, что есть у нас сегодня. Когда человеку раскрывается мельчайшее проявление духовного мира, он начинает видеть эту пропорцию и понимать, что все, что он раньше ощущал, – это ощущение неверное, даже не то чтобы не полное – искаженное.

Поэтому и называется – тайное учение. Это не передается. Вся наша учеба заключается только в том, чтобы довести ученика до такого состояния, чтобы он сам вызвал в себе эту картину. А для этого не важно, с какой стороны учить и что учить. То есть вся наша учеба – это только лишь, я бы так сказал, некое постороннее вспомогательное средство.

И не надо искоренять эгоизм. Нам надо думать о том, как мы можем его приспособить. Поэтому использовать эгоизм в прямом виде (мусульманство), или его отрицать в прямом виде (христианство), или действовать как всевозможные остальные верования, которые направлены только на то, чтобы изменить каким-то образом эгоизм, – ни в коем случае не является путем Каббалы.

Глава VIII

Существует эгоизм, и задача теперь – каким образом я его должен правильно применить. Лишь это и является задачей. Когда показывают человеку его настоящие, истинные плохие черты, то это надо воспринимать очень положительно. Это сверху Творец раскрывает тебе то, что Он в тебе создал. А в ответ на это надо пытаться найти, каким образом правильно использовать то, что в тебе создано, больше ничего.

Эгоизм создан в Мире Бесконечности, и таким, каким создан, он остается постоянно. Он раскрывается относительно человека в определенной мере или скрывается от него, в зависимости от возможностей человека. Больше никак. Ты маленький человечек, тебе дают маленький эгоизм. Что значит маленький? То есть у тебя нет сил с ним правильно работать.

Научился более правильно работать – тебе подбавляют его, все больше, больше и больше – до тех пор, пока не раскроется весь эгоизм, который уже заранее существовал в твоей душе. И ты на него на весь смог сделать экран. Все. Но изначально он в тебе уже существует, именно «твой» эгоизм.

Это и называется твое настоящее кли, твоя душа. Эта душа постепенно раскрывается в человеке. В соответствии с тем как ты ее исправляешь, наполняешь ее светом, тебе раскрывается еще какая-то ее часть, и ты наполняешь ее светом, пока у тебя не будет вся полная душа, все десять сфирот окончательно больших, в той мере, в которой ты должен их наполнить.

И это – Конец Исправления. Идти надо снизу вверх по трем линиям. В той мере, в которой человек получает исправление с правой стороны, то есть может перенять в себя свойства Творца, в соответствии с этим ему добавляют, раскрывают его эгоизм – левую линию для того, чтобы он на правильном сопоставлении получаемых свойств Творца и получаемого эгоизма сделал бы среднюю линию.

Средняя линия называется Адам, человек. Правая и левая линии – это не человек. Левая линия называется клипот, правая линия – Творец, а человек посредине. Вот только среднюю линию, ту маленькую часть, которую он может в каждом из нас построить на соответствии правой и левой линии, хотя бы один грамм сделать усредненное между ними, использовать эгоизм с применением свойств Творца – вот только эта часть будет называться человеком.

Часть 3. Прямой и отраженный свет

А обе эти линии – это не человек. Это то, что дается ему от природы. Человеком называется только та часть, которую ты правильно можешь использовать сам своей работой. А допустим, мое тело – это и есть мое «Я»? Нет, это не «Я». Это Творец меня таким создал со всеми характеристиками, со всеми способностями. Это все не «Я». Что значит «Я»?

Тот, который, используя весь этот потенциал, сделал что-то новое на основании этого. Это уже «Я» – душа, парцуф. Человек – это только та часть, которая, используя малхут и первые девять сфирот, делает между ними зивуг дэ-акаа, получая парцуф. Вот этот парцуф и называется душа, или Адам. А все остальное как бы не имеет существования в духовном.

ГЛАВА IX

Эта часть занимается выяснением того, что совершенство, требуемое от творения, заключается в том, чтобы все сфирот в пяти мирах: А"К и АБЕ"А вместе соединились бы в одну общую систему, называемую Высший человек, в теле которого находится корень и душа и который одет в левуш и сидит в зале.

Адам Кадмон – это мир Кэтэр относительно четырех миров АБЕ"А, и в нем есть также пять частей, называемых КаХа"Б Ту"М, в каждой из которых есть четыре корня НиГЛ"Э.

1) Адам Кадмон представляет собой кэтэр для десяти сфирот, что в каждом мире, то есть А"К – это кэтэр относительно четырех миров АБЕ"А, и получается, что в нем корни всех пяти бхинот, то есть он состоит только из корней всего, что далее потом распространяется в каждом мире, потому что кэтэр в нем – это четыре корня для четырех бхинот тех десяти сфирот, которые в нем, составляющие нэшамот, гуфим, левушим, эйхалот. И это в частности. А в общем виде мы все это выясним постепенно в течение этой главы.

– комментарий –

Он желает нам здесь рассказать, что все отличия между всеми мирами, между всеми парцуфим, между всем тем, что только можно себе представить, – заключаются в экране. Если бы не было экрана, то у нас была бы только малхут, которая получила бы десять сфирот от предыдущих бхинот, и на этом все бы закончилось. Она получила бы свет и больше не нуждалась бы ни в каких действиях. Но малхут решила, что она будет получать свет только с правильными намерениями,

Часть 3. Прямой и отраженный свет

по мере желания отдавать, по мере соответствия с Творцом, с девятью предыдущими сфирот (это все одно и то же).

Поскольку малхут решила, что ее действия будут зависеть от какой-то другой причины, а не от желания получить свет, то здесь возникают всевозможные порционные получения света, всевозможные действия, которые не зависят прямым образом только от желания получить, а зависят еще от желания отдать, от величины этого желания, от величины экрана.

Поэтому вместо простых десяти сфирот возникают миры, парцуфим, всевозможные порции света. Малхут всяческими путями то тут, то там всевозможными вспомогательными действиями по цепочке получает все больший и больший свет, так же как и раньше, но уже с экраном.

Разница между ступенями, между парцуфим, между мирами заключается только в величине их намерения. А желание получить везде одно и то же – разница только в желании отдать. В той мере, в которой есть это желание, и возникают у нас всевозможные новые действия со стороны малхут.

Нам известно, что в четырех ступенях прямого света нет никакого отличия от мира к миру или от парцуфа к парцуфу, от начала кава и до мира Асия, потому что вся разница между ступенями не в четырех стадиях прямого света, а в уровне ор хозэр, который отражается от экрана, то есть зависит только от величины экрана.

Величиной экрана отличаются между собой все духовные парцуфим. Если величина экрана будет одинаковая, то тогда все духовные парцуфим будут одинаковыми, сольются в один. То есть объединение происходит так же, как и в малхут до Цимцум Алеф, но по другому принципу.

Если в малхут до Цимцум Алеф было объединение потому, что было одно общее желание получить и насладиться и все частные желания, которые были в нем, получали в себя безо всяких расчетов и ограничений, то теперь в конце исправления достигается то же состояние, но ввиду того что экран становится абсолютно безграничен – на любые желания, которые возникают, мгновенно образуется экран.

Уровень каждого парцуфа зависит только от авиют экрана, который находится в малхут каждой ступени. То есть масах далет дэ-авиют поднимает ор хозэр и одевает уровень кэтэр, масах гимэл дэ-авиют поднимает ор хозэр до уровня хохма, и в таком парцуфе уже отсутствует уровень кэтэр, и поэтому свет, который раньше наполнял кэтэр, уже одевается внутрь света хохма, то есть парцуф постигает максимум свет хохма. Где же остальной свет, который парцуф не постигает? Он как бы прячется за светом хохма, внутри него.

А масах бэт дэ-авиют поднимает ор хозэр только до уровня бины, и таким образом в нем отсутствуют и уровень хохма, и также уровень кэтэр. И свет хохма, и свет кэтэр одеваются внутрь света бины, или уровня бины.

А масах дэ-бхина алеф поднимает ор хозэр только до уровня тифэрэт, называемый Зэир Анпин, и в нем отсутствуют уровни бина, хохма и кэтэр, и потому отсутствуют келим КаХа"Б, поэтому света, которые соответствуют уровням бина, хохма и кэтэр, находятся внутри света Зэир Анпин и явно не проявляются.

Допустим, у нас есть уровень хохма, потому что масах есть всего лишь максимум гимэл дэ-авиют. Значит, у далет дэ-авиют нет экрана, и поэтому не раскрывается ор ехида, а максимум раскрывается ор хая. И парцуф у нас – парцуф хохма, до парцуфа кэтэр дорасти не может. Что же можно делать?

Ничего. Раскрываются только четыре света: нэфэш, руах, нэшама, хая. Свет ехида не раскрывается таким экраном, так как экран неполный. Свет ехида одевается внутрь света хая, находится как бы внутри него. Что значит – находится как бы внутри него?

Любой свет, который не раскрывается в парцуфе, прячется в самый высший свет. А если потом парцуф находит какие-то силы, возможности сделать экран еще большим, тогда он раскрывает то, что внутри этого наивысшего света есть еще более высший свет. А света, которые парцуф не раскрывает, им просто не ощущаются. Они все скрыты за пределами его постижения, то есть за самым высшим светом, который он раскрывает, за границами его ощущений.

И если найдет он в себе силы, то будет у него экран, и сделает он зивуг дэ-акаа, и в обратном свете сразу же ощутит, что вокруг него находится свет – нэфэш или руах, нэшама, хая или ехида. Но только в отраженном свете можно увидеть прямой свет, только в отраженном свете можно увидеть Творца и все духовное мироздание, кроме нашего мира.

На какую глубину и какой величины – зависит от того, какая сила есть у экрана, какой величины будет отраженный свет. Но

Часть 3. Прямой и отраженный свет

отраженный свет и есть тот телескоп, или подзорная труба, или очки, или шестое чувство – можно назвать как угодно, – с помощью которого только и можно войти в контакт с тем мирозданием, той частью мироздания, тайной частью, которая от нас скрыта.

Поэтому он и называется тайный. А раскрыть его можно только с обратным светом, больше никак. Никакие уловки, всякие там медитации, чакры – ничего не может помочь, только экран. А приобрести экран можно только с помощью единственной инструкции. Нет других возможностей!

И отсюда поймем, что пять миров, называемые Адам Кадмон, Ацилут, Брия, Ецира, Асия, включают в себя все мироздание, начиная от Ц"А и вниз, и также соответствуют десяти сфирот, включающим в себя все мироздание, определяясь (согласно своим уровням) силой, которая есть в экране.

Первый зивуг произошел на бхина далет, на которую был Ц"А, и первые десять сфирот, которые родились от зивуг на бхина далет, достигают уровня кэтэр и называются Адам Кадмон. И Адам Кадмон называется кэтэр потому, что ор хозэр, который поднимается от экрана, достигает самого наивысшего уровня, который только может быть – уровня кэтэр.

Даже тот, кто не знает иврит, должен все равно прямо пальцем водить по книжке и следить там, где я читаю. И неважно, сколько слов вы увидите, а сколько не увидите. Если вы будете настойчиво пытаться, то каждый раз будете видеть больше слов и меньше пропускать.

Я не читаю медленно, я читаю очень быстро специально, чтобы вы ловили слова, не читая их буквенно, а ловили их, чтобы видели все слово как форму. И тогда они будут складываться у вас в правильные матрицы, в правильные фигуры. Каждое слово будет иметь какой-то свой внешний вид и будет узнаваться по виду, а не потому, что оно состоит из определенных букв. И это будет лучше и быстрее.

После того как закончилось у нас разделение на четыре части мира Адам Кадмон, то есть Адам Кадмон наполнился светом, потом его масах поднялся с табура в пэ и ослаб до бхина гимэл, естественно, ор хозэр у него уже стал меньше.

Прямой свет – свет Бесконечности – не прекращает своего желания войти в кли, и поэтому эти четыре стадии прямого света распространились также на этот новый экран дэ-бхина гимэл, и был сделан на них зивуг дэ-акаа на уровень, который есть там, то есть на уровень хохма.

Эти десять сфирот, или далет бхинот, называются миром Ацилут. И после того как полностью закончилось развитие мира Ацилут, то экран ослаб до бхина бэт, и был сделан зивуг дэ-акаа на бина, и родился мир Брия. А затем снова уменьшился и утончился экран до бхины алеф, и вышли на него десять сфирот на уровне тифэрэт, так называемые десять сфирот Зэир Анпина, или четыре бхинот мира Ецира.

И уменьшился экран полностью, и остался в нем всего лишь самый маленький авиют, называемый авиют шорэш. И теперь нет в нем силы сделать удар с высшим светом, поэтому он его просто не пускает в себя. Это единственное, что он может сделать. И поэтому возникают в нем десять сфирот всего лишь уровня малхут. И эти десять сфирот называются четырьмя стадиями мира Асия.

Ари дает нам общую картину – каким образом из малхут Мира Бесконечности после того, как она делает Цимцум Алеф, рождаются пять миров: Ацилут, Брия, Ецира, Асия, и каждый мир появляется после предыдущего мира вследствие того, что экран, на который делался зивуг дэ-акаа в предыдущем мире, уменьшился на одну стадию, на одну ступень и поэтому снова сделал зивуг дэ-акаа и породил более низший мир.

Начиная с Мира Бесконечности, экран после Цимцум Алеф получает максимальную силу далет дэ-авиют, делает самый большой зивуг дэ-акаа и получается мир Адам Кадмон. Потихонечку его силы истощаются. Делает чуть поменьше зивуг дэ-акаа – образуется мир Ацилут, поменьше – мир Брия, еще меньше – мир Ецира и еще меньше – мир Асия.

То есть пять миров: А"К, Ацилут, Брия, Ецира, Асия – это, по сути дела, пять зивугей дэ-акаа экрана на пять уровней авиюта (силы противодействия своему эгоизму), который есть в малхут Мира Бесконечности после Цимцум.

Малхут Мира Бесконечности, которая состоит из пяти частей авиют, после того как сделала Цимцум, решила: я буду, сколько смогу, принимать ради Творца. И вот она делает зивуг на самый свой большой экран, потом меньший, меньший и меньший. Поскольку у нее существует всего пять частей, значит, есть всего пять зивугей дэ-акаа, и получается у нас пять миров: А"К и АБЕ"А.

Часть 3. Прямой и отраженный свет

Если рассуждать так, то все очень просто и понятно. Но если мы начинаем говорить о том, что, допустим, в мире Адам Кадмон есть у нас тоже зивугим на далет, гимэл, бэт, алеф и шорэш, и потом в мире Никудим, и потом в мирах Ацилут, Брия, Ецира, Асия, то не все у нас складывается гладко, потому что, если бы Некудот дэ-СА"Г не спустились бы вниз и не возобновилось бы в них решимо далет-гимел, то на этом все бы остановилось.

Не было бы никакого мира Ацилут, Брия, Ецира, Асия, а все бы остановилось на мире Адам Кадмон. То есть нельзя говорить о том, что после того как малхут дэ-Эйн Соф сделала зивуг на далет дэ-авиют и появился мир Адам Кадмон, то потом автоматически она делает зивуг на гимэл дэ-авиют, и появляется мир Ацилут.

Если бы это было так, то как можно сопоставить это с тем, что если бы Некудот дэ-СА"Г не спустились бы под парса и не возобновился бы в них авиют далет-гимел, то не было бы больше никакого распространения света, и Гальгальта бы под своим табуром никогда бы ничем не наполнилась?

Есть несколько простых принципов. Первый, самый простой принцип заключается в том, что любое духовное действие – это действие абсолютно осознанное и сознательное настолько, что ты обязан знать все причины и следствия из всего того, что производится тобою.

Прогнозировать здесь возможно только на базе абсолютно четкого знания. Действие должно быть совершенным, то есть в нем не может присутствовать никакого элемента случайности, незнания, какой-то веры с закрытыми глазами или еще чего-то. Оно абсолютно постигаемое. Оно абсолютно явное.

Поэтому эта наука называется хохмат аКаббала. Она говорит тебе именно об устройстве всего мироздания. Бааль Сулам в «При Хахам» в письме на стр. 64 (самех далет) пишет: для того чтобы приблизиться к духовному, надо очень четко идти в средней линии и ни в коем случае не отклоняться ни вправо и ни влево.

Он объясняет там немного, что значит вправо или влево в «настоящих понятиях», а не в наших. И кроме того, он предупреждает, что если имеется даже маленькая ошибка вначале, то потом идет нарастающее искажение по азимуту. А как идти правильно? Идти правильно очень просто. Необходимо следовать очень простому правилу: тот, кто не знает точно указаний Творца, не может выполнять Его желаний.

Это означает, что для того, чтобы сделать малейшее духовное действие, я должен в размере этого действия познать Творца, Его свойства, Его желания, Его действия, мироздание – все то, что Он создал, по мере того, что я собираюсь делать. В той мере, в которой я стану абсолютно четким активным участником всего этого действа, если я правильно постигну его в себе – у меня будут силы, вследствие моего постижения, сделать аналогичное действие снизу вверх, то есть из меня – навстречу Ему.

Как сказано было царем Давидом: «Познай Творца, а потом работай, как Он». Ни в коем случае не может быть в духовном такого действия, которое несет в себе случайностный оттенок или действия, которое в какой-то мере не познано. Если оно не познано – можешь ли ты что-то делать? Это возможно только в нашем мире, потому что наш мир искусственно создан и дан тебе для того, чтобы ты в нем на ошибках, и именно на ошибках, упражнялся и набирался опыта. Поэтому он таким образом изначально и создан, что ты можешь делать тут то, сам не зная что. А потом получаешь какие-то удары и постепенно, по прошествии тысячелетий, начинаешь понимать и делать выводы (нам еще далеко до этого).

И таким образом мы наберемся опыта, по крайней мере настолько, чтобы нам было его достаточно для входа в духовный мир. Но в духовном мире в первую очередь человек получает знания, а потом силы, и вместе с силами и знаниями получает четкую инструкцию. Ему четко показывают, что надо сделать, а он повторяет, как обезьяна.

Иначе он не сможет сделать духовного действия. Не сможет догадаться, как его сделать. Потому что растет снизу вверх от нуля. Откуда ребенок может знать, что делать, например, со стаканом? Нет у нас такого в генах. Не запрограммировано.

Любое духовное действие обязательно необходимо показать сверху вниз: дать экран и дать желание, все полностью – от начала и до конца. А в человеке ничего нет. В нем есть только желание насладиться этим действием. Значит, он должен себя еще подстроить в связи с этим внутренним стремлением насладиться. Подстроить, чтобы своей энергией выполнить действие.

Мы не представляем, насколько любая духовная картина или ощущение абсолютно непредсказуемы. И нет в нем никакого подобия всему тому, что за мгновение до этого в течение тысячелетий мы испытывали.

Мы – это имеется в виду человек, который получает какое-то духовное ощущение. Он не может во всех своих прошлых состояниях найти никакого аналога. Он не может находиться ни в каких духовных состояниях больших, чем то, которое он сейчас получает, иначе бы он не был в этом состоянии.

Духовный подъем всегда идет снизу вверх по нарастающей. Каждое новое состояние всегда больше предыдущего. Есть четкое правило: всегда, каждую секунду, человек поднимается снизу вверх и никогда не спускается сверху вниз, хотя на уровне самоощущения им самим это может ощущаться и не так, потому что есть этапы, когда он набирает желания (ему эти желания сверху добавляют). И в мере своих нарастающих желаний ему кажется, что он спускается, потому что его измерения происходят по тем эгоистическим желаниям, которые к нему прибывают, и ему кажется, что он становится все дальше и дальше от духовности и от Творца.

А затем, когда он начинает исправлять эти желания и получать, ощущать в них, то, поскольку это кли новое и большее, чем предыдущее, то эта картина больше, лучше и ярче, выпуклей, и она всегда непредсказуема и неподобна предыдущей, потому как это просто-напросто – новое кли.

Поэтому мы говорим о том, что человек каждое мгновение – новый человек, и нет дня, похожего на предыдущий, и нет состояния, похожего на предыдущее. Каждое мгновение человек совершенно другой. Тот, кто идет духовным путем, постоянно меняется, он постоянно ребенок. Все для него новое – и он сам, и все окружающее...

Мы выяснили, что десять общих сфирот составляют все мироздание. Мир Адам Кадмон является общей сфирой кэтэр. Мир Ацилут – общая сфира хохма. Мир Брия – общая сфира бина. Мир Ецира – общая сфира Зэир Анпин. Мир Асия – общая сфира малхут.

Мир Ецира включает в себя шесть сфирот ХаГа"Т НеХ"И, поэтому получается всего десять сфирот. Но в каждом из этих пяти миров есть также десять частных сфирот, как уже было сказано. И несмотря на то что в каждом мире есть

Глава IX

много различных уровней (один под другим), но как в мире Адам Кадмон, так и в самых маленьких частных десяти сфирот: если мы где-то их выделяем, то все равно называются эти десять сфирот по наивысшей сфире, которая в них, вернее, по тому наивысшему свету, который в наивысшей сфире.

Он хочет сказать так. Допустим, есть у нас человек. Этот человек – какой-то большой профессор. Значит, руки профессора, ноги профессора, голова и нос профессора – все принадлежит профессору. То есть что особенного в его руках, ногах и т.д.? Никакой разницы, отличия от другого человека нет. Но весь его организм, то есть все, что к нему относится, мы оцениваем даже в нашем мире по очень простому признаку – по самому большому достижению этого парцуфа.

Так же и в духовном. Если у нас, допустим, парцуф А"Б, второй парцуф после Гальгальты – парцуф хохма, то какие света есть в нем? В нем, конечно, обязательно есть пять светов – НаРаНХа"Й, потому что у него есть пять келим: КаХа"Б ЗО"Н. Но ведь А"Б начинается не с кэтэра, а с хохмы. Что же представляет собой его сфира кэтэр?

Правильно, относительно Гальгальты он как бы на голову ниже, то есть он как бы хохма относительно Гальгальты, но в нем самом есть десять сфирот. И обязано быть их не больше и не меньше. И все эти десять сфирот, которые в нем, – это десять сфирот света хохма, то есть в этом самом свете хохма имеется, естественно, свой НаРаНХа"Й, и даже есть бина, хотя она совершенно противоположна хохме. И неважно, что бина, которая в нем есть, – это бина дэ-хохма.

То есть самая высшая сфира в любом мире, в любом парцуфе, в любом состоянии определяет собой общее состояние и все частные параметры, которые есть в данном состоянии, – все десять сфирот. Значит, какая разница между парцуфим? Он уже сказал. Только в экране.

Экран определяет не количество сфирот (их всегда десять, и они всегда одни и те же), а то, какой высоты они достигают. Экран – это как будто сила воли. Вот только что с этой силой воли максимально может достичь человек? Ну будет он таким-то специалистом, а другой больше, а третий еще больше. Это дает экран. А тело остается тем же телом. Каким же образом мы определяем, какое тело?

Часть 3. Прямой и отраженный свет

По его максимальному достижению, по тому максимальному свету, который его заполняет. И этот максимальный свет, который его заполняет, определяет все остальные света, которые в парцуфе. То есть, допустим, максимальное достижение масаха дэ-бхина гимэл – это хохма, значит, свет во всем парцуфе будет светом хохма, его всевозможными различными видами. То есть это будет НаРаНХаЙ дэ-хохма.

Далее Ари собирается разъяснить нам проблемы многочисленных одноименных названий, которые указывают на общее и частное и на частно-частное и т.д. И эти названия постоянно у нас здесь встречаются.

И поэтому он говорит: возьмем для примера название «кэтэр».

— Так вот, уже сейчас мы видим здесь, что кэтэром можно назвать одну стадию из четырех частей прямого света, то есть бхинат шорэш из далет бхинот дэ-ор яшар мы называем кэтэр.
— Потом мы называем кэтэром часть, которая включает в себя все остальные части до того, как они из нее развились.
— Затем кэтэром мы называем ту часть, которая включает в себя все остальные бхинот не в потенциале, а в действии, то есть которая развивает их.
— Общий Кэтэр, называемый миром Адам Кадмон.

Далее кэтэры частные, которые есть в каждом мире и в каждом парцуфе, которые происходят из мира Адам Кадмон.

И поэтому он говорит: несмотря на то что мы везде и всегда будем говорить о таком названии, как кэтэр, но имеется в виду то, что все эти понятия очень далеки друг от друга. И всегда надо понимать, что именно подразумевается под названием кэтэр. А в разных местах это могут быть совершенно разные понятия. То есть всегда надо смотреть, что имеется в виду.

Потому что часто называются сфироты по имени светов, света по именам сфирот; путаются между собой одна высота десяти сфирот относительно высоты других десяти сфирот, и выражается в частях парцуфа. Затем вдруг величина экрана выражается не в силах каких-то (может, он способен поработать, сделать усилия), а тоже то в виде келим (сфирот), а то в виде света.

Глава IX

Все переводится на очень простой язык – на язык десяти келим (десяти сосудов) и десяти светов, которые наполняют этот сосуд. Поэтому нам всегда необходимо понимать, что он при этом имеет в виду. Он имеет в виду кэтэр – это Адам Кадмон, или кэтэр – это какая-то маленькая сфира в парцуфе малхут дэ-малхут дэ-малхут дэ-малхут мира Асия. И то, и другое называется кэтэр, и еще есть много всевозможных названий, и все они будут называться кэтэр...

Вообще это у нас проблема в Каббале, потому что язык очень краткий, выражает только частные определенные действия или впечатления каббалистов, и поэтому надо четко понимать, где в это время находится каббалист и о чем он желает нам рассказать, для того чтобы совсем уж не запутаться и хотя бы примерно, схематично представлять, что он имеет в виду.

> **Нэшамот, которые в А"К, это корни нэшамот. Нэшамот, которые в Ацилут, это собственно нэшамот. Нэшамот, которые в Брия, это гуфим нэшамот. Нэшамот, которые в Ецира, это левушим нэшамот. Нэшамот, которые в Асия, это эйхалот нэшамот. Таким образом, нэшамот, которые представляют собой сфирот хохма, находящиеся в пяти мирах А"К и АБЕ"А, связаны друг с другом, как Высший Человек, в тело которого облачены корень и нэшама и который облачен в левуш и сидит в эйхале.**

(ТЭ"С, стр. 141)

2) Суть (клалут, сущность) нэшамот, которые в А"К, в том, что это корень всех нэшамот. Суть нэшамот мира Ацилут в том, что это собственно нэшамот дэ-нэшамот. Суть нэшамот мира Брия в том, что это гуфим относительно нэшамот мира Ацилут. Суть нэшамот мира Ецира в том, что это левушим дэ-нэшамот. Суть нэшамот мира Асия в том, что это эйхалот дэ-нэшамот.

> **Гуфим, которые в А"К, это корни гуфим. Гуфим, которые в Ацилут, это нэшамот дэ-гуфим. В Брия это**

> собственно гуфим. Гуфим, которые в Ецира, это левушим гуфим. И гуфим, которые в Асия, это эйхалот гуфим. И все гуфим, которые в А"К и АБЕ"А, связаны друг с другом, как Высший Человек, в тело которого облачены корень и нэшама, и т.д.
>
> (ТЭ"С, стр. 142)

3) И суть гуфим, которые в А"К, в том, что это корни гуфим. Суть гуфим мира Ацилут в том, что это нэшамот дэ-гуфим. Суть гуфим мира Брия в том, что это гуфим дэ-гуфим (то есть собственно гуфим). Суть гуфим мира Ецира в том, что это левушим дэ-гуфим. И суть гуфим мира Асия в том, что это эйхалот дэ-гуфим.

> Соответственно, левушим, которые в каждом из миров А"К и АБЕ"А, связаны друг с другом, как Высший Человек, в тело которого облачены корень и нэшама и который облачен в левуш и сидит в эйхале.
>
> (ТЭ"С, стр. 142)

4) И суть левушим, которые в А"К, в том, что это корни левушим. Суть левушим мира Ацилут в том, что это нэшамот дэ-левушим. Суть левушим мира Брия в том, что это гуфим дэ-левушим. Суть левушим мира Ецира в том, что это левушим дэ-левушим (то есть собственно левушим). И суть левушим мира Асия в том, что это эйхалот дэ-левушим.

> Соответственно, эйхалот, которые в каждом из миров А"К и АБЕ"А, связаны друг с другом, как Высший Человек, в тело которого облачены, и т.д.
>
> (ТЭ"С, стр. 142)

5) Суть эйхалот мира А"К в том, что это корни нэшамот дэ-эйхалот. Суть эйхалот мира Ацилут в том, что это нэшамот дэ-эйхалот. Суть эйхалот мира Брия в том, что это гуфим дэ-эйхалот. Суть эйхалот мира Ецира в том, что это левушим дэ-эйхалот. И суть эйхалот мира Асия в том, что это эйхалот дэ-эйхалот.

Глава IX

И НиГЛ"Э (Нэшама, Гуф, Левуш, Эйхаль), которые в А"К, это корни для НиГЛ"Э, которые в мирах АБЕ"А. А НиГЛ"Э, которые в мире Ацилут, – это нэшамот для НиГЛ"Э в А"К и БЕ"А. А НиГЛ"Э мира Брия – это гуфим для НиГЛ"Э миров А"К и АЕ"А. А НиГЛ"Э мира Ецира – это левушим для НиГЛ"Э миров А"К и АБ"А. А НиГЛ"Э мира Асия – это эйхалот для НиГЛ"Э миров А"К и АБ"Е.

(ТЭ"С, стр. 142)

6) И если рассматривать все это в целом, то получим, что пять бхинот мира А"К– это корни: и для нэшамот, и для гуфим, и для левушим, и для эйхалот. А пять бхинот мира Ацилут – это нэшамот: и для корней, и для нэшамот, и для гуфим, и для левушим, и для эйхалот. А пять бхинот мира Брия – это гуфим: и для корней, и для нэшамот, и для гуфим, и для левушим, и для эйхалот. А пять бхинот мира Ецира – это левушим: и для корней, и для нэшамот, и для гуфим, и для левушим, и для эйхалот. А пять бхинот мира Асия – это эйхалот: и для корней, и для нэшамот, и для гуфим, и для левушим, и для эйхалот.

Брия называется гуф, так как получает от мира Ацилут, как гуф от нэшама.

(ТЭ"С, стр. 143)

7) И теперь поймешь то, что сказали мудрецы: «Жена как тело мужа». Так как Брия – это жена для Ацилута, ведь это хохма и бина. И хотя имеется в мире Брия и нэшама, называется она гуфим относительно нэшамот мира Ацилут, так как подобно тому, как жена получает от мужа, так гуф получает от нэшамот. И также сказали мудрецы: нет дома, кроме жены. Это мир Асия, который является домом и эйхалем для всех пяти бхинот. И мир Асия – жена мира Ецира, и это: «нет дома, кроме жены» относительно мира Асия. И соответственно, Асия, которая в каждом мире, называется домом для этого мира. А Брия, которая в каждом мире, называется гуф для этого мира.

Другой путь. Света, которые в мире А"К, то есть нэшамот, которые в нем, называются ехида.

Часть 3. Прямой и отраженный свет

Нэшамот, которые в мире Ацилут, называются хая. Нэшамот в мире Брия называются нэшамот. Нэшамот, которые в мире Ецира, называются руах. И нэшамот в мире Асия называются нэфэш.

(ТЭ"С, стр. 143)

8) И при желании можно избрать иной путь. Все света в мире А"К называются ехида. А света в мире Ацилут – это хая. А света в мире Брия – это нэшама. А света в мире Ецира – это руах. А света в мире Асия – это нэфэш.

И соответственно – в гуфим, левушим и эйхалот, которые находятся в мирах А"К и АБЕ"А. То есть гуфим, которые в мире А"К, это ехида дэ-гуфим в мирах АБЕ"А. А в мире Ацилут – хая, и т.д. И соответственно левушим. Левушим мира А"К – это ехида для левушим в мирах АБЕ"А. А левушим мира Ацилут – это хая для левушим миров А"К и БЕ"А.

(ТЭ"С, стр. 143)

9) И соответственно для левушим, которые в каждом мире, и для гуфим и для эйхалот. Так как все левушим мира А"К – это первый, высший левуш из всех пяти левушим, а все левушим мира Ацилут – это второй левуш, и т.д.

НиГЛ"Э – это света ЕХаНаРа"Н, то есть света сфирот КаХа"Б Ту"М.

(ТЭ"С, стр. 143)

10) И этот путь – это первый путь, так как нэфэш называется эйхал, руах – левуш, нэшама – гуф, хая – нэшама, ехида – корень нэшама. То есть все вышесказанное относится, в частности, и к каждому из миров, а именно: свет кэтэр мира Ацилут называется корень нэшама, или ехида. Свет хохма мира Ацилут называется нэшама ле нэшама, или хая. Свет бина мира Ацилут называется гуф, или нэшама. Свет тифэрэт мира Ацилут называется левуш, или руах. И свет малхут мира Ацилут называется нэфэш, или эйхал. И далее таким же образом во всех частных подсфирот.

Глава IX

Каждая сфира из КаХа"Б Ту"М, которые в мирах А"К и АБЕ"А, делится на пять бхинот НиГЛ"Э.

(ТЭ"С, стр. 144)

11) И общее правило, сформулированное вкратце, гласит, что каждая из десяти сфирот мира Ацилут, включая кэтэр, имеет: корень, нэшама ле нэшама, гуф, левуш, эйхал. И соответственно в мирах БЕ"А и в мире А"К, который является корнем для всех миров АБЕ"А.

А"К и АБЕ"А – это 5 бхинот, которые имеются в имени АВА"Я. Они состоят каждый из всех остальных, и есть в каждом из них А"К и АБЕ"А, то есть 5 бхинот, которые в имени АВА"Я, то есть НиГЛ"Э. И всего 25 бхинот.

(ТЭ"С, стр. 144)

12) Таким образом, все, что сотворено, это единая АВА"Я, состоящая из 5 бхинот, а именно: точка «куцо шель юд» в мире А"К, буква «юд» в мире Ацилут, буква «хей» в мире Брия, буква «вав» в мире Ецира, буква «хей» в мире Асия. И каждая из этих бхинот состоит из всех 5, например, «куцо шель юд», которая в мире А"К, состоит из единой АВА"Я, содержащей 5 других бхинот, то есть 5 бхинот самого мира А"К, которые являются А"К и АБЕ"А, что в нем, или 5 бхинот: корень, нэшама, гуф, левуш, эйхал. И соответственно буква «юд» мира Ацилут состоит из единой АВА"Я, которая содержит все 5 вышеназванных бхинот. И соответственно – остальные буквы, которые в мирах БЕ"А. И получается, что эти 5 букв, каждая из которых содержит все остальные, составляют всего 25 бхинот.

Каждая из этих 25 бхинот делится еще на 5 бхинот, то есть НиГЛ"Э, в каждой из которых есть свои десять сфирот, и каждая сфира делится еще на 5 парцуфим, то есть НиГЛ"Э.

(ТЭ"С, стр. 144)

13) И далее, каждая из них содержит все 25 бхинот. То есть буква «юд» мира Ацилут, например, это единая АВА"Я, состоящая

из всех пяти бхинот. И каждая их этих пяти состоит из всех пяти, а именно: десять сфирот корня, десять сфирот нэшама, десять сфирот гуф, десять сфирот левуш и десять сфирот эйхал. И аналогично в «куцо шель юд» в мире А"К, в букве «юд» в мире Ацилут, и в букве «хей» в мире Брия, и в букве «вав» в мире Ецира, и т.д. Получается в итоге, что А"К – это «куцо шель юд», в котором есть единая АВА"Я, состоящая из 5-ти бхинот: корень, нэшама, гуф, левуш, эйхал. И каждая бхина из них состоит из пяти: десять сфирот корня, десять сфирот нэшама, десять сфирот гуф, десять сфирот левуш и десять сфирот эйхал. И каждая сфира из этих десяти сфирот состоит из пяти парцуфим, то есть корня и АБЕ"А.

ГЛАВА X

Выясняющая, что одежда и жилище отделились от корня души, тела и стали внешними, окружающими.

Корень души, душа и тело связаны друг с другом, а одежда и жилище отделены от них.

(ТЭ"С, стр. 145)

1) А сейчас выясним, из каких ступеней и частей состоит каждый мир в отдельности. Знай, что корень души, души и тела являются одной ступенью и нет никакого разделения между ними. Но две ступени – одежда и жилище отделены от вышеперечисленных трех ступеней. И между двумя из них, то есть между телами и одеждами, находится место клипот, и они связаны с обратной частью света, который находится в теле.

Корень души, душа и тело являются внутренними келим, и в них каждый более внешний является более плохим. Одежда и жилище являются окружающими келим, и в них каждый более внешний является более важным, и поэтому клипот находятся между телом и одеждами, и это самое плохое место, и поэтому оно называется темным.

(ТЭ"С, стр. 146)

2) И причина в том, что в трех внутренних ступенях – есть в них внутренний свет, и наиболее плохая его часть выходит в наружную ступень, называемую кожа, и там заканчивается. А окружающий свет – наоборот, так как здесь каждый более внешний свет является и более сильным. Поэтому окружающий свет, который является в одежде наиболее внутренним, он связан с

телом и является самым слабым окружающим светом из всех. Поэтому там посередине находится место клипот, то есть в месте, где нет ни окружающего и ни внутреннего светов, между ними, и это место называется тьмою. И это имеет место в каждом мире, на каждой ступени, где находится клипа.

> **Когда парцуфим А"К и АБЕ"А надеваются друг на друга, они одеваются только на три ступени, которые в них: корень души, душа и тело, которые соединены вместе, а остальные сфирот тела не одеваются на десять сфирот одеяний.**
>
> (ТЭ"С, стр. 146)

3) После того как мы выяснили каждую ступень в отдельности, сейчас объясним эти понятия в общем.

Известно, что внутренней ступенью мира А"К является свет бесконечности, надевающийся на корень душ в десять сфирот, что в нем, а они в свою очередь надеваются на десять сфирот ступени душ, что в нем, а они в свою очередь надеваются на десять сфирот ступени тела А"К. И так далее должны были бы десять сфирот тела надеваться на десять сфирот одежд, но это не происходит, как было объяснено выше, и поэтому три ступени парцуфа Атик мира Ацилут окружают снаружи соответствующие три ступени мира Адам Кадмон.

> **Корень, душа и тело (парцуфа) А"К надеваются на корень, душу и тело парцуфа Атик мира Ацилут, а корень, душа и тело парцуфа Атик мира Ацилут надеваются на корень, душу и тело парцуфа А"А мира Ацилут. А корень, душа и тело парцуфа А"А мира Ацилут одеваются на корень, душу и тело парцуфа АВ"И мира Ацилут и т.д. по такому же принципу.**
>
> (ТЭ"С, стр. 146)

4) Так как десять сфирот тела А"К одеваются в десять сфирот корней душ десяти сфирот парцуфа Атик мира Ацилут, а те в свою очередь одеваются в десять сфирот ступеней душ парцуфа Атик, а они одеваются в десять сфирот ступеней тел парцуфа Атик

Глава X

мира Ацилут, то так происходит и далее со ступенями корней, душ и тел парцуфа А"А, которые одеваются в тела Атика. И таким же образом три ступени парцуфа Аба одеваются на А"А, и три ступени парцуфа Има надеваются на парцуф Аба, и далее три ступени парцуфа З"А на парцуф Има, и наконец, три ступени Нуквы надеваются на парцуф З"А. Находим, что сейчас стали законченными все ступени тел до парцуфа Нуквы З"А.

А"К и АБЕ"А включают один другого. Так есть А"К и АБЕ"А в мире А"К, также А"К и АБЕ"А в мире Ацилут, А"К и АБЕ"А в мире Брия и т.д. в мире Ецира и Асия. А"А является ступенью А"К, который непостигаем. Парцуф Аба является ступенью мира Ацилут, парцуф Има – мира Брия, З"А – мира Ецира и Нуква – Асия. Из мира Ацилут происходят души, из мира Брия – рухот, из мира Ецира – ангелы и из мира Асия – офаним.

(ТЭ"С, стр. 147)

5) Знай, что мир Ацилут включает в себя четыре мира АБЕ"А, и также мир Брия включает в себя все миры АБЕ"А, и также Ецира и Асия следующим образом: парцуф Аба – мир Ацилут, Има – мир Брия, З"А – мир Ецира, и Нуква – мир Асия. А ступень А"А никак не проявляется в каждом из миров и является скрытой. Таким образом, из мира Ацилут происходят души, из мира Брия – рухин кадишин, из мира Ецира – ангелы и из мира Асия – офаним.

Человек включает в себя ступени нэфэш, руах, нэшама и хая миров АБЕ"А, которые также включают в себя нэфэш, руах, нэшама и хая. И свет нэшама ступени нэфэш более значителен и важен, чем свет нэфэш ступени руах.

(ТЭ"С, стр. 147)

6) Человек включает в себя четыре мира, но удостоился только ступени нэфэш мира Асия. И затем согрешил и нанес тем самым вред ей и упал в клипот. Сказали ему: «Ведь комар и то важнее тебя и предшествует тебе, так как комар не совершил такого действия, как

ты, и не упал в клипот». И если бы не согрешил, то был бы на ступени офаним. И иногда будет в нем только ступень нэфэш, и это важнее, чем если у кого-то есть ступень руах и подобно этому даже ступень нэшама дэ-нэфэш. И так как известно, что каждый мир включает в себя все четыре ступени, то и человек, как только начал светить ему свет и постепенно исправлять его, немедленно начал светить ему на ступени нэшама дэ-руах мира Ецира несмотря на то, что еще не наделась на него окончательно, так как невозможно, чтобы оделась на него окончательно до того, пока не исправит полностью свою ступень нэфэш. Но тот, у кого есть ступень руах, то есть ступень нэфэш дэ-руах мира Ецира, конечно, он хуже, чем этот человек, о котором было сказано выше.

Можно удостоиться ступени нэфэш мира Ацилут. И даже еще выше. А удостоившийся ступени руах дэ-есод мира Ацилут будет называться мужем Шхины.

(ТЭ"С, стр. 148)

7) Также возможно, что будет в человеке ступень нэфэш мира Ацилут, а также еще выше. И если будет у него руах ступени есод мира Ацилут, будет называться мужем своей Госпожи, или Божественный человек.

АВА"Я с наполнением А"Б называется юд дэ-АВА"Я, что означает мир Ацилут. А с наполнением СА"Г называется первой буквой хэй Имени АВА"Я, что означает мир Брия. А с наполнением М"А буква вав дэАВА"Я – это мир Ецира. А с наполнением Бо"Н – последняя буква хэй имени АВА"Я – это мир Асия.

(ТЭ"С, стр. 148)

8) Четыре буквы АВА"Я соответствуют четырем мирам Ацилут, Брия, Ецира и Асия: Иуд в мире Ацилут означает имя А"Б дэ-Юдин, как сказано: «Всех Создал мудростью – хохма». Хэй в мире Брия означает имя СА"Г, так как сказано: «Има мекаэнет бэкурсая». Вав в мире Ецира называется М"А, так как «шесть сфирот мекаэним бэЕцира». Последняя буква хэй Имени АВА"Я означает Бо"Н, так как сказано: «Малхут мекаэна бэофан».

ГЛАВА XI

Разберем распространение света Мира Бесконечности для создания сосудов с четырьмя свойствами авиют, на примере органов человека: глаз, ушей, носа и рта. Чем более «тонкий» орган, тем он важнее. Эйнаим (глаза) – это 1-я стадия, озен (ухо) – 2-я стадия, хотем (нос) – 3-я стадия и пэ (рот) – 4-я стадия.

В Мире Бесконечности вообще нет проявления формы и постижения. И для того чтобы создать мир, Творец продолжил распространения во множестве, чтобы были корни и основы для мира Ацилут.

(ТЭ"С, стр. 149)

1) Известно, что в Мире Бесконечности нет никакого проявления формы. И когда Творец решил создать мир Адам Кадмон, то свет распространился из Мира Бесконечности. Парцуфим мира Адам Кадмон являются источниками и основами для парцуфим мира Ацилут.

Четыре буквы юд-хэй-вав-хэй являются основами всего, еще они называются РАШРА"Д (т.е реия-зрение, шмия-слух, реах-обоняние и дибур-речь), и они соответствуют светам: хая, нэшама, руах, нэфэш – и сосудам: эйнаим, озен, хотем, пэ.

(ТЭ"С, стр. 149)

2) Разберем это с помощью притчи и воображения, как известно, все состоит из четырех основ: зрение, слух, обоняние, речь. И они соответствуют четырем буквам Юд, Эй, Вав, Эй, которые в свою очередь соответствуют светам нэшама для нэшама, нэшама, руах, и нэфэш. Мы начнем разбирать со ступени нэшама, а затем вернемся к предшествующей ей.

Часть 3. Прямой и отраженный свет

В АХА"П есть эвель (пар) и руах. В зависимости от ступени, на которой он находится, эвель имеет разную силу – в озен пар самый маленький, в хотем он более сильный, а в пэ еще сильнее.

(ТЭ"С, стр. 150)

3) Внутри ознаим находится очень тонкий руах. Если человек заткнет ухо пальцем, то он услышит звук, это происходит потому, что находящийся там руах просится выйти и не может. После него идет хотем (нос), руах, который находится внутри него и может выходить из него, ощущается больше, чем руах, выходящий из озен. Затем идет пэ, из которого выходит пар, и этот руах сильнее предыдущих.

Ознаим соответствуют бине, которая является бхиной бэт (2-й стадией) и которая имеет маленькую авиют. В бине находится нэшама. Хотем соответсвует З"А, который является бхиной гимэл (3-й стадией) и который имеет авиют большую, чем бина. В нем находится руах. Пэ – это малхут, она является бхиной далет (4-я стадия), она имеет самую большую авиют, и в ней находится свет нэфэш.

(ТЭ"С, стр. 150)

4) Авиют соответствует виду органа, так как ознаим соответствуют бине, т.е. органу, имеющему очень маленькую авиют, то и свет (руах), выходящий из нее, очень тонкий. Хотем имеет авиют, меньшую, чем пэ. Руах, выходящий из озен, – называется нэшама. Руах, выходящий из хотем, так и называется – руах. Руах, который выходит из пэ, называется нэфэш.

Зрение (реия) соответствует свету хая. В эйнаим нет такого пара (отраженного света), как в АХА"П. Эйнаим (хохма) соответствует бхине алеф (1-й стадии).

(ТЭ"С, стр. 151)

5) Зрение – это нэшама для нэшама. Зрение не является настоящим отраженным светом, в отличие от остальных органов –

Глава XI

озен, хотем, пэ. Нэшама, и руах, и нэфэш – это настоящие виды отраженного света.

Эвель, который находится в эйнаим, – это сосуд для окружающего света хая, только прямой свет в нем идет вниз и этот процесс называется созерцание, истаклут, и это зивуг дэ-акаа (ударное слияние).

(ТЭ"С, стр. 152)

6) Но в эйнаим это происходит не так, так как их эвель остается на месте, в качестве окружающего света, называющегося нэшама для нэшама. Этот свет соответствует реия и созерцанию и не является настоящим эвелем, распространяющимся вниз. Поэтому из этого свойства зрения создались сосуды, которые называются гуф, но свойство самого пара, принадлежащего сосуду, называющемуся «глаза» (эйнаим), очень внутреннее, и невозможно, чтобы этот эвель распространился вниз.

Распространение света создает сосуды, которые соответствуют истаклут, исходящему из эйнаим, который соответствует свету хохма.

(ТЭ"С, стр. 152)

7) Согласно тому что зрение исходит из эйнаим, которые являются более высшими сосудами, чем озен, хотем, пэ, только у зрения была сила создать сосуды, и не было необходимости в их эвеле. Но в озен, хотем, пэ, которые являются более нижними сосудами, была необходимость чтобы их эвель распространился, для того чтобы создать сосуды.

Три эвелим АХА"П создали сосуды для нэфэш, руах, нэшама.

(ТЭ"С, стр. 153)

8) Однако потому, что бхина аин (глаз) не является настоящим эвелем, а только лишь зрением (реия), поэтому из нее были созданы только сосуды, а в озен, хотем, пэ даже сосуды не могли быть созданы, без самого эвеля.

ГЛАВА XII

Эта часть выясняет зивуг первого созерцания эйнаим в АХА"П, в результате которого образовались келим головы (де рош). И зивуг второго созерцания, в результате которого образовались келим тела (де гуф). И в ней восемь аспектов.

> **От света созерцания в эвелим (отраженные света) нэфэш, руах, нэшама, которые, соответственно, являются 4-й стадией (далет), и 3-й стадией (гимел), и 2-й стадией (бэт), образовались келим.**
>
> (ТЭ"С, стр. 154)

1) И надо понять, что означают эти зрение и созерцание. Знай, что зрение (реия) эйнаим продолжило от себя созерцание в упомянутые нэфэш, руах и нэшама, и в результате этого созерцания образовались келим. И это скрытый смысл слов: «И увидел Элоким свет, что хорош, и разделил...» Потому что руах и нэшама называются свет, а нэфэш, как известно, называется ЭТ, потому что нэфэш – это Малхут, которая называется «ЭТ».

> **Слова: «И увидел Элоким» означают созерцание. ЭТ – это нэфэш. Свет – это руах и нэшама. Слова: «И разделил...» означают – «создал келим», «келим» означают разделение и граница.**
>
> (ТЭ"С, стр. 154)

2) В результате этого созерцании Творца в ЭТ а-ОР (нэфэш называется ЭТ, а руах и нэшама называются ОР) возникли келим, которые разделяют света, это и обозначается словами: «И разделил...»

Глава XII

> В созерцании имеются прямой свет и отраженный свет, потому что, когда распространился прямой свет до экрана, который выставляет Малхут, то экран отразил свет наверх и этот отраженный свет оделся на прямой свет снизу вверх.
>
> (ТЭ"С, стр. 155)

3) И знай, что в этом созерцании есть две особенности, это – прямой свет сверху вниз и отраженный свет снизу вверх, потому что сначала простерлась реия сверху до конца десятой низшей стадии нэфэш, и затем, когда свет отразился снизу вверх, то образовались разделяющие келим, причем они оделись на нэфэш в каждой ее части, снизу вверх. И прочитай в предыдущем пункте (п. 6), потому что там было хорошо разъяснено содержание этого созерцания и как образовались эти келим снизу вверх, и изучи там очень внимательно.

> Сначала распространение прямого света в зивуге дэ-акаа на экране, который выставляется малхут, образовало только корни келим в рош.
>
> (ТЭ"С, стр. 155)

4) И знай, что у этого прямого света была сила образовать келим в рош, однако эта сила не проявлялась, пока созерцание не столкнулось со светом нэфэш в пэ, как это упоминалось выше. В результате этого столкновения проявились келим рош.

> Для того чтобы создать келим тела (гуф), необходимо второе созерцание на экран, стоящий в пэ (малхут).
>
> (ТЭ"С, стр. 155)

5) Однако прямой свет сам не мог создать келим тела (гуф), которые являются семью нижними сфирот. Для этого он должен столкнуться со светом нэфэш в пэ. В результате этого свет отражается от экрана снизу вверх. Именно это взаимодействие создает келим гуф, которые называются семь нижних сфирот.

Часть 3. Прямой и отраженный свет

> **В десяти сфирот созерцания, которые являются прямым светом, возник корень, который называется кэтэром, который находится близко к глазу. Хохма, бина, тифэрэт (З"А) и малхут распространяются от глаза и вниз вплоть до есода, который расположен близко к пэ.**
>
> (ТЭ"С, стр. 156)

6) Однако в десяти этих сфирот, которые в созерцании, каждая сфира, расположенная ближе к корню, находится выше, потому что кэтэр находится ближе к глазу, чем остальные, все остальные выстраиваются таким же образом.

> **С помощью отраженного света возник корень, который называется кэтэр, опирающийся на пэ (малхут). Малхут является корнем отраженного света. Хохма, бина, тифэрэт (З"А) и малхут распространяются от пэ и выше. Последняя, десятая сфира – это малхут отраженного света, которая расположена близко к глазу. Десять сфирот отраженного света надеваются на десять сфирот прямого света. Десять сфирот отраженного света, когда они объединились с десятью сфирот прямого света, делают уровень всех келим равной.**
>
> (ТЭ"С, стр. 156)

7) Однако малхут возникла первой, и когда свет ударился об экран и отразился, тогда уровень всех келим был равным. Хотя есод распространился больше, чем малхут, тем не менее он остается равным малхут, несмотря на то что он – есод (т.е. распространился больше). У есода нет превосходства над малхут. Это распространение является отражением света, которое приближается к источнику, но с точки зрения келим их уровень равен. Когда свет отражается и одевается на эвель, то получается, что когда он близок к пэ, тогда там свет пэ (рта) больше, чем свет озен (уха), согласно тому, что эвель пэ относится к рош, а эвель озен относится к гуф.

ГЛАВА XIII

Поясняющая вопрос зивуг дэ-акаа истаклут эйнаим с АХА"П, в результате которого возникли келим.

1) Объяснение, которое я написал о корнях создания Ацмут (Сущности) и келим, возникших из АХА"П и эйнаим через тайну Зрения, Слуха, Обоняния, Речи. Это я нашел у рава Гдальи а-Леви. Когда света распространились от озен и хотэм до пэ, там соединились все эвалим, и тогда в месте их соединения у всех есть уровень нэфэш. Эвель озена не может соединиться с эвелем пэ, это может произойти только в результате удаления одного от другого. Для того чтобы эвель хотема мог соединиться с эвелем пэ, не нужно такое большое удаление, как в предыдущем случае. И от этого приходит истаклут эйнаим, через удар, который ударил в этот эвель, таким образом были созданы келим. В этом истаклуте есть внутреннее и внешнее, потому что во всех органах есть внутреннее и внешнее, и было сделано обобщение их келим. И согласно тому, что нет в реия эйнаим выходящего эвеля, но только истаклут, были сделаны только келим.

2) И этот истаклут больше трех вышеупомянутых эвалим, потому что зрение – это буква юд, слух – эй, обоняние – вав, речь – эй, вот четыре буквы АВА"Я, которые Ху"Б ТУ"М (хохма, бина, тифэрэт и малхут), которые НаРаН"Х: Зрение – это Хая, Юд имени называемого Хохма. Потому что высшая Хохма светит через эйнаим, однако если бы Эвель выходил прямо через эйнаим, не было бы возможности получить ее (Хохму) внизу, поэтому исходит из него только истаклут, и была в нем сила сделать келим, в эти три бхинот: юд нэшамы в эвеле озен, юд руаха в эвеле хотэм, юд нэфэш в эвеле пэ. И это соответствует словам: «Издалека Творец явился мне». И от остальных

Часть 3. Прямой и отраженный свет

эвалим, если бы было от них только истаклут через экран, как у эйнаим, то не было бы силы в них создать келим. И все это суд между свойством распространения эвеля и истаклутом видения. И зрение (реия) – это гематрия «гвура», и речь (дибур) – это гематрия РИ"О с четырьмя буквами.

3) Этот истаклут приходит и бьет в место, где соединяются вместе три эвалим, и это бхина нэфэш. Это соответствует словам: «И увидел Элоким Э"Т О"Р (свет)», потому что О"Р – это бхина эвель озена, а хотэм – это бхина нэшама и руах. Э"Т – это бхина пэ, которая соответствует нэфэш.

4) И этот истаклут через прямой путь оставил рошем в каждой бхине. Потому что попал в каждую бхину. И так же был сделан рошем всех келим, внешние решимот во внешних органах, а внутренние решимот во внутренних органах, и это не закончилось, пока не ударил истаклут в место соединения эвалим, это распространение эвалим и их внешнее, и в результате удара света эвель в свет истаклут, свет истаклут отражается, и таким образом создается кли в каждой бхине для остального гуфа: внешнее для внешних органов и внутренние для внутренних органов.

5) И как в истаклуте каждый более близкий к своему корню является более высшим, так как кэтэр, близкий к глазу, вышел последним, а малхут вышла первой, и когда свет бьет и отражается, тогда все бхинот келим становятся равными. У есода нет преимущества перед малхут, потому что распространение света происходит за счет отраженного света, который отражается из приближается к источнику. В результате этого все келим становятся равными.

6) И когда отражается свет и одевает эвель, то получается, что он близок к пэ. Эвель пэ больше, чем эвель озен, потому что эвель пэ теперь близок к пэ в бхине рош, а эвель озен до сих пор соответствует остальному гуфу, пока он не поднимется к озену.

ГЛАВА XIV

Поясняет внутреннее и внешнее пяти миров: Адам Кадмон и АБЕ"А. В каждом мире есть 25 ступеней, которые делятся на внутреннее и внешнее. Глава разделяет ступень каждого мира и состоит из десяти частей.

Внутреннее и внешнее мира Асия – это нефашот и офаним.

(ТЭ"С, стр. 161)

1) Во всех мирах есть внутреннее и внешнее, в мире Асия внешнее – это офаним, а внутреннее – нефашот. Но нефашот – это собирательное название.

Из пяти парцуфов: А"А (Арих Ампин), АВ"И (Аба вэ Има) и ЗО"Н (З"А и Нуква) мира Асия выходят НаРаН"ХаЙ общей души (нэфэш).

(ТЭ"С, стр. 161)

2) Но эта душа делится на пять категорий – НаРаН"ХаЙ, пять этих уровней находятся в пяти парцуфах мира Асия, которые являются душой (нэфэш) совокупности миров.

И каждый парцуф из пяти парцуфов мира Асия состоит из НаРаН"ХаЙ. Но НаРаН"ХаЙ из А"А соответствует уровню ехида. И НаРаН"ХаЙ из АБА соответствует уровню хая. И НаРаН"ХаЙ из Има соответствует уровню нэшама. И НаРаН"ХаЙ из З"А соответствует уровню рухот. И НаРаН"ХаЙ из Нуква соответствует уровню нефашот. Асия – это ступень малхут в мирах.

(ТЭ"С, стр. 161)

Часть 3. Прямой и отраженный свет

3) И так в каждом из этих парцуфов, есть в нем пять вышеперечисленных категорий – НаРаН"ХаЙ: однако когда пять этих категорий находятся в А"А, то все называются Ехида, которые находятся в Асия. И пять этих категорий, которые относятся в АБА, называются Хая, что в Асия. И пять этих категорий в Има соответствуют уровню Нэшама. И пять этих категорий в З"А соответствуют уровню руах. И пять этих категорий в Нуква соответствуют уровню нэфэш.

В совокупности весь свет мира Асия определяется только как свет нэфэш. И в частности, есть в нем НаРаН"ХаЙ дэ-нэфэш, и каждая из них состоит из НаРаН"ХаЙ. Вместе это составляет 25 ступеней.

(ТЭ"С, стр. 162)

4) Получается, что хотя они представляют собой частных 25 бхинот, но в общем они все равно являются только пятью бхинот, которые являются пятью парцуфами. Однако относительно всех миров АБЕ"А Асия представляет собой лишь уровень нэфэш.

Внутреннее и внешнее мира Ецира – это рухин и малахим. И в каждом из них есть пять парцуфов: А"А, АВ"И и ЗО"Н, и в каждом парцуфе есть пять свойств НаРаН"ХаЙ. Таким образом, есть 25 бхинот, и все они только свет руах, и в мирах они соответствуют уровню З"А.

(ТЭ"С, стр. 162)

5) Поэтому есть две бхины в мире Ецира, и они внутреннее и внешнее. Внутреннее – это рухин, а внешнее – малахим. И каждая бхина из этих двух имеет пять парцуфов: А"А, АБА, ИМА, З"А и Нуква. И каждый парцуф делится на пять. Пять свойств НаРаН"ХаЙ, которые есть в Ецире, делятся на пять свойств в частности и пять в общем, а все вместе они только уровень руах и З"А по отношению ко всем остальным мирам.

Глава XIV

> **Внутреннее и внешнее мира Брия – это нэшамот и Кисэ, на котором рухин кадишин. И в каждом из них 25 свойств, и все они только свет нэшама, и уровень Бина в мирах.**
>
> (ТЭ"С, стр. 162)

6) И поэтому в мире Брия есть внутреннее и внешнее, внутреннее – это нэшамот, а внешнее это Кисэ, на котором рухин кадишин. И каждое делится на 25 свойств в частности и пять свойств в общем, и все называются нэшама и Бина по отношению ко всем остальным мирам.

> **Внутреннее и внешнее мира Ацилут – это Ацмут (Сущность) света и келим. И в каждом из них 25 свойств, а все вместе – свет хая и уровень Хохма в мирах.**
>
> (ТЭ"С, стр. 163)

7) И поэтому в мире Ацилут есть два свойства: внутреннее и внешнее, внутреннее – Свет и Сущность Света, а внешнее – келим. Каждое свойство делится на 25 общих свойств, и все они вместе имеют уровень хая и Хохма по отношению ко всем остальным мирам.

> **Внутреннее и внешнее мира Адам Кадмон – это Сущность Света и келим. В каждом из них 25 свойств, а все они вместе – свет ехида и уровень Кэтэр в мирах.**
>
> (ТЭ"С, стр. 163)

8) И поэтому в Адам Кадмон есть два свойства: внутреннее и внешнее. Внутреннее – это Свет и Сущность Света, а внешнее – келим. По отношению к остальным мирам келим мира А"К не считаются келим, только по отношению к свету их называются келим. И в каждом из них есть все вышеперечисленные свойства, а в общем они называются Ехида и Кэтэр по отношению к другим мирам. И об этом сказано, что изначальное исправление мира Адам Кадмон – это высший Кэтэр.

> **НаРаН"ХаЙ всего мира – это внутреннее, а келим, которые одеваются в НаРаН"ХаЙ, – внешнее.**
>
> (ТЭ"С, стр. 163)

9) И знай, что все внутреннее в каждом из этих пяти миров – это ехида, хая, нэшама, руах и нэфэш. А внешнее – это келим и гуф, в которые одеваются ехида, хая, нэшама, руах и нэфэш.

> **Все миры представляют собой единый парцуф, состоящий из десяти сфирот. Адам Кадмон – это Кэтэр этого парцуфа. Мир Ацилут – Хохма, Брия – Бина, Ецира – З"А и Асия – Малхут. Свет в них – это внутреннее, а все их келим – это внешнее. И внутри их всех – Свет Мира Бесконечности («Ор Эйн Соф»), и все остальное – внешнее по отношению к нему.**
>
> (ТЭ"С, стр. 163)

10) Таким образом, все миры представляют собой единый парцуф, состоящий из десяти сфирот. И Адам Кадмон со всеми его свойствами – это Кэтэр этого парцуфа, Ацилут – Аба, Брия – Има, Ецира – З"А, Асия – Нуква, и все они образуют единый парцуф. И есть Сущность Света, которая является внутренним, и келим – это внешнее, а внутри всех находится Свет Мира Бесконечности («Ор Эйн Соф»), в соответствии с которым все получили свои имена, Келим и внешнее – это одно, а Свет Мира Бесконечности, который находится в них, – это Сущность и внутреннее.

ГЛАВА XV

Поясняет облачение светов в сосуды: внутренние и окружающие.

Нет пяти сосудов для пяти светов НаРаНХа"Й.

(ТЭ"С, стр. 164)

1) После того как объяснено тебе в общем, что в каждом парцуфе, в каждом мире есть пять светов НаРаНХа"Й, которые являются «внутренним» началом, ты можешь подумать, что также есть и пять сосудов в соответствии с ними, но это не так.

Есть только три сосуда для нэфэш, руах, нэшама, а для хая и ехида нет сосудов, и они становятся окружающим светом.

(ТЭ"С, стр. 164)

2) Дело в том, что сосуды – это внешнее и имеющее авиют, и не смогут облачиться в них все пять видов нэшама (света), а только три нижние из них: нэфэш, руах и нэшама, и только для них есть сосуды и тела. Для светов хая и ехида нет сосудов в самом парцуфе, чтобы облачиться в них, и поэтому они остаются снаружи без сосудов, в качестве окружающего света.

Три сосуда НаРа"Н называются наружным, средним и внутренним.

(ТЭ"С, стр. 165)

3) Итак, получается, что в наружном есть только три сосуда: наружный, средний и внутренний, в которых находятся света нэфэш, руах, нэшама. Но для светов ехида и хая нет

соответствующих сосудов, и они остаются снаружи в качестве окружающего света.

Прямой свет распространяется сверху вниз и почти отделяется от своего места, для того чтобы спуститься к нижним. Свет находится в полных именах АВА"Я, и буквы этих имен отдаляются сами.

(ТЭ"С, стр. 165)

4) Есть также другое разделение, прямой свет почти отделился от своего места, для того чтобы, опустившись, дать нижним. Поэтому их полные простые имена АВА"Я, все они АВА"Я, состоящие из букв, отделенных одна от другой.

Отраженный свет, который отдаляется от малхут и поднимается наверх, соответствует имени Элоким в квадрате (бэ рибуа). Буквы поднимаются и соединяются одна с другой до тех пор, пока не достигают своего корня.

(ТЭ"С, стр. 166)

5) Отраженный свет обозначается буквами: алеф, алеф-ламэд, алеф-ламэд-хэй, алеф-ламэд-хэй-юд, алеф-ламэд-хэй-юд-мэм. Буквы всегда соединены между собой для того, чтобы показать, что они поднимаются, и соединены одна с другой, пока не соединяются со своим корнем, создавшим их.

У сосудов есть паним и ахор, а в светах нет, у них есть только распространение и удаление, прямой свет и отраженный свет.

(ТЭ"С, стр. 166)

6) И надо понять истинность смысла «паним» и «ахор», потому что в светах есть распространение и удаление, называемые прямой и отраженный света, а у сосудов это называется «паним» и «ахор», то есть что к свету не относятся понятия «паним» и «ахор».

ИЛЛЮСТРАЦИИ

Переход с низшей ступени на высшую возможен только при полном аннулировании своего Я=АНИ и освоения желания, мысли, цели Творца – ЭЙН

Часть 3. Прямой и отраженный свет

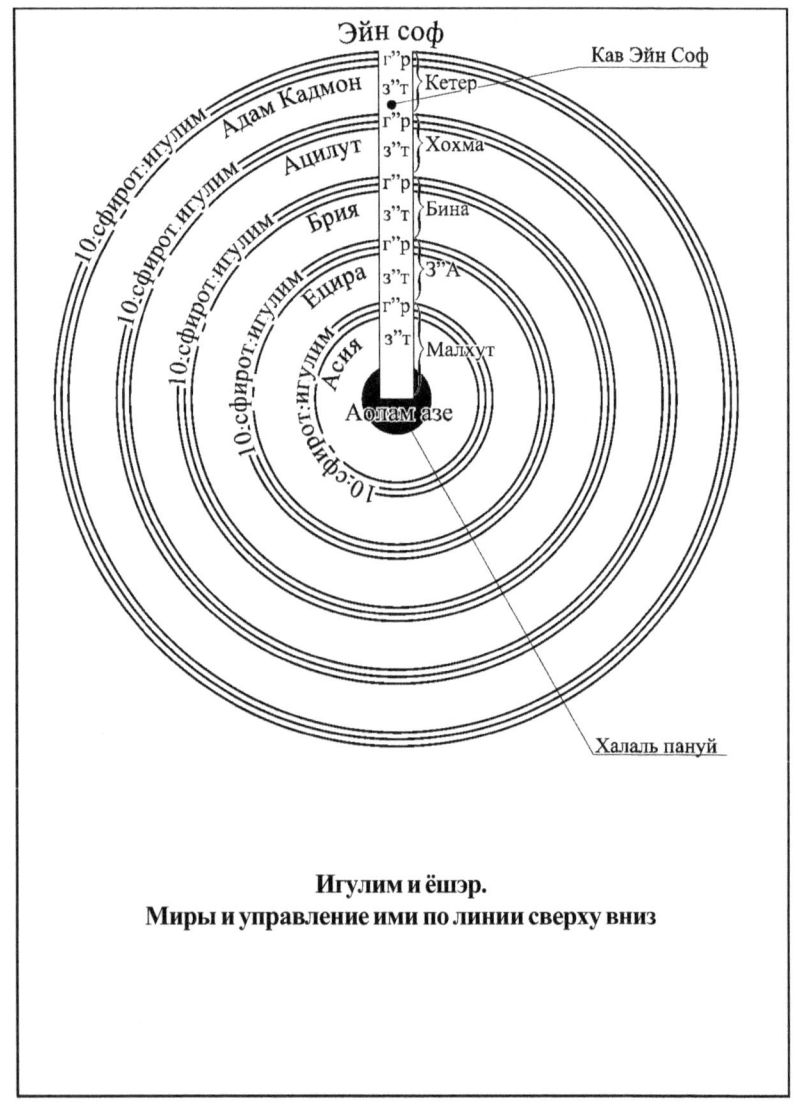

**Игулим и ёшэр.
Миры и управление ими по линии сверху вниз**

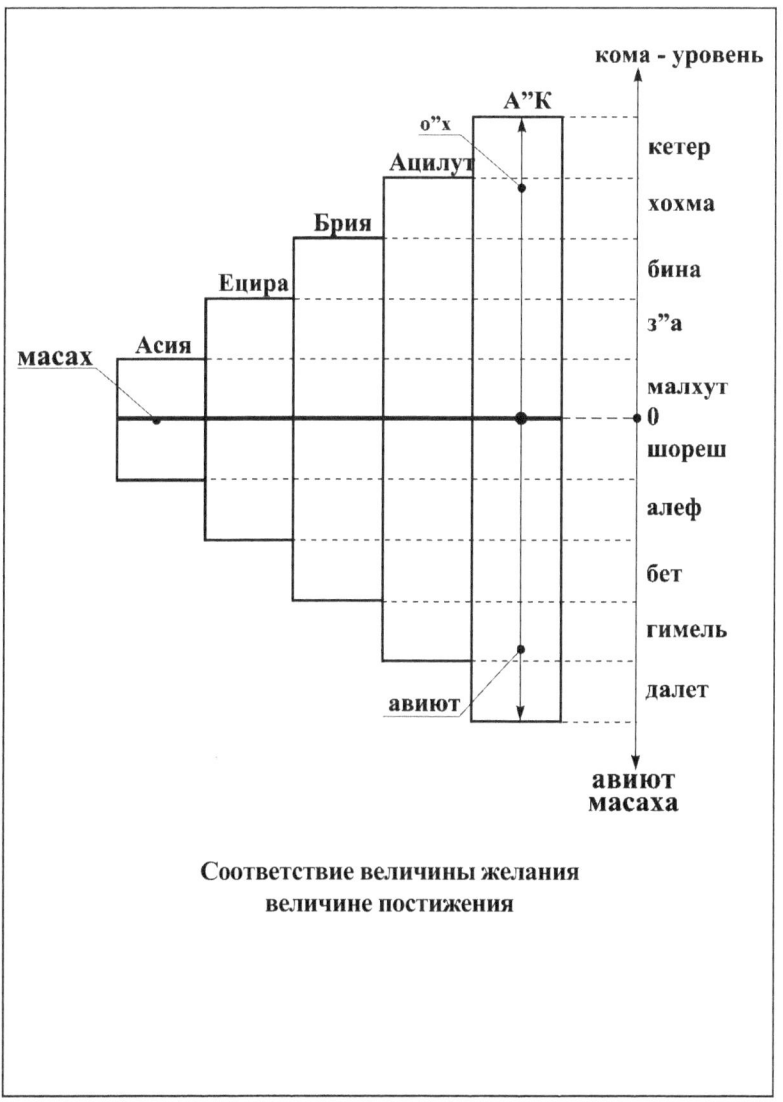

Соответствие величины желания величине постижения

Часть 3. Прямой и отраженный свет

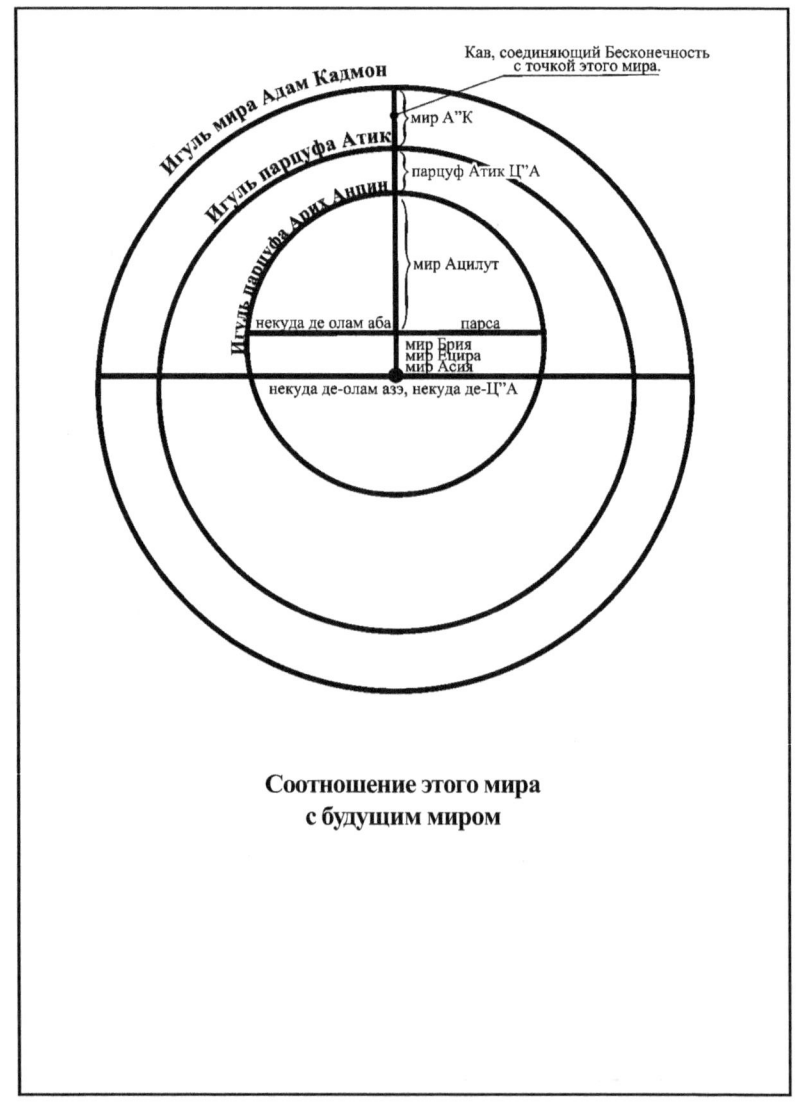

**Соотношение этого мира
с будущим миром**

Стороны света	Промежуточная	ДЦМ'Х	Адам					4 бхинот Адам	4 бх ТаНТ'А	Орот	Оламот	Парцуфим	Органы чувств	Части роп	Сфирот	АВА'Я	Бхинот
			Окружение Адама	Левуш Адам	Гуф Адам	Рухниот Адам	Промежуточная										
юг (теплый и сухой)		мезабер	байт-дом	кутонот	адамот-кости	схида		(шореш)	эш	схида	А"К	Гальгальта		гулько-лет	кетер	начало буквы юд	шореш
	корь обостьяна																
север (холодный и влажный)		хай	хацер-двор	михнасаим	гидин-жилы	хая	дам	Адам пними (нешама)	таамим	хая	Ацилут	А"Б	рия	эйнаим	хохма	йод	алеф
	кслев сад																
запад (теплый и влажный)		шомэах	сад-поле	мицнэфет	басар-мясо	нешама	сеарот, ципорным	гуф	некудот	нешама	Брия	Са"Т	шмия	озен	бина	хей	бст
	альмогим-коралы																
восток (холодный и сухой)		домэм	мидбар-пустыня	авнэт	ор-кожа	руах	одним	левуш	танин	руах	Ецира	М"А	реех	хотем	з"а	вав	гимель
						нефеш		байт	отиот	нефеш	Асия	БО"Н	дибур	пэ	малхут	хей	далет

Соответствие различных элементов творения, выходящих из единого корня - именем Творца

Талмуд Десяти Сфирот
Часть 9
Зивугей аСфирот

ОГЛАВЛЕНИЕ

Зивугей аСфирот – сочетание сфирот 519
Вопросы и ответы 602
Сочетание бины и малхут 610
Связь низшего с высшим 614
Внутреннее созерцание...619

ЗИВУГЕЙ аСФИРОТ – СОЧЕТАНИЕ СФИРОТ

1) В первый раз в каждом из зивугов, происходящих во всем мире Ацилут – от Атик и до Аба ве Има – все еще не было побуждения для поднятия МА"Н (Мейн Нуквин – вод нуквы – молитвы), которые представляют собой выборку мелахим для их исправления. Почему?

Потому что сверху донизу, до ЗО"Н, все это было ГА"Р дэ-Ацилут: Атик, Арих Анпин, Аба ве Има, включая ИШСУ"Т, включая все их состояния, включая все частные парцуфим, которые могут быть в них – до ЗО"Н дэ-Ацилут, все это ГА"Р дэ-Ацилут, рош (голова) дэ-Ацилут.

А ЗО"Н – это гуф (тело) дэ-Ацилут. Рош дэ-Ацилут стоит напротив головы мира Некудим, в которой не было разбиения. Поэтому рош дэ-Ацилут необходима только для того, чтобы исправить ЗО"Н, а не для исправления самой себя. И потому Бааль Сулам говорит, что здесь еще нет поднятия МА"Н, выборки мелахим для исправления – еще нечего исправлять.

Однако захар (мужская часть) самостоятельно, т. е. без помощи низших, пробуждалась сама по себе к зивугу, поскольку некому было поднять МА"Н – потому что еще не было низших, и об этом сказано: «кад салик береута» («поднимался неустойчиво...» – *арам.***), поскольку нуква еще не была выделена, обособлена.** То есть еще не было недостатка (желания, требующего своего наполнения), не было поднятия МА"Н, еще не было самостоятельной, выделенной нуквы. А захар сам по себе, без нуквы, создавал этот недостаток и поднимал его.

После парцуфа Има и далее – там уже имеется «недостаток» (желание) от низших, как сказано в следующих главах. И потому не было законченного зивуга между захар и нуква посредством ступеней есод, а только лишь зивуг «бе-реута» (неустойчивый зивуг).

Часть 9. Зивугей аСфирот

То есть такой непрочный зивуг. **Как происходит там, где нет выделенной нуквы,** – имеется только лишь желание ступени захар построить систему (и об этом шла речь, когда говорилось, что МА"Н поднимается сам по себе, с тем чтобы исправиться, без того чтобы его кто-либо поднимал. И об этом сказано, что «...поднимается по своему желанию, а не по просьбе низших».) Итак, давайте посмотрим, что же такое неустойчивый зивуг.

После второго сокращения, от мира Некудим и далее до нашего мира, каждый парцуф выходит вначале:

1) в состоянии катнут (в малом состоянии), а затем –
2) в состоянии гадлут (в большом состоянии).

Что значит, что захар сам по себе пробуждался к зивугу? Значит, не вследствие поднятия МА"Н, а в соответствии с решимот, которые находятся в экране, как это и было во всех предыдущих парцуфим.

Низший начинается с бины. Еще в четырех бхинот прямого света – ЗА"Т дэ-бина начинает думать, как она может отдавать низшим, то есть в низшем пробуждается недостаток, желание ашпаа, и поэтому низший начинает исправляться.

Итак, до ЗА"Т дэ-бина у нас вообще не идет речь о низшем. Кэтэр, хохма и ГА"Р дэ-бина принадлежат к Высшему. И поэтому связь низшей малхут со всеми свойствами, явившимися ее первопричиной, может быть только до ГА"Р дэ-бина, а не выше. То есть малхут может контролировать саму малхут, З"А, ЗА"Т дэ-бина – там, где есть келим дэ-кабала, ее корни, которые построили ее, – но не выше!

Поэтому и в рош, и в тох, и в соф имеются келим, свободные от воздействия малхут, называемые Гальгальта ве-Эйнаим, и келим, которые могут находиться под воздействием малхут, называемые АХА"П. И тогда, если парцуф находится под влиянием малхут, то он находится под ограничением цимцума, и в нем работают только Г"Э. А если малхут, находящаяся в нем, позволяет это, то он переходит в состояние гадлут, и тогда келим, в которых было влияние малхут во время состояния катнут, «отрываются» от нее и начинают работать так же, как и келим дэ-ашпаа – на отдачу.

Так как бина является корнем малхут, из этого следует разделение обязанностей между ними – назначение каждой из этих двух бхинот. Бина – это желание отдавать, и этим своим желанием отдавать она строит малхут, которая могла бы получать от нее.

Теперь каждый раз, когда малхут хочет получить исправления или получить свет, она всегда может обратиться за этим к бине. Малхут поднимается в бину, чтобы наложить на нее ограничения или потребовать от нее исправлений или наполнения, в зависимости от того что ей необходимо. Так как все, что есть в малхут, все это в конце концов приходит к ней из бины.

Бина прячется внутри малхут, бина вызывает внутри малхут все эти процессы, и поэтому все, что есть в малхут, всегда поднимается только до бины, каждый МА"Н поднимается до ЗА"Т дэ-бина.

После того как Олам Некудим разбился, экран поднимается со всеми оставшимися решимот обратно в рош дэ-СА"Г. Масах дэ-гуф разбившегося Мира Некудим не может подняться в рош дэ-Некудим, то есть он поднимается туда, но там он не может исправить ЗА"Т дэ-Аба вэ Има, так как ЗА"Т дэ-Аба ве Има повреждены, они вызвали разбиение келим. Поэтому, несмотря на то что масах с решимот поднимается к ним, Аба вэ Има никогда уже не могут выйти в гадлут, потому что это сразу бы вызвало разбиение келим, а этого уже не может быть – решимот и весь процесс разбиения келим не позволят Аба ве Има этого сделать.

И поэтому масах, который ничего не может исправить в рош дэ-Некудим, в АХА"П дэ-Аба вэ Има, поднимается в рош дэ-СА"Г. В рош дэ-СА"Г, поскольку это рош, которая находится под ограничением Цимцум Алеф, без всяких ограничений цимцума бэт, туда поднимаются хесронот (недостатки наполнения), решимот и требуют их наполнения.

Тогда рош дэ-СА"Г в соответствии с этим делает зивуг в никве эйнаим – на ступени кэтэр дэ-СА"Г, называемой мецах (лоб), и рождается новая ступень, первая родившаяся после разбиения келим, которая спускается оттуда вниз, в то место, откуда поднимались решимот, и эта новая ступень называется парцуф Атик.

В первый раз в каждом из зивугим, во всех видах зивугим, происходящих во всем мире Ацилут... – а Ацилут весь построен на разбитых келим. То есть он начинает прямо с разбитых келим и говорит, что в самом первом зивуге, который произошел после разбиения келим (швират а-келим).

...все еще не было побуждения для поднятия МА"Н (Мей Нуквин – вод нуквы – молитвы), которые представляют собой выборку мелахим для их исправления. Нет пока еще того, кто захотел бы поднять МА"Н, – нет того, кто пожелал бы исправиться. Необходимо еще создать для этого все условия. Кли находится в разбитом состоянии, в желании получать ради себя (бе-рацон лекабель аль менат лекабель) – откуда же может у него появиться желание начать отдавать (леашпиа)?

Однако захар (мужская часть – то есть Высший, дающий парцуф) самостоятельно (без помощи нижних) пробуждался сам по себе к зивугу, поскольку некому было поднять МА"Н. То есть без требования от низшего, без его желания наполниться – это желание Высший создавал самостоятельно.

И об этом сказано: кад салик береута (поднимался неустойчиво), поскольку нуква еще не была самостоятельна, обособлена. У разбитых келим нет пока желания исправиться и стать отдающими.

И только от парцуф Има и далее – от бина и ниже, в Ацилут, находятся уже все желания, требующие своего наполнения, все хесронот – желания наполнения.

И потому не было законченного зивуга между захар и нуква, посредством ступеней есод, а только лишь зивуг бе-реута (неустойчивый зивуг), как происходит всегда, когда нет самостоятельной нуквы.

2) **Но во второй раз...** – то есть. после этого первого зивуга, совершенного только за счет одного Высшего, в следующий раз.

...в каждом парцуфе уже было кому поднимать МА"Н. И во время второго возвращения Атик для совершения зивуг с нукваа – так как в первый раз Арих Анпин (А"А) был исправлен, выбрав Атик для своего исправления, то поднял МА"Н в Атик. И точно такой же порядок существует на всех остальных ступенях.

СА"Г порождает Атик в малом состоянии (катнут дэ-Атик). После разбиения келим все решимот поднимаются в рош дэ-СА"Г. Рош дэ-СА"Г выбирает самое светлое, самое лучшее решимо и совершает на него зивуг – так рош дэ-СА"Г порождает катнут дэ-Атик.

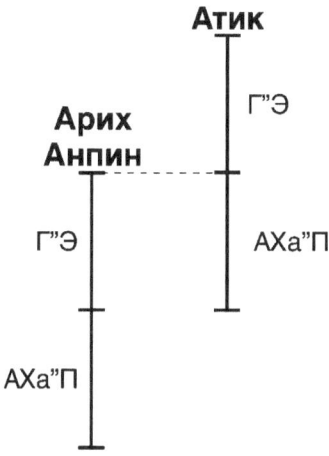

На рисунке сверху вниз: Гальгальта веЭйнаим (Г"Э) и АХА"П парцуфа Атик, после него – Г"Э и АХА"П парцуфа А"А (Арих Анпин)

После этого мы говорим, что Атик, находясь в катнуте, уже сам поднимается в СА"Г с просьбой перевести его в большое состояние – гадлут. И этим он возбуждает зивуг А"Б-СА"Г – Атик обращается к парцуфу СА"Г, а СА"Г должен тогда обратиться к А"Б. И из зивуга А"Б-СА"Г рождается гадлут дэ-Атик. Когда уже есть у нас гадлут дэ-Атик, в его АХА"П содержатся решимот следующего парцуфа – Арих Анпин.

После разбиения келим все решимот поднялись в рош дэ-СА"Г. И рош дэ-СА"Г хранит эти решимот, выбирает из них самое лучшее и на него совершает зивуг. После того как он совершает зивуг и порождает Атик, СА"Г передает Атику весь пакет решимот, и теперь Атик также выбирает из этих решимот следующее самое светлое решимо, и получается решимо, на которое рождается А"А.

Атик достигает большого состояния. В этом состоянии гадлут Атик реализует решимо, которое в нем есть, и порождает катнут дэ-А"А на это решимо. И после этого А"А сам поднимает МА"Н и просит у Атик гадлут. И Атик приводит его тоже в состояние гадлут. В чем причина того, что Атик стремится к большому состоянию? Причина всему – решимот. Решимот дэ-гадлут дэ-Атик возбуждают его и заставляют перейти из катнут в гадлут, из малого состояния в большое.

Вопрос: Так получается, что он выходит в гадлут вроде бы для самого себя? А не для того, чтобы породить нижний парцуф? А если бы парцуф мог породить следующий без того, чтобы выходить в гадлут?

Ты спрашиваешь – заключен ли гадлут Атик в решимот, на которые должен быть рожден А"А? О ком мы говорим? Арих Анпин еще не существует в это время и не может поднять эти решимот, поэтому нет тут подъема решимот сверху вниз – это то, что он объясняет нам. Решимот можно поднять только тогда, когда уже есть катнут. Поэтому я не понимаю вопроса...

Если возникает у нас вопрос, давайте найдем в конце главы раздел «Вопросы и ответы» и посмотрим, с чего он там начинает. И так мы научимся изучать ТЭ"С. Мы, изучая ТЭ"С, идем за Бааль Суламом, и, может быть, он даст нам объяснение, но только через несколько страниц.

Вопрос 106: Какие два вида зивугим есть в парцуфе?

Ответ: **Первый зивуг в парцуфе – он для его Ацилута, то есть для катнут парцуфа, и называется также ибур алеф. А второй зивуг парцуфа – для вывода его в гадлут, и происходит только для увеличения парцуфа, а не для его создания и называется также ибур бэт.** Глава, которую мы изучаем, называется «Зивугей аСфирот». В ней рассматриваются все возможные связи, которые могут быть между парцуфим.

Бааль Сулам объясняет нам так: есть у нас Г"Э и АХА"П. Внутри этого парцуфа есть еще Г"Э и АХА"П. Внутри следующего – еще один Г"Э и АХА"П. Это постоянное состояние, существующее на лестнице духовных ступеней (сулам а-мадрегот). Что здесь происходит? Допустим, средний парцуф (а средний парцуф – это каждый, кто находится на духовной лестнице, он всегда будет средним). В среднем парцуфе находится верхняя часть нижнего парцуфа, включенная в него, а над ней есть нижняя часть высшего парцуфа, также включенная в средний.

То есть в каждом парцуфе есть еще часть от высшего и часть от низшего – в одном месте сходятся три парцуфа. Это чудо лестницы ступеней, которая была так построена за счет Цимцум бэт. Когда есть даже соприкосновение АХА"П

Зивугей аСфирот – сочетание сфирот

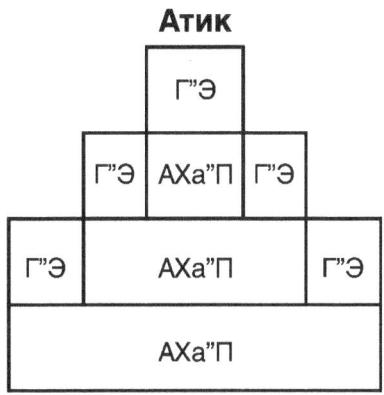

высшего и Г"Э парцуфа, который находится еще ниже, под низшим. Они встречаются в центральном парцуфе.

Теперь возникает вопрос: как осуществляется связь между этими парцуфим в различных их состояниях? Он говорит нам так: все парцуфим находятся в состоянии катнут. Что затем происходит с ними? И кроме того, может быть, что какие-то парцуфим уже созданы и находятся в катнут, а какие-то еще не созданы, и есть от них только решимот. И эти решимот составляют цепочку решимот, как в гене, допустим. То есть или это еще решимот, или это уже парцуфим, которые были созданы согласно этим решимот.

И что же дальше происходит? Парцуф находится в катнут, затем он поднимает МА"Н в высший от него парцуф с просьбой перевести его в гадлут – т.е. просит дать ему силу экрана, достаточную для того, чтобы он мог привести в действие АХА"П. Там, в высшем, он раскрывает (присоединяет к себе) свой АХА"П, который после падения находится внутри нижней ступени. Как он это делает? Он может задействовать свой АХА"П не за счет того, что поднимается в высший, а за счет той силы, которую он просит у высшего. Каким образом? Путем спуска малхут (хей тата) из эйнаим в пэ.

Сверху в парцуф, находящийся в катнут, приходит свет А"Б-СА"Г и опускает масах из его никве эйнаим в пэ. И таким образом, парцуф переходит из катнут в гадлут. Но МА"Н ступени нижнего парцуфа, находящегося в среднем, поднимается с ним вместе. Если парцуф просит: «Дай мне силы задействовать мой АХА"П», – так как поскольку его АХА"П всегда находится вместе с Г"Э нижнего, то Г"Э нижнего тоже находится внутри МА"Н и просит силы для того, чтобы использовать свои Г"Э.

Таким образом, получается, что любой парцуф, который что-то просит, включает внутри своей просьбы еще и просьбу от более нижнего парцуфа. Это следует из строения ступеней. Поэтому он говорит, что тот, кто поднимается из малого состояния в большое и просит силу для своего АХА"П, то вместе с этим он просит и силы для Г"Э низшего.

Когда парцуф поднимает МА"Н в высший над ним с просьбой о гадлут и раскрывает свой упавший АХА"П посредством спуска малхут из никве эйнаим в пэ, тогда МА"Н более нижнего парцуфа поднимается вместе с ним. Главное здесь – это высший, который хочет гадлут, а МА"Н низшего присоединяется к нему. Потому что это общий закон: АХА"П каждой ступени включает в себя Г"Э низшего. И из этого получается, что в каждом подъеме МА"Н содержатся три ступени вместе, поскольку высший поднимает свой АХА"П в сверхвысший и берет с собой Г"Э своего низшего, которые присоединены к его АХА"П. И находятся эти два вида МА"Н в сверхвысшем парцуфе.

Итак, получается у нас: сверхвысший, например СА"Г, в который поднялись решимот дэ-АХА"П дэ-Атик с просьбой о гадлут, и решимот Г"Э дэ-А"А, которые присоединены к АХА"П дэ-Атик. И тогда в СА"Г есть и решимот дэ-Атик, и решимот дэ-А"А – три парцуфим или решимот от парцуфим находятся в одном месте.

Однако ступень, которая рождается на добавочные решимот от низшего, например Г"Э дэ-А"А, не может получать тот же уровень, так как нижний не может получить ничего от сверхвысшего, потому что каждая ступень обязана получать только от следующей, высшей для нее самой.

Что это значит? Есть у меня три ступени. Самая высшая ступень исправлена совершенно, находится в состоянии гадлут и может дать все, что просят у нее. Следующая за ней низшая находится в состоянии катнут. Еще более низшая ступень вообще не существует, от нее есть только решимот. Тогда понятно, что в соответствии с правильным порядком первым должен выйти АХА"П самого высшего, а затем уже породить Г"Э нижнего.

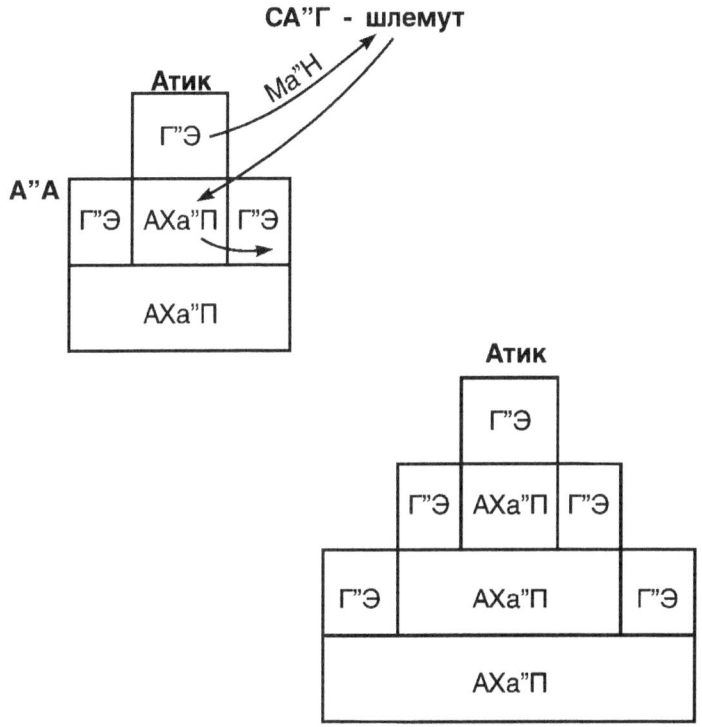

СА"Г находится в совершенном состоянии – все, что просят у него, все будет получено. Затем должны находиться у нас Г"Э и АХА"П дэ-Атик – это парцуф Атик. Следующий – Арих Анпин, его Г"Э. Есть у нас сейчас реально только Г"Э дэ-Атик. Все остальное – это только решимот. Атик поднимает МА"Н в СА"Г и просит гадлут. То есть он просит: «Дай мне силы для моего АХА"П, чтобы я стал большим, а когда я стану большим, я также смогу породить катнут дэ-А"А. В СА"Г поднимаются решимот АХА"П дэ-Атик и решимот от Г"Э дэ-А"А вместе.

Почему вместе? Потому что они находились на одном уровне, находились вместе, поэтому вместе и поднимаются. Но когда получают силу от СА"Г, то сначала начинает действовать АХА"П дэ-Атик, то есть создается гадлут для Атик, а когда Атик становится большим (в малом состоянии он не мог родить), тогда он порождает Г"Э дэ-А"А. Это очень простое действие.

Вопрос: Откуда парцуф Атик, который родился в катнут, знает, что ему нужно достичь гадлут?

Откуда ты знаешь, что тебе делать в каждое последующее мгновение? Откуда ты знаешь, что случится в будущем? Не знаешь? А как же ты что-то делаешь? Ты совершаешь действие, и из этого получается какой-то результат. Ты не совершаешь действие после того, как что-то случилось. Наоборот, ты сначала делаешь, и от этого что-то случается. Так откуда ты знаешь, что тебе делать? Как ты можешь увидеть будущее? Не можешь? Так почему же ты поступаешь правильно? Потому что есть у тебя решимот. И эти решимот пробуждаются внутри тебя и диктуют тебе, что в точности ты должен проделать.

После разбиения келим все решимот поднялись в рош дэ-СА"Г. Рош дэ-СА"Г выбирает самое светлое, самое лучшее решимо и рождает на него катнут дэ-Атик. И все решимот переходят в Атик, находящийся в малом состоянии. Катнут дэ-Атик теперь выбирает следующее, самое светлое решимо – это решимот на его гадлут. Но вместе с тем, когда он выбирает решимот на свой гадлут, на свое следующее состояние, которое было бы самым лучшим и самым близким для него, на это его решимот оказываются прилеплены и решимот для Г"Э более нижнего парцуфа.

Получается, что Г"Э дэ-Атик уже находятся с экраном. Внутри этого рацон лекабель, исправленного экраном, есть решимот на его АХА"П вместе с решимот на Г"Э дэ-А"А. Присутствуют два вида решимот. И они начинают теперь просить: «Дай нам силы, мы хотим совершить действие по отдаче». Эта просьба поднимается в СА"Г, и она называется МА"Н. И СА"Г в ответ на эту просьбу дает силу. От той силы (света А"Б-СА"Г), которую дает СА"Г, масах опускается из никве эйнаим дэ-Атик в пэ дэ-Атик, и тогда Атик получает гадлут. После того как он получает гадлут, он может создать Г"Э дэ-А"А.

Вопрос 107: Какие два вида зивугим возникают при подъеме МА"Н?

Когда парцуф поднимается для того, чтобы попросить гадлут... Атик желает выйти в гадлут.

...Поднимая МА"Н в высший для него парцуф... Высший для него – это СА"Г.

Зивугей аСфирот – сочетание сфирот

...И раскрывает там свой упавший АХА"П тем, что опускает хей-тата из эйнаим; когда хей-тата в Атик опускается из эйнаим в пэ, это значит, что вместо малого состояния он достигает большого. Как он этого достигает? Тем, что приходит к нему свет А"Б-СА"Г. Он просит высшего: «Дай мне силу», – и эта просьба называется МА"Н. СА"Г обращается к парцуфу А"Б и приводит к Атику свет А"Б-СА"Г. Свет А"Б-СА"Г опускает малхут из бины обратно в пэ. Это называется, что парцуф достигает большого состояния.

Однако МА"Н низшей ступени поднимающегося парцуфа поднимаются с ним вместе. Что такое низшая ступень поднимающегося парцуфа? Это Г"Э, включающая внутри себя МА"Н от АХА"П поднимающегося парцуфа – от МА"Н дэ-АХА"П дэ-Атик.

Поскольку это общий закон, что АХА"П каждой ступени включены в Г"Э низшего парцуфа этой ступени. Какой общий закон? АХА"П каждой ступени – например, в нашем случае АХА"П дэ-Атик – заключены внутри Г"Э нижнего, то есть в А"А, и вместе составляют одну ступень.

И поэтому получается, что в каждом подъеме МА"Н заключены на самом деле три ступени вместе. Так как высший, поднимаясь со своим АХА"П в сверхвысший... То есть Атик, который поднимается с решимот своего АХА"П в сверхвысший – в рош дэ-СА"Г.

...Берет с собой Г"Э своего низшего... То есть берет с собой решимот Г"Э дэ-А"А.

...Которые присоединились к его АХА"П. Пока еще только решимот, еще нет у него самого АХА"П – он находится в катнут.

...И находятся два вида МА"Н в сверхвысшем. В СА"Г есть, после всего этого, два вида МА"Н – две просьбы. Каких? На АХА"П дэ-Атик и на Г"Э дэ-Арих Анпин.

Однако нижний не может получить ступень, которая рождается вследствие добавления МА"Н от его Г"Э. Это значит, что не могут за один раз родиться из рош дэ-СА"Г дополнение к Атик (его АХА"П) и Г"Э дэ-А"А, а сначала рождается гадлут дэ-Атик, и лишь затем – катнут дэ-А"А. Есть определенный порядок выполнения.

Нижний не может получить ничего от сверхвысшего (есть определенный порядок ступеней), поскольку

каждая ступень обязана получать только от своего высшего. Несмотря на то что этот МА"Н, который поднимается в рош дэ-СА"Г, состоит из двух МА"Н: от АХА"П дэ-Атик и от Г"Э дэ-А"А, и они оба должны получить от СА"Г наполнение, то есть силу, которую они просят, выполнение этого внизу происходит в два этапа: сначала Атик достигает большого состояния, а лишь затем он порождает катнут дэ-А"А. Так как есть порядок ступеней, и «не может такого быть, чтобы сын родился до того, как отец стал большим».

Вопрос: Почему же тогда решимот поднимаются вместе, а не в два приема в том же порядке?

Решимот не могут подниматься порознь, потому что они находятся на одной ступени – АХА"П дэ-Атик, и Г"Э дэ-А"А находятся в катнут, они еще не реализованы, они еще не родились, а находятся в катнут в виде решимот на одной ступени. И поэтому поднимаются вместе. Когда поднимается решимо АХА"П дэ-Атик, вместе с ним поднимается и решимо на Г"Э дэ-А"А, так как они приклеены одно к другому.

Вопрос: Но ведь решимот не могут быть малые и большие?

Решимот не могут быть малые и большие, но есть решимот на катнут, а есть на гадлут. Когда получают силу от рош дэ-СА"Г на выполнение просьбы, то сначала выполняется просьба на решимот дэ-АХА"П дэ-Атик, а затем просьба на решимот дэ-Г"Э дэ-А"А.

И поэтому каждая ступень обращается с высшим по правилу – «старший сын» получает вдвойне, то есть когда после этого спускается высший на свое место. Это называется старший сын получает вдвойне. Что это значит? Старший сын – это тот, кто больше из этих двух – из этих двух МА"Н, и это Атик. Поэтому решимот дэ-Атик, когда поднимаются в рош дэ-СА"Г, получают там МА"Н для себя и также для А"А. А"А – младший брат, а Атик – старший брат. Поэтому Атик (старший сын) берет за двоих: для самого себя, чтобы достичь большого состояния, а также для того, чтобы породить катнут А"А. Это закон, что старший сын должен получить вдвойне. Из этого берет свое начало закон, что если есть раздел наследства, то старший сын должен получить в два раза больше остальных, как написано в Торе.

Что это значит – вдвойне? Сначала он берет вдвойне, а после этого отдает нижнему парцуфу половину из того, что получил.

Когда же спускается высший обратно на свое место, тогда совершает он в своем теле зивуг на Г"Э низшего, которые присоединены к нему. То есть «после того, как высший спускается на свое место», Атик «получает силу от СА"Г и спускается на свое место, «и совершает в своем теле зивуг на Г"Э нижнего» – то есть зивуг на решимот Г"Э нижнего, присоединенные к его АХА"П.

И в этот раз формируется только зародыш нижнего. То есть нижний начинает уже свое существование – реализует свои решимот. **И величина нижнего – НаРаНХаЙ дэ-нэфэш.**

Но есть два зивугим на Г"Э нижнего. Первый: то, что реализует низший, когда поднимает вместе со своим высшим МА"Н в сверхвысший парцуф, – и это называется первый зивуг на МА"Н, или первые МА"Н. Когда СА"Г совершает зивуг на МА"Н дэ-Г"Э дэ-Арих Анпин – это называется зивуг на первые МА"Н.

Что означает, что происходит он на третьей ступени – на ступени, которая выше этих двух. А"А – первая ступень, Атик – вторая ступень, а СА"Г – третья ступень.

И поэтому в этом первом зивуге МА"Н еще не реализуются в рош дэ-СА"Г. А второй зивуг на МА"Н (де-Г"Э дэ-А"А) происходит в его высшем (в Атик), как это должно быть в соответствии с порядком ступеней. И поэтому во втором зивуге он (А"А) уже получает свет НаРаНХаЙ зародыша. И выясняется, что нет МА"Н в духовных мирах, которые бы не должны были подниматься два раза: первый раз в сверхвысший и еще не оформляясь в парцуф, и второй раз в высший – и тогда уже формируясь в зародыш.

Решимот дэ-Г"Э дэ-А"А приклеены к решимот дэ-АХА"П дэ-Атик. Это значит, что после того, как разбился парцуф Олам Некудим и его решимот поднялись в рош дэ-СА"Г, в этих решимот существует определенный порядок того, как должен родиться следующий парцуф, который называется олам Ацилут. И так происходит все время. Это началось еще с Гальгальта. Даже еще раньше – с малхут дэ-Эйн Соф. Все начало рождаться на решимот малхут дэ-Эйн Соф. Решимот – это внутренняя информация, которая есть у нас. После того как ослаб экран и свет ушел из парцуфа, экран поднимается в пэ дэ-рош вместе с решимот.

Вопрос: Но почему эти решимот оказались склеенными? Они что, были соединены друг с другом еще до того, как поднялись в пэ дэ-рош?

Потому что есть у нас закон второго сокращения (цимцум бэт), который действует на все решимот, на все парцуфим, поэтому все решимот упорядочены в соответствии с законом цимцум бэт. На любой ступени каждое решимот следует за самым близким к нему решимот, но между ними существует связь цимцум бэт – что только решимот Г"Э раскрываются, а решимот дэ-АХА"П скрыты. Если это непонятно, я готов возвращаться к этому еще тысячу раз – это очень важные вещи.

Есть у нас малхут дэ-Эйн Соф. В ней уже есть все желания. Эти желания хотят чего-то, не важно как – аль менат лекабель или аль менат леашпиа. Это не важно сейчас, как именно, но желание хочет своего наполнения. После того как желания наполнились, произошел цимцум – и желания опустошились, но в них остались решимот от наслаждений, которые были в них прежде. Эти решимот желают наполнения. То есть желание с решимот уже знает, чего оно хочет, и начинает создавать всю эту систему.

Есть много видов решимот. Есть решимот о том, что был свет. Есть решимот о том, что был стыд получения. Есть решимот о том, что произошел Цимцум. И теперь есть мне о чем подумать, имея все эти решимот. Я думаю и прихожу к решению, что я хочу получать аль менат леашпиа. Как это сделать? Должен быть у меня экран. И я прошу у света силу построить экран и получаю ее. И в соответствии с решимот о том, как я был когда-то наполнен в мире Бесконечности, я делаю расчет – как из того света, который наполнял меня, я могу получить только часть, но зато аль менат леашпиа. Делаю расчет на решимот и порождаю парцуф Гальгальта.

Без решимот человек невменяем – он не знает, как двинуть рукой, не знает, о чем ему думать. Простое желание без решимот похоже на младенца (но и это плохой пример, потому что даже у младенца полно решимот) – но, допустим, он похож на младенца, который только лежит и дергает руками и ногами, не зная, что ему делать.

Зивугей аСфирот – сочетание сфирот

Так именно в соответствии с решимот рождаются новые состояния малхут дэ-Эйн Соф. Одно за другим, одно за другим...

Когда происходит Цимцум бэт, то на все решимот начинает действовать правило: не может быть теперь создан никакой парцуф, или произойти процесс, на который не распространялись бы законы Цимцум бэт. Поэтому вместо прежнего порядка, когда решимот были упорядочены в цепочку – вышла Гальгальта, после нее А"Б, после него СА"Г, они рождались по определенному правилу, когда малхут высшего становилась кэтэром низшего. А теперь происходит не совсем так: малхут высшего уже не может быть кэтэром низшего, так как ею вообще запрещено пользоваться. Малхут поднялась в бину. Так получается, что как будто малхут, которая стоит в бина высшего, связана с кэтэром низшего. То есть частью решимот пользуются, а частью решимот запрещено пользоваться – решимот дэ-АХА"П. Это то, что происходит у нас, начиная с цимцум бэт и после него.

То есть та же самая малхут дэ-Эйн Соф, которая воплотила себя во время Цимцум алеф во всех парцуфим мира Адам Кадмон и в Некудот дэ-СА"Г, сейчас, после того как смешиваются Некудот дэ-СА"Г с НЕХ"И дэ-Гальгальта и заражаются от нее желаниями, – теперь малхут дэ-Эйн Соф видит, что нельзя ей пользоваться всеми решимот, которые у нее остались. Часть решимот она уже воплотила в предыдущих парцуфим. Но из той части, что она еще не воплотила, может она использовать только часть – только Г"Э. А решимот дэ-АХА"П запрещено ей использовать – иначе это будет аль менат лекабель.

И это закон, который она накладывает на все решимот. Что такое цимцум бэт? Это значит, что все решимот, которые у меня остались еще не воплощенными и которые я должен использовать до Гмар Тикун, я могу использовать из них только Г"Э, но не АХА"П. Это называется цимцум бэт – ограничение на использование решимот!

И это значит, что цепочка решимот теперь смотрится по-другому. Только решимот на Г"Э видны в этой цепочке ДНК, а решимот на АХА"П спрятаны, они находятся внутри, так как ими нельзя пользоваться. Это цепочка, состоящая из желаний, которые еще не реализовались. И для того чтобы нам было понятно, как при всем при этом, использовать АХА"П или не использовать АХА"П, так как Г"Э не цель творения, для этого сверху делают разбиение на все оставшиеся решимот. Для

Часть 9. Зивугей аСфирот

того чтобы в самих решимот уже был заложен закон, как нельзя использовать настоящий АХА"П и как использовать АХА"П дэ-алия. Для этого делается швира (разбиение).

Нам нужно придавать большую важность решимот. Потому что это внутренняя информация, на основе которой построено все... Нет недостатка в силах – есть Высший свет из Эйн Соф, который готов исправить и наполнить собой все. Задача только в том, чтобы каждый раз обработать решимот в правильной форме для данного конкретного действия. И не больше того... В конце концов, все, что я ощущаю, и все, что я хочу, это называется решимот. И должен я решить, какой частью запрещено мне пользоваться, а какой можно, и каким образом. Самая важная работа – это работа с решимот. А остальное – это уже только выполнение, в котором нет ничего сложного...

Итак, все решимот после цимцум бэт, после швира, упорядочены по этому принципу – Г"Э, затем АХА"П, на АХА"П одеваются Г"Э нижнего, на АХА"П одеваются Г"Э еще более нижнего – и т.д. Я сейчас говорю о решимот, а не о парцуфим. Пока еще нет парцуфим. То есть когда после разбиения келим решимот поднимаются в рош дэ-СА"Г, таким образом я записываю там в рош дэ-СА"Г: решимот алеф/шорэш + цимцум бэт. Что под этим подразумевается? То, что все решимот упорядочены именно в такой форме.

Когда рош дэ-СА"Г выбирает самое тонкое решимо, совершает на него зивуг дэ-акаа, понятно, что порождает только Г"Э, потому что ему можно использовать из решимот первого парцуфа только решимот на Г"Э. Его он и порождает – это называется катнут дэ-Атик. А мы сейчас обсуждаем, как случилось, что Атик достиг большого состояния и породил Арих Анпин.

Есть у нас парцуф Г"Э дэ-Атик – Атик в малом состоянии. И есть у нас решимот на АХА"П дэ-Атик и решимот на Г"Э дэ-А"А. Оба эти решимот из-за того, что они связаны друг с другом, поднимаются с помощью Г"Э дэ-Атик в рош дэ-СА"Г, получают силы, затем возвращаются на свои места. Сначала Атик достигает большого состояния, задействует свой АХА"П. А затем его АХА"П порождает катнут дэ-А"А. Это значит, что старший сын, в данном случае – Атик, получает от СА"Г вдвойне, две силы: силу для того, чтобы самому достичь большого состояния, и также силу для того, чтобы родить А"А. И не путать, когда говорится о решимот и когда говорится уже о парцуфим!

Зивугей аСфирот – сочетание сфирот

Вопрос: Что это значит: решимот хотят наполнения?

Решимот – это еще не реализованное желание. Я хочу чаю. Как это получается? Есть внутри меня желание, что я хочу этого – как бы внутри меня есть память о том, что существует такое наслаждение. Что такое решимот? Это свет...

Каким образом мы можем вспоминать о разных вещах, например о чае, так, что помним и чувствуем их вкус? Разве остается у меня в мозгу немного чая? Не остается ничего. Но все духовные наслаждения заключены в свете, он окружает нас и светит нам издали, не проникая внутрь, поскольку нет у нас еще экрана. Когда он светит мне снаружи, он пробуждает во мне желание получить его – и это называется решимо. То есть то, что остается в парцуфе после ослабления экрана, – это связь между экраном, который ослаб, и светом, который наполнял парцуф посредством этого экрана. Эта связь остается. И тогда свет, который светит извне на то, что осталось во мне от экрана, называется решимо.

Решимо предназначено для того, чтобы заставить экран действовать. А если экрана нет, то решимо подталкивает общий парцуф к поиску, к подъему МА"Н – к выполнению своей задачи, к реализации решимот... Без решимот нет ничего... И кроме решимот нет ничего... Творец создал рацон лекабель. Решимот остаются от предыдущих процессов. Работа с решимот – построение экрана в соответствии с решимот, – в этом вся наша работа.

3) Потому что никогда нет никого, кто бы поднял Мей Нуквин (воды Нуквы) с первого раза, кроме сыновей, которые уже вышли в мир и исправились. Они были сначала в виде решимот, а сейчас есть у них Гальгалта вэ-Эйнаим (Г"Э), и теперь они просят у высшего силы задействовать АХА"П, чтобы стать большими, получать ради отдачи.

И каждый, кто ниже товарища, называется его сыном, и поднимает к нему (своему отцу) воды нуквы. И постарайся это хорошо понять. Таким образом, ЗО"Н – «сыновья» Аба вэ Има (АВ"И), и в первый раз АВ"И совершили зивуг над ними (над решимот ЗО"Н, когда ЗО"Н еще не существовали), как написано: «И человек не обрабатывает землю» – то есть сам еще не может ничего сделать.

И во второй раз, когда уже исправился ЗО"Н в Г"Э, родившегося от АВ"И и существующего самостоятельно, тогда ЗО"Н поднимает МА"Н в АВ"И самостоятельно, навечно, и невозможен никакой зивуг без поднятия вод нуквы. Все зивугим, которые могут совершаться в высшем, осуществляются только в том случае, если нижний является причиной их совершения.

Проблема при чтении текста в том, что каббалисты вообще-то не заботятся дать определение различия между понятиями парцуф и решимот. Бааль Сулам говорит: «ЗО"Н не может поднять Мэйн Нуквин». Непонятно – почему. Видимо, нужно понимать, что он еще не существует, что есть только решимот, что АВ"И совершает этот зивуг сам и т. д. То есть нужно все время смотреть – говорится ли о парцуфе, который еще не существует, или уже существует, или существует, но только в виде его решимот.

Нет никого, кто бы поднял воды нуквы с первого раза, кроме сыновей. И каждый, кто ниже товарища, называется его сыном, потому что поднятие МА"Н от нижнего к высшему действует во всех парцуфим А"К (мира Адам Кадмон) и АБЕ"А (Ацилут, Брия, Ецира, Асия) – то есть все зависит от нижнего. Так построена система миров.

И это всегда так. И суть в том, что эти МА"Н включают в себя все стадии, которые появились в мире Некудим и были отменены, а также упали в нечистые миры БЕ"А во время разбиения сосудов (швират а-келим), и они – ахораим трех первых парцуфим: Кэтэр, Аба вэ Има и ИШСУ"Т, вместе с ЗА"Т каждого от его ГА"Р, и до последней его сфиры, которая разбилась.

Известно также, что все силы и повреждения, которые получили высшие, обязаны находиться в нижнем от них.

Что это значит? Все повреждения, все нехорошие вещи, которые есть в высшем, несомненно, находятся и в нижнем. Так как в принципе что делает высший? Высший делает скрытие по отношению к нижнему все больше и больше. Так идут ступени сверху вниз. Поэтому все повреждения, как он говорит: «Все силы и повреждения, которые есть в высшем», то есть вещи нехорошие, «обязаны находиться в нижнем». Вещи хорошие – не обязаны.

В связи с этим находим, что помимо известного правила, где нижний определяется как половина высшего

парцуфа по той причине, что АХА"П высшего, который оказался за пределами высшего из-за того, что «хэй тата» (малхут) присоединилась к Никвей Эйнаим его и упали на нижнюю ступень (например, ахораим точки Кэтэр в Некудим, которые являются АХА"П, упали и оделись в пнимиют (во внутреннюю часть) АВ"И, а ахораим АВ"И упали и оделись в пнимиют (в Г"Э) ИШСУ"Т, и т. д. по такому же принципу.

И кроме того, определено, что ахораим всех девяти первых сфирот (т.е. все АХА"П), по отношению к нижним, находятся в их малхут, – т.е. в малхут, например, находится не только АХА"П от есод, а также все АХА"П от всех девяти первых сфирот.

А все ахораим всех высших парцуфим также находятся в нижних по отношению к ним. Т.е. все недостатки, которые есть во всех высших ступенях, всегда находятся в нижнем. Какой бы парцуф мы ни взяли, все, что есть в высшем: его недостатки, ограничения – все находится в нижнем, иначе он не будет нижним.

Таким образом, келим, которые упали до конечной точки всех ступеней, т.е. до малхут БЕ"А, содержат в себе различные ахораим от всех парцуфим Олам Некудим, которые упали и разбились во время разбиения келим. И они (то есть эти ахораим) «одеты» там (внутри самой нижней ступени – малхут дэ-Асия) друг в друга.

И из этого следуют два правила в вопросе о МА"Н:

Первое правило – ахораим каждого высшего находятся только в его нижнем.

Мы изучали, что находятся также в самом нижнем всех ступеней. То есть что он хочет сказать? **Что ахораим каждого высшего находятся только в его нижнем.** И смысл этого в том, что с силы начала Ацилута парцуфим Некудим, а именно во время их катнута, когда каждая ступень была расколота и поделена на две половины, по причине подъема малхут в Эйнаим, и не осталось в теле ступени ничего, кроме Г"Э, тогда АХА"П спустились и стали внутренней частью на ступени, которая ниже их.

АХА"П высшего падают внутрь нижнего, и они намного больше нижнего, **несмотря на то что у нижнего могут быть Г"Э и света нэфэш и руах, а у АХА"П высшего нет**

Часть 9. Зивугей аСфирот

даже этих, соответствующих его ступени светов, но по отношению к нижнему – есть у него намного больше, чем у нижнего, только по отношению к себе он находится в катнуте. Его АХА"П не получают того, что им положено.

Например, АХА"П ступени Рош спустился из рош дэ-Некудим и стал внутренней частью ХАГА"Т дэ-Некудим. ХАГА"Т дэ-Некудим – это их Г"Э, которые находятся выше парса, от «пэ АВ"И» и до парса.

И поэтому парцуф ХАГА"Т считается нижней половиной парцуф рош, так как в нем находятся ахораим (обратная сторона) рош, а именно – его АХА"П Аба вэ Има или ИШСУ"Т.

Однако если парцуф Некудим находится в состоянии гадлут, – возвращаются эти половины ступеней (т.е. ахораим) на свои места, поднимаясь в высший и соединяясь с ним (со своими Г"Э) под влиянием силы свечения от зивуга А"Б – СА"Г, раскалывающего и отменяющего границу Цимцум Бэт, находящуюся в парса, и тогда хэй тата возвращается и спускается из эйнаим – в пэ, как вначале.

Отменяется Цимцум Бэт, и малхут, которая была в бине, возвращается на свое место. **Действительно, вследствие швират а-келим снова вернулся свет зивуга А"Б – СА"Г, и отменился Цимцум Бэт на малхут, которая вернулась на свое место в эйнаим. И опять упали все половины высших ступеней (их АХА"П) в нижние от них (в Г"Э нижнего), как было в начале их создания, каждый АХА"П высшего спускается во внутреннюю часть нижнего. Таким образом, первое правило о МА"Н заключается в том, что ахораим каждого высшего находятся только в ближайшей к нему, нижней ступени. Поэтому каждый нижний считается половиной высшего.**

Вопрос: АХА"П высшего не мешает нижнему поднять МА"Н?

Во-первых, он не говорит об этом. Во-вторых, никогда высший не может помешать нижнему в этом. Ведь высший ждет, чтобы нижний поднял к нему МА"Н. Как может быть, чтобы помешал?

Я не знаю, откуда этот вопрос. Как может быть, что АХА"П высшего мешает нижнему поднять МА"Н? В чем он мешает? Может быть, ты хочешь сказать, что АХА"П высшего,

Зивугей аСфирот – сочетание сфирот

возможно, дает нижнему исправление Хафец Хесэд и этим лишает нижнего необходимости поднятия МА"Н.

Нижний не поднимает МА"Н, если он уже находится на ступени Хафец Хесэд. Нижний поднимает МА"Н, если у него еще нет Г"Э, а есть только решимот. Решимот его соединены с АХА"П высшего, и тогда АХА"П высшего в соответствии с этими решимот переходит в состояние гадлут в той мере, в которой это необходимо нижнему, и совершает на них зивуг дэ-акаа. И таким образом порождает Г"Э нижнего.

Эти Г"Э нижнего (у которых есть свет хасадим, келим дэ-ашпаа) находятся в состоянии хафец хесэд – им ничего не нужно, но есть у них внутри решимот их АХА"П. И им не нужен их АХА"П, но в решимот их АХА"П есть решимот Г"Э еще более нижнего. Тогда у нас выходит, что они поднимаются вместе, вдвоем. Это называется «Старший сын и его (младший) брат», которые поднимаются выше близстоящего высшего, что мы изучали ранее в параграфе втором. Тогда высший получает наполнение от еще более высшего для себя, а также для того, чтобы породить нижнего и наполнить его. Мы сейчас все время будем говорить об этом, и постепенно это прояснится.

Откуда возникает лестница духовных ступеней, построенная таким образом? Почему существует лестница? Нет понятия места, нет также верха – низа, а сверху вниз есть сокрытие, все большие и большие сокрытия. Не надо думать о каждом парцуфе, родившемся от Гальгальта, где он родился – ниже, или выше, или сбоку – это не важно. После Г"Э есть А"Б, после А"Б есть СА"Г, и далее 125 парцуфим – до конца мира Асия. Почему мы говорим, что каждый следующий родившийся парцуф хуже, чем предыдущий? Он хуже, чем предыдущий, потому что предыдущий передает ему свет через свой парцуф. Переносит в него недостатки из своего парцуфа. Переносит в него ограничения через свой парцуф.

Что значит Гальгальта? Если бы Гальгальта могла совершить зивуг на 100% ради отдачи, она была бы совершенно, полностью прозрачна. Она бы не закрывала собой путь свету, не скрывала бы его от нижних. Какой свет она скрывает? Тот свет, который она не может получить ради отдачи, и он остается вокруг нее как окружающий свет (ор макиф) и уже не проходит дальше. Он уже не может пройти. Безусловно, А"Б не может использовать этот свет.

Таким образом, нижний всегда находится в состоянии намного более худшем, чем высший, потому что он чувствует все ограничения, возникающие оттого, что высший не смог совершить действия аль менат леашпиа.

Есть у нас Малхут дэ-Эйн Соф. Малхут дэ-Эйн Соф совершила какое-то действие – получила ради отдачи, максимум, насколько была способна. То, на что не была способна, – не получила. И то, что она не смогла получить, – этого уже никто получить не сможет. Это называется – ниже табур Гальгальта. Все, что смогла, – она получила.

Теперь та же Малхут дэ-Эйн Соф, после Гальгальта, создает следующий парцуф. При этом совершается действие меньше предыдущего. После этого она производит действие еще меньше предыдущего – СА"Г и т. д. Почему? Потому что у нее остаются решимот, соответствующие предыдущему состоянию, – с чем она способна работать, в какой форме, каковы ее ограничения. Таким образом, мы должны спросить – кто такой А"Б? Это та же Малхут дэ-Эйн Соф, которая работает с келим, в которые до этого она никогда ничего не получала. Она сейчас работает в форме А"Б. Она хочет там проделать совершенно новую работу, на которую способен только А"Б и которую не делала Гальгальта. На совершенно иной частоте. Гальгальта и А"Б не заменяют один другого. Они дополняют друг друга. Но не один вместо другого.

Вопрос: Все решимот после разбиения в мире Некудим поднялись в Рош дэ-СА"Г, тот породил Атик и дал ему все эти решимот. Атик, в свою очередь, породил Арих Анпин (А"А) и дал ему все оставшиеся решимот. Тот породил АВ"И и дал ему все оставшиеся решимот. АВ"И породили ЗО"Н и дали им все оставшиеся решимот. Теперь ЗО"Н поднимают просьбу в АВ"И. Что есть у АВ"И, что связывает их с душами праведников? Они всего-навсего породили ЗО"Н и дали свои решимот.

Все души, все, что находится ниже парса, кроме Г"Э дэ-ЗО"Н, которые стоят выше парса, относится к ЗО"Н. Это в принципе АХА"П дэ-ЗО"Н. И АВ"И ответственны за АХА"П дэ-ЗО"Н так же, как и за Г"Э дэ-ЗО"Н.

Вопрос: Тогда АВ"И просят у А"А. Что есть у А"А, что относится к ЗО"Н?

В А"А есть свои АВ"И, скажем, своя бина, у которой просит, и она дает.

Допустим, что А"А не чувствует ЗО"Н. Допустим. Это неправильно, но мы скажем, что это так. То, что поднимают ему АВ"И, то он и наполняет.

Вопрос: Он занимается АВ"И и не занимается просьбой самих ЗО"Н?

Нет, просьбу ЗО"Н он не может почувствовать. Он чувствует АВ"И, который одевается в ЗО"Н. Это он чувствует. Конечно, порядок ступеней должен оставаться.

А"А, как и любой другой парцуф, может почувствовать только стоящих рядом с ним высшего и нижнего, не более того. Только то, что рядом с ним. Каждый парцуф чувствует только парцуфим, которые рядом с ним.

Вопрос: Только того, который породил его, и того, кого он сам породил?

Да. Еще выше – это уже проблема. Может – да, чувствует, но во время подъема и в особом состоянии. Как у нас принято: как будто бабушка и дедушка. Это существует как корень и ветвь, но это уже нечто совсем другое – это ощущается парцуфом только через родителей.

Вопрос: Что значит, что дефект высшего находится в нижнем? Разве нижний чувствует этот дефект?

Каждый нижний чувствует дефекты всех, которые выше его, как свои. Ты спрашиваешь так: Гальгальта получила только 20% от Эйн Соф. А"Б получил 5%, СА"Г – 3%, – не важно сколько. Есть какой-то парцуф там, внизу, в мире Асия или Ецира. Как он ощущает эти недостатки всех предыдущих парцуфим? В какой форме? То, что он находится на этой ступени, – это называется, что он ощущает их недостатки.

Чувствует ли он недостатки всех этих парцуфим? Он почувствует их тогда, когда постепенно поднимет себя до Эйн Соф. Конечно же, он не может почувствовать их сейчас. Как и ты не можешь почувствовать их сейчас в своей душе, сколько эгоистических желаний ты еще должен открыть в себе, исправить их и наполнить, чтобы дойти до состояния Гмар Тикун (конец исправления). Ты не чувствуешь, что они находятся в тебе – все эти желания, и они – это недостатки от всех предыдущих ступеней.

Из-за чего образовались все эгоистические желания, которые в тебе? Из-за того, что ты спустился по всем ступеням.

Вопрос: Что дает мне это знание, если я все равно иду снизу вверх?

Это знание даст тебе, но не сейчас. Ты не смог бы противостоять этому ощущению, этому эгоистическому желанию, если бы тебе сейчас раскрылось это. Если раскроется тебе сейчас эгоистическое желание к Эйн Соф, это полностью отменит тебя. Ты можешь почувствовать хисарон (эгоистическое желание) только в себе и в АХА"П высшего, которого ты ощущаешь как тьму. Справься для начала с этим желанием. Посмотрим на тебя, когда ты почувствуешь эту тьму...

Тьма спускается на нас оттого, что мы чувствуем темный АХА"П высшего. Только один АХА"П ближнего ко мне парцуфа. А если я почувствую все упавшие АХА"П? Но я должен буду потихоньку почувствовать их и верой выше знания прилепиться к ним и таким образом подняться к высшему, а затем к еще более высшему и т. д. Я должен буду это сделать, но постепенно.

Вопрос: Так это называется подъем?

Это называется подъемы, и это говорит о том, что все эгоистические желания находятся в нижнем, но без осознания их нижним. Нижний ощущает только ближний АХА"П, АХА"П ближнего к нему высшего.

Ясно, что никто не в состоянии вытерпеть тьму и эгоистическое желание, даже чуть большее, чем эгоистическое желание своей ступени. Это просто уничтожает человека. Откуда у него есть силы преодолеть это? Он полностью впадает в отчаяние, и только Творец может ему помочь.

Если бы высший действительно дал бы нижнему ощущение его настоящих ахораим, у нижнего не было бы вообще никакого шанса даже существовать, а не то что подняться. Для него это такая тьма, что «лучше смерть, чем такая жизнь».

Вопрос: То, что Малхут дэ-Эйн Соф чувствует сейчас, что она самый нижний парцуф, что это по сравнению с совершенным состоянием? Иначе отчего она чувствует, что она самая низкая?

Зивугей аСфирот – сочетание сфирот

Малхут дэ-Эйн Соф – там нет «выше»-«ниже». Все внутри этой малхут существует, и нет там никакой проблемы. О ее ощущении нам нечего и говорить. И начало Творения, и конец Творения – все в ней.

Вопрос: Нет, я хочу сказать, что это та же малхут, которая чувствует сейчас, что она находится в самом низу всего. Это не по сравнению с предыдущим состоянием?

Я не знаю, о чем ты говоришь. Или ты говоришь о душах, которые чувствуют, или о каких-то стадиях домэм (неживые), которые произвела Малхут дэ-Эйн Соф?

В общем, Малхут дэ-Эйн Соф уменьшает силу высшего света, и этим она помогает нижнему потихоньку взобраться к бесконечному желанию, к бесконечному наполнению.

Итак, мы закончили с первым правилом. Что такое первое правило? То, что ахораим высшего находятся в его нижнем.

И второе правило заключается в том, что каждый нижний содержит в себе различные ахораим, которые спустились из всех парцуфим, которые выше его ступени (до Эйн Соф). Например, в Нуква дэ-Некудим, которая является малхут, находятся все АХА"П, на использование которых наложен запрет и которые спустились из всех высших: из Кэтэр, АВ"И, ИШСУ"Т и т.д. В малхут БЕ"А находятся также все ахораим девяти высших сфирот, находящихся в БЕ"А, потому что есть у нас правило: **все силы и ограничения, находящиеся в высших, обязаны быть в нижнем от них.** Все дефекты высшего находятся в нижнем.

Высший является причиной существования нижнего, поэтому действуют в нижнем все ограничения и дефекты, которые есть в высшем, потому что низший стал их пассивным следствием, и хорошенько разберись с этим.

После швират а-келим (разбиения сосудов) действует тот же закон, по которому наиболее поврежденный падает ниже всего. Что значит ниже всего? Нет ниже-выше, просто то, что было повреждено более всего, после разбиения получило больше ахораим, больше темноты.

Исходя из этого, мы понимаем, что если келим поднимаются снизу вверх и присоединяются в конце исправления к Эйн Соф, то чем ближе состояние к Гмар Тикун, тем более накапливаются вокруг Эйн Соф все худшие и худшие келим. Вообще, во всех мирах раскрываются все более и более плохие келим. Поэтому это время – особенное. Поднимаются АХА"П, имеющие наибольшие повреждения.

Вопрос: Что значит – «действуют в нем (имеется в виду над нижним) все ограничения и дефекты, которые в высшем»? Что значит действуют?

«Действуют в нижнем все дефекты, которые в высшем» – это значит, что нижний находится под ограничениями всех высших парцуфим вместе.

И с двумя этими правилами пойми, что нет никакой возможности дополнения до десяти сфирот высшего парцуфа, кроме как с помощью нижнего, который поднимет ему МА"Н. Ведь нижний удерживает АХА"П высшего в своем владении, и нет у высшего ничего, кроме Г"Э. АХА"П (высшего) – это келим его ахораим, а именно: бина и ЗО"Н (от «рош» высшего), или НеХ"И (Нэцах, Ход, Есод тела высшего), но если НеХ"И не хватает в келим парцуфа, то отсутствуют в нем света ГА"Р. И из этого видно, что все то время, пока нижний не поднимает МА"Н высшему, должен высший оставаться в катнут, без ГА"Р.

Так как АХА"П высшего находится в нижнем, в Г"Э нижнего, которые исправлены, то высший доволен своим положением, называемым хафец хесэд. То есть высший на самом деле и не хочет пользоваться своими ахораим, если нижний не просит его об этом.

Что значит, что нижний удерживает АХА"П высшего? – То, что он дает АХА"П высшего исправление хафец хесэд, и тогда высший находится в положении катнут.

Если низший обращается к высшему с просьбой, то в соответствии с этим высший входит в гадлут. В той мере, в которой нижний хочет получить от него нечто большее, чем катнут, высший входит в гадлут.

Как нижний производит исправление хафец хесэд АХА"Пу, ведь АХА"П – они такие большие, где там нижний вообще?! И тем более Г"Э нижнего, которые вообще являются келим дэ-ашпаа.

Здесь все очень просто. Высший не хочет использовать свой АХА"П. Он изначально находится в состоянии хафец хесэд. Он строит себя таким образом, что выводит свою бину и свой ЗО"Н наружу и находится в Цимцум бэт. Он не желает работать со своим АХА"П. Это запрещено. Он это знает. Эти келим находятся после цимцум бэт, после запрета работать с АХА"П дэ-ерида (со своим АХА"П на его месте), только с АХА"П дэ-алия. Поэтому он приводит в действие свой АХА"П только в том случае, если нижний желает этого. Как АВ"И дэ-некудим.

Исраэль, их высший, – это АВ"И и А"А, не важно, как это сказать. Исраэль сам по себе – это неисправленное желание, которое нуждается в исправлении.

Орхин дэ-орайта – это то, чем АВ"И обеспечивают его каждый раз, в зависимости от его просьбы. А источник, где соединены Эйн Соф и Творец – это А"А.

Вопрос: МА"Н – он нижнего или высшего? Здесь как бы ясно все время, что МА"Н – он высшего, а не нижнего.

Нет. Есть у высшего желание отдавать. Нижний может удовлетворить это желание высшего отдавать посредством своей просьбы.

Я нахожусь у хозяина дома. Хозяин страдает – он хочет дать мне. Я, только для того, чтобы оказать ему эту услугу (не потому, что я сам хочу), получаю от него. Это называется, что я даю ему, а он дает мне. Есть желание отдавать в АХА"Пе высшего, и есть желание отдать посредством получения в Г"Э нижнего.

Мы выяснили до сих пор то, что есть высший и нижний, и подъем МА"Н всегда происходит от низшего к высшему. Что низший по отношению к высшему называется сын. Но все это в общем случае.

Все парцуфим, которые находятся ниже парса, относятся к АХА"П дэ-ЗО"Н. И поэтому даже в Брия, в Ецира, в Асия – где бы ни находилась душа, она поднимает МА"Н в ЗО"Н. Не в свой высший парцуф, а прямо в ЗО"Н, так как все они относятся к АХА"П дэ-ЗО"Н.

Как низший поднимает МА"Н? Это зависит от того, где он находится, от его уровня – нэфэш, руах или нэшама.

В постоянном состоянии (мацав а-кавуа) есть в ЗО"Н света нэфэш, руах. И, таким образом, души могут своей работой добавить еще света нэшама, хая и ехида. Но сами они находятся в состоянии нэфэш, руах, нэшама – поэтому и называются НаРа"Н дэ-цадиким (души праведников). Понятно, что тому, кто поднимается из мира Брия, необходимо проделать меньшую работу и добавить только свет нэшама. Тот же, кто поднимает МА"Н из Ецира, возбуждает в Ацилут свет хая. А тот, кто поднимает МА"Н из Асия, возбуждает в Ацилут свет ехида.

Душа Адам аРишон – это порождение ЗО"Н дэ-Ацилут, и поэтому Адам аРишон также поднимает МА"Н в ЗО"Н дэ-Ацилут. Так как ЗО"Н дэ-Ацилут породил Адама, он же должен и исправлять все части Адам аРишон, до тех пор, пока весь он не будет исправлен. Это работа ЗО"Н дэ-Ацилут.

Работа низших – поднимать МА"Н, а работа ЗО"Н дэ-Ацилут – наполнять этот МА"Н.

4) Души праведников, выходящие из Ацилут – это «сыновья» ЗО"Н, поднимающие к ЗО"Н Мэйн Нуквин. И таким же образом души праведников, выходящие из Брия и называемые нэшамот, поднимают МА"Н в Брия. А души праведников, которые выходят из Ецира, называются рухот и поднимают МА"Н в Ецира. А души праведников, выходящие из Асия и называемые нефашот, поднимают МА"Н в Асия.

Здесь имеется в виду ступень самой души, которая находится в мире Брия, или Ецира, или Асия. В Брия находится самая высокая ступень души, в Ецира – меньше, в Асия – еще меньше. Но говорится о величине уровня самой души, а не о работе, которая необходима, чтобы поднять МА"Н. Если душа поднимает МА"Н из Асия, это возбуждает гораздо более сильный свет в мире Ацилут.

И ни один зивуг в мирах не происходит иначе, чем через подъем МА"Н со стороны сыновей – сыновей ЗО"Н, находящихся под парса после разбиения Адам аРишон.

После того как они первый раз получают исправления при создании мира, и каждый из них на своей ступени.

Это то, что мы уже учили в самом начале 9-й части. В параграфе первом говорится:

«В первый раз в каждом из зивугим, совершаемых во всем мире Ацилут (от Атик и до Аба вэ Има), все еще не было побуждения для поднятия МА"Н (Мэйн Нуквин – вод нуквы – молитвы), которые представляют собой выборку мелахим для их исправления. Однако захар (мужская часть)

самостоятельно пробуждалась сама по себе к зивугу, поскольку некому было поднять МА"Н».

Что он хочет нам сказать? Что в первый раз есть только решимот, но решимот самостоятельно ничего не могут сделать. Необходимо сначала создать из решимот парцуф в малом состоянии (в катнут), а когда уже есть маленький парцуф, он может уже начать расти сам. Тоже пока еще не совсем самостоятельно, а со всевозможной помощью, которую ему оказывают сверху, но он уже может сам начать это просить.

Если мы вернемся в 8-ю часть, в раздел «Внутреннее созерцание», то там мы найдем отрывок из «Эц Хаим»:

«И знай, что миры и все, что в них находится, состоит из двух составляющих: первая – это сама реальность, которая является сущностью мира или парцуфа, или души, так как были они созданы из Мира Бесконечности и исправлены (сверху). И спустились затем сверху вниз, каждый до своего положенного ему места. И вторая составляющая – это реальность в том виде, в котором она существует, т.е. их порча и развитие вниз по ступеням до размеров желаемого текущего состояния.

И есть между этими двумя составляющими огромная разница, так как первая составляющая относится к сущности Самого Творца, к миру Бесконечности, который весь добро (т.е. не нуждается в исправлениях), и приходит всегда сверху вниз. Однако вторая составляющая смешана со злом и потому нуждается в исправлении, которое происходит снизу вверх, так как начинается по инициативе нижнего (который прошел уже через разбиения и порчу), который должен сначала поднять МА"Н – что означает мицву, добрые дела, молитву (иными словами – просьбу об исправлении).

И здесь, в этой части, строение парцуфим мира Ацилут и строение души Адам аРишон, включающей в себя все души, которые только есть в мире, описывается только со стороны включенной в них первой составляющей, а именно: то, как они были созданы и исправлены сверху вниз, из мира Бесконечности, к которому относятся все парцуфим мира Ацилут, и свет, заключенный в них, в их постоянном состоянии, без изменения, в результате совершения зивугим, которые не прекращаются никогда. И поэтому душа Адам аРишон рассматривается здесь (в этой части) с точки зрения самой ее сущности, т.е. то, как была она создана сверху вниз, из мира Бесконечности. И мы не разбирали ее с точки зрения ее второй составляющей, потому что хотели сначала выяснить получше все касающееся ее сущности. А в следующих частях «Эц Хаим» будет рассмотрена и эта вторая составляющая».

Надо различать то, что приходит снизу, за счет пробуждения низших. То есть необходимо всегда разделять: что приходит сверху, за счет пробужения сверху (итарута дэ-леила), и то, что приходит снизу, за счет пробуждения низших (итарута дэ-летата). Первый раз все решимот должны быть исправлены за счет пробуждения сверху (итарута дэ-леила). А после того как они уже исправлены, они начинают сами вызывать исправления.

5) Во всех молитвах нижние поднимают Мэйн Нуквин, и мера их намерения и действия в это время (то есть во время молитвы. Молитва – это выборка, анализ и просьба об исправлении)...

...определяет величину исправления, для которого поднимаются многочисленные искры МА"Н; определяет и по количеству, и по качеству. И каждый день поднимают новые искры... – то есть не возвращаются к тем же самым исправлениям.
...в соответствии с мерой мицвот и молитв.
Так как нет одинаковых людей, и каждый поднимает молитву в соответствии со ступенью, на которой он находится, и потому все должны делать это. То есть каждый обязан, никто за тебя не сможет этого сделать. И даже сверху не смогут за тебя сделать то, что ты должен сделать снизу. Не надо ждать, что появится что-то, что заменит нашу работу, позволит не прикладывать усилий. Нет, есть закон, и надо его выполнять. Хочешь – выполняй его добровольно, а не хочешь – сделают так, что в итоге захочешь...

Потому все должны делать это, и не может ни один из Исраэль... – т.е. тот, кто хочет продвинуться вперед, к Творцу.
...сделать за друга то, что тот должен сделать. Каждый должен исправить свое собственное разбиение, в соответствии с тем, что находится в корне его души.

И пойми это очень хорошо. И так все это будет продолжаться до тех пор, пока не придет Машиах в наш мир. Что это значит? Когда Он придет? Так, может, мне не надо и делать ничего, пускай придет поскорее?

И он нам объясняет – **потому что тогда нуква дэ-З"А (малхут дэ-Ацилут) пробудится к тому, чтобы самой поднимать Воды Нуквы (Мэйн Нуквин) без предварительной просьбы душ праведников, а только за счет того, что придет к ней свечение высшего хотем от Арих Анпина.**

Высший хотем (нос) – это ступень З"А, то есть когда З"А уже сам начнет проводить для нее свет. Когда это случится? Когда закончатся все зивугим на его есод, и З"А даст нукве свет и силы для самой малхут, что называется возвращением к цимцум алеф из цимцум бэт.

А до этих пор все исправления – это обязанность душ, и не надо ждать, что кто-то это сделает за нас. Как он пишет: «Каждый должен...» Творец не может освободить нас от нашей работы, как бы нам ни хотелось. Несмотря на то что человек ждет каких-то послаблений, какого-то специального к нему подхода, протекции... Это так желание получать настраивает человека – оно же построено так, что всегда думает: «Мне положено...»

Почему мне положено? Если нет никого, кроме Творца, и у Него есть все, и Он меня создал, и хотел мне отдать, то где-то в самой моей основе утвердилось у меня, что если Он, такой Исключительный, создал меня, то, значит, и я сам исключительный, и положено мне... Мы должны как-то бороться против этой своей природы. Все исправления – они производятся над этой точкой. Надо понять, что эта точка не соединяет нас с Творцом, а совсем наоборот – разделяет.

6) И должен ты знать, что искры выбираются и поднимаются в виде Мэйн Нуквин «сыновьями», поднимающими их, поскольку сами они могут подниматься только начиная со второго раза и далее. То есть только тогда, когда нижний будет создан в своем минимальном состоянии (мы потом будем учить, что это состояние нэфэш руах дэ-руах) – в состоянии катнут (в малом состоянии), тогда только нижний может уже сам поднимать МА"Н.

И тогда уже эти Мэйн Нуквин действительно получают исправления.

Иными словами, как только нижний может уже поднимать МА"Н и поднимает его, немедленно получает исправление. Сверху не ждут, чтобы он пришел еще раз. В то же мгновение, когда есть настоящее пробуждение, когда низший способен поднять свое желание – пробудить высший, пробудить потребность в высшем, – высший немедленно совершает это действие.

Тогда как сначала, в первый раз, поднимаются МА"Н в Аба вэ Има не за счет ЗО"Н – это значит, что сами ЗО"Н не в состоянии поднять свой МА"Н в АВ"И.

И тогда те же Мэйн Нуквин, которые поднялись из ЗО"Н, поднимаются за счет АВ"И. Когда же уже будет создан ЗО"Н (когда он уже будет существовать), то во второй раз они поднимут другие МА"Н и другие искры к высшей Има... Тогда уже сам ЗО"Н сможет просить своего исправления.

...И тогда соединятся искры вместе и будут там в животе высшей матери. И не сможет из них оформиться и исправиться новорожденный... Даже тогда, когда они поднялись в живот Има – в тифэрэт.

...Так как вышли они из клипот. Они не могут сразу родиться, а должны пройти сначала целый ряд исправлений.

Однако вернулись они вместе с ЗО"Н, все вместе вернулись для поднятия вторых, других вод нуквы, с просьбой о гадлут (большом состоянии), и тогда, когда уже проварились там какое-то время... Проварились внутри Има.

...Тогда могут уже исправиться. И тогда обретают они форму – получают самостоятельность, самостоятельное существование – уже не включаются внутрь Има.

И те же самые МА"Н возвращаются и поднимают в соединении с ЗО"Н другие Мэйн Нуквин, которые затем обретают свою форму и исправляются. И так происходит всегда. Каждый раз все возвращается и происходит таким же образом для исправления все новых и новых желаний, пока все зивугим, которые только возможно совершить при условии цимцум бэт, не будут закончены.

Если высший не находится в большом состоянии, он не может породить низшего. Это понятно – где мы видели, чтобы маленький мог родить? Где мы видели, что можно родить, минуя состояние зародыша?

Зивугей аСфирот – сочетание сфирот

Мы уже выяснили, что поднять МА"Н для приведения высшего в большое состояние возможно только с помощью ближайшего к нему нижнего. То есть «сын» просит у высшего.

И получается, что Аба вэ Има не могут перейти в большое состояние иначе, чем если ЗО"Н поднимет к ним МА"Н. Это значит, что АВ"И просто так не переходят в большое состояние – они находятся в состоянии бина – хафец хесэд. Только если нижние просят у них, тогда они поднимаются в большое состояние. Если нижние не просят, АВ"И не переходят в гадлут.

Тогда что же это получается? Сами АВ"И не хотят большого состояния. Нижний по отношению к ним еще пока не существует. Что же тогда будет?

Однако знай, что, пока АВ"И не достигли своего гадлут, не может быть ЗО"Н. Ну это понятно, как могут родиться ЗО"Н, если АВ"И еще не были в гадлут? Если еще не было даже зародыша ЗО"Н.

И потому нет того, кто поднял бы МА"Н к АВ"И, а именно – недостающей им АХА"П, чтобы дополнить их до полных десяти сфирот.

Что же делать? ЗО"Н еще не существуют и, естественно, не могут поднимать МА"Н, еще не получили исправления, чтобы сами могли просить, – есть у них только разбитые решимот. А наверху АВ"И находятся в состоянии хафец хесэд и не хотят ничего. Кто же начнет и сделает первый шаг? Кто в состоянии это сделать и начать всю эту цепочку исправлений?

И это то, что говорит рав: однако вначале, в первый раз, МА"Н поднялись в АВ"И не за счет ЗО"Н, так как нет еще в мире ЗО"Н, чтобы поднимать МА"Н. Что значит нет ЗО"Н? Нет экрана на ЗО"Н, это пока только поврежденные решимот, как же они могут просить об исправлении?

Поэтому ясно, что МА"Н поднимется не с помощью ЗО"Н, а исправление должно прийти сверху. Нет выбора, – нижний находится в неисправленном состоянии.

Однако необходимо хорошенько понять – как это возможно, что МА"Н поднимается от них. Если АВ"И находятся в состоянии бина, то как они могут пробудиться к исправлениям? Они не нуждаются в этом. А ЗО"Н не может пробудить в них это желание снизу.

И кто вызывает подъем этого желания в АВ"И? Это самое ключевое понятие, вокруг которого вертится все, что написано о МА"Н. И Рав объясняет нам в нескольких местах, что «каждый нижний поднимает МА"Н, относящийся к его высшему, в парцуф выше высшего – т.е. еще выше, в третью над ним ступень, и сверхвысший исправляет эти МА"Н вместо высшего.»

Есть у нас Арих Анпин, находящийся, допустим, в гадлут, – есть у него все. Аба вэ Има находятся в катнут и в состоянии хафец хесэд. ЗО"Н – в виде испорченных решимот.

ЗО"Н сам не может поднимать молитву. АВ"И для себя самих ничего не желают. Только один А"А может тут что-то сделать. Он должен привести АВ"И в гадлут.

И дело в том, что после того, как АВ"И получили исправление за счет А"А в первый раз, а именно – малое состояние, Г"Э АВ"И уже сами в состоянии поднимать МА"Н в А"А (так как АВ"И уже существуют в малом состоянии, а малый парцуф может уже в следующий раз сам поднимать МА"Н).

И возвращаются А"А паним бе-паним... Г"Э АВ"И, поднимаясь в А"А, поднимая ему свой МА"Н, заставляют А"А перейти в гадлут и вынуждают ступени Аба вэ Има, находящиеся внутри А"А, совершить зивуг паним бе-паним.

...За счет свечения зивуга ступеней АВ"И в парцуф А"А. И в результате этого зивуга хохма и бина (или Аба вэ Има в Арих Анпин), опускается хей-тата (малхут) Арих Анпина из эйнаим в пэ. Аба вэ Има получают сверху свет, присоединяют свой АХА"П, возвращая его на свою ступень, и переходят, таким образом, в большое состояние.

И когда АВ"И поднимают свой АХА"П, то поднимают вместе с ним и ЗО"Н в виде МА"Н, прикрепленный к АХА"П АВ"И. И в то время, когда АВ"И поднимаются в А"А, они приносят с собой все решимот всех ахораим, которые упали из всех парцуфим мира Некудим.

И все зивугим совершаются именно на бхинат решимот, которые сейчас поднялись. После того как решимот получают исправления, они передают исправления келим, относящиеся к ним.

Зивугей аСфирот – сочетание сфирот

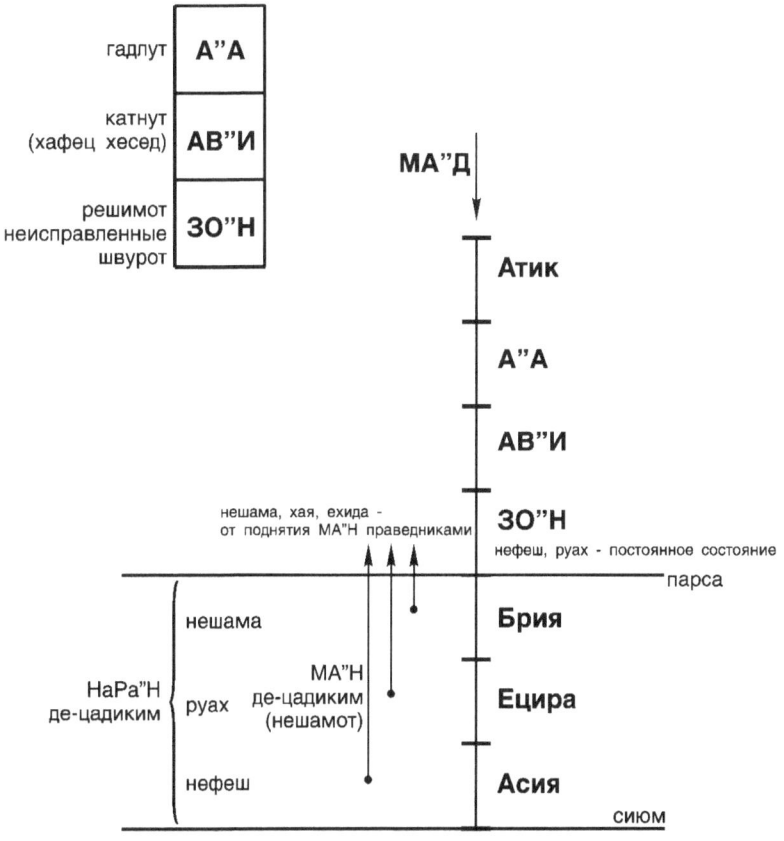

И поэтому, после того как совершается зивуг в АВ"И дэ-А"А лицом к лицу, и малхут дэ-А"А опускает решимот из ЗО"Н, включенных в АВ"И, из Эйнаим в бхинат решимот (а именно – в пэ), получается, будто ЗО"Н сами поднялись и включились в этот зивуг, несмотря на то что сами ЗО"Н еще не существуют, а есть только решимот от них. Так как решимот дэ-АХА"П, включенные в АВ"И, относятся к ступени ЗО"Н, которые включены в АВ"И в виде решимот.

И из этого следует, что решимот Г"Э дэ-ЗО"Н подняли АХА"П высшего – т.е., АХА"П дэ-АВ"И в сверхвысший, т.е., в Арих Анпин. АВ"И были до этого в катнут, а решимот

Часть 9. Зивугей аСфирот

дэ-ЗО"Н вынудили их подняться и достичь большого состояния. Каким образом? Вынудили подняться в сверхвысший, т.е. в А"А, получить гадлут, затем на своем месте АВ"И совершают зивуг на это большое состояние и этим порождают ЗО"Н в малом состоянии из решимот.

Аба вэ Има находятся в катнут, потому что нет просьбы низших о том, чтобы они перешли в гадлут. Никто снизу у них не требует, чтобы они были в гадлут, а по своей природе они – хафец хесэд. Почему Арих Анпин в катнут? Потому что Аба вэ Има не просят Арих Анпин быть в гадлут (в большом состоянии). Каждый парцуф из парцуфей Ацилут находится постоянно в состоянии в катнут (в малом состоянии). Это означает, что в каждом парцуфе из парцуфей Ацилут есть внутри свои Аба вэ Има, которые находятся в состоянии паним-бе-ахораим, что означает, что Има в каждом парцуфе не желает ор хохма – находится в хафец хесэд.

С чего все начинается? В каком состоянии находятся ЗО"Н?

В виде решимот. Решимот дэ-ЗО"Н могут самостоятельно подняться к Аба вэ Има? Нет, не могут. Так что с ними происходит? Аба вэ Има должны подняться в Арих Анпин. Но хотят ли они подниматься или нет? Нет. Так почему же они все-таки поднимаются? Кто начинает весь процесс? Решимот дэ-ЗО"Н начинают? Как такое может быть? Они же находятся вне реальности. Если у меня нет экрана (масаха), я не могу совершить никакого действия.

Вопрос: Как будто здесь этапы: Арих Анпин (А"А) порождает Аба вэ Има, и Аба вэ Има поднимают ЗО"Н, или поднимают МА"Н дэ-Аба вэ Има в Арих Анпин. И тогда Аба вэ Има Арих Анпина получают полное состояние своего АХА"Па и поднимают ЗО"Н. Имеется в виду – поднимают ЗО"Н внутри самого Арих Анпина?

И дело в том, что после того как Аба вэ Има в первый раз получили исправление от А"А, то есть свой катнут, то они уже стали способными (Аба вэ Има) поднять МА"Н в Арих Анпин и возвращают (поворачивают) посредством этого Аба вэ Има дэ-Арих Анпин лицом к лицу (паним бе-паним). Это значит, что хохма и бина в А"А входят в зивуг на гадлут.

Зивугей аСфирот – сочетание сфирот

И от свечения этого зивуга дэ-Аба вэ Има дэ-Арих Анпин лицом к лицу (паним-бе-паним) спускается малхут (хей-тата) в качестве катнут дэ-Аба вэ Има дэ-Арих Анпин и делает способными келим дэ-АХА"П дэ-Арих Анпин...
Я бы еще добавил келим дэ-АХА"П дэ-Аба вэ Има тоже.

...Вернуться к ступени Аба вэ Има.

И когда Аба вэ Има возвращаются уже к своей ступени и становятся большими посредством своего гадлут, тогда поднимаются ЗО"Н в виде МА"Н и дополняют келим дэ-Аба вэ Има. Они сами просят сейчас от Аба вэ Има, чтобы те их родили.

Благодаря тому что Аба вэ Има подняли МА"Н в Арих Анпин, они содержат в себе все решимот дэ-ахораим (обратной стороны), которые упали из всех парцуфей Некудим. И все зивугим состоялись в основном на решимот. И после того как были исправлены, решимот влияют на исправления келим, относящиеся к ним.

Из решимот создаются келим, и тогда эти келим получают исправления – масах и наполнение.

И поэтому, после того как состоялся зивуг дэ-Аба вэ Има дэ-Арих Анпин лицом к лицу и спустили малхут (хэй-тата) из эйнаим в пэ в виде решимот, относящихся к решимот, включенным в Аба вэ Има, считается, как будто ЗО"Н самостоятельно поднялись и включились в зивуг. Но ЗО"Н сами еще не созданы, потому что решимот дэ-АХА"П, включенные в Аба вэ Има, относятся к ЗО"Н (это значит, что в АХА"Пе Аба вэ Има находятся ЗО"Н, включенные в Аба вэ Има в виде решимот). И сказано здесь, что решимот Г"Э дэ-ЗО"Н подняли АХА"П верхнего – Аба вэ Има, к высшему – к Арих Анпин, для верхнего...
Чтобы Аба вэ Има получили гадлут.

...Чтобы дополнить ГА"Р дэ-Аба вэ Има.

Вопрос: Видимо, он (Бааль Сулам) говорит здесь о процессе, который происходит внутри Арих Анпина, что все эти понятия можно понять только внутри Арих Анпина или в Аба вэ Има, потому что ЗО"Н сами еще не существуют в это время. Или же здесь говорится обо всем вместе, что решимот, которые в Аба вэ Има совершают определенное действие, и вследствие этого совершается действие в

А"А, то есть, поднимает Аба вэ Има в А"А?.. Непонятно, откуда начинается весь этот процесс?

АХА"П дэ-Аба вэ Има содержат решимот ЗО"Н. Они поднимаются в Арих Анпин. Просят у Арих Анпина, чтобы тот дал им большое состояние – гадлут, обязывают Арих Анпин перейти в гадлут на решимот их АХА"П и на решимот дэ-ЗО"Н, которые находятся внутри их АХА"П.

Арих Анпин переходит в гадлут на свои Аба вэ Има и передает низшему величину своего гадлута. Аба вэ Има спускаются на свою ступень, переходят в гадлут (Гальгальта вэ эйнаим были у них раньше). Зивуг на сам гадлут с включением решимот ЗО"Н, что в них, и порождают Г"Э дэ-ЗО"Н. Это и есть процесс.

Вопрос: Если Аба вэ Има находятся в катнут, в хафец хесэд, почему вдруг они поднимаются в А"А?

Есть у них внутри ахораим (обратная сторона), но они его не используют. Могут работать с ним, но не работают. Есть у них внутри ахораим решимот разбитых ЗО"Н, которые хотят родиться и просят об этом, но не могут подняться самостоятельно. Самостоятельно может подняться только катан (малый парцуф).

Если бы не было решимот ЗО"Н в АХА"П Аба вэ Има, Аба вэ Има не поднялись бы... Мы должны понять, что значит подняться самостоятельно и что значит пробудить к подъему – это совершенно разные понятия. Мы говорим, что женщина хочет стать матерью. Что значит она хочет стать матерью? До этого играла в куклы, сейчас хочет стать мамой. Как это получается? Есть в ней решимот младенца, который желает родиться, только она не чувствует, что это так, но это уже решимот младенца, который должен родиться в будущем. И он требует от нее, чтобы она захотела стать мамой. Если бы не было этих решимот, у нее бы не было желания.

Весь Ацилут (ГА"Р дэ-Ацилут) перешел в катнут: Атик, А"А, Аба вэ Има. ЗО"Н относится уже к разбиению (к швира), разбился в Некудим. Поэтому нужно восстановить его из осколков разбитых келим. Решимот дэ-ЗО"Н самостоятельно не могут поднять просьбу для своего исправления – они находятся без экрана, у них нет сил сделать что-то самостоятельно. Но они включены в АХА"П дэ-Аба вэ Има. Оттого что они хотят исправиться, но пока еще самостоятельно не могут подняться, –

Зивугей аСфирот – сочетание сфирот

от этого Аба вэ Има пробуждаются и просят исправления у Арих Анпина. Конечно же, если бы не было решимот ЗО"Н в ахораим дэ-Аба вэ Има, не начался бы никакой процесс.

Но есть разница – пробуждают высшего к зивугу, или он сам поднимается и требует зивуг на свою ступень. Поэтому он объясняет здесь: не просто нижний и высший, а высший и сверхвысший (алей-элион), потому что, в сущности, кто делает здесь работу? – Аба вэ Има.

Вопрос: Решимот – это свет. Это значит, что первый МА"Н был на исправление светов (орот)?

Кто сказал тебе, что решимот – это просто свет? После разбиения (швира) решимот это не просто свет. Есть орот, нецуцим и келим. Есть у нас разбитые келим.

Первый МА"Н – это значит, что нет пока еще Гальгальта вэ эйнаим.

Нижний пока еще не существует, нет минимального экрана. Только с момента получения экрана и дальше нижний может уже просить самостоятельно, он находится вне действительности (вне реальности). Так кто же будет просить – есть только решимот?

Вопрос: Если нет масаха – нет кли?

Если нет масаха – нет кли. Нужно построить кли. На основании чего? На основании решимот. Кто создает кли? Высший. Кто этот Высший? Аба вэ Има. Как они могут построить кли, когда они сами хафец хесэд, находятся в катнут (в малом состоянии) и ничего для себя не хотят?

Действительно, они ради себя получить не могут, но решимот дэ-ЗО"Н пробуждают их. Но для того чтобы получить большое состояние – гадлут и породить ЗО"Н, им нужны силы Арих Анпина. И поэтому они поднимаются к Арих Анпину. Арих Анпин сам находится в хафец хесэд, поэтому нужно пробудить его совершить зивуг в хохма и бина лицом к лицу на тот вид МА"Н, которые поднимают Аба вэ Има. Тогда Аба вэ Има спускаются вниз, совершают зивуг и порождают ЗО"Н. В соответствии с решимот ЗО"Н уже рождается катан (малый парцуф).

Вопрос: Решимот – это келим или орот?

Келим – это когда есть у тебя желание получать с экраном. Желание называется кли, когда оно способно получить свет. А решимот – это не келим, решимот – это решимот. И еще есть решимот, которые находятся внизу, в месте нахождения нечистых сил (в мадор клипот). Они находятся под властью желания получать ради себя. И есть решимот, которые можно проверить и на их основании породить ЗО"Н. Это то, что делают Аба вэ Има.

И отсюда следует, что главные в поднятии МА"Н – это Аба вэ Има, которые получили исправление в виде катнут. Выясняется также, что все решимот нижних включены в Аба вэ Има. Само собой, решимот дэ-ЗО"Н – тоже. Потому что Аба вэ Има – это последний парцуф ГА"Р дэ-Ацилут, от Аба вэ Има и ниже – все уже относится к швира (разбиению). И эти решимот дэ-ЗО"Н находятся в Аба вэ Има без исправления. Они и являются причиной, заставляющей Аба вэ Има поднять МА"Н к Арих Анпину.

И это называется, что МА"Н исходит от них (от З"ОН), т.е от включения их в Аба вэ Има. МА"Н стал свойством ЗО"Н: так как эти МА"Н, включенные в Аба вэ Има, являются решимот дэ-АХА"П, которые упали в ЗО"Н, как сказано выше, они состоят из двух видов: первое – они свойства сфирот дэ-АХА"П, которые упали из Аба вэ Има и стали свойствами ЗО"Н, второе – они свойства самих ЗО"Н, внутрь которых упали АХА"П Аба вэ Има. И до своего исправления они были одним свойством (видом) и одной ступенью, т.е. только ступенью ЗО"Н, потому что высший, когда спускается на место низшего, становится как он.

Здесь в ЗО"Н пока что нет парцуфа (тела), есть только решимот. АХА"П дэ-Аба вэ Има упали внутрь ЗО"Н. Решимот дэ-ЗО"Н и АХА"П дэ-Аба вэ Има находятся на одном уровне, на одной ступени, на одном месте.

Что он хочет этим сказать? **Эти МА"Н, включенные в Аба вэ Има, которые являются решимот дэ-АХА"П, упавшие в ЗО"Н, состоят из двух видов (это значит, что АХА"П дэ-Аба вэ Има состоит из двух видов): первое – это свойства сфирот дэ-АХА"П, которые упали из Аба вэ Има и стали свойствами ЗО"Н, и второе – это свойства самих ЗО"Н, внутрь которых упали АХА"П дэ-Аба вэ Има.**

Есть АХА"П дэ-Аба вэ Има, которые находятся на уровне ЗО"Н, и есть ЗО"Н, внутри которых находятся Аба вэ Има. Эти два вида до своего исправления были одним свойством и одной ступенью, т.е. только свойством ЗО"Н, потому что высший, когда спускается на место нижнего, становится как он. Однако после того как поднялись МА"Н от Аба вэ Има к Арих Анпину, спустился там к ним МА"Д в рош (голове) Арих Анпина, который спускает малхут (хэй-тата) из эйнаим и возвращает АХА"П дэ-Аба вэ Има на их уровень.

И тогда эти АХА"П дэ-Аба вэ Има, которые находились внутри ЗО"Н, разделяются на две части, на две ступени, и их внутренняя часть соединяется с Аба вэ Има и дополняет Г"Э дэ-Аба вэ Има до десяти сфирот, присоединяет келим дэ-Бина и ЗО"Н к Аба вэ Има, которых им не хватает с их светами (орот дэ-ГА"Р).

Тогда Аба вэ Има получают гадлут от АХА"П, которые находятся внутри ЗО"Н и сейчас поднялись до Г"Э дэ-Аба вэ Има. Что были вначале частями ЗО"Н и они, конечно, не смогут соединиться со сфирот дэ-Аба вэ Има, потому что МА"Д был достаточным для того, чтобы спустить малхут (хэй-тата) с эйнаим дэ-Аба вэ Има и недостаточен для того, чтобы спустить малхут с эйнаим дэ-ЗО"Н, из-за того что Цимцум (сокращение), который распространяется на АХА"П дэ-ЗО"Н, намного тяжелее Цимцума (сокращения), распространяющегося на АХА"П дэ-Аба вэ Има.

Следовательно, все виды келим дэ-паним дэ-ЗО"Н, которые называются Гальгальта вэ Эйнаим, могут получить исправление от этого большого зивуга, так как Аба вэ Има находятся в состоянии гадлут, то есть в значении рош. Но келим дэ-ахораим дэ-ЗО"Н, которые являются АХА"П дэ-ЗО"Н, не могут получить оттуда никакого исправления.

И об этом сказано: «И тогда из этих Мэйн Нуквин (женские воды) образовалась стадия ЗО"Н». То есть от этой просьбы МА"Н, что поднялась от Аба вэ Има для совершения зивуга, чтобы получить гадлут, но исправилась из них только стадия катнут ЗО"Н, т.е. их свойства келим дэ-паним – Г"Э, и из них появился ибур дэ-ЗО"Н. Отсюда следует, что благодаря просьбе МА"Н, которая поднялась от Аба вэ Има, были исправлены две стадии: первая – дополнение до десяти сфирот келим и мохин самих Аба вэ Има в соответствии с решимот дэ-ЗО"Н, и вторая – стадия катнут (малого состояния) ЗО"Н.

Что просят Аба вэ Има? Зачем Аба вэ Има поднимаются в А"А? Подъемом называется молитва. Приходить во дворец к Царю надо с ясной и правильной просьбой. То есть наверх приходят только тогда, когда молитва верна.

Вопрос: Аба вэ Има просят у Арих Анпина: дай мне гадлут, и после этого: дай мне силы родить ЗО"Н, или это приходит как одна просьба: дай мне гадлут для того, чтобы родить ЗО"Н? Когда они получают, они получают две силы или одну?

Две силы.

Вопрос: А просят как? По порядку, в виде двух просьб, или просьба одна – дай мне гадлут для того, чтобы родить З"ОН?

Арих Анпин совершает один зивуг на общий МА"Н. Но внутри одного МА"На есть другой МА"Н. Потому что когда Аба вэ Има спускаются, они спускаются для того, чтобы совершить зивуг для достижения гадлут, чтобы родить потом катнут. Сейчас ты спрашиваешь – так они получают две порции или одну? Они получают одну порцию, внутри которой есть две порции.

Проблема в том, что Аба вэ Има, когда совершают зивуг на свой АХА"П, они совершают зивуг на свое большое состояние, соответственно малому состоянию ЗО"Н. Это значит, что это не та величина, которая необходима для того, чтобы Аба вэ Има были в гадлут, а также для того, чтобы родился ЗО"Н. Аба вэ Има должны получить сто килограммов, чтобы родить ЗО"Н в один килограмм. Как будто они просят сто и один килограмм. Это то, что мы учим, – «старший сын получает вдвойне».

То есть внутрь «МА"Н дэ-Аба вэ Има» включены МА"Н дэ-ЗО"Н. И конечно, они устанавливают там в А"А, Аба вэ Има дэ-А"А лицом к лицу. В сущности, все решает нижний, только неосознанно.

Например, сейчас Творец хочет мне что-то дать. Он должен взять мой хисарон (мое желание, мое ненаполнение) к себе и посмотреть – кто я такой, что за душа у меня, какое наполнение мне необходимо, определить, сколько дать, и в соответствии с этим совершить зивуг; определить подарок, который Он хочет мне дать, и начать поэтапно спускать его все ниже и ниже, до моего состояния. Выходит, что, в сущности, решаю я. То есть кто я? Моя природа, моя структура определяют, но я этого не осознаю. Это то, что здесь происходит с ЗО"Н.

Зивугей аСфирот – сочетание сфирот

Вопрос: Он пишет здесь, что до своего исправления они были одним свойством и одной ступенью. ЗО"Н, включенные в АХА"П дэ-Аба вэ Има, они как одно целое. Так откуда же Аба вэ Има знают, как поднять просьбу МА"Н?

Один – имеется в виду здесь не то, что они вместе «один», и все. Это решимот дэ-ЗО"Н и решимот дэ-АХА"П дэ-Аба вэ Има, но вследствие того что они находятся на одной ступени, что есть у них... Что такое АХА"П дэ-Аба вэ Има? Чего они хотят? Это желание получать? Тогда почему запрещено их использовать во время второго сокращения (Цимцум Бэт)? Значит, это не желание получать? Это келим дэ-кабала или нет? С помощью присоединения этих келим к Г"Э они получают гадлут? Гадлут. Значит, это келим дэ-кабала.

Чего хотят келим дэ-кабала? Быть наполненными. Какое исправление им нужно? То, что они не хотят сейчас получать наполнение, – это временное исправление. Кто нарушает это их исправление – быть хафец хесэд? Я спрашиваю так: Г"Э дэ-Аба вэ Има хотят быть хафец хесэд, или АХА"П дэ-Аба вэ Има хотят быть хафец хесэд? АХА"П хотят быть хафец хесэд, поэтому они и не действуют.

Решимот дэ-Г"Э дэ-ЗО"Н находятся внутри решимот дэ-АХА"П дэ-Аба вэ Има (решимот внутри решимот) – эти два вида решимот находятся вместе. По какому признаку они находятся вместе? Потому что они имеют одну форму. Так как Аба вэ Има со своим АХА"П – хафец хесэд и не хотят действовать, то Г"Э дэ-ЗО"Н также не хотят ничего. А чего они оба хотят? Они хотят насладить АХА"П дэ-Аба вэ Има. В какой форме насладить? В таком состоянии, хафец хесэд, быть спущенными в ЗО"Н – это их исправление.

Какова форма наслаждения Г"Э дэ-ЗО"Н? Работать со своим катнут – это их форма наслаждения; если они не будут в катнут, они не смогут дать наслаждение.

Если относительно АХА"П дэ-Аба вэ Има «отдавать» означает не использовать свой АХА"П, то относительно Г"Э дэ-ЗО"Н «отдавать» – это значит, что они родились. Если даже родятся Г"Э дэ-ЗО"Н, это не помешает Аба вэ Има остаться в хафец хесэд. То, что они сейчас идут получать гадлут, они не делают это для себя, перед собой они находятся в катнуте, а только для того, чтобы дать ЗО"Н такую же форму, какая есть у них, потому что они спустились в ЗО"Н, и они похожи на Г"'Э дэ-ЗО"Н. Для того чтобы дать З'ОН катнут, они, безусловно, поднимаются сейчас со своими решимот в Г"'Э.

Прежде всего нужно хорошо знать сам процесс, а потом понемногу начнем чувствовать, как это происходит.

Во второй раз, после того как образовались уже Г"'Э, они подняли другие Мэй Нуквин и другие нецуцим до высшей Има (Има илаа), т.е., как сказано выше, так, как было у Аба вэ Има. Аба вэ Има, находясь в малом состоянии, подняли свой АХА"П, получили большое состояние и тогда смогли породить ЗО"Н.

Что происходит здесь? И после того как ЗО"Н получили свое исправление в результате зивуга на гадлут дэ-Аба вэ Има (т.е. у З"ОН уже есть катнут, с их помощью исправилась стадия катнут дэ-ЗО"Н), они могут поднять МА"Н дэ-Аба вэ Има уже самостоятельно, собственными силами – малый парцуф просит у высшего. И выясняется, что они (ЗО"Н) берут с собой решимот дэ-келим дэ-АХА"П, которые упали в НаРа"Н дэ-цадиким (души праведников).

Г"'Э дэ-ЗО"Н, которые могут уже поднять МА"Н, берут свои решимот дэ-АХА"П и решимот НаРа"Н праведников, т.е. тем же путем, как сказано выше, поднятием Аба вэ Има МА"Н дэ-Арих Анпин с просьбой получить гадлут (сейчас ЗО"Н просят получить гадлут). Никто не просит гадлут для себя, а только для того, чтобы родить нижнего. Из этого следует, что с поднятием ЗО"Н МА"Н дэ-Аба вэ Има они берут и поднимают с собой также и другой МА"Н, и другие нецуцим, относящиеся к НаРа"Н дэ-цадиким (к душам праведников).

Изначально, вследствие швира (разбиения келим) в олам Некудим, в Ацилуте рождаются: Атик, А"А, Аба вэ Има и все. Это то, что было до швира. Что было после швира – не родились ЗО"Н, потому что разбились.

Выходит, что Атик, находясь в катнут, совершил зивуг и получил гадлут, необходимый для рождения Арих Анпина. А"А, родившись в катнут, совершил зивуг и получил гадлут для того, чтобы родить Аба вэ Има. Теперь Аба вэ Има в катнут, но у них это уже проблема. Атик, А"А и Аба вэ Има родились на решимот, которые поднялись в рош дэ-СА"Г, и они спускаются и рождаются в нужном месте.

Почему? Потому что они родились на решимот, которые не прошли швира (разбиения), как Г"А, А"Б, СА"Г – один за другим. Но ЗО"Н дэ-Ацилут – здесь уже остановка. ЗО"Н дэ-Ацилут прошли швира (разбились), нет обычных решимот, которые приходят сверху и на основании которых можно было бы родить ЗО"Н дэ-Ацилут. Все решимот ЗО"Н дэ-Ацилут находятся внизу в мирах БЕ"А, поэтому весь поэтапный спуск сверху вниз закончился в Аба вэ Има. Аба вэ Има родились в катнут от Арих Анпина, и все.

Сейчас что происходит? Аба вэ Има, чтобы обработать решимот дэ-ЗО"Н в правильной форме, проверяют их со своим АХА"П, который спущен с их ступени на нижнюю, потому что их АХА"П относится ко второму сокращению (Цимцум Бэт). Сейчас вы увидите, для чего нужен Цимцум Бэт. Он нужен для того, чтобы была связь между высшим и низшим. Даже если низший поврежден (вследствие швират а-келим) и находится в клипот (в месте нечистых сил), высший может спустить в клипот свой занав (хвост).

АХА"П дэ-Аба вэ Има чувствуют желания разбитых ЗО"Н, их решимот, которые просят наполнения. Наполнения просят решимот Г"Э дэ-ЗО"Н дэ-Ацилут, как здесь написано: решимот АХА"П дэ-Аба вэ Има плюс решимот Г"Э дэ-ЗО"Н поднимаются в Арих Анпин, получают там гадлут (большое состояние) на АХА"П дэ-Аба вэ Има, спускаются вниз, и там Аба вэ Има, получив гадлут и на свой АХА"П, порождают в ЗО"Н Г"Э. Теперь уже в ЗО"Н есть Г"Э.

Сейчас, по тому же принципу, по которому Аба вэ Има породили ЗО"Н, сами ЗО"Н, после того как получили Г"Э, поднимают решимот дэ-АХА"П дэ-ЗО"Н вместе с решимот дэ-Г"Э дэ-НаРа"Н дэ-цадиким. Они тоже поднимаются наверх получить наполнение и спускаются обратно. ЗО"Н совершают зивуг для перехода в гадлут и, находясь в гадлут, порождают Г"Э дэ-НаРа"Н дэ-цадиким (НаРа"Н праведников).

Повторим еще раз. Очень хорошо, если человек занимается, несмотря на свою усталость, – это приносит большие духовные плоды. Лучше заниматься через силу и не понимать, чем бодреньким и все понимать. Духовные знания входят не через свежие мозги, а через усталое сердце.

Итак, АХА"П используется, то есть используется состояние гадлут только в той мере, в которой должны наполнить низшего. АХА"П – это келим дэ-кабала. Все парцуфим, начиная с Ацилут и ниже, рождаются только с исправлением хафец хесэд. И если хотят быть большими, то не для получения самостоятельности, а для того, чтобы породить и наполнить низшего, только в этой мере.

Например, если низшему нужны десять граммов какого-то света, например ор нэфэш дэ-руах, то высший совершает зивуг, передавая низшему через свои келим именно ор нэфэш дэ-руах, который нужен нижнему. Конечно, в высшем этот свет нэфэш дэ-руах в миллиарды раз больше, чем в низшем, потому что высший совершает зивуг в своих келим, но все же точно в том размере, в котором должен дать низшему, и точно на тот свет, которым должен обеспечить нижнего.

И несмотря на то что все света проходят через него и он наслаждается ими, он обязан как будто совершить на них зивугим – все это вообще не для него, – он получает от Творца, передает низшему и возвращает Творцу. Конечно, этим он получает еще дополнительную возможность сравняться по свойствам с Творцом. Каждый праведник, у которого ниже него есть те, кого он может насладить (ученики), получает свет в том размере, в котором он отдает, то есть через него проходят все эти света.

Поэтому, несмотря на то что мы еще не достигли такой величины и не находимся в такой цепочке, как эти парцуфим, они все-таки влияют на нас. И если есть у нас ученики и мы наполняем их, то мы сами наполняемся по дороге от знания, от света во много-много раз больше, чем мы способны передать им. Дело в том, что то, сколько мы более-менее способны им передать, мы, может быть, еще немного видим, а то, насколько мы сами наполняемся, этого мы пока еще не чувствуем.

Таким образом, на каждой ступени наполнить себя можно только в мере отдачи низшим. На этом основывается вся наша методика. Для чего нам нужно распространение Каббалы? Отдавать себя ради отдачи – это единственное средство подняться и вырасти. На этом простом примере можно объяснить даже начинающим, что нет у нас другого выхода. Поэтому мы должны открывать мидрашим и т.д. – это то, что Бааль Сулам говорил в «Предисловии к «Эц Хаим».

В животе (бэтэн) высшей Има (Има илаа) не смогут исправиться и не сможет создаться из них форма новорожденного. О чем говорится? Прежде всего, что значит бэтэн высшей Има? Он говорит, что АХА"П высшего называется бэтэн. Вначале был совершен зивуг на МА"Н ради самих

ЗО"Н. Мы говорим сейчас о втором состоянии. Что это за состояние? Решимот дэ-АХА"П дэ-ЗО"Н поднимаются вместе с решимот дэ-Г"Э дэ-НаРа"Н дэ-цадиким в высший, по отношению к ним, парцуф Аба вэ Има (верхний ЗО"Н – это Аба вэ Има). И Аба вэ Има дают ЗО"Н силу перейти в гадлут.

Вначале в Аба вэ Има был совершен зивуг на МА"Н, который подняли ЗО"Н. Поднялся общий МА"Н – решимот АХА"П дэ-ЗО"Н с решимот Г"А дэ-НаРа"Н дэ-цадиким поднялись вместе в бэтэн дэ-АХА"П дэ-Аба вэ Има. И там в бэтэн «де-Има» произошел зивуг на МА"Н ради самих ЗО"Н. Что это значит? Рождаются АХА"П дэ-ЗО"Н – стадия алеф, первая стадия, первое решимо, включенное в МА"Н, который подняли ЗО"Н в Аба вэ Има. На это пришел МА"Д – свет для восполнения МА"Н, который поднялся. Прежде всего приходит свет от Аба вэ Има, чтобы дать гадлут ЗО"Н и сформировать АХА"П дэ-ЗО"Н, дополнить келим и мохин их гадлута. Прежде всего ЗО"Н получают гадлут.

Однако вторая стадия, включенная в МА"Н, где решимот дэ-Г"Э дэ-НаРа"Н дэ-цадиким еще не могут получить там наполнения в Аба вэ Има вообще никакого. Почему? Потому что он нижний, а Аба вэ Има – это высший (алей-эльон) относительно него, потому что не относятся к этой стадии. И об этом сказано: «и не смогут исправиться и образоваться», – это значит родиться и получить форму из них – из решимот Г"Э дэ-НаРа"Н дэ-цадиким, – в Аба вэ Има не может быть формы новорожденного (бабушка не может родить внука), потому что вышли из клипот.

В общем, НаРа"Н дэ-цадиким находятся в клипот миров БЕ"А. Вы скажете, что АХА"П дэ-ЗО"Н также находятся там, но АХА"П дэ-ЗО"Н находятся там намеренно, на них не влияют клипот.

Несмотря на то что МА"Н душ праведников включены в АХА"П дэ-ЗО"Н, которые уже получили исправление в бэтэн высшей Има, зивуг относится не к ним (а зивуг был на Г"Э дэ-ЗО"Н). И им (НаРа"Н дэ-цадиким) нужен особый зивуг, который исправит их Г"Э так, что на их решимот Г"Э родится в состоянии гадлут.

Во время нашей подготовительной работы мы должны прежде всего понять, что после разбиения (это изучается в 7-й части ТЭ"С) келим упали, каждое на свое место. И не просто упали – это не просто пустое пространство, где падают, – и все,

Часть 9. Зивугей аСфирот

а это Высший, все собой заполняющий свет. Свет, который заполняет все пространство. И в соответствии с тем насколько кли с масахом было близко по своим свойствам к высшему свету, оно расположилось на более высоком уровне, ближе к нему. А если кли отдалено по своим свойствам от высшего света, противоположно ему, то оно дальше.

Поэтому, несмотря на то что все келим разбились, они разбились неодинаково. И они выстроились по степени своего разбиения от парса дэ-Ацилут – вниз, до общего окончания, т.е. до окончания ног мира А"К. И выстроились точно по цепочке. И так как они были связаны цепочкой – Г"Э и АХА"П всех частей во всех сфирот мира Некудим во время катнут, и потом, во время гадлут, так, что каждый АХА"П являлся причиной Г"Э последующего парцуфа, – в этой же цепочке они продолжают существовать, даже если находятся в разбитом состоянии.

И даже в разбитом состоянии есть у них четкий и точный порядок – каждый должен быть на своем месте. Оно определяется исходя из степени моей поврежденности и моей близости к исправлению, в соответствии с этим это место мое, это место твое, это место его и т.д. Они выстраиваются также в виде цепочки, даже разбитые решимот. Потому что швира – это закон. Закон этот – подобие отдачи. И в нем тоже есть четкие измерения.

Поэтому в период подготовки начинается духовный подъем. Да и не только в период подготовки, а и перед этим, когда после «беспорядочного» движения в течение тысяч лет человечество приходит к концу XX столетия, по Бааль Сулам – с 1995 года, а по Агра – с 1990-го, уже начинается духовный подъем.

Все начало свое развитие еще до создания земного шара – с геологического периода. Как писал Бааль Сулам, соединение газов, потом жидкостей, а потом все более и более твердых продуктов, до того как они начали охлаждаться, – все это происходило в результате проявления решимот.

То, что писал Дарвин, – это все ерунда. Говорится только о решимот. Эти законы определяются проявлениями решимот на уровнях неживой, растительный, животный и человеческий, а не так, как представлялось ему в соответствии с его развитием.

И после того как в решимо проявился человеческий уровень, начинается развитие человека на этом уровне, которое

Зивугей аСфирот – сочетание сфирот

продолжается до тех пор, пока человек не приходит к вопросу – в чем смысл моей жизни? С этого вопроса и начинается его духовное развитие. И пока человек не подходит к вопросу «В чем смысл моей жизни?» и не начинает заниматься Каббалой – это все развитие неосознанное, и происходит оно, конечно, тоже в соответствии с решимот, с цепочкой решимот. В ней одно решимо включено в другое, как соединены друг с другом два кольца цепочки, как Г"Э и АХА"П.

Ощущается ли причинно-следственная связь решимот, то, как они связаны, как они развиваются, – это не важно. Что с того, что мы немного чувствуем это, что мы уже знаем, что это есть? Мы уже знаем, как участвовать в этом? Нет. Нас понемногу растят до тех пор, пока мы не увидим, не поймем, не узнаем, не изучим. И только потом действительно самостоятельно начнем участвовать в собственном развитии.

Этот закон, который мы сейчас изучаем, после швира действует везде. Не важно где – близко к парса, или на самой нижней ступени, на всех уровнях, какие только есть – на материальном и в наших желаниях, включая желания, на которые уже есть масахим.

Порядок решимот в этой цепочке, по которому АХА"П высшего находится в Г"Э низшего, определен Цимцум бэт. Ясно, что это должно быть так, иначе не будет связи между высшим и низшим – один будет находиться возле другого, максимум, может быть, соприкоснутся.

Но и так, в соприкосновении одного с другим (мы учили, как малхут высшего соприкасается с кэтэр низшего), есть между ними бесконечный разрыв. Ани и эйн. Вы помните из третьей части ТЭ"С, как ани (я) переходит в эйн (отсутствие чего-либо), и нет связи между высшим и низшим. Таким образом, ничего нельзя передать – существует разрыв между ступенями.

А связь есть в общих келим, когда АХА"П высшего становится «домом» для роста и развития низшего. АХА"П высшего – это рехем, он создает все условия для того, чтобы обработать решимот низшего и начать растить его до тех пор, пока не станет самостоятельным, хотя бы в чем-то. Всю толщину авиют дэ-шорэш от неисправленных решимот до исправленных – с авиют дэ-алеф, то есть весь авиют дэ-шорэш нижний развивается в сопровождении АХА"П высшего, находясь в рехем высшего. И высший обеспечивает его всем так, что у нижнего нет даже отходов (псолет). Потом, когда он начинает действовать самостоятельно, у него уже есть отходы.

Ребенок, находящийся внутри матери, не производит отходов, а только развивается. Все создается высшим, без высшего невозможно ничего получить. Если ты получаешь от высшего просто, без проверки, и у тебя самого ничего нет, тогда все – тагор на 100%.

Есть группа, и есть индивидуум в группе. Сверху управление нами осуществляется как управление группой. То есть каково самое близкое к нам окружение. Скажем, наши внешние группы. После них – наши еще более внешние группы. Потом те, которые, может быть, еще не знают, что мы существуем, но уже приближаются к вопросу «В чем смысл моей жизни?» и к постижению нашей методики и т.д. То есть группа определяется не по принадлежности к расе или по цвету – белый или черный, а по наличию желания узнать – в чем смысл моей жизни?

Распределение каждому человеку лично происходит в соответствии с распределением группе, но в соответствии с тем, что каждый дает группе. Что ты даешь группе, то и получаешь от нее, но то, что сверху дают группе, одному получить невозможно. Если ты найдешь более сильную группу, то позови меня, и я приду, если будет возможность получать от более сильной группы. Но сколько я получу? Столько, сколько дам группе. В общем, если перейти туда будет выгодней, чем остаться здесь (расчет, как в банке), то я перейду и постараюсь дать больше, чтобы получить больше. Получает группа.

Мы держим, как будто в нашем АХА"П, внешние группы. Мы сами находимся в АХА"П Малхут дэ-Ацилут. Это уже не важно, что мы относимся к Бааль Сулам и к Ребе, это уже не важно, потому что это уже невозможно различить, они уже келим. Келим эти включены в ЗО"Н дэ-Ацилут.

Мы относимся к НаРа"Н дэ-цадиким (НаРа"Н праведников), хотя мы еще не НаРа"Н дэ-цадиким. Меньше, чем НаРа"Н дэ-цадиким нет в духовном. И в период подготовки мы относимся к этой ступени, но еще не ощущаем этого. Точка в сердце – она находится здесь, в НаРа"Н дэ-цадиким, только пока мы еще не чувствуем этого.

Зивугей аСфирот – сочетание сфирот

Вопрос: Что значит сделать что-то для группы?

Один – подвижный, другой – ленивый, один – талантлив, другой – нет. Он объясняет, что это происходит в соответствии с управлением каждым индивидуально.

Если кто-то может поднять 100 кг, а я могу поднять только 20 кг, то для меня поднять 20 кг – так, как для него 100. В соответствии с этим и производят расчет. Это называется усилием. Это вроде бы личное, то, что человек дает. Иначе это называлось бы результатом, а не усилием. Как написано: «приложил усилие и нашел». Не требуют от тебя делать то-то и то-то. Ты выжми из себя максимум. Человек не знает, где его максимум, но нужно выжать себя до конца. Почему? Потому что сверху даются людям разные возможности, разные качества – ты не виноват. Ты выше меня на 20 см, что я могу сделать?

Вопрос: Низший, который находится в рехем высшего, уже пытается действовать самостоятельно или еще нет?

Низший не может действовать самостоятельно в бэтэн высшего, все, что он делает, – он аннулирует себя перед высшим. Для этого нужно много сил, это большая работа. Высший все время добавляет и добавляет свет, а низший все время аннулирует и аннулирует себя, и в результате этого он растет, как зародыш в течение 9 месяцев. Это называется, что он растет в размере авиют дэ-шорэш. Шорэш, алеф, бэт, гимэл, далет дэ-шорэш.

За счет чего он растет? За счет того, что все время аннулирует себя. Ему дают нэфэш, руах, нэшама, хая, ехида – такие света! А он все время аннулирует себя. Поэтому он остается зародышем, но чем больше аннулирует себя, тем больше растет.

Когда аннулировал себя полностью, то приобретает уже авиют алеф. Если полностью аннулировал себя в размере всего желания получать ради себя, то уже может начать работать с небольшой порцией получения ради отдачи, потому что, совершив цимцум, прекратил получать ради себя. И сейчас уже может изменить себя настолько, что желание получать может немножко присоединить к отдаче.

Но в желание получать, которое присоединится к желанию отдавать, ему еще запрещено получать все то, что дает Има. Има дает ему все, что у нее есть. Если бы он получал свет оттого, что не принимает то, что дает ему Има, то все в порядке, это разрешено. Но использовать свои келим для получения, даже частичного получения того, что есть в Има, он не может – эти света не подходят ему, света намного большие, чем он может получить. Он находится не на той ступени, на которой их можно получать, даже в малой степени.

И что тогда происходит? Има выталкивает его наружу, чтобы получал извне. Что значит извне? Для того чтобы низший не получал свет вследствие ее зивуга, Има совершает для него особый зивуг, в результате которого низший рождается и выходит наружу.

В духовном нет места, а есть процесс рождения, когда низший отделяется от той системы, которая раньше связывала его с Има. И сейчас Има совершает отдельные зивугим для него и дает ему то, что она производит в этих зивугим. Это называется молоко. И зивугим совершаются на небольшую порцию, которая называется дадей адам, то есть точно на авиют алеф, на ХаГа"Т.

И тогда он начинает в результате этих зивугим получать ради отдачи, и у него уже есть самоанализ, поднятие МА"Н, и отходы, и еда. По сравнению с тем что было раньше, на авиют дэ-шорэш, начинается уже другое развитие. Авиют алеф – это уже за пределами кли, уже есть связь высшего с низшим, но она еще осуществляется и контролируется высшим. До тех пор пока низший не получает весь гадлут-алеф, потом гадлут- бэт, гимэл, далет.

Вопрос: Что значит родился мертвым?

Есть такое. Это значит опасность получения при рождении света дэ-Има. Он говорит об этих вещах – есть апала (выкидыш), почему так же, как у нас, мы знаем, что могут быть эти вещи. Он говорит об этом, однако не объясняет в достаточной степени. Если плод не выходит из рехем, т.е. из связи с Има, и начинает получать свет нэфэш дэ-руах так, как получил НаРаН-Ха"Й дэ-нэфэш, – то есть без того, чтобы совершить зивуг в прямой форме, то происходит процесс, аналогичный швира – он умирает (теряет масах). Пропадает масах – исчезает свет, и это называется – он умер.

Апала вызывается тем, что есть неисправность еще во время беременности. Нужно удержать плод внутри и нужно развить его – это две противоположные силы. Има должна развить его внутри, и она должна вырастить его в такой форме, чтобы он не убежал из-под ее защиты наружу.

Это две силы – созидательная и окружающая. (В Т"ЭС есть десятки страниц об этом.) Дисбаланс этих двух сил приводит к состоянию, которое называется апала. Все, что происходит у нас, есть в духовном, но намного больше. Он пишет, что плод может развиваться семь, девять или двенадцать месяцев. Меньше девяти нам знакомо, но здесь говорится о том, что если плод рождается после семи месяцев, то это нормально.

Есть здесь вопрос: как ЗО"Н самостоятельно могут совершать зивуг? ЗО"Н находятся в катнут, имея свет нэфэш-руах, а парцуф в малом состоянии не может родить. Как они могут совершить зивуг для получения гадлут и породить Г"Э дэ-НаРа"Н дэ-цадиким? Есть несколько объяснений. Проследим, что он говорит об этом.

Можно сказать, что ЗО"Н снова поднимаются в Аба вэ Има, но это уже ЗО"Н, у которых есть АХА"П. Они поднимаются в Аба вэ Има с решимот Г"Э дэ-НаРа"Н дэ-цадиким для того, чтобы действительно получить что-то для них, и с помощью Аба вэ Има родить их, потому что, когда ЗО"Н поднимаются к Аба вэ Има, там они рождают Г"Э НаРа"Н дэ-цадиким? Или говорится о том (я просто спрашиваю заранее, как будто не читал никогда), что ЗО"Н не могут быть в гадлут на своем месте, а только в катнут Г"Э? Но для низшего они могут быть в гадлут, это вообще не называется, что они большие. Если они совершают зивуг и получают гадлут по просьбе НаРа"Н дэ-цадиким, то для них это ничего.

Вопрос: Чувствует ли низший, где находится высший: в катнут или в гадлут?

Он чувствует это, потому что сам находится в высшем, и через него он чувствует, как высший относится к нему. Высший не войдет в гадлут, иначе как ради низшего.

Относительно НаРа"Н дэ-цадиким нет низшего. Нет создания, нет ступени ниже, чем НаРа"Н дэ-цадиким. Ты можешь сказать: есть те, которые еще не поднялись из клипот, не прошли проверку из клипот, не присоединились к понятию НаРа"Н дэ-цадиким. Но в общем это разбитые келим, которые сейчас проходят проверку: некоторые приближаются, некоторые еще нет и т.д.

Часть 9. Зивугей аСфирот

Цель творения – чтобы все келим дэ-кабала получили аль менат леашпиа. Ты можешь сказать, что от Гальгальта и от всех парцуфей Ацилут, включая Аба вэ Има, никто не должен быть в гадлут, так как все делается только ради ЗО"Н; и что все они – девять первых сфирот относительно малхут, и малхут должна получить аль менат леашпиа. То есть все они должны быть в гадлут не ради себя, а ради малхут, которая должна быть в гадлут.

Разбитые келим, которые должны поднять М"АН, должны поднять его не только к Г"Э и не только к АХА"П в размере нижнего, а каждый из них обязан прийти к использованию своего полного АХА"Па, исправленного на 100% и наполненного на 100%, – в этом работа НаРа"Н дэ-цадиким (душ праведников). Они келим дэ-кабала. Их исправление не хафец хесэд, их исправление – получение ради отдачи. А все остальные парцуфим (кроме НаРа"Н дэ-цадиким, конечно) – хафец хесэд, и не должны производить никаких исправлений, потому что по своей природе они не являются келим дэ-кабала.

Ответ на вопрос: так же, как Адам аРишон разделен на части после разбиения келим, так же разделены решимот, которые находятся одно внутри другого – цепочка решимот. Вначале исправляются легкие решимот, которые называются йехудим, потом – решимот народов мира.

7) Не существует желания (Мэйн Нуквин), которое бы исправлялось с первого раза. В первый раз оно поднимается просто как желание, но во время второго зивуга исправляется и рождается исправленная душа творения, облачаясь в тело этого мира.

В первый раз МА"Н дэ-ЗО"Н (желание исправиться) поднимается в сверхвысший парцуф, находящийся по отношению к нему выше на две ступени, в виде решимот, включенных в высший парцуф, который в это время находится в состоянии катнут.

Решимот НаРа"Н находятся под парса и не могут самостоятельно подняться в Ацилут – ведь они еще не исправлены и не имеют экрана. Но эти решимот желают исправиться, обрести экран, совершить зивуг и стать парцуфом – душой.

Они еще не исправлены, пока есть только решимот – желание обрести экран, – то, что приобретают души праведников в подготовительной работе, когда обращаются с просьбой к АХА"П дэ-ЗО"Н дэ-Ацилут. АХА"П дэ-ЗО"Н дэ-Ацилут находится под парса, и, в качестве высшего парцуфа, включает в себя решимот душ праведников.

Г"Э дэ-Има (АВ"И)	сверхвысший
Г"Э дэ-ЗО"Н с АХА"П дэ-Има	высший
Парса	
Решимот НаРа"Н праведников внутри решимот АХА"П дэ-ЗО"Н	низший

АХА"П дэ-ЗО"Н дэ-Ацилут, который находится под парса на той же ступени, что и НаРа"Н праведников, тоже существует в виде решимот. У него еще нет келим с экранами, а только решимот. Поэтому под парса находятся два вида решимот: решимот АХА"П дэ-ЗО"Н, в которые включены решимот НаРа"Н праведников. Или иными словами:

Решимот НаРа"Н праведников включены в катнут дэ-ЗО"Н в виде МА"Н. ЗО"Н сейчас существует только в катнут.

Когда ЗО"Н, по просьбе НаРа"Н праведников, поднимается к высшему – к Има, с просьбой о получении света, чтобы выстроить свой АХА"П и обеспечить необходимым НаРа"Н праведников, он (ЗО"Н) поднимает вместе с собой МА"Н НаРа"Н праведников. Так как МА"Н НаРа"Н праведников заставляет ЗО"Н подниматься к сверхвысшему, то он и определяет, что именно ЗО"Н будет просить у Има (или у АВ"И), – какой свет, какой экран. Именно низший определяет вид зивуга.

Пока не произошел зивуг дэ-гадлут дэ-ЗО"Н АХА"П дэ-ЗО"Н и НаРа"Н праведников находятся на одном уровне под парса в виде решимот, включенных друг в друга. В АВ"И зивуг совершается и на НаРа"Н праведников... Ведь именно они запускают весь процесс.

...И на АХА"П дэ-ЗО"Н. Оба эти желания поднимаются в АВ"И одновременно.

**Оба эти решимот соединены вместе. Но, несмотря на то что они объединены одним желанием, зивуг в АВ"И исправляет только АХА"П дэ-ЗОН и ничего не

исправляет в НаРа"Н праведников. АВ"И дают силы, экран для ЗО"Н исправить свой АХА"П. Тогда ЗО"Н перейдет в гадлут и сам сможет совершить зивуг, чтобы породить Г"Э душ праведников.

После этого зивуга, когда реализуется первая часть МА"Н и появляется АХА"П дэ-ЗО"Н... АХА"П дэ-ЗО"Н получает экран и уже существует реально, а не только в виде решимот.

ЗО"Н спускается вниз, вместе с включенным в него вторым решимо, оставшимся пока без исправления. В АВ"И состоялся зивуг также на НаРа"Н праведников, но они пока еще находятся в незадействованном состоянии.

АХА"П дэ-ЗО"Н спускается на свое место от АВ"И с порцией, предназначенной для НаРа"Н праведников. ЗО"Н переходит в состояние гадлут и совершает зивуг на НаРа"Н праведников.

Выходит, что на НаРа"Н праведников было совершено два зивуга: один в Аба вэ Има вместе с ЗО"Н, в котором ЗО"Н получили свой мохин дэ-гадлут, а НаРа"Н праведников не получили ничего; и второй зивуг внизу, в ЗО"Н. ЗО"Н, находясь в гадлут, совершает зивуг на НаРа"Н праведников, в результате которого возникает Г"Э НаРа"Н праведников.

Тот же самый порядок существует для МА"Н всех парцуфим: ЗО"Н, АВ"И, А"А. Это общее правило, по которому МА"Н никогда не исправляется с одного раза. Так как необходимо подняться не на одну, а на две ступени – в сверхвысший.

Итак, в первый раз МА"Н поднимается, а затем, во время второго зивуга, исправляется, порождая души.

Этот процесс очень прост. Мы изучаем его на примере сына, матери и отца. Сын обращается к матери, той нечего ему дать, она обращается к отцу, получает от отца для сына, спускается на свою ступень и дает сыну.

Души, находящиеся в мирах БЕ"А, желают первого исправления, чтобы получить реальные Г"Э, ведь пока у них есть только решимот. Они обращаются к своей высшей ступени. Но к высшему можно обратиться только в том случае, если он находится рядом с тобой. На одной ступени с ними находятся решимот АХА"П дэ-ЗО"Н.

Души обращаются с просьбой к АХА"П дэ-ЗО"Н. Он поднимается в Г'"Э дэ-ЗО"Н, и вместе с АХА"П дэ-АВ"И поднимается на ступень Г'"Э АВ"И. Все решимот поднимаются в АВ"И. АВ"И порождают ЗО"Н – это их предназначение. Для того чтобы выполнить желание НаРа"Н праведников, ЗО"Н просит у АВ"И свой АХА"П. Поэтому АВ"И дают ЗО"Н силу перейти в гадлут в той степени, в которой его просят НаРа"Н праведников. ЗО"Н спускается на свое место, обладая силой, полученной от АВ"И, и здесь переходит в гадлут, чтобы породить Г'"Э НаРа"Н праведников. Откуда ЗО"Н получает силу породить еще НаРа"Н праведников? От АВ"И. В АВ"И было поднято два вида МА"Н: МА"Н НаРа"Н праведников и МА"Н дэ-АХА"П дэ-ЗО"Н. АВ"И удовлетворили обе эти просьбы, дав силу ЗО"Н.

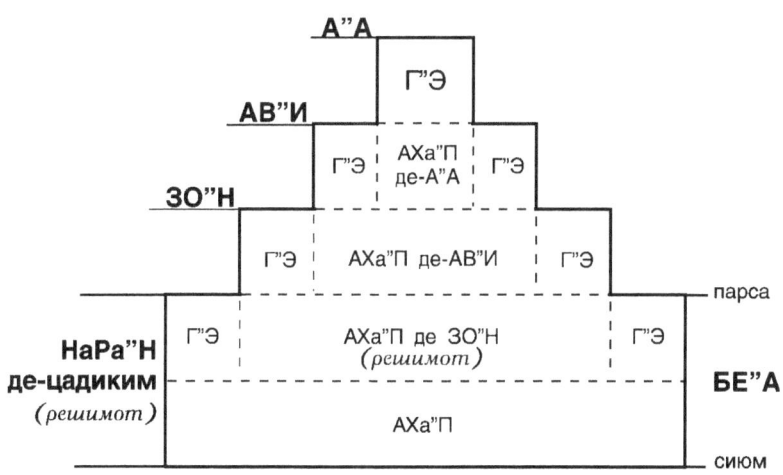

Имея Г'"Э и АХА"П, ЗО"Н переходит в гадлут и порождает Г'"Э НаРа"Н праведников. Так души, у которых раньше не было ничего, кроме решимот, обретают «форму». Что это значит? Желание было и раньше, но теперь у него есть экран. Оно само совершает зивуг дэ-акаа и наполняется высшим светом, находясь в какой-то мере в слиянии с Творцом.

Каким образом ЗО"Н может ощутить МА"Н от НаРа"Н праведников? Очень просто. ЗО"Н опускает свой АХА"П под парса и создает там определенное ощущение темноты – отчаяние, отвращение к духовному. Если НаРа"Н праведников,

Часть 9. Зивугей аСфирот

несмотря на темноту, желают пользоваться только отдающими келим, желают отдавать, то им не важно, что в получающих келим АХА"П высшего ощущается как темнота, они все равно желают быть отдающими.

И если есть у них такая готовность, то в той мере, в которой они желают быть дающими, они просят АХА"П высшего дать им возможность отдавать. И этим они могут возбудить АХА"П дэ-ЗО"Н. Когда АХА"П дэ-ЗО"Н находится под парса, в нем нет ничего, чему бы стоило уподобиться, что могло бы привлечь к нему. В той мере, в которой НаРа"Н праведников, несмотря на темноту, желают быть слиты с АХА"П высшего, и поднимаются решимот – МА"Н отдачи. Только этот МА"Н действительно поднимается и включается в АХА"П высшего.

В сущности, АХА"П дэ-ЗО"Н, находясь под парса, выбирает решимот, которые готовы прилепиться к нему, несмотря на вид, в котором он предстает перед ними. Каким образом? Очень просто. После разбиения келим все решимот поднялись в рош парцуф дэ-СА"Г. Затем, через все парцуфим, они спускаются в ЗО"Н дэ-Ацилут. И сейчас ЗО"Н дэ-Ацилут воссоздает все эти решимот – от малых к большим.

Скажем, сейчас ЗО"Н дэ-Ацилут создает небольшую темноту, собирает к себе решимот. Затем еще большую темноту – еще больше решимот и т.д. Происходит это различным образом – эта программа задана свыше. В соответствии с тем как ЗО"Н представляет себя, в зависимости от вида темноты, ее величины, из всех разбитых решимот выбираются необходимые. ЗО"Н как бы охотятся за ними.

Вопрос: Почему, когда НаРа"Н праведников просят катнут, то есть желают родиться, ЗО"Н переходит в гадлут?

Потому что катан (маленький) не может родить. Для того чтобы ЗО"Н мог породить хотя бы Г"Э НаРа"Н праведников, он должен находиться в гадлут. Это означает, что он должен работать со своим АХА"П.

Что значит низший относительно высшего? Низший – означает действие высшего. Например, я существую и хочу что-нибудь сделать. Что значит что-нибудь сделать? Это значит получить ради отдачи. Для этого я должен присоединить к своим получающим келим дополнительное желание, исправить его экраном и выполнить зивуг дэ-акаа. Это и будет называться получением ради отдачи.

Если я это сделаю, это будет называться рождением низшего, так как я существую и выполняю дополнительное действие, дополнительное получение. Дополнительное получение вне меня, в дополнение ко мне – это называется рождением духовного объекта – парцуфа, рождение порции света, которую я получил ради отдачи. Что такое парцуф? Парцуф – это получение наслаждения ради отдачи Творцу. Есть желание получать, экран, зивуг дэ-акаа, – все это делает высший. Это его действие называется рождением низшего.

Почему высший порождает низшего? Пусть бы добавил к себе и стал более толстым? Не может, потому что уже сделал максимум того, что мог. Не работают в половину или в четверть силы. Меньше чем 100% – это не отдача. Ты отдаешь максимально. Как же можно добавить? Ты возьми другое желание – более грубое. Тогда ты сможешь еще немного отдать, но не на своей ступени, а на более низкой. И это уже будет называться рождением. Его качества уже отличаются от высшего по природе, по свету, он находится на более низкой ступени.

Поэтому любое дополнительное исправление (дополнительное желание и дополнительный экран) порождает низший парцуф. Не товарища рядом с ним или что-то прилепившееся к его телу, а новый вид желания, соответствующий низшей ступени. На своей ступени я на 100% использовал желание ради отдачи. Если я отдаю на 99% своих возможностей – это не означает, что я отдаю.

Вопрос: Мы говорим о том, что я отдал максимум, а сейчас я нахожу дополнительное желание отдавать. Почему это дополнительное желание отдавать строит парцуф ниже, а не выше меня?

До сих пор мы изучали нисхождение парцуфим при развитии сверху вниз. Сейчас мы изучаем парцуфим при восхождении снизу вверх. В чем различие? Если я парцуф и у меня есть еще неиспорченные решимот, т.е. решимот с экраном, то я выбираю их и проверяю. Я своим экраном выполнил максимальную работу. Теперь я беру более низшее решимо и порождаю на него дополнительный парцуф.

Рожденный парцуф берет еще более низшее решимо и порождает на него новый парцуф. Так происходит нисхождение парцуфим из неиспорченных решимот, на которые можно немедленно просить экран, так как они не находятся под властью желания получать. У всех решимот после Первого Сокращения есть силы не получать ради себя.

Часть 9. Зивугей аСфирот

Из всех этих решимот ты выбираешь самое большое, ведь в отдаче сначала выбирают максимум. Потом ты ищешь возможность добавить еще и еще. В результате у тебя получаются спускающиеся ступени, потому что каждый раз ты используешь менее важное желание, так как самое важное решимо ты использовал в первую очередь.

Когда заканчиваем весь спуск донизу, что дальше? Есть испорченность – решимот упали в клипот, т.е. в них появилось желание получать ради себя. Значит, сначала мы должны исправить решимот, а затем уже выстроить келим. Сейчас нам нужна система исправления – то, чего не было у нас при нисхождении сверху вниз. До разбиения келим не существовало механизма исправления – только мир Ацилут называется миром Исправления. Теперь у нас существует другое отношение – все решимот, находящиеся внизу, в мирах БЕ"А, являются испорченными. Как мы можем начать их исправлять?

Теперь начинают не с самого неисправленного решимо, когда я беру максимум и отдаю, – теперь я беру самое маленькое решимо, наименее разбитое, наименее испорченное, которое я, возможно, смогу исправить, попросив о его исправлении.

Это решимо я «прилепляю» к высшему, настолько, насколько способен. Например, высший дает мне 1 грамм темноты, и я в состоянии сказать: «Мне не важна темнота, я желаю быть с высшим». Если я могу так сделать на 1 грамм (поверь мне, что это очень тяжело), тогда я «прилепляюсь» к АХА"П высшего, и он начинает со мной работать, так как есть отказ от наслаждения. Не важно, что я не испытываю удовольствия, главное для меня – желать слияния с высшим.

Пусть бы высший показал, что он, высший, – хороший, что мне выгодно быть «прилепленным» к нему. Но в таком случае я никогда не выйду из своего эгоизма, я буду желать слияния с ним, потому что так мне хорошо, выгодно. Я должен быть «прилеплен» к высшему, несмотря на то плохо мне или хорошо. Слияние с ним должно стать целью, а не получением выгоды.

Поэтому достигают этого исправления – слияния с высшим, от самого легкого решимо, и постепенно приобретают остальные. Ступени, которые мы постигаем благодаря исправлению, идут снизу вверх.

Как написано в статье «Шхина в изгнании» – если бы эгоизм почувствовал духовные наслаждения, он бежал бы впереди и кричал: «Держи вора!» Ты бежал бы и обманывал себя,

Зивугей аСфирот – сочетание сфирот

что стремишься к слиянию, а на самом деле ты бы стремился к наслаждению. Как сделать, чтобы искать действительно слияние, а не наслаждение, желать «прилепиться» к высшему, несмотря на темноту, ощущаемую в получающих келим?

8) Таким образом, существует еще одно правило: каждый МА"Н удовлетворяется и задерживается не более чем два раза. Невозможно исправить МА"Н за один раз, только за два:

- первый раз – когда поднялся;
- второй раз – когда обрел форму.

После этого выходит оттуда. Однако их первый МА"Н находился в мире, каждый на его месте... То есть на месте своего высшего.

...Это «тайна первенцев». Например, ЗО"Н дэ-АВ"И, являющиеся МА"Н их первенца, никогда не исчезают оттуда. И невозможно никаким Мейн Нуквин (женским водам) подняться оттуда выше, пока не закончится проверка всех 288 искр малахим, пока не придут дни Машиаха только с их помощью... С помощью МА"Н дэ-ЗО"Н.

Поэтому обязан быть в каждом зивуге новый МА"Н, потому что, поднимаясь, немедленно исправляются во второй раз, и тогда поднимается другой, дабы исправиться также и ему. По этому же принципу далее, до полного исправления всех малахим, и тогда придет Машиах, с Б-жьей помощью.

Первый раз МА"Н, вместе с высшим, находящимся в катнут, поднимается в сверхвысший... МА"Н дэ-НаРа"Н праведников поднимаются с катнут дэ-ЗО"Н к АВ"И.

...Но еще не обретает там форму. Во второй раз на этот МА"Н совершается зивуг на их высшей ступени, т.е. в самом ЗО"Н. Так МА"Н приобретает свой катнут... Решимот НаРа"Н праведников приобретают Г"Э. АВ"И дают свет ЗО"Н, ЗО"Н переходит в гадлут и порождает Г"Э душ праведников.

...После чего спускается на свое место. То есть в мир Брия, и рождаются в месте ЗО"Н.

За эти два раза МАН дэ-катнут (де-НаРа"Н праведников) наполняется полностью и больше не нуждается в подъеме ради исправления своих желаний. Но ради перехода в гадлут МА"Н, конечно, должен подняться во второй

раз... Если НаРа''Н праведников сейчас желают гадлут, чтобы их АХА''П приобрел форму, тогда они опять поднимаются в ЗО''Н.

...Однако МА''Н дэ-гадлут – это уже не то, что МА''Н дэ-катнут. Ведь в состоянии катнут низший вообще не имел никакой формы, а сейчас он существует в виде Г''Э, и теперь необходимо только дополнение.

Это уже другой МА''Н... Не так, как в первый раз, когда НаРа''Н праведников вообще не существовал – только в виде решимот.

...Который парцуф сам, сознательно, поднимает к своему высшему. Однако предыдущий МА''Н дэ-катнут полностью наполняется и больше не нуждается в подъеме. В этом и заключается второе правило.

Повторим вкратце весь процесс. У нас есть Атик, Арих Анпин, Аба вэ Има, ЗО''Н – все находятся в катнут. Это называется постоянное состояние мира Ацилут. До сих пор рассматривались процессы в мире Ацилут. Ниже парса миры Брия, Ецира, Асия находятся на своем постоянном месте, в неизменном состоянии. Внутри миров БЕ''А находятся решимот душ. В этих мирах у них приобретают желание просить о своем воплощении в какой-либо форме.

Решимот дэ-Г'''Э дэ-НаРа''Н праведников в определенной мере ощущают АХА''П дэ-ЗО''Н и готовы к слиянию с ним, несмотря на темноту в АХА''П дэ-ЗО''Н. Получающие келим дэ-ЗО''Н находятся ниже своей ступени, они не используются, а ненаполненные келим высшего вызывают в низшем ощущение темноты – темный мир. АХА''П высшего – это и есть наше ощущение мира.

Весь мир вокруг нас – это то, как представляется нам высший, и так же нам будет представляться Творец. Решимот дэ-Г'''Э дэ-НаРа''Н праведников желают слияния с АХА''П дэ-ЗО''Н и просят у них наполнения. Какого наполнения? Они не просят ни желание получать, ни свет, ни экраны, чтобы иметь возможность получать, – они желают получить от них только силу отдавать. Сколько? Настолько, насколько они могут быть слиты с высшим, несмотря на темноту и отсутствие в нем наслаждений. «Неважно, что в высшем я ощущаю темноту, только бы мне дали силу отдавать».

В таком случае ЗО''Н начинает поднимать свой АХА''П вместе с НаРа''Н праведников в АВ''И и получает от АВ''И две силы: первую – для того чтобы перейти в гадлут, вторую –

Зивугей аСфирот – сочетание сфирот

чтобы, находясь в гадлут, породить Г"Э дэ-НаРа"Н праведников. Это то, что делает парцуф АВ"И – они дают ЗО"Н масах дэ-гадлут, ЗО"Н спускается на свое место, становится большим, и за счет второй порции, которую получил от АВ"И (сила для зивуга на НаРа"Н праведников), совершают этот зивуг и порождают парцуф дэ-катнут.

После рождения души праведников спускаются на свое место – под парса. И сейчас, когда у НаРа"Н праведников есть форма, воплощение, называемое «душа в малом состоянии», они уже самостоятельно могут требовать гадлут. Теперь, так как душа праведников уже существует в малом состоянии и не нуждается в специальных силах для своего рождения, а только в дополнении, нет надобности подниматься на две ступени в сверхвысший, а только на одну – в высший. ЗО"Н самостоятельно может удовлетворить ее в этом. У души уже есть Г"Э, она желает иметь АХА"П, и ЗО"Н дает ей его.

Вопрос: Что дает душе возможность обратиться к сверхвысшему, несмотря на ощущаемую в нем темноту?

Сверхвысший находится не в темноте, он находится в катнут (хафец хесэд ничего не желает для себя). АВ"И относятся к ГА"Р. Что такое ГА"Р? Совершенство, даже без света хохма,– АВ"И не нуждаются в нем. Это называется темнотой? Пусть никто мне ничего не дает, а я на 100% слит с Творцом, даже без света хохма, и я весь – желание отдавать низшим, только бы попросили. АВ"И называются Элоким, там есть ГА"Р дэ-хохма, но они не желают получать его для себя. Посредством получения света хохма они строят свои отношения с высшим. И даже нет у них света хохма, поскольку одеваются на бина дэ-А"А – это дает им совершенство.

АВ"И желают дать низшему, но если он не просит, они не сожалеют об этом, так как имеют соответствующее исправление. Это не малхут, которая сожалеет о душах праведников, бина относительно малхут – это совершенно другое.

Вопрос: Что дает АХА"П дэ-ЗО"Н для Г"Э НаРа"Н праведников?

АХА"П дэ-ЗО"Н порождает Г"Э НаРа"Н праведников и затем спускает их вниз, на их ступень. Он обеспечивает их всем необходимым, как высший низшего. Что значит все? Он дает им силы, света, пример, как и что надо делать, – все, что необходимо низшему. Мы должны понять, что от нас не требуют ничего, что нам не под силу. А в отношении того что нужны усилия выше человеческих сил, так мы должны достичь такого состояния, когда понимают, что значит «человеческие силы», и что действительно нужно дать сверх этого, и что нет у нас, и тогда должны просить.

Вопрос: Что значит обретение формы?

Это значит, что уже есть сфирот, т.е. желание получать с экраном, которое получает ради отдачи или отдает ради отдачи. Есть «кусок мяса» – желание получать, подобно тому, как ты пришел в магазин и тебе дают просто кусок мяса. Тело называется живым, когда в нем появляются различные внутренние свойства: как он отдает, как получает, в какие желания, с какими намерениями, как упорядочивает свои желания, в соответствии с чем, – все это называется обретением формы.

Как обрести форму? Сейчас мы являемся только «точкой», у нас нет никакого понятия, что значит духовное, что представляет собой наша душа, какие у нас имеются силы. Постепенно наполняя эту точку, мы «раздуваем» ее, она становится все более объемной. Но увеличение в объеме еще не означает приобретения понятий, свойств.

Затем, благодаря воздействиям света, мы начинаем видеть, к чему относятся наши желания, как с ними работать – может быть, не только получать, но и немного отдавать, тогда появляется некое ощущение формы. Например, есть у меня десять сил, и с каждой силой я могу работать в определенной форме, и каждую силу я могу использовать для выполнения определенной задачи, и силы при этом могут быть даже противоположными.

Что такое обретение формы новорожденным? Есть капля семени, и из нее начинает развиваться мясо. Это мясо представляет собой нечто бесформенное – 5–10 граммов, но постепенно начинают различать в нем руки, ноги, голову, тело, другие детали, – зародыш обретает форму. Существуют понятия «три дня абсорбирования семени» и «40 дней формирования плода», в течение которых приобретают все формы отдачи. 40 – это бина.

Когда приобретаются все формы отдачи и обретается законченная форма, появляется уверенность, что «новорожденный» будет жить, и теперь необходимо только добавить к нему «мясо». Что значит обрести форму «человек»? Есть у нас руки, ноги, голова, уши, горло, нос и все остальные части. Каково назначение этих частей в человеке? Почему они имеют такую форму? Человек построен по образу, отражающему соотношение духовных сил.

Соотношение высших сил отдачи подобно соотношению частей человеческого тела в нашем мире. Так и написано в книге «Зоар», например, справа, слева, рука, нога. Когда низший, представляющий собой только решимот, поднимается к высшему и затем, чтобы родиться, должен подняться с ним в его высший, рождение низшего начинается со сверхвысшего. Почему?

Если я прошу: «Роди меня», то я прошу это у высшего. Это значит, что сам высший должен приобрести такую фрму, чтобы родить именно меня. В ЗО"Н дэ-Ацилут есть все решимот. Все души, которые разовьются из них, относятся к ЗО"Н дэ-Ацилут. ЗО"Н дэ-Ацилут должен породить 600 тысяч различных душ. Откуда он знает, что должен родить сейчас?

Я поднимаю к нему свое решимот и говорю: «Я хочу быть таким-то и иметь возможность отдавать в такой-то форме». ЗО"Н отвечает: «Чтобы родить тебя, мне необходим механизм, позволяющий родить именно тебя. Где мне его взять? Я должен подняться в свой высший и получить там». На самом деле все спускается из мира Бесконечности. ЗО"Н поднимается к своей высшей ступени – АВ"И, получает «живот» – АХА"П, получает весь родовой механизм, спускается на свое место, совершает зивуг, «беременеет» и затем рождает того, кто просил, чтобы его родили.

В нашем мире семя не просит, чтобы его родили. Но в духовном все происходит сознательно, начиная с капли семени, даже еще раньше. Даже если это нельзя назвать сознательной просьбой, в любом случае, человек работает.

Исходя из этого видно, что для ЗО"Н необходим другой АХА"П. У ЗО"Н есть только Г"Э – общее желание отдавать, но что отдавать? Это определяют решимот дэ-НаРа"Н праведников. Они указывают, как именно отдавать, и просят силы для отдачи. Высший может дать низшему только через свой АХА"П. Поэтому каким будет АХА"П дэ-ЗО"Н – определяют души.

Часть 9. Зивугей аСфирот

АХА"П дэ-ЗО"Н называется Святой Шхиной, которая находится в темноте, страдает, если ей некому отдавать, «плачет». Плач означает состояние катнут. Ее катнут – это не состояние хафец хесэд, когда ни в чем не нуждаются, ее состояние насильственное, против ее воли.

Вопрос: Когда мы говорим о решимот, мы имеем в виду келим-желания или орот-света?

Когда мы говорим о решимот, мы имеем в виду разбитые решимот, которым пришло время исправляться. Посредством усилий и «добрых дел» они получают свечение из «сосков животного». Весь этот процесс упоминается частично. Говорится, что просто получают пробуждение, еще не имея экрана. Пробуждаются и желают уподобиться высшему. Он не говорит – что этому предшествует: какие действия совершаются, какие механизмы включаются, чтобы НаРа"Н праведников, находясь в разбитом состоянии, пожелали стать праведниками.

Решимот находятся вверху, «нецуцим» (искры) и келим – внизу. Когда еще они захотят исправиться и уподобиться «Г"Э дэ-ЗО"Н»! Это целый процесс, но мы пока не касаемся этого.

Вопрос: Кто побуждает келим к просьбе?

После разбиения келим света поднялись в «рош дэ-СА"Г», келим и «нецуцим» светов упали вниз. Так что свечение этих светов из «рош дэ-СА"Г», или, можно сказать, нисхождение их в ЗО"Н дэ-Ацилут, свечение из-за парса пробуждает разбитые келим, находящиеся под парса. Тогда эти разбитые келим начинают искать: «Где находится это наслаждение? Оно находится над парса. Я не понимаю, где это, но точно не в моем мире! Что же мне делать? Как достичь того, что находится не в этом мире?» И начинаю искать.

Вопрос: Я не вижу ни одного самостоятельного действия низшего. В чем его инициатива?

Пример. Почему мы хотим кушать? Физиологи объяснят тебе это так: вследствие того что ты кушал раньше, у тебя сейчас происходит выделение ферментов и различных кислот. Они достигают нервных окончаний, находящихся в желудке, и те переносят это ощущение в мозг. В мозгу, благодаря химическим и электромагнитным воздействиям, у тебя возникает ощущение голода. Но в отличие от младенца, который не понимает своих

Зивугей аСфирот – сочетание сфирот

желаний и просто кричит, у тебя это переведено в определенную мысль, понятие. Это не просто внутренняя боль, а на несколько ступенек выше. Что это – я хочу кушать или мой организм создал во мне такое ощущение? Теперь, в соответствии со своим желанием, я пытаюсь найти соответствующее наполнение.

Я нахожусь в Гмар Тикун, но ощущаю всего 0,5% от этого состояния, и это является моей нынешней ступенью.

Теперь вопрос: *Каким образом я могу постичь свое внутреннее строение (свою конструкцию)? Как стремиться к этому? Где найти возможности для более быстрого продвижения, чтобы меня не тащили, а стремился сам?*

Решимот дэ-ЗО"Н поднимаются в Аба вэ Има, потому что НаРа"Н дэ-цадиким обязуют их подняться. А решимот дэ-ЗО"Н (МА"Н дэ-ЗО"Н) сами подняться не могут, если не будет НаРа"Н дэ-цадиким, которые будут подниматься прямо вместе с ними.

То есть какой МА"Н дэ-ЗО"Н поднимается в Аба вэ Има? Тот их тип, который возбуждают НаРа"Н дэ-цадиким. Скажем, есть в мирах БЕ"А некая душа, принадлежащая к какой-либо части Адам аРишон. И вот, в соответствии с решимот, приходит ее время исправляться. И тогда она поднимает МА"Н к ЗО"Н дэ-Ацилут. ЗО"Н дэ-Ацилут, в соответствии с обращением этой души, этих НаРа"Н, обращается к Аба вэ Има за получением только определенного исправления, определенного света. ЗО"Н дэ-Ацилут не поднимает в Аба вэ Има все, что мог бы, а только то, что возбуждает в нем эта душа.

Итак, цепочка начинается с МА"Н, поднимаемого НаРа"Н дэ-цадиким. Этот МА"Н, именно в таком виде, поднимается в Бесконечность, а оттуда спускается запрошенный свет. К Аба вэ Има поднимается МА"Н от ЗО"Н, в котором содержится МА"Н от НаРа"Н дэ-цадиким – решимот АХА"П дэ-ЗО"Н с решимот НаРа"Н дэ-цадиким внутри. Аба вэ Има совершают зивуг и на те, и на другие. То есть они принимают в расчет, что ЗО"Н дэ-Ацилут придется самому совершить зивугим породить НаРа"Н дэ-цадиким.

Поэтому ЗО"Н называется «первенец», так как именно он получает от Аба вэ Има. Но для кого он получает? Для своего «младшего» – для НаРа"Н дэ-цадиким. Но поскольку ЗО"Н, в качестве внешней части, имеет еще НаРа"Н дэ-цадиким, то он и получает больше (так как ему предстоит породить НаРа"Н дэ-цадиким), и поэтому называется «первенец».

Часть 9. Зивугей аСфирот

И когда он затем спускается, то получает от Аба вэ Има как бы двойную «порцию» – для себя, чтобы самому перейти в гадлут, и для того, чтобы затем породить НаРа"Н дэ-цадиким.

...Первенцы, как, например, ЗО"Н относительно Аба вэ Има, который представляет собой их первый МА"Н («МА"Н бхорим») – никогда не уходят оттуда. И не может никакой МА"Н подняться, начиная с этого места и далее... кроме как им самим (самим ЗО"Н).

Объяснение: Поскольку в МА"Н всегда имеются две ступени. Первая – ахораим высшего, «упавший» в низший. Другими словами, АХА"П высшего, «упавший» в Г"Э низшего.

Вторая – сам низший. И необходимо помнить, что несмотря на то, что они вместе поднимаются к высшему... И НаРа"Н дэ-цадиким, и МА"Н дэ-ЗО"Н вместе поднимаются к их высшему – Аба вэ Има.

...Тем не менее ступень низшего, включенная в МА"Н и поднявшаяся в первый раз, не исправляется там в процессе зивуга с высшим... НаРа"Н дэ-цадиким поднимаются впервые, поэтому не исправляются.

...А ей требуется второй зивуг.

Таким образом, света, наполняющие эти две ступени... То есть света, которые сейчас получает ЗО"Н.

...Считаются братьями по отношению друг к другу, поскольку изначально, до поднятия МА"Н, две эти ступени представляли собой одну – ступень низшего. Однако в процессе рождения разделились, поскольку появились в результате двух последовательных зивугим. Ахораим высшего, поднявшийся в МА"Н (то есть ахораим дэ-ЗО"Н), родился в сверхвысшем. А паним низшего (Г"Э НаРа"Н дэ-цадиким) родился в их высшем.

И потому первая ступень определяется как «старший сын» – первенец... То есть АХА"П дэ-ЗО"Н, после того как рождается и выходит на свет, называется старшим сыном.

...А вторая ступень (Г"Э НаРа"Н дэ-цадиким) называется его «младшим братом». И так происходит со всеми видами МА"Н, существующими в мирах. Поскольку таково правило – ахораим высшего – АХА"П, всегда находится в паним низшего, то есть в его Г"Э. АХА"П низшего также спускается на низшую относительно него ступень, и у него остаются только Г"Э. АХА"П НаРа"Н дэ-цадиким также находится на еще более низшей ступени, например в «точке в сердце».

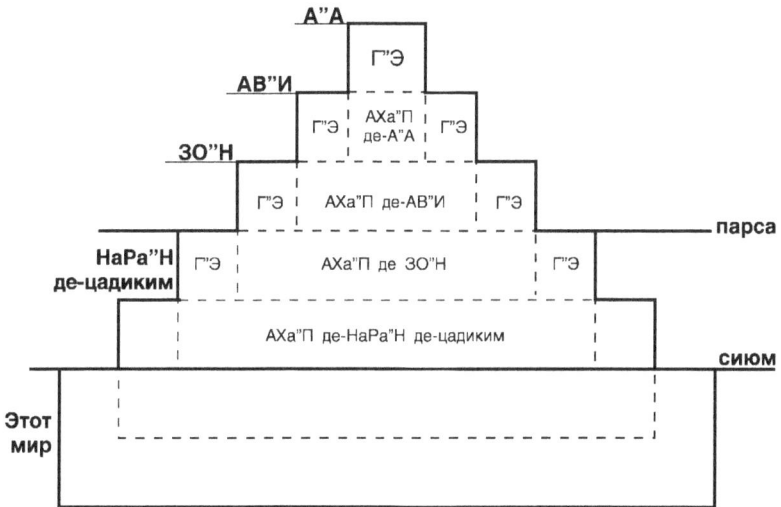

...Но считаются единой ступенью МА"Н, поскольку оба находятся на одном уровне... То есть АХА"П высшего и Г"'Э низшего считаются одной ступенью, поэтому поднимаются вместе, но получают один после другого.

...Ведь высший, спускаясь к низшему, становится подобным ему.

Во время подъема МА"Н с какой-либо ступени, паним низшего, находясь внутри ахораим высшего, поднимается вместе с ним к своему сверхвысшему, то есть к третьей ступени. И оба они включены один в другой во время зивуга в сверхвысшем, но паним низшего становится внешней частью для ахораим высшего.

Но в момент подъема решимот находятся одно в другом. Решимо Г"'Э НаРа"Н дэ-цадиким и АХА"П дэ-ЗО"Н (тоже решимот), находясь один внутри другого, поднимаются к Аба вэ Има. АВ"И вначале совершают зивуг на решимо АХА"П дэ-ЗО"Н. Тогда в ЗО"Н Г"'Э присоединяются к АХА"П, который только что «родился». Таким образом создаются десять сфирот З"ОН. И тогда они порождают Г"'Э НаРа"Н дэ-цадиким. И затем то же самое происходит на более низших ступенях...

Но поскольку внешняя часть МА"Н пока еще не получает исправления в зивуге, совершенном в сверхвысшем, а спускается вместе с ахораим своей высшей ступени, уже получившим свое исправление... Т.е. ахораим высшего получил гадлут.

...То зивуг на нее совершается в ее ближайшем высшем. Чтобы породить Г"Э НаРа"Н дэ-цадиким, зивуг совершается в ЗО"Н.

Поэтому эти две ступени МА"Н... НаРа"Н дэ-цадиким и АХА"П дэ-ЗО"Н.

...После получения своих исправлений и светов называются братьями, только ахораим высшего (АХАП дэ-ЗО"Н) называется первенцем, а паним низшего (Г"Э НаРа"Н дэ-цадиким) – его младшим братом.

Все это очень хорошо, что нам пока еще непонятно. Я помню, что не понимал этого в течение долгих месяцев... Это не воспринимается просто потому, что нет пока духовной подготовки. А на самом деле это очень простые вещи – двое поднимаются наверх, вначале получает один, потом другой. Но даже самые простые вещи, если они должны быть усвоены разумом, – есть для них место, а если должны проникнуть в душу – то им места нет.

И об этом говорится: «...Их самые первые Мэйн нуквин (у каждого на соответствующем уровне) являются «старшими сыновьями», как, например, ЗО"Н относительно АВ"И, и никогда не покидают их». Другими словами, тот, кто поднялся к высшему и затем спускается, обязан остаться в высшем, чтобы обязать высший находиться в состоянии зивуг и чтобы не прекратился поток света, когда низший спускается вниз.

Поэтому, несмотря на то что эти решимот, спускаясь вниз, становятся парцуфим, – кто даст свет этим парцуфим? Кто наполнит их? Решимот, которые поднялись вверх и на которые высший совершил зивуг, породив парцуфим, обязаны все время оставаться в высшем, чтобы Аба вэ Има находились в состоянии «паним бе-паним» (лицом к лицу), а иначе прекратится поток света. А если низший может получить, разве возможно, чтобы высший не дал ему?

То есть тот МА"Н, что поднялся с АВ"И к Арих Анпин... И далее к бесконечности! Просто мы упоминаем АВ"И и А"А, чтобы не начинать считать все ступеньки на пути к Бесконечности.

...Для того чтобы АВ"И получили гадлут, состоит из двух частей: из ахораим дэ-АВ"И и паним дэ-ЗО"Н. Теперь уже речь идет о трех других ступенях: ЗО"Н, АВ"И, А"А, а не НаРа"Н дэ-цадиким, ЗО"Н и АВ"И. Все поднялось на одну ступеньку.

И зивуг совершается на обе эти части. На ЗО"Н и АВ"И.

Но в этом зивуге в А"А наполняются только ахораим дэ-АВ"И, а паним дэ-ЗО"Н пока не исправляются, а спускаются вниз (решимот Г"Э дэ-ЗО"Н) вместе с ахораим АВ"И. И второй зивуг происходит в АВ"И, и там уже исправляются келим паним дэ-ЗО"Н, то есть их Г"Э. Таким образом, ЗО"Н переходит в катнут.

Сосуды и света, находящиеся в ахораим дэ-АВ"И, называются старшими братьями ЗО"Н, так как являются единой ступенью с ЗО"Н, как до... Когда АХА"П АВ"И и Г"Э ЗО"Н находились на одном уровне.

...Так и в процессе зивуга в А"А, в результате которого АВ"И переходят в гадлут. Зивуг совершается на АХА"П АВ"И и Г"Э ЗО"Н, они, в качестве МА"Н, все еще находятся в А"А.

Но поскольку АХА"П АВ"И был исправлен в первом зивуге в А"А, то называется старшим относительно ЗО"Н, исправленного во втором зивуге.

Но надо помнить, что речь идет не о ГА"Р дэ-АВ"И... То есть не о Г"Э АВ"И.

...С которым ЗО"Н никогда не был на одном уровне, а только лишь о АХА"П АВ"И, называемом ахораим дэ-АВ"И.

Он повторяет о ЗО"Н, АВ"И и А"А все то же самое, что ранее говорилось относительно НаРа"Н дэ-цадиким, ЗО"Н и АВ"И. И на первый взгляд нет разницы между тем и этим – просто три ступени. Но все же разница существует, потому что отличаются исправления. Решимот, поднимающиеся из-под парса, где они находились в клипот, требуют совершенно иные исправления, нежели решимот Г"Э дэ-ЗО"Н. Но, несмотря на разницу в исправлениях, все же остается соотношение: старший сын, младший сын и сверхвысший, к которому они поднимаются.

Он говорит: «...и никогда не покидают их». Что это значит? Скажем, решимот НаРа"Н дэ-цадиким с решимот АХА"П дэ-ЗО"Н поднялись к АВ"И. АВ"И совершают зивуг и порождают АХА"П дэ-ЗО"Н, который в свою очередь порождает Г"Э дэ-цадиким. Но для того чтобы АХА"П дэ-ЗО"Н и Г"Э дэ-цадиким получили свет, АВ"И должны все время оставаться в состоянии паним бе-паним. То есть эти решимот, поднявшиеся к АВ"И, хоть и спускаются и порождают парцуфим, все же должны постоянно оставаться в АВ"И, иначе АВ"И прекратят зивуг, и свет перестанет поступать к рожденным парцуфим.

Ахораим дэ-АВ"И участвует в построении самого парцуфа АВ"И и потому не может покинуть его. А паним дэ-ЗО"Н, хоть и был сцеплен с ахораим дэ-АВ"И, тем не менее после второго зивуга отделяется от ахораим дэ-АВ"И и спускается вниз, на свое место, так как обнаруживается, что он не принадлежит ступени АВ"И и должен находиться на уровне ЗО"Н, – и это называется рождение.

Он говорит: «И начиная с этого места и далее, никакой МА"Н не может подняться... иначе как им самим». Так как любая ступень, появляющаяся в ЗО"Н, обязана пройти весь путь, пройденный при первом рождении ЗО"Н. То есть всякий раз, когда происходит какая-либо выборка решимот и их проверка в ЗО"Н или НаРа"Н дэ-цадиким, происходит один и тот же процесс. Каждый раз – новая выборка, новые определения, но порядок, метод остается тем же самым.

Новый свет может прийти только из Бесконечности, от Творца. И потому должны все парцуфим поднимать МА"Н от одного к другому – до самого Творца. Видите – не только те три парцуфим, о которых мы здесь говорим, а вся эта цепочка восходит к Бесконечности. Почему? Потому что если раскрывается новое свойство, появляется новый нюанс, происходят новые исправления, это значит, что никогда еще не было света, который сейчас открывается.

Почему никогда не было такого света? Вы можете сказать: «Как же так? Ведь было разбиение! Были света гадлут, разбившие мир Некудим. Эти света поднялись к рош дэ-Са"Г и находятся там. Почему же МА"Н должен дойти до Бесконечности? Ведь он должен подняться только до Са"Г?»

А дело вот в чем. То, что сейчас появляется (как с точки зрения келим, так и светов), – этого еще не было в мире никогда.

Потому что сейчас проявляются новые свойства, новые градации между разбитыми келим аль менат лекабель, клипот, тума, с одной стороны, и кдуша – с другой. Этих понятий, этих свойств, этих новых келим никогда не было! И потому те света, которые сейчас приходят, они другие. Как их определить, назвать? Более сильные, глубокие... У творения есть теперь совершенно другое ощущение. И поэтому они должны прийти из Бесконечности, ведь их не было при разбиении келим. А потому и все вознесение МА"Н – к Бесконечности...

9) На примере МА"Н в нуква дэ-З"А изучим остальное. То есть узнаем, какой МА"Н есть у нуква дэ-З"А, и тогда изучим, что есть у других.

И мы уже выясняли, что все эти ступени – «мелахим» (цари) называются Бо"Н. То есть мир «Некудим».

И знай, что в самом названии Бо"Н содержится намек на МА"Н, просто МА"Н, находящийся где угодно. Это хисронот – желания, требующие наполнения, появившиеся вследствие разбиения мира Некудим.

Однако существует и сам МА"Н, и кли, в котором он находится. На это намекают наши учителя, сказав: «Женщина заключает союз только с тем, кто создал ей сосуд». И потому не беременеет женщина в первом соитии, ведь тогда у нее только создается кли. Но с этого момента и далее уже есть место, в котором может проявиться МА"Н, и тогда произойдет зарождение.

Когда речь идет об исправлениях после разбиения, не может произойти сразу зивуг дэ-олада (зивуг с рождением). Сначала должен произойти зивуг дэ-ибур, а затем уже зивуг дэ-олада. То есть вначале – «беременность», потом – «рождение».

Когда речь шла о парцуфим, скажем, мира Адам Кадмон, то там парцуф рождался сразу. Парцуфим, рождающиеся после второго сокращения, проходили вначале стадию катнут (малое состояние), а затем гадлут (большое состояние). А если мы говорим о парцуфим после разбиения, то речь идет уже о трех фазах: «ибур» («зародыш»), «йеника» («вскармливание»), гадлут. Именно об этом здесь и говорится.

Итак, поскольку в данном случае низший берет свое начало не из Бесконечности, как в мире А"К, и рождается не после второго сокращения (так что у него даже нет возможности сразу стать «малым»), а после разбиения, когда нет у него никаких экранов, то его исправление происходит постепенно, медленно, этап за этапом, пока не будут исправлены все свойства, все детали и нюансы. Только тогда парцуф приходит к совершенству.

Высший, исправляющий низшего, вмешивается в его исправление на всевозможных уровнях. При этом он сам изменяется по отношению к низшему, и эти его изменения – особые... Как мать, вынашивающая ребенка: в самом начале он оказывает на низшего наибольшее влияние, которое затем становится все меньше и меньше, пока не рождает его, и тогда у него появляется с низшим другая, внешняя связь. Высший 2 года кормит низшего (дает ему свет хасадим), и далее связь меняется – мать помогает низшему перейти в состояние гадлут.

То есть меняется связь, наполнение, поднятие МА"Н... зивуг совершается в разных отделах матери: это либо зивуг в отделе есод для зарождения, либо зивуг в отделе бэтен для рождения, либо зивуг в хазе для вскармливания, либо зивуг в даат, чтобы дать ему мохин... Все это совершенно разные виды зивуга. Как для высшего, так и для получающего низшего.

Если высшая нуква не получает МА"Н от низшего, то у нее есть только Г"Э (келим дэ-ашпаа). В этих келим нет ни состояния гадлут, ни каких-либо авханот (понимания нюансов, тонкостей). Только когда поднимаются хисронот (желания, требующие наполнения), происходит исправление кли высшего, и иша (женщина) превращается в Има (мать). То есть в соответствии с решимот она переходит в состояние, называемое «беременность», а затем «роды».

Вопрос: Мы говорили о том, что такое парцуф. А что такое сфира внутри него?

Существуют понятия некуда, сфира, парцуф, олам. Некуда – желание получать без экрана, которым невозможно воспользоваться, как, скажем, мое желание получать. Я хочу наслаждаться, но таким образом я не ощущаю духовного, у меня есть только точка, и нет у нее объема, потому что у меня нет экрана. Поэтому она называется черная точка, ведь я не ощущаю в ней ничего.

Сфира появляется, когда желание, находящееся в этой точке, начинает понемногу развиваться и получает экран. В соответствии с этим экраном я получаю некое освещение снаружи (речь пока не идет о парцуфе, который может совершать зивуг). И благодаря этому освещению снаружи у меня есть какое-то ощущение духовности – это, скажем, точка в сердце, которая начала развиваться. И я ощущаю в ней некие «флюиды», это пока не свет, то есть это свет, но светящий издалека, что называется, окружающий свет.

Парцуф появляется, когда это желание получать уже развилось до десяти сфирот и уже может совершать на свой экран зивуг дэ-акаа, получать аль менат леашпиа или отдавать аль менат леашпиа. Парцуф может быть малым или большим. Парцуф может быть даже зародышем. То есть неважно, какой у него авиют – шорэш, алеф, бэт, гимэль или далет. Если у него есть работающий экран, то это уже называется парцуф.

Последовательность из пяти парцуфим, выстроенных в соответствии с йуд-хей-вав-хей, называется олам. А кроме этого существует только Творец, Высший свет. В сущности, Творец сотворил черную точку, и по мере развития она становится или сфира, или парцуф, или олам. Она занимает место того, что есть вокруг нее, а это свет – Творец. Итак, мера соответствия этой точки Творцу, чтобы воспринять, занять Его место, называется сфира, парцуф или олам.

Но десять сфирот внутри парцуф – это не что другое, как частные свойства парцуфа. Проблема в том, что язык Каббалы очень краток, и поэтому одно и то же слово может означать разные понятия. Когда мы говорим о сфире в парцуфе, то речь идет о некотором исправленном свойстве парцуфа, благодаря которому сфира получает свет, или, другими словами, сфира получает свет благодаря соответствию между ней и Творцом.

...Имя Бо"Н всегда намекает на МА"Н. Понятие МА"Н появляется после разбиения келим. У нас имелись желания с экранами. И эти желания хотели получить весь Высший свет аль менат леашпиа, полагая, что, получив аль менат леашпиа весь свет Творца, они сравняются с Творцом (это называется Гмар Тикун), но разбились.

Экраны исчезли, и желания остались в состоянии лекабель аль менат лекабель. Поэтому разбиение келим во всех парцуфим мира Некудим и явилось причиной появления МА"Н. Все эти желания после разбиения имеют намерение аль менат лекабель. И все они опускаются все ниже и ниже,

Часть 9. Зивугей аСфирот

до тех пор, пока не одеваются в наши животные тела, и тогда, под воздействием светов свыше, начинают постепенно исправляться. Свет притягивает человека, постепенно продвигает его, дает человеку все больше и больше желаний, светит ему, притягивая все к большим и большим наслаждениям... Этот процесс и является причиной технического, экономического и культурного прогресса. И так продолжается до тех пор, пока человек не начинает чувствовать, что ему требуется развитие еще в каком-то направлении, выше всего перечисленного – нечто не от мира сего. Ему начинают развивать точку в сердце.

То есть он хочет не просто развить эти разбитые желания, чтобы насладиться ими в простой, обычной форме, он уже желает насладиться ими в высшей форме – аль менат леашпиа. Он видит, что это того стоит. И это называется ло лишма: он видит, что вместо этого мира выгоднее приобрести высший мир, что уж такого есть в этом мире? Там, по крайней мере, Вечность, Совершенство, гораздо большие наслаждения! А здесь – одни проблемы, и все преходяще...

Так света притягивают келим, побуждая их к исправлению. Пока не приходит ситуация, когда человек на самом деле начинает понимать, что ашпаа, отдача – это самое лучшее. И от ло лишма приходит к лишма, и просит масах. Эта просьба называется МА"Н.

В тот момент, когда человек впервые просит экран, настоящий, истинный масах – намерение аль менат леашпиа; об этом моменте говорится, что человек впервые сам поднимает МА"Н. Впервые происходит действие, направленное снизу вверх. До этого его тянули, как тянут осла – кнутом и пряником, наслаждениями и страданиями. Теперь же он сам якобы вне этой тяги, просит экран для исправления. Это и называется МА"Н. То есть теперь он действительно хочет исправить то, что разбилось. Пусть даже четверть грамма, не важно.

...И все последующие исправления в течение 6000 лет, до прихода дней Машиаха... Когда мы окончательно перетянем все желания из аль менат лекабель в аль менат леашпиа. И это будет называться день Машиаха.

...Не что иное, как построение заново всех этих парцуфим до того уровня, на котором они находились, прежде чем аннулировались. Известно, что мир Некудим называется БО"Н, и потому каждое желание, которое мы поднимаем для исправления, т.е. МА"Н, называется именем БО"Н. БО"Н – это обычно нэкева (женское свойство), хисарон (желание, требующее наполнения).

Света, заново приходящие из Бесконечности, через все ступени, для того чтобы исправить вышеупомянутый МА"Н, называются М"А. Другими словами, просьба об исправлении, приходящая снизу, называется БО"Н, а света, приходящие Свыше, для того чтобы исправить и наполнить кли, дав ему экран, называются М"А. М"А еще называется дающий, целостный, а БО"Н – желание, требующее наполнения, низший, просящий.

«Сам МА"Н и кли, в котором он находится...» Как известно, невозможно, чтобы какая-либо ступень поднялась выше себя самой хоть в чем-то. Допустим, я нахожусь на определенной ступени, скажем, я – мышь. Могу ли я понять человека? Нет. А если я, скажем, растение, то я не могу понять кошку. Другими словами, в природе существуют уровни: неживой, растительный, животный, говорящий (человек). И низшая ступень не может понять высшую. До тех пор, пока в своем развитии не дойдет до нее.

Если мы разовьем мышь, сделав ей инъекцию желания получать, свойственного человеку, то это желание разовьет все системы мыши: разум, сознание и т.п., таким образом, что мышь станет подобна человеку. Итак, чего же не хватает? Желания получать! И если это желание растет, то есть возможность расти и подниматься по всем этим ступеням.

Если мы хотим подняться к духовному... А что значит подняться к духовному? У нас не хватает разума, не хватает келим, с помощью которых мы ощутим духовное! А наш метод как раз и развивает в нас келим посредством воздействия окружающего света, светящего нам во время учебы. Поэтому мы говорим, в сущности, о том, как сделать из животного человека! Как можно этого достигнуть? Только с помощью окружающего света. И нет никакого другого метода, никакой другой силы!

Итак, если человек находится на определенной ступени, то он не может понять другую, высшую ступень. Подобный процесс мы наблюдаем, например, у детей... Но все мы: и дети, и взрослые, и животные – находимся в одном и том же мире! И разница, расстояние между нами не столь существенны, как между этим миром и миром Высшим. Расстояние между нами и духовным миром поистине огромно!

Как высший, занимающий место низшего, становится подобным ему, так и низший, поднимающийся к высшему, обязан стать как он. Разница, расстояние в духовном – не что иное, как изменение формы. И разве возможно, чтобы низший поднялся к высшему до тех пор, пока форма низшего отличается от формы высшего? А поскольку исправление низшего на его собственной ступени невозможно (высший может исправить его только на своей, высшей ступени), то невозможно исправление БЕ"А на их собственном месте, а только посредством поднятия их к миру Ацилут. То же самое относительно мира Ацилут. И потому на каждой ступени требуется особое кли, способное спуститься к низшей ступени и поднять ее до своего, высшего уровня.

Итак, вопрос в следующем: если низший не может подняться к высшему, а высший не может спуститься к низшему, то каков должен быть посредник, способный перемещаться между ними и связывать их друг с другом?

И это то, о чем говорит Рав: необходимо наличие самого МА"Н и кли, поднимающего его. А иначе как МА"Н низшего сможет подняться к высшей ступени? Если я желаю передать что-либо более высокой ступени, но не нахожусь на ее уровне, как же от меня сможет подняться туда что-либо? Должен существовать некий посредник, который возьмет мой МА"Н и передаст его высшему. И необходимо, чтобы этот посредник мог находиться и во мне, на моей ступени, и на более высокой ступени. Ведь в духовном спуск и подъем осуществляются посредством уподобления формы. А если я, в соответствии со своими свойствами, нахожусь на определенной ступени, то не могу подняться выше до тех пор, пока не приобрету экран высшей ступени. И потому я остаюсь на своей ступени, а высший – на своей. А мой МА"Н может подняться к высшему только при помощи посредника.

Вопрос: Если форма одинакова, может ли быть разница еще в чем-то? Как может быть, что, с одной стороны, они будут иметь одинаковую форму, а с другой стороны, один из них высший, а другой – низший?

Это именно то, что он здесь спрашивает! Как может существовать посредник, имеющий как бы свойства, общие для высшего и низшего? Сейчас мы увидим, что это АХА"П высшего. Высший посредством второго сокращения намеренно портит себя в определенной мере, чтобы спустить часть самого себя к низшему, вступить с ним в контакт и затем поднять определенную часть низшего и начать исправлять его.

А без этого процесса низший ни на что не способен! И потому вся наша работа заключается в том, чтобы связаться с АХА"П высшего, находящимся в нас.

«...Не беременеет женщина в первом соитии, ведь тогда у нее только создается кли. Но с этого момента и далее есть место...» Знай, что задача этого кли – поднятие МА"Н, и описанные рядом первенцы – суть одно и то же. Поскольку невозможно поднять никакой МА"Н иначе как посредством их.

И как мы уже разъяснили там, в каждом МА"Н мы различаем две ступени: ахораим высшего и паним низшего. Как мы уже говорили, АХА"П дэ-ЗО"Н и Г"Э дэ-НаРа"Н.

И ахораим высшего всегда называется старшим братом по отношению к паним низшего. И в том же ключе Рав продолжает описывать этот процесс относительно МА"Н дэ-нуква, поскольку на этом примере можно изучить все остальное. Поэтому он так тщательно разъясняет вопрос о паним и ахораим имени АВА"Я дэ-БО"Н. Со стороны келим.

Итак, посредник между низшим и высшим – это АХА"П высшего. АХА"П высшего должен исправить себя для того, чтобы проделать все требуемые операции по исправлению низшего. Мы потом будем изучать, как из этого места (из АХА"П) зарождается и затем появляется низший парцуф. Он здесь говорит, что это аналогично процессу, происходящему с решимот, называемыми первенцами, и их сверхвысшим парцуфом.

Г"Э в низшем – это пока не келим, а только решимот. В них есть желание быть исправленными, и они просят: «Исправь меня!». С этой просьбой они обращаются к высшему. Это их *единственное* желание. В нем не могут одновременно существовать несколько желаний, ведь тогда это уже не будет называться *желанием*!

Точно так же происходит и в этом мире: если ты желаешь несколько вещей сразу, это значит, что ты на самом деле ничего не желаешь по-настоящему. И потому должно существовать одно-единственное желание, направленное на одну Цель. Желание проанализированное и окончательно выверенное. Что значит окончательно? Это значит, что ты видишь, что не способен достигнуть желаемого и находишься в состоянии «лучше смерть, чем жизнь». Но при этом ты уверен, что получишь желаемое, если только *правильно* попросишь! Ты уверен, что высший, к которому ты обращаешься, – добр, что Он желает тебе добра, и только ждет того момента, когда твое желание будет цельным, полным. И как только все эти условия выполняются, появляется истинный МА"Н – молитва.

Конечно, существует множество условий, создающих этот единый МА"Н. Но этот МА"Н един, поскольку *ты желаешь только одного*, это желание направлено в одну-единственную точку – к слиянию с высшим, к принятию единой с ним формы, к отдаче, к Творцу. Неважно, как это назвать, это все одно и то же.

Для нас пока, быть может, все эти вещи выглядят множеством различных понятий, но в той мере, в которой мы будем прилагать правильные усилия, мы увидим, что все эти понятия собираются в Одно. Потому что, кроме творения и Творца, нет более ничего! И если ты будешь видеть Его, а не всевозможные разрозненные формы, то у тебя появится МА"Н.

В предыдущих частях мы говорили, что вся действительность состоит из двух частей: Творца и творения. Творец – это духовная ступень, высшая по отношению к творению, которое является более низкой ступенью. Связь между ступенями в цимцум алеф заключается в том, что малхут более высшего парцуфа превращается в кэтэр более низшего. При этом никакой связи между ступенями нет. Ани (я) превращается в эйн (отсутствие меня), это и есть полное, бесконечное прерывание между высшей и низшей ступенями. Подобно тому как зерно бросают в землю, и пока оно полностью не сгниет, – не прорастет росток, не появится что-то новое.

Однако далее, в Цимцум Бэт, когда малхут поднялась в бину, между ступенями появилась связь – каждая ступень сократила сама себя, и ее нижняя часть спустилась на ступень, находящуюся под ней.

Первое сокращение (Ц"А)

Второе сокращение (Ц"Б)

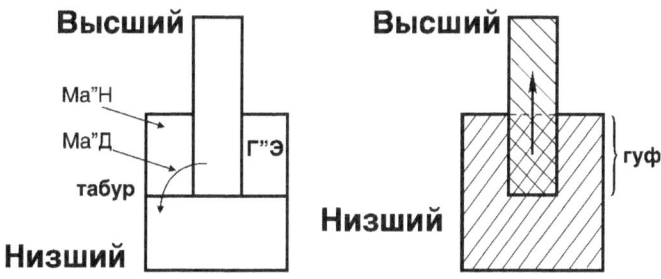

Если в Цимцум Алеф ступени у нас расположены одна под другой – малхут, кэтэр и есть полное прерывание связи между ними (в верхней части рисунка), то в Цимцум Бэт уже есть связь между высшим и низшим – часть высшего находится в низшем. У них появляется общая часть (в нижней части рисунка).

О чем это говорит? О том, что если высший поднимет свою часть к себе обратно, то произойдет переход из предыдущего состояния – катнут, в новое состояние – гадлут. То есть возможна ситуация, когда высший поднимается и берет с собой Г"Э низшего, в этом случае называемые МА"Н.

Потом Г"Э низшего получают МА"Д и спускаются в низший парцуф. Так исполняется просьба низшего, и он получает свет, находясь на своем месте. То есть связь между высшим и низшим осуществляется через их совместную часть.

Когда эта совместная часть поднимается, Г"Э низшего поднимаются вместе с ней. Низший в это время находится в «тардэма» (в дремоте). Посредством этой совместной части у нас создаются новые келим, которые помогают подняться от основания сулам (духовной лестницы) до ее вершины, через все 620 ступеней.

11) И выяснит это кли свое предназначение... Имеется в виду та самая общая часть кли, которая поднимает просьбу МА"Н от низшего (т.е. АХА"П высшего, поднимающий Г"Э низшего). Такой АХА"П называется кли, поднимающий МА"Н. Это самое важное, так как низший, для того чтобы подняться вместе с высшим, должен сравняться с ним, иначе не заслужит подъема.

Как разъяснили в «Саба дэ-мишпатим» наши Учителя (да будет благословенна их память), муж женщины вложил в нее руах, покоящийся в ней. И секрет этого в том, что, как известно, имя БО"Н – в малхут. И еще он называется нэфэш, потому что А"Б, СА"Г, М"А, БО"Н – это хая, нэшама, руах, нэфэш, и БО"Н – это то, что называется «нэфэш Давида», «нэфэш малхут». И пока в малхут не войдет нэфэш, она «ущербна» (неполна) и недостойна родить, и потому нечистая не рожает до тех пор, пока не обретет нэфэш в своей целостности.

У нас есть высшая ступень – Аба вэ Има и низшая – ЗО"Н. АХА"П дэ-АВ"И спускается в Г"Э дэ-ЗО"Н, так появляется связь между ступенями. ЗО"Н начинает возбуждаться и поднимает МА"Н. У него есть решимот, нуждающиеся в исправлении еще с разбиения парцуф Адам аРишон. Эти решимот поднимаются в виде МА"Н, т.е. заставляют АХА"П Аба вэ Има присоединиться к своим Г"Э. Так АВ"И переходят в состояние гадлут, соединяя вместе десять сфирот Г"Э и АХА"П, в той мере, в которой требует от них ЗО"Н.

Это называется, что МА"Н дэ-ЗО"Н находится в АВ"И и определяет состояние АВ"И в зивуг паним-бе-паним. Аба вэ Има совершают зивуг и порождают новую ступень, которая спускается в ЗО"Н. Таким образом, кто совершает зивуг? Аба вэ Има. Но на чье желание? На желание ЗО"Н. Так это зивуг ЗО"Н? Нет, это зивуг Аба вэ Има, и он называется предварительный зивуг.

Зивугей аСфирот – сочетание сфирот

После того как АВ"И совершают зивуг на МА"Н дэ-ЗО"Н, свет этого уровня спускается в ЗО"Н. И уже сам ЗО"Н совершает зивуг, получая этот свет. И теперь у него появляется возможность породить нэшамот а-цадиким (души праведников). То есть этот зивуг в Аба вэ Има совершается только для рождения келим, а не парцуфим, и не для распространения светов вниз.

ВОПРОСЫ И ОТВЕТЫ

ТЭ"С ч. 9 «Зивугей аСфирот»

Вопрос № 98

З"А и нуква, объединившись в МА"Н, поднимаются в Аба вэ Има... Тут необходимо сказать, что это решимот дэ-З"А и нуква.

...В пространстве Аба вэ Има совершается зивуг, и после разделения З"А и нуквы нуква получает руах, который представляет собой суть ее гвурот, то есть ее ГА"Р... Даются экраны.

...Которые дополняют ее ступень нэфэш до А"Б, СА"Г, М"А, БО"Н. Это значит, что в этом предварительном зивуге (паним бе-паним относительно ЗО"Н) муж производит исправление келим нуквы. Но относительно АВ"И этот зивуг считается зивугом ахор бе-ахор. АВ"И находятся в состоянии хафэц хесэд (состояние бина) и никогда не совершают полный (с точки зрения своей ступени) зивуг – это произойдет только после Гмар Тикун, когда все МА"Н поднимутся вместе.

А пока АВ"И совершают зивуг только для ЗО"Н, **поскольку ЗО"Н использует для этого келим Аба вэ Има. То есть ЗО"Н включается в зивуг АВ"И...** Решимот дэ-ЗО"Н включаются в зивуг АВ"И и заставляют их совершить зивуг в той мере, в которой это необходимо ЗО"Н.

...Но сам он не поднимается... Решимот дэ-ЗО"Н, так как нет у них экрана и, следовательно, нет у них возможности совершить зивуг и породить новый парцуф.

Так как включен в АВ"И в виде МА"Н... То есть только в виде хисарон, у них еще нет экранов.

...И поэтому этот зивуг называется по имени Аба вэ Има. Родители совершают зивуг, и рождается ребенок, но не может ребенок сам попросить об этом – он еще не существует. В его родителей включены только его решимот, и родители ощущают этот хисарон, необходимость этого рождения так, как будто это необходимо им, несмотря на то, что на самом деле это необходимо ребенку (низшему). Однако из-за того что Аба вэ Има **не совершают зивуг на собственный МА"Н, а только на МА"Н дэ-ЗО"Н, поэтому этот зивуг относится к зивугу ЗО"Н паним бе-паним.** Это не совсем правильные слова. Аба вэ Има совершают зивуг паним бе-паним, но на хисарон ЗО"Н, и только для краткости мы называем этот зивуг паним бе-паним дэ-ЗО"Н. Но при чем тут может быть ЗО"Н, ведь ЗО"Н еще даже не существует?

Он нам дальше объясняет: так как этот зивуг совершается на их МА"Н, а не на МА"Н дэ-АВ"И.

Необходимо привыкнуть к этому, поскольку язык Каббалы очень краткий, то название понятия или действия не всегда полностью объясняет само это понятие, а дается только сокращение, только некий символ этого явления.

Вопрос: Почему это называется зивуг келим? Из-за того, что будут рождены келим, родится в них хисарон? Решимот поднимаются в Аба вэ Има, и мы говорим, что их первый зивуг для подготовки келим. Келим чего?

Келим дэ-ЗО"Н. Необходимо подготовить им келим. До этого у них их не было. Были решимот. ЗО"Н существовал только в виде решимот. У этих решимот были желания без экранов. Если решимот получат масахим (экраны), смогут совершить зивуг дэ-акаа и наполнить себя светами. Как предоставить им экран? Посредством того, что высший (Аба вэ Има) дает им хасадим и гвурот.

Откуда Аба вэ Има узнают, что, в какой мере и какого качества они должны дать ЗО"Н? Какие силы, хасадим и гвурот, масахим и орот? Информация об этом содержится в решимот, которые ЗО"Н поднимает в своей просьбе к АВ"И.

Каждое решимо включает в себя каждый раз решимо дэ-итлабшут и решимо дэ-авиют. И тогда Аба вэ Има точно знают, что они должны дать ЗО"Н, для того чтобы в следующий раз ЗО"Н самостоятельно, собственными усилиями выстроил нэшама, то есть полный парцуф.

И пока свет нэфэш не войдет в нуква, она неполна и непригодна родить. Мы говорим о ЗО"Н, который должен совершить зивуг и породить души праведников. Но откуда

Часть 9. Зивугей аСфирот

начинается этот процесс? Процесс начинается с разбиения келим парцуф Адам аРишон. Поднимают МА"Н, и на этот МА"Н сейчас есть работа в мире Ацилут. МА"Н поднимают в нуква, нуква – в З"А, З"А – в Аба вэ Има, Аба вэ Има совершают зивуг, и от них, сверху вниз, начинает распространяться свет. Сначала распространяется свет хасадим и гвурот, чтобы создать келим и масахим, а затем, когда у более низших появляются собственные экраны, они сами совершают зивугим и порождают парцуфим.

Поэтому в основном говорится о нукве мира Ацилут, потому как она и есть Шхина Кдуша, порождающая нэшамот. То есть на решимот, поднимающиеся к ней, она дает экраны и порождает новые парцуфим. Вместо решимот, вместо желания бе-альма – то есть когда я не знаю, что я хочу, появляется осознание, сила и возможность совершить духовное действие.

Вопрос: Что такое экраны на решимот?

Есть решимот. Что ты можешь сделать с ними? Как А"Б родился из Гальгальта? После Гальгальта у тебя остаются решимот, но откуда появляются силы сделать что-то? Решимот поднимаются в пэ дэ-рош и затем участвуют там в зивуге с высшим светом, получая от этого силу. Им не надо исправляться, так как они не прошли швира. И так они получают силу, совершают зивуг дэ-акаа и порождают парцуф.

Однако здесь, в Ацилут, есть решимот после разбиения, пришедшие из клипот, т.е. эти решимот не имеют экранов и должны его просить. Поэтому максимум, что они могут – это включиться в высший, аннулировав себя ради него, и не более того. И с этого момента высший начинает о них заботиться.

Вопрос: Что такое желание бе-альма?

Желание бе-альма говорит о том, что у него еще нет возможности осуществить желание, это только решимот. Бе-альма – это ничего, отсутствие чего-либо, что-то еще не существующее. Допустим, я хочу купить дом, но нет у меня никакой возможности это сделать.

Вопрос: Тогда для чего им нужен экран?

Если знаем, как просить у высшего, то получаем возможность осуществления. Мы говорим тут о НаРа"Н праведников, которые поднимают хисарон в ЗО"Н.

Вопрос: Если СА"Г совершает зивуг на решимо далет/гимэл, это происходит потому, что он заразился желаниями НЕХ"И дэ-Гальгальта, но тогда как же может произойти Гмар Тикун? Ведь это же не настоящие решимот НЕХ"И дэ-Гальгальта, а только то, чем заразился от них СА"Г?

СА"Г – это бина, которая находится в ахораим (в задней части) хохма и не хочет получать ничего. Но если СА"Г, в соответствии с требованиями решимот НЕХ"И дэ-Гальгальта, даст им то, что они требуют от него, и наполнит их, то настанет Гмар Тикун. Что такое Гмар Тикун? Это когда соф Гальгальта тоже получит все света аль менат леашпиа. И СА"Г может это сделать, так как он – бина. А ниже табур дэ-Гальгальта находится ЗО"Н. И бина обязана обеспечить ЗО"Н исправлением келим и наполнением светами. Поэтому ор АБ-СА"Т, который приходит вниз, дает и исправление, и наполнение.

В чем был вопрос? Что может дать СА"Г? В СА"Г есть весь свет мира Бесконечности. Он относится к ГА"Р. В бина есть такой же свет, как в кэтэр и хохма. Свет одинаков для всех них, бина не меньше кэтэр и хохма. Просто каждый из них получает свет определенной ступени, но все они называются ГА"Р.

Вопрос: Но как хисарон НЕХИ дэ-Гальгальта могут подняться в СА"Г и заставить его совершить зивуг – это же не его хисарон?

Так это же и называется МА"Н! То, что СА"Г поднимает не свой хисарон, а кого-то другого, это и называется поднятие МА"Н. Так же, как ребенок просит у матери. Два разных тела, но так как я родился от нее, я могу просить у нее, и она обязана дать мне это, потому что она родила меня. Это то, что мы учим.

НЕХ"И дэ-Гальгальта – это ЗО"Н относительно СА"Г, который является бина. Решимот НЕХ"И дэ-Гальгальта заставляют НЕХ"И дэ-СА"Г (АХА"П дэ-СА"Г) произвести действие и привести свет исправления и наполнения. Тогда СА"Г использует свое собственное НЕХ"И.

Вопрос № 2

И после того как мы узнали, что каждый АХА"П высшего включен в Г"Э низшего, понятно, что тогда, когда АХА"П высшего получает исправление, то же исправление распространяется и на Г"Э низшего, так как они

слиты вместе. И запомни хорошенько слово двейкут (слияние, сцепление) – что означает иштавут (общность свойств, формы). И выходит, что когда АХА"П высшего исправился и вернулся на ступень высшего, то и Г"Э низшего поднялись на ступень высшего. И света высшего распространяются в Г"Э низшего в той же мере, как и в своем АХА"П. И пойми это и запомни...

Допустим, есть у меня хороший друг, еще со школы. И дружим мы с ним всю нашу жизнь. Потом он становится царем. Он что, не поставит меня рядом с собой? Наверное, он назначит меня каким-нибудь министром. Почему? Потому что нас объединяет общность формы.

Я трачу силы на то, чтобы соединиться с высшим в то время, когда он находится в состоянии катнут. И затем, когда он переходит в состояние гадлут и исправляет себя, он также дает исправление и мне, чтобы я мог быть с ним во время его гадлут. Почему? Потому что приходящий свет достигает и его, и меня, ведь мы соединены вместе. Не может быть, что свет гадлут придет и разделит нас из-за того, что этот свет принадлежит только ему, а не мне. Связаны так связаны. Все, что приходит, – для нас обоих.

Это свойство соединения, то, чего нет в нашем мире. Соединение в духовном – это настоящее единение, и если сверху приходит исправляющий свет, то он поднимает обоих, он не может поднять половину, так как невозможно разделить их на две половины.

Поэтому они, АХА"П высшего и Г"Э низшего, сцеплены друг с другом. Слово «двейкут» обозначает единение свойств. Благодаря ему высший свет не может их различить. Он светит им обоим, и низший поднимается. Это чудо, которое необходимо понять и попытаться прочувствовать. Это рычаг для подъема. Без этого мы никогда бы не смогли подняться и все время находились бы на той ступени, на которую упали, и никогда не смогли бы с нее сдвинуться.

Низший прикладывает усилия для пребывания в состоянии подобия высшему. Это состояние подобия только на уровне ступени низшего. Но когда приходит сверху свет, он находит их обоих, АХА"П высшего и Г"Э низшего. Но для того чтобы уподобиться свойствам высшего, низший обязательно должен приложить усилия.

Вопросы и ответы

Вопрос: Если низший присоединен к высшему на 10%, то его подъем составит только 10%?

Да, конечно, только на ту часть, которая соединена.

Высший спускает свой АХА"П внутрь низшего. Низший чувствует этот АХА"П как катнут высшего, что само по себе довольно сумрачное состояние, потому как келим АХА"П высшего – это келим дэ-кабала, и если они находятся в состоянии падения, то в них нет света. Низший, бедняжка, чувствует, что в духовном нет света, неоткуда получать наслаждения. Если он преодолевает это, и несмотря ни на что, желает духовного, то получает исправление бина. Тогда он сливается с высшим.

Он желает быть с высшим только потому, что это Высший, а не потому, что там наверху есть наполнение для его келим дэ-кабала. Он исправляется настолько, что говорит: «Неважно в каком состоянии Высший, я хочу слится с Ним, отдавать Ему. Пусть я ничего не получу для моих келим. Если он доходит до такого желания, то высший начинает поднимать его, поднимая свой АХА"П и Г"Э низшего. И тогда низший включается в зивуг высшего, который называется предварительный зивуг. А затем высший порождает его и опускает на его место.

И поэтому в келим дэ-АХА"П высшего различают две части света, отделенные одна от другой. Свет – имеется в виду решимот. То есть в нем присутствуют два вида решимот.

Есть у нас Г"Э высшего и далее на одной ступени – АХА"П высшего и Г"Э низшего. Г"Э высшего уже существуют. А АХА"П высшего и Г"Э низшего пока существуют только в виде решимот. Г"Э на чертеже – это уже существующие келим (на правой части рисунка).

Или можно по-другому нарисовать (на левой части рисунка). У нас есть Г"Э высшего, и есть АХА"П высшего, который как келим еще не существует, он еще не реализован, не действует, на него есть только решимот. И внутри этого АХА"П есть также решимот Г"Э низшего. Эти решимот находятся вместе.

Келим дэ-ашпаа низшего называются НаРа"Н по имени светов нэфэш, руах, нэшама. Решимот Г"Э низшего, несмотря на то что не являются келим, все же называются НаРа"Н, так как они хотят быть НаРа"Н, хотят быть келим дэ-ашпаа.

Часть 9. Зивугей аСфирот

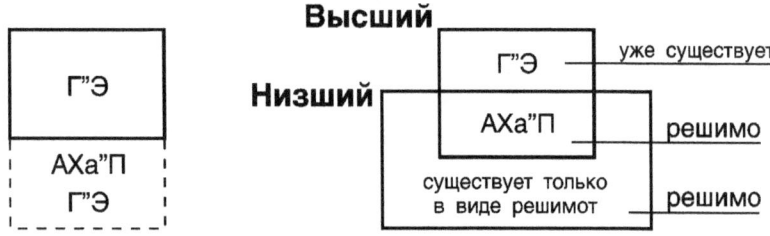

Почему АХА"П высшего мы называем НаРа"Н, ведь АХА"П высшего – это келим дэ-кабала? Хисарон, который низший возбуждает в высшем, находится на уровне, называемом НаРа"Н. Все, что АХА"П высшего использует для наполнения низшего, он использует для того, чтобы наполнить низшего светом НаРа"Н. Поэтому АХА"П высшего тоже называется НаРа"Н, несмотря на то что это келим дэ-кабала. То есть это название он получает по хисарону, с которым работает, ведь он работает только на то, что необходимо для Г"Э. И поднимается не весь АХА"П, а только та его часть, которая работает на выполнение требований НаРа"Н праведников (душ). Поэтому эта часть АХА"П тоже называется НаРа"Н.

Вопрос: Это как в мире Ацилут?

Конечно, все то, о чем мы говорим: образование связей между парцуфим и их исправления, – все это происходит в мире Ацилут. Все зивугим этих сфирот совершаются в мире Ацилут.

Вопрос: Действительно ли решимот, поднимающиеся из разбитых келим, различны?

Да, нет двух одинаковых келим, двух одинаковых МА"Н и т.п.

НаРа"Н праведников поднимаются в соответствии с той цепочкой решимот, которая раскрылась, начиная от самого тонкого и заканчивая самым грубым, – в той последовательности, в которой происходит процесс исправления. Весь Адам аРишон разбился и упал вниз, келим разбились и перемешались в различных сочетаниях, и сейчас светит на них сверху общий свет – начиная от малого света ко все большему и большему, по возрастающей... От этого внизу в разбитых келим возникает все большее чувство тьмы, мрака, потому что больший свет возбуждает все более грубые келим и показывает им, что они из себя представляют на самом деле. Поэтому решимот, келим, пробуждающиеся к исправлению и наполнению, возбуждаются от самых легких к более тяжелым...

Поэтому он говорит, что сначала идут 2000 лет хаоса, затем – 2000 лет Торы и наконец – 2000 лет Машиаха. В первые 2000 лет тьмы развиваются такие келим, которым не нужна Тора, не нужны выборки и исправления. Только когда начинается второй период 2000 лет, появляются келим с малым авиют, по крайней мере келим с авиют алеф, которые уже можно исправить. Поэтому было получение Торы, Храм... В третий период 2000 лет уже возникает проблема – тут уже необходимы выборки келим, их исправление. Поэтому из чего состоят эти 2000 лет? Из Галута (изгнания), то есть из тьмы. Наконец-то раскрываются грубые келим, и эти состояния ужасные. А только затем происходит исправление и наполнение...

Рабби Барух Шалом Алеви Ашлаг
(Раба"ш)

СОЧЕТАНИЕ БИНЫ И МАЛХУТ

комментарий – рав Лайтман

Главное в духовной работе – это выбор, т.е. «и выбери жизнь», что означает слияние... Слияние решимот НаРа"Н праведников с решимот АХА"П дэ-ЗО"Н.

...что является действием ли шма. Несмотря на то что нет никакого наполнения, я хочу быть «прилепленным» к высшему.

И посредством этого удостаиваемся слияния с Источником Жизней. Когда Высшее Управление открыто нам, – нет места выбору. Если я увижу свет, то совершенно исчезнет вопрос отдачи.

И поскольку малхут – дин, высший поднимает ее на уровень «эйнаим». И таким образом происходит сокрытие... В АХА"П высшего ничего нет, его малхут поднялась в бина, поэтому его АХА"П находится в темноте.

...которое ощущается низшим... Связанным с высшим.

...как наличие у высшего недостатков, отсутствие величия. И тогда свойства высшего представляются низшему как несовершенные. Это называется, что АХА"П дэ-ЗО"Н находятся в Г"Э НаРа"Н праведников, в темноте.

Таким образом, келим высшего уподобились келим низшего... Есть подобие – решимот АХА"П дэ-ЗО"Н находятся в Г"Э НаРа"Н праведников.

...то есть как нет жизненной силы в желаниях низшего, так нет ее и в свойствах высшего, т.е. низший не ощущает никакого вкуса в Торе и Заповедях, нет в них жизни.

И тогда есть место выбору... Для НаРа"Н праведников, для тех, кто желает быть праведником, отдавать.

Сочетание бины и малхут

...нижний должен сказать, что все это сокрытие, им ощущаемое, произошло потому, что высший скрыл себя ради пользы нижнего. Высший сделал это специально. Не для того, чтобы ощущать абсолютную темноту и безнадежность – все это создано специально для меня, ради моей пользы! Как сказано, что, даже если нож приставлен к шее, надо надеяться на спасение.

Сказано: «Исраэль в изгнании – Шхина с ним», – то, что он ощущает, о том и говорит, т.е. он не виноват, что не ощущает вкуса к жизни... Потому что действительно, вкус к жизни – это то, что у него есть.

...а по его мнению, действительно, в высшем нет жизни. Но если человек пересиливает себя и говорит, что горький вкус эта пища имеет только потому, что нет у него подходящих келим... Он судит о высшем, исходя из своих получающих келим.

...– чтобы получить изобилие, потому что его келим – получающие, а не отдающие, и сожалеет о том, что высший вынужден скрыть себя... Мое сожаление не о себе, а о высшем, о том, что я не даю ему возможность дать мне.

...и поэтому у низшего есть место злословию... Поскольку высший для меня находится в темноте, то я могу, упаси Б-же, сказать что-нибудь плохое про него. Но если я сожалею о том, что не могу оправдать высшего, что не даю ему возможность помочь мне и поэтому являюсь причиной его горя, то, сожалея об этом, я как бы прошу, чтобы этого не было.

...это и называется поднятием МА"Н.
И благодаря этому высший поднимает свой АХА"П... У него не было АХА"П, он находился в темноте, чтобы пробудить нижнего.

...где подъем заключается в том, что высший может показать нижнему благо и наслаждение, которые есть в его АХА"П, которые высший может теперь раскрыть. Относительно нижнего ситуация такова, что, когда поднимают его Г"Э, нижний сам видит величие высшего. Выходит, что нижний поднимается вместе с АХА"П высшего.

В то время когда нижний видит величие высшего, одним этим он растет. Потому что прежде приобрел отдающие келим. Он не может видеть величие высшего, если у него нет келим отдачи, иначе он начнет получать ради себя, начнет наслаждаться тем, что высший велик. Ведь низший – часть высшего, а значит, тоже велик.

Но вначале нижний может получить только катнут. Но когда высший получает свой гадлут, возникает противостояние между правой и левой линиями, т.е. между верой и знанием...

Вопрос: Изначально говорится о решимот дэ-Г"Э низшего, следовательно, он находится в состоянии цимцум?

Низший не то что находится в состоянии «цимцум», а просто не существует. Его решимот дэ-Г"Э начинают этот процесс, а АХА"П дэ-НаРа"Н праведников не используется до конца исправления. После того как низший обязуется никогда не использовать свои получающие келим, он получает возможность заботиться о своих отдающих келим – Г"Э.

АХА"П высшего – это мой мир, это то, что я ощущаю. Все, что существует вокруг меня, – это АХА"П высшего. Вопрос должен быть таким: «Что этот АХА"П хочет от меня?» Он дает мне всевозможные свечения, поставляет различные впечатления, и так он меня растит в течение тысяч лет. А сейчас начинает заниматься мной более целенаправленно.

Он не дает мне целенаправленное желание денег, почестей – он дает мне желание именно к Нему. Если АХА"П высшего относительно обычного человека делается немного темнее – человек чувствует, что ему незачем жить, неоткуда получать наслаждения. Поскольку я – кли получения наслаждения, то невозможность получения наслаждения приносит мне страдания, и чтобы не испытывать страдания, я уничтожаю свое кли, убиваю себя.

АХА"П высшего начинает затемнять себя для того, чтобы побудить низшего искать удовольствия, и этим он все время тянет и тянет нас вперед.

Однако, если я желаю развивать свои келим отдачи, не стремясь к наслаждениям, то я вступаю с АХА"П высшего в совершенно другие отношения. Когда он создает темноту, я не бегу за наслаждениями, которых мне сейчас не хватает. Когда он создает темноту, я говорю, что он это делает специально, чтобы я не был зависим от наслаждений, а желал бы только быть «прилепленным» к нему.

Почему я ощущаю, что от него исходит темнота? Мои получающие келим требуют наполнения, поэтому я желаю сейчас их исправления. Закрыть их, чтобы не желали наполнения, вместо них я желаю иметь келим отдачи. Сколько? Ровно столько, сколько мне не хватает сейчас для ощущения света в АХА"П высшего.

Выходит, что АХА"П высшего намеренно создает темноту относительно меня, чтобы я отказался от своего АХА"П и захотел, хотя бы частично, иметь свои Г"Э. Если я это делаю, то «прилепляюсь» к его АХА"П, несмотря на то что он темен, и тогда начинается процесс подъема вверх, до парцуфа АВ"И.

Вопрос: Почему низший ощущает это состояние как плохое?

Ведь в его получающих келим темно. Это просто шанс получающим келим сказать, что, несмотря на темноту, они желают отдавать. Пока я испытываю наслаждение, я ничего не могу просить. Темнота в получающих келим – это первое условие свыше, спасение, благодаря которому мы можем быть спокойны: слава Б-гу, у меня ничего нет. Ребе приводит очень много примеров.

Когда я могу доказать тебе свою любовь? Когда я не получаю от тебя ничего, даже наоборот, но все равно, я люблю тебя. Это называется Любовью. Ведь я люблю именно тебя, а не то, что от тебя получаю.

Рабби Барух Шалом Алеви Ашлаг
(Раба"ш)

СВЯЗЬ НИЗШЕГО С ВЫСШИМ

*По статье: «Сочетание бина и малхут»
комментарий – рав Лайтман*

Главное в духовной работе – это выбор, то есть «и выбери жизнь», что означает слияние с Высшим и является действием ли шма. И посредством этого удостаиваемся слияния с «Источником жизней». Если Высшее управление открыто нам, нет места выбору. И поскольку малхут – дин, высший поднимает ее на уровень эйнаим. И таким образом происходит сокрытие, которое ощущается низшим как наличие у высшего недостатков, отсутствие величия. И тогда свойства высшего представляются низшему как несовершенные. Таким образом, келим высшего уподобились келим низшего, то есть как нет жизненной силы в желаниях низшего, так нет ее и в свойствах высшего, т.е. низший не ощущает никакого вкуса в Торе и Заповедях, нет в них жизни.

Главное в работе – это выбор. То есть то, что мы должны сделать, – это выбрать. Что выбрать? «Выбрать жизнь». Я еще не знаю, что это такое – «жизнь», но каким-то образом должен ее выбрать. Как я узнаю, что же такое жизнь, и в соответствии с чем я выбираю? На основе ситуации, которую предоставляет мне Высший, которую Он строит для меня. Что Он делает? «Выбери жизнь» – когда я выбираю ее, я достигаю двейкут – слияния с Высшим. Двейкут называется состояние ли шма. Если я выбираю Высший, когда Он находится в таком состоянии, и «прилепляюсь» к Нему, то нахожусь в состоянии, которое называется ли шма. Что за счет этого удостаиваемся слияния с истинной жизнью. Это Цель творения.

Связь низшего с высшим

У нас тут есть полная цепочка. За счет выбора, который называется «и выбери жизнь», достигаем состояния слияния с Высшим, которое называется ли шма. И за счет этого сливаемся с истинной жизнью. Тот, кто выбрал жизнь, тот приходит к истинной жизни – к самой жизни. Сначала выбор, затем работа по соединению с Высшим в усилии ли шма и награда жизнью. «Если Высшее управление открыто нам», – это он сейчас говорит нам об условиях – как я могу преодолеть эту дорогу от «и выбери жизнь» (совершить исправление и слиться с Высшим) и до награды самой жизнью. Когда я могу это сделать? Он говорит нам так: «Если Высшее управление открыто нам», – я не могу осилить этот путь.

И для того чтобы скрыть свое управление и позволить тем самым низшему преодолеть эту дорогу, Высший поднимает малхут – дин, в эйнаим. Что это значит? Малхут – это мера ограничения, если поднять ее в эйнаим, ограничения будет больше или меньше? «И таким образом» – за счет того, что малхут поднимается в эйнаим, – «происходит сокрытие». Сокрытие – это хорошо или плохо? Мы жаждем раскрытия, а здесь, наоборот, Высший скрывает себя? «Наличие у Высшего недостатков» – это и есть сокрытие, – в Высшем нет величия, он несовершенен, находится в темноте.

«И тогда свойства высшего представляются низшему как несовершенные» – ничего у него нет, у этого высшего, он не лучше меня, он несовершенен! Низший закрывает глаза и не хочет даже смотреть: ему неприятно и некрасиво, он не понимает, что здесь место его работы! Все эти сокрытия происходят оттого, что высший хочет разбудить низшего, что нарочно открывает низшему все недостатки, ничего не скрывает от него. Показывая низшему, что в нем есть недостаток, что нет у него духовного величия, высший тем самым уравнивает свои качества с качествами низшего, опускается до его уровня.

Что это значит, что есть у него недостаток? Высший представляет себя низшему так, как будто у него нет силы, нет знания, нет света, что на самом деле он жалкий, старый и ничего не в состоянии сделать. Может быть, он еще хуже, чем сам низший. Получается, что в этих келим есть соответствие свойств высшего низшему. То есть как нет жизни в низшем, так нет жизни и в этой части высшего. «То есть низ-

Часть 9. Зивугей аСфирот

ший не ощущает никакого вкуса в Торе и Заповедях, нет в них жизни». Высший это делает специально, потому что низший еще не может постичь вкус Торы и Заповедей. И первая связь может быть установлена только при условии, что высший тоже переходит в такое состояние, когда нет у него никакого вкуса к Торе и Заповедям.

Но если низший использует это во вред, начинает пренебрегать Высшим, считать, что и Высший не лучше него, и поэтому низшему все дозволено делать, то он никогда не достигнет общности формы с Высшим, потому что Высший создает себе такую форму *нарочно*. Низшему лишь кажется, что в Высшем нет силы, что духовное темно, ничего не стоит и не влечет к себе. Сплошное разочарование, отсутствие сил и радости. Но именно тогда есть место выбору.

Сейчас пришло время инициативы низшего. Низший находится в темноте, он не может оправдать Творца, не может оправдать творения и всего, что Творец сделал с ним. Но если он будет пользоваться всем этим в правильной форме, то должен сказать, что Высший сократил себя *только для пользы низшего*, а не потому, что Высший нуждается в чем-то для себя самого. И если человек преодолевает это, то говорит (преодолевает и говорит – это его внутренние действия, а не просто болтовня), что вся горечь, которую он получает в свои желания, только из-за того, что нет у него подходящих келим, которые могли бы получить свет. То есть из-за того, что его келим *получающие, а не отдающие*. И сожалеет о том, что Высший должен был скрыть себя.

То есть прежде всего низший должен верить, что не видит Высшего только потому, что не имеет подходящих келим. Высший полон светом. Он скрывает себя только относительно келим низшего. Высший не соприкасается с низшим, т.е. низший не может видеть, что есть в Высшем на самом деле, наоборот, ему кажется, что Высший в темноте. Но если низший будет сожалеть о том, что Высший вынужден скрывать себя, и скажет: «Я не хочу, чтобы Ты раскрывал мне себя. Даже если Ты можешь сейчас раскрыться, я не хочу этого! *Я хочу иметь возможность выбора*». (Ведь только если есть сокрытие Высшего, у низшего есть возможность поднятия МА"Н.) Тогда Высший поднимает свой АХА"П и может показать низшему свет и наслаждения, которые *есть* в «келим дэ-АХА"П» и которые Высший теперь может раскрыть.

Это значит, что за счет выбора низший удостаивается получить то, что раньше Высший не мог ему дать, теперь перед низшим открываются вещи, которые он раньше не заслуживал. Ведь низший вызвал пробуждение. Он показал силу, он обрел Веру. Он показал, что хочет другой связи с Высшим, – и в этой новой модели, в этом их новом соединении появляются все света...

Вопрос: Все, что происходит в низшем, можно назвать подъем МА"Н?

Это процесс связи низшего с высшим, затем подъем МА"Н и потом получение Ма"Д.

Вопрос: В чем работа низшего для получения веры?

Делать все, чтобы понять – во время темноты (мрака), препятствий и помех надо быть готовым к такому состоянию. Для этого нужна предварительная подготовка.

Решимот раскрываются одно внутри другого в определенной последовательности. Если ты не определил, не исправил предыдущее кли, то неоткуда проявиться следующему решимот. Каждое решимот проявляется в предыдущем кли. Из предыдущего действия появляется последующее.

Ты можешь сказать: «Я лучше посижу, подожду, пока более нижние, более грубые решимот не раскроются во мне, не начнут на меня действовать сильнее и тогда что-нибудь сделают со мной». Это не поможет! Здесь должен быть выбор! Можно стоять на одном месте 10 лет, 20, 30... А можно и 10, 20, 30 кругооборотов перевоплощений. Ничего не поможет! Это место для выбора.

Не может быть, чтобы при нашей действительности человек совсем не хотел задумываться о духовном. С другой стороны, невозможно, чтобы человек все время думал только о духовном. Это две крайности. А посередине – место выбора, когда человек то здесь, то там, то хочет, то не хочет, – место сомнений. Именно о таком человеке говорит Каббала. О том, что у него есть выбор и *он готовит себя к этому выбору*.

Подготовка к выбору может занять годы. Откуда мне взять энергию воздействовать на Высший, возбуждать Его так,

Часть 9. Зивугей аСфирот

как будто он светит мне? Как я могу поднять МА"Н, если мне не светит ничего? Видимо, я должен построить себе систему, которая бы светила мне. И за счет этого я смогу поднять МА"Н. Подумайте о проблеме выбора. Выбор приходит к человеку, когда он разочаровывается в духовном и находится в состоянии падения.

ВНУТРЕННЕЕ СОЗЕРЦАНИЕ

пункт 4

ТЭ"С, ч. 9 «Зивугей аСфирот»

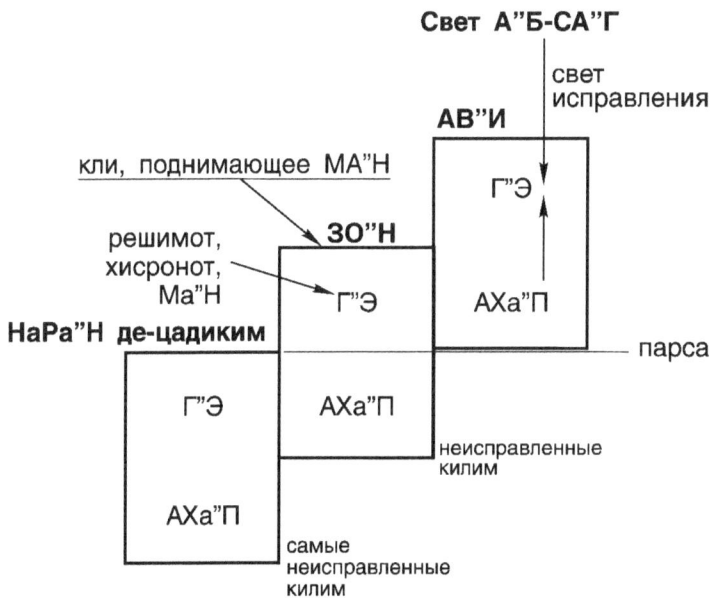

Если мы, например, исправляем АХА"П дэ-Аба вэ Има, нам необходим для этого особый свет.

Несмотря на то что парцуф может исправить сам себя – свой АХА"П, для того чтобы исправить убар (зародыш низшей ступени), находящийся внутри его АХА"П, он должен совершить другой зивуг на свойство, которое гораздо труднее исправить, должен произвести гораздо большие исправления и притянуть для этого гораздо более сильные света.

И это главное, что мы тут учим. Для исправления АХА"П дэ-АВ"И, чтобы поднять его на ту же ступень, где находятся их Г"Э, необходим свет гораздо более сильный, чем для исправления более высших ступеней. Чем ниже находится парцуф, тем труднее произвести его исправление. И поэтому происходит несколько зивугим. Сначала совершается зивуг для того, чтобы исправить самого себя, а затем – зивуг для исправления низшего.

Совершить зивуг для исправления самого себя гораздо проще, чем для исправления низшего.

4) И теперь, когда мы выяснили, что кли, поднимающее МА"Н, – это АХА"П высшего, а сам МА"Н – это решимот низшего, которые находятся вместе с АХА"П высшего, надо понять то, что говорит Рав, – каждый МА"Н, с любой ступени, должен подниматься дважды. Это значит, что невозможно закончить исправление всех недостатков, всех желаний, если каждое желание дважды не задействовано в процессе исправления.

Поднимаясь в первый раз, они не получают никакого воплощения...

АХА"П дэ-АВ"И – это кли, поднимающее МА"Н. Г"Э дэ-ЗО"Н – это решимот, хисронот, МА"Н. В первый раз они поднимаются вместе – решимот Г"Э, находящиеся в АХА"П, вместе поднимаются на ступень Аба вэ Има. За счет чего они поднимаются на ступень АВ"И? Сверху приходит свет А"Б-СА"Г и с его помощью становится возможным присоединить АХА"П к его Г"Э. И тогда АХА"П поднимается вместе с решимот Г"Э низшего парцуфа и присоединяется к Г"Э дэ-АВ"И.

И сейчас, когда АХА"П присоединился к Г"Э АВ"И, АВ"И совершают на них зивуг. Решимот дэ-Г"Э дэ-ЗО"Н пока ничего не получают от этого зивуга. Они не получают никакого реального воплощения, так как этот зивуг совершается не на их ступени, а на более высшей. Он совершается только для того, чтобы подготовить Аба вэ Има к переходу в гадлут.

А когда второй раз поднимаются решимот дэ-Г"Э дэ-АВ"И, они реализуются на стадии ибур и становятся убаром – зародышем. Тогда уже зивуг совершается на их ступени, на сами решимот дэ-Г"Э дэ-ЗО"Н.

Иными словами, первый зивуг производится для того, чтобы создать кли, а второй – для того, чтобы перевести это кли

Внутреннее созерцание

в состояние беременности. Это называется: «Женщина заключает союз лишь с тем, кто создал ей кли».

То есть состояние «беременности» может возникнуть только для рождения такого духовного свойства, на которое было создано кли рэхэм (матка). Так происходит в духовном. Для каждого решимо дэ-ЗО"Н должно быть подготовлено специальное кли рэхэм. Это кли, которое затем поднимет МА"Н, кли, в котором содержится МА"Н.

АХА"П дэ-Аба вэ Има существует для всех душ праведников, для всех ЗО"Н, которые могут прийти. Но сейчас возникает хисарон на определенный ЗО"Н, появляется желание создать именно этот ЗО"Н. Допустим, есть решимот на 600 тысяч ЗО"Н – 600 тысяч душ праведников, и сейчас нужно создать ЗО"Н одной из них. Только одно решимо из 600 тысяч пробуждает сейчас АХА"П дэ-Аба вэ Има и заставляет их подготовить себя к тому, чтобы они могли принять этот ЗО"Н в себя и позаботиться о его создании. Причем подготовиться в особой форме – точно в такой, которая необходима для данного ЗО"Н.

И тогда АВ"И создают один из 600 тысяч парцуфим, который сможет войти в состояние беременности именно с этим данным решимо дэ-Г"Э дэ-ЗО"Н.

И теперь, когда мы выяснили, что кли, поднимающее МА"Н, – это АХА"П высшего, а сам МА"Н – это решимот низшего, которые находятся вместе с АХА"П высшего, надо понять то, что говорит Рав: каждый МА"Н, с любой ступени, должен подниматься дважды. Поднимаясь в первый раз, он не получает никакого воплощения. Так как в этот раз только подготавливаются Аба вэ Има.

А когда второй раз поднимаются решимот дэ-Г"Э АВ"И, они реализуются на стадии ибур. То есть из решимот дэ-Г"Э дэ-ЗО"Н внутри Аба вэ Има создается парцуф в малом состоянии, который называется зародыш в животе своей матери.

И это объясняет то, что говорили мудрецы, благословенна память о них: Не беременеет женщина в первом соитии. Что такое первое соитие? В первом соитии она только подготавливает свое кли – рэхэм, свой АХА"П.

Она только подготавливается к получению МА"Н, т.е. к созданию Г"Э более низшего парцуфа... Это пока еще только решимот дэ-Г"Э дэ-ЗО"Н, а не сам парцуф, и это решимот.

...Которые прицеплены к ее АХА"П. Однако сейчас, во время первого соития, она не может забеременеть ими, потому что никакой МА"Н не может получить своего воплощения во время первого соития.

Но если так, если МА"Н не получают еще никакого воплощения во время первого зивуга, то зачем тогда вообще было нужно, чтобы решимот дэ-Г"Э дэ-ЗО"Н поднимались вместе с АХА"П дэ-Аба вэ Има в Г"Э Аба вэ Има? Именно решимот дэ-Г"Э дэ-ЗО"Н определяют, какой вид АХА"П дэ-АВ"И соединится с Г"Э АВ"И. И сейчас из парцуфа бина, который может выполнить просьбы всех душ праведников, которые только есть внизу, сейчас из него создается особый парцуф, пригодный для зарождения и вынашивания именно того решимот, которое сейчас требует своего воплощения. Поэтому, если я прошу о своем рождении, то именно я и определяю, какого вида будет АХА"П у АВ"И, в соответствии с корнем моей души.

Но только на это я могу влиять, так как нет у меня пока еще никакого реального воплощения, а только исправление АХА"П дэ-Аба вэ Има.

И только во время второго соития могут они оформиться в виде зародыша... Решимот дэ-ЗО"Н смогут воплотиться в зародыш.

...И тогда она становится беременна ими. Высшая мать становится беременна этими решимот.

И это все потому, что первое соитие происходит для того, чтобы исправить кли самой женщины и ее душу... То есть присоединить ее АХА"П к Г"Э и сделать из них один парцуф – парцуф дэ-гадлут, называемый «женщина».

...И этот зивуг совершается для упавшего АХА"П самой женщины, чтобы поднять его и присоединить к ней (к ее Г"Э) и создать, таким образом кли, которое могло бы поднимать МА"Н. АХА"П женщины принимает в себя решимот дэ-ЗО"Н, которые внутри женщины называются МА"Н – хисарон, желание о создании ЗО"Н. И это желание заставляет женщину перейти в большое состояние.

И этот зивуг, совершаемый в А"Б – СА"Г высшего с целью достижения большого состояния, рождает новый свет, который опускает хэй-тата (малхут) из эйнаим женщины... Этот свет приходит и помогает женщине поднять свой АХА"П и присоединить его к Г"Э.

...И таким образом отменяет на это время границу, установленную Цимцумом бэт. Что значит «на это время»? Ровно настолько, насколько нужно, чтобы женщина могла совершить зивуг, который переведет ее в большое состояние для того, чтобы она могла родить низший парцуф, – только на это время отменяется граница Цимцум Бэт.

И тогда женщина возвращает свой АХА"П на свою ступень и создает таким образом полный парцуф в десять сфирот.
Она переходит в большое состояние на десять сфирот. **И это парцуф в большом состоянии находится на ступени ВА"К.** Свет мохин дэ-гадлут дэ-ВА"К – это ГА"Р дэ-руах. От ступени ГА"Р дэ-руах и выше, парцуф в состоянии родить. Мы думаем, что гадлут начинается со ступени нэфэш дэ-нэшама. Но на самом деле большое состояние начинается уже со ступени ГА"Р дэ-руах.

А затем приходят в эти келим света большого состояния со ступени нэшама (мохин дэ-гадлут дэ-орот дэ-нэшама). МА"Н на ступени Г"Э является низшей ступенью, на которую распространяются более строгие ограничения Цимцум Бэт, чем те, которые были в эйнаим женщины. Так как она является высшим парцуфом по отношению к ее МА"Н, то новый свет, которого было достаточно, чтобы опустить малхут из эйнаим женщины... Дать большое состояние бина, исправить ее АХА"П, чтобы он мог присоединиться к Г"Э.

...Этого света оказывается недостаточно для того, чтобы опустить точку цимцума, находящуюся в хэй-тата (малхут) низшего парцуфа, а именно в ее МА"Н. В Г"Э дэ-ЗО"Н.

И поэтому МА"Н низшего неспособны получить ничего из этого зивуг дэ-гадлут, который происходит в женщине, и остаются нереализованными. Что он здесь хочет нам сказать? Низший всегда гораздо хуже высшего. И поэтому для своего исправления он должен получить гораздо больший свет, чем получает высший. Запомните это хорошенько, это нигде не написано в явной форме. Я это понял через много месяцев учебы.

Низший всегда гораздо хуже высшего. Поэтому высшему, для того чтобы исправить свой АХА"П, достаточен гораздо более слабый свет, чем тот, который нужен низшему для его исправления. И чем ниже парцуф – тем большая сила требуется

Часть 9. Зивугей аСфирот

для его исправления. Это значит, что он должен получить более сильный свет исправления.

И поэтому Бааль Сулам говорит, что свет, который приходит для исправления АХА"П дэ-АВ"И, недостаточен для того, чтобы исправить Г"Э дэ-ЗОН. И из-за этого необходимо произвести еще один зивуг, чтобы произвести исправления в ЗО"Н. Поэтому всегда необходимо два зивуга дэ-акаа.

Вопрос: Так что получается, что света, которого было достаточно для того, чтобы перевести высший парцуф в гадлут, этого света оказывается недостаточно даже на то, чтобы породить низший?

Тот свет, которого было достаточно для того, чтобы перевести высший в большое состояние, достаточно и для того, чтобы создать рэхэм в Има, исправить АХА"П дэ-Има. Но этого света недостаточно для того, чтобы породить парцуф на решимот дэ-ЗО"Н, сделать из этих решимот Г"Э дэ-ЗО"Н. Даже создать зародыш их на ступени – и то недостаточно.

Теперь ты можешь представить себе, насколько велика разница между высшим и низшим парцуфим, насколько низший расположен ниже высшего.

И поэтому требуется совершить зивуг дважды: первый раз для того, чтобы сделать кли, а второй раз для того, чтобы из решимот сформировался зародыш. «Не беременеет женщина в первом соитии, а только со второго раза...»

Вопрос: Что значит «решимот воплощаются в зародыш»?

Оформился зародыш – это значит, что вместо решимот есть десять сфирот с минимальным экраном «нэфэш дэ-нэфэш». Это уже маленький парцуф.

Вопрос: Бааль Сулам вспоминает тут цимцум...

Он вспоминает тут цимцум, когда говорит, что цимцум, распространяющийся на низший парцуф, гораздо строже, чем для высшего парцуфа. И поэтому низшему необходимо гораздо больше сил, чтобы отменить его.

Вопрос: Рэхэм – это кли?

Рэхэм – это АХА"П. Это кли, которое порождает новый парцуф, это кли, на которое совершается зивуг – это келим дэ-кабала.

Формирование зародыша – это создание парцуфа из десяти сфирот с минимальным экраном, хотя бы на авиют шорэш дэ-шорэш, чтобы можно было выделить у него рош, тох, соф. Самый маленький парцуф, но уже нечто, существующее самостоятельно. Желание получать называется существующим, если на него есть экран.

Если на него нет экрана, он вообще считается несуществующим. Поэтому ты пока считаешься несуществующим в духовном. Когда же ты начнешь существовать? Когда возникнет у тебя такое желание, которое сможет заставить высший парцуф воплотить это желание. Само это желание называется точка в сердце. А то, во что оформляется это желание, называется убар (зародыш). И ты уже находишься в виде зародыша внутри Творца.

Вопрос: Казалось бы, что все должно быть наоборот – больший парцуф должен получить больший свет. А меньший парцуф не может выдержать такого света?

Но мы не говорим здесь о светах, которые наполняют келим. Мы говорим о светах, которые исправляют келим. Если говорить о наполнении, ты совершенно прав – низший всегда получает гораздо меньший свет, чем высший. Мы учили, что низший – это только маленькая ветвь от высшего. И ясно, что к низшему приходит гораздо меньший свет. Но мы не говорим о светах, которые наполняют келим, – мы говорим о светах, которые их исправляют.

Каждое более низшее кли требует большего света для своего исправления, в то время как наполняет его затем меньший свет.

Вопрос: Это непонятно. Кто больше повреждён – высший или низший?

Низший поврежден больше.

Вопрос: Так если он получает больший свет для своего исправления, тогда вроде бы должен и наполняться большим светом?

Это извечный вопрос...

Вопрос: Я бы понял это, если бы АХА"П высшего и Г"Э низшего не находились на одной ступени. Но если они на одной ступени, почему им нужен разный свет для исправления?

Почему они оказались на одной ступени? Потому что аннулировали себя! Но когда ты перестаешь аннулировать себя, а

Часть 9. Зивугей аСфирот

хочешь себя исправить и начать существовать, в такой ситуации есть уже огромная разница между АХА"П дэ-АВ"И и решимот дэ-Г"Э дэ-ЗО"Н.

Если мы с тобой оба отменим наш рацон лекабель, откажемся от него, перестанем его использовать – мы будем с тобой равны. Мы оба не нуждаемся ни в чем. Но как только ты начинаешь использовать свое желание получать, а я – свое, тут же между нами возникает огромная разница.

Вопрос: Значит, они находятся вместе временно? И временно вместе поднимаются?

Да, они временно поднимаются вместе, но свет, который приходит, он приходит для того, чтобы исправить Аба вэ Има. АВ"И просят А"Б СА"Г о свете для своей собственной ступени. И свет приходит и исправляет их АХА"П.

Почему же тот же свет, который исправляет АХА"П дэ-АВ"И, не может исправить и решимот дэ-ЗО"Н – воплотить их в зародыше? Ведь это они заставили подняться АХА"П дэ-АВ"И?

Он говорит, что этого не может произойти, так как для исправления ЗО"Н необходим особый свет, гораздо большей силы.

Вопрос: А как же тогда АВ"И могут получить больший свет, который приходит, чтобы исправить низший? Ведь это Има проводит этот свет в ЗО"Н?

Как АВ"И проводит свет исправления в ЗО"Н? Ты думаешь, что если они сами исправились гораздо меньшим светом, то, наверное, не смогут выдержать тот большой свет исправления, который им нужно провести затем в ЗО"Н? Свет, который приходит для исправления, – это не свет наполнения. Кроме того, АХА"П дэ-АВ"И может сделать все. Нет более желанной вещи для высшего, чем способствовать исправлению низшего. Может ли тут быть вопрос – какой свет проводить, а какой не проводить?

АВ"И вообще не делают расчет для самих себя. Даже когда они исправляют свой рэхэм, они не делают это для самих себя. Это все делается для нужд ЗО"Н. Нет у них никакой проблемы провести через себя очень большие света, АХА"П дэ-АВ"И готов принять в себя свет Конца Исправления. Только бы решимот дэ-ЗО"Н поднялись и получили этот свет, тогда получили бы и исправление, и наполнение.

Атик, Арих Анпин и Аба вэ Има относятся к ГА"Р, к рош. Там нет никаких ограничений. Они сами находятся в состоянии Гмар Тикун. То, что мы учим об этих парцуфим – это то, что они совершают для нужд низших парцуфим. А сами они существуют в состоянии «Он и Имя Его – едины».

Вопрос: А про ЗО"Н можно так сказать, когда он проводит свет к душам праведников?

Нет, про ЗО"Н ты не можешь так сказать. ЗО"Н – это результат разбиения келим, это келим дэ-кабала. ЗО"Н уже относится к гуф. Кэтэр и Аба вэ Има в мире Некудим, или Атик, А"А и АВ"И в мире Ацилут, – они не относятся к гуф, они относятся к рош. А рош не разбивается. Она аннулируется из-за разбиения келим. Рош – это еще не келим, не творение. Это программа Творца относительно творения – особая программа в каждом месте.

Но если рош – это Творец относительно гуф (творения), то почему мы говорим, что в каждом парцуфе есть у нас рош? Рош – это уравнивание разума творения, его намерений с Творцом. Так появляется у творения рош, а иначе у творения вообще не было бы головы – одно тело. Если человек не хочет принимать на себя манеру поведения трех первых сфирот, то нет у него головы, а есть только получающие келим, которые сами по себе ничего не значат. Только когда он может привести себя в соответствие трем первым сфирот и соответственно этому работать, только тогда он строит себе рош.

Поэтому после первого сокращения, когда малхут желает уподобиться первым девяти сфирот, у нее возникает рош, и затем появляется Гальгальта.

Головой парцуфа называются его намерения аль менат леашпиа по отношению к Творцу. Мой расчет – сколько и как я могу отдать Хозяину. Какие еще мысли и определения могут быть в голове? Если у меня таких понятий нет, то нет у меня и головы.

Голова не обязательно должна существовать... Написано, что *прежде чем были созданы создания и сотворены творения, существовал только простой Свет, наполняющий все Мироздание (это «Малхут мира Бесконечности»), и не было у него ни таких качеств, как «рош» и «соф»*. Малхут ничего не намеревалась сделать, просто был один Свет, который наполнял все Мироздание. И только когда появилось у малхут желание построить миры и т.д., тогда появилась у нее рош.

В мире Бесконечности нет рош. Для чего там нужна голова? Малхут получает в соответствии со своим желанием. Она не ограничивает его, не упорядочивает свои желания в соответствии с чем-то. Все, что желает, все и получает. Это называется природа, для этого не нужна голова.

Поэтому и у нас нет головы. Все, что делается в соответствии с природой, это не называется, что делается с головой. Это всего лишь выполнение внутреннего желания. Рош – это когда человек работает в вере выше знания. Работает для отдачи.

Вопрос: Низший парцуф может пользоваться головой высшего?

Низший парцуф не может пользоваться головой высшего. Он поднимает МА"Н (просьбу, молитву) в высший, и высший принимает хисарон (желание) низшего как свое собственное. И начинает думать, как можно выполнить это желание, когда есть у него возможность леашпиа – сделать что-то для низшего.

Решимот дэ-З"А (пока еще только решимот, сам З"А еще не существует) находятся в АХА"П дэ-АВ"И. Они побуждают АВ"И сделать что-то для пользы низшего. АВ"И чувствуют этот недостаток, сосредоточенный в низшем, у них есть сейчас возможность достичь большого состояния и быть дающими.

АХА"П дэ-АВ"И не был повреждён. Он только и ждёт, кому он сможет отдавать, кто попросит его об этом. Желание коровы накормить теленка больше, чем желание теленка есть. Как только кто-то просит у него, он использует любую возможность отдать низшему. «Что он желает получить, в какой форме? Какие света я должен притянуть?» Тут же поднимается вверх, просит исправления, соединяет всю систему вместе, так что теперь это называется рэхэм. Помещает туда решимот и начинает давать ему все необходимое. Так решимот превращается в зародыш и начинает развиваться из семени. И теперь все время АВ"И совершают для него зивугим – развивают его еще и еще...

Но это они развивают его или он сам развивается? Что делают Аба вэ Има, а что делает он сам? Это то, что мы учим. До самого конца ТЭ"С изучается только это – что дальше происходит с душой, которая включается в высший парцуф, какие действия она должна совершить...

И поэтому МА"Н низшего не способен ничего получить из этого зивуг дэ-гадлут, который происходит в

женщине, и из-за этого остается не реализован. МА"Н на Г"Э дэ-ЗО"Н.

И только во время второго соития... Когда она уже в большом состоянии.

...Когда женщина совершает зивуг на свою внешнюю часть... Что такое зивуг на внешнюю часть? Это зивуг на решимот дэ-Г"Э дэ-ЗО"Н, которые относительно нее называются «внешний хисарон».

...То есть находясь на той же ступени, которая была у нее во время катнут... То есть на ступени Г"Э дэ-ЗО"Н.

...Формирует она зародыш, пока еще только в его малом состоянии.

Тут возникает один вопрос, и Бааль Сулам задает его. Первые действия, совершенные здесь, – это соединение АХА"П и Г"Э, принадлежащих Аба вэ Има, и зивуг на перевод парцуфа в состояние гадлут с целью сделать большим парцуф бина, так как в малом состоянии парцуф не может родить. Затем они становятся большими и чувствуют у себя внутри хисарон, желание Г"Э дэ-ЗО"Н, и должны породить Г"Э дэ-ЗО"Н в самом малом состоянии, называемом зародыш. Как же такой большой парцуф, как АВ"И, может сейчас совершить в своей рэхэм (т.е. в кли дэ-каббала большого парцуфа) зивуг на самые маленькие решимот дэ-Г"Э? Ведь у них (у АХА"П дэ-АВ"И и Г"Э дэ-ЗОН), совершенно разные келим, разные света, разные ступени, разные отношения – все разное. Как это может произойти, что из АХА"П высшего рождается Г"Э низшего?

И на этот вопрос он отвечает, что это не проблема. Так как в высшем есть корни всех более низких парцуфим. И АВ"И в соответствии с тем хисароном, который поднимает к ним ЗО"Н, должны найти в самих себе подходящие свойства, т.е. найти ступень своего малого состояния и с этой ступени начать работать с ЗО"Н, заботиться о нем.

Как Има может понять, что такое ЗО"Н? Для этого в ней должны присутствовать всевозможные свойства. И для этого Има должна уметь создавать из себя всевозможные маленькие парцуфим. Во время беременности, все 9 месяцев, мы не видим этого. Но потом мы это видим. Как мать играет с младенцем? Она спускается до его уровня, становится совершенно такой же, как он, и тогда играет с ним. Выше или ниже – каждый раз в соответствии с его возрастом. Это то, на что способна женщина, она построена так, что понимает детей.

Когда ребенок маленький, это явно видно. Когда же он еще зародыш, тело женщины (АХА"П дэ-Има) совершает зивугим для его нужд на ступенях ибур дэ-ЗО"Н. То есть она всегда делает из себя маленькие парцуфим, такие, чтобы они подходили ЗО"Н, который находится в состоянии убар (зародыш), и с помощью этого маленького парцуфа она может связаться с ЗО"Н, как мать связывается с плодом через плаценту.

И так происходит в каждом высшем и низшем. Несмотря на то что МА"Н низшего также участвует в первом зивуге, когда высший с помощью зивуга в сверхвысшем, т.е. с помощью зивуг дэ-гадлут, начинает поднимать свой АХА"П, тем не менее низший не способен ничего получить от этого зивуга, даже если он присоединен к высшему в это время. И только потом, когда высший уже полностью исправит все свои свойства за счет сверхвысшего, тогда он совершает зивуг для нужд низшего на свою внешнюю часть.

То есть после того как АВ"И исправляют свой АХА"П, они могут позаботиться о Г"Э дэ-ЗО"Н, насколько это требуется. Как? Они совершают зивуг на свою внешнюю часть. Если АВ"И – это бэт дэ-авиют, а З"А – алеф дэ-авиют, то Има, совершающая зивуг на бэт дэ-авиют, а затем зивуг на алеф дэ-авиют, тем самым и заботится о ЗО"Н.

И определяет для низшего уровень, на котором он способен получать, когда малхут низшего все еще находится в его «эйнаим». И тогда возвращает высший низшему то, что было получено им в первом зивуге. Но пока еще не все совершенно, так как в зивуг дэ-гадлут была получена только малая часть, которую способен принять зародыш.

То есть то, что Има получила в первом зивуге, используя решимот дэ-Г"Э дэ-ЗОН, когда должна была построить свой АХА"П, сейчас она возвращает обратно З"А. Но пока еще не все, она дает ему не весь гадлут. Она его выращивает постепенно, поэтапно. Это называется 9 месяцев внутриутробного развития, затем 2 года вскармливания, и так до 20 лет, пока не станет он большим и самостоятельным – так получает он состояния ибур, йеника, мохин.

От издателя

Михаэль Лайтман
КАББАЛА
ТАЙНОЕ УЧЕНИЕ

Готовятся к изданию:

Основы Каббалы

Настоящий сборник является основной книгой для начинающих изучать Каббалу. Книга в доступной форме позволяет желающим проникнуть в тайны науки, на тысячелетия скрытой от глаз непосвященных. Автор разворачивает перед читателем всю панораму строения и системы мироздания. Открывает структуру высших миров и Законы Высшего Управления.

Желающий познать Высшее найдет в этом сборнике ответы на множество своих вопросов. В первую очередь на главный вопрос человека: «В чем смысл моей жизни?». Книга захватывает и увлекает, позволяет человеку проникнуть в самые глубинные тайны мира и самого себя.

Наука Каббала

Том I, II

Эта книга – основной вводный курс для начинающих изучать «Науку Каббала». Великий каббалист 20 века, почти наш современник, Бааль Сулам «перевел» основные каббалистические источники, создававшиеся в течение тысячелетий, на язык современных поколений, которым предназначено проникнуть в высшие духовные миры. С помощью книг Бааль Сулама древнее учение становится доступно массам (как и предсказывали каббалисты прошлого).

Главная часть книги – «Введение в науку Каббала» – приводится с комментариями последователя и наследника Бааль Сулама, современного каббалиста Михаэля Лайтмана. Учебный курс включает большой альбом графиков и чертежей духовных миров, контрольные вопросы и ответы, словарь каббалистических терминов.

Том II – каббалистический словарь.

Книга Зоар

Книга «Зоар» - основная и самая известная книга из всей многовековой каббалистической литературы. Хотя книга написана еще в IV веке н.э., многие века она была скрыта. Своим особенным, мистическим языком «Зоар» описывает устройство мироздания, кругооборот душ, тайны букв, будущее человечества. Книга уникальна по силе духовного воздействия на человека, по возможности её положительного влияния на судьбу читателя.

Величайшие каббалисты прошлого о книге «Зоар»:

...Книга «Зоар» («Книга Свечения») названа так, потому что излучает свет от Высшего источника. Этот свет несет изучающему высшее воздействие, озаряет его высшим знанием, раскрывает будущее, вводит читателя в постижение вечности и совершенства...

...Нет более высокого занятия, чем изучение книги «Зоар». Изучение книги «Зоар» выше любого другого учения, даже если изучающий не понимает...

...Даже тот, кто не понимает язык книги «Зоар», все равно обязан изучать её, потому что сам язык книги «Зоар» защищает изучающего и очищает его душу...

Каббалистический форум 2001

Книга «Каббалистический форум 2001» является избранным материалом из каббалистического интернет-сайта Международного каббалистического центра «Бней Барух». Форум содержит более двух миллионов вопросов изучающих Каббалу со всего мира.

В сборник вошли лишь наиболее интересные, любопытные и полезные для продвигающихся Путем Каббалы слушателей ответы Михаэля Лайтмана.

Настоящая книга рекомендована читателю, интересующемуся проблемами происхождения душ, корректировки судьбы, отношения Каббалы к семье, воспитанию, роли женщины.

Талмуд Десяти Сфирот

Совершенно уникальная книга, написанная величайшим каббалистом Бааль Суламом (Властелин Восхождения). Автор использовал материалы книги «Зоар» и фундаментальную работу великого АРИ «Древо Жизни» (16 томов классической Каббалы). Соотнеся их со своими постижениями Высшего Управления, он создал гениальный научный труд, раскрыв глубинные пласты Каббалы современным поколениям.

Книга является самым мощным учебным пособием даже для самых серьезных каббалистов. Она совершенно логично, мотивированно, подробно и доказуемо разъясняет все причинно-следственные связи Высшего Замысла Творения и его воплощения. Ни один момент в процессе создания мироздания не остался за пределами настоящей научной работы. Нет во всемирном архиве книги, могущей соревноваться с «Талмуд Десяти Сфирот» по глубине познания, широте изложения и величию объекта изучения.

Эта книга принадлежит к числу самых важных книг человечества.

Уроки Каббалы

(Виртуальный курс)

Крупнейший ученый-каббалист современности Михаэль Лайтман снимает завесы тайны с науки, уникальной по точности и глубине познания. В древней книге «Зоар» («Сияние») сказано о времени, когда пробудится в людях стремление вырваться в Высший мир, овладеть Высшими силами. Сегодня десятки тысяч учеников во всем мире получили возможность изучать скрытую до недавних пор методику постижения Высшего благодаря трансляциям виртуального курса Международной академии Каббалы.

Изложенный в книге материал виртуального курса явится вдохновляющим пособием для учащихся первых лет обучения и послужит всем, кто стремиться постичь Законы мироздания.

Ступени возвышения

Том I, II

Книга основана на статьях знаменитого каббалиста Баруха Ашлага. В ней впервые раскрывается методология работы каббалиста в группе. Она дает уникальный анализ путей духовного развития человека. Здесь раскрывается то, что ранее передавалось исключительно устно – от учителя избранным ученикам. Книга несет в себе неоценимое Знание.

Международный каббалистический центр «Бней Барух»

BNEI BARUCH P.O.B. 584 BNEI BRAK 51104 ISRAEL
Адрес электронной почты: russian@kabbalah.info

Международная академия Каббалы
заочное отделение

Виртуальный курс для начинающих

- Международная академия Каббалы транслирует по всемирной системе Интернет курс заочного обучения «Введение в Науку Каббала».
- Участие в этих занятиях обеспечит освоение основ Науки Каббала, постижение высшего мира, знание о своем предназначении, причинах происходящего с вами, возможность управления судьбой.
- Курс рассчитан на начинающих и предназначен для дистанционного обучения на языках английском, русском, иврите.
- Занятия транслируются в видео- и аудиоформатах, с демонстрацией чертежей, возможностью задавать вопросы и получать ответы в режиме реального времени.
- Во время прямой трансляции, действует служба технической поддержки.
- Курс бесплатный, включая рассылку учащимся учебных пособий.
- Успешные занятия поощряются поездкой на семинары, происходящие 2 раза в год в разных странах мира.

Адрес подключения
http://www.kabbalah.info/ruskab/translation_new.htm

Архив курса
http://www.kabbalah.info/ruskab/virt_uroki/virt_urok.htm

Русское отделение
http://www.kabbalah.info/ruskab/index_rus.htm

| Международный каббалистический центр «Бней Барух» |  | Издательская группа **kabbalah.info** +972 (3) 619-1301 |

Для книготорговых организаций
(заказ учебных пособий)

Америка и Канада............... info@kabbalah.info,
                                +1-866 LAITMAN
Израиль........................ zakaz@kabbalah.info,
                                +972 (55) 606-701
Россия......................... +7 (095) 721-7154, 109-0131
                                109341, Москва, а/я 42

Запись в группы изучения Каббалы
(обучение бесплатное)

США (Восточное побережье)........... +1 (718) 288-2222
США (Западное побережье)............ +1 (650) 533-1629
Канада.............................. +1-866 LAITMAN
Израиль............................. +972 (55) 606-701
Россия.............................. +7 (095) 721-7154, 109-0131

Заказ книг и учебных материалов на английском языке
+1-866 LAITMAN

Международный каббалистический центр «Бней Барух»
http://www.kabbalah.info

Учитывая растущий интерес к знаниям Каббалы во всем мире, Академия Каббалы под руководством рава М.Лайтмана издает серию книг «Каббала. Тайное учение», транслирует виртуальные уроки, совершенствует интернет-сайт, открывает по всему миру группы изучения Каббалы. В рамках нашего заочного университета занимаются более 700 000 учащихся с 68 стран мира (на 1.01.2003).

Вся деятельность Академии Каббалы осуществляется на добровольные взносы и пожертвования ее членов. Каббалистические знания вносят в мир совершенство, безопасность, высшую цель.

Мы с благодарностью примем Вашу помощь.

Наш счет:
wire transfer
Bnei Baruch
TD Canada Trust
7967 Yonge Street
Thornhill, Ontario
Canada L3T 2C4
Tel: 905 881 3252
Branch / Transit #: 03162
Account #: 7599802
Intuition Code: 004
Swift Code: TDOMCATTTOR

Михаэль Лайтман
серия
КАББАЛА
ТАЙНОЕ УЧЕНИЕ

УЧЕНИЕ ДЕСЯТИ СФИРОТ

Научно-просветительский фонд
«Древо Жизни»

Издательская группа
kabbalah.info
+972 (3) 619-1301

ISBN 5-902172-04-7

9 785902 172048

Подписано в печать 10.02.2003. Формат 60х90/16
Печать офсетная. Усл. печ. л. 40.
Тираж 8000экз. Заказ №   .
Отпечатано в ОАО Можайский полиграфкомбинат,
Московская обл., г. Можайск, ул. Мира, 93.

www.ingramcontent.com/pod-product-compliance
Lightning Source LLC
Chambersburg PA
CBHW071112080526
44587CB00013B/1320